DSM-5 U

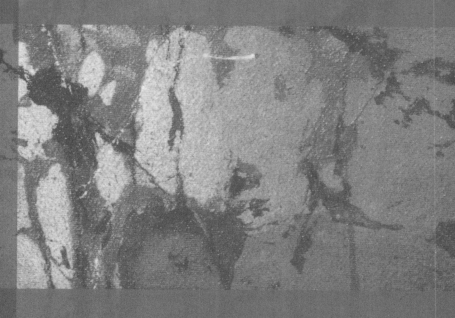

트라우마 상담 및 심리치료의 원칙

증상 · 평가 · 치료를 위한 길잡이

John N. Briere, Catherine Scott 지음

이동훈, 김종희, 이정은, 김진주, 강현숙 옮김

SAGE

Σ 시그마프레스

트라우마 상담 및 심리치료의 원칙 : 증상·평가·치료를 위한 길잡이, 제2판

발행일 | 2020년 2월 20일 1쇄 발행

지은이 | John N. Briere, Catherine Scott
옮긴이 | 이동훈, 김종희, 이정은, 김진주, 강현숙
발행인 | 강학경
발행처 | (주)시그마프레스
디자인 | 김은경
편 집 | 이호선

등록번호 | 제10-2642호
주소 | 서울특별시 영등포구 양평로 22길 21 선유도코오롱디지털타워 A401~402호
전자우편 | sigma@spress.co.kr
홈페이지 | http://www.sigmapress.co.kr
전화 | (02)323-4845, (02)2062-5184~8
팩스 | (02)323-4197

ISBN | 979-11-6226-205-4

Principles of Trauma Therapy, 2e by John N. Briere, Catherine Scott

＊ 책값은 책 뒤표지에 있습니다.

이 도서의 국립중앙도서관 출판예정도서목록(CIP)은 서지정보유통지원시스템 홈페이지(http://seoji. nl.go.kr)와 국가자료공동목록시스템(http://www.nl.go.kr/kolisnet)에서 이용하실 수 있습니다. (CIP제어번호 : CIP2019034854)

|제2판|

트라우마 상담 및 심리치료의 원칙

증상·평가·치료를 위한 길잡이

FOR INFORMATION:

SAGE Publications, Inc.
2455 Teller Road
Thousand Oaks, California 91320
E-mail: order@sagepub.com

SAGE Publications Ltd.
1 Oliver's Yard
55 City Road
London, EC1Y 1SP
United Kingdom

SAGE Publications India Pvt. Ltd.
B 1/I 1 Mohan Cooperative Industrial Area
Mathura Road, New Delhi 110 044
India

역자 서문

이 책의 번역은 '재난분석을 통한 심리지원 모델링 개발'이라는 안전행정부의 인적재난안전기술사업 R&D를 연구책임자로 수행하면서 시작하게 되었다. 자연재난 및 사회재난과 관련된 연구프로젝트를 수행하면서 자연스레 트라우마에 주목하게 된 것이다.

이 책의 제1판은 미국 뉴욕에서 개업 심리/미술치료사이자 정신분석과 트라우마 치료 전문가로 활동 중인 김종희 박사가 번역하였다. 이번 제2판에는 나와 함께 이정은, 김진주, 강현숙이 새롭게 참여하였다.

제2판은 새롭게 개정된 최신 *DSM-5*를 반영하여 트라우마 치료의 원리를 제시하였다. 이 책은 트라우마 증상에 대한 가이드, 트라우마의 영향, 평가, 치료를 위한 임상적 개입으로 구성되어 있다.

세월호 재난으로 우리 사회는 트라우마를 경험하게 되었다. 트라우마란 실제적이거나 위협적인 죽음, 심각한 질병 혹은 자신이나 타인의 신체적 통합에 위험이 되는 사건을 경험하거나 목격한 후 겪는 심리적 외상을 의미한다.

상담장면에 찾아오는 많은 내담자들은 크던 작던 어떤 형태의 트라우마를 경험했고, 그러한 트라우마가 내담자의 가정, 직장, 대인관계 등 다양한 삶의 영역에서 여전히 건강하지 않은 방식으로 영향을 미치고 있다는 것을 보게 된다.

이 책을 통해 상담자들은 트라우마가 내담자에게 미치는 영향을 더 잘 이해하고 개입과 치료에서 실질적인 도움이 될 수 있는 상담기법 및 개입 전략을 얻을 수 있다.

상담 및 심리치료 분야에 계신 분들에게 꼭 필요한 좋은 책이 나올 수 있도록 오랜 시간 믿고 기다려준 (주)시그마프레스의 강학경 사장님께 감사를 드린다. 또한 이 책이 나오는 데까지 물심양면으로 많은 도움과 지원을 해주신 편집부 관계자분들께도 깊은 감사를 드린다.

대표 역자 이동훈

저자 서문

인류 역사는 예술, 과학, 문화뿐 아니라 전쟁, 관계 폭력, 압제, 자연과 인간에 의해 발생한 많은 재난에 대한 이야기이다. 사실 서구 사회의 대부분의 사람들은 트라우마가 될 수 있는 사건을 하나 이상 경험한다. 이들 중 많은 사람들은 경미하게 남은 불안에서부터 모든 기능을 방해하는 증상까지 아우르는 지속적인 심리적 고통을 겪을 것이다.

다른 분야의 심리학과 행동과학에 비해, 트라우마에 대한 인간의 반응에 대한 체계적인 연구는 비교적 최근부터 시작되었다. 트라우마 스트레스에 대한 현대의 연구분야는 베트남전 이후에 탄생하였으며 외상후 스트레스장애(posttraumatic stress disorder, PTSD)라는 용어는 1980년대 중반에서야 정신의학 용어 사전에 나타났다. 그 후, 우리는 트라우마가 일생 중 언제라도 일어날 수 있을만큼 만연하며, 트라우마에 대한 사람의 반응은 매우 복잡하다는 것을 배웠다. 우리의 지식이 자라면서 연구자들과 임상가들은 외상후 스트레스의 치료와 기타 트라우마 관련 상황에 대한 다양한 접근을 발전시켰다. 이러한 정보는 학술지, 책, 치료 매뉴얼 등에서 찾을 수 있다. 그러나 이러한 출처들은 광범위하게 퍼져 있어 임상가들이 손쉽게 접근하기 어렵다. 또한 이들은 특정 이론에만 국한되는 경향이 있으며 일반적으로는 외상을 겪은 사람들의 단일 집단에만 집중하며(예 : 성적 학대 생존자, 교통사고 희생자), 이들이 말하는 치료적 접근을 어떻게 실제 장면에 적용하는지에 대한 충분한 정보를 제공하지 않을 때도 많다.

따라서 우리는 효과적인 트라우마 집중 치료를 실행하는 데 정보가 필요한 임상가들—심리학, 정신의학, 사회복지 분야의 수련생들을 포함한—이 한 손에 들 수 있는 가이드로 활용할 수 있도록 이 책을 썼다. 동시에, 트라우마의 치료에 영향을 미치는 다양한 과학적·인문학적 영역을 포괄하는, 트라우마의 평가와 개입을 위한 전반적인 이론적 기초를 제공한다. 이 책은 성인기의 단일 사건으로 인한 트라우마에 따른 직접적인 증상을 겪는 사람들과 포괄적인 아동기 학대와 같은 이유로 복합적인 증상을 나타내는 사람들을 다루는 임상가들 모두에게 유용하도록 만들어졌다. 우리는 가능한 한 트라우마 생존자들이 속한 심리사회학적·문화적 환경을 고려해야 하는데, 이러한 사회문화적 요인(예: 가난, 사회적 소외, 인종차별)이 트라우마 자체가 될 뿐 아니라, 이미 존재하는 트라우마와 이와 관련한 영향을 고무시키거나 악화시킬 수 있기 때문이다.

이 책에서 개괄하는 접근에는 트라우마 관련 인지행동치료, 관계심리치료, 마음챙김 연습, 인간의 고통에 대해 병리적으로 보지 않는 일반적인 관점을 조합한다. 또한 비의료 임상가들뿐 아니라 내담자들의 약물치료에 치명적인 영향을 줄 수 있는 의료인들과 정신과 수련생들을 위해 트라우마 정신약리학과 관련한 장을 포함한다.

이번에 새롭게 내는 제2판은 최신 트라우마 연구와 이론, 임상 실제의 발전을 상당히 반영하며 제1판 이래로 임상가들과 연구자들이 논의한 내용을 더욱 생동감 있게 설명한다. 기존의 주제에 관련해 업데이트 된 자료와 더불어, 다음과 같은 여러 영역에서 새로운 정보를 제공한다:

- 트라우마를 위한 경험 기반의 마음챙김 개입에 대한 새로운 장
- 외상 후 증상을 악화시킬 수 있는 트라우마 뇌 손상(traumatic brain injury, TBI)
- 화상 입원 병동과 응급실에서의 트라우마 치료
- 급성 스트레스 반응과 초기 개입
- 트라우마 치료의 윤리
- 조현병 촉발 및 악화 가능성을 포함한, 정신증에 대한 트라우마의 잠재적 영향
- TBI와 급성 스트레스를 포함한, 트라우마 관련 약물에 대한 추가 정보
- 임산부의 향정신성 약물 사용에 대한 추가 자료
- '데이트 강간' 약물이나 알코올에 과도하게 취한 상태에서 공격당한 사람들을 위한 개입
- 고통, 괴로움, 회피에 대한 새로운 관점인 고통의 역설(pain paradox)에 대한 소개

이번 제2판의 *DSM-5* 업데이트 버전은 다음의 새로운 규준을 논의한다.

- 급성 스트레스장애
- PTSD
- 해리장애
- 특정 스트레스 요인에 의한 단기 정신증

- 기타 특정 트라우마와 스트레스 관련 장애
- 불특정 트라우마와 스트레스 관련 장애
- 트라우마 뇌 손상으로 인한 주요 혹은 경미한 신경인지 장애
- 경계선 성격장애
- *DSM-IV* 사별 배제의 삭제와 관련한 주요 우울과 적응 장애

또한 이번 업데이트에는 이전 판에서 제공했던 호흡 훈련 프로토콜을 새롭게 개정하여, 마음챙김 기반 호흡 훈련(Mindfulness-based Breath Training, MBBT)이라는 공식적인 명칭으로 부른다.

이 책의 많은 치료적 개입들은 임상 연구에 기반하며 트라우마의 치료와 관련한 최신 과학 연구를 반영한다. 그러나 공립 정신건강기관과 일반적인 임상 현장에서 만나는 내담자들은 무작위 임상 실험들에 참여하는 연구 대상자들보다 종종 치료가 복잡하고 까다로울 수 있다(RCTs; Briere & Lanktree, 2011; Lanktree et al., 2013; Spinazzola, Blaustein, & van der Kolk, 2005; Westen, Novotny, & Thompson-Brenner, 2004). 또한 실제 환자들은 RCT 기반으로 개발한 치료법에 효과를 덜 나타낼 수도 있다(Zayfert et al., 2005). 자주 인용되는 메타분석에서는 표집 스크리닝, 대상자 중도 탈락, 기타 이슈들로 인해 무작위 임상 실험 결과가 현실 세계에 적합한 지침을 제공하기 어렵다고 밝힌다(Bradley, Greene, Russ, Dutra, & Westen, 2005). 또 다른 메타분석은 다양한 경험적('실제 입증된') 심리치료들이 PTSD의 치료에 거의 비슷한 정도의 효과를 나타낸다고 말하고 있으나(Benish, Imel, & Wampol, 2008) Ehlers 외 다수(2010)의 연구가 반대 의견을 내기도 한다.

우리는 어떠한 치료법들이 다른 치료법보다 트라우마를 치료하는 데 더 효과적이라고 믿고 있지만—이 책도 그러하듯—현재의 치료 성과 관련 문헌들이 아직은 미완성인 것에 동의한다. 따라서 우리는 성과 연구에서 완전히 타당화되고 설명된 치료법만 고수하지는 않는다. 예를 들어, 치료법의 특성상 장시간이 소요되어 통제 연구에서는 입증하기 어려운 현대 정신역동 또는 관계 치료의 개념들을 임상 장면에 사용하기도 한다. 또한 마음챙김은 서양에서 연구된 지 얼마 되지 않았지만, 나쁜 사고를 당하거나 심리 장애를 겪는 사람들을 위해 마음챙김 훈련의 효과에 대한 연구문헌들을 활용하기도 한다. 각 사례마다 이러한 자료를 현대 심리치료에 활용하기 위해 연구 기반의 지원을 제공한다. 한편 이 책에서 다루지 않은, 비교적 실험적인 트라우마 치료법들이 있는데, 이것은 이들이 의미 있는 (다시 말해 경험적으로 입증될 만한) 이론적 토대가

없기 때문이다. 그렇다고 해서 이들이 경험적으로 타당하지 않은 치료라고 미리 단정 지을 수는 없지만 현재로서는 아직 권유할 만하지 않다.

이 책은 특정 치료 요소들에 초점을 두지만, 치료 성과 연구에서 강조하듯(예 : M.J. Lambert & Barley, 2001 ; Martin, Garske, & Davis, 2000), 우리는 치료자의 비판단적, 공감적 경청, 연민적 태도, 치료적 관계에 대한 주의도 역시 매우 중요하다고 보고 있다. 따라서 우리는 심리적 외상의 회복을 촉진할 뿐 아니라 치료 작업을 의미 있게 만들고 성장에 도움이 되는 치료 철학에 대한 논의에 많은 부분을 할애한다.

효과적인 치료는 트라우마와 그 영향에 대한 정확한 이해와 평가가 요구되므로, 우리는 심리적 외상의 특질에 대한 설명으로 시작한다 — 트라우마 사건 이후 발생 가능한 문제, 증상, 장애 그리고 현재 사용되는 트라우마 중심 평가 전략과 도구가 포함된다. 우리는 이러한 정보를 트라우마 환자들에게 최대한 손쉽게 적용할 수 있도록 만들기 위해 노력하였다.

트라우마 생존자들을 치료하는 것은 어렵고 심지어 대리 외상마저 일으키기도 한다. 이러한 작업은 인간이 다른 인간에게 가할 수 있는 최악의 것을 목도할 때 따라오는 고통과 괴로움을 동반하기도 한다. 그러나 동시에 이 작업은 깊은 만족과 보람을 안겨주기도 한다. 트라우마 생존자들은 인간이 타인과 자신을 치유하고, 많은 역경을 이겨내고, 성장할 수 있는 능력을 가졌음을 보여준다. 치료자들은 이 과정에서 삶에 대한 중요한 실존적 교훈과 인간의 고통에서 다룰 수 있는 기본적인 것을 배울 수밖에 없다. 우리는 이 책이 트라우마 내담자들과의 작업에 사용되는 도구뿐 아니라, 이러한 작업이 낳는 가치와 많은 낙관적 기대를 확인하는 책이 되기 바란다.

차례

제8장 정서적 처리

제9장 정체감 향상과 관계적 기능

제10장 트라우마 치료에서의 마음챙김

제 1 부

트라우마, 영향과 평가

이 책의 첫 부분은 트라우마 사건의 주요 유형, 이들의 잠재적인 영향, 트라우마와 트라우마로 인한 결과들을 평가할 수 있는 방법에 대하여 개괄적으로 다룬다. 각각의 영역은 효과적인 트라우마 치료에 있어서 중요하다. 트라우마 사건의 주요 유형과 이와 관련된 심리적 영향에 대한 인식은 내담자가 어떤 고통을 경험해왔으며, 현재 증상이 어떠한지에 대해 임상가가 이해하는 데 도움이 될 수 있다. 트라우마 치료와 관련된 진단적 면담(diagnostic interview)과 심리 검사들에 대한 지식은 치료적 개입을 위한 구체적인 목표들을 객관적인 방법으로 정확히 모색하는 데 도움을 줄 수 있다.

제1장

트라우마란 무엇인가

트라우마는 *DSM-5*(Diagnostic and Statistical Manual of Mental Disorders, 5th edition, 정신장애 진단 및 통계편람, 제5판)(APA, 2013)에 다음과 같이 정의되어 있다.

실제적이거나 위협적인 죽음, 심각한 부상 또는 성폭력에 대한 노출이 다음과 같은 방식 가운데 한 가지(또는 그 이상)에서 나타난다.

(1) 외상성 사건(들)을 직접적으로 경험한다.

(2) 다른 사람들에게 발생한 사건(들)을 직접 목격한다.

(3) 외상성 사건(들)이 가족, 가까운 친지 또는 친한 친구에게 발생한 것을 알게 된다. 단, 가족, 친척 또는 친구에게 발생한 실제적이거나 위협적인 죽음은 그 사건(들)이 폭력적이거나 갑작스럽게 발생한 것이어야만 한다.

(4) 외상성 사건들의 혐오감을 불러일으키는 세부적인 사항에 반복적으로 지나치게 노출된다(예 : 변사체 처리의 최초 대처자, 아동 학대의 세부적인 사항에 반복적으로 노출된 경찰관).

주의사항 : 진단 기준 A4는 노출이 업무 관련이 아닌 경우와 전자미디어, 텔레비전, 영화 또는 사진을 통해 노출된 경우는 적용되지 않는다.

비록 이러한 트라우마에 대한 정의가 유용할지라도, 어떤 사람들은 많은 사건이 생명의 위협이나 신체적 부상이 아니어도 외상적일 수 있기 때문에, 트라우마를 '실제적이거나 위협적인 죽음, 심각한 부상 또는 성폭행'으로 제한하는 것을 비판해왔다

(Briere, 2004; Anders, Frazier, & Frankfurt, 2011). 일찍이 *DSM-III-R*(APA, 1987)의 정의 또한 심리적 통합에 대한 위협(threats to psychological integrity)들을 트라우마의 타당한 유형으로 포함시켰다. *DSM-5*에서는 상당히 혼란스럽게도 생명에 위협이 되지는 않는 사건들, 예를 들면 극도의 정서적 학대, 주요한(major) 사망(loss) 또는 분리(separations), 수모나 수치심, 그리고 강제적인(그러나 신체적으로 폭력적이지 않은) 성적 경험들을 외상적인 사건들로 여기지 않는다. 이러한 기준은 의심할 여지없이 사람들의 실제 트라우마 사건의 범위를 과소평가하고 있는 것이다. 또한 기준 진단 A는 PTSD(posttraumatic stress disorder, 외상후 스트레스장애)와 ASD(acute stress disorder, 급성 스트레스장애)의 선수 요건이기 때문에 심각한 외상후 스트레스를 겪고 있는 일부 개인에 대한 스트레스장애 진단의 가능성이 축소되고 있다.

사실, 사건이 '외상성'이 되기까지 현재의 트라우마에 대한 진단 정의들을 충족해야 하는지에 대한 문제와 '외상성'이라는 개념은 이 분야에서 지속적으로 논의의 대상이 되고 있다(예 : Kubany, Ralston, & Hill, 2010; O'Donnell, Creamer, McFarlane, Silove, & Bryant, 2010). 우리가 내린 결론은 어떤 사건이 극도로 혼란스럽거나(upsetting), 적어도 일시적으로 개인의 내적 자원을 압도하거나, 심리적 증상을 지속되도록 만든다면 그 사건은 외상성이라는 것이다. 이 책의 전반에서 이러한 광범위한 정의가 사용되었는데, 이는 심리적 통합에 주요한 위협을 경험한 사람들도 신체적 부상이나 생명의 위협으로 인해 트라우마를 경험하는 사람들만큼이나 고통을 겪고, 트라우마 집중 치료에서 동등한 효과를 나타낸다고 보기 때문이다. 그러나 이것은 단지 치료 사안일 뿐이며, 공식적인 스트레스장애 진단을 내릴 때에는 트라우마에 대한 *DSM-5*의 기준이 엄격히 지켜져야 한다.

주요 트라우마 유형

일반인을 대상으로 한 연구에서는 미국의 모든 성인 중 절반 이상이 적어도 한 가지 이상의 주요 트라우마를 경험한다고 제시한다(Elliott, 1997; Kessler, Sonnega, Bromet, Hughes, & Nelson, 1995; Norris, 1992). 여기에 심리적 통합에 대한 위협(예 : 주요한 상실이나 신체적인 피해는 아니지만 매우 혼란스럽게 만드는 사건들까지 포함된다면, 이 비율은 더 높아질 것이다. 외상성 스트레스 요인들은 흔한 것이지만, 심각한 심리적 증상과 장애를 초래하는 스트레스 요인의 기능은 2장에서 논의된 바와 같이, 광범위한 다른 변인들의 작용에 따라 다양하다. 다음에서는 정신건강 서비스를 찾는 사람들이 잠재적으로 겪었을 만한 외상성 사건의 주요 유형에 대해 상세히 다루었다. 물론 개인은 다양한 방식으로 심리적 고통을 경험하는데, 첫 임상적 면담(clinical interview)에서 내담자가 이에 대한 모든 것을 이야기하거나 표현하는 것은 쉬운 일이 아니다. 내담자은 평가받지 않고 지지받을 상황(3장 참조)에서 그들이 겪은 사건들에 대해 명확한 질문을 받지 않는다면, 경험했던 사건들에 대해 말하지 않는다는 사실을 명심해야 한다. 이 책에서는 각각의 트라우마 유형에 대해 간략히 서술하였으며, 더 상세한 정보는 각 장의 끝에 있는 추천 문헌을 참고하길 바란다.

아동 학대

아동기의 성적, 신체적 학대는 성추행에서부터 강간까지, 심각한 엉덩이 체벌부터 생명을 위협하는 구타까지 그 범위가 다양하며, 북미 사회에서 상당히 흔하게 발생한다. 미국의 아동 학대에 대한 후향성 연구에서 여성의 약 25~35%, 남성의 약 10~20%가 아동기에 성적으로 학대받았다고 서술하고 있으며, 남성과 여성의 약 10~20%가 신체적 학대의 정의에 부합하는 경험을 보고하고 있다(Briere & Elliot, 2003; Finkelhor, Hotaling, Lewis, & Smith, 1990). 몇몇 연구에서는 여성 정신건강 환자들의 35~70%가 아동기의 성적 학대를 보고하고 있다(Briere, 1992). 비록 심리적 학대나 방임 형태의 학대를 발생률이나 유병률로 수치화하는 것은 더욱 어렵지만, 많은 아동이 심리적으로 학대받거나 방임된다(Briere, Godbout, & Runtz, 2012; Hart et al., 2011).

이후의 장에서 언급하겠지만, 아동 학대와 방임은 심각하고 때로는 지속적인 심리적 기능장애를 낳을 뿐만 아니라 이후에 재피해자화(revictimization)라 일컫는, 성적으로 또는 신체적으로 폭행을 당할 가능성과 연관되어 있다(Classen, Palesh, & Aggarwal, 2005; Duckworth & Follette, 2011). 아동 학대와 방임은 아동들이 신경생물학적으로 약하고(Pechtel & Pizzagalli, 2011; Pratchett & Yehuda, 2011), 자신과 타인 그리고 세상과 미래에 대한 기본적인 인지 모델을 형성하는(Messman-Moore & Coates, 2007) 초기 단계에 발생하기 때문에 추후에 경험하는 모든 외상성 사건의 심리적 곤란에 가장 위험한 요인 중 하나로 작용하기 쉽다.

대규모의 대인 간 폭력

상당수의 부상자나 사상자를 수반하는 고의적인 폭력(전쟁 상황에서 일어나는 것이 아닌)은 트라우마 분야의 새로운 범주이다. 1995년 4월 19일에 발생한 미국 오클라호마 시티 폭탄 테러(North et al., 1999), 2001년 9월 11일에 세계 무역센터와 펜타곤에서 발생한 테러 공격(Galea et al., 2002), 그리고 2005년 7월 7일에 있었던 런던 대중교통 체계를 향한 공격(Salib & Cortina-Borja, 2009)들은 서구 사회에서 일어난 명백한 대규모 트라우마 사례들이다. 불행히도 전 세계에 테러리스트의 공격과 대규모의 인권 유린을 포함한 다른 많은 예시가 있다(Hoffman et al., 2007; Johnson et al., 2010; Pfefferbaum et al., 2001). 11장에서 설명하였듯이, 9·11 테러는 대규모 트라우마에 대한 효과적인 단기 치료에 관련된 북미 연구를 갑작스럽게 증가시켰다. 나중에 언급하겠지만, 이러한 연구들은 대규모 트라우마 희생자들과 함께 작업할 때 하지 말아야 할 것을 아는 것이 해야 할 것을 아는 것만큼 중요하다고 제시하고 있다. 가까운 미래에 테러리스트의 공격이나 다른 대규모 사상 사건들이 감소하리라고 보기 어렵기 때문에, 이러한 정보를 전 세계에 널리 보급하는 것이 ISTSS(International Society for Traumatic Stress Studies, 국제 트라우마 스트레스 연구 협회; http://www.istss.org)와 같은 국제단체들의 목표이다.

자연재해

자연재해는 인간에 의해 직접적으로 야기된 것이 아닌, 상당수의 사람들에게 부정적인 영향을 주는 상해 또는 죽음을 초래하는 대규모의 자연 현상으로 정의된다. 자연재해는 미국에서 비교적 흔히 발생하며, 조사에 의하면 13~30%의 사람들이 일생 동안 한 번 이상의 자연재해에 노출된다고 한다(Briere & Elliott, 2000; Green & Solomon, 1995). 전형적인 자연재해로는 지진, 대형 화재, 홍수, 쓰나미, 눈사태, 산사태, 허리케인, 토네이도, 화산폭발이 포함된다. 비록 재해에 노출되었던 사람들이 초기에 증상이 없었거나 비교적 빠르게 회복했었을지라도, 상당한 비율의 희생자들이 심각한 장기적 영향으로 고통받는다(예 : Briere & Elliott, 2000; Hogerson, Klöckner, Boe, Weisæth, & Holen, 2011). 심각한 신체적 부상, 죽음에 대한 두려움, 사랑하는 이들의 죽음, 재해로 인한 재산 손실이 이러한 사건들 중 가장 트라우마를 유발하는 요소다(Briere & Elliott, 2000; Maida, Gordon, Steinberg, & Gordon, 1989; Shear et al., 2011; Ursano, Fullerton, & McCaughey, 1994). 정신건강 분야 종사자들은 재해 피해자들의 지원에 개입할 때, 대개 정부의 대처 전략[예 : 미연방비상관리국(the Federal Emergency Management Agency, FEMA)]이나 비교적 빠르게 동원되는 유사 정부 기관들(예 : 적십자사)의 범주 내에서 종사하게 된다. 11장에서 설명한 것처럼, 이러한 시기에 임상가의 초기 작업은 트라우마 치료 그 자체가 아니라 대개 부상자 분류, 지지, 위안, 심리적 '응급 처치'를 제공하는 것이다.

대규모 수송 사고

수송 사고는 비행기 충돌, 기차 탈선, 해양 사고(예 : 배)와 같은 사건들을 포함한다. 이러한 사건들은 종종 다수의 피해자와 높은 사망률을 수반한다(Maeda & Higa, 2006). 비록 이런 사건들의 발생률은 쉽게 밝혀지지 않지만, 대규모 수송 사고는 피해자들이 계속되는 공포와 죽음에 대한 두려움에 노출되는 동안 상대적으로 긴 시간에 걸쳐 빈번하게 발생하기 때문에 생존자들에게 특히 트라우마가 될 수 있다(Lundin, 1995; Maeda & Higa, 2006). 미국에서 일어난 비행기 사고에 대한 즉각적인 대응은 주로 미연방항공청(Federal Aviation Administration, FAA)과 미국교통안전위원회(National Transportation Safety Board, NTSB)에 의해 통제되며, 이 기관들은 지역 응급 서비스, 관련 여객기 회사, 트라우마를 가지게 된 생존자들과 그들의 가족에 대한 지원을 제공하는 다른 기관들과 협력하여 일한다.

화재와 화상

트라우마 문헌에 대규모 화재가 재해로 자주 실리지만, 트라우마 치료자들은 생존자의 상당수가 그보다 작은 화재로 상해를 입은 사람들이라고 보고 있다. 이는 종종 침대에서의 흡연이나 전기 합선 또는 프로판 탱크, 스토브, 히터의 누출/고장으로 인한 주택 화재를 포함한다. 또 다른 사건으로는 교통사고로 인한 심각한 화상, 산업 화재, 불꽃놀이, 바비큐 사고 또는 타인에 의한 고의적인 방화도 포함된다. 화재로 인한 신체적 부상은 특히 트라우마를 유발할 수 있다. 심각한 화상에 의한 영향들(장기간의 회복기, 많은 수술, 겉으로 드러나는 고통스러운 흉터의 존재와 지속, 외모 손상, 절단, 기동성의 감소)은 어떤 점에서는 외상적인 사건을 뜻하고, 시간을 두고 지속 · 반복되며(Gilboa, Friedman, Tsur, & Fauerbach, 1994), 종종 심각하고 만성적인 심리적 결과를 초래한다(Browne, Andrews, Schug, & Wood, 2011; Davydow, Katon, & Zatzick, 2009; Fauerbach et al., 2009).

교통사고

미국에서 약 20%의 사람들이 MVA(motor vehicle accidents, 심각한 교통사고)를 경험하며(Blanchard & Hickling, 1997), 미국 성인의 절반 이상은 30세 전에 1회 이상의 자동차 사고를 당한다(Hickling, Blanchard, & Hickling, 2006). 이들 중 상당수가 심각한 심리적 증상을 가지게 되는데, 특히 사고가 주요한 부상이나 타인의 죽음을 수반할 경우에 더욱 심각하다. 후자의 경우로 인한 비애와 자기비난은 그 후에 뒤따르는 심리적 증상을 증가시킬 수 있다. 이에 대해 2장에서 언급할 주요 교통사고 생존자들은 평가와 치료를 더 복잡하게 만들 수 있는 외상성 뇌 손상(TBI)을 입게 될 수 있다(Harvey & Bryant, 2002; Hickling, Gillen, Blanchard, Buckley, & Taylor, 1998; Kim et al., 2007). MVA가 그 밖에 다른 비대인 간 외상들보다 PTSD나 다른 형태의 기능장애를 유발할 수 있다는 사실에도 불구하고, 임상가들은 간혹 내담자와 부정적인 인생의 사건들에 관한 면담을 할 때 교통사고 트라우마를 부적절하게 간과한다.

강간과 성폭행

강간은 위협 또는 신체적인 강압으로 또는 피해자가 동의를 할 수 없는 불능의 상태일 때(예 : 약물이나 술의 영향하에 있을 때 또는 인지능력에 손상이 있는 경우) 신체의 일부나 물건을 이용하여 청소년이나 성인(만일 피해자가 아동이라면, '아동 학대' 참조)에게 행해지는 합의되지 않은 구강, 항문 또는 질 삽입으로 정의될 수 있다. 성폭행이라는 용어는 때때로 강간에 미치지 못하는 어떤 강제적인 성적 접촉만을 의미하지만, 우리는 좀 더 넓은 의미에서 강간을 포함한 어떠한 강제적인 성적 접촉이라도 성폭행으로 정의할 것이다. 이러한 의미로서 정의를 내릴 경우 미국의 여성에 대한 강간 발생률이 14~20%가 될 것이라고 발표된 바 있다(Black et al., 2010; Kilpatrick & Resnick, 1993; Tjaden & Thoennes, 2000; White, Koss, & Kazdin, 2011).

여성 청소년에 대한 또래 성폭행은 상당히 흔히 발생하며, Singer, Anglin, Song, Lunghofer(1995)는 지역적 · 경제적으로 다양한 6개의 고등학교 학생들 중 12~17%의 여학생들이 자신의 의도와는 상관없이 적어도 한 번 이상의 성적 행동에 관여되었다는 사실을 밝혔다. 이와 유사하게, 국가 청소년 조사(the National Survey of Adolescents)에서는 미국의 여성 청소년 중 약 12~13%가 성폭행 또는 강간을 경험했다고 보고했다(Elwood et al., 2011). 남자들이 성적 피해자가 될 수 있다는 사회적 인식은 극히 최근의 것이기 때문에 남성에 대한 성폭행 비율은 덜 분명하지만, 2~5%

사이의 범위로 추정된다(Black et al., 2010; Elliott, Mok, & Briere, 2004; Tjaden & Thoennes, 2000).

최근 임상가들과 연구원들은 군대 내에서 동료나 상관에 의하여 성적 강압, 성희롱, 성폭행을 당하는 군 복무자들을 중심으로 MST(military sexual trauma, 군대에서 겪는 성적 트라우마) 현상을 조사하고 있다. 위와 같은 사건들은 이전에 추정되었던 것보다 훨씬 더 흔하다. 한 예로, '항구적 자유 작전(Operation Enduring Freedom)'과 '이라크 자유 작전(Operation Iraqi Freedom)'에서 돌아온 재향군인을 대상으로 한 한 연구에서는 전시 근무 중에 여성의 15%와 남성의 1%가 MST를 경험했다고 한다(Kimerling et al., 2010).

또한 난민이나 전쟁으로 인해 피폐해진 지역에 사는 여성들은 종종 침입군에게 강간을 경험하는데, 이것은 부분적으로 성폭력이 민간인에게 굴욕감을 주고, 사기를 저하시키고, 인종 청소(ethnic cleansing)를 촉진시키며, 군인에게 보상을 주기 위한 한 방법으로 사용되기 때문일 것이다(Berman, Girón, & Marroguín, 2006; Human Rights Watch, 2009; Turner, Yuksel, & Silove, 2003; Stiglmayer, 1994). 이에 더하여, 여성과 아이들의 상당수가 불법 이주 중에 강간이나 성폭행을 당하는데, 예를 들어 '인신매매단'은 멕시코 국경지대에서 여성과 아이들을 밀반입하는 사이에 그들을 강간한다(Amnesty International, 2010; Segura & Zavella, 2007).

낯선 사람에 의한 신체적 폭행

낯선 사람에 의한 신체적 폭행은 강도, 폭행, 흉기로 찌르기, 총격, 교살 시도, 그리고 모르는 사람에게 가해진 기타 폭력적인 행동을 나타낸다. 조직폭력배에 가담하여 주행 중인 차량에 의한 총격 상황에서 본거지를 정하거나 보호하기 위해 또는 우월함을 내세우기 위한 의도일지라도, 이런 공격의 동기는 흔히 강도 또는 분노의 표현이다. 관계에 있어 많은 폭력 행위들은 남성보다 여성을 향해 있지만, 낯선 사람에 의한 신체적 폭행은 이와 반대이다(Amstadter et al., 2011).

예를 들어 도심의 정신과 응급실 환자들에 대한 한 연구에서는 여성의 14%가 신체적 폭행을 경험한 것과는 대조적으로 남성의 64%가 낯선 사람에 의한 신체적 폭행을 적어도 한 번 경험했다고 보고하였다(Currier & Brier, 2000). 이와 비슷하게 Singer 등(1995)은 리서치 사이트를 인용하여 남성 청소년의 3~33%가 총격을 가했거나, 받았으며, 6~16%가 칼로 찔렸거나 공격을 당했다고 보고한다.

성 파트너 구타

아내 구타, 배우자 학대 또는 가정 폭력으로도 알려진 성 파트너 구타는 대개 성관계를 나누며 종종 동거관계(그러나 필연적인 것은 아님)에 있는 상대방에 대한 성인의 신체적인 또는 성적인 공격 행위로 정의된다. 대부분의 사례에서 굴욕, 비하, 심각한 비난, 스토킹, 아동과 반려동물 및 재산에 대한 위협이나 폭력을 포함한 정서적 학대이다(Black et al., 2010; Kendall-Tackett, 2009; D. K. O'Leary, 1999; Straus & Gelles, 1990). 미국에서 결혼을 했거나 동거관계에 있는 개인들을 대상으로 한 대규모 표본조사에서 12%가 주먹으로 치거나 발 차기 또는 목 조르기와 같은 심각한 신체적 폭력이 있었다고 보고한 반면에, 25%는 적어도 가정 내 한 번의 신체적 공격 사건이 있었다고 보고했다(Straus & Gelles, 1990). 이와 비슷하게, 전국 여성 폭력 실태조사(the National Violence Against Women Survey) 결과에 따르면 일반 대중들 사이에서 그들의 배우자 또는 전 배우자로부터 신체적으로 학대당한 비율이 남성은 7%인 데 비해 여성은 20%인 것으로 밝혀졌다(Tjaden & Thoennes, 2000).

신체적 구타 내력을 논외로 한 파트너나 배우자에 의한 여성 성폭행률의 범위는 9~17%에 이른다(Black et al., 2010; Elliot & Briere, 2003; Finkelhor & Yllö, 1985). 파트너에게 신체적으로 폭행당한 여성들 가운데, 성폭행의 수반율은 45%나 된다고 보고된다(Campbell & Soeken, 1999). 피해 예방 국가 기관과 파트너 친밀성 및 성폭력 통제 국가 기관의 조사(the National Center for Injury Prevention and Control's National Intimate Partner and Sexual Violence Survey)에 따르면, 친밀한 관계에서 발생하는 폭력의 모든 형태를 모두 고려했을 때, 미국 여성의 36%와 남성의 28%가 성 파트너에게 강간, 신체적 폭행 및 스토킹을 경험했다고 한다(Black et al., 2010). 정신장애를 가졌거나 심리적 지원을 요청한 여성들 가운데서 친밀한 파트너에 의한 폭력 발생률은 이보다 높으며, 50%를 초과할 때도 있다(예 : Chang et al., 2011). 당연한 일이지만, 이러한 폭력의 영향은 의학적으로도 심리적으로도 심각하다(Black et al., 2010; Okuda et al., 2011; Hien & Ruglass, 2009 참조).

성매매

성매매는 상업적인 성 착취를 목적으로 한 강제적이고 강압적인 고용, 수송, 이동, 은닉 또는 인수로 정의할 수 있다(The Protection Project, 2011). 비록 정확한 수치를 아는 것은 어렵지만, 매년 60~80만 명의 사람들이 성매매나 성노예로 국경을 넘어서 팔

려가고, 그중 1만 4,500~1만 7,500명의 사람들이 미국으로 인신매매 되는 것으로 추정된다(U.S. Department of State, 2005). 일단 인신매매가 되면 여성과 여자아이들은 (여자아이보다는 덜 하지만 남자아이들 역시) 매춘(윤락가에서 출장 매춘과 길거리 매춘), 포르노물, 스트립쇼, 안마 시술소, 사교 모임 동반 서비스, 통신 판매 신부[우편 주문신부 네트워크(mail-order bride networks)], 섹스 관광을 포함한 다양한 활동들을 강요받는다. 비록 납치되지 않았을지라도 매춘 알선업자나 매춘업소에 의해 강제되거나 강요받는 경우에는 지역 매춘 또한 성매매의 한 형태라고 논의되기도 한다(예: Leidholdt, 2003).

성매매의 영향은 때론 심각하다. 매춘 및 인신매매 과정과 관련된 영향(유괴 또는 노예가 되도록 강요받음, 다른 언어가 사용되거나 고립된 타국에 서류 없이 불법으로 납치됨)은 우울과 외상후 스트레스, 물질 남용, 그리고 그 외의 증상이나 장애와 높은 관련성이 있다(Farley, 2004; Freed, 2003; Reid & Jones, 2011).

고문

UN 고문방지협약(The United Nations Convention Against Torture)에서는 고문을 '어떤 개인이나 제3자로부터 정보나 자백을 얻어내기 위한 목적, 개인이나 제3자가 행하였거나 행한 혐의가 있는 행위에 대하여 처벌을 하기 위한 목적, 개인이나 제3자에게 겁을 주기 위한 목적 등으로 개인에게 고의적으로 극심한 신체적 · 정신적 고통을 가하는 모든 행위'라고 정의하고 있다(United Nations Treaty Collection, 1984). 현재 미국 법전(Title 18, Part 1, Chapter 113C, Section 2340)에서는 고문을 공권력하에, 자신의 권리 또는 물리적 통제권 내에서 타인에게 상당한 신체적 · 정신적 고통이나 괴로움(합법적인 제재에 따르는 고통이나 괴로움과는 다른)을 가하려는 의도로 범한 행위'라고 정의하고 있다.

고문하는 방법은 목적(function)이나 상황과 상관없이 구타, 목이 졸려 사망 직전 상태까지 가는 것, 전기 충격, 다양한 형태의 성폭행과 강간, 뼈나 관절을 부러뜨림, 물고문, 감각 차단, 죽음이나 신체 절단 위협, 조롱, 다른 사람의 죽음이나 부상에 대하여 책임을 느끼도록 하는 것, 수면 박탈, 극도로 차갑거나 뜨거운 상황에 노출시키는 것, 스트레스 수준, 신체 절단, 불쾌하거나 수치스러운 행동에 관여하도록 강요하는 신체적 · 심리적 기법 모두를 포함하고 있다(Hooberman, Rosenfeld, Lhewa, Rasmussen, & Keller, 2007; Punamäki, Qouta, & El Sarraj, 2010; Wilson & Drożdek,

2004). 정치적 고문의 대부분은 체포 이후에 경찰이나 군에 의한 폭력과 관련된다. 국제사면위원회(Amnesty International, 2008)는 현재 81개 이상의 국가들이 고문 사용을 허용하거나 적어도 무언의 허락을 하고 있다고 예측하고 있지만, 고문 발생률은 알려져 있지 않다고 예측한다.

> 이에 더해, 2001년에 발생한 9 · 11 테러에 대한 정부의 대응 조치 중 몇 가지 방법
> 은 그 이후의 다른 나라에 대한 공격 또는 공격 위협과 마찬가지로, 인권보호의 체계
> 에 대한 심각한 폭력에 해당된다. 미국은 고문과 학대를 사용해왔고, 이러한 행동을
> 치안이라는 명분으로 정당화시키려 했으며, 가해자들에게 면죄부를 주었다(Amnesty
> International, 2012, para, 4).

망명자들 중 고문 피해자들의 비율이 매우 높다(Baker, 1992). 비록 고문 피해자들이 북미의 정신건강 시스템들과 접촉할 때 알려지지 않은(potential torture) 내력에 대한 질문을 받는 일은 드물지만, 현재 미국에 거주하는 아프리카, 서유럽, 중동, 남미, 동남아시아 출신 고문 피해자들은 50만 명으로 추정된다(U.S. Department of Health and Human Services, 2012).

전쟁

전쟁은 트라우마와 지속적인 심리적 장애의 비교적 흔하고 강력한 원인이다. 외상후 스트레스의 어려움들은 세계 1, 2차 전쟁, 앙골라, 소말리아, 르완다와 같은 아프리카 대륙에서 일어난 전쟁들, 아프가니스탄, 한국, 베트남, 캄보디아, 페르시아만(이라크를 포함한), 이스라엘, 아르메니아, 북아일랜드, 포클랜드, 보스니아 전쟁을 포함한 많은 근대 전쟁에 참전한 군인들에 의해서 잘 설명되고 있다. 전쟁은 죽음의 위협 및 외모 손상, 신체 부상, 타인의 부상 및 죽음의 목격, 그리고 타인을 부상 입히거나 사살하는 데 개입하게 되는 경험 등, 폭력적이고 트라우마가 생길 수 있는 광범위한 경험들과 연관된다(Kulka et al., 1988; Weathers, Litz, & Keane, 1995). 어떤 사람들에게 있어서 전쟁은 잔혹행위에 참여하거나 그것을 목격하는 것뿐만 아니라, 강간을 당하거나, 포로로 잡히거나, 감금, 고문, 극도의 신체적 박탈과 같은 전쟁 포로 경험을 수반한다. 이러한 트라우마들은 결과적으로 다양한 증상과 장애들을 낳는다(Institute of Medicine, 2010; Pizarro, Silver, & Prause, 2006). 오늘날 심리 서비스를 찾는 미국 참전군인의 대부분은 이라크, 베트남 또는 한국에서 전투 군인들이었거나 예비 대원들

이었다. 미국에서는 재향군인 관리국(the Veterans' Administration, VA)이 많은 재향군인들에게 부상이나 신체장애와 관련된 서비스를 제공하고 있지만, 그들 중 일부는 이러한 치료에 대한 자격 요건을 갖추지 못할 수도 있기 때문에 재향군인들이 정부 지원 범위 외의 정신건강센터와 임상가들을 방문하는 일은 흔하다.

전쟁은 또한 전쟁이 발생한 지역의 토착민들에게도 큰 영향을 줄 수 있다. 많은 연구 결과들은 전쟁으로 피폐해진 지역(또는 무장 갈등 지대)에 사는 아이들과 민간인 어른 모두에게 심각하고 오래 지속되는 불안, 우울, PTSD, 그리고 다른(종종 문화 특정적인) 부정적인 결과들을 야기한다는 것을 보여준다(Bracke, Giller, & Summerfield, 1995; Eytan, Guthmiller, Durieux-Pailard, Loutan, & Gex-Fabry, 2011; Heidenreich, Ruiz-Casares, & Rousseau, 2009; Krippner & McIntyre, 2003). 인도주의적 임무를 위해 전쟁 발달 지역에 가 있는 임상가들의 경우를 제외하고, 대부분의 전쟁 생존자들은 임상적으로 망명자 및 더 안전한 환경을 위해 이주해온 고문 피해자라고 볼 수 있다(예 : Baker, 1992; Wilson & Drožđek, 2004).

타인의 살인 목격 또는 자살 직면

*DSM-5*의 PTSD와 ASD의 기준에 따르면, 트라우마는 타인의 죽음이나 심각한 부상을 목격하거나 '알게 되는 것(learning about)'과 관련 있다. 이와 같은 사건들을 목격하는 일은 심각한 심리적 고통과 종합적 증상을 낳을 수 있는데, 이후에 언급되겠지만 특히 부상을 입거나 사망한 대상이 친구, 친척 또는 사랑하는 이일 때, 죽음이나 부상이 고의적인 것일 때 더욱 그렇다. 아마 이와 같은 사건들 중 가장 충격적인 두 가지를 꼽자면 중요한 타인의 자살과 살인일 것이다.

살인

미연방수사국[The Federal Bureau of Investigation, FBI(2010)]은 미국에서 2010년에만 1만 4,748건의 살인 사건이 일어났다고 추정하는데, 이는 10만 명당 4.8명 꼴이다. 이와 같은 경우에 매우 밀접히 연관되어 있는 개인들(예 : 친구, 배우자, 부모, 자식)은 일반적으로 사건을 직접 목격하고 사건 발생 후 알게 되는 범죄의 영향을 받게 되는데, 그 결과 일반인들 중 살인 사건 생존자들이 상당한 비율을 차지하고 있다. 예를 들어 미국 젊은층 1,753명을 대상으로 한 전화 조사에 따르면, 15%가 가족 구성원이나 가까운 친구의 살인 사건으로 인한 상실을 경험했다고 한다(Zinzow, Rheingold,

Hawkins, Saunders, & Kilpatrick, 2009). 살인으로 인한 심리적 영향은 외상후 스트레스, 장기간의 비애, 우울, 분노, 그리고 물질 남용과 같이 광범위하다(Zinzow et al., 2009). 살인 사건 생존자들은 관계의 상실에서 비롯한 충격뿐만 아니라 극심한 미디어 보도의 결과, 범죄에 내포된 폭력의 수준, 생존자가 사망한 피해자를 발견했을 가능성, 분노와 복수에 대한 열망, 그리고 어떤 경우에는 법 집행과 재판제도에 대한 장기적 개입을 경험한다.

자살

가족 구성원이나 가까운 친구들의 자살을 목격하거나 직면하게 되는 일은 극심한 외상적 사건이 될 수 있는데, 특히 아이들과 청소년이 부모의 자살에 노출된 경우(Brent, Melhem, Donohoe, & Walker, 2009; Hung & Rabin, 2009; Wilcox et al., 2010), 동반자나 가족 구성원이 자살을 저질렀을 때에도 그렇다(Kaltman & Bonnano, 2003; K. Ogata, Ishikawa, Michiue Nishi, & Maeda, 2011; Melhem, Walker, Moritz, & Brent, 2008). 상실 및 트라우마와 관련된 반응들과 더불어(2장의 '복합 또는 외상성 비애' 참조) 분노나 사망자를 향한 배신감과 같은 감정, 그리고 자신이 어떻게든 자살을 막을 수 있었을 것이란 가능성에 대한 집착이 있을 수 있다. 이런 반응들은 종종 그에 해당되는 죄책감과 수치심이 동반된다.

생명을 위협하는 질병

문헌에서 항상 언급되고 있는 것은 아니지만, 극심한 고통과 생명을 위협할 수 있는 질병과 치료 과정은 심각한 트라우마를 일으킬 수 있다. 트라우마를 유발하는 질병이나 사건으로는 심장마비, 암, 에이즈(HIV/AIDS), 뇌졸중 또는 뇌출혈, 유산 등이 있다. 트라우마로 남을 수 있는 치료는 심장 수술, 중환자실에서의 치료, 심각한 화상에 대한 수술과 간호, 주요 치과 수술, 그리고 다른 심각한 고통이나 공포를 발생시키는 의료적 개입이 포함된다(O'Donnell, Creamer, Holmes et al., 2010). 최근에는 수술 중 마취 상태에서 생각지 않게 의식이 깨어나는 증상들로 의료적 트라우마로 논의되고 있다(예 : Leslie, Chan, Myles, Forbes, & McCulloch, 2010).

심각한 질병을 가진 사람들은 종종 외과적 의료 시술을 받는데, 이런 일은 개인의 질병과 치료 중에서 어떤 측면이 외상후 장애의 원인이 되는지를 밝히는 데 어려움이 있다. 원인에 상관없이 트라우마는 주요 의료 문제를 가진 사람들에게는 흔한 일이라는 인식이 커지고 있으며, 임상가들은 주요 의료 시술을 받는 환자들에게 외상후 스트레스, 우울 또는 불안을 겪을 수 있다고 조언하고 있다(예 : S. Lee, Brasel, & Lee, 2004).

트라우마에 노출되어 있는 응급 처치 종사자

응급 처치 종사자들은 치명적인 부상, 트라우마가 될 수 있는 절단, 할복, 심각한 화상, 피해자의 극도의 괴로움을 포함한 잠재적 트라우마 현상들을 자주 맞닥뜨리기 때문에, 트라우마를 겪는 사람들을 돕는 사람들 또한 트라우마를 경험하게 되는 것은 놀라운 일이 아니다. 사실상, *DSM-5*에서 트라우마의 정의는 외상성 사건(들)의 혐오스러운 세부 사항에 대한 반복적이거나 지나친 노출의 경험(예 : 변사체 처리의 최초 대처자, 아동 학대의 세부 사항에 반복적으로 노출된 경찰관)과 같은 내용을 포함하고 있다. 이러한 직무 스트레스와 관련된 위험에 놓인 사람들은 소방관, 인명 구조자, 긴급 의료원, 그리고 기타 응급 의료 종사자, 사망한 트라우마 희생자들의 신원을 확인하고 관리하는 사람, 응급 정신건강과 위기 개입 종사자, 그리고 법률 집행인들이다(Benedek, Fullerton, & Ursano, 2007; Fullerton, Ursano, & Wang. 2004; LaFauci Schutt & Marotta, 2011; Rivard, Dietz, Martell, & Widawski, 2002). 또한 트라우마 생존자를 치료하는 심리 치료자들은 대리 외상(vicarious traumatization)을 경험할 수 있다(Dalenberg, 2000; Goin, 2002; Pearlman & Saakvitne, 1995).

복합적이고 누적되는 트라우마 문제

구별하여 설명한 트라우마 유형들은 이러한 트라우마 사건들이 서로 독립적이라는 잘못된 편견을 줄 수 있다. 즉, 하나의 트라우마 경험이 다른 트라우마를 경험할 가능성을 필연적으로 증가시키지는 않는다. 이 같은 사실은 대개 자연재해나 화재와 같은 비대인적 트라우마의 경우에는 사실이지만, 많은 연구결과에 따르면, 대인관계 트라우마 피해자들의 경우에는 추가로 대인관계 트라우마를 경험할 위험성이 통계적으로 높다(예 : Rees et al., 2011). 이것은 특히 재피해자화(아동기에 학대를 경험한 사람들이 청소년이나 성인이 되어서 다시 피해자가 될 가능성이 상당한 것)라고 설명된다 (Amstadter et al., 2011; Classen et al., 2002; Tjaden & Thoennes, 2000; 자세한 내용은 Duckworth & Follette, 2011 참조). 게다가 많은 임상가는 몇몇 내담자들의 경우 평균적인 성인 트라우마 경험보다 더 많은 트라우마 경험을 한다는 사실에 주목하였는데, 아래에 제시될 것처럼 환경적·사회적·행동적 문제들에 반복적으로 피해자가 될 가능성이 높은 것으로 보인다.

다른 트라우마들 간의 관계, 그리고 주어진 개인의 생애에서 그들에게 나타나는 증상과 어려움은 복합적일 수 있다. 예를 들면 아동기의 학대 및 방임은 청소년과 성인기에 다양한 증상들과 잔혹한 학대 행동(예 : 물질 남용, 가출, 무분별한 성적 행동, 애착 문제들, 해리나 부인을 통한 감소된 위험 인식)을 가져올 수 있으며, 결과적으로 이후에 대인 관계에서 피해자가 될 가능성을 높인다(Dietrich, 2007; Hetzel & McCanne, 2005; McCauley, Calhoun, & Gidycz,2010; McIntyre & Widom, 2011; Messman-Moore, Walsh, & DiLillo, 2010; Reese-Weber & Smith, 2011). 이러한 트라우마들은 더 심각한 트라우마와 차후 잠재적으로 더 복합적인 정신건강 결과를 야기하는 추가 위험 요소들인 또 다른 행동과 반응을 야기할 수 있다. 아동기와 성인 트라우마 두 가지 모두가 심리적 어려움을 가져올 수 있기 때문에 성인 생존자들이 당면하는 징후는 다음과 같이 진술될 수 있다: (1) 성인기까지 지속되는 아동기 트라우마의 영향, (2) 가장 최근의 성적 또는 신체적 폭행의 영향들, (3) 아동기 트라우마와 성인기 폭행의 부가적인 영향(additive effect)(예 : 아동기와 성인기 피해자 경험에 대한 플래시백), (4) 성인기 트라우마에 대한 심각한 퇴행적, 해리적 또는 자기 파괴적인 반응과 같이 성인기 폭행과 아동기 트라우마를 악화시키는 상호작용(exacerbating interaction)이다.

수많은 트라우마와 증상 반응들의 복잡한 결합은 트라우마를 중점적으로 다루는 임상가들에게 잘 알려져 있으며, 트라우마 임상가들은 가끔 특정 증상을 특정한 트라우마와 연결하고, 다른 증상들을 다른 트라우마와 연결하는 데 어려움을 갖거나 또는 사실상 트라우마 관련 증상들을 트라우마와 관련이 적은 증상들과 구별하는 데 어려움을 겪는다. 이러한 일들은 종종 어려운 문제이지만, 이와 관련해서 이 책의 나머지 장들에서 다양한 트라우마 증상들의 연결을 명확하게 하는 평가와 치료 접근법들을 설명하고, 몇몇 사례의 경우에는 다중 외상-다중 증상(multitrauma-multisymptom) 발현에 접근하는 대안적인 방법들을 제시하고 있다.

추천 문헌

Breslau, N., Davis, G. S., Andreski, P., & Petercon, E. L. (1991). Traumatic events and posttraumatic stress disorder in an urban population of young adults. *Archives of General Psychiatry, 48*, 216-222

Duckworth, M. P., & Follette, V. M. (Eds.). (2011). *Retraumatization : Assessment, treatment, and prevention*. London, UK : Routledge.

Koss, M.P., White, J., & Kazdin, A. (2011). *Violence against women and girls : Volume Ⅱ : Navigating the solutions*. Wasington, DC : American Psychological Association.

Norris, F.(1992). Epidemiology of trauma : Frequency and impact of different potentially traumatic events on different demographic groups. *Journal of consulting and Clinical Psychology, 60*, 409-418.

Rees, S., Silove, D., Chey, T., Ivancic, L., Steel, Z., Creamer, M., . . . Forbes, D. (2011). Lifetime prevalence of gender-based violence in women and the relationship with mental disorders and psychological function. *Journal of the American Medical Association, 306*, 513-521.

제2장

트라우마의 영향

John N. Briere, Catherine Scott, Janelle Jones

이 장은 두 부분으로 구성되어 있다. 첫 부분은 후기 청소년기 아동과 성인의 트라우마 관련 증상이 심화되는 데 가장 연관성이 있는 개인적, 사회적, 그리고 특정 트라우마 변인들을 논의한다. 트라우마 이후의 결과에 영향을 미치고 조절하는 다양한 변인들은 유사한 트라우마에 노출된 두 사람이 매우 상이한 방식으로 반응할 수 있으므로 임상 실제와 관련이 있다. 즉 어떤 사람은 경미하고 일시적인 증상만을 보일 수 있지만, 어떤 사람은 이러한 증상이 수개월 또는 수년 동안 지속되어 완전한 스트레스장애로 발전될 수 있다. 정신장애 진단 및 통계 편람(*DSM-IV-TR*, *DSM-5*; APA, 2000, 2013)에서 밝히고 있듯이 최근의 연구는 진단 기준 A에 해당되는 트라우마에 노출된 사람들 중 소수만이 외상후 스트레스장애로 발전되며(Breslau, Davis, Andreski, & Peterson, 1991; Kubany, Ralston, & Hill, 2010), 나머지 사람들은 트라우마의 영향을 더 적게 받거나, 우울 및 불안과 같은 다른 증상이 나타난다는 사실을 보여준다. 증상의 구체적 수준과 유형은 수많은 변인들과 관련이 있으며, 간혹 외상후 스트레스의 위험 요인으로 언급되고 있다. 어떤 사례에서는 이러한 위험 요인에 초점을 둔 개입이 트라우마 이후에 나타나는 반응을 줄이고 향후에 발생할 수 있는 장애의 위험을 감소시키는 것으로 나타났다.

이 장의 두 번째 부분은 트라우마 이후에 나타나는 증상들에 대한 주요 유형을 설명하고 있다. 임상 결과들은 세 가지 주요 특정 트라우마 장애뿐만 아니라 ASD, PTSD, BPDMS(brief psychotic disorder with marked stressor, 뚜렷한 스트레스 유발인자를 가진 단기 정신증 장애)뿐만 아니라, 해리장애와 기타 많은 유전적 반응 및 장애를 포함한다.

무엇이 외상후 반응을 더 일어나게 하고, 심하게 하고, 또는 더 복잡하게 만드는가?

트라우마 이후 개인이 경험하는 증상의 정도와 유형은 적어도 다음 세 가지 영역, 즉 (1) 피해자의 특정 변인, (2) 스트레스 유발인자의 특성, (3) 피해자 주변 사람들이 피해자에게 반응하는 방식 안에서 작용한다.

피해자 변인

피해자 변인은 트라우마 이전에도 존재했지만, 지속되는 외상후 장애와 연관될 수 있는 피해자의 특징을 말한다. 이러한 변인들 가운데에서 몇몇 변인은 특정 집단의 사회적 차별이나 소외와 관련이 있기 때문에 위험 요인이 된다(예 : 성별, 인종, 빈곤). 다른 증상들은 이전의 트라우마 경험 혹은 학대로 인해 발현될 수 있다(예 : 이전의 심리적 장애 및 잘못된 대처 방식).

피해자가 될 수 있는 주요 특정 위험 요인은 다음과 같다.

- 여성(Breslau, chilcoat, Kessler, & Davis, 1999; Kimmerling, Ouimette, & Wolfe, 2002; Leskin & Sheikh, 2002)
- 연령 : 중년기 성인보다 연령이 낮거나 높은 개인들이 더 큰 위험에 처한다 (Atkeson, Calhoun, Resick, & Ellis, 1982; Koenen et al., 2002; McCutcheon et al., 2010).
- 인종 : 백인과 비교하면 아프리카계 미국인과 히스패닉이 높은 위험에 처한다 (DiGrande, Neria, Brackbill, Pulliam, & Galea, 2010; Kulka et al., 1998; Ruch & Chandler, 1983).
- 낮은 사회 경제적 지위와 빈곤(Carter, 2007; McLaughlin et al., 2009; Rosenman, 2002)
- 이전의 혹은 공병하는 심리적 기능장애나 장애(K. Brady, Killeen, Brewerton, & Lucerini, 2000; Kulka et al., 1998; Petrakis, Rosenheck, & Desai, 2011)

- 효과적이지 못한 대처 방식(Fauerbach, Richter, & Lawrence, 2002; Hooberman, Rosenfeld, Rasmussen, & Keller, 2010; R. C. Silver, Holman, Mclntosh, Poulin, & Gil-Rivas, 2002)

- 가족의 기능장애와 정신질환에 대한 가족력 모두, 또는 한쪽에 해당하는 경우(Bassuk, Dawson, Perloff, & Weinreb, 2001; Breslau et al., 1991; Dierker & Merikangas, 2001)

- 이전의 트라우마 노출 경험(Breslau et al., 1999; Ozer, Best, Lipsey, & Weiss, 2003; Yuan et al., 2011)

- 특히 시상하부 뇌하수체 부신피질 축과 관련하여 과민하거나 기능장애가 있는 (기능부전) 신경 체계(McFarlane, Barton, Yehuda, & Wittert, 2011; Southwick, Morgan, Vythilingam, & Charney, 2003; Yehuda, Halligan, Golier, Grossman, & Bierer, 2004)

- 발현 유전자에 대한 환경적 스트레스(트라우마를 포함한)의 상호작용 효과를 포함한 소위 후생적 효과로 불리는(Mercer et al., 2011; Xie et al., 2010; Yehuda & Bierer, 2009) 유전적 소인(Bailey et al., 2010; Segman et al., 2002)

- 비록 지속적인 해리(트라우마 시작과 계속되는 시간)가 더 강력한 위험 요인이 될 수 있을지라도(Biere, Scott, & Weathers, 2005). 트라우마 당시의 비현실감, 이인증 혹은 인지 이탈을 포함한 주변 외상성 해리(Lensvelt-Mulders et al., 2008; Ozer et al., 2003; Sugar & Ford, 2012)

- 트라우마 당시 또는 그 직후의 심각한 고통(Briere, Scott et al., 2005; Roemer, Orsillo, Borkovec, & Litz, 1998)

마지막 특징인 트라우마 당시나 그 이후의 고통은[종종 주변 외상성 고통(peritraumatic distress)으로 일컬어지는] PTSD의 주요한 위험 예측 변인이다. 사실 이전의 *DSM-IV -TR*의 기준 A2에 따르면, 개인이 트라우마를 경험한 당시나 그 직후에 공포, 두려움 또는 무기력을 보고하지 않았다면 그 사건은 트라우마로 간주되지 않는다. *DSM-5*에 는 진단 기준 A2가 사라졌지만, 주변 외상성 고통은 아직까지도 매우 중요한 위험 요 인으로 여겨진다. 분노, 수치심, 죄책감과 같은 기타 주변 외상성 반응 또한 트라우 마 직후의 반응을 증가시킬 가능성이 있다(예: Andrews, Brewin, Rose, & Kirk, 2000; Friedman, Resick, Bryant, & Brewin, 2011; Leskela, Dieperink, & Thuras, 2002). 비록 이전의 *DSM-IV-TR*에서 제시되었듯이, 트라우마 특성이 가끔 고려되더라도 주변 외상성 고통(그리고 주변 외상성 해리)은 트라우마 심각도 지표만큼 수많은 피해자 변수일 것이다. 트라우마 당시에 특히 높은 수준의 고통을 경험한 사람들은 스트레스 감내 및 정동 조절에 있어서 이미 경험하고 있는 문제들, 트라우마 노출 경험, 인생의 사건들을 그들의 관리 능력 밖으로 보거나 잠재적 위협으로 여기는 인지적 성향 같은 많은 이유들로 인해 트라우마 이후의 어려움에 대한 위험성이 더 높은 것으로 보인다.

성별과 인종의 역할

위에 열거된 여러 피해자 특성이 트라우마 이후에 뒤따르는 보다 큰 어려움들과 연관이 있는 것은 납득할 만하다. 예를 들면 낮은 사회경제적 지위, 효과적이지 않은 대처 방식들, 정신장애의 가족력, 과거의 트라우마 노출 내력, PTSD의 유전적 소인, 그리고 스트레스 감내 능력이 감소되어 있는 사람과 특별히 어리거나 나이 든 사람들은 트라우마 사건에 더욱 취약할 수 있다. 한편, 성별과 인종에 관한 인구통계적 변인들은 직관적으로 덜 명백한 위험 요인이다. 여성이나 유색 인종이 선천적으로 덜 힘들다거나, 어떤 면에서 특별히 트라우마에 영향을 받기 쉽다고 예상하기는 어렵다. 그럼에도 불구하고 임상 표본이나 비임상 표본에서 보면, 이 집단들이 다른 집단보다 PTSD 진단 기준을 더 충족시키는 것으로 보인다.

여성과 인종적/민족적 소수 집단들은 PTSD를 유발할 수 있는 사건에 더 자주 노출되기 때문에, 미국 사회에서 여성이나 소수 인종/민족은 주로 트라우마 스트레스의 위험 요인으로 여겨진다(Breslau et al., 1998; Briere, 2004; Read, Ouimette, White, Colder, & Farrow, 2011; Rees et al., 2011). 다시 말해서 이들 인구통계적 집단에서 PTSD의 높은 비율은 본질적으로 스트레스를 다루는 능력이 부족해서가 아니라, 인종적·성적 불평등과 같은 전반적인 사회적 요인의 결과이며, 이러한 집단에 속한 개인은 다른 집단보다 트라우마를 경험할 가능성이 더 크다는 것이다. 예를 들면 전국 베트남 재향군인의 재적응에 대한 연구에서(Kulka et al., 1988), 재향군인들의 PTSD 비율은 백인(14%)이 히스패닉(28%)이나 아프리카계 미국인(19%)보다 상당히 낮았다. 그러나 히스패닉과 아프리카계 미국인들이 백인들보다 상당한 전투 스트레스에 더 노출되기 쉬운 것으로 보였다—비록 이 연구에서 강조되지 않았지만, 아마도 군대에 오기 전부터 취약했을 것이다. 전투 상황에 대한 노출 정도에 따라 인종의 차이를 통계적으로 통제했을 때, 백인과 아프리카계 미국인 간의 PTSD의 차이가 드러나지 않았고, 백인과 히스패닉 간의 차이가 상당히 줄었다. 이와 비슷하게 Kessler와 동료들

(1995)은 PTSD의 평생 발병률을 여성은 10.4%, 남성은 5.0%로 예측하였으며, 여성들이 남성들보다 특히 성적 학대와 강간과 같이 PTSD를 유발하는 트라우마에 노출될 가능성이 상당히 높기 때문에, 성차가 크다고 말했다.

　몇몇 연구에서는 남녀가 모두 트라우마에 노출될 가능성이 동일하다고 볼 경우에(예 : 자연 재해, 남성과 여성의 PTSD 유병률은 거의 동등할 것이라고 시사한다(Yehuda, 2004). 이와 동시에 다른 대규모의 연구(예 : DiGrande et al., 2010)에서는 심지어 테러리스트 피해자 중에서도 여자와 소수자들이 남자와 백인보다 PTSD로 발전될 가능성이 어느 정도 더 크다고 보고했다. 이런 경우에는 테러 이전의 트라우마 내력, 감정 표현을 위한 사회화(즉, 더 심한 증상에 대한 지지), 사회적 소외의 영향들이 변인 간의 관계를 매개할 것이라고 보았다(DiGrande et al., 2010; Kimerling et al., 2002; Norris & Alegria, 2005).

스트레스 유발 인자의 특성

피해자 변수 이외에도 수많은 트라우마 특성이 트라우마 이후의 결과에 영향을 주는 것으로 나타났다. 이는 다음과 같다.

- 비대인관계적 사건이 아닌 의도적인 폭력 행위(Briere & Elliott, 2000; Green, Grace, Lindy, & Gleser, 1990; Poole et al., 1997)
- 생명을 위협하는 존재(DiGrande, Neria, Brackbill, Pulliam, & Galea, 2010; Holbrook, Hoyt, Stein, & Sieber, 2001; Ullman & Filipas, 2001)
- 신체 부상(Briere & Elliott, 2000; Foy, Resnick, Sipprelle, & Caroll, 1987; Haden, Scarpa, Jones, & Ollendick, 2007)
- 전쟁 동안 전투에 노출된 정도(Goldberg, True, Eisen, & Henderson, 1990; Hoge et al., 2004; Kulka et al., 1998) 그리고 살인에 연루됨(Maguen et al., 2011).
- 죽음의 목격(Phillips, LeardMann, Gumbs, & Smith, 2010; Selley et al., 1997), 특히 그 장면이 끔찍할 때(Bills et al., 2009; R. S. Epstein, Fullerton, & Ursano, 1998)
- 트라우마로 인한 애인이나 친구의 사망(Green et al., 1990; O'Connor, 2010)
- 생명을 위협하는 질병과 특히 고통스러운 치료적 과정(Bienvenu & Neufeld, 2011; Stramrood et al., 2011)

- 예측 불가능성 및 통제 불능성(E. B. Carlson & Dalenberg, 2000; Foa, Zinbard, & Rothbaum, 1992)
- 성적 피해자화(Breslau et al., 1991; Kang, Dalager, Mahan, & Ishii, 2005)
- 오랜 기간 지속되거나 빈번한 트라우마 경험(Briere & Elliott, 2003; Naeem et al., 2011; Phillips et al., 2010)

트라우마 이후의 스트레스의 발달과 관련된 이러한 트라우마 특성들의 영향은 상당하다. 피해자 변인과는 상관없이 어떤 트라우마 사건들(예 : 강간)은 다른 사건들(예 : 자연재해)보다 훨씬 더 PTSD를 유발할 가능성이 큰 것으로 밝혀졌다. 따라서 개인의 트라우마 이후의 스트레스를 예상하려고 할 때 트라우마 변인들만을 고려하는 것은 잘못된 것이며, 트라우마 이후의 반응이 단지 개인적 또는 인구통계적 변인 때문이라고 추정하는 것도 잘못된 것이다.

방임과 아동 학대의 특정 역할

대부분의 성인기 트라우마는 본질적으로 극단적이고, 때때로 심각한 심리적 결과와 연관될지라도 연구에서는 평균적으로 아동기의 트라우마가 지속적인 심리사회적 결과와 더 높은 관련성이 있는 것으로 나타난다(Briere & Rickarads, 2007; Gal, Levav, & Gross, 2011). 이는 아동기의 트라우마가 인간 발달에서 가장 취약할 때에 나타나고, 일반적으로 관계적 학대(비대인적 외상과 상반된)와 관련이 있으며, 다수의 개별적인 피해 경험들이 오랜 기간 지속될 가능성이 있기 때문이다(예 : 지속적인 가족 내 성적 학대). 결과적으로 아동 학대는 방임(neglect)과 기분 장애(disturbed mood), 인지왜곡, 외상후 스트레스, 그리고 성인기 트라우마 생존자들에게서 간혹 나타나는 증상들뿐만 아니라 다른 사람들과의 긍정적이고 지속적인 관계 형성의 어려움, 정체성 장애, 통제에 영향을 주는 문제들을 유발할 수 있는 무너진 부모-아동 애착 그리고 아동기 피해에 좀 더 특별한 결과를 야기할 수 있다(Briere & Rickards, 2007; Bureau, Martin, & Lyons-Ruth, 2010).

아동기 심리적 외상과 방임은 청소년기 그리고 성인기의 추가적 피해를 야기하는 위험 요인(예 : Amstadter et al., 2011)이기 때문에 아동 학대 생존자 중 상당수는 생애 초기와 그 이후의 대인적 폭력을 경험하게 되고, 이는 결과적으로 복잡한 임상적 결과를 야기한다(이 장의 뒷부분에 있는 '복합 외상후 스트레스 발현' 참조). 이는 사람의 일생에 영향을 미치는 트라우마의 누적과 누계(Briere, Kaltman, & Green, 2008；Follette, Polusney, Bechtle, & Naugle, 1996)뿐만 아니라 초기 외상에 대한 경향이 이후의 외상에 대한 후속 반응을 악화시킨다(Breslau, Peterson, & Schultz, 2008；Salloum, Carter, Burch, Garfinkel, & Overstreet, 2011). 그러므로 어느 누구도 강간, 고문 혹은 성인을 대상으로 가해지는 잔혹 행위의 지속적인 영향을 무시해서는 안 되지만 내담자가 겪었던 아동기 피해 상황을 중심으로, 이러한 최근의 트라우마를 평가하고 치료하는 것이 중요하다. 이 장과 다음 장들에서도 다루게 될 이런 복합적인 아동-성인 트라우마 영향들은 각기 다른 방향과 전략을 필요로 하는 여러 증상들과 문제들이 동시에 공존하기 때문에 치료하기가 더 어렵다.

사회적 반응, 지지, 자원

가족 구성원, 친구, 그리고 다른 사람들에 의한 심리적 지지는 트라우마 이후에 나타나는 영향의 강도를 줄이는 것으로 알려져 있다. 이러한 심리적 지지는 트라우마 상황 이후의 수용하는 반응(즉 비난하지 않기), 사랑받는 사람들로부터의 돌봄과 양육, 그리고 트라우마 사건 이후 도와주는 사람들이나 기관들의 유용성을 포함한다(예 : Berthold, 2000；Coker et al., 2002；A. Lee, Isaac, & Janca, 2002；Xu & Song, 2011). 그러나 피해자에 대한 사회적 반응은 트라우마 특성이나 피해자 변수들로부터 독립되어 있지 않다. 어떤 트라우마 사건들은 다른 사건들보다 사회적으로 더 용인되며(예 : 허리케인이나 지진의 피해자는 어떤 사람들에게는 강간 피해자들보다 더 순수하고 가치 있는 연민으로 보일 수 있다), 어떤 트라우마 생존자들(예 : 소수의 인종 집단들, 성소수자들, 불법 이민자들, 창녀들, 노숙자들)은 다른 사람들보다도 더욱 부당한 대우를 받기 쉽다(L. S. Brown, 2008). 그럼에도 불구하고 이러한 복잡성을 떠나서, 대부분의 연구들은 사회적 지지가 트라우마에 가장 강력한 영향을 미치는 결정 인자 중 하나라고 제안한다. 이러한 사실은 우리가 살펴볼 트라우마 치료에서 치료적 관계의 중요성을 포함한, 트라우마 회복의 사회적/관계적 측면을 강조한다.

트라우마 이후의 반응 유형

앞에서 언급하였듯이 잠재적 트라우마 사건들은 유형과 빈도가 다양하며, 심리적 영향들은 다수의 피해자 특정 변인과 사회적/문화적 변인에 의해서 달라진다. 그러므로 많은 증상 및 장애가 트라우마 사건 노출과 연관되는 것은 놀라운 것이 아니다. 이들 중 가장 중요한 내용들을 다음 페이지에서 설명할 것이다. 그러나 모든 심리적 영향이 증상이나 장애 범주에 포함될 수는 없다. 트라우마는 우리가 삶에 부여하는 의미를 변화시킬 수 있으며, 진단 편람으로 쉽게 분류되지 않는 느낌과 경험을 낳을 수 있다. 더 실존적인 영향들은 삶의 의미 상실, 세상에 혼자 남아 있는 느낌, 삶의 허무함 자각과 죽음의 실제, 영성과 도덕성과의 연결성 상실, 또는 희망, 신뢰, 또는 자신이나 다른 사람을 돌보는 능력의 상실을 포함할 수 있다(Drescher et al., 2011; Herman, 1992b, Rusiewicz et al., 2008; Shay, 1995). 이러한 이유로 진단이나 심리검사 결과들은 트라우마 영향에 대한 모든 범위를 포함하는 경우가 드물다. 반면에 진단과 증상 설명은 임상가들이 공통의 언어와 지식 기반을 언급하도록 용인하며 유용한 치료 계획의 발전에 도움을 줄 수 있다.

우울 관련 장애

외상성 사건에 노출되는 것은 광범위한 우울 증상을 야기한다(Kessler et al., 1995; Nanni, Uher, & Danese, 2012). 외상후 스트레스와 우울 증상들이 동일한 트라우마 사건에서 발생할 때 피해자들은 종종 비애와 사망, 유기와 고립에 대해 말한다. 외상후 스트레스, 비애, 우울증은 서로 중첩될 뿐만 아니라(Kersting et al., 2009; O'Connor, Lasgaard, Shevlin, & Guldin, 2010) 트라우마 이후에 나타나는 우울증과 높은 자살 가능성은 밀접한 관련이 있다(Krysinska & Lester, 2010; Nrugham, Holen, & Sund, 2010). 이는 우울증이 트라우마를 경험하는 사람들을 치료하는 데 있어서 항상 고려되어야 함을 의미한다.

복합 또는 외상성 비애

비애는 상실에 대한 정상 반응이며 시간이 지나면서 종종 자연스럽게 해결된다. 그러나 상실이 갑작스럽고, 외상적인 잔인한 죽음이나 개인 생활의 붕괴를 포함할 때, 상실 반응은 더 복합적이게 되며, 지속적인 정신건강 문제와 연관될 수도 있다. 예를 들면 외상성 상실은 치료가 필요한 우울증, PTSD, 물질 남용, 또는 어떤 경우에는 심각한 신체적 질병을 동반할 수 있다(예 : Shear & Smith-Caroff, 2002; Zisook, Chentsova-Dutton, & Shuchter, 1998). *DSM-5* 버전으로(Shear et al., 2011) 외상성 상실에 잇따른 '복합' 또는 '외상성' 비애 장애가 1990년대 후반에 제안되어 왔다(Horowitz et al.,

1997; Prigerson et al., 1999). 외상성 상황 속(예 : 살인, 자살, 재난 혹은 사고)에서 일어난 잇따른 죽음이라는 점에서 앞서 제안된 사별 관련 장애는 '외상성 비애'라고 구체적으로 명시되었다. 이는 죽음을 상기시키는 반응을 포함한(APA, 2012c) 죽음의 외상적 특징에 연관된 이미지나 감정 등(고인의 고통 수준, 끔찍한 부상, 죽음에 대해 자신이나 타인을 비난하기), 끊임없이 빈번하게 일어나는 고통스러운 생각들이 있다.

마침내 *DSM-5* 위원회는 사별을 별도의 장애로 분류하지 않기로 하였고 '사별 배척(bereavement exclusion)'을 정신장애 *DSM-IV*에서 찾을 수 있는 주요 우울 장애로 분류하기로 하였다. 기존에는 임상가들이 비애로 인해 우울이 나타나는 것으로 진단할 수 없었다. *DSM-5*에서는 2주 이상 비애와 관련한 우울이 있는 개인들은 주요 우울로 진단할 수 있다. 하지만 이와 같은 내용이 복잡하고 심각한 비애 반응의 다른 증상들, 예를 들어 플래시백, 회피 반응 혹은 사랑하던 사람의 죽음에 대한 지나치게 긴 몰입을 설명할 수는 없다. 이는 또한, 비애와 관련한 우울이 다른 원인으로부터 기인한 우울과는 확연히 다르다는 연구 결과들을 간과하는 것이다. 아마도 이러한 이유로 *DSM-5*는 3장에서 '지속성 복합사별 장애(persistent complex bereavement-related disorder)'를 포함하고 있다(추가 연구 상황). 이는 '기타 특정 외상 및 스트레스 관련 장애(other specified trauma-and stressor-related disorder)'의 진단을 위한 세부 유형으로서 적용될 수도 있다.

주요 우울증

많은 연구는 주요 트라우마에 노출된 사람들이 주요 우울장애로 발전될 위험이 있음을 지적하며, 우울증은 PTSD와 공존하는 가장 흔한 장애들 중 하나이다(Breslau et al., 1991; Kessler et al., 1995). 또한 앞서 언급하였듯이 외상성 상실과 관련된 비애는 주요 우울증을 일으킬 수 있지만 *DSM-5*에서는 이를 병인에 포함하지 않는다. 우울증의 어떤 증상들(특히 불면증, 정신운동 초조, 이전에 즐기던 활동에 대한 흥미 상실 그리고 집중력 저하)은 PTSD 증상들과 중복되며(Gros, Simms, & Acierno, 2010), 이는 진단을 복잡하게 한다. 게다가 많은 트라우마 생존자는 치료 초기에 트라우마 노출 내력을 보고하지 않은 채 우울한 기분을 주로 호소한다. 그 결과 트라우마 피해자들을 진단하는 임상가들은 다음과 같은 우울 증상에 주의해야 한다.

- 되돌릴 수 없는 상실과 관련된 극도의 슬픔 또는 불쾌감
- 외상성 사건이 일어날 가능성과 관련한 무망감

- 무가치함(무의미), 과도한 죄책감 또는 외상성 사건을 당할만 하다는 생각
- 자살 충동성
- 이전에 즐기던 활동에 대한 흥미 상실
- 집중력 저하
- 정신운동 초조 또는 지체
- 거식증 그리고/또는 체중 감소
- 피로와 기력 상실
- 수면 장애, 불면증 또는 과다 수면

우울증이 외상적 상태에 대한 중요 요소일 때, 심리치료 이외에 약물 요법이 권고될 수 있다(12장 참조).

정신증적 우울증

트라우마는 정신증 이외에 우울증과도 관련이 있는 것으로 알려져 있다(Read, van Os, Morrison, & Ross, 2005). 그러므로 정신증적 특징을 가진 주요 우울증(APA, 2013)이 외상후 스트레스와 연결되는 것은 당연하다. 더욱 놀랄 만한 것은 이러한 PTSD가 정신증이 없는 우울한 개인들보다 정신증을 가진 우울한 개인들에서 네 배나 흔하다는 것이다(예 : Zimmerman & Mattia, 1999).

정신증적 우울증을 가진 사람들이 PTSD에 더 취약하다는 것은 여러 가지로 설명될 수 있다. 첫째, 극도의 트라우마는 정신증과 우울증을 가져올 수 있으며, 어떤 사람들은 두 증상을 동시에 보이기도 한다. 둘째, 정신병적 우울증 성향을 가진 사람들은 감소된 정동 조절 능력 때문에, 또는 스트레스를 받으면 인지적으로 혼란스러워지기 때문에 PTSD의 위험이 있다. 셋째, 우울증을 동반한 PTSD로 괴로워하는 사람들의 어떤 '정신증적' 증상들은 실제로 외상후 스트레스와 연관된 심각한 침습적 증상을 나타낸다. 예를 들면 강간과 가정 폭력 피해자들은 가해자들이 자신을 모욕하거나 경멸하는 말을 자주 듣는다고 보고하며, 총기 폭력의 피해자들은 총 발포 소리를 자주 듣는다고 보고한다. 트라우마 이후의 스트레스, 우울증, 정신증의 연관성 이유와 상관없이, 평가를 하는 임상가는 정신증적 증상과 우울증 증상을 호소하는 환자들 모두에게 심각한 트라우마에 대한 노출 가능성이 있는지를 유념해야 한다.

불안

트라우마는 위험과 취약성에 대한 경험을 포함하기 때문에, 트라우마 이후의 반응에는 종종 불안(anxiety) 증상이 수반된다. 이러한 증상은 범불안장애, 공황, 공포불안의 세 가지로 분류된다.

범불안장애

범불안장애는 트라우마에 대한 반응으로 트라우마 이후의 스트레스(예 : Koenen et al., 2002)와 트라우마 노출 상황에 잇따른 증상(예 : Freedman et al., 2002) 모두를 악화시키는 위험 요인으로 알려져 있다. 이외에도 많은 사람들은 외상성 사건 이후 불특정한 불안 증상의 증가를 보고한다(예 : Mayou, Brayant, & Ehlers, 2001). 불안은 다양한 병인 요소들의 결정적인 공통 경로이기 때문에 어떤 것은 트라우마와 관련되어 있지 않으며, 개인의 일반적 불안이 그 개인의 트라우마 내력을 설명하는 것은 아니다. 그러나 트라우마를 경험하는 개인에게 있어, 불특정한 불안은 종종 위협적인 사건의 영향을 반영하는 것이므로, 종합적인 트라우마 치료에서 고려되어야 한다.

공황

역사적으로 공황발작(대개 10분에서 한 시간 정도 지속되며 심장의 두근거림, 숨 가쁨, 발한, 수족냉증 그리고 죽음의 임박을 느끼는 것과 같은 증상이 특징이다)과 공황장애는 트라우마 관련 증상으로 고려되지 않았다. 그러나 공황발작이 특별히 스트레스적인 사건과 중요한 사람의 사망으로 인해 일어날 수 있으며, 많은 트라우마 생존자들이 대인적 피해 이후에 공황 사건을 보고한다(예 : Cougle, Feldner, Keough, Hawkins, & Fitch, 2010; Falsetti & Resnick, 1997). *DSM-5*에 따르면, 이러한 사건은 보통 공황장애의 징후로서 고려되지 않는데, 이것은 진단 기준에 따르면 공황발작은 예측 불가한 것으로, 특정 사건이나 촉발 요인과 관련 없음을 전제로 하기 때문이다. 뒤에서 설명하겠지만, 공황장애의 진단 기준과 상관없이 공황발작은 가능한 약물치료를 포함한 임상가의 개입을 필요로 하는 압도적이고 위협적인 것이다.

*DSM-5*에서 공식적인 공황장애와 트라우마 이후의 공황을 분리시켰음에도 불구하고, 최근 연구는 일반 대중 가운데 공황장애와 외상후 스트레스가 동시에 유발될 수 있다고 제안한다(예 : Leskin & Sheikh, 2002). 다시 말해서 발작이 트라우마 관련 촉발 요인의 원인이 아니더라도 PTSD와 공황발작은 종종 연관된다. 그 결과 임상가는

트라우마 경험으로 괴로워하는 사람들을 진단할 때, 공황 경험에 대한 것을 물어야 하며, 트라우마 생존자의 공황발작이 외상후 스트레스의 한 유형일 수 있다는 것을 고려해야 한다.

공포불안

어떤 사람들은 공포증의 발생에서 유전적 측면을 더 강조하지만, '불합리적인' 공포(즉, 공포증)의 병인론에 대한 대부분의 모델들은 이전의 기분을 상하게 했던 사건을 연상시키는 자극에 대한 조건화된 공포 반응을 강조하는 경향이 있다(Kendler, Myers, & Prescott, 2002). 조건화 이론(conditioning theory)과 연관지어, PTSD와 ASD의 회피 증상은 내재적으로 공포증을 포함한다. 여기에는 그 트라우마를 연상시키는 사람, 장소, 상황을 회피하려는 노력이 포함되며, 이것은 주로 이러한 자극들로 연상될 수 있는 공포 때문이다. 이 밖에도 사회 공포증과 특정 공포증은 외상후 스트레스와 함께 발병된다는 것이 밝혀졌으며(Carleton, Peluso, Collimore, & Asmundson, 2010; Kessler et al., 1995; Zayfert, Becker, Unger, & Shearer, 2002), 트라우마에 노출된 사람들 가운데에서 더 흔히 나타난다(Cougle, Timpano, Sachs-Ericsson, Keough, & Riccardi, 2010; Mayou et al., 2001).

스트레스장애

급성 트라우마의 특징은 종종 PTSD나 ASD로 여겨지며, 각각은 *DSM-IV*에서 불안장애로 분류된 것과는 달리 *DSM-5*에서는 외상 및 스트레스 관련 장애로 분류되었다. 비록 이러한 반응들이 트라우마로부터 일어날 수 있는 증상의 일부분만을 나타내지만, 트라우마에 노출된 사람들 중에서는 비교적 흔히 나타난다. 이와 관련된 BPDMS는 뚜렷한 스트레스 요인이 있는 때때로 스트레스장애에 포함되기도 하지만, 이 장의 뒷부분에서 다루었다.

PTSD

PTSD(posttraumatic stress disorder, 외상후 스트레스장애)는 *DSM-5*에서 트라우마 특정 진단으로 가장 잘 알려져 있다. 표 2.1에서 보여주듯이, PTSD 증상들은 네 가지 군(群)으로 나누어진다: (A) 외상성 상황의 재경험, (B) 트라우마 관련 자극 회피, (C) 감각 마비, 부정적인 인지와 기분, (D) 과각성과 과민성. 대개 재경험은 플래시백과 침습적인 생각들 또는 트라우마에 대한 기억들 이외에도, 그 사건의 자극들을 연상시키는

표 2.1 PTSD에 대한 *DSM-5* 진단 기준(성인, 청소년 그리고 6세 이상의 아동)

A. 실제적이거나 위협적인 죽음, 심각한 부상 또는 성폭력에의 노출이 다음과 같은 방식 가운데 한 가지(또는 그 이상)에서 나타난다.

  1. 외상성 사건(들)에 대한 직접적인 경험

  2. 그 사건(들)이 다른 사람들에게 일어난 것을 생생하게 목격함

  3. 외상성 사건(들)이 가족, 가까운 친척 또는 친한 친구에게 일어난 것을 알게 됨

   주의사항 : 가족, 친척 또는 친구에게 생긴 실제적이거나 위협적인 죽음의 경우에는 그 사건(들)이 폭력적이거나 돌발적으로 발생한 것이어야만 한다.

  4. 외상성 사건(들)의 혐오스러운 세부 사항에 대한 반복적이거나 심각한 노출의 경험 (예 : 변사체 처리의 최초 대처자, 아동 학대의 세부 사항에 반복 노출된 경찰관)

   주의사항 : 진단 기준 A4는 노출이 일과 관계된 것이 아닌 한, 전자미디어, 텔레비전, 영화 또는 사진을 통해 노출된 경우는 적용되지 않는다.

B. 외상성 사건(들)과 관련이 있는 침습 증상이 다음 중 한 가지(또는 그 이상)에서 나타난다. 이러한 변화는 외상성 사건이 일어난 후에 시작된다.

  1. 외상성 사건(들)에 대한 반복적이고, 불수의적이며, 침습적인 고통스러운 기억

   주의사항 : 7세 이상의 아동에서는 외상성 사건(들)의 주제 또는 양상이 표현되는 반복적인 놀이로 나타날 수 있다.

  2. 반복적으로 플래시백되는 고통스러운 꿈의 내용과 정동이 외상성 사건(들)과 관련 있다.

   주의사항 : 아동에서는 내용을 알 수 없는 악몽으로 나타나기도 한다.

  3. 외상성 사건(들)이 실제로 일어난 것처럼 느끼고 행동하는 해리성 반응(예 : 플래시백)(이러한 반응은 연속선상에서 나타나며, 가장 극심한 표현은 현재 주변 상황에 대한 인식의 완전한 상실일 수 있음)

   주의사항 : 아동에서는 트라우마의 특정한 플래시백이 놀이로 나타날 수 있다.

  4. 외상성 사건(들)을 상징하거나 그와 유사한 내적 또는 외적 단서에 노출되었을 때 극심하거나 장기적인 생리적 반응

  5. 외상성 사건(들)을 상징하거나 그와 유사한 내적 또는 외적 단서에 대한 뚜렷한 생리적 반응

C. 외상성 사건(들)과 연관된 자극의 지속적인 회피가 다음 중 한 가지 또는 그 이상의 방식으로 나타난다. 이러한 변화는 외상성 사건이 일어난 후에 시작된다.

  1. 외상성 사건(들)에 대한 또는 밀접한 관련이 있는 고통스러운 기억, 생각 또는 감정을 회피 또는 회피하려는 노력

  2. 외상성 사건(들)에 대한 또는 밀접한 관련이 있는 고통스러운 기억, 생각 또는 감정을 유발하는 외적인 단서들(사람, 장소, 대화, 행동, 사물, 상황)을 회피 또는 회피하려는 노력

D. 외상성 사건(들)과 관련이 있는 인지와 기분의 부정적 변화가 다음 중 두 가지(또는 그이상)에서 나타난다. 이러한 변화는 외상성 사건이 일어난 후에 시작되거나 악화된다.

   1. 외상성 사건(들)의 중요한 부분을 기억하지 못하는 불능(두부 외상, 알코올 또는 약물 등의 이유가 아니며 전형적으로 해리성 기억상실에 기인)

   2. 자신, 타인 또는 세계에 대한 지속적이고 과장된 부정적인 신념 또는 기대(예 : "나는 나쁘다.", "누구도 믿을 수 없다.", "이 세상은 전적으로 위험하다.", "나의 모든 신경계는 영구적으로 파괴되었다.")

   3. 외상성 사건(들)의 원인이나 결과에 대한 지속적이며 왜곡된 인지를 지니며, 이러한 인지로 인해 자신 또는 다른 사람을 비난함

   4. 지속적으로 부정적인 정서 상태(예 : 공포, 두려움, 화, 죄책감 또는 수치심)

   5. 주요 활동에 현저하게 저하된 흥미 또는 참여

   6. 타인에 대해서 거리감이나 소외감을 느낌

   7. 긍정 정서(예 : 행복, 만족 또는 사랑의 감정)를 느낄 수 없는 지속적인 불능

E. 외상성 사건(들)과 관련하여 각성과 반응도의 현저한 변화가 다음 중 두 가지(또는 그이상)에서 나타난다. 이러한 변화는 외상성 사건이 일어난 후에 시작되거나 악화된다.

   1. 전형적으로 사람 또는 사물에 대한 언어적 또는 신체적 공격성으로 표현되는 민감한 행동과 분노 폭발(자극이 없는 상태이거나 사소한 자극에도)

   2. 무모하거나 자기 파괴적인 행동

   3. 과각성

   4. 과도한 놀람 반응

   5. 집중의 곤란

   6. 수면 장애(예 : 수면을 취하거나 유지하는 데 어려움 또는 불안정한 수면)

F. 장애 발생 기간(진단 기준 B, C, D, E)이 1개월 이상이어야 한다.

G. 장애가 사회적, 직업적 또는 다른 중요한 기능 영역에서 임상적으로 현저한 고통이나 손상을 초래한다.

H. 장애가 물질(예 : 치료 약물이나 알코올)의 생리적 효과나 다른 의학적 상태로 인한 것이 아니다.

- 다음 중 하나를 명시할 것 :

   해리 증상 동반 : 증상이 PTSD의 기준에 해당하고, 또한 스트레스에 반응하여 다음에 해당하는 증상을 지속적이거나 반복적으로 경험한다.

   1. 이인증 : 스스로의 정신 과정 또는 신체로부터 떨어져서 마치 외부 관찰자가 된 것

같은 지속적 또는 반복적 경험(예 : 꿈 속에 있는 느낌, 자신 또는 신체의 비현실감 또는 시간이 느리게 가는 감각을 느낌)

2. 비현실감 : 주위 환경의 비현실성에 대한 지속적 또는 반복적 경험(예 : 개인을 둘러싼 세계를 비현실적, 꿈 속에 있는 듯한, 멀리 떨어져 있는 또는 왜곡된 것처럼 경험)

주의사항 : 이 하위유형을 적용하려면 해리 증상은 물질의 생리적 효과(예 : 알코올 중독 상태에서의 일시적 기억 상실, 행동)나 다른 의학적 상태(예 : 복합 부분 발작)로 인한 것이 아니어야 한다.

● 다음의 경우 명시할 것

증상이 지연되어 나타나는 경우 : (어떤 증상의 시작과 표현은 사건 직후 나타날 수 있더라도) 사건 이후 최소 6개월이 지난 후에 모든 진단 기준을 충족시키지 못한 때

Reprinted with permission from the *Diagnostic and Statistical Manual of Mental Disorders, Fifth Edition* (copyright © 2013), American Psychiatric Association.

노출에 관한 고통과 생리적 반응으로 나타난다. 회피 증상들은 인지적(예 : 혼란스럽게 하는 생각, 느낌, 또는 기억들을 회피하거나 억압하기), 행동적(예 : 스트레스를 받았던 기억들을 유발시킬 수 있는 활동, 사람, 장소 또는 대화를 회피하기)이다. 감각마비 그리고 부정적 인지와 기분은 흥미 감소, 분리, 그리고 기억 상실뿐만 아니라 지속적인 부정적 믿음과 정서 상태를 포함한다. 네 번째 PTSD 증상군인 과과민성은 '과잉 흥분'(낮은 수준의 놀람 반응 역치), 짜증, 수면 장애, 자기 파괴적 행동 또는 주의/집중의 어려움들이다. PTSD의 재경험 증상은 종종 시간이 지나면서 처음보다 약해지는 반면, 회피와 과각성 증상들은 대개 더 지속적으로 나타난다(예 : Abbas et al., 2009; McFarlane, 1988).

ASD와 반대로 PTSD는 스트레스 요인이 발생한 지 30일이 지나야만 진단될 수 있다. 증상은 트라우마가 발생하고 난 이후로부터 특정 기간에 나타나지 않아도 된다. *DSM-5*에는 이러한 내용을 반영한 '지연된 반응', '모든 진단 기준이 사건 발생 이후 적어도 6개월까지는 충족되지 않더라도(어떤 증상의 시작 및 표현은 바로 나타날 수 있을지라도)'라는 선택지가 있다(p. 272).

이 장 뒷부분에서 좀 더 자세히 언급한대로 *DSM-5*에서는 특히 대인 관계에서의 피해 이후 발병할 수 있는 PTSD와 관련된 몇 가지 특징을 언급하고 있다. 대인적 피해(interpersonal victimization) 이후에 발생하는 PTSD의 몇 가지 특징을 명시하고 있다. 이러한 특징에는 인지적 왜곡, 그리고 관련성이나 규제에 영향을 미치는 분야에서의

어려움 같은 정동 조절의 어려움과 같은 성격장애, 가성환각(pseudo-hallucination), 편집중, '문제적 사별(problematic bereavement)' 그리고 해리(비록 다음에 지적한 바와 같이 해리는 현재 PTSD의 잠재적 세부 중심이지만)를 포함한다. 그 밖에 PTSD 환자들의 최대 80%는 적어도 하나의 다른 심리적 장애를 가지고 있다(Kessler et al., 1995; Spinazzola et al., 2005). 대개 공병장애에는 주요 우울장애, 물질 남용, 자살 경향성 그리고 다양한 불안장애가 포함된다(Breslau et al., 1991; Kessler et al., 1995; Wisnivesky et al., 2011). 이러한 이유로, PTSD에 대한 상세한 평가를 다룰 때 이러한 후유증 또한 고려해야 한다.

*DSM-5*의 PTSD 진단 기준의 변화

*DSM-5*의 PTSD 진단 기준은 *DSM-IV*와 많이 비슷하지만 *DSM-5*에서는 다음과 같다.

- 진단 기준 A(트라우마 노출)는 *DSM-IV*에서 요구되었던 A2 주변 외상성 고통(예 : 두려움, 공포 혹은 극도의 무력감) 하위 기준을 더 이상 포함하지 않는다.
- 본질적으로 신체적 폭력의 징후가 없는 아동기 성적 학대를 포함한 신체적 위협이 존재하지 않을지라도 성폭력은 잠재적 외상으로서 포함된다.
- 잠재적인 외상성 사건으로 간주되기 위해 사랑하는 사람, 가족 혹은 친한 친구들의 사고 혹은 폭행(장기간 질병은 제외하고)을 포함한 실제적이거나 위협적인 죽음은 예상되지 못했을 것이다.
- '외상성 사건(들)의 혐오스러운 세부 사항에 대한 반복적이거나 지나친 노출'을 경험하는 최초 대처자, 경찰관 혹은 다른 전문가들(p. 271)은 이제 잠재적인 트라우마에 노출되었다고 간주될 수 있다.
- 회피 군집은 두 가지 다른 기준으로(의도적 회피는 C에 명시되어 있고 감각 마비는 D에 분류되어 있다) 분류되어 있다.
- 인지(예 : 자기 비난 혹은 낮은 자존감)와 기분(예 : 화 혹은 두려움)의 부정적 변화들은 군집 D에 있는 감각 마비로 통합되었다.
- 군집 E는 이제 '비행(flight; 예 : 과각성)'뿐만 아니라 '외현화', '행동화' 반응들까지(예 : 자기 파괴 행동) 포함한다.
- 이인증 또는 비현실감 혹은 두 가지 모두 관련하여 해리 증상과 함께 세부 사항이 추가되었다.
- 만성 대 급성 세부 사항은 삭제되었다.

- 7세 이하의 아동들에 PTSD의 다른 기준이 제시되었다.

대부분의 경우에서 이런 변화들은 특히 의식적 회피(effortful avoidance)와 감각 마비를 다른 기준으로 분류한 것은, 최근 연구결과들을 반영하고 있다(Elhai & Palmieri, 2011 참조). 그러나 동일한 증상 군집(군집 D)에 해당하는 감각 마비(numbing), 인지변화, 불쾌한 기분의 공존은 PTSD 증상의 몇몇 요인 분석과 일치하지는 않는다(예 : Elhai et al., 2011; Elklit, Armour, & Shevlin, 2010). 이것은 다소 직관적이지 못하다. 이것과 관련하여 *DSM-5* 기준은 지속된 분노 그리고 공포, 뿐만 아니라 또한 낮은 자존감, 자기 비난, 해리성 기억 상실, 다른 사람들로부터의 거리감 같은 근본적으로 동일한 증상군을 모두 나타낸다.

*DSM-5*의 PTSD에서 해리의 진단 기준 추가는 PTSD로부터 고통받는 사람들, 특히 트라우마 초기 또는 반복된 트라우마, 그리고 더 심한 공존 장애로 인해 고통받는 사람들의 해리 증상과 관련한 최근의 주요 연구 내용을 반영하는 것이다(예 : Steuwe, Lanius, & Frewen, 2012; Wolf, Lunney, Miller, Resick, Friedman, & Schnurr, 2012). 이와는 대조적으로 *DSM-IV*의 PTSD 진단 기준은 분리 혹은 소외에 대한 감정 외에는 해리에 대한 기준이 충분치 않았다. 해리의 진단 기준을 충족하는 개인들에게는 치료적 노출을 넘어선 개입을 포함한 추가적인 치료가 필요함을 고려한다면, PTSD의 하위 유형으로서 해리의 발견은 중요하다.

ASD

ASD(acute stress disorder, 급성 스트레스장애) 진단은 *DSM-IV*에서 처음 제시되었다. 이 범주의 주된 기능은 트라우마 사건이 일어난 후 비교적 즉시 일어나는 극성 스트레스 요인에 대한 침습적, 회피적(특히 해리적인), 그리고 과각성 관련 심리적 반응을 인식하고 체계화하는 것이며, 이것은 이후에 PTSD로 진행될 가능성이 있는 사람들을 확인하는 데 도움을 줄 수 있다. *DSM-5*에서 관련 증상들은 적어도 3일 동안 지속되어야 하지만 4주가 넘어서는 안 된다. ASD의 특정 증상들은 표 2.2에 제시되어 있다.

ASD는 내담자가 말하는 고통, 그 자체가 어떠한 증상 군집에서도 충족되지 않고 증상이 더 급성으로 진단된다는 점을 제외하면 PTSD와 유사하다는 점에 주목해야 한다. ASD의 진단에는 총 아홉 가지 혹은 그 이상의 증상들이 포함된다. ASD와 추후의 PTSD 발병 사이에 일대일 대응관계는 없다. *DSM-IV*에서 보면, 심각한 급성 반응을 보이는 몇몇 개인들은, 특히 해리 증상을 보이는 개인들의 경우 초기에 ASD 범주를

표 2.2   ASD에 대한 *DSM-5* 진단 기준

A. 실제적이거나 위협적인 죽음, 심각한 부상, 또는 성폭력에의 노출이 다음과 같은 방식 가운데 한 가지(또는 그 이상)에서 나타난다.

1. 외상성 사건(들)에 대한 직접적인 경험

2. 그 사건(들)이 다른 사람들에게 일어난 것을 생생하게 목격함

3. 외상성 사건(들)이 가족, 가까운 친척 또는 친한 친구에게 일어난 것을 알게 됨

   주의사항 : 가족, 친척 또는 친구에게 생긴 실제적이거나 위협적인 죽음의 경우에는 그 사건(들)이 폭력적이거나 돌발적으로 발생한 것이어야만 한다.

4. 외상성 사건(들)의 혐오스러운 세부 사항에 대한 반복적이거나 심각한 노출의 경험(예 : 변사체 처리의 최초 대처자, 아동 학대의 세부 사항에 반복적으로 노출된 경찰관)

   주의사항 : 진단 기준 A4는 노출이 일과 관계된 것이 아닌 한, 전자미디어, 텔레비전, 영화 또는 사진을 통해 노출된 경우는 적용되지 않는다.

B. 외상성 사건(들)이 일어난 후에 시작되거나 악화된 침습, 부정적 기분, 해리, 회피와 각성의 다섯 가지 범주 중에서 어느 것에서라도 다음의 증상 중 아홉 가지(또는 그 이상)에서 존재한다.

침습 증상

1. 외상성 사건(들)의 반복적, 불수의적이고 침습적인 고통스러운 기억

   주의사항 : 아동에서는 외상성 사건(들)의 주제 또는 양상이 표현되는 반복적인 놀이가 나타날 수 있다.

2. 반복적으로 플래시백되는 고통스러운 꿈의 내용과 정동이 외상성 사건(들)과 관련되어 있다.

   주의사항 : 아동에서는 내용을 알 수 없는 악몽으로 나타나기도 한다.

3. 외상성 사건(들)이 실제로 일어난 것처럼 느끼고 행동하는 해리성 반응(예 : 플래시백)(이러한 반응은 연속선상에서 나타나며, 가장 극심한 표현은 현재 주변 상황에 대한 인식의 완전한 상실일 수 있음)

   주의사항 : 아동에서는 트라우마의 특정한 플래시백이 놀이로 나타날 수 있다.

4. 외상성 사건(들)을 상징하거나 그와 유사한 내적 또는 외적 단서에 노출되었을 때 나타나는 극심하거나 장기적인 심리적 고통 또는 현저한 생리적 반응

부정적 기분

5. 긍정 정서(예 : 행복, 만족 또는 사랑의 감정)를 경험할 수 없는 지속적인 불능

해리 증상

6. 주위 환경 또는 자기 자신의 현실에 대한 변화된 감각(예 : 스스로를 다른 사람의 시각에서 관찰, 혼란스러운 상태에 있는 것, 시간이 느리게 가는 것)

7. 외상성 사건(들)의 중요한 부분을 기억하지 못함(두부 외상, 알코올 또는 약물 등의 이유가 아니며 전형적으로 해리성 기억상실에 기인)

회피 증상

8. 외상성 사건(들)에 대한 또는 밀접한 관련이 있는 고통스러운 기억, 생각 또는 감정을 회피하려는 노력

9. 외상성 사건(들)에 대한 또는 밀접한 관련이 있는 고통스러운 기억, 생각, 또는 감정을 유발하는 외적인 단서들(사람, 장소, 대화, 행동, 사물, 상황)을 회피하려는 노력

각성 증상

10. 수면장애(예 : 수면을 취하거나 유지하는 데 어려움 또는 불안한 수면)

11. 전형적으로 사람 또는 사물에 대한 언어적 또는 신체적 공격성으로 표현되는 민감한 행동과 분노 폭발(자극이 거의 없거나 아예 없이)

12. 과각성

13. 집중의 곤란

14. 과도한 놀람 반응

C. 장애(진단 기준 B의 증상)의 기간은 외상 노출 후 3일에서 1개월까지다.

　주의사항 : 증상은 전형적으로 외상 후 즉시 시작하지만, 장애 기준을 충족하려면 최소 3일에서 1개월까지 증상이 지속되어야 한다.

D. 장애가 사회적, 직업적 또는 다른 중요한 기능 영역에서 임상적으로 현저한 고통이나 손상을 초래한다.

E. 장애가 물질(예 : 치료 약물이나 알코올)의 생리적 효과나 다른 의학적 상태(예 : 경도 외상성 뇌 손상)로 인한 것이 아니며 단기 정신병적 장애로 더 잘 설명되지 않는다.

충족하지만, 30일이 지나면 PTSD 기준에는 부합하지 않을 것이다. 반대로 초기에 해리 증상이 나타나지 않아서 *DSM-IV*의 ASD 기준에 부합하지 않았던 개인들은 트라우마 사건 1개월 후에 PTSD 기준에 부합할 수도 있을 것이다(Harvey & Bryant, 2002). 더 이상 ASD에 있어서 해리 증상은 다른 급성 증상들만큼 중요하게 여겨지지 않기 때문에 ASD와 PTSD의 구분이 *DSM-5*에서처럼 명확할지 현재로서는 명확하지 않다. 그리고 이제는 PTSD에 있어 이인증과(혹은) 비현실감의 가능성이 고려되기 때문이다. 하지만 PTSD와는 대조적으로 *DSM-5*의 ASD에 있어 감소한 군집 특성은 이전의

ASD 기준을 충족시키지 못한 PTSD 환자와 PTSD로 진행되지 않은 ASD를 경험하고 있는 개인이 여전히 존재할 것임을 시사한다.

급성 스트레스 반응을 보이는 개인들은 때때로 불안정한 정동과 정신운동 초조 및 지체를 보이지만, 이러한 증상들은 *DSM-5* 기준에 포함되어 있지 않다. 정신증적이거나 정신증에 가까운 증상들 또한 보일 수 있으며, 특히 스트레스 요인이 심각하거나 피해자가 특별히 심리적으로 취약할 때 그럴 수 있다. 이러한 것들에는 일시적인 인지적 이완, 학대나 외부 통제와 관련한 과대평가된 사고, 그리고 트라우마와 연관된 환청이 포함될 수 있다. 그러나 이 장의 후반에 언급했듯이 정신병적 특징이 현저할 때 적절한 진단은 보통 단기정신증 장애이거나 또는 정신병적 특징에 관련된 주요 우울장애이다.

어떤 사람들은 기존의 *DSM-IV*의 ASD를 초기 PTSD와 구별하기에는 증거가 충분하지 않으며, 초기 ASD 진단 기준에 강조되는 해리 증상이 반드시 초기 외상후 스트레스 발현의 일반적인 증상은 아니라고 주장한다(Bryant, Friedman, Spiegel, Ursano, & Strain, 2011; Harvey & Bryant, 2002; Marshall, Spitzer, & Liebowitz, 1999). 나아가 11장에서 언급했듯이 수많은 연구에서는 *DSM-IV* ASD의 해리 구성 요소가 추후의 PTSD 예측 변수로서 초기의 과각성, 수면장애, 그리고 트라우마의 침습적 재경험과 같은 증상들보다는 덜 강력할 수 있다는 것을 나타낸다(Dalgleish et al., 2008; Halpen, Maunder, Schwartz, & Gurevich, 2011).[1]

증상 발현 이외의 다른 국면들에 있어 ASD를 PTSD로부터 구분하는 것과는 별개로, 추후의 PTSD를 예측하는 특정 요인이 무엇이든 ASD는 사고, 대규모의 재난, 집단 트라우마 또는 대인적 피해 직후의 심각한 증상들로부터 고통스러워하는 사람들에 대한 유용한 진단이다. *DSM-5*의 ASD의 중요한 변화는 *DSM-IV*에서 강조된 잠재적으로 지나치게 제한하며 해리 증상들을 포함한 증상들을 충족하지 않아도 된다는 것이다. 그렇게 함으로써 급성 트라우마에 따른 해리 증상이 증가된다.

스트레스장애의 다른 진단에 관한 고려사항

임상가들은 종종 심각한 PTSD로 고통스러워하는 사람들을 명백하게 설명하는 것에 어려움을 겪는다. 예를 들면 (1) 환자가 공식적 진단 기준인 A 사건을 경험하지 않았거

---

1 이 연구 결과는 *DSM-IV*의 PTSD에 기반하였다. 그러나 이 결과는 *DSM-5*의 ASD와 PTSD가 그럴 것이라는 상관관계가 특히 해리 증상을 가진 PTSD의 경우에 명확지 않다.

나, ⑵ 이러한 사건을 경험은 하였지만 그 사람의 증상이 PTSD 진단 기준에는 상당히 미치지 못하는 경우이다. 일반적으로 어떤 개인이 기준 A에 맞지 않지만 다른 불안이나 우울장애는 기준에 맞는 불안이나 우울 증상을 보고한다면, 그 장애가 이 사람의 임상 상태를 가장 잘 묘사하는 것이리라. 만일 ASD 혹은 PTSD 기준을 충족하지는 못하지만 트라우마나 심각한 스트레스를 유발하는 증상이라면 **적응장애** 진단(지금은 트라우마 그리고 스트레스 요인 관련 장애)이 적절할 수 있다. 다른 경우에는 '외상 및 스트레스 관련 장애 진단군에서 장애의 모든 기준을 충족하지는 못하지만 사회적, 직업적 또는 다른 중요한 기능 영역에서 임상적으로 상당한 고통 혹은 손상을 초래하는 외상 및 스트레스 관련 장애의 특징적인 증상을 보일 때' 다른 **특정 외상 및 스트레스 관련 장애** 혹은 **명시되지 않은 외상 및 스트레스 관련 장애**가 적절할 것이다.

해리

*DSM-5*는 해리를 '의식, 기억, 정체감, 감정, 지각, 신체 표현, 운동 조절과 행동, 의식의 정상적인 총합에서 비연속성의 붕괴'로 설명한다.(p. 291) 대부분의 정의에서 핵심은 의학적 장애에 원인이 있지 않은, 한 사람의 생각, 감정, 지각 그리고/또는 기억에 대한 접근이 감소 또는 변경을 유발하는 정상적인 의식에서 변형의 개념이다(Briere & Armstrong, 2007).

*DSM-5*는 세 가지 해리 장애와 일반적인 *DSM-5* 잔류형 장애를 나열한다(이 경우에 다른 특정 해리 장애와 불특정 해리 장애):

1. 이인증/비현실감 장애는 사고, 자기 자신 또는 신체 그리고/또는 그 사람의 주변 환경으로부터 비현실감 또는 거리감의 지속적이고 반복적인 경험을 뜻한다.
2. 심인성인 해리성 기억상실증은 임상적으로 심각한 자서전적 정보를 회상하는 능력의 상실이다. *DSM-IV*에서 '해리성 둔주'는 그 자체가 하나의 장애로 진단되었다.
3. DID(dissociative identity disorder, 해리성 정체감 장애)는 자기 자신 안에서 둘 또는 그 이상의 다른 성격 상태를 경험하는 것이다. 이때, 회상기억의 반복적인 공백이나 부분 기억상실이 나타난다. *DSM-5*는 잠재적인 DID 기준으로서 병리학적 빙의라는 문화 범위 내의 경험들을 포함한다.

다양한 해리 증상들에도 불구하고 해리 현상은 '해리' 또는 '해리 가능성(dissociative capacity)'과 같은 하나의 근본적인 상태나 특성의 표현으로 간주되어 왔다. 어떤 임상가들은 해리성 증상을 연속체로 보며, DID나 둔주 상태와 같은 현상들이 이를테면 비개인화보다 심각한 해리를 잘 나타낼 수 있다고 본다(예 : Bernstein, Ellason, Ross, & Vanderlinden, 2001; Dell, 2006 참조). 그러나 다른 연구자들은 해리 증상들이 적절히 상호 연관된 많은 군집을 형성하려는 경향이 있다고 언급한다(예 : Briere, Weathers, & Runtz, 2005; Ross, Joshi, & Currie, 1991). 후자의 분석은 '해리'가 어느 정도는 지나치게 일반화된 용어라고 주장한다 ─ 구성 개념이 다양하고 형식에서는 다르지만 결국은 비슷한 결과를 낳는, 현상적으로 뚜렷한 경험들을 말하는, 즉 정서적 고통의 정신적 회피이다. 이런 관점에서 단순히 누군가가 해리를 겪고 있다고 말하는 것만으로는 불충분하며, 대신에 그들이 어떻게 행동하고 있는지가 중요하다.

해리 반응들에 대한 현상들은 아직까지는 해명되지 않았지만, 해리가 종종 트라우마와 관련되어 있다는 것은 분명하다. 트라우마 문헌의 해리 증상들과 관련된 스트레스 요인들에는 아동 학대(예 : Carrion & Steiner, 2000; Sar, Akyüz, & Doğan, 2007), 전투(예 : Bremner et al., 1992; Maguen et al., 2009), 성적 그리고 신체적 폭행(예 : Cooper, Kennedy, & Yuille, 2001), 그리고 아마도 적은 범위의 자연 재해(예 : Koopman, Classen, & Speigel, 1996; Simeon, Greenberg, Nelson, Schmeidler, & Hollander, 2005)가 있다. 이러한 트라우마─해리의 관계는 지속적인 해리와 PTSD 간에 존재하는 현저한 공존 장애를 설명해준다(Biere, Scott, & Weathers, 2005; Murray, Ehlers, & Mayou, 2002). 그러나 어떤 연구는 대부분의 해리 반응들이 트라우마 내력을 가진 사람들에게서 나타나지만, 다른 위험 요인들이 부재한 경우에 트라우마에 노출된 사람의 대다수는 주요 해리 증상을 보이지 않을 것이라고 제안한다(Briere, 2006). 대신에 해리가 일어나려면 (a) 역효과적 상황에 노출되어 있어야 하고, (b) 주변 외상성 고통과 관련이 있어야 하고, (c) 심리적 혹은 신경생물학적 고통을 조절하거나 다루는 것에 대한 상대적인 불능이 있어야 한다.

흥미로운 것은 해리성 증후학이 외상 내력과 관련 있을 수 있지만 몇몇의 해리성 반응들은 아동 방임 경험과 또는 초기 불안정 부모─자녀 애착(Harari, Bakermans-Kanenburg, & Van Ijzendoorn, 2007; Main & Morgan, 1996; Ogawa, Sroufe, Weinfield, Carlson, & Egeland, 1997), 그리고 종종 관련 없는 후기 외상 경험들과 연관이 있다고 나타났다. 특히 이러한 연관성은 엄청난 혼란, 공포 유발, 그리고/혹은 고통스러운 부모의 행동에 대한 혼돈, 변화(shifting), 침습 반응(intrusive response)을 포함한 개인의 초기 '비구조화된' 양육자에 대한 애착일 수 있다(Bureau, Martin, &

Lyons-Ruth, 2010). 앞서 언급한 자료는 몇몇 해리성 증후학은 트라우마와 관련이 없다고 제안한다고 해석할 수 있다. 비구조화된 애착은 그 자체로 잠재적 외상 증후군으로 DSM-5의 외상 및 스트레스 관련 장애 범주에 애착 장애가 포함되어 있다는 것을 증명한다. 이것과 관련하여 애착 조절장애는 아동기 생애 초기에 발생하는(성장 후 회상이 불가한), 부정적 사건들 혹은 방임, 상실, 혹은 테러를 유발하고 고통스럽고 발달에 지장을 주는 심각한 공포심 주로 유발된다(Briere & Hodges, 2010). 이런 관점에서 불안정 애착은 매우 초기의 아동 학대, 상실 혹은 심한 방임으로 인해 나타난다.

신체 증상 및 관련 장애

신체 증상 반응(somatic symptom response)은 심리적인 요소들에 의해 상당한 영향을 받은 신체적 또는 신체의 증상들이다. 특히 트라우마 생존자는 신체 증상 장애, 기능성 신경증상 장애로도 알려져 있는 전환 장애와 관련이 있다.

신체 증상 장애

신체 증상 장애(somatic symptom disorder)를 가진 개인의 잠재적인 광범위한 신체적 증상들(심각한 증상) 혹은 한두 가지 증상들(각각 경증, 중증)의 유일한 공통점은 신체적 집중 및 증상과 관련된 지나친 생각, 감정 또는 행동 특성이다. 이 진단은 DSM-IV에서와는 다르게 임상적 현상으로만 설명할 수 없다. 신체화는 아동기의 학대 내력, 특히 성적 학대(예 : Samelius, Wijma, Wingren, & Wijima, 2007; E. A. Walker, Katon, Roy-Byrne, Jemelka, & Russo 1993) 이외에 기타 트라우마 사건들(Beckham et al., 1998; Ginzburg & Solomon, 2011; Luterek, Bittinger, & Simpson, 2011; Ursano, Fullerton, Kao, & Bhartiya, 1995)과 반복적으로 관련되어져 왔다. 그 가능성은 이러하다. 성적 학대 피해자가 만성 골반 통증에 있는 것처럼 트라우마가 생존자의 신체와 관련이 있을 때, 교감신경의 활성화와 신체적 취약성에 대한 집착에 특히 반응하는 신체기관계통에 대한 지속적인 자율신경계의 영향이다(Briere, 1992b). 이에 더해서, 신체화는 몇몇의 문화권과 하위 문화에서 고통의 표현 방식, 또는 외상성 스트레스의 더 직접적인 표현으로서의 역할일수도 있다(Kirmayer, 1996; Yeomans, Herbert, & Forman, 2008).

신체 증상 장애가 트라우마와 자주 연관될지라도, 많은 트라우마 생존자들은 신체적으로 확인될 수 있는 의학적 문제들을 가지고 있다(Del Gaizo, Elhai, & Weaver,

2011; Kendall-Tacket, 2009; Schnurr & Green, 2004). 이러한 경우에 신체화 호소는 확인할 수 있는 근원적인 질병, 면역 장애(immune disturbance)를 나타낼 수 있을 뿐 아니라 어떤 경우에는 신체적 고통에 대한 생리적 감각(아마도 위장과 골반에 대한 신체화 문제들을 호소하는 아동 학대 생존자들)을 반영할 것이다(Paras et al., 2009; Videlock et al., 2009). 이러한 이유로 심각한 의학적 문제를 가진 트라우마 생존자들은 현재 보이는 신체적 고통을 심리적인 것으로만 해석하는 임상가의 설명에 반하여, 신체적 질병을 치료하기 위해 정밀 의료 검사에 연계되어야 한다.

전환

*DSM-5*에 따르면, 전환은 '수의적 운동 또는 감각 기능에 영향을 미치는 증상이나 결함으로, 신경학적 또는 다른 일반적인 의학적 상태를 시사하지만, 단서들은 확인된 의학적 장애와 확실히 불일치해야 한다'(p. 318). 전형적인 전환 증상에는 마비, 말하기 능력의 손상, 비정상적인 동작, 청력 손상, 쇠약, 실명, 간질이 포함된다. 초기 정신분석 문헌에서는 전환 장애를 갈등이나 죄책감과 연결시켰지만(Akagi & House, 2002) 대부분의 경험 기반 연구에서는 스트레스와 트라우마 요소들을 제안하였다. 임상 문헌에서 가장 빈번하게 연결짓는 트라우마는 아동 학대(예 : Roelofs, Keijsers, Hoogduin, Naring, & Moene, 2002; Sar, Akyüz, Doğan, & Öztü, 2009; Sar, Akyüz, Kundakci, Kiziltan, & Doğan, 2004), 전투(예 : neill, 1993), 그리고 고문의 목격 혹은 경험(예 : Khan & Margoob, 2006; Van Ommeren et al., 2002)이다. 신체화와 전환 모두는 문화에 따라 다양하게 나타나며 가끔 심리적 고통에 관한 민족문화적 모델이나 설명을 반영한다(Kirmayer, 1996). 전환 반응은 이들의 문화적 기능들이 무엇이든 간에 북미보다는 다른 사회 집단들에서 상당히 훨씬 더 빈번하게 나타난다(Leff, 1988).

정신증

전형적인 외래 트라우마 환자에게서 특별히 흔한 현상은 아니지만 정신적 증상(보통 환각, 망상, 관계없거나 이완된 정신적 연상 그리고 긴장성 행동)들은 극도로 외상적인 사건에 노출될 수 없다. 예를 들어 PTSD 치료가 필요한 베트남 전쟁 참전 용사 가운데 적어도 30~40%는 환각 그리고/또는 망상을 경험한다(David, Kutcher, Jackson, & Mellman, 1999). 신체적 폭력 혹은 성폭행(Burns, Jhazbhay, Esterhuizen, & Emsley, 2011; Kilcommons, Morrison, Knight, & Lobban, 2008) 그리고 아동 학대의 생존자들에게서(Alemany et al., 2011; Saha et al., 2011) 정신증적 증상들은 문서화되어 있다. 더 나아가, 정신증을 가지고 있는 사람들을 분석한 내용을 보면 어릴 적 트라우마 경험은 더 심각하고 다양한 정신증적 증상 및 장애행동과 연관이 있다(Álvarez et al., 2011; Ramsay, Flanagan, Gantt, Broussard, & Compton, 2011; A. Thompson et al., 2010; Vogel et al., 2011).

DSM-5에는 트라우마와 PTSD가 연관되어 온 외상 관련 정신증 장애(BPDMS)와 기분 장애(정신증적 증상을 동반하는 주요 우울장애)가 명시되어 있다.

BPDMS

BPDMS[Brief Psychotic Disorder With Marked Stressor, 뚜렷한 스트레스 요인(들)이 존재하는 단기 정신증적 장애]는 DSM-III-R(APA, 1987)에 '단기 반응성 정신증(Brief Reactive Psychosis)'으로 처음 수록되었다. BPDMS는 갑자기 시작되고 자연적으로 사라질 수 있다는 사실에 주목할 만하다. 진단은 네 가지 정신증적 증상인 망상, 환각, 와해된 언어 또는 극도로 와해된 또는 긴장성 행동 중 적어도 한 가지를 충족해야 한다. 다른 급성 정신증처럼 BPDMS는 가끔 극도의 초조, 정서적 괴로움, 혼돈을 동반한다. DSM-5는 자살 시도를 관련 특징으로 제시하였으며, 이 장애를 가진 사람들은 밀접한 보호감독이 필요하다고 언급하고 있다. BPDMS의 발병 기간은 비록 이러한 시간 제한에 의문의 소지가 다소 있지만, 하루에서 한 달 미만 사이이다. DSM-5의 이 장애의 진단 기준은 표 2.3과 같다.

사실 외상성 스트레스 요인에 잇따르는 정신증 에피소드가 BPDMS인지는 항상 분명한 것은 아니다. 이전의 DSM-IV에서 언급한 바와 같이 어떤 사례들에서 정신증은 트라우마와 연관될 수 있지만 수개월 혹은 그 이상 지속될 수 있다(APA, 2000, p. 331). 이러한 증상들이 DSM-5에서 요구된 다소 임의적인 한 달의 제한을 초과하기 때문에 증상이 트라우마와 어떻게 관련되어 나타났는지 여부와 상관없이 BPDMS로 진단될 수 없다. 다른 경우들에는 뚜렷한 스트레스 요인에 대한 분명한 정신증 반응들이 정신병으로 진행되는 잠재 성향의 트라우마와 관련된 활동을 나타내거나, 이미 존재하는 그러나 이전에 발견되지 않은 정신증 질환의 급성악화를 나타낼 수 있다. 또한 이 장의 앞에서 언급하였듯이 심각한 트라우마가 정신병적 특징을 가진 우울증을 야기하거나 시작하게 하는 일은 흔하다. 이 진단은 BPDMS 우위에 있다. 위에서 언급한 것과 같이 이 밖에도 어떤 만성 정신증적 상태들은 적어도 부분적으로 아동기의 트

표 2.3	*DSM-5*의 단기 정신증적 장애 진단 기준

A. 다음 증상 중 하나(혹은 그 이상)가 존재하고, 이들 중 최소한 하나는 (1), (2) 혹은 (3)
   이어야 한다.
   1. 망상
   2. 환각
   3. 와해된 언어(예 : 빈번한 탈선 혹은 불일치)
   4. 극도로 와해된 또는 긴장성 행동
       주의사항 : 문화적으로 인정되는 반응이면 증상에 포함하지 않는다.

B. 장애 에피소드의 지속 기간이 최소 1일 이상 1개월 이내이며, 결국 장애 이전 수준의
   기능으로 완전히 복귀한다.

C. 장애가 정신증적 증상을 동반한 주요우울장애나 양극성장애, 혹은 조현병이나 긴장
   증 같은 다른 정신증적 장애로 더 잘 설명되지 않으며, 물질(예 : 물질 남용, 치료 약
   물)의 생리적 효과나 다른 의학적 상태로 인한 것이 아니다.

• **다음의 경우를 명시할 것**
   현저한 스트레스 요인을 동반하는 경우(단기 반응성 정신증) : 개인의 문화권에서 비슷한
   상황이 되면 대개 어떤 사람에게든 현저하게 스트레스를 주는 단일 사건 혹은 중복 사
   건에 반응하여 증상이 일어나는 경우
   현저한 스트레스 요인을 동반하지 않는 경우 : 개인의 문화권에서 비슷한 상황이 되면 대
   개 어떤 사람에게든 현저하게 스트레스를 주는 단일 사건 혹은 중복 사건에 반응하여
   증상이 일어난 경우가 아닐 때
   산후 발병 : 임신 기간 혹은 산후 4주 내에 발병한 경우

• **다음의 경우를 명시할 것**
   긴장증 동반
   부호화 시 주의사항 : 공존하는 긴장증을 확인하기 위해서는 단기 정신증적 장애와 연관
   된 긴장증을 위한 추가적 부호 293.89(F06.1)를 사용한다.

• **현재의 심각도를 명시할 것**
   심각도는 망상, 환각, 와해된 언어, 비정상적 정신운동적 행동, 부정적 증상 등과 같은
   정신증의 일차 증상에 대한 양적 평가에 의해 등급화된다. 이러한 증상 각각은 현재 심
   각도(최근 7일 중 가장 심한)에 대하여 0(증상 없음)부터 4(고도의 증상이 있음)까지의
   5점 척도를 이용해 등급화될 수 있다.

주의사항 : 단기 정신증적 장애의 진단은 이러한 심각도 명시 없이 내려질 수 있다.

라우마 사건들과 연관되어 있으며(J. Read, Agar, Argyle, & Aderhold, 2003; Schafer &
Fisher, 2011), 이는 모든 외상 관련 정신증이 '단기'일 필요가 없음을 시사한다. 심각한
PTSD의 어떤 사례들은 더 현저한 ASD나 PTSD 안에서 정신증적 증상들(예 : 편집증
적 사고, 사고의 이완 또는 환각)을 포함할 수 있다(Davidson, 1994; Pinto & Gregory,
1995). 물론 후자의 모든 사례들의 경우, BPDMS는 분명히 한 달의 기간이 넘기 때문
에 물론 진단되지 않는다.

트라우마 그리고 조현병 논의

정신증적 증상은 트라우마 노출과 연관이 있지만 일반적으로 가장 흔한 정신증 장애
인 조현병과 트라우마 간의 뚜렷한 인과관계는 없다고 여겨져 왔다. 대신에 조현병을
가진 부모가 있는 아이들과 일란성 쌍둥이들에게서 조현병이 발병할 확률이 높은 것
을 보았을 때, 조현병은 양극성장애와 같이 유전적 요인으로 인해 나타나는 것으로 알
려졌다(자세한 내용은 Sullivan, 2005 참조).

    일부 조현병 모델과는 대조적으로 최근의 연구 및 분석 결과를 보면 조현병은 트
라우마, 특히 심한 아동 학대와 관련 있음을 알 수 있다(자세한 내용은 C. Morgan &
Fisher, 2007; J. Read, van Os, Morrison, & Ross, 2005; Schafer & Fisher, 2011 참조).
예를 들어 조현병 진단과 아동 학대 내력 보고 간 관계에 대한 20개의 연구의 메타 분
석을 보면 C. Morgan과 Fisher(2007)가 조현병이 있는 42%의 여자들과 28% 남자들이
어렸을 때 성적 학대를 받았고 남녀를 불문하고 이들의 50%는 성적 혹은 신체적 학대
를 받아왔다는 사실을 발견했다. 마찬가지로 조현병 혹은 다른 정신증 장애를 진단받
은 사람들의 아동 학대 비율을 조사한 광범위한 리뷰(review) 연구에서는 1,536개 연구
들 중 435개(가중평균 28.3%)의 연구가 어릴 적 성적 학대 내력을 명시했고, 1,081개 중
542개는(가중평균 50.1%) 신체적 학대 내력을 나타냈다는 것을 찾을 수 있다(J. Read
et al., 2005).

    이런 연구들에서는 당연히 조현병(혹은 다른 정신증적 장애)이 어릴 적 트라우마에
노출되었다는 것만으로 발병하지는 않는다고 설명한다. 트라우마 생존자들에게서 발

견되는 '환각'은 외상후의 플래시백(flash back)을 나타낸다고 볼 수 있고 몇몇 '망상' 증상은 트라우마를 원인으로 하는 인지 왜곡 및 과각성과 관련이 있을 것이며, 조현병의 몇몇 부정적 신호들은 외상후 해리로 인한 것일 것이다(Briere, 2004). 하지만 조현병의 신경적 스트레스 취약성 모델을 보면 적어도 유전적 소인으로 인한 조현병을 나타내는 몇몇의 사람들은 어릴 적 트라우마의 스트레스 영향으로 인해 증상이 활성화된다. 그러나 아동기 학대와 추후의 조현병 발병 간의 관계가 어떤 측면에서는 외상후 스트레스의 생체 현상(예 : 시상하부-뇌하수체-부신축 변형과 더 일반적으로는 뇌의 도파민 회로망의 변형)과 조현병의 생물학적 기질 간의 신경발달적 상호작용을 반영할 수도 있다(J. Read, Perry, Moskowitz, & Connolly, 2001).

물질사용장애

물질사용장애는 상대적으로 트라우마 사건에 노출된 사람들에게 흔히 나타나며, 특히 대인 간 폭력을 경험했던 사람들에게 흔할 수 있다(자세한 내용은 Ouimette & Brown, 2003 참조, Hedtke et al., 2008에 의해 수행된 종합적 종단연구). 더욱이, 물질 사용 문제가 있는 사람들은 일반 다른 집단들보다 더 많은 트라우마 노출 내력이 있는 것으로 보고되었고, PTSD 증상을 보인다(Cisler et al., 2011; Najavits, 2002; Ouimette, Moos, & Brown, 2003). 트라우마, PTSD, 그리고 물질사용장애의 공존은 물질 남용과 트라우마 분야 모두에서 폭넓게 논의되는데, 주로 이러한 공존 장애가 평가를 복잡하게 하고 치료를 방해할 수 있기 때문이다(Brown, Read, & Kahler, 2003; Najavits, 2002).

　트라우마, PTSD, 그리고 물질사용장애가 왜 공존하는지에 대하여 적어도 세 가지 주된 이유가 있다(Brown & Wolfe, 1994): (1) 트라우마 생존자들이 정신에 작용하는 물질을 외상후 스트레스의 '자가 치료'를 위한 방안으로 찾는다, (2) 물질을 남용하는 사람들은 더욱 쉽게 피해자가 되거나 트라우마에 노출되는 경향이 있다, 그리고/ 또는 (3) 주요 물질 사용은 트라우마에 노출된 사람들의 증상을 악화시킨다(예 : PTSD). 일반적으로 이들 세 가지 가능성 중에서 가장 일반적인 견해는 자가 치료이다. 예를 들면 Chilcoat과 Breslau(1998)는 PTSD를 가진 사람들은 PTSD가 없는 사람들(트라우마 내력과는 상관없이)보다 알코올이나 물질을 남용하는 경향이 네 배나 되는 반면, 주요 물질 사용은 지속적인 트라우마 노출이나 PTSD의 예측 변수는 아님을 발견했다. 그럼에도 불구하고 어떤 연구들은 주요 물질 사용은 피해자가 될 가능성(예 : Cottler, Compton, Mager, Spitznagel, & Janca, 1992; Resnick, Yehuda, & Acierno,

1997)과 교통 사고(Ursano et al., 1999)와 같은 다른 트라우마 노출 상황을 증가시킨다고 제안한다. 사실상, 물질 남용 생존자와의 임상 경험은 '악순환'을 시사한다(Allen, 2001; E. Becker, Rankin, & Rickel, 1998; Briere, 2004; Briere, Hodges, & Godbout, 2010; McFarlane, 1998 참조).

- 초기의 트라우마 노출 상황(예 : 아동기 성학대)은 이후의 인생에 있어 추가적인 트라우마 가능성을 높인다.
- 이러한 트라우마의 누적은 심각한 외상후 스트레스와 불쾌감을 야기하고 정동 조절 기술의 발달을 방해한다.
- 반면에 잘 조절되지 않는 고통은 '자가 치료'로서 약물과 알코올 사용을 동기화한다.
- 약물과 알코올 남용은 주변에 대한 인식을 감소시키고 '위험' 행동에 연루되는 것을 야기한다.
- 이러한 영향들은 추가적인 트라우마와 외상후의 고통 가능성을 증가시킨다.
- 고통의 증가는 더 심한 물질 남용의 잠재적인 원인이 된다.

복합 외상후 발현

복합성 외상후 스트레스

복합성 PTSD로도 알려진 복합성 외상 후 스트레스(complex posttraumatic stress, Herman, 1992b)는 *DSM-5*에 실려 있지 않지만 기타 DESNOS(disorder of extreme stress, not otherwise specified, 불특정 극도의 스트레스장애; Pelcovitz et al., 1997) 또는 자기-트라우마 장애로, 임상 문헌에서 자주 언급되고 있다(Briere, 2002a). 이러한 복합성 스트레스의 영향은 주로 삶의 초기에 시작되는 근본적인 대인관계적 특징의 심각하고, 지속적이며, 반복적인 트라우마로부터 유발된다고 여겨진다(Briere & Spinazzola, 2009; Herman, 1992a, 1992b; Van der Kolk, Roth, Pelcovitz, Sunday, & Spinazzola, 2005).

  그 만성적이고 종종 발달적 원인에 비추어 생각해보면, 더 복합적인 제안은 앞에서 설명한 신체적인 문제들과 해리 문제들 이외에도 정체성, 경계 인식, 대인관계, 그리고 정동 조절의 만성적 어려움을 포함하고 있다(Briere & Spinazzola, 2009; Cook et al., 2005; Courtois, 2004; van der Kolk & d'Andrea, 2010). 예를 들면 충분한 정동 조절 기술의 부재는 트라우마를 경험한 개인인 활성화된 학대 관련 고통을 감소시키기 위한, (종종 긴장이완행동으로 언급되는) 외부적인 방법에 의존해야 할지도 모른다 (Briere, 1996, 2002b). 이러한 행동들은 강박적이거나 난잡한 성적 행동, 폭식과 구토, 자해, 공격성, 자살, 그리고 기타 '충동 조절' 문제들을 포함한다(Brennan & Shaver, 1995; Briere et al., 2010; Briere & Rickards, 2007; Green et al., 2005; Herpertz et al., 1997; Kendler et al., 2000; Zlotnick, Donaldson, Spirito, & Pearlstein, 1997). 부적절한 정동 조절은 마약과 알코올 남용(예 : Grilo et al., 1997), 해리(예 : Briere, 2006), 그리고 다른 역기능적인 회피 전략으로 이어질 수 있으며, 앞에서 언급한 대로 경계가 줄어들 수 있고 이 때문에 더 심한 트라우마와 추가적인 부정적 사건들을 불러일으킬 가능성을 증가시킬 수 있다(Acierno, Resnick, Kilpatrick, Saunders, & Best, 1999; Cottler et al., 1992).

복합성 PTSD 또는 DESNOS에 포함된 관계 및 정체성 혼란은 무질서하고 부적응적인 관계에 쉽게 연루되는 경향이 있으며, 대인 간 경계를 다루는 데 어려움과 다른 사람을 시키는 데 있어서 권리나 필요의 인식 감소를 수반한다. 이러한 문제의 원인은 부적합한 혹은 와해된 부모-자녀 애착(Cassidy & Shaver, 1999; Peralman & Courtois, 2005; Sroufe, Carlson, Levy, & Egeland, 1999)에 있으며, 전형적으로 아동기 학대나 방임(Cole & Putnam, 1992; Elliott, 1994; Ford, Connor, & Hawke, 2009)에 있다고 생각된다.

흥미롭게도 '복합성 PTSD'에 'PTSD'가 포함됨에도 불구하고(이러한 사례들에 공존적 PTSD가 빈번하게 나타남에도 불구하고) PTSD의 플래시백, 회피, 그리고 과각성 증상들은 이 증상군에 포함되지 않는다(Herman, 1992a; Pelcovitz et al., 1997). 사실 복합성 PTSD가 (1) 별개의 증후군인지, (2) PTSD와 관련된 특징들인지, 또는 (3) 우리가 일반적으로 믿듯이, 이 장의 시작에서 언급한 신경생물학, 트라우마 시작 나이, 트라우마의 종류와 기간, 초기 애착 와해, 사회 문화적 현상, 그리고 다른 많은 변수의 기능으로서 사람마다 다른 광범위한 결과인지는 아직 불확실하다(Briere & Spinazzola, 2005).

경계성 성격장애

*DSM-5*은 경계성 성격장애를 '대인 관계, 자기상(self-image), 그리고 정동에 전반적인

불안정한 패턴이 있으며, 성인기 초기에 심각한 충동성이 시작되며 다양한 상황에 존재하는' 만성적 장애로 설명하고 있다(APA, 2013, p. 663). 경계성 성격의 특성은 본질적으로 주로 외상 후에 나타나기 때문에 보다시피 우리는 이 장애를 여기에 포함시켰다. 경계성 성격에 대한 *DSM-5*의 진단 기준을 표 2.4에 제시하였다.

경계성 성격 발달에 대한 대부분의 전통 이론(예 : Kernberg, 1976)들은 이 장애의 발생이 아동의 첫 몇 년간의 생활에서 역기능적인 부모(주로 엄마)의 행동에 있다고 추적하고 있다. 이들은 곧 경계성 성격을 가지게 될 아동은 밀착된 의존(enmeshed dependency)에 대한 보상을 받고 혼자서 해야 하는 처벌을(종종 방임을 통하여) 받는다고 주장한다. 이런 처방이 해로울 것이라는 것에는 동의하지만, 이러한 모델을 지

표 2.4　경계성 성격장애에 대한 *DSM-5* 진단 기준

대인관계, 자아상, 그리고 정동의 불안정성과 현저한 충동성의 광범위한 형태로 성인기 초기에 시작되며 여러 상황에서 나타나고, 다음 중 다섯 가지(또는 그 이상)를 충족한다.

1. 실제 혹은 상상 속에서 버림받지 않기 위해 필사적으로 노력함

　　주의사항 : 5번 진단 기준에 있는 자살 행동이나 자해 행동은 포함하지 않는다.

2. 극단적 이사화와 평가절하의 사이를 오가는 것을 특징으로 하는 불안정하고 격렬한 대인관계의 양상

3. 정체성 장애 : 자기상 또는 자기감의 현저하고 지속적인 불안정성

4. 자해 가능성이 있는 최소한 두 가지 이상의 경우에서의 충동성(예 : 소비성, 물질 남용, 난폭 운전, 과식 등)

　　주의사항 : 5번 진단기준에 있는 자살 행동이나 자해 행동은 포함하지 않는다.

5. 반복적 자살 행동, 자살 시도, 위협 혹은 자해 행동

6. 현저한 기분의 반응성으로 인한 정동의 불안정(예 : 강렬한 일화성 불쾌감, 과민성 또는 보통 수 시간 지속되고 아주 드물게는 수일 동안 지속되는 불안)

7. 만성적 공허감

8. 부적절하고 심한 분노 또는 분노 조절의 어려움(예 : 자주 울화통을 터뜨리거나 늘 화를 내거나, 잦은 신체적 싸움)

9. 일시적이고 스트레스와 연관된 피해적 사고 혹은 심한 해리 증상

Reprinted with permission from rhe *Diagnostic and Statistical Manual of Mental Disorders, Fifth Edition* (copyright ©
2013), American Psychiatric Association.

지하기에는 경험적 근거가 제한적이다. 대신에 많은 연구가 경계성 성격장애가 일반
적으로(불가피하진 않지만) 심각하고 장기적인 아동기 트라우마 혹은 방임, 아마 특히
성적 학대와 연관되어 있음을 언급하고 있다(Afifi et al., 2011; Briere & Zalidi, 1989;
Herman, Perry, & Van der Kolk, 1989; S. N. Ogata et al., 1990; Sansone, Songer, &
Miller, 2005; Van Dijke et al., 2012).

심한 초기 트라우마는 정체성, 정동 조절, 그리고 관련된 것들(Briere & Hodges,
2010) 게다가 몇몇의 경우에는 경계성 성격장애(Berlin, Rolls, & Iversen, 2005;
Schmahl & Bremner, 2006)와 PTSD(Bremner et al., 2003)에 밀접히 연관된 안와 전두
엽과 해마 결손(orbitofrontal and hippocampal deficits)에 문제를 만들면서 몇몇 개인
들에게 정신적·신경학적으로 큰 영향을 미친다. 예상했던 대로 경계성 성격장애의
증상들은 뚜렷이 복합성 PTSD(Courtois & Ford, 2009; Herman et al., 1989; van der
Kolk et al., 2005)와 비슷하다. 불행히도 많은 정신건강 전문가들에게 이 진단은 부정
적 사건들에 대한 적응과 영향의 결과로 깊게 고통받는 사람들이기보다는 함께 일하
기 어렵거나 감정적으로 과민하고 자주 사람들을 교활하게 조정하는 사람들로 여겨지
는 부정적 요인을 낳았다.

트라우마의 의료적 후유증

심리적 장애를 가진 개인들, 특히 PTSD의 경우, 신체적 합병증에 걸릴 위험성이 높은
것으로 나타났다(Schnurr & Green, 2004; Zayfert, Daums, Ferguson, & Hegel, 2003).
비록 트라우마와 신체적 질병과 관련된 성질이 잘 설명되어 있지 않았지만, PTSD를
겪는 환자들은 등의 통증, 고혈압, 관절염, 폐 질환, 신경체계 질환, 순환계 질환, 암,
뇌졸중, 소화 장애, 만성적 통증, 내분비선 장애, 기타 질병을 가지고 있을 확률이 높
은 것으로 나타났다(Abouzeid, Kelsall, Forbes, Sim, & Creamer, 2011; Dobie et al.,
2004; Frayne et al., 2004; Phifer et al., 2011; Spitzer et al., 2009). 또한 PTSD는 전반
적으로 낮은 신체적 건강 상태, 높은 의료 서비스 이용, 그리고 높은 건강 관리 비용
과 연관되어 왔다(Frayne et al., 2004; Glaesmer, Braehler, Riedel-Heller, Freyberger, &
Kuwert, 2011; Haskell et al., 2011; E. A. Walker et al., 1993). 이러한 연관은 특히 만
성적인 대인 간 폭력을 경험한 개인에게서 많이 나타난다. 의료적 서비스를 찾는 사
람들에 대한 설문 조사는 친밀한 파트너 폭력, 성적 학대, 그리고 성 폭력들이 근골

격계 장애들, 만성 골반통, 성적 기능 장애, 신경증적 증상, 위장병 같은 불만과 밀접한 관련이 있다는 것을 나타낸다(Briere, 1992; Campbell, 2002; Pilver, Levy, Libby, & Desai, 2011). 이러한 이유로 1장에서 설명하였듯이, 트라우마를 겪는 개인에 대한 평가는 정신건강뿐만 아니라 신체적 평가도 포함되어야 한다. 마찬가지로 신체 질병을 치료하는 사람들은 일상적으로 아동 학대 그리고 성인 대인 간 외상이 있는지 검사해 보아야 한다(예 : Moracco & Cole, 2009; Schman, DePold, & Hohler, 2012를 포함한 주요 의학적 협회에 의한 성명서 참조).

TBI

모든 트라우마 관련 문제가 심리적 문제에서 기인하는 것은 아니다. 몇몇의 경우 외상성 사건이 신경학적 기술자인 뇌에 물리적 손상을 입힐 때인데 TBI(traumatic brain injury, 외상성 뇌 손상)라고 하는 것이 더 적절할지도 모르겠다. 임상가들과 연구자들이 중추신경계 기능에 대한 세심한 평가를 발전시키고, 심각한 부상(전쟁에서 또는 자동차 사고로부터)이 따르는 삶을 보존할 수 있도록 하는 현대 의학이 의학적으로 장애가 있는 사람들의 수를 증가시킴에 따라, 트라우마 생존자들, 특히 전쟁 참전 용사들에게서 TBI가 발병하는 비율은 증가하게 되었다. 이와 관련하여 매년 150~200만 미국인들은 TBI 증상으로부터 고통받는다(Kim et al., 2007; Thurman, Alverson, Dunn, Guerrero, & Sniezek, 1999).

TBI의 신경적 증상은 주로 이 장 앞에서 설명하였듯이 동기와 활기 저하, 주의 집중 저하, 기억장애, 과민성, 충동 조절 문제, 기분장애, 그리고 성격 변화를 포함한 트라우마의 심리적 증상들과 겹친다(J. M. Silver, McAllister, & Arcineagas, 2009). 특히 수면장애는 주로 주요 트라우마 뒤에 온다. TBI 환자들 중 거의 절반 정도는 수면무호흡증, 외상후 과수면증, 기면증, PLMD(periodic limb movement disorder, 주기적 사지운동장애) 중 하나의 기준을 충족시킨다(Castriotta & Murthy, 2011). 게다가 신경적 손상과 장애의 경험 자체가 독립적인 생활을 못하게 하고 지속된 무력감과 절망, 불안, 작업 기능 저하, 그리고 관계 문제를 야기한다(K. R. Gould, Ponsford, Johnston, & Schonberger, 2011). TBI와 PTSD는 두뇌 외상 생존자들에게 두 가지 다 나타날 수 있고 종종 복잡하고 광범위한 임상적 양상을 만들어낸다. 결과적으로 내담자가 가진 신체적 외상성 손상에 대한 신경학적 · 심리적 결과는 종종 구분하기 어렵기 때문에 어떤 면으로는 잠재적인 오진단(misdagnosis)을 야기할 수 있다(McMillan, 2001).

최근 연구들은 mTBI(경도 TBI)에 집중되어 있는데 보통 30분 안으로 의식을 잃고 24시간 혹은 그 안으로 기억 상실을 하고 13~15[2] 초기 의식수준사정(GCS)이 mTBI(경도 외상성 뇌손상)라고 말한다(American Congress of Rehabilitation Medicine, 1993). 이는 예상하는 것과 반대로 특히 증상들을 재경험하는 것에서 mTBI가 중등도와 중증 TBI보다 PTSD와 더 연관이 깊기 때문이다(Zatzick et al., 2010). 이에 대한 근거들은 아직 다 이해되지 않았지만 심한 중증 TBI일수록 더 심한 뇌 손상과 연관이 있고 결과적으로 기억 상실이 더 심각하다. 결과적으로 PTSD로 이끄는 기억 부호화와 기억 병합(통합)은 기능하지 못할 것이다. 하지만 동시에 심한 중증 TBI는 주로 더 높은 수준의 신체 장애와 인지 장애를 이끈다.

표 2.5에 TBI로 인한 중증 혹은 경도 신경인지장애의 *DSM-5* 기준을 소개한다.

표 2.5   TBI로 인한 중증 또는 경도 신경인지장애 *DSM-5* 진단 기준

A. 중증 또는 경도 신경인지장애의 기준을 충족한다.

B. TBI의 증거가 있다. 즉 뇌에 대한 충격 또는 두개골 내에서 뇌를 급격히 움직이거나 전위시키는 다른 기전의 증거가 있고, 다음 중 1개 또는 그 이상이 있다.

　1. 의식 상실

　2. 외상후 기억 상실

　3. 병합감각 상실과 혼돈

　4. 신경학적 징후(예 : 손상을 입증하는 뇌 영상; 새로 발생한 발작, 기존 발작장애의 현저한 악화, 시야 결손; 후각상실증; 반신불완전마비).

C. 신경인지장애는 TBI 발생 직후 또는 의식 회복 직후 나타나며, 손상 후 급성기가 지나서도 지속한다.

---

2 GCS는 뇌손상 이후 의식을 측정하는 검사로, 15점은 가장 높은 수준의 의식 수준을 의미하며, 3점은 전반적으로 반응이 없음을 의미한다.

비서구권 문화의 트라우마 신드롬

이 장의 초반에서 제시하였듯이, 외상후 스트레스를 제시하는 방식에는 다양한 개인적·환경적 변인의 영향을 받는다. 다른 문화나 하위문화에서 온 사람들은 자주 트라우마를 경험하고 주류 북미 사회와 다른 방식으로 외상후 스트레스 증상을 표현한다(Friedman & Jaranson, 1994; Kohrt, & Hruschka, 2010; Lewis-Fernandez et al., 2010; Marsella, Friedman, Gerrity, & Scurfield, 1996). 예를 들면 비앵글로색슨 문화에서 온 사람들은 "재경험과 각성 증상이 있음에도 불구하고 증상의 둔감이나 회피가 부족하기 때문에 종종 PTSD 진단 기준에 부합하지 않는다"(Marsella et al., 1996, p. 533). 더 나아가 어떤 문화권에서는 북미 집단들보다 PTSD의 전형적인 증상인 신체적이고 해리적인 증상들이 자주 동반된다(Marsella et al., 1996).

모든 트라우마 스트레스 반응들이 PTSD 진단에 포함되지는 않으며, 특히 비앵글로 아메리칸 문화에서 이러한 임상적 인식의 증가는 문화가 결속된 스트레스 반응 개념으로 이끌었다. 그러나 부분적인 문화 결속으로 PTSD 자체가 고려되어야 하는데, 이것은 앵글로와 유럽 국가들에서 태어나거나 자란 사람들의 외상후 스트레스 증상론을 가장 잘 설명하고 있기 때문이다. *DSM-5* 축 3(문화)은 잠재적 외상 관련 해리, 신체화, 불안 반응[예 : 신경발작(attaques de nervios), 신경 쇠약(nervios), 닷 증후군(dhat), 라타(latah), 피블락토크(pibloktoq), 신병(shin-byung), 그리고 수스토(susto)]과 연관되어 보이는 몇 가지 문화–결속 신드롬을 싣고 있다. *DSM-5*에서는 별도로 문화 기반 스트레스장애(예 : attaque de nervios)를 다른 특정 트라우마 및 스트레스 요인 관련 장애로 분류하였다.

트라우마의 심리적 영향에서의 이런 변화는 다른 사회나 문화에서 온 개인들이 항상 PTSD로 증상이 심화되지 않는다는 의미는 아니다. PTSD의 증상들은 어느 정도는 지역과 상관없이 트라우마가 있는 사람들 중에서 찾아볼 수 있다(Hinton & Lewis-Fernandez, 2011). 더 정확히 말하면 문헌들은 문화적 변수들이 트라우마 반응들에 영향을 줄 수 있다는 것을 제안한다. 그러므로 임상가들은 내담자가 다른 문화에서 왔을 때 전형적인 ASD나 PTSD외에 앞서 트라우마 증후군의 가능성들을 경계해야 한다.

추천 문헌

Brewin, C. R., Andrews, B., & Valentine, J. D. (2000). Meta-analysis of risk factors for posttraumatic stress disorder in trauma-exposed adults. *Journal of Consulting and Clinical Psychology*, 68, 748–766.

Briere, J. (2004). *Psychological assessment of adult posttraumatic states: Phenomenology, diagnosis, and measurement* (2nd ed.). Washington, DC: American Psychological Association.

Brown, L. S. (2008). *Cultural competence in trauma therapy: Beyond the flashback*. Washington, DC: American Psychological Association.

Bryant, R. A., Friedman, M. J., Spiegel, D., Ursano, R. J., & Strain, J. J. (2011). A review of acute stress disorder in DSM–5. *Depression and Anxiety*, 28, 802–817.

Herman, J. L. (1992). *Trauma and recovery: The aftermath of violence From domes-tic abuse to political terror*. New York, NY: Basic Books.

Marsella, A. J., Friedman, M. J., Gerrity, E. T, & Scurfield, R. M. (Eds.). (1996). *Ethnocultural aspects of posttraumatic stress disorder: Issues, research, and clinical applications*. Washington, DC: American Psychological Association.

van der Kolk, B. A., McFarlane, A. C., & Weisaeth, L. (1996). *Traumatic stress: The effects of overwhelming experience on mind, body, and society*. New York, NY: Guilford.

제3장

트라우마와 트라우마 이후 결과 평가하기

2장에서는 트라우마 노출로 인해 발생할 수 있는 다양한 증상, 어려움, 장애들에 대해 살펴보았다. 이 장에서는 트라우마 이후의 결과들(이러한 결과들을 초래하는 사건들)을 평가할 수 있는 여러 방법에 대해 다루고 있다. 구조적 진단 면접 및 경험적으로 타당화된 평가 도구를 사용하는 것이 적극 권장되지만, '실제 상황'에서의 임상적 진단의 대다수는 비공식적인 맥락에서 이루어지며, 회기 동안 내담자와 임상가 간에는 상대적으로 비구조화된 상호작용이 일어난다. 내담자 반응 관찰은 주관적일수록 해석의 오류가 생길 가능성이 크지만, 이후 치료에 직접적인 시사점을 주는 중요하고 때로는 특별한 정보를 제공한다. 때문에 이 장에서는 먼저 임상적 면접을 살펴본 후, 그보다 표준화된 방법의 적용을 다룰 것이다.

임상적 면접 평가

우선적인 고려사항

이 장에서는 주로 특정 트라우마 관련 증상 혹은 장애를 평가하는 평가 접근법에 대해 다루고 있다. 이러한 평가는 내담자의 구체적인 욕구에 어떤 치료 개입들이 가장 적합한지 확신하기 위해서 필요하다. 그러나 내담자의 긴급한 안전 수준, 심리적 안정, 그리고 추후의 평가 및 치료를 위한 준비에 관한 평가가 더 중요하다.

생명에 대한 위협

트라우마 관련 상황에 대한 평가에서 맨 처음 중점을 두는 것은 내담자가 임박한 생명 손상, 신체적 보전 혹은 다른 사람들을 해할 위험이 있는지에 대한 평가이다(Briere & Lanktree, 2011). 이는 (직면한 사고, 재해 또는 신체적 폭행의 사례에서) 내담자가 의학적으로 안정적인지에 대한 평가를 포함한다. 지속적인 대인 관계 폭력 사례에서, 내담자가 가까운 미래에 다른 사람들로부터 피해를 입을 위험이 있는지 파악하는 것은 매우 중요하다. 가장 일반적인 평가 체계는 다음과 같다.

1. 임박한 죽음(예 : 출혈, 내부 상해, 독성이나 감염 약품들)의 위협, 또는 팔 다리나 다른 중요한 신체적 기능 상실의 즉각적 위협이 있는가?
2. 내담자가(예 : 중독으로 인한 두뇌 손상이나 일시적인 섬망, 심각한 정신병으로) 자신의 안전에 주의를 기울일 수 없는가?[예 : 길거리에서 방황하거나 이용 가능한 식량이나 주거지(피난처, 쉼터)를 이용하지 못하는 상황]
3. 내담자가 극심하게 자살 충동을 느끼는가?
4. 내담자가 특히 총과 같은 도구 사용이 가능할 때, 다른 사람들에게 위협이 되는가?(예 : 살인 혹은 타인을 해하려는 실제적 위협을 하는지)
   [주 : 3번과 4번은 똑같이 중요한 사항이다.]
5. 내담자 주변의 심리사회적 환경이 안전하지 않은가?(예 : 내담자가 다른 사람들에 의한 잔혹행위나 착취의 위험에 처해 있는가?)

이러한 문제들이 있을 때 트라우마 치료 개입의 첫 번째 목표는 내담자나 다른 사람들의 신체적 안전을 확인하는 것이며, 종종 다른 곳으로 의뢰 또는 응급 의료 서비스나 정신과 서비스로 분류하거나 법 집행 또는 사회복지 서비스를 통해 안전을 확인하는 것이다. 또한 이러한 과정에서 될 수 있는 대로 내담자를 지지해주거나 영향을 덜 받는 가족, 친구 및 내담자를 보조해줄 수 있는 기타 다른 사람들을 관여시키는 것도 중요하다.

심리적 안정과 스트레스 내성

심리적 안정 또한 매우 중요하다. 흔히 있는 임상적 실수 중 하나는 트라우마 생존자의 전반적인 수준의 심리적 항상성에 대한 측정 없이, 심리적 증상이나 장애에 대하여 바로 평가를 내리는 것이다. 강간이나 대형 재난과 같은 트라우마 사건을 최근에 경험한 개인은 평가 당시에는 위기 상태일 수 있다. 몇몇 사례에서는 내담자들이 임상가들의 질문이나 개입에 대한 반응은커녕, 자신의 현 상황을 충분히 이해하지 못할 정도로 심리적으로 와해된 상태를 보였다. 이러한 경우 장기적 트라우마 영향을 약화시키는 사례들처럼 심리 평가는 생존자의 무너지기 쉬운 균형에 도전하는 것 이외에도 절충된 평가 결과들로 이끌 수 있다. 이러한 이유 때문에 트라우마 피해자에 대한 정신건강 평가의 첫 단계는 그 개인의 심리적 안정의 상대적 수준을 결정하는 것이다. 내담자가 추제를 못하거나 의식적으로 혼란할 때, 안정을 돕는 개입들(예 : 안심시키기, 심리적 지지, 또는 주변 자극의 감소)이 더 자세한 평가를 실행하기 이전에 이루어져야 한다.

어떤 사례에서는 트라우마 생존자가 트라우마 사건 이후 표면상으로 안정된 것처럼 보일 수도 있지만, 갑작스러운 극도의 괴로움, 상당한 불안, 침습적 외상후 증상을 보이거나, 경험한 사건에 대한 피상적 질문에 분노를 표출할 수 있다. 이 장의 뒷부분에서 설명하였듯이 이러한 반작용은 반응 활성화로 언급된다. 반응 활성화란 트라우마 사건을 상기시킴으로써 유발되는 강도 높고, 침습적이며, 트라우마 특정 심리적 상태를 뜻한다. 비록 어떤 수준의 활성은 치료 기간 동안 정상적인 것이며 심지어는 바람직한 것이지만, 조사 연구에서 대부분의 생존자들이 트라우마 평가에 있어 심각한 부정적 영향을 보고하지 않더라도(E. B. Carlson et al., 1993; Griffin et al., 2003), 평가 관련 활성화는 내담자가 자신의 고통을 내적으로 조절할 수 있는 충분한 능력을 갖고 있지 못하는 한, 심리적으로 어려움을 겪게 될 수 있다. 따라서 그 생존자가 트라우마를 무리하게 재경험하지 않으면서 논의할 수 있을 정도로 문제를 다루는 것이 중요하다. 활성화가 과도할 때, 대개는 트라우마 내용에 대한 심도 있는 질문이나 의논을 임시적으로 연기하는 것이 바람직하다(Najavits, 2002). 트라우마에 관한 중요한 대화를 피하는 것은 트라우마 생존자와 함께 조심스럽게 결정되어야 하지만, 보통은 트라우마에 대해 이야기를 나누는 것이 도움이 되며(4장 참조) 때때로 즉각적인 평가도 필요하다.

트라우마의 플래시백에 대한 위험으로, 대부분의 평가 요소들은 트라우마를 겪은 사람의 즉각적 안전, 심리적 안정, 그리고 트라우마 내용에 대한 의논할 능력이 확인된 이후에만 시작되어야 한다. 이러한 사전 요건들을 적절히 평가하지 못했을 경우 내담자는 불필요한 고통부터 더 심할 경우에는 일시적인 정서 불안까지, 원치 않은 결과를 불러일으킬 수 있다.

트라우마 노출 평가하기

임상가는 내담자가 안전하며 꽤 안정적이라는 결정을 내리면, 자세한 트라우마 노출 상황과 반응을 탐색할 수 있다. 많은 경우 임상가는 트라우마의 성질이나 특성을 포함하여(예 : 심각성, 기간, 빈도, 생명 위협의 정도) 트라우마 사건에 대해 질문할 것이다. 사건에 대한 질문으로 시작하여 결과로 넘어가는 것이 타당하므로, 트라우마 영향에 대해 평가하기 전에 트라우마 노출 상황에 대한 평가를 여기에 제시하였다. 그러나 어떤 사례들의 경우, 내담자가 왜 이렇게 되었는지를 아는 것보다 내담자의 긴급한 심리적 상태를 인지하는 것이 먼저 고려되어야 한다. 예를 들면 몇몇 법정 상황을 제외하고, 심각한 강간 피해자에 대한 평가는 강간 그 자체에 대한 상세한 진술보다는 그 사람의 정서적 기능과 심리적 증상에 더 중점을 둘 것이다. 그러나 오래 전에 트라우마를 겪었고 내담자가 현재 심각한 고통을 겪고 있지 않은 사례의 경우, 트라우마 내력으로 평가를 시작하는 것이 적절하다.

  어떤 사람은 트라우마를 경험한 개인들이 그들이 치료를 받으러 오게 만든 사건에 대해 쉽게 말할 수 있다고 생각하지만, 항상 그렇지는 않다. 사실, 몇몇 연구에서는 트라우마 생존자들이 당혹스럽거나, 외상성 기억들이 활성화되는 것을 피한다는 이유로, 또는 임상가 스스로 이러한 정보를 기피한다는 이유로 직접적인 질문을 하지 않는다면, 피해자가 관련 정보를 자발적으로 설명하는 데 어려움이 있다는 것을 지적하고 있다(Agar & Read, 2002). 예를 들면 Briere와 Zaidi(1989)는 정신과 응급실에서 (psychiatric emergency room, PER) 임의적으로 선택된 정상적인 여성 집단의 입원 차트를 조사하였는데, 오직 6%만이 아동기에 성 학대를 겪었다고 기록하였다. 이 연구의 두 번째 단계에서는, 정신과 응급실 임상가들이 여성 환자들에게 아동기 성적 피해 내력에 대하여 통상적으로 질문하였다. 이 단계의 차트를 조사하였을 때는, 성학대 내력 기록이 10배 이상 증가하였다. 더 나아가 두 번째 단계에서 평가된 성 학대 내력은 자살 충동, 물질 남용, 복합성 정신질환 진단들, 그리고 증가된 경계성 성격장애 등 광범위한 현재의 문제들과 연관이 있었다.

  현재의 주호소가 무엇이든지 간에 온전한 정신건강 평가의 한 부분으로서 각 내담자의 트라우마 내력 평가를 권장한다. 이러한 평가를 진행하는 시기는 치료 상황에 따라 다를 것이다. 앞서 자주 언급하였듯이 트라우마를 경험한 개인들은 트라우마를 명확히 포함하고 있지 않은 우울증, 자살 충동, 일반화된 불안, 또는 설명할 수 없는 공황발작과 같은 주호소 문제를 나타낸다. 이러한 경우에는 트라우마 노출 상황 가능성을 깊이 탐색하기 이전에 내담자로 하여금 치료를 찾게 만든 증상들을 탐색하는 것이 바람직하다. 이 일은 무엇이 트라우마 경험에 대한 거슬리는(만일 관련이 없다면) 질문들로 여겨질 수 있는지를 답변하기 전에, 내담자로 하여금 평가자와 초기의 신뢰감과 라포(rapport)를 발전시키게 한다.

많은 개인들, 특히 정신건강 전문가들에게 평가를 받은 적이 없는 개인들은 트라우마 내력, 특히 아동 학대 및 기타 대인 관계 피해 유형에 관한 질문들에 대하여 당황하거나 방어적으로 반응한다. 내담자들에게 그들의 트라우마 내력에 대하여 상세히 말할 것을 요청했을 때 내담자가 "왜 당신이 그것을 알아야 하죠?"라고 묻는 것은 흔한 일이다. 특히 반복적으로 상처를 받고 다른 사람들에게 배신당한 적이 있는 대인 간 폭력의 피해자들은 방금 만난 평가자와 자세한 이야기를 나누는 것을 꺼릴 것이다.

주 호소문제가 특별히 심각하거나 과거의 트라우마 사건과 관련된 내담자들인 경우, 과거에 대한 다른 질문들에 답하는 것을 주저할 수 있다. 예를 들면 급성불안을 호소하는 지진 피해자는 아동 학대에 대한 질문들에 대하여 이러한 상세한 질문들이 자신의 현재 상황과 관련되어 있지 않다고 느껴 대답하지 않을 수도 있다. 이와 유사하게, 최근 강간 피해를 입은 피해자는 다른 성폭행 및 아동기 성 학대에 대한 질문을 평가자로부터의 암시적인 비판 혹은 어떤 방식으로든 피해자가 되기를 '요청'하는 미묘한 메시지로 해석할 것이다.

이러한 우려에 비추어 본 트라우마 노출 평가에 대한 일반적인 지침은 다음과 같다.

- 트라우마를 평가하기에 앞서 기본적인 수준의 신뢰와 라포를 형성한다.
- 평가 면접의 도입에서 내담자가 치료 서비스에 의뢰된 분명한 이유가 어떤 것이든 치료 서비스를 찾은 이유를 탐색하는 데 어느 정도의 시간을 할애한다.
- 공감적이며 판단하지 않는 자세로 질문을 한다.
- 성 학대와 폭행 경험들에 대한 상세한 진술 시 내담자와 편안한 대화가 되도록 한다. 대인 관계적 트라우마 피해자들은 임상가의 목소리나 몸짓 언어의 미묘한 차이에 특히 민감해할 것이다. 예를 들면 어떤 내담자들은 내담자 자신이 말한 내용으로 인해 임상가가 매우 화가 나거나 부정적인 판단을 내릴 것이라고 여기면, 자신의 피해 경험에 대해 말하는 것을 회피할 것이다.
- 행동적 정의들을 사용하라. 예를 들면 성적으로 폭행을 당하고 남자에게 구강성교를 강요받았지만 질 삽입은 없던 여성은 자신이 강간당했다고 믿지 않을 수 있다. "당신은 강간당했습니까?"라고 묻는 것은 거의 없으며, 대신 "누군가가 당신

이 원하지 않는 성적인 무언가를 하였거나, 또는 당신이 그들에게 성적인 무언가를 하도록 하였습니까?"라고 묻는 것이 더 낫다.

- 트라우마는 매우 개인적인 것이며 내담자는 낙인찍힐 것에 대한 두려움을 가질 수 있음을 기억하라. 트라우마 중심의 면접 과정 중에, 내담자들은 이전에 아무에게도 이야기하지 않은 정보를 꺼낼 수 있다. 임상가는 이러한 가능성을 명심하고, 말한 내용에 대한 확실한 지지를 보여야 한다.

- 트라우마 내력에 대하여 개방하는 것이 수치심, 당황스러움, 그리고 분노와 같은 강렬한 감정을 불러일으킬 수 있음에 주의해라. 내담자들은 다양한 방식으로 반응할 수 있다(어떤 내담자들은 울 수도 있고, 다른 내담자들은 초조하고 불안해하며, 또 어떤 사람들은 위축될 수 있다. 그러나 어떤 사람들은 짜증을 내고 심지어 면접하는 사람에게 적대적이 될 수도 있다). 이러한 상황에서 내담자의 느낌과 반응에 대한 온화한 지지와 인정은 특히 중요할 것이다.

- 필요한 만큼 평가를 반복한다. 어떤 내담자들은 초기 평가에서는 주요 트라우마 관련 정보들에 대해 말하지 않지만, 이들이 치료 과정과 임상가에게 더 편안함을 느끼면 나중에 이에 대한 정보에 대해 말을 할 수도 있다.

일부 평가자들은 트라우마 노출 상황에 대해 판단하지 않고 지지적인 맥락으로 면접을 시작하는 것이 도움이 된다는 것을 알아냈다. 이러한 도입 진술의 예는 다음과 같다.

- "만일 당신이 괜찮다면 당신 과거에 대하여 몇 가지 질문들을 하고 싶습니다. 이 질문들은 내가 맡은 모든 내담자/환자에게 하는 질문들이며, 이렇게 함으로써 내담자가 겪고 있는 것에 대하여 더 잘 이해할 수 있습니다."
- "나는 당신이 과거에 겪었을 경험들에 대하여 몇 가지 질문들을 하고 싶습니다. 만일 불편함을 느낀다면 언제든 저에게 알려주세요. 동의하시나요?"
- "사람들은 종종 현재 그들이 느끼는 것에 영향을 주는 어떤 것들을 과거에 경험했습니다. 괜찮다면 당신이 겪었을 수도 있는 것들에 대한 몇 가지 질문들을 하고 싶습니다."

다른 임상가들은 트라우마 내력에 대한 평가를 초기 면접에 통합하는 것을 선호한다. 다른 내담자들에게 적용해볼 수 있는 두 가지 예가 있다. 이 예들은 잠재적인 트라우마 노출 상황들에 대한 완전한 목록을 제공하려는 목적보다는 정신건강 평가 상황에서 비위협적이고 유기적인 방식으로 트라우마 내용에 접근하는 방법들을 설명하고 있다.

- 대인 관계 정보에 대해 언급하기를 꺼려하는 내담자에게 있어, 트라우마 내력은 의료 내력의 평가과정을 통해 동시에 정보를 수집할 수 있다. 이것은 질문하는 것을 형식화하고, 다른 문맥 안에 더 통상적인 것으로 두며, 질문들은 필요한 것이고 위협적이지 않은 것으로 경험된다. 이러한 시나리오에서 질문은 다음과 같은 패턴을 따를 수 있다.
    - "당신은 어떤 의료적인 문제들을 가지고 있습니까?"
    - "지금 어떤 신체적인 불편이 있습니까?"
    - "최근에 복용하고 있는 약이 있습니까?"
    - "약 알레르기가 있습니까?"
    - "수술을 받은 적이 있습니까?"
    - "교통사고를 당한 적이 있습니까? 부상을 당했었습니까? 치료를 받았었습니까?"
    - "화재, 지진, 또는 홍수와 같은 재난을 경험하였습니까? 부상을 당했었습니까? 치료를 받았었습니까?"
    - "뇌를 다친 적이 있습니까? 의식을 잃었었습니까? 치료를 받았었습니까?"
    - "총격과 같은 폭력적 사건을 목격한 적이 있습니까?"
    - "누군가에 의해 폭행당한 적이 있습니까? 그때 몇 살이었습니까? 부상을 당했었습니까? 사건 이후에 어떤 치료를 받았었습니까?"
    - "당신의 의지와 무관하게 누군가가 성적인 어떤 것을 강요한 적이 있습니까? 누군가가 당신을 불쾌하게 성적으로 접촉한 적이 있습니까? 이것에 대하여 치료를 받았었습니까?"

[이어서 아동기 트라우마 노출 상황에 대한 질문들을 한다.]

- 자신의 가족과 관계들에 대하여 의논하려는 환자들에게는 대안적인 질문 시나리오가 이어질 수 있다.
    - "어디에서 자랐습니까?"
    - "어린 시절은 어떠했습니까?"
    - "누구와 자랐습니까?"

- "어렸을 때 가정환경은 어떠했습니까? "
- "가정에 부모님 두 분 모두 계셨습니까?"
- "어렸을 때 집에서 어떤 폭력을 목격한 적이 있습니까?
- "어렸을 때 벌을 어떻게 받았습니까?"
- "어렸을 때 누군가 당신을 어떤 식으로든 학대한 적이 있습니까?"(어떤 경우에는 이 질문 자체로 내담자가 자신의 모든 아동기 학대 경험을 이야기하도록 할 것이다.)
- "어렸을 때 누군가 당신에게 성적인 어떤 것을 한 적이 있거나 반대로 그들에게 성적인 어떤 것을 하도록 한 적이 있습니까?"

[이어서 더 자세한 아동기 트라우마 경험들을 질문한다.]

- "교통사고를 당한 적이 있습니까? 부상을 당했었습니까? 사건 이후에 어떤 치료를 받았었습니까?"
- "성인이었을 때 누군가에 의해 폭행을 당한 적이 있습니까? 그때 당신은 몇 살이었습니까? 부상을 입었습니까? 그 사건 이후 어떤 치료를 받았습니까?"

[이어서 기타 성인기 트라우마 질문들을 한다.]

내담자가 이러한 질문을 꺼려하고, 어떤 트라우마들은 비형식적 평가 면접에서 간과될 가능성이 있다는 점을 고려한다면, 아마도 트라우마 평가는 임상가가 평가 면접 동안 잠재적 트라우마에 관하여 미리 정의된 목록을 언급할 때 최선으로 성취될 수 있을 것이다. 이 구조화된 접근은 트라우마 노출 상황이 공식적으로 평가될 뿐만 아니라, 트라우마의 모든 관련 유형들에 대해 탐색하게 한다. 이 책의 부록 1, 초기 트라우마 보고-3(Initial Trauma Review-3, ITR-3)는 트라우마 사건들에 대한 내담자의 인생 내력 평가에 사용될 수 있다. 이것은 행동적으로 기술되어 있으며, 임상가가 트라우마 노출 상황의 가장 주요한 형태들을 평가하도록 하는 반구조화된 면접이다. 이것은 또한 *DSM-IV* A2의 PTSD와 ASD의 진단 기준에서 요구하듯이, 이 트라우마들의 반응에서 주관적 고통에 대하여 묻고 있다. 주관적 고통이 더 이상 *DSM-5*의 트라우마 진단 기준에는 해당하지 않지만, 트라우마 사건에 대한 내담자의 반응과 관련된 정보는 유용하게 사용될 것이다. 임상가는 평가과정이 지지적이며 정중한 방법에서 ITR-3의 항목들을 자유롭게 변경할 수 있고 내담자의 상황에 관련된 추가적인 트라우마를 얼마든지 첨가할 수 있어야 한다. 한 임상가가 내담자의 트라우마 내력을 검토할 수 있는 도구로는 고통스러운 인생 사건 분류 질문(Stressful Life Events Screening Questionnaire; Goodman, Corcoran, Turner, Yuan, & Green, 1998)과 같은 다수의 심리학적 문헌이 있다. 더하여 이 장의 뒤에서 설명하겠지만 외상성 고통에 대한 심리적 테스트들은 트라우마 사건 검토를 포함하고 있다.

트라우마 영향 평가하기

이 책의 목적을 위해, 트라우마의 영향은 면접 동안 쉽게 결정되는 트라우마 영향을 포함한 과정 반응과 더욱 고전적인 기준 또는 심리적 장애 유형들을 포함한 **증상 반응**의 두 가지 범주로 분류될 수 있다.

과정 반응

임상 면접이나 치료 회기 동안 트라우마를 겪는 내담자의 행동을 관찰함으로써 중요한 정보를 얻을 수 있다. 이러한 방식의 평가는 임상가의 인식을 기초로 하기 때문에 임상 경험과 개인적 주관성에 의해 영향을 받으며, 이러한 방식으로 얻어진 자료들은 표준화된 검사 결과만큼 항상 타당하지는 않다. 반면에 주의력이 있고 민감한 평가자는 정신능력 검사들로 발견하기 어려운 것들을 종종 알아낼 수 있다. 이러한 정보는 활성 반응, 회피 반응, 정동 조절 부전(affect dysregulation), 그리고 관계 장애의 네 가지 영역으로 나누어질 수 있다.

활성 반응. 8장에서 상세히 설명하였듯이, 활성 반응은 어떤 유발 자극에 반응하는 트라우마 이후의 감정, 기억 및 또는 의식의 갑작스러운 발현이다. 이러한 반응들은 트라우마 사건에 대한 감각적 재경험이 될 수 있고, 다른 경우의 반응은 덜 극단적일 수 있고, 이때 갑작스러운 감정의 고통이나 불안을 포함한다. 대개 극도의 활성화는 회피되지만, 대부분의 사례들에서 더 낮은 수준 정도의 반응은 외상후 내담자가 갖는 현재의 스트레스의 심각성과 트라우마 기억들이 외부 환경에 의해 활성화될 수 있는 정도에 대한 정보를 제공한다.

주로 임상가는 활성을 유발하지 않으려 하며, 오히려 면접이나 치료 동안 활성화되는 것에 대해 경계한다. 예를 들면 임상가는 화재가 난 일주일 후 병원에서 화상환자를 면접하면서, 환자가 자신의 트라우마 경험에 대하여 질문을 받았을 때의 표정, 목소리 톤, 말의 내용, 심지어 호흡의 변화를 주의깊게 관찰할 것이다. 또는 아동 성 학대 생존자의 경우, 아동기 성추행 경험을 말하는 동안 감정, 자세, 눈동자의 움직임, 또는 논리적으로 말하기 등의 변화들이 관찰될 수 있다.

트라우마를 비교적 최근에 경험했을 때, 보통 수준의 활성은 보통 좋은 징후이며, 이러한 활성은 내담자가 심하게 회피한다거나 둔감 상태에 있지 않고 내담자의 트라우마 내용의 내면 처리 과정이 가능함을 암시한다. 그러나 쉽게 유발되며 강도 높게 경험되는 활성은 더 심각한 외상후 고통을 암시하며, 원하지 않는 침습적 증상들이 광범위한 환경 자극들로 유발될 수 있음을 암시한다. 비슷한 맥락에서, 만성 트라우마 상태에서 쉽게 유발된 활성(예 : 30년 전에 생겼던 전쟁 경험들에 대한 면접에서 참전 재향군인의 눈물과 괴로움)은 부적합한 처리과정을 보여주는데, 왜냐하면 복잡하지 않은 사례에서 외상후 스트레스는 시간이 지나면서 자연스럽게 해결되거나 적어도 스트레스의 감소가 기대되기 때문이다.

환자에게 적절히 대응하는 검사자나 임상가는 트라우마 징후들에 대한 개인의 감정적, 구두적, 동작 반응에 대해 지속적인 주의를 기울이는 것을 통해 (1) 개인이 경험하고 있는 외상후 스트레스 수준, (2) 해리나 다른 회피 반응들을 통하여 차단된 트라우마 재경험의 정도에 대한 지속적인 정보를 제공한다는 것을 발견할 것이다. 내담자의 트라우마 이후의 활성화에 대한 정보는 진단과 평가를 도울 뿐 아니라 트라우마 치료의 노출 구성요소에 대한 반응 수준과 유형을 추측할 수 있다(8장 참조).

회피 반응. 트라우마 생존자들의 회피에 대한 관찰 평가는 대개 낮은 활성(예상된 활성보다 비교적 낮은)과 관찰 가능한 회피 활동들에 대한 주의를 포함한다. 이전의 사례에서 활성이 예상되었을 때 회피가 예측될 수 있지만(예 : 최근의 성 폭행 피해자), 심각한 감정적 재반응이 없거나 적은 것이 관찰된다(예 : 그 사건이 분리되거나 과도하게 사실적으로 사건을 묘사할 때). 나중에 임상가는 해리나 약물 사용에 대한 직접적인 증거를 탐색할 수 있고, 내담자는 의도적 회피(예 : 교통사고 이후 더 이상 차를 운전하지 않는 것)를 임상가에게 알려준다.

낮은 활성화는 활성화에 의해서 확인되지 않는 수많은 다양한 방어기제 때문에 나타날 수 있다. 낮은 수준의 활성화는 다음과 같다.

- **감정적 둔감화(emotional numbing).** 심각한 외상후 스트레스의 결과로 트라우마 촉발 요인들에 대하여 감소된 감정적 반응을 보인다(2장 참조).
- **해리성 이탈(dissociative disengagement).** 내담자는 잠재적으로 마음을 심란하게 하

는 자극들로부터(예 : 종종 현실적인 질문들을 이해하지 못하거나 대인관계에서 먼 것처럼 느껴지는) 애매한 인지-감정적 분리나 이탈과는 연관되지만 중요한 해리 징후들을 보이지 않는다.

- 사고 억제(thought suppression). 내담자는 감정적으로 혼란스러운 사고나 기억들을 의식적으로 차단하거나 억압하고, 이는 종종 담화 중 갑작스러운 실수 또는 불충분한 기억의 보고로 보일 수 있다.
- 부인(denial). 내담자는 트라우마 사건을 인정하지만, 그 트라우마를 연상시키는 지각된 위협 또는 심각성을 줄이는 견해나 관점을 키운다.
- 명확한 중독증세가 없는 불안 완화제(anxiolysis without obvious intoxication). 내담자는 치료나 평가 기간 동안 분명하지 않지만 트라우마 촉발요인들에 대한 불안한 반응을 차단하는, 향정신성물질(예 : 술이나 벤조디아제핀)을 치료 시간 전에 사용한다.

낮은 활성은 종종 그와 관련된 특정 기제의 견지에서 정의하기가 어려우며 또 정확히 밝히기도 힘들다. 예를 들면 트라우마 생존자가 정황상 보일 수 있는 정도의 심란함보다 적게 심란함을 보일 때(예 : 사망자를 낸 대형 교통사고 다음 날 트라우마 증상을 보이지 않고 차분한 태도) 잠재적 기제들로 위의 목록에 제시된 것뿐만 아니라, 내담자가 회피와 전혀 연관되지는 않았지만 대신 스트레스에 특히 저항적일 수 있다는 것도 포함한다. 이러한 불확실성에도 불구하고 숙련된 트라우마 임상가는 미묘한 회피 기제들에 대한 민감성 또는 언제 트라우마 이후의 반응이 예상대로 발생하는지에 대한 민감성을 통하여, 회복력으로부터 다양한 방어적 회피 전략들을 구별할 수 있다.

한편, 회피에 대한 명확한 징후들은, 보통 관찰 가능하고 직접적으로 표현되는 기제의 사용과 연관된다. 가장 일반적으로 다음과 같은 것들이 포함된다.

- 관찰 가능한 해리 증상들. 내담자가 '멍하게', 한곳을 응시하고(예 : '먼 곳을 응시함'), 일관성 없이 행동하거나, 또는 다른 정체성 상태가 된 듯이 보인다.
- 자기-보고 해리. 이인증(예 : 유체이탈 경험) 또는 비현실감(예 : 꿈속에 있는 것 같은 느낌).
- 중독. 내담자가 눈에 띌 정도로 약물이나 알코올에 취한 상태로 치료 시간에 온다.
- 의도적 회피. 트라우마 이후의 침습들이나 고통을 유발할 수 있는 사람, 장소, 또는 상황을 회피하는 것과 같은 PTSD 증상들의 의도적 회피군과 일치하는 내담

자가 묘사한 행동들을 말한다. 또한 치료 시간에 트라우마적 내용들을 논의하는 것을 회피하려는 것은 분명한 증거이다. 치료 시간을 놓치는 것도 의도적 회피를 반영하는 것일 수 있다.

평가나 치료 시간 혹은 다른 곳에서의 심각한 정서적 회피는 높은 가능성의 외상후 스트레스(Pietrzak, Harpaz-Rotem, & Southwick, 2011; Plumb, Orsillo, Luterek, 2004), 높은 만성화 가능성(Lawrence, Fauerbach, & Munster, 1996; Marshall et al., 2006), 그리고 치료 노출 구성요소들을 다루는 데 잠재적으로 상당한 어려움(Jaycox, Foa, & Morral, 1998; Zoellner et al., 2011)이 있음을 시사한다. 또한 내담자 회피 노력의 보고는 내담자가 특별히 침습적 경험(예 : 강간에 대한 플래시백을 유발하기 때문에 성적 활동을 회피함)을 가지는 특정 영역을 암시할 것이다. 이러한 정보는 임상가로 하여금 확인하거나 밝힐 수 없는 PTSD의 B군(재경험하기) 증상들을 탐색하도록 할 것이다. 그러나 주로 회피는 생존자가 잠정적으로 동요하는 트라우마 기억들과 대면하는 것에 대해 심리적 안정을 유지하기 위하여 사용하는 대처 반응이라는 점을 주목하는 것이 중요하다. 그 결과 이러한 반응들이 대개 트라우마 스트레스를 암시하더라도 트라우마 스트레스들이 일어나는 순간에, 특히 회복 과정 초기에 꼭 부적절한 것만도 아니다.

정동 조절 부전. 몇몇 트라우마 생존자들은 정동 조절에 눈에 띄는 어려움을 가진다. 정동 조절은 해리나 다른 회피 기술들(정동 조절)에 의지하지 않는 고통을 내부적으로 줄이거나 고통스러운 내면 상태(정동 내성)를 감내하는 개인의 상대적 능력이다. 정동 조절 문제는 극도의 그리고/또는 초기 트라우마 노출 또는 다른 현상들(Briere & Rickards, 2007; Pynoos, Steinberg, & Piacentini, 1999; Schore, 2003)에서 일어나며, 앞서 언급하였듯이, 물질 남용, 충동, 자살 경향, 자해 행동, 그리고 기타 비슷해 보이는 '성격 장애' 수준의 반응들(Briere et al., 2011; van der Kolk et al., 2005)과 같은 이어지는 고통 회피 증상들과 관련되어 있다. 정동 조절 능력이 저하된 개인들은, 치료에 있어서 트라우마와 관련된 고통스러운 감정들에 휩싸이지 않은 채 트라우마 기억을 처리하는 데 어려움을 겪을 수 있다. 과도한 치료적 노출로 인해 트라우마 생존자들이 압도될 위험성에 대해 몇몇 임상가들은 좀 더 복합적인 트라우마를 경험한 개인들에게는 정동 조절 부전은 매우 중요한 고려사항이라고 여긴다(예 : Briere & Lanktree, 2011; Cloitre, Koenen, Cohen, & Han, 2002; Linehan, 1993a). 다른 경우에,

덜 심각한 트라우마가 인생의 후반기에 일어날 때에는 정동 조절 어려움이 관련 있을 가능성이 적을 수 있다. 그러나 어떤 사례라도 트라우마 피해자에 대한 완전한 평가에서는 이러한 문제들을 포함시켜서, 치료하는 임상가가 치료에서 이 문제들을 다루거나(6장 참조) 아니면 다른 효율적인 치료로 내담자가 다시 재경험을 겪지 않도록 해야 할 것이다.

정동 조절과 관련한 문제는 치료 회기 또는 평가에서 다음과 같은 징후를 통해 확인할 수 있다.

- 양극성 또는 순환성 장애에 기인하지 않은 기분 변화
- 매우 짧은(예 : 한 시간마다 측정되는), 그러나 자연스럽게 해결될 것으로 보이는 증상으로 강도 높은 우울 삽화
- 안정을 취하는 것 또는 더 긍정적인 정서적 상태로 전환하는 것에 명백한 어려움을 겪는 치료 회기 동안의 갑작스럽고 극심한 정서적 디스트레스
- 행동화(act out) 경향, 자해, 공격성, 자살 시도나 신호, 또는 혼란스럽거나 괴로울 때 보이는 갑작스러운 긴장 감소 행동들
- 장기적인 물질 남용 혹은 의존
- 강렬한 정서적 상황에서의 갑작스러운 해리적 반응

이러한 징후들이 정동 조절의 어려움을 암시할 때 임상가는 (1) 내담자가 심각한 또는 초기 아동 학대나 방임의 내력이 있는지, 그리고/또는 (2) 내담자가 정동 불안정을 특징으로 하는 성격장애를 가지고 있는지 평가해야 한다(비록 경계성 성격장애 진단의 과잉 일반화에 대한 경고를 다룬 2장을 참조하더라도). 8장에서 언급하였듯이 치료적 개입(특히 노출 행위)은 고통스러운 감정을 조절하는 내담자의 현재 능력에 맞춰 주의 깊게 다루어져야 한다.

관계 장애. 관계에 대한 정보는 면접 중에 내담자의 임상가와 치료 환경에 대한 반응을 관찰함으로써 얻어진다. 이러한 정보는 내담자가 밝힌 자신에게 중요한 사람들에 대한 내용으로부터도 추출될 수 있다. 일반적으로 이러한 반응 신호들은 개인이 갖고 있는 주요한 대인적 표상과 관계에 대한 인지 도식, 추측, 신념(또한 이와 관련된 정동)의 기저에 있다.

매우 중요한 관계적 사안들(그리고 이들의 연관된 면접 도중의 징후들)이 다음에서 논의될 것이다.

■ 대인 관계 위험성에 대한 경계

많은 트라우마 생존자들이 상처를 받거나 배신당하거나 또는 대인 관계에서 학대를 받아 왔기 때문에 평가나 치료 중 신체적·감정적 위험에 대하여 과도하게 반응할 수 있다(Courtois, 2004; Herman, 1992b). 심한 경우 이러한 반응은 거의 편집증적으로 나타날 수 있다. 최근에 고문이나 강간을 당한 피해자는 치료실에 무기가 있는지 혹은 들여다볼 수 있는 숨겨진 구멍이나 다른 사람들이 숨어 있을 만한 장소가 있는지를 은밀하게 점검하거나, 전체주의 국가의 난민은 치료 과정이 통치 체제의 공모인지를 면밀히 살피거나, 스토킹이나 구타의 피해자는 치료 시간 이후 누군가 자신을 따라오는지에 대한 두려움 혹은 임상가가 자신을 학대한 사람과 연락하는 것에 대한 두려움을 말하거나, 이라크 전쟁 참전 용사는 밖으로 나가려고 출입문 가까이에 있을 수 있다.

비록 이러한 반응들이 트라우마 생존자들의 임상적 표현은 아니지만, 심각한 영향을 받지 않은 생존자라도 잠재적으로 공격과 폭력, 부당한 비판, 또는 기타의 잠재적 위험에 대하여 과도하게 경계를 나타낼 수 있다. 내담자는 평가자나 임상가에게 다양한 평가 질문들에 대한 의도나 적합성 혹은 관련성, 그리고 회기 동안에 얻은 정보의 사용 의도에 관하여 질문할 것이다. 성적인 트라우마와 인신매매 피해자들은 남자 면접자에 대하여 특히 불신을 드러내고, 상당한 처벌을 가하는 부모를 가진 내담자들은 임상가의 부정적인 평가 가능성에 대하여 과도하게 예민할 수 있다.

비록 이러한 선입견이 있다는 것은 권위자의 평가와 상호작용에 대해 특별한 민감성을 보여주지만(Briere & Lanktree, 2011), 생존자들에게 위험 도식들이 쉽게 촉발된다는 사실은 대인적 상황에서의 잠재적 상처에 대한 일반화되고 예상되는 징후일 수 있으며, 가장 기본적으로 외상후 스트레스에 대한 반영이다.

■ 유기 문제

아동기에 방임이나 거부의 내력이 있는 개인들은 평가와 치료 기간 동안 임상가에 대한 그들의 반응과 내담자 인생의 중요한 사람들에 대한 묘사에 있어 유기 불안 혹은 거부당하는 것에 대한 민감함을 보일 것이다. 사람들이나 관계의 필요[가끔 이러한 연결의 유의성(valence)이나 건강 상태와 상관없이], 유기에 대한 두려움이나 예측 또는 관계의 상실, 또는 남겨지게 되거나 거부됨을 특징으로 하는 역사적 송환 테마들에 사로잡힐 수 있다. 치료 중에 유기 문제를 가진 내담자는 임상가에게 특별히 애착을 보일 수 있으며, 심지어 짧은 기간인데도 그럴 수 있고, 면접 종료를 거부할 수도 있으며, 특별히 '들러붙거나' 의존하는 것처럼 보일 수 있다. 가끔 이들은 검사자의 불충분한 돌봄이나 지지 그리고 평가나 치료 시간이 짧은 것에 대하여 분노나 절망감을 표현할 수 있으며, 혹은 임상가가 그들의 감정적 경험에 충분하게 동감하지 않는다는 우려를 표현할 것이다. 또한 임상가를 만날 수 없는 상황(예 : 휴가나 개인적인 응급 상황 동안)은 유기 도식을 촉발하고 분노나 낙담을 일으키게 되는 경우가 흔하다.

예상했듯이 평가 면접이나 첫 번째 치료 시간에 유기에 대한 두려움을 탐지하는 일은 항상 쉬운 것이 아니다. 관계와 유기나 거부에 대한 회피와 같은 내담자의 근원적인 선입견은 심리치료 후기에만 감지할 수 있다. 그러나 9장에서 언급하였듯이, 이러한 문제들은 인생 초기에 방임되거나 학대받은 사람들과의 작업에 있어 상당한 관련이 있다. 이들은 내담자가 치료 회기 중에 한계에 직면할 때 갈등이나 괴로움의 잠재적 원인을 대변할 뿐 아니라 이들이 반영하는 근원적인 역기능적 도식 모두가 심리적 치료 개입에 관한 중요한 목표들이다.

■ 대인 관계 통제를 통한 자기 보호의 욕구

대인 관계 피해에서 생긴 무기력한 경험은 이후 다른 사람들과의 관계에서 개인적 통제에 대한 욕구로 이끌 수 있다. 이것은 종종 자율성에 대한 고집으로 나타나며, 자신의 안전과 자기 결정이 온전하도록 다른 사람들과의 상호작용에서 사소한 것들까지 통제하려는 경향, 다른 사람들에 의한 통제, 인식 조작 또는 영향에 대한 부정적인 반응으로 나타난다. 정의에 의하면 이러한 대인 관계 양식은 트라우마 생존자를 완전히 통제하려는 권위적 사람들과의 어려움으로 드러날 수 있다.

통제에 대한 높은 욕구를 가진 이러한 개인들은 평가나 치료 시간에 발생하는 것들을 포함하여, 대인 관계 상호작용 동안 그들 자신의 자율성의 극대화를 추구하는 행동을 할 수 있다. 예를 들면, 트라우마 생존자가 끊임없이 말함으로써 회기를 통제하려 할지도 모른다. 그렇게 함으로써, 평가 혹은 치료 과정에 거쳐 임상의들이 언어적으로 영향을 미치려는 것을 막을지도 모른다. 어떤 경우에는 치료사의 개입을 무시하거나 짜증이나 화를 낼 수도 있다. 이와 비슷하게 흔히 이러한 내담자는 임상가가 심리적 혹은 내력에 대한 정보를 얻으려는 것을 내담자의 안건이나 자율성을 능가하려는 시도로 보면서, 말하는 주제가 무엇이든 면접 질문들에 저항하여 그 주제에서 벗어나려한다. 이러한 행동들은 다른 사람들에 의해 재피해자화될 것에 대한 공포에서 나오며, 종종 대인 관계 경직성과 강박적인 자기 보호로 이끄는 외상후 상태인 숨겨진 대인 관계 불안을 반영한다.

대인 관계 통제의 욕구에 대한 징후는 다음과 같은 내력들의 잠재적 증거로 고려해야 한다. (1) 상당히 통제적이거나 침습적인 또는 학대적인 양육자들에 대한 인생 초기의 내력, (2) 혼란스러운 아동기 환경과 연관된 초기의 정서적 방임, 또는 (3) 고문이나 강제된 감금과 같은 지속된 무기력을 특징으로 하는 후기 트라우마 경험들이다.

이러한 대인 관계 양식의 직접적인 의미는 평가 과정 그 자체에 관한 것이다. 현재의 증상, 이전의 내력, 그리고 관계적 기능 수준을 포함하면서, 통제 중심의 생존자를 임상가(내담자가 아닌)가 평가와 치료에 있어 중요하다고 느끼는 영역으로 이끄는 것은 상당히 어려울 수 있다. 임상 경험은 임상가가 과도하게 내담자의 대인 관계 통제의 욕구에 대해 다루기보다는 언어나 비언어적으로 치료 과정의 친근한 의도를 재확인하는 작업을 제시하는 정도에서가 가장 효과적인 것이다. 어떤 사례들에서 이 작업은 임상가의 상당한 인내가 요구될 것이다.

■ 치료 관계에 들어가고 지속하는 능력

심리 평가와 치료는 일반적으로 내담자와 임상가의 작업관계를 필요로 한다. 불행히도 아동 학대나 강간, 고문 또는 파트너 폭력과 같은 대인 관계 트라우마 피해자들은 다른 사람들에 의해 '안전'하다고 여겨지는 사람이라도, 권위적인 인물과의 친밀한 관계라면 모두 잠재적으로 위험하다고 느낄 수 있다(Briere & Lanktree, 2011; I. L. McCann & Pearlman, 1990). 예를 들면 일반적인 치료 과정에서 임상가는 바람직한 협력 관계를 방해하는, 내담자의 피해 관련 플래시백이나 위협과 관련된 인식 또는 상황적 공포를 의도치 않게 활성화시킬 수 있다. 이러한 이유로 평가 목적 중 하나는 내담자의 대인 관계 문제를 야기하는 가장 명확한 요인과 임상가와 지속적인 관계를 형성하는 전반적인 능력을 결정해야 한다. 내담자의 대인 관계 능력이 손상되어 있는 경우에 임상가는 트라우마 관련 내용이 더 명시적으로 진행되기 전에 다룰 필요가 있는 (혹은 적어도 고려해야 하는) 신뢰, 경계, 안전에 대한 잠재적 어려움을 특별히 주의해야 한다.

다양한 정도에 따라 트라우마 생존자들(특히 아동기에 반복적으로 피해를 입은 사람들)은 여기에서 설명하는 관계 문제들에 대하여 모든 징후 또는 몇몇 징후를 나타낼 수 있다. 현실적 수준에서 이러한 장애들은 흔히 '어려운', '교활한', '의존적인', 또는 '과도한 관심 추구'로 이름 붙여지는 반응과 활동을 초래한다. 성격장애의 필수적인 징후라기보다는 트라우마의 있을 법한 영향으로서의 이전 반응들을 재구성하는 것은 임상가가 좀 더 수용적이고 비판단적이며 치료적으로 유용한 방법으로 내담자에게 접근하도록 한다.

이러한 관계 역동은 그 자체로 평가 과정을 침해할 것이다. 효과적인 치료 관계를 방해하는 트라우마 관련 활성화는 내담자가 광범위한 회피, 공포, 분노, 또는 재자극화된 트라우마 기억들에 의해 타협된 검사나 면접 반응이 원인이 될 것이다. 비록 피해 관련 과각성, 불신, 그리고 트라우마 재경험이 심리 평가의 직접적인 상황 안에서 쉽게 설명되지 않을지라도 임상가는 판단으로부터 존중, 안전, 그리고 자유를 촉진하고 의사소통을 할 수 있는 것이라면 무엇이든지 해야 한다(Newman, Briere, & Kirlic, 2012). 일반적으로 이것은 다음을 포함한다.

- 긍정적이고 비침습적인 태도
- 긍정적인 라포
- 내담자의 괴로움과 직접적인 상황에 대한 인정
- 평가 과정에 대한 분명한 설명(평가의 목적과 평가의 의도를 포함)
- 평가 질문의 제한과 비밀 유지에 대한 분명한 경계

또한 품위를 손상시키거나 캐묻는 느낌이 들게 하는 과도하게 직접적이거나 침습적인 질문들을 지양하고 대신에 내담자가 자신에게 맞는 속도감과 구체적인 정도에서 자기 개방을 촉진하는 작업을 하도록 돕는 것이 도움이 될 것이다. 평가 과정에서 피해자의 상황에 대한 인정과 존중을 의사소통할 수 있을 때 내담자는 잠재적으로 혼란스럽게 하고, 수치스럽게 하거나 불안을 유발하는 트라우마와 증상에 대해 더 준비하기가 쉽다.

증상 반응

이제까지 살펴본 트라우마 반응의 과정 징후들 외에 분명한 트라우마 평가 목표는 피해자 현재의 정신 상태와, 심리적 기능 수준을 판단하며, 트라우마 노출과 관련되었다고 알려진 주요 증상들에 대하여 질문하는 것이다. 트라우마 집중이든 그렇지 않든, 전체적인 심리적 평가기간 동안 임상가는 이상적으로 다음의 장애 형태를 평가해야 한다.

- 변화된 의식 또는 정신 기능(예 : 치매, 혼돈, 섬망, 의식 손상, 또는 다른 기질적 장애)
- 정신병적 증상[예 : 환각, 망상, 사고장애, 와해된 행동(disorganized behavior), '부정적' 징후들]

- 자해 또는 자살 충동과 행동
- 다른 사람들에 대한 잠재적 위험
- 기분장애(예 : 우울증, 불안, 분노)
- 물질 남용 또는 중독
- 성격장애
- 자기돌봄 능력의 저하

다른 정보들(예 : 내담자, 중요한 타인, 그리고 외부 기관이나 양육자로부터의 정보)을 통합해 보았을 때, 면접 정보들은 대부분의 임상환경에서 진단과 치료개입 계획을 위한 기초를 제공한다. 그러나 현재 갖고 있는 문제가 외상후 장애를 잠재적으로 포함하고 있을 때 전형적인 정신 상태와 증상 검토는 중요한 정보를 놓치기 쉽다. 중대한 트라우마 노출 상황을 경험한 개인들(특히 폭력의 피해자들)은 직접적으로 질문하지 않는다면 항상 그들의 트라우마 내력이나 외상후 증상에 대하여 전부 알려주지 않으며, 따라서 이 영역에 대한 세밀하고 구체적인 면접이 요구된다.

트라우마 관련 장애의 가능성이 있을 때 평가 면접은 가능한 다음의 추가 요소 중(전부가 안 된다면) 할 수 있는 것들을 고려해야 하며, 많은 요소가 앞 장에 요약되어 있다.

- 외상후 스트레스 증상
    - 플래시백, 악몽, 침습적인 생각과 기억들과 같은 침습적인/재경험
    - 트라우마를 생각나게 하는 자극을 회피하려는 행동이나 인지적 시도들과 같은 회피 증상과 정서적 마비
    - 수면 시간 감소 또는 불면, 근육 긴장, 과민성, 불안하고 변덕스러움, 주의/집중의 어려움들과 같은 과각성 증상
- 해리 반응
    - 비현실감 또는 이인증 경험
    - 둔주 상태
    - '멍한 상태(spacing out)' 또는 인지-정서 이탈
    - 기억 상실 또는 시간 상실
    - 정체성 변화 또는 혼란
- 물질 남용

- 신체적 장애
  - 전환 반응(예 : 마비, 무감각증, 시력 상실, 청각 상실)
  - 신체화(신체 기능장애에 대한 과도한 몰두)
  - 심인성 통증(예 : 골반 통증 또는 의학적으로 설명되지 않는 만성 통증)
- 성적 장애(특히 성적 학대나 성폭행 생존자들의 경우)
  - 성적 고통(성적 기능장애나 고통)
  - 성적 두려움 그리고 갈등
- 트라우마 관련 인지장애
  - 낮은 자존감
  - 무력감
  - 무망감
  - 과도하거나 부적절한 죄책감
  - 수치심
  - 환경의 위험 수준에 대한 과대평가
  - 가해자에 대한 이상화 또는 가해자의 행동에 대한 부적절한 합리화나 정당화
- 긴장 감소 활동
  - 자해(self-mutilation)
  - 폭식/구토
  - 과도하거나 부적절한 성적 행동
  - 강박적인 도벽
  - 충동적 공격성
- 일시적인 외상후 정신증적 반응
  - 트라우마로 인한 인지 저하 또는 허술한 연상
  - 트라우마로 인한 환각(종종 트라우마와 일치하는)
  - 트라우마로 인한 망상(종종 트라우마와 일치하는, 특히 편집증의 경우)
- 문화 특정 트라우마 반응(예 : 불안 신경질 발작), 다른 국가나 문화의 개인을 평가할 때

이 목록은 비록 대부분의 요소들이 만성 트라우마(예 : 지속된 아동 학대나 고문)에 적합할지라도 특정 외상후 증상(예 : 교통사고 생존자) 진단에 필요한 것보다 더 포괄적이다. 이들 증상에 대한 어떤 검토는 대개 포괄적 평가를 제시하며, 심지어 더 구조

화된 진단 면접이 이어진다.

외상후 스트레스와 연관되는 해리 증상들과 재경험에 대한 평가는 특히 내담자가 이전에 누군가에게 자신의 증상을 설명한 적이 없다면 문제 제기가 될 수 있으며, 증상을 기괴하거나 심지어 정신증적이라고도 본다. 재경험과 해리는 의식 수준과 자기 주변에 대한 인식 수준의 변화를 포함하며, 이는 언어적으로 설명하기가 어렵다. 여기서는 추천하는 면접 접근법과 질문들을 다음에 제시하였다.

- **외상후 악몽.** 어떤 내담자들은 현재 가지고 있는 트라우마와 직접적으로 연관되지는 않는 악몽은 보고하지 않을 수 있어 간단하게 그 사건에 대한 악몽을 꾸는지 묻는 것은 충분하지 않다. 예를 들면 강간 피해자는 강간에 대한 악몽을 꾸지 않지만, 어두운 골목길에서 쫓기거나 동물이나 악령에 의해 공격을 당하는 꿈을 꿀 수 있다. 좀 더 세부적인 질문은 다음과 같은 것들 포함될 수 있다.
  - "당신은 기분이 나쁘거나 놀라는 꿈을 꿉니까?"
  - "어떤 꿈을 꿉니까?"
  - "당신에게 일어난 나쁜 일에 대한 꿈을 꾼 적 있습니까?"
- **플래시백.** 많은 내담자들이 플래시백의 의미를 알지 못할 것이며, 이에 대한 더 자세한 설명이 필요할 것이다. 더 자세한 질문은 다음과 같다.
  - "당신은 [트라우마]의 환영이 머릿속에 갑자기 떠오른 적이 있습니까?"
  - "당신에게 일어났던 일들이 머릿속에서 떠오른 적 있습니까?"
  - "당신은 [트라우마]가 여전히 일어나고 있다고 느낀 적이 있습니까?"
  - "당신은 [트라우마]를 재경험하는 것처럼 느낀 적이 있습니까?"
  - "당신은 당신을 해친 사람의 목소리를 들은 적이 있습니까?"
  - "당신은 총소리/사고/전쟁/기타 [트라우마]와 관련된 소리를 들은 적이 있습니까?"
- **침습적 생각.** 어떤 내담자들은 지속적으로 생각에 사로잡히게 하는 주된 원인인, 또는 불쑥 뛰어드는 자아-이질적 사고나 침습적인 사고들을 보고한다. 이러한 인지적 증상을 탐색하도록 돕는 데는 다음의 질문이 포함된다.
  - "당신은 [트라우마]에 대해서 많이 생각합니까? 항상?"
  - "당신은 머릿속으로 [트라우마]를 생각할 수 없는 때가 있습니까?"
  - "그[트라우마]에 대한 생각이 당신을 다른 것에 집중하는 것을 어렵게 합니까?"

- [불면증에 연관하여] "밤에 잠을 잘 수 없을 때, 당신을 깨어 있게 하는 생각들이 있습니까?

● 해리. 해리는 내담자가 다른 사람들에게 표현하기 어려울 수 있는 내부 과정이기 때문에, 임상가는 종종 해리 경험에 대하여 구체적으로 질문함으로써 내담자를 도울 수 있다. 증상 유형에 따라 세부화된 질문은 다음과 같다.

● 이인증
  - "당신은 자신이 신체 밖에 존재한다고 느낀 적이 있습니까?
  - "당신은 당신 신체 일부를 인식할 수 없거나, 크기나 모양이 바뀌었다고 느낀 적이 있습니까?
  - "당신 몸 밖에서 당신에게 일어난 것을 보고 있는 것처럼 느낀 적이 있습니까?"

● 비현실감
  - "당신은 마치 꿈 또는 영화 속에 살고 있다고 느낀 적이 있습니까?"
  - "당신 주변의 사람이나 물건이 진짜가 아닌 것 같다고 느낀 적이 있습니까?"

● 둔주 상태
  - "당신은 자신이 멀리 떨어진 곳에 있음을 깨닫고 어떻게 그곳에 왔는지 몰라서 당황했던 적이 있습니까?"
  - "당신은 의식하지 못한 채 집에서 상당히 멀리 떨어진 곳에 있었던 적이 있습니까?"

● 인지-정서의 이탈
  - "당신은 직장이나 집에서 '멍한 상태'로 무엇을 하고 있는지 잊어버린 적이 있습니까?
  - "다른 사람들이 당신이 가끔 '멀리 떨어져 있거나', '벗어나' 있는 것 같다고 말합니까?

● 기억 상실 또는 시간 감각 상실
  - "당신이 거의 또는 전혀 기억할 수 없는 당신의 인생에 중요한 것들이 있습니까?
  - "당신은 짧은 몇 분 동안 '마음이 딴 곳에 가 있는' 경험을 하고 나서 상당한 시간이 지난 것을 깨달은 적이 있습니까?

● 정체성 변화
  - "다른 사람들이 때로 당신이 다른 사람처럼 행동하거나 다른 이름을 사용한 적

이 있다고 말한 적이 있습니까?"

– "당신 안에 다른 사람들이 있는 것 같은 느낌이 든 적이 있습니까?"

외상후 반응 상황의 정신증

해리와 외상후 스트레스는 외부 환경에 대해 변화된 인식과 외부 환경과의 축소된 접촉을 포함하기 때문에 이러한 반응을 정신병 증상으로부터 구별하는 것은 항상 쉬운 일이 아니다. 가끔 외상후의 재경험과 환각 사이의 경계, 합리적인 외상후의 두려움, 과대평가된 사고들과 편집증적 망상, 그리고 불안과 관련된 인지 단편화와 임상적으로 명확한 사고 와해를 구별하기가 애매할 것이다. 덧붙여서, 심각한 트라우마 관련 해리는 내향적인 내부적으로 어떤 생각에 사로잡혀 있는 정신증적 상태와 구별되지 않는 것으로 나타난다. 앞서 2장에서 언급하였듯이 트라우마와 정신증은 관련이 있다. 정신증적 우울과 PTSD는 흔히 공존 장애로 나타나며, 심각한 트라우마는 단기적인 정신증적 반응으로 이끌 수 있고 있고 어린 시절 외상은 만성적 전신증의 몇몇 사례에 내표되어 있다. 뿐만 아니라 중대한 정신증적인 과정의 반응들은 낮은 수준의 각성이나 자기 보호 때문에 피해에 대하여 높은 위험에 놓여 있다. 그러나 트라우마 생존자가 정신증적이라는 (적어도 정신증 장애의 치료가 외상후 스트레스에 효과적이지 않다는 것 때문이 아니라) 결론을 내리기 전에 주의를 기울이는 것은 중요하다. 어떤 경우에는 임상에서 보여준 행동이 너무 애매하여 분명한 결정이 불가능할 수 있으며, 이러한 경우에 내담자들은 더 자주 있는 재평가를 거쳐 섬세한 치료를 받아야 한다.

외상후 스트레스로부터 정신증을 구별하는 데 있어, 만약 다음의 사항이 발견된다면, 정신증적인 과정이기보다는 외상후 스트레스임을 제안해야 할 것이다.

- 환각과 대조되는 재경험
  - 지각된 내용은 트라우마와 관련 있다(예 : 가해자의 목소리나 트라우마와 연관된 다른 소리를 듣는 것). 그러나 이전의 트라우마 내력이 정신병적인 환각과 망상의 내용에도 영향을 미칠 수 있음에 주의한다(Hardy et al., 2005; C. A. Ross, Anderson, & Clark, 1994; A. Thompson et al., 2010).
  - 지각이 반응을 유발하는 경험이나 트라우마 관련 불안 상황에서 일어난다.
  - 지각이 상호적이지 않다. 예를 들면 지각은 생존자에게 '말대답'하지 않는다.
  - 지각이 기이(예 : 신의 얼굴 혹은 악마)하지 않다.

- 망상과 대조되는 외상후의 예상
  - 생각이나 두려움에 대한 내용이 트라우마 사건과 관련이 있다.
  - 내담자는 자신의 생각이나 두려움이 합리적이지 않다는 것을 이해하고 있음을 표현할 수 있다(예 : 강간을 당한 여성은 비록 그녀가 의식적으로는 모든 남자가 강간범이 아니라고 표현할 수 있지만, 모든 남자들에게 두려움을 가질 수 있으며 앞으로의 피해에 대한 두려움 때문에 남자와 단 둘이 있는 것을 원하지 않을 수 있다).
- 와해된 연상들과 대조되는 트라우마로 인한 해체
  - 해체나 와해는 내담자 대화의 전체에서가 아니라 내담자가 기분이 상하게 되거나 트라우마 관련 주제에 대하여 이야기할 때만 발생한다.
  - 내담자가 덜 불안하게 됨에 따라 와해의 수준이 줄어든다.

반대로 다음의 사항들이 보이면 외상후 스트레스 과정이기보다는 정신증적임을 제안할 수 있다.

- 재경험과 대조되는 환각
  - 적어도 몇몇 지각 내용은 트라우마와 관련되어 있지 않다(예 : 트라우마와 연관되지 않은 다른 사람들의 목소리를 듣는 것).
  - 지각이 상호적이며, 또는 내담자가 자신에게 말을 하거나 혼자 웃는 것이 다른 사람들에 의해 목격된다.
- 외상후의 예상들과 대조되는 망상
  - 생각이나 두려움의 내용이 단순히 트라우마 사건과 연관되지 않고, 다른 영역으로 확대된다(예 : 강간을 당한 여성이 모든 남자가 그녀를 잠재적으로 해칠 수 있을 뿐 아니라 미국 정보국이 그녀의 집을 도청하고 있다고 믿는다).
- 트라우마로 인한 해체와 대조되는 와해된 연상
  - 인지적 저하는 내담자가 불안하든 그렇지 않든 내담자의 대화 전체를 통해서 나타나며, 대화와 상관없이 나타난다.

구조화된 면접

비록 비형식적인 정신 상태 검사와 증상 검토가 많은 형식의 외상후 장애를 밝혀낼 수 있지만, 이러한 비구조화된 성질의 접근들은 종종 특정 증상이나 증후들이 간과되거나 부적절하게 평가될 수 있음을 의미한다. 사실 실제 외상후 스트레스장애 사례의 절반 정도가 비구조화된 임상적 면접 동안 간과되는 것으로 추정된다(Zimmerman & Mattia, 1999). 이러한 이유로 몇몇 임상가들과 대부분의 연구자들은 외상후 스트레스, 특히 PTSD를 평가할 때 구조화된 임상적 측정 방법을 사용한다. 가장 흔하게 사용하는 구조화된 면접을 다음에서 논의한다.

임상가 실시 외상후 스트레스장애 점수 척도(CAPS)

DSM-IV 버전의 CAPS(Clinician-Administered PTSD Scale, Blake et al., 1995)는 외상후 스트레스장애의 구조화된 면접에 관한 '최고의 표준'으로 여겨진다. 이는 표준화된 유도 질문들, 명확하며 행동 방식에 입각한 점수 척도와 증상의 빈도와 강도 모두를 측정하는 것 등 여러 도움이 되는 특징을 갖고 있다. 이것은 현재(1개월)와 평생('최악의')의 PTSD에 대한 각각의 점수와 지속 점수 모두를 제공한다. 표준적인 17가지 PTSD 항목 이외에도 CAPS는 또한 사회적 기능과 직업적 기능에 대한 외상후 영향을 미치는 항목들, 이전의 CAPS 평가 이후의 PTSD의 개선, 전반적인 반응 타당성, 그리고 전반적인 PTSD의 심각성, 죄의식과 해리를 고려한 항목을 포함하고 있다. 하지만 CAPS는 검사를 완성하기까지 한 시간 혹은 그 이상이 소요될 수 있고, 어떤 때는 임상적으로 필요한 것보다 더 많은 정보를 제공하며, 오직 PTSD 검사에만 중점을 둔다. *DSM-5*의 출현과 함께, CAPS 저자는 모든 기준을 점수로 바꾼 새로운 버전을 발전시켰다(F. W. Weathers, personal communication, May 22, 2012). 일단 타당화되고 임상가가 활용 가능하다면, *DSM-IV* 버전 CAPS는 *DSM-5* 버전 CAPS로 교체될 것이다.

급성 스트레스장애 면접(ASDI)

PTSD와 대조적으로 진단 문제가 ASD라면, *DSM-IV* 버전의 ASDI(Acute Stress Disorder Interview, 급성 스트레스 면접)가 유용하다(Bryant, Harvey, Dang, & Sackville, 1998). 이 면접은 해리, 재경험, 회피하려고 노력하는 것, 각성 증상들을 평가하는 19개의 항목으로 구성되어 있다. ASDI는 높은 수준의 신뢰도와 타당도를 나타내며, 비교적 짧은 시간 안에 실시할 수 있다(Bryant et al., 1998; Orsillo, 2001). 그러나 *DSM-5*에 ASD는 포함되지 않는다.

극단적 스트레스장애를 위한 구조화된 면접(SIDES)

SIDES(Structured Interview for Disorders of Extreme Stress, Pelcovitz et al., 1997)는 기존의 면접-기반 PTSD 평가 척도와 함께 개발되었다. SIDES의 45개 항목은 현재와 일생의 DESNOS(불특정 극도의 스트레스장애)와 6개의 증상군(정동 조절 부전), 신체화 장애, 주의 집중이나 의식의 변화, 자기인식, 다른 사람들과의 관계, 의미체계) 각각을 측정한다. 각 항목들은 임상가가 쉽게 점수를 매길 수 있도록 구체적인 행동 고정 장치를 포함한다. SIDES 면접은 적절한 내적 신뢰도와 일관성을 가진다(Pelcovitz et al., 1997).

개정된 *DSM-IV*의 해리장애를 위한 구조화된 임상적 면접(SCID-D)

SCID-D(Structured Clinical Interview for *DSM-IV* Dissociative Disorders-Revised, Steinberg, 1994, 2004)는 다섯 가지 해리 증상인 기억상실, 이인증, 비현실감, 정체성 혼란, 정체성 변화의 유무와 심각성을 평가한다. 이 면접은 급성 스트레스장애와 함께(비록 우리는 급성 스트레스장애에 관해서는 ASDI를 추천하지만) 다섯 가지 주요 *DSM-IV* 해리장애(2장에 제시된)를 위한 진단을 제공한다. 또한 태도의 변화, 자발적 퇴행, 몽롱한 모습과 같이, 사후 면접 영역에서 부호화되는 '면접 내의 해리 단서들'이 SCID-D에 의해서 평가된다. 그러나 현 시점까지 SCID-D의 *DSM-5* 버전은 없다.

심리 검사

그 외 대부분의 심리 검사들은 구조화된 임상적 면접이나 그 외의 것과 반대로 내담자가 연필이나 펜을 사용하여 설문지를 완성하는 자가 진단 검사들이다. 표준화된 심리 검사들은 일반인의 인구통계학적 대표 표본의 기준이 되어 왔으며, 이러한 측정 표준에 관한 구체적인 점수는 무엇이 이 점수나 테스트의 '정상적인' 가치가 될 수 있는지와 비교될 수 있다. 우리는 이러한 검사들이(트라우마 구체화 검사와 일반 검사 모두) 트라우마 생존자들의 심리적 기능에 관한 객관적이고 비교할 만한 자료를 제공하기 때문에 이러한 검사들의 사용을 강력하게 추천한다. 다음에서는 많은 검사 도구들을 간략히 설명할 것이다. 비록 로르샤흐 잉크반점 검사(the Rorschach Ink Blot Test, Rorschach, 1921/1981)가 외상후 스트레스 상태를 평가하는 데 도움이 될 수 있지만(Armstrong & Kaser-Boyd, 2003; Luxenberg & Levin, 2004), 투사검사들을 따로 설명하지는 않았다. 관심이 있는 독자들은 이 장 끝에 트라우마를 경험한 개인의 더 자세한 심리측정 평가를 고려한 책과 논문을 나열한 추천 문헌을 찾아보길 바란다.

일반적인 검사

다양한 표준화된 심리측정도구들은 청소년과 성인 트라우마 생존자의 일반적인(즉 구체적인 트라우마가 아닌) 심리증상 평가에 사용될 수 있다. 이러한 심리측정도구 중 몇몇은 불안, 우울, 신체화, 정신병, *DSM-5*와 관련된 기타 증상들을 평가한다. 외상후 고통은 종종 이러한 증상을 포함하기 때문에 적합한 심리 검사는 좀 더 구체적인 트라우마 검사들 이외에 적어도 한 가지 일반적 측정을 포함하고 있다.

일반적인 검사들의 예는 다음과 같다.

- 미네소타 다면인성검사(Minnesota Multiphasic Personality Inventory, 2nd edition, MMPI-2; Butcher, Dahlstrom, Graham, Tellegen, & Kaemmer, 1989)
- 청소년을 위한 미네소타 다면인성검사(Minnesota Multiphasic Personality Inventory for Adolescents(MMPII-A; Butcher et al., 1992)
- 심리평가검사(Psychological Assessment Inventory, PAI; Morey, 1991)
- 밀론임상다축검사(Millon Clinical Multiaxial Inventory, 3rd edition, MCMII-III; Millon, Davis, & Millon, 1997)
- 간이증후진단검사-90(Symptom Checklist-90-Revised, SCL-90-R; Derogatis, 1983)

각각의 검사들(특히 PAI와 MCMI-III)은 2장에서 설명한 복합 외상후 스트레스 결과와 연관된 성격 수준의 어려움에 관한 정보를 제공한다. 또한 세 가지 검사(MMPI-2, PAI, MCMI-III)는 비록 이들 척도들이 대개 *DSM-IV* 외상후 스트레스장애의 실제 사례들[그리고 정상군(noncases)]을 확인하는 데 적당히 효과적인 것들이지만 PTSD 척도를 포함한다(Briere, 2004; E. B. Carlson, 1997). 가장 주된 일반적인 검사들은 타당도 척도를 포함하며, 증상들에 대한 내담자의 과소 또는 과대 보고를 알아내는 데 사용된다. 이러한 척도들은 부인, 과장, 꾀병 사례들을 확인하는 데 도움이 될 수 있다. 몇 가지 외상후 증상들의 특징 때문에 트라우마를 경험한 개인들은 부정적인 인상(과장 보고) 척도들에서 다른 사람들보다 높은 점수를 얻는 경향이 있으며, 심지어 꾀병을 부리지 않을 때, 혹은 그들의 반응을 왜곡시킬 때에도 높은 점수를 받는 경향이 있다(예 : R. G. Jordan, Nunley, & Cook, 1992).

트라우마 특정 검사

비록 일반 검사들이 트라우마와 연관된 비특정 증상뿐 아니라 나타날 수 있는 다른 동반된 장애를 알아낼 수는 있지만, 심리학자들은 외상후 스트레스, 해리 그리고 트라우마 관련 자기능력장애를 평가할 때 특정 검사들을 자주 사용한다(E. B. Carlson, 1997). 이러한 검사들 중 가장 일반적인 것들은 다음에 제시하였다. 규범적 데이터가 없는 측정은 '정상'/증상이 미약한 개인들에 대한 해석이 쉽지 않기 때문에, 비표준 검사들은 간략하게 나열하였다(이 장의 뒷부분에 있는 간략한 논의 참고).

DSM-5가 출간된 지 1년 내에 DSM-5 업데이트 버전이 출간되었기 때문에, 다음에 소개된 일부 검사들은 새로운 진단 기준 평가에 대해 업데이트가 되어 있지 않다. 이 것은 검사 개발자가 DSM-5와 일치하는 검사 항목들을 추가(그리고 제외)하여 다음 몇 년 내에 바뀔 것이다.

외상후 스트레스와 관련 증상들에 관하여

- 외상후 스트레스 진단 척도(Poststraumatic Stress Diagnostic Scale, PDS). PDS(Foa, 1995)는 잠재적인 외상성 사건들에 대한 노출과 심각한 트라우마 증상들을 불러 일으키는 사건의 특성, DSM-IV의 PTSD 범주와 부합하는 17가지 증상, 그리고 개인의 일상생활에서의 증상 개입의 정도를 평가한다. PDS는 높은 내적 일관성 (17가지 증상 항목들에 관하여 a = .92), 그리고 PTSD 진단에 관한 적합한 민감도와 변별성(각각 .82 그리고 .77)을 보인다. PTSD 증상 강도 추정은 트라우마 내력을 가진 248명의 여성 표본으로부터의 외삽법에 기초하였다. 현재, 임상가가 사용 가능한 PDS의 DSM-5 버전은 없다.

- 데이비슨 트라우마 척도(Davidson Trauma Scale, DTS). DTS(J. R. T. Davidson et al., 1997)는 빈도와 강도 5점 척도들에 대하여 각 DSM-IV의 PTSD 증상을 측정하는 17개 항목 척도이다. 이 척도는 비록 이들 척도에 관한 증상 강도를 설명할 수 있는 기준은 없지만, 전체 규준 점수뿐 아니라 침습, 회피/둔감 그리고 과각성 척도 점수를 산출한다. DTS는 믿을 만한 검사–재검사 신뢰도와 내적 일관성, 그리고 일치타당도를 가진다. 기준 타당도는 SCID에 대한 평가를 해온 반면, DTS는 PTSD 탐색에서 .69의 민감도와 .95의 변별성을 보인다. 지금까지, 이 측

정에 대한 *DSM-5* 버전은 없다.

- 외상후 스트레스에 대한 상세 평가(Detailed Assessment of Posttraumatic Stress, DAPS). DAPS(Briere, 2001)는 PTSD와 ASD를 위한 *DSM-IV* 진단을 산출할 뿐 아니라 외상후 스트레스에 관한 많은 관련 특징들을 측정한다. 트라우마에 노출된 내력이 있는 표준화된 일반 집단의 개인들을 기준으로, DAPS는 타당성 척도(긍정적 편견과 부정적 편견)를 가지며 외상후 사건에 대한 전생애 노출(트라우마 구체화와 관련된 트라우마 노출 상황), 특정 트라우마(주변 외상성 고통과 주변 외상성 해리)에 대한 즉각적 반응, PTSD 증상군(재경험, 회피, 과각성), 그리고 외상후 스트레스와 관련된 세 가지 특징인 트라우마-특정 해리, 자살 경향성 그리고 물질 남용을 평가하는 임상 척도를 가지고 있다. 이 척도는 외상후 스트레스장애에 대한 CAPS 진단과 관련하여 적당한 민감도(.88)와 변별성(.86)을 가지고 있다. 이 장에서 다룬 다른 측정들과 마찬가지로, 현재 DAPS의 *DSM-5* 버전은 없다.

- 트라우마 증상 검사-2(Trauma Symptom Inventory-2, TSI-2). 트라우마 증상 검사(Trauma Symptom Inventory, TSI; Briere, 1995)의 최신 버전인 TSI-2(Briere 2001)는 개인이 경험한 전반적 수준의 외상후 스트레스 증상을 6개월에 걸쳐 평가하는 136개 항목의 측정도구이다. 이 검사는 일반 집단을 기준으로 하였고 적절한 신뢰도와 타당도를 나타내고 있다. 트라우마 증상 검사-2는 다중 집단의 확인적 요인 분석을 통해 두 가지 타당도 척도(반응 수준과 비정형적인 반응)와 열두 가지 임상 척도(불안 각성, 우울, 화, 침습적 경험들, 방어적 회피, 해리, 성적 장애, 손상된 자가-참조(self-reference), 긴장 감소 행동, 신체적 집착(somatic preoccupation), 자살 경향성, 불안정 애착)과 네 가지 요약 척도(외상후 스트레스, 자기 장애, 외현화, 신체화)로 측정된다.

정동 조절, 대인적 관계, 정체성 문제

- 트라우마와 애착 신뢰 척도(Trauma and Attachment Belief Scale, TABS). TABS[Pearlman, 2003; 이전에는 트라우마 스트레스 기관 신뢰 척도(Traumatic Stress Institute Belief Scale)]라고 하였으며, 역기능적인 인지 도식과 복합적인 트라우마 노출과 연관된 상황을 측정하는 일반화되고, 표준화된 측정도구이다. 이것은 5개 영역의 장애, 즉 안전, 신뢰, 존경, 친밀, 통제를 측정한다. 각각의 영역

에 대한 신뢰로운 하위척도들이 있으며, '자기'와 '타인'을 대상으로 평가된다. 증상 기반 검사들과 대조적으로 TABS는 다른 사람들과의 관계에서 자기를 묘사하는 방식으로 트라우마 생존자들이 자기보고한 필요와 기대를 평가한다. 이러한 이유로 TABS는 내담자가 임상가를 포함한 다른 사람들과의 관계에 대하여 마음에 담고 있는 중요한 추정들을 이해하는 데 도움이 된다.

- 변화된 자기능력검사(Inventory of Altered Self Capacities, IASC). IASC(Briere, 2000b)는 관계성, 정체성, 그리고 정동 조절 영역의 어려움에 대한 일반화되고 표준화된 검사이다. IASC는 다음의 영역을 평가한다. 대인 관계 갈등, 이상화-환멸, 유기불안, 정체성 손상, 영향에 대한 민감성, 정동 조절 부전, 그리고 긴장 감소 활동들이다. IASC 점수는 아동기의 트라우마 내력, 성인 애착 유형, 대인 관계 문제, 자살 경향성 그리고 다양한 표본들에서 물질 남용에 대한 예측을 보여주고 있다. 이상화-환멸, 영향에 대한 민감성, 그리고 유기불안에 대한 척도들은 더 복합적이며 심각한 트라우마 생존자와의 치료에서 나오는 역동이나 잠재적인 치료-장애 문제들을 경고하는 데 유용하다.

- 벨 대상관계와 현실검증검사(Bell Object Relations and Reality Testing Inventory, BORRTI). 흔히 대상관계라 불리는 유일한 표준화 검사인 BORRTI(Bell, 1995)는 네 가지 구조(소외, 불안전 애착, 이기주의, 사회적 무능) 데이터를 산출하는 척도를 가지고 있다. 이러한 척도들은 성격장애의 한 형태로 여겨지는 개인 간 관계 기능 장애를 예측하고 잠재적으로 설명하기 위함이다. 이 척도들은 대상관계이론과 관련되었기 때문에, 측정 결과는 대개 이러한 관점을 지지하는 임상가들이 사용할 것이다.

해리에 대하여

- 해리 경험 척도(Dissociative Experiences Scale, DES). DES(E. M. Bernstein & Putnam, 1986)는 일반 집단을 기준으로 한 것은 아니지만 해리 측정에서 가장 흔히 사용된다. DES는 '정체성, 기억, 인식의 어려움, 그리고 비현실감이나 이인증, 또는 기시감(déjà vu)과 몰입과 같은 관련 현상에 대한 인지와 감정을'(E. M. Bernstein & Putnam, 1986, p. 729) 이해하려고 한다. DES에서 30 혹은 그 이상의 점수는 해리성 정체성 장애(dissociative identity disorder, DID)를 가진 사람들의 74%와 정신과 외래 환자들의 대규모 표본의 DID가 없는 사람들의 80%를 구

분하였다(E. B. Carlson et al., 1993). 비표준화된/비일반화된 심리 측정에도 불구하고, 광범위하게 사용되는 '준규범적' 데이터이기 때문에 이 장에 포함시켰다.

- 다중해리검사(Multiscale Dissociation Inventory, MDI). MDI(Briere, 2002a)는 해리가 다차원적 현상이라는 견해에 기초하였고, 전반적인 해리 개념을 정의하는 여섯 가지 척도(이탈 상태, 이인증, 비현실감, 기억장애, 감정의 제한, 정체성 해리)로 구성되어 있는 표준화된 임상검사이다. MDI는 신뢰로우며, 아동 학대 내력, 성인의 트라우마 노출 상황, PTSD, 그리고 DES를 포함한 해리에 기타 다른 측정과 상관되어 있다. 한 연구에서, 정체성 해리 척도는 해리성 정체성 장애 진단에 대하여 .92의 변별성과 .93의 민감성을 가지고 있다(Briere, 2001a). MDI는 자격을 갖춘 개인들(심리검사 시행 자격증을 취득한)은 http://johnbriere.com에서 무료로 이용이 가능하다.

비표준화 검사

표준화되고 타당한 검사 이전에, 임상가들은 외상후 장애를 잘 평가하는 것이 필요하기 때문에, 아직 충분히 표준화되지 않은 많은 방법들이 연구 측면에서 발달되었다. DES 외에 가장 일반적이고 잠재적으로 유용하게 쓰이는 도구는 **침습 경험 척도**(Intrusive Experiences Scale, IES; M. Horowitz, Wilner, & Alvarez, 1979), **해리의 다차원 측정**(Multimensional Inventory of Dissociation, MID; Dell, 2006), **외상후 인지 측정**(Posttraumatic Cognitions Inventory, PTCI; Foa, Ehlers, Clark, Tolin, & Orsillo, 1999), PTSD(PTSD Checklist, PCL; Weathers, Litz, Herman, Huska, & Keane, 1993), 그리고 **간이외상증상목록검사-40**(Trauma Symptom Checklist-40, TSC-40; Briere & Runtz, 1989; Elliott & Briere, 1992)가 있다.

이 중 일부는 수년 동안 사용되어왔고, 임상가는 고통의 정상적인 수준에 비해 임상 수준을 분명히 하기 위해서, 절단점을 연구해왔다(예 : 외상후 스트레스장애 체크리스트). 특정 임상 현상에서 적용할 척도를 결정할 때 임상가들은 표준화되고 타당한 검사를 사용할 수 있도록 (혹은 추가적으로) 고려할 것을 추천할 뿐만 아니라 임상적 해석을 하도록 하는 이런 척도들의 한계도 역시 고려하도록 권장한다. 일반적으로, 심리 측정학상으로 타당한 검사 해석(현대 정신검사 표준)은 자기보고 임상적 도구가 좋은 내적 일관성과 수렴 타당도, 구별 타당도를 보이며, 일반인 가운데 총분포점수와 득점의 관계의 비교에 기초한 증상의 심각도에 대한 통계적 증명을 제시하는 것을 필요로 한다(Anastasi & Urbina, 1997).

건강 상태

트라우마 평가는 내담자의 신체건강 상태에 관한 자기보고적 평가 없이는 완성되지 않는다. 면접 중에 임상가는 (의료 종사자든 비의료 종사자든) 내담자에게 현재 앓고 있는 의학적 질환을 가지고 있는지, 현재 어떤 신체적 고통이 있는지, (의사의 처방전 없이 구할 수 없는 약, 비타민, 허브 보조제를 포함한) 어떤 약을 복용하고 있는지를 물어보아야 한다. 면접에서 이 부분은 트라우마를 경험하는 개인과 특히 관련되어 있으며, 이는 2장에서 설명하였듯이 PTSD를 가진 사람들은 신체 건강 문제의 위험이 증가하기 때문이다. 추가로 어떤 의료적 상황들은(예 : 내분비계 문제, 고통, 신경적 장애, 그리고 트라우마적인 뇌 손상과 같은) PTSD의 증상과 비슷하거나 중복되어 보일 수 있다(Asmundson & Taylor, 2006; Kudler & Davidson, 1995; McAllister & Stein, 2010).

트라우마를 겪은 개인들에게 나타나는 신체화는 복합성 장애와 흔히 발생하기 때문에 어떤 증상들이 실제의 의학적 질환 때문인지(그리고 의료적인 개입이 필요한지)를 결정하는 것은 종종 상당히 중요한 문제가 된다. 특히 매우 빈곤하거나 보험이 없거나 서류가 미비한 내담자들에게 서비스를 제공하는 건강보호 시설들 또는 다양한 다른 이유로 내담자가 의료적 보호를 받기 어려운 곳에서는 의료적으로 복잡한 문제들이 관련되어 있을 수 있다. 이러한 경우에 정신건강 임상가는 내담자의 건강 관리 체계에 있어 가장 최초의 연결고리가 될 수 있다. 따라서 우리는 임상가에게 트라우마 내담자들이 종합의료 검사와 정기적인 의료 검사를 받을 수 있도록 치료를 의뢰할 것을 권유한다.

추천 문헌

Briere, J. (2004). *Psychological assessment of adult posttraumatic states : Phenomenology, diagnosis, and measurement* (2nd ed.). Washington, DC : American Psychological Association.

Briere, J., & Hodges, M. (2010). Assessing the effects of early and later childhood trauma in adults. In E. Vermetten, R. Lanius, & C. Pain(Eds.), *The impact of early life trauma on health and disease.* Cambridge, UK : Cambridge University Press.

Carlson, E. B. (1997). *Trauma assessments : A clinician's guide.* New York, NY : Guilford.

Simon, R. I. (Ed.). (1995). *Posttraumatic stress disorder in litigation : Guidelines for forensic assessment.* Washington, DC : American Psychiatric Press.

Weathers, F. W., Keane, T. M., & Foa, E. B. (2009). Assessment and diagnosis of adults. In E. B. Foa, T. M. Keane, M. J. Friedman, & J. A. Cohen(Eds.), *Effective treatments for PTSD : Practice guidelines from the International Society for Traumatic Stress Studies* (2nd ed., pp.23-61). New York, NY : Guilford.

Wilson, J., & Keane, T. (Eds.). (2004). *Assessing psychological trauma and PTSD : A practitioner's handbook* (2nd ed.). New York, NY : Guilford.

임상적 개입

일단 내담자의 트라우마 내력과 트라우마 사건 이후의 증상들이 파악되면, 트
라우마 치료를 시작할 수 있다. 우리는 이 책의 치료 부분을 트라우마 치료
와 관련된 일반적인 사안들의 개요를 서술하는 것으로 시작하고, 이어서 치료에
대한 더 기술적인 측면을 다루려 한다.

우리는 2부 전체에서 트라우마 영향의 치료에서 인지행동적, 정신역동적, 마음
챙김, 절충적 접근들을 통합하려고 했다. 이러한 방법들의 다양한 요소들은 잠재
적으로 각 내담자의 광범위한 증상과 요구에 적용할 수 있는 하나의, 폭넓은 치료
적 접근으로 통합될 수 있다는 것이 우리의 입장이었다. 그럼에도 불구하고, 이러
한 모델들은 피상적으로는 서로 간에 상당한 차이가 있으며, 몇몇 모델의 개발자
들은 자신의 기술이 다른 임상가의 기술과 결합되는 것에 동의하지 않는다. 그러
나 우리의 경험에 비추어 볼 때, 효과적인 치료는 임상가들에게 인정을 받든 받지
않든 거의 항상 다양한 치료 개입과 이론 모델들로 구성되어 있다. 예를 들면, 우
수한 인지행동 치료자 다수는 내담자와의 작업에서 관계 기술을 사용하며, 이러
한 기술의 기반이 되는 많은 정신역동적 개입법들은 인지행동적 원칙으로 변형될
수 있다.

임상적 경험을 포함한 트라우마 이후 상태의 치료에 관한 문헌자료들에 따르면

기본 여론에 관계없는 효과적인 치료는 대개 수많은 광범위한 요소들로 세분화될 수 있으며, 이들 요소들의 정확한 통합은 내담자의 구체적인 임상적 필요에 따라 다양하다. 이러한 트라우마 치료의 요소에는 최소한 다음과 같은 내용들이 포함되어 있다.

- 기본적으로 존중하고 긍정적으로 인정해주는 접근, 공감해주는 치료적 관계의 맥락에서 지지와 인정을 제공하는 접근
- 트라우마와 트라우마 증상에 관한 심리교육
- 스트레스를 줄일 수 있는 몇 가지 형태의 훈련, 혹은 정동 조절 훈련
- 해롭거나 심신을 약화시키는 트라우마와 관련된 신념, 가정, 그리고 인식을 다루는 인지적 개입
- 트라우마 사건에 대한 일관성 있는 서술(진술)을 발전시킬 수 있는 기회
- 유도된 트라우마 기억에 대한 자기노출을 포함하는 기억 처리하기
- 긍정적인 치료적 관계 상황에서 관계적인 문제들 다루기
- 자신의 내면 경험을 성찰하고 과거에 있었던 영향과의 관계를 바꾸는 기회를 포함하여, 자기인식과 자기수용을 증가시키는 탐색

이 중 다수의 개입이 같은 치료 회기 내에 수행될 수 있으며, 치료 과정 동안 다른 개입들과 서로 구별하는 것은 어려울 수 있다. 그럼에도 불구하고 이러한 개입들은 다소 구별되는 과정과 목적이 나타난다. 이러한 이유로, 각각의 치료 개입은 다음의 장들에서 자세하게 다루었다. 또한 2부에서 급성 트라우마의 치료와 트라우마 사건 이후의 상태에 관한 정신 약리학 치료에 관한 장을 마련하였다.

제4장

트라우마 치료의 핵심적 사안

트라우마, 회복 그리고 성장에 대한 기본 철학

이 책의 많은 부분이 트라우마 치료의 기술적 측면에 할애하고 있지만, 우리는 이 장을 트라우마 치료와 연관된 철학적 문제와 이론적 문제로부터 시작하려고 한다. 이것은 임상가들이 트라우마와 트라우마 관련 결과를 보는 관점 및 치료의 기능과 목표 사이를 잇는 가교가 되는 것을 무엇으로 믿는지가 치료의 과정과 결과에 상당한 영향을 미치기 때문이다.

본질적인 처리과정

트라우마와 트라우마 치료에 대한 관점은 임상가마다 다르며, 다양한 치료 모델들이 효과적인 심리치료에 영향을 미칠 수 있다. 이 책에서 우리가 지지하는 접근법에서는 트라우마 관련 기억들을 처리하고, 가능하다면 더 적응적인 심리적 기능으로 향해 나아가는 인간의 내재된 경향성을 강조한다. 이 책의 8장에서 더 자세하게 논의하겠지만, 외상후 스트레스장애의 많은 '재경험' 증상들은 트라우마 노출 상황에 대한 반응으로, 시간이 지나며 진보하는 회복 알고리즘으로 개념화될 수 있다(Briere, 1996, 2002a; Horowitz, 1978). 이러한 재경험의 본질적인 기능은 혼란스럽게 하는 요소들을 둔감화하고 통합하는 과정에서 적어도 일부분으로 나타난다. 이것은 거슬리는 트라우마 관련 증상을 보여주는 개인이 어떤 의미에서는 '대사 작용'을 하거나 고통스러운 사고, 감정, 그리고 기억을 내부적으로 해결하려는 시도를 의미한다. 이러한 관점은 많은 외상후 증상들을 병리적이기보다는, 다소 적응적이며 회복에 초점을 두는 증상으로 재구성한다. 이것은 또한 치료적 노출(8장 참조)과 트라우마 기억 처리에 대한 다른 접근들이 완전히 새롭거나 이질적인 기술들을 도입하는 것과 반대로, 내담자가 이미 관여하고 있는 이러한 활동들을 최적화하는 것이 효과적임을 제시한다. 이러한 견지에서, 트라우마를 가진 개인들은 증상의 집합체이기보다는 항상 성공하지는 않더라도, 어느 정도의 수준에서 회복을 시도하는 사람들이다. 이러한 관점은 치료자로 하여금 내담자가 표현한 정서적 고통을 '단지' 정서적 고통인 것으로 더욱 명확하게 이해하며 본질적으로 부정적이거나 역전이를 일으키는 것이 아니라, 오히려 내담자가 자신의 과거 삶을 다루고 궁극적으로 정서적 고통을 감소시키는 과정으로 이해하는 것을 돕는다.

이 책에서 제시하는 두 번째는 트라우마가 성장을 가져올 수 있다는 것이다. 이 분야에서 일하는 다른 많은 임상가들처럼, 우리는 역경과 괴로움이 종종 파괴와 상처에 대한 그들의 능력을 넘어 사람들을 긍정적인 방식으로 발전하도록 돕는다는 것을 발견한다. 다양한 연구 기록처럼, 이것은 새로운 수준의 심리적 회복탄력성, 부가적인 생존 기술, 더 나은 자기이해와 자기수용, 살아있음에 관한 더 큰 자각(그리고 감사), 공감 수준의 증가, 그리고 일반적으로 더 폭넓고 복합적인 인생에 대한 견해를 포함한다(예 : A. Brown, 2009; Joseph & Linley, 2008; V. E. O'Leary, 1998; K. Siegel & Schrimshaw, 2000; Updegraff & Taylor, 2000). 최근에 미망인이 된 사람은 새로운 독립심을 배우고, 심장 발작의 생존자는 생명의 소중함에 대해 더 건강한 시각을 발전시키며, 재앙적 사건에 노출된 사람은 비극에 대면하여 자신의 회복탄력성에 대해 중요한 것을 배울 수도 있다. 이 뜻은 어떤 나쁜 일이 일어났을 때 누군가는 '운이 좋다'는 것을 의미하기보다는, 역경과 관련 있는 모든 결과가 불가피하게 부정적이지 않다는 것이며, 장애를 극복하는 과정이 능력을 증가하도록 이끌고, 어쩌면 더 큰 지혜로 이끌 수 있다는 것이다. 이는 '긍정적인 측면을 보아야 하고', 그래서 쉽게 무시되고 공감적이지 않은 것처럼 보일 뿐만 아니라, 회피를 지지하는 것을 의미하는 것이 아니다. 대신에, 우리는 비록 생존자의 인생이 아마 회복하기 힘들 정도로 변화되었을지라도 끝난 것이 아니며, 미래에 좋은 일들이 있을 수 있다고 말한다.

물론, 어떤 트라우마 사건들은 너무 압도적이어서 성장에 심각한 어려움을 주고, 너무 큰 상실과 관련되어 있어 내담자에게 그 어떤 긍정적인 결과를 말하기조차 불가능한 것일 수도 있다. 심각한 아동기 학대나 고문 또는 화상 흉터와 같은 트라우마 생존자들은 평생을 망친 게 아니라면 영구적으로 상처를 입고 있다고 느낄지도 모른다. 다른 경우에는 내담자가 고통 회피와 심리적 생존과 같은 당면한 목적을 넘어 볼 수 없게 하는 철회와 방어를 나타낼 수 있다. 그러나 이러한 경우에도 증상을 감소하는 것으로 치료를 제한시켜서는 안 되며, 새로운 자각과 통찰, 기술에 대한 가능성을 포함해야 할 것이다. 열악한 상황에서, 역경은 생존자의 회복탄력성을 저하시키는 것이 아니라 더 강하게 할 수 있을 것이다.

이러한 철학은 트라우마 치료의 기술적 역할을 방해하는 것으로 보일 수도 있다. 분명히, 손상을 입은 사람은 우선 즉각적인 안전과 생활 지원이 필요할 뿐만 아니라, 고통스러운 증상에 대한 도움이 필요하며, 회복과 성장에 관한 더 복합적이며 미묘한 측면들은 나중에서야 분명해지는 일이 종종 있다. 그러나 궁극적으로 트라우마 사건 이후의 심리적 손상에 대한 가장 좋은 개입의 몇 가지는 함축적으로 실존적이고 희망적이다. 이러한 관점은 또한 임상가에게 유익할 수 있는데, 내담자가 회복을 할 수 있을 뿐만 아니라 트라우마 경험으로부터 성장을 할 수 있게 하고, 상처를 입은 사람들을 돕는 일에 대한 크나큰 자양분과 낙관성을 가져다 준다.

존중, 긍정적 배려, 그리고 연민

이 철학이 함축하고 있는 시사점 중 한 가지는 트라우마를 겪은 내담자는 잠재적으로 압도하는 정신적 고통과 불능에 맞서, 자신의 역사와 관계를 맺으려 분투하며, 아마도 이것을 뛰어넘어 발전하려는 사람으로 여겨져야 한다는 것이다. 이 점은 종종 치료과정에서 어려운데, 생각하고 싶지 않은 것을 생각해야 하고 느끼고 싶어 하지 않은 것을 느껴야 하는 치료에서는 특히 어렵다(다음 몇 장에 간략히 제시되어 있다). 많은 사례에서, 손쉬운 선택은 '자고 있는 개는 건드리지 말라(Let sleeping dogs lie)' 말처럼 고통의 인식을 차단하고 생각을 회피하는 것이다. 선택이 가능하다면, 개인의 기억과 그에 수반된 심리적 고통에 직접적으로 관여하여, 이를 개인 일생의 양식에 통합시키려고 시도하는 것은 더 어려운 선택이 될 것이다. 이 책의 여러 부분에서 강조했듯이, 내담자는 치료기간 동안 기억, 생각, 느낌에 압도되지 않고, 이들을 다루기 위하여 어느 정도 회피할 수도 있다. 이러한 회피 반응은 일리가 있으며, 심지어 도움이 되며, 치료자로부터 이해받아야 한다. 때로는 문제가 되더라도, 이러한 '저항'은 내담자가 고통스러운 사건을 다시 논의하려는 의지가 있고, 완전한 부인과 회피의 이점에 대한 (비록 대개 거짓이라도) 어느 정도의 자각을 하려 한다는 점에 대하여 상당한 존중을 받을 만하다는 사실에 모순되는 것도 아니다.

내담자의 용기에 대해 지속적으로 인정해주는 것은 트라우마 전문 임상가의 중요한 임무이다. 즉, 치료시간 동안 내담자가 치료받으러 온 용기에 대하여 인정을 해주며 회피를 할 수 있음에도 회피하지 않을 때, 고통스러운 기억에 직면하는 강점에 주목해야 한다. 임상가는 내담자가 스스로에게 도전이 되는 상황에서 최선을 다하고 있다는 생각을 가지고 내담자를 존중하고 긍정적인 태도를 수행할 수 있을 때, 치료 과정은 대부분 유익하다. 비록 내담자가 자신에 대한 임상가의 무비판적인 긍정적 칭찬을 완전히 믿지 않을 수도 있지만[C. R. Roger (1957)의 어휘, 무조건적인 긍정적 배려], 내담자에 대한 임상가의 주목할 만한 존중과 인정은, 내담자가 치료과정에서 심리적 접근의 가능성을 증가시키면서, 치료적 라포 형성에 큰 도움이 된다.

긍정적인 배려를 넘어, 확장하면 연민의 개념이다. 이 책의 다양한 관점에서 고려되었듯이, 연민은 내담자의 고통을 덜어주고 안녕감을 증가시키고자 하는 직접적인 노력한 갈망을 가지고, 다른 사람(이 경우 내담자)의 역경과 고통에 대해 무비판적, 탈자기 중심적 자각과 인정을 하는 것으로 정의될 수 있다. 연민은 치료자의 긍정적인 감정 상태, 즉 내담자가 좋거나 나쁘다고 여겨지거나 실제와 상관없이 내담자를 향한 무조건적인 돌봄을 포함한다(Briere, 2012a; Germer, 2009; 또한 연민에 대한 논의와 연민에 대한 다양한 정의에 관해서 10장 참조).

중요한 것은 연민은 동정(pity)과 같은 것이 아니라는 점이다. 동정은 힘의 불균형과 내담자의 퇴화된 상태나 지위에 대한 치료자의 동정(sympathy)을 포함하는 반면, 연민은 오히려 치료자와 내담자가 인생과 안녕의 영구성과 허무함과 같은 일반적인 인간의 역경을 공유하고, 치료자를 포함한 모든 사람이 삶의 여러 면에서 고통을 겪는다는 사실에 대한 치료자의 자각을 반영한다. 이것은 또한 다른 사람들의 삶의 고투와 취약함을 왜곡 없이 보게 될 때 일어나는 자연스러운 돌봄을 포함한다.

이러한 관점에서 볼 때, 치료자는 임상적으로 분리되거나, 병리적이거나 또는 우월하지 않은 방식으로 무비판적 돌봄으로 내담자와 교류 소통해야 한다. 이러한 가치판단으로, 트라우마를 경험한 내담자는 다른 사람과의 관계에서 애정이 담긴 수용을 받아, 자신의 고통을 더욱 더 자각하고 수용하며 처리할 수 있을 것이다. 8장과 9장에서 주목하였듯이 이러한 긍정적 상태는 애착과 관련된 신경생리학적 현상을 활성화하고, 이어서 지난 관계적 트라우마와 관련된 내담자의 부정적인 감정 반응에 반대 조건을 제공한다.

　연민은 아마도 일반적인 인간의 상태이지만 치료자는 다양한 방식으로 발전시킬 수 있다. 여기에는 탈자기중심적 관심 갖기와 마음챙김을 강조한 슈퍼비전과 임상적 훈련, 연민을 가르치는 구체적이고 교육적이고 경험적인 연습(Gilbert, 2009)과 관심 있는 사람들을 위해 자비명상, 마음챙김 명상과 같은 관조적 활동들이 포함된다(예 : Salzberg, 1995).

희망

희망은 효과적인 트라우마 치료에 매우 중요하다. (증상을 포함한) 반복되는 고통스러운 경험은 내담자로 하여금 계속되는 절망을 미래의 불가피한 부분으로 예상하게 한다. 이러한 점에서, 치료 과업의 일부분은 트라우마를 도전으로, 고통을 (적어도 부분적으로) 인식과 성장으로, 그리고 미래를 기회로 재구성하는 것이다. 이것은 임상가가 내담자의 경험과 현재의 괴로움에 대하여 지나친 낙관주의자가 되어야 한다는 의미가 아니다. 내담자의 견해가 인정되고 이해되어야 하는 것은 매우 중요하다. 임상가는 내담자의 인생 경험에서 나올 수 있는 혼란, 무기력과 절망감을 받아들여서 경솔하게 이를 강화하는 것은 좋은 생각이 아니다. 이렇게 함으로써 어느 정도는 내담자의 고통을 공감할 수 있지만, 대신에, 도전은 내담자가 경험한 믿기 힘든 큰 아픔을 인정하는 것이며, 그와 동시에 내담자가 치료 장면에서 보이는 징후들이 강점, 적응적 능력, 미래에 대한 희망을 내포하고 있음을 조심스럽게 말하는 것이다.

　희망을 불어 넣는 것은 임상가가 어떤 것을 약속한다는 의미가 아니다. 많은 이유(예 : 유전적이거나 생물학적 영향, 조기종료 가능성, 물질 남용을 통한 치료 개입, 특히 복합적이고 심각한 증상, 새로운 트라우마, 기타)로 모든 내담자가 전적인 차도를 보이는 것은 아니다. 우리는 미래를 예측할 수 없기 때문에, 내담자에게 앞으로 나아질 것이라는 보장을 할 수는 없다. 그러나 내담자와 그의 미래에 대한 전반적인 긍정적 견해는 종종 옳다고 뒷받침되며 또 도움이 된다. 심지어 치료를 받지 않더라도, 심각한 트라우마에 노출된 많은 사람들이 시간이 흐름에 따라 상당한 증상 완화를 경험하는데(Freedman & Shalev, 2000), 아마도 이것은 이전의 장과 3장에서 설명한 내재된 자기 치유과정의 기능으로 가능할 것이다. 완전한 트라우마 집중 치료가 그렇지 않은 치료보다 훨씬 더 많은 증상 완화와 연관되어 있다는 점은 더욱 중요하다 (트라우마에 대한 가장 최근의 자료들과 효율성의 검토를 위해서는 Foa, Keane, & Friedman, & Cohen, 2008 참조). 이러한 이유로 내담자의 앞으로의 치료 과정과 관련된 조심스러운 낙관론을 알리고 향상이 있을 때마다 그러한 징후에 주목을 하는 것은 대개 적절하다.

궁극적으로 희망은 심각한 트라우마와 상실과 관련된 무기력과 절망에 대한 강력한 해독제이다. 일반적으로 치료 목적으로서 설명되지는 않았지만, 희망의 주입은 강력한 치료적 활동이다(Briere & Lanktree, 2014; Meichenbaum, 1994; Najavits, 2002). 임상가의 권위와 지식에 힙입어 신뢰를 바탕으로 치료가 잘될거라고 소통하는 것이 이롭다. 많은 트라우마 생존자들을 위한 이러한 메시지의 영향이 과소평가되어서는 안된다.

고통 역설

여기서 우리가 논의할 다양한 양상들을 한마디로 표현하자면 **고통 역설**이다. 트라우마를 겪은 사람들이나 고통을 겪는 사람들은 때때로 고통이나 기분을 상하게 하는 상태를 감소시키려 하면서 고통을 증가시키거나 지속하게 하는 행동을 무심코 저지르는 것을 역설이라고 한다. 생존자들은 고통과 괴로움을 재조정하려고 노력하면서, 외상 후 고통을 감소시키는 게 아니라 증가시키게 되며, 때로는 만성적으로 만든다.

고통 역설은 우리가 정서적 고통과 불편함을 다루는 것에 어떻게 사회화되어 있는지에 달려 있다. 친구나 다른 사람들로부터 "고통을 극복해야 해", "과거는 과거야", "털어버려"와 같은 충고를 듣는 일은 흔하다. 비슷하게 미디어 광고 캠페인 시청자나 청취자들에게 여러 가지 불쾌감을 없애기 위하여 약을 복용하거나, 기분이 좋아지도록 물건을 사게 하며, 자기 스스로 부족하다고 인식하는 점을 화장품에서 자동차에 이르는 부적절한 자아향상 제품들로 해결하려 한다. 이러한 광고들은 고통, 괴로움, 그리고 불만족이 나쁜 것이라는 메시지를 준다. 이것들은 해롭기 때문에 제거되어야 하고, 치료되어야 하고, 피해야 한다. 어떤 사람이 더 이상 고통스러워하지 않거나 고통을 못 느낄 때, 나쁜 느낌을 인식하지 못할 때 그래서 좋다고 느끼고 행복해 할 것이다. 이런 맥락에서는 사실 기분이 좋다는 건 종종 나쁜 기분을 멈추기 위해 무언가를 했을 때 생긴다.

우리 사회에서 괴로움에 대한 일반적인 접근은 그것을 끝낼 수 있는 것이라면 무엇이든 하는 것이지만, 현대 심리학(불교와 같은 철학이 드러나면서)은 원하지 않는 생각, 느낌, 그리고 고통, 증상, 괴로움을 증가시키거나 지속시킨 기억을 피하는 것을 실제로 제시한다. 반면에 고통을 직접적으로 경험하거나 고통에 관여하는 것은 결국 고통을 감소시킨다. 예를 들어, 많은 연구들은 약물, 술, 해리, 그들에게 있었던 사건을 얘기하는 것을 회피하는것, 그리고 또는 부인과 같은 회피행동이나 생각을 억압하는 것들이 좀 더 침습적이고 만성적인 외상후 문제와 증상을 발전시킬 수 있다고 보고한다(Briere, Scott, & Weathers, 2005; Cioffi & Holloway, 1993; D. M. Clark, Ball, & Pape, 1991; Gold & Wegner, 1995; Morina, 2007; Pietrzak, Harpaz-Rotem, & Southwick, 2011). 이와 반대로, 더 직접적으로 괴로움을 경험하거나 심리치료에 임하거나, 마음챙김 연습, 치료적 노출, 또는 다른 방식으로 트라우마 기억에 접근하는 일들은 트라우마 처리를 향상시키거나 덜 만성적인 결과를 경험하게 한다(Foa, Huppert, & Cahill, 2006; Hayes, Strosahl, & Wilson, 2011; Kimbrough, Magyari, Langenberg, Chesney, & Berman, 2010; Palm & Follette, 2011; B.L. Thompson & Waltz, 2010). Bobrow(2011)가 주목하였듯이, "우리가 수용할 수 없는 것은 우리가 처리할 수 없는 것이다. 우리가 처리할 수 없는 것은 우리가 재구성할 수 없는 것이다"('고통 역설'의 다섯 번째 단락; 또는 Bobrow, 2007 참조)".

따라서 고통 역설은 상처를 입은 사람이 할 수 있다면 자신의 고통에 머물며, 덜 회피하고 더 경험하는 데 최선을 다하라고 제안한다. 이러한 관점에서 보면, 고통은 '나쁜 것'이 아니며, 불안이나 슬픔이 '나쁜' 느낌이 아니라는 것이다. 사실, 고통, 괴로움 또는 플래시백은 '좋은 것'일 수 있다. 이것은 인지적 혹은 감정적으로 처리될 수 있는 경험에 접근한다는 것을 나타내고, 일단 이렇게 되면 고통이 줄어들거나 없어질 수 있다.

물론, 고통을 경험하고 있는 사람들에게 고통을 차단하거나, 억압하거나 부인하면 안 된다고 말하는 것은 쉽다. 이 책의 여러 곳에서 주목하였듯이, 정동 조절과 감내와 관련된 트라우마 문제들, 특히 압도하는 기억, 그리고/또는 충분한 사회적 지지가 부족한 상황에서의 생존자는 내면의 항상성을 유지하기 위하여 회피 이외에 다른 방법이 없다는 것을 의미할 수 있다. 집 없는 참전 용사, 화상 피해 환자나 고문 생존자에게 "고통에 머물러라"라고 말하는 것은 가혹하며, 어쩌면 그들에게 불가능한 요청일 수 있다. 하지만 사면초가에 몰린 사람일지라도 내면의 고통, 고통스러운 기억, 또는 잠재적으로 어려운 자각에 더 직접적으로 접근하며 견디는 순간을 맞이할 수 있을지도 모른다. 더욱이 8장에서 서술한 적당한 노출 활동은 압도되지 않을 만큼 적은 양의 트라우마 기억을 경험하고 처리하는 기회를 회피성 생존자들에게 제공하기 위해 고안되었다. 따라서 정서적 고통을 회피하기보다 허용하기를 제안하는 것은 일반적이다. 트라우마에 압도된 생존자에게 이전의 억압된 트라우마에 대해 개방할 것을 요구하기

보다는 안전하고 적절할 때, 그리고 가능한 범위 안에서만 개방할 수 있도록 안내해야 한다.

트라우마 치료에 있어 고통 역설이 시사하는 바는 중요하다. 고통 역설은 자신의 지속되는 경험을 인식하도록 하는데, 압도되지 않을 만큼의 고통스러운 기억에 접근하게 하며, 지속되는 고통을 기반으로 더 깊은 통찰을 권유하는 것은 도움이 되는 반면, 원하지 않는 감정 상태에 둔감해지거나 사실을 왜곡하는 약물 치료, 주의를 다른 곳으로 돌리거나 단지 지원에만 중점을 두거나, 심지어 회피하는 것을 가르치는 것은 덜 효과적이다.

일반적으로 고통 역설과 본질적 처리과정(intrinsic processing)과 같은 개념들은 병리적이지 않다. 플래시백, 비애, 불안 또는 우울 같은 고통스러운 외상후 상태는 장애의 진단에 그 자체가 꼭 필요한 근거는 아니다. 많은 경우 그것은 건강한 상태, 즉 즉각적인 알아차림에 이르는 과정을 보여주는 것이다. 심지어 그 알아차림이 고통을 불러일으키거나, 슬픔을 불러일으키거나, 두려움을 가져다 줄지라도 말이다. 내담자가 회피를 통한 불필요한 개입 없이, 이러한 상태와 인과관계에 더 머물며, 감내하고 처리하게 될 수록 8장에서 설명할 정서적 매커니즘은 더 쉽게 일어나고 회복되기 쉽다.

핵심적인 치료 원칙

트라우마와 회복에 대한 일반적인 철학 이외에도, 효과적인 트라우마 집중 치료에 관한 많은 기본 원칙들이 있다. 비록 이러한 원칙들은 대개 심리치료에 직접적으로 적용되지만, 어떤 원칙들은 정신 약리학을 포함한 다른 치료 방법과 관련되어 있다.

안전 제공과 보장

트라우마는 위험에 취약하기 때문에, 안전은 트라우마 생존자들에게 중요한 점이다 (Cook et al., 2005; Herman, 1992b; Najavits, 2002). 위험에 노출되어 온 사람들은 안전한 환경이라고 인식된 곳에서만 긴장을 늦추고 비교적 만족할 만한 자기 성찰과 자기와의 연결을 경험하는 일이 자주 있다. 치료에서, 안전은 최소한의 신체적 위험, 심리적인 학대, 착취 또는 거절이 없는 것을 포함한다. 신체적 안전은 생존자가 임상가나 다른 사람들에 의해 신체적 폭행이나 성폭행 또는 치료 시간 동안 건물이 무너지거나 화재가 날 가능성이 거의 없다고 인식하고 기대하는 것을 의미한다. 때때로 심리적 안전을 제공하는 것이 더 어려운데, 심리적 안전은 내담자가 치료과정 동안, 자신이 비판을 받거나, 수치심을 갖게 되거나, 거절, 과도하게 오해를 받거나, 불필요하게 방해되거나 조롱당하지 않으며, 심리적 경계와 임상가-내담자 간의 비밀 준수가 무너지지 않을 것임을 인식한다는 의미이다. 이러한 요건들이 타당하게 충족될 때 내담자가 방어를 줄이고, 비로소 외상성 사건과 관련된 사고, 감정, 기억을 더 개방적으로 처리할 수 있게 된다. 사실, 8장에서 설명하였듯이, 내담자가 위험했던 것을 기억하는 동안 안전을 경험하는 것은 중요하며, 오직 이러한 상황에서만 과거의 트라우마로 인해 연상된 공포와 고통이 현재에 미치는 영향은 사라질 것이다.

불행히도, 안전을 느끼기 위해서는 안전해야 할 뿐만 아니라 반드시 내담자가 안전을 인식할 수 있어야 한다. 이것은 자주 문제가 되는데, 앞서 주목하였듯이 트라우마 노출 상황은 과각성을 야기하며, 트라우마를 경험한 사람들의 많은 수가 위험을 예상하고 곧 닥칠 위험을 탐지하는 데 상당한 자원을 소모하며, 심지어 안전한 환경과 상호작용을 잠재적으로 위험한 것으로 잘못 인식하는 경향을 가지고 있다(Janoff-Bulman, 1992; Pearlman & Courtois, 2005). 결과적으로 안전한 치료 환경일지라도 어떤 트라우마 내담자들에게는 안전하지 않은 것으로 보일 수 있다. 이러한 이유로, 다른 사람들보다 치료 시간이 상당히 오래 걸리며, 이러한 사람들은 단기 치료보다는 임상가의 인내와 돌봄이 지속적으로 필요할 것이다. 다면적으로 트라우마를 경험한 사람들, 예를 들면 이전의 아동 학대 피해자, 고문 생존자, 정치적 압력의 피해자, 청소년 갱 소속원, 거리의 부랑아 또는 매맞는 여성은 치료 도중 취약해질 때 자신들이 다치지 않을 것이라는 사실을 완전히 인식하고 받아들일 수 있기까지 비교적 오랜 시간 동안 치료에 참석해야 할 것이다. 이러한 사람들에게, 치료적 노출이나 정신역동적 해석과 같은 치료 개입은 충분한 시간 동안 안전과 안정성(Courtois, 2010)을 예상할 수 있을 때까지 적절하지 않을 것이다. 이러한 우려 때문에, 임상가가 내담자의 치료 안전에 대한 상대적인 '경험'을 판단할 수 있는 것은 분명히 중요한데, 많은 치료 개입이 고통스러운 기억 내용의 활성과 처리에 관여되기 때문이다. 어느 정도 이러한 기억들이 공포와 고통을 유발시키며, 안전하다는 것을 인식하지 못하는 내담자는 이러한 활성화로 인해 더욱 고통스러워질 수 있다.

이 장의 앞에서 주목하였듯이, 안전의 제공은 또한 내담자가 치료실 밖에서 상대적 위험으로부터 자유로울 것임을 확인하는 일을 의미한다. 상당한 공포와 위험을 느끼는 생존자들은 정서적으로 압도되거나 회피 없이 심리치료에 참여하기 위한 충분한 심리적 능력이 부족해 보인다. 매 맞는 여성은 더 심한 구타로부터 가능한 안전해야 하며, 성적 학대의 피해자는 가해자로부터의 위험에서 벗어나야 하며, 증상에 대한 심리적 치료가 시도되기 전에 이루어져야 한다. 그렇지 않다면, 내담자의 생활과 신체적 통합은 증상 완화 치료과정에서 위험에 놓일 수 있다. 비록 이것이 분명한 사실임에도 불구하고 많은 임상가들은 확실히 위험한 상황에 지속적으로 노출되어 있고, 급성 트라우마를 경험하고 있는 개인들을 대상으로 외상성 기억 처리를 시도하려는 함정에 빠진다.

　이것은 모든 심리적 개입이 여전히 위험한 상황에 처한 내담자들마다 배제되어야 한다는 의미는 아니다(트라우마 관련 기억과 느낌의 직접적인 처리에 전적인 초점을 두는 사람들이나 안전 이외에 통찰을 소중하게 여기는 사람들의 경우이다). 예를 들어 심하게 신체적 학대를 당하는 여성들은 심리교육이나 인지적 개입을 통해서 개인의 안전을 확보하는 것이 중요하다는 것을 알게 되거나 폭력적인 남편으로부터 벗어나는 어려운 과제를 진행하는 데 도움을 받을 수 있다는 것을 알게 된다(C. E. Jordan, Nietzel, Walker, & Logan, 2004). 반면에, 치료의 직접적인 초점이 그녀가 마지막으로 매맞은 경험을 감정적으로 처리하는 것이거나 아동기의 어떤 문제가 권위 있는 사람들에 대한 매력과 연관되는지를 분석하는 것이라면 지속적인 위험에 놓여 있을 수 있다. 물론, 안전하지 않은 성적인 관행이나 정맥주사의 물질 남용과 같은 삶을 위험에 빠뜨리는 만성적인 현상은 쉽게 종결될 수 있는 위험이 아니다―이러한 사람들은 이러한 행동들이 현저히 줄어들거나 치료가 종료되기 전에 일정 수준의 증상 완화, 대처 능력 향상, 또는 심리교육이 필요할 것이다. 그럼에도 불구하고, 위험이 심각하며 이를 회피할 가능성이 있을 때, 임상가의 첫 초점은 즉각적인 안전을 확보하는 것이어야 한다.

안정의 제공과 확인

안정은 방해하는 내부의 또는 외부의 자극에 압도되지 않는 지속적인 심리적·신체적인 상태와 관련 있다. 또한 안정은 가까운 시일 내에 이러한 자극의 영향에 저항하는 어느 정도의 능력을 의미한다. 안정성에 대한 염려는 트라우마 생존자들의 치료 작업과 상당히 관련되어 있는데, 불쾌한 사건들은 종종 불안정하며 고통에 대한 민감성을 더 증가시키는 요건들(예 : 혼란스러운 대인관계적 또는 물리적 환경, 외상후 고통, 우울증)을 낳을 수 있기 때문이다. 덧붙여, 어떤 트라우마 관련 반응들(예 : 물질 남용,

문제적 성격 특성 또는 반응성 정신증)은 노숙자, 되풀이되는 혼란스럽고 강도 높은 관계 간 연관성, 또는 만성적인 자기 파괴와 같은 불안정한 생활방식에 기여할 것이다.

생활 안정

생활 안정은 일반적으로 안정된 생활 요건들과 관련 있다. 예를 들면 심각한 수준의 빈곤, 혼란스러운 환경 또는 만성적으로 위험한 직업(예 : 매춘)으로 생활하고 있는 사람들은 가끔 트라우마 치료로 활성화된 부가적인 괴로움을 견디는 것이 어려울 수 있다. 이러한 요건들은 굶주림, 공포, 인종적 또는 성적 억압, 그리고 부적절하거나 부재한 거주지와 연관된 불안정과 관련 있다. 이들 가운데 그 어떤 것도 활성화된 고통과 직면했을 때의 정서적 회복에 도움이 되지 않는다. 사실, 충분한 안정, 음식, 거주지 없이, 외상성 상황의 회피(예 : 둔감이나 물질 남용을 통하여)는 겉으로 보기에는 이상해 보이지만 고통스러운 기억의 재경험보다 트라우마 생존자에게 더 유용해 보일 수 있다. 트라우마 치료는 안전과 신뢰를 선택할 수 있는 경험에 필요한 사회적·신체적 능력을 가진 사람들에게 가장 도움이 된다. 그 결과, 능력이 부족한 트라우마를 겪은 사람들에 대한 초기의 치료 개입은 종종 적절하고 믿을 만한 음식, 거주지, 신체적 안전을 마련해주는 것과 같은 사회 사업이다.

정서적 안정

트라우마 생존자는 특정 트라우마 치료를 시작하기 전에 신체적 안정 이외에 어느 정도의 심리적 항상성을 가지고 있어야 한다(Cloitre et al., 2010; Ford, Courtois, Steele, Van der Hart, & Nijenhuis, 2005; Herman, 1992a). 일반적으로 급성 정신증적 증상, 높은 자살 경향성, 매우 높은 수준의 외상후 스트레스, 또는 심신을 약화시키는 불안이나 우울증을 가진 사람들은 노출 기반의 트라우마 치료를 시작하기 전에 다른 개입이 필요할 것이다. 여기에는 적절한 약물(12장 참조)의 사용, 위기 개입, 정동 인내 및 조절 기술의 향상, 그리고 어떤 사례에서는 간단한 지지적 심리치료가 포함된다. 이러한 사전 치료 없이, 트라우마 관련 내용의 활성은 현재의 증상(예 : 재발된 정신병 또는 트라우마 이후의 스트레스)을 악화시킬 뿐 아니라 새로운 고통과 역기능을 만들면서, 자신의 정서적 상태를 조절하는 생존자의 현재 능력을 압도하게 될 것이다(Briere, 2002b). 악화되거나 재발된 증상은 차례로 물질 남용이나 자살 충동과 같은 회피행동을 증가시킬 수 있을 뿐만 아니라, 내담자가 치료를 그만둘 가능성을 증가시킨다.

치료 목표가 확실할 때와는 달리, 즉각적인 트라우마 중점 개입을 확신할 수 없을 만큼 증상이 너무 심각할 때 치료를 결정하는 것은 항상 쉬운 일은 아니다. 예를 들면, 외상후 스트레스나 불안이 너무 심각해서 트라우마 기억에 대한 치료적 노출을 지지할 수 없을 때, 또 언제 이러한 증상들이 치료에 적절한지를 결정하는 것은 쉽지 않다. 이러한 문제들에 해답을 줄 수 있는 구체적인 평가 접근법들이 3장에 제시되어 있다. 가장 일반적으로, 고려할 사안은 어떤 질문의 증상에서 치료적 노출이 따르는 증상이 해결되지 않은 트라우마 기억들에 대한 불가피한 감정의 고조를 '다루거나' 조절하는 내담자의 능력을 상당히 감소시키는지이다. 증가된 활동이 압도적이지 않다면, 대개 고전적인 트라우마 치료가 제시될 수 있다. 만일 치료에 대한 반응이 부정적인 영향들로 만연하다면, 더 나은 심리적 안정이 보일 때까지 더욱 더 안정하기, 기술 향상, 지지적인 심리치료가 필요할 것이다.

흥미롭게도, 전통적으로 심리적 불안정성과 동의어로 가정된 몇몇 장애 유형들이 치료적 노출에 항상 금지되는 것은 아니다. 예를 들면, '경계성 성격장애'를 가진 사람들이나 낮은 수준의 만성 정신증을 가진 사람들은 트라우마 치료를 인내하는 데 충분히 안정적인 반면에, 오히려 심각하지 않은 진단을 가진 사람들이 그렇지 않을 수 있다. 임상가들은 정신병과 장애 또는 성격장애 문제를 가진 사람들과 일할 때 이러한 장애들이 종종 정동 조절 문제와 급성 불쾌감과 더욱 연관되기 때문에 가끔 우려를 하게 된다. 그러나 중요한 점은 장애 유형 자체라기보다는 트라우마 기억에 대한 노출과 연관된 감정을 견뎌내는 인내하는 내담자의 상대적인 능력이다.

긍정적이고 일관된 치료적 관계의 유지

성공적인 트라우마 치료의 가장 중요한 요소는 내담자와 임상가 사이의 좋은 작업 관계이다(courtois & Ford, 2013; Kudler, Krupnick, Blank, Herman, & Horowitz, 2009; Pearlman & Courtois, 2005). 사실, 많은 연구들은 특정 기술의 사용이 아닌, 치료 관계의 질에 의해서 치료 결과를 가장 잘 예측할 수 있음을 보여주고 있다(M.J. Lambert & Orlinski, Grawe, & Parks, 1994). 비록 몇몇 치료 접근법들은 다른 접근법들보다 관계 역동을 강조하지만, 내담자가 연민을 받고 공감받고, 수용되며, 임상가가 자신을 좋아하고, 진지하게 수용되고 있다고 느낀다면 모든 형태의 트라우마 치료 작업이 나아진다는 것은 사실일 것이다. 심지어 매우 구조화된 단기 치료 접근(예 : 몇 가지 유형의 인지행동치료들)에서도, 도움을 주는 이들과 좋은 관계를 가진 내담자들은 치료를 견뎌내고, 어떤 식이요법이라도 지켜, 그 결과 더 긍정적인 치료 결과를 나타낼 가능성이 높다(Rau & Goldfried, 1994). 더 장기적이고 상호관계적인 치료 접근법들에 있어 관계적 사안들은 더욱 중요하며, 치료적 관계를 갖는 것은 더욱 유익할 것이다.

　트라우마 치료는 종종 고통스러운 기억을 다시 꺼내서 처리하고, 그 밖에도 위험하고 상처받기 쉬운 감정들을 잠재적으로 재활성화하는 것과 연관되기 때문에, 성공적인 치료는 특히 치료적 지지와의 관계에 달려 있다. 우리들의 경험에 비추어 봤을 때, 거리를 두고, 무관심한 또는 정서적으로 연결되지 않은 내담자와 임상가와의 관계는 꽤 자주 덜 긍정적인 치료 결과를 보인다(경험에 기초한 이 문제의 논의에 대해서는 Dalenberg, 2000 참조). 긍정적인 치료적 관계들은 최소한 다양한 유익을 제공한다. 이러한 것들에는 치료 중도 포기의 감소와 더 신뢰로운 회기 참석, 개인적 내용에 대한 더 적은 회피와 더 많은 개방, 더 높은 수준의 치료와 약물 치료 준수, 임상가의 해석, 제안, 그리고 지지에 대한 높은 개방성과 수용, 트라우마 기억들에 대한 치료적 노출을 하는 동안 고통스러운 생각과 느낌을 감내할 수 있는 더 많은 능력이 포함된다 (American Psychiatric Association, 2001; Cloitre et al., 2002; Farber & Hall, 2002; A. F. Frank & Gunderson, 1990; Horvath, 2007; McGregor, Thomas, & Read, 2006; Rau & Goldfried, 1994).

　치료적 관계는 효과적인 치료를 지지하는 것 이외에, (1) 이전의 관계적 트라우마로 연상된 기억들과 도식들을 조심스럽게 촉발시키고, (2) 치료적 돌봄, 안전, 그리고 지지적 상황 안에서 이러한 활성들을 처리할 기회를 주는 데 도움이 된다(Briere, 2002b). 9장에서 더 자세하게 설명하였듯이, 가장 온화한 내담자-임상가 관계이더라도 장기적이거나 심각한 트라우마 생존자들은 적어도 몇 번의 거부나 유기에 대한 공포, 위험에 대한 오해, 또는 권위 문제들이 일어날 수 있다. 이러한 침습적 사고들은 내담자가 임상가로부터 존중되고, 연민을 받는 느낌, 공감받고 있음을 느끼는 것이 동시에 일어날 때, 점차 현재 관계들에 대한 자신의 일반화 가능성을 점차 감소시키고, 긍정적인 관계적 느낌으로 반대 조건화할 수 있다. 이러한 점에서 좋은 치료적 관계는 효과적인 치료적 지지뿐 아니라, 궁극적으로 주요한 관계적 트라우마 해결에 필수적이다.

내담자에 따른 치료 방법

비록 현재 사용 가능한 몇몇 치료 매뉴얼에 대한 관점은 다소 비슷한 호소 문제를 가진 모든 정신건강 내담자들에게 비슷한 방식의 치료 개입들을 적용할 수 있다고 제안하지만, 이렇게 하는 것은 실제 임상 장면에서 거의 불가능하다. 사실, 상당히 구조화되어 있고, 때때로 경험적으로 입증된 치료의 매뉴얼화된 특성은 증상을 보이는 모든 내담자들에게 동등한 개입을 제공하기 위한 임상에 기초한 의도라기보다는 치료 결과 연구의 필수 요소들(즉, 주어진 연구에서 각 내담자에게 상당히 유사하게 그리고 동등하게 적용되는 치료의 필요성)을 더 직접적으로 반영한다(Westen et al., 2004). 실제 임상 장면에서, 내담자들은 그들의 표출 문제들, 다른 이름의 같은 증상들, 그리고 심리적 개입을 인내하고 활용할 수 있는 정도가 매우 다르다. 이러한 이유로, 치료는 개인의 특성과 문제에 맞추어졌을 때 가장 효과적이기 쉽다(Briere & Lanktree, 2011; Cloitre et al., 2002). 우리는 다음에서 트라우마 치료를 포함한 정신건강 개입을 제공할 때 고려해야 하는 더욱 중요한 몇 가지 개인적 변수들을 설명할 것이다.

정동 조절 및 기억의 강도와 관련된 문제

앞서 언급하였듯이, 정동 조절은 고통스러운 정서적 상태를 인내하고 내적으로 감내하는 개인의 능력에 관한 것이다. 한정된 정동 조절 능력을 갖고 있는 사람들은 부정적인 정서적 경험들, 즉 현재의 부정적인 사건들과 고통스러운 기억으로 상기된 과거의 경험으로 쉽게 당황하게 되고 불안정하게 된다. 트라우마 치료는 종종 트라우마 기억들을 활성화하고 처리하는 것과 관련되기 때문에, 고통스러운 상태를 내부적으로 조절하는 능력이 적은 개인들은 치료 과정 동안 정서적으로 압도되지 않는다면 매우 고통스러울 가능성이 크다(Cloitre et al., 2002; Cloitre et al., 2010; Courtois, 2010).

그러나 정동 조절 구조가 너무 단순해질 수 있다. 예를 들면, 어떤 사람이 정동을 조절하는 일반적 능력을 갖고 있어도, 어떤 사람은 한 종류의 느낌(예 : 불안)을 다른 느낌(예 : 화)보다 더 잘 인내하거나 조절할 수 있을 것이다. 이 밖에도, 어떤 사람들의 경우에는 더 고통스러운 경험에 노출되어 온 기능으로서의 정서적 반응이 다른 사람들의 정서적 반응보다 강도가 클 것이다. 이러한 점에서 강도가 덜한 기억(예 : 교통사고에 대한 기억)에 연관된 사람들보다는 매우 고통스러운 기억들(예 : 지속된 고문)과 연관된 감정을 경감시키는 데 더 많은 정동 조절 능력이 필요할 수 있다. 조절에 필요한 정동의 무게를 정하지 않은 채 어떤 사람이 '정동 조절의 어려움'을 가지고 있다고 결정하는 것은 충분하지 않다.

정동 조절 능력의 변수(기억으로 인해 촉발된 조절되어야 할 정동의 심각도)는 중요한 임상적 시사점을 지닌다. 가장 흔하게, 정동 조절이 손상된 개인들(특히 상당히 고통스러운 기억들이 쉽게 촉발되는 상황에서)은 치료 기간 동안 기분을 상하게 하는 기억들에 노출되었을 때 압도되기가 더욱 쉬우며, '저항'과 (또는) 해리를 포함한 회피적 반응이 나타날 가능성이 크다. 결국 이러한 반응들은 내담자의 트라우마 내용의 노출과 치료적 관계의 치유적 측면들을 감소시킨다. 8장에서 설명하였듯이, 정동 조절 능력이 손상된 사람들과 (또는) 심각한 트라우마를 가진 사람들의 치료는 특별히 조심스럽게 진행되어야 하며, 이러한 트라우마 기억들은 필요하다고 생각되는 것보다 더 적게 활성화되고 진행된다. '적정된 노출' 또는 '치료적 창 안에서 작업하기'(Briere, 1996, 2002b)로 자주 연구되듯이, 이것은 치료회기 안에 일어나는 발생하는 트라우마 처리는 생존자가 견딜 수 있는 고통 수준 감내하는 능력을 초과하지 않도록 치료를 조정하는 것이며, 동시에 가능한 많이 합리적으로 처리하는 것을 포함한다(8장 참조). 상당히 감소된 정동 조절 능력(그리고/또는 특히 괴로운 기억들)을 가진 개인들에게 이러한 수준의 노출과 처리는 그 어느 때라도 상당한 제약이 될 수 있다. 그럼에도 불구하고, 시간이 지나면서 트라우마 처리 과정이 아무리 적어 보여도 축적되는 경향이 있으며, 결국 압도되는 감정의 부정적 역효과 없이 잠재적으로 상당한 증상 경감과 더 많은 정서적 능력을 가지도록 이끈다.

지배적 도식

2장에서 언급하였듯이, 트라우마 노출은 종종 인식에 영향을 끼친다. 트라우마 유형에 따라 그리고 어느 시기에 발생했는지에 따라서, 자신에 대하여 부적절하거나, 나쁘거나, 또는 무력하다고 여기거나, 다른 사람들에 대해 위험하거나, 거부하고, 애정이 없다고 예상하거나, 또는 미래를 절망적으로 보는 관점과 같은 인식이 쉽게 촉발될 수 있다. 이러한 왜곡은 임상가와 치료에 대한 내담자의 인식에 불가피한 영향을 준다. 예를 들면, 생존자는 임상가가 비판적이며, 애정이 없거나, 심지어 적대적이거나 학대적이라고 예상할지도 모른다.

아동기 초기의 학대와 방임은 언어 습득 이전에 생긴 부정적 인지의 잠재적 게슈탈트 형성의 원인이 되며(Baldwin, Fehr, Keedian, Seidel, & Thompson, 1993; DePrince, Combs, & Shanahan, 2009; Dutra, Callahan, Forman, Mendelsohn, & Herman, 2008) 직접적인 대인관계 환경의 연상 자극들로 쉽게 상기되는 감정을 가져올 수 있다. 이러한 관계 도식들이 촉발되었을 때, 아동기의 잔혹한 학대 동안 처음 각인된 갑작스럽고 심한 생각과 느낌을 불러올 수 있으며, 생존자로 하여금 현재의 실제 인식과 구별하기 힘들게 한다. 그 결과, 학대를 받았던 성인 생존자는 심리치료 기간 동안 유기, 거부,

배신과 같은 느낌을 갑작스럽게 경험하고 이러한 경험을 치료자에게 귀인할 것이다.

　트라우마의 인지적 영향들은 개개의 특별한 내력의 기능처럼, 내담자마다 다양하기 때문에, 치료는 각 내담자의 자신과 다른 사람들에 대한 지배적 도식을 고려해서 조절해야 한다(Pearlman & Courtois, 2005). 일반적으로 이것은 임상가가 가능한 한 (1) 내담자의 부정적인 예상을 강화하지 않는 방식으로 특별히 반응해야 하며 (2) 대인 간 위험이나 거부와 같은 더 폭넓은 주제와 관련된 중요한 인지정서적 형태의 촉발을 (가능한 범위 내에서) 지양해야 한다. 예를 들면, 불신과 같은 대인 간 중요한 문제가 있는 개인은 특별히 지지해주고 인정을 해주며 학대 관련 기억이 너무 많이 촉발되지 않도록 조심하는 임상가가 필요할지도 모른다. 이것은 단순히 내담자가 안전하다거나 긍정적 가치가 있다는 진술을 말하기보다 임상가가 안전과 돌봄이 입증되고 유추될 수 있는 태도로 대하는 것이 더 중요하다는 것을 의미한다. 의심 많은 내담자는 이러한 신호들을 놓치게 될 것이며, 심지어 신호들을 잘못 해석하기 때문에 치료 개입은 이러한 인지적 조합이 없거나 또는 덜한 사람들 때보다 더 확실하고 분명해야 한다.

　여기서 주목할 점은 치료 접근이 내담자의 주요한 인지적 사안에 부합한다고 해서 왜곡이나 방해 도식들이 더 이상 치료에서 발생하지 않는다는 의미는 아니다. 9장에서 주목하였듯이, 과거에 심각하게 학대를 받아온 생존자는 임상가가 얼마나 열심히 하는지와 상관없이, 임상가의 어떤 행동을 처벌적이고, 비판적이거나, 학대적인 것으로 보는데, 이러한 문제들은 치료 시간 동안 피할 수 없는 주제가 된다. 그러나 임상가는 이러한 실수와 촉발된 도식을 최소화하려고 열심히 노력하기 때문에, 치료시간에 나온 것이 무엇이든지 덜 강렬하고, 상황상 부정확하다는 것을 입증하기 쉽다. 예를 들면, 내담자가 자신의 임상가가 냉정하고 자신을 거부한다는 두려움을 반복하여 경험하더라도 시간이 지나면서 이러한 인식들이 명백히 사실이 아님을 알게 되는 것은 치료에 종종 매우 도움이 될 수 있다.

　중요한 것은, 임상가가 비판이나 거부감없이 열심히 대화를 하더라도, 내담자가 내담자-임상가 간의 미묘한 역동이나 내담자 환경의 다른 사람들과 관계하는 방식으로, 임상가가 내담자의 인식과 감정에 대한 처리와 토론을 막는다는 의미가 아니다. 궁극적으로 목표는 일반적인 치료 조건의 한 부분인 친밀, 관계 그리고 특히 민감하고 상처받기 쉬운 사람들을 치료하는 것이다. 내담자 X는 '유기의 문제'를, 내담자 Y는 보살핌을 침습적이거나 성적인 것으로 인식하고, 내담자 Z는 권위 있는 사람을 적대적으로 혹은 스스로를 지배할 것이라 예상한다는 것을 알고 있는 것은 임상가가 자신의 접근법을 조절하여 이러한 문제들이 불필요하게 생기지 않도록, 그래서 치료과정을 지나치게 방해하지 않도록 할 수 있을 것이다.

성별 문제 고려하기

남성과 여성이 대다수 같은 외상성 사건들을 경험하며, 많은 사람들이 같은 방식으로 고통을 겪는다는 점에는 의심의 여지가 없지만, 다음과 같은 점들도 또한 사실이다. (1) 어떤 트라우마는 한 성별에서 더 흔하며, (2) 성 역할 사회화는 이러한 상처가 어떻게 경험되고 표현되는지에 종종 영향을 끼친다. 결국, 이러한 차이는 트라우마 집중 치료의 내용과 처리과정에 상당한 영향을 미친다.

1장에서 언급하였듯이, 여성들은 친밀한 관계에서 남성들보다 피해자가 될 위험이 더 많으며, 특히 소녀들과 여성들은 성적으로 피해자가 되기 쉽다. 반대로 아동기의 신체적 학대에 관해서는, 소년들이 소녀들보다 훨씬 위험성이 높으며, 소년들과 남성들은 개인적인 관계와 관련 없는 신체적 공격을 경험하기 쉽다. 트라우마에 노출되는 정도의 차이 이외에도, 트라우마 사건과 관련된 고통을 다른 방식으로 경험하고, 말하고, 처리하는 경향이 있다. 각 성별에 있어 문화 및 성적 지향에 따라 사람들마다 변수가 있겠지만, 여성들은 일반적으로 두려움이나 슬픔 같은 특정 느낌을 더 직접적으로 표현하도록 사회화되고 분노와 같은 느낌들은 회피하거나 약화시키도록 배우는 반면, 남성들은 화를 표현하는 것이 더 허용되지만, 슬픔이나 두려움 같은 '연민의' 느낌을 말하는 것은 사회적으로 권하지 않을 수 있다(Cochrane, 2005; Krause, DeRosa, & Roth, 2002; Levant & Rollack, 1995; Renzetti & Curran, 2002). 또한 남성들과 여성들은 느낌과 필요에 따라 행동하는 방식이 다를 수 있다. 남성들은 불쾌한 느낌을 어느 정도 인지적으로 억누르거나 표출하도록 배우며, 고통이나 괴로움을 줄이기 위하여 환경에 대하여 행동을 취하는 반면, 여자들은 일반적으로 신뢰할 만한 사람들에게 괴로움을 표현하도록 사회화되어 있으며, 대체로 환경에 행동을 취하는 방식이 그들의 고통을 표출하지 않는 경향이 있다(Bem, 1976; Briere, 1996; Feuer, Jefferson, & Resick, 2002; Renzetti & Curran, 2002). 성 역할과 관련된 증상의 표출과 행동 반응에 대한 차이점들은 트라우마 집중 심리치료에서 종종 드러난다. 예를 들면, 치료에서 남성 트라우마 생존자들은 분노를 표현하거나 트라우마 이후의 고통을 전적으로 부인할 가능성이 더 높을 수 있는 반면, 트라우마를 경험한 여성들은 감정 표현, 특히 슬픔, 공포, 또는 무력감의 표현에 더 개방적일 수 있다.

이러한 사회문화적 영향을 고려해볼 때, 임상가는 트라우마 생존자들이 성역할 기반에 기초하여 정서적 반응을 표현하거나 억제하는 방식에 주의해야 한다. 이것은 사회적으로 적절하게 용인되는 성 정체성만을 고려하는 것과는 달리, 내담자가 트라우마 사건으로 연상된 모든 느낌과 생각을 표현하도록 지지하는 것을 뜻한다. 사실, 치료 회기 동안 온전히 표현했을 때, 느낌과 생각의 처리를 더 쉽게 할 수 있으며, 말하지 않은 성 역할 제약들은 완전한 심리적 회복을 방해하기 쉽다.

또한 임상가는 트라우마의 인지적 처리과정에서 성차를 어떻게 인식하고 있는지 알아야 한다. 소년과 남성은 종종 자신이 강하며 스스로를 방어할 수 있도록 사회화되어 있기 때문에, 이들에게 피해자가 된다는 것은 소녀와 여성들보다 더 성 역할에 위배될 수 있다(Mendelsohn & Sewell, 2004). 이러한 사회적 기대들은 트라우마에 대한 다른 반응들을 가져올 수 있다. 예를 들면, 피해 남성들은 학대에 대항하지 못했다는 무능함이 남성성이나 능력 부족이라는 사회적 인식으로 인하여 낮은 자존감, 부적절함, 수치심으로 괴로워할 수 있다(Mendel, 1995). 나아가, 폭행 또는 성적 학대를 받은 남성은 트라우마와 연관된 성적 취향 문제를 걱정할 수 있다. 예를 들면, 아동기 성적 학대의 경우, 이성애자 소년과 남자들은 다른 남자에 의한 추행이 잠재적 동성애자로 만들 수 있다는(또는 보일 수 있다는) 두려움을 가질 수 있으며(Alaggiaa, 2005), 이에 대한 반응으로, 동성애 혐오 문화에서는 이성애적 성 활동에 과도하게 몰두하거나 보상받으려는 남성성을 가져올 수 있다(Briere, 1996). 반대로, 아동기에 남성으로부터 성적으로 학대를 당한 동성애자 또는 양성애자 남성은 그들의 성적 취향으로 인해 성적인 학대를 받았거나, 성적인 학대 경험으로 인해 역설적으로 그들이 남성에게 매력을 느끼게 되었다는 잘못된 신념을 가질 수 있으며, 이러한 신념은 결과적으로 많은 문화에서 죄의식, 수치심, 자기학대로 이어질 수 있다(Briere, 1996).

또한 성 역할에 대한 기대도 트라우마를 경험한 여성들이 자신이 받은 피해를 어떻게 바라보는지에 영향을 끼친다. 성폭행을 당한 여성들은 자신이 어떤 방식으로든 자신의 가해자가 자신을 강간하도록 유인했다고 믿는데, 이것은 의도적이든 그렇지 않든 유혹을 하는 성적 대상물로서의 여성에 대한 전통적인 고정관념을 반영한 것이다(Baugher, Elhai, Monroe, & Gray, 2010; M.R. Burt, 1980). 비슷하게 파트너에게 매를 맞거나 학대받은 여성들은 자신이 충분히 복종하지 않았거나 배우자로서의 역할을 적절히 수행하지 못했기 때문에 학대받아 마땅하다고 여길 수 있다(Barnett, 2011; Walker, 1984).

트라우마 관련 인식에 관한 성별에 따른 영향들을 고려해볼 때, 내담자가 트라우마에 대한 자신의 인지적 반응을 표현할 때, 임상가가 자기 비하, 낮은 자존감, 수치심, 성적 취향에 대하여 세심하게 접근한다면 더욱 도움이 될 것이다. 트라우마를 경험한 남성들은 희생되었다는 이유로 (성적 취향과 상관없이) 남성성이 부족하지 않다는 점을 추가로 확인시켜 줄 필요가 있으며, 오명에 대한 두려움이 없는, 전적으로 정서적이고 인지적인 표현을 지지하는 치료 개입이 유익할 수 있다. 특별히 이 점에서 많은 피해 남성들은 자신이 사회적으로 받아들여지지 않고 이탈되어 있다고 보는 시각에서의 수치심을 해결하는 것이 필요하다. 반대로 여성 생존자들은 특별히 자기 결정을 지지하는 치료 개입이 도움이 될 수 있으며, 이들이 어떻게든 학대를 갈구했거나 학대를 받을만 하다는 부적절한 생각을 포함하여, 학대에 대해 스스로를 비난하지 않을 수 있도록 도와줄 수 있다.

사회문화적 문제들에 대하여 민감하게 인식하기

사회적 학대

트라우마 생존자 치료에서 흔히 간과하기 쉬운 사안 중 하나는 사회적 지위가 낮은 사람들이 그렇지 않은 사람들보다 더 희생되기 쉽다는 것이다(Bassuk et al., 2001; breslau, Wilcox, Dawson, Perloff, & Weinreb, 2001; Breslau, Wilcox, Storr, Lucia, & Anthony, 2004; Carter, 2007). 낮은 사회경제적 지위에 있는 사람들 가운데에서 흔한 트라우마로는 아동 학대, 방임, 가정폭력에 대한 노출이 있으며(Bergner, Delgado, & Graybill, 1994; Finkelhor, Ormrod, Turner, & Hambry, 2005; Kyriacou et al., 1999; Sedlak & Broadhurst, 1996), 이외에도 또래들에 의한 성폭행과 신체적 폭행, 지역사회 폭력, 총격, 강도, 지위를 통한 성 착취, 난민 상태와 관련한 트라우마, 가족이나 친구의 살해와 관련된 상실이 있다(예 : Berthold, 2000; Breslau, Davis, Andreski, & Peterson, 1991; Farley, 2003; Giaconia, Reinherz, Silverman, & Pakiz, 1995; Schwab-Stone et al., 1995; Singer et al., 1995).

사회적, 성적, 그리고 인종 차별 이외에도 게이, 레즈비언, 양성애자, 성전환자의 소외 또한 어떤 면에서는 외상적이고, 직접적이고 부정적인 심리적 영향을 유발할 가능성이 있으며(Berg, 2006; Carter & Forsyth, 2010; Loo et al., 2001; Root, 1996) 이러한 사람들은 일반적으로 훨씬 더 트라우마가 흔한 환경적 조건일 수 있다(Breslau et al., 1998; North, Smith, & Spitznager, 1994 ; Sells, Rowe, Fisk, & Davidson, 2003). 북미의 몇몇 집단들은 몇 세대에 거쳐 트라우마로 고통을 받고 있는데(Mattis, Bell, Jagers, & Jenkins, 1999), 여기에는 조상이 노예였던 흑인 미국인들이 포함되며, 아메리칸 인디언들은 지속되는 학대와 문화가 거의 소멸되는 경험을 해야 했다(Duran & Duran, 1995; Manson et al., 1996). 또한 사회적 소외는 트라우마를 겪는 많은 사람들이 적절한 정신건강 서비스를 받을 기회가 적다는 의미이다(예 : McKay, Lynn, & Bannon, 2005; Perez & Fortuna, 2005; Rayburn et al., 2005). 다른 인종/민족 집단들이 자주 경험하게 되는 차별에 더해서 주거를 강요당하는 비교적 위험한 주거 환경까지 결합되었을 때 사회적 불평등도 북미에 방대한 트라우마와 영향을 미칠 것이다.

망명

북미 지역 이외에도, 세계 곳곳의 특정 지역에서 온 사람들은 학대받기 쉽다. 이런 사람들이 북미 및 다른 지역으로 이주할 때 자국에서 경험했던 트라우마를 지니고 온다. 망명 또는 이민 문제를 전문적으로 다루는 정신건강 기관들은 유대인 학살이나 대량 학살(예 : '인종 청소')의 영향, 정치적 감금, 전쟁, 지속진 고문, '명예' 살인[1], 성폭력, 심각한 인종 또는 성 차별을 정기적으로 다루게 된다(Allden, Poole, Chantavanich, & Ohmar, 1996; Basoglu, 1992; Marsella, Bornemann, Ekblad, & Orley, 1994; K. E. Miller & Rasco, 2004; Steel et al., 2009). 이러한 경험의 영향은 특히 오래 지속되는 경향이 있으며, 한 예로 노르웨이에 재거주하게된 80명의 베트남 난민 대다수가 23년 후에도 표준화된 척도에서 매우 높은 증상 점수를 나타냈다(Vaage al, 2010). 이러한 사회적 역경과 민족 변동의 연속은 종종 문화적 · 역사적 문제들이 트라우마 집중 심리치료의 과정과 내용에 상당한 연관이 있음을 의미하며, 이 점을 간과해서는 안 된다(Marsella et al., 1996; Nickerson, Bryant, Silove, & Steel, 2011).

문화적 차이

부분적으로 소수 민족과 인종들은 트라우마를 경험할 가능성이 크고, 일반적으로 많은 현대 사회는 다문화적이기 때문에 트라우마 치료를 받고 있는 사람들은 광범위한 문화적 · 인종 집단을 반영하기 쉽다. 이러한 문화적 차이들은 단지 인종적 요인만이 아니다. 낮은 사회경제적 지위를 가진 사람들은 같은 인종이나 민족이더라도 더 나은 경제적 · 사회적 지위의 사람들과는 다른 세계관과 경험을 가진다. 예를 들면, 누군가

---

1 집안이나 공동체의 명예를 더럽혔다는 이유로 가족이나 사회 집단 구성원을 죽이는 관습-역주

가 단지 '아프리카계 미국인', '히스패닉', '아시안' 또는 '아메리칸 인디언'임을 안다
고 말하는 것은 그 사람의 문화적 내용에 대하여 거의 아는 것이 없다는 말과 다름없
다. 예를 들어 베트남에서 온 사람은 일본에서 자란 사람과 인식, 언어, 정서적 스타일
이 꽤 다를 수 있다. 정신건강 서비스의 문화적 측면에 관한 2001년도의 The Surgeon
General's 보고서는 다음과 같이 언급하고 있다.

> 아시아계 미국인과 태평양 제도민들은 100개가 넘는 언어와 사투리를 사용하는 43개
> 의 인종 집단을 포함한다. 미국계 인디언과 알래스카 원주민들에 관하여, 인디언 사
> 무국은 현재 561개의 부족을 인정하고 있다. 아프리카계 미국인 또한 더 다양해지고
> 있으며, 특히 아프리카와 캐리비안의 많은 나라로부터 난민과 이주민의 유입이 그러
> 하다.

　이러한 광범위한 문화적 차이는 2장에서 설명하였듯이, 종종 다른 트라우마 표현
과 고통에 대한 다른 표현양식으로 번역된다. 덧붙여서, 북미 사람들의 사회적 지위 외
에, 세계의 다양한 문화와 하위문화에서 온 사람들은 어떤 치료 개입이 있어야 하는
지, 또 내담자와 임상가의 상호작용 방식이 어때야 하는지에 대하여 다양한 기대를 한
다(Marsella et al., 1996). 예를 들면, 어떤 문화에서는 임상가와 내담자 사이의 눈 맞춤
은 존경의 신호이지만, 다른 문화에서는 완전히 반대가 될 수 있다. 이와 비슷하게, 어
떤 문화에서는 특정 주제들(예 : 성적인 문제, 명백한 존엄성 상실)이 다른 문화에서보
다 더 당혹스럽거나 수치스러운 것으로 간주되며, 따라서 치료와 관련이 있을 때에 한
해, 상당히 세심하게 상기되어야 한다.
　비록 이 책에서는 이러한 사안을 상세히 다루는 것을 목표로 하고 있지는 않지만 문
화에 대한 자각과 민감성은 트라우마 치료를 포함해 다른 심리치료 과정에서도 중요
하다. 예를 들면, 흔히 캄보디아 난민, 몽족, 또는 멕시칸 이민자들과 작업하는 임상가
들은 이러한 나라에서 온 사람들과의 임상적 약속에 관한 중요한 규칙들뿐 아니라, 가
능하면 이들의 문화, 역사, 언어를 배울 의무가 있다.

역활성화 통제와 모니터

트라우마 집중 치료에서 또 다른 중요한 개념은 흔히 역전이[자가 트라우마 이론에서
는 역활성화로 설명됨(Briere, 2005); 8장을 참조]로 언급되는 개념이다. 비록 이 현상은
다른 많은 뜻을 가지고 있지만, 우리는 여기서 임상가가 이전의 개인적인 경험에 의해

강하게 영향을 받았던 인지정서적 처리과정(예 : 기대, 신념 또는 감정)으로 인해 내담자에게 반응하는 것으로 여긴다. 이러한 사례들 중 많은 경우가 아동기 학대, 성인 트라우마, 또는 다른 속상했던 사건들을 포함한다. 물론, 모든 행동은 과거의 경험에 영향을 받으며, 모든 역전이 반응들이 부정적이지만은 않다(Dalenberg, 2000; Pearlman & Saakvitne, 1995). 하지만 긍정적인 역전이라고 하더라도 임상가는 이를 관찰해야 하는데, 이것은 내담자에 대한 이상화, 실제로 문제가 있는 내담자의 행동이나 증상을 정상적으로 보기 위한 욕구 또는 심지어 성적이거나 로맨틱한 느낌들과 같은 도움이 되지 않는 반응들을 유발할 수 있기 때문이다. 결국은 역활성화가 (1) 내담자에게 해로운 치료경험이나 또는 (2) 치료과정을 방해하는 처리과정으로 이끌면서 치료를 간섭할 수 있다는 것이다.

예를 들어,

- 임상가 A는 비판적이고, 심리적 처벌을 하는 부모에게서 양육되었다. 그녀는 지금 그녀의 내담자가 치료의 어떤 면에 대하여 불평을 할 때, 임상가 자신이 분노 또는 죄의식과 같은 느낌을 경험하는 경향이 있음을 발견한다.
- 임상가 B는 한 달 전에 외상성 유산을 경험했다. 내담자의 임신에 대한 신나는 얘기를 들을 때 예상하지 못했던 분노와 고통을 경험한다.
- 임상가 C는 최근에 사랑하는 사람의 죽음을 다루고 있다. 이 임상가는 화재로 아들을 잃은 내담자를 치료하는 동안 극도의 슬픔과 공허함을 느끼는 경향이 있음을 발견한다.
- 임상가 D는 불안전하고 예측할 수 없는 폭력적이고 혼란스러운 가정 환경에서 자랐으며, 그녀의 수퍼바이저는 그녀가 치료과정을 통제하려는 강한 욕구를 가지고 있으며, 특히 속임수를 쓰며, 꾀병을 부리거나 임상적 '저항'을 보이는 내담자들에 주목하는 경향이 있다고 말한다.
- 임상가 E는 아이였을 때, 엄마가 화가 나거나 학대적인 비난을 하려 할 때마다 감싸주는 숙모에 의해 보호받았었다. 지금 그는 나이 많은 친절한 여성을 치료하고 있는데, 이 환자의 명백한 증상에도 불구하고, 심리적으로 장애가 있다고 보지 않는다.

역활성화의 다른 형태는 임상가가 치료과정 동안 특정 주제나 테마를 인지적으로 회피하거나 부인하는 것이다. 자신의 인생에서 해결하지 못한 트라우마에 관한 생각을 회피하려는 임상가는 내담자가 트라우마 관련 기억과 느낌을 탐색하는 것을 무의식적으로 막을 수도 있다. 이러한 경우, 임상가는 내담자가 회피된 기억이나 느낌을 재자극하는 것에 대해 내담자에게 분개하거나, 내담자가 자신의 과거에 직면하려는 적절한 시도를 히스테리, 자기 방종, 또는 관심 탐색으로 재해석할 것이다.

내담자의 고통으로부터 거리를 두려는 무의식적 갈망의 징후로는 내담자의 트라우마 내력에 대한 대화를 회피하려는 시도와 내담자에 대한 감정 조율 감소이다. 이 둘의 경우 모두, 근본 전략은 같다. 즉, 상기된 정서적 고통을 줄이기 위하여 치료적 접촉을 줄이는 것이다. 이러한 반응이 특별히 강력할 때, 임상가는 내담자가 트라우마 내용에 노출되는 것을 감소시킴으로써 치료를 천천히 하거나 중립적으로 임할 것이다. 동시에 임상가의 거리 두기나 치료적 조율은 내담자의 유기 문제를 활성화시키고, 더 나아가 치료를 지연시킬 수 있다.

임상가 역활성화의 부정적 영향 줄이기

앞서 언급하였듯이, 모든 역활성화가 문제가 있는 것은 아니며, 사실 모든 임상가가 작업 중에 어느 정도의 역전이를 경험한다. 하지만 역활성화가 치료에 지장을 줄 때, 이러한 영향을 줄이는 조치가 취해져야 한다.

역전이 문제에 가장 좋은 예방책 중 하나는 트라우마 사안들에 익숙한, 경험이 많은 임상가와 정기적으로 상의하는 것이다(Pearlman & Courtois, 2005). 또 다른 선택은 동료들과 상의할 수 있는 그룹을 형성하는 것이다. 하지만 구조화된 이러한 모임은 임상가가 다른 사람의 고통에 노출된 자신의 일상의 어려움 이외에 자신의 문제들이 치료 결과에 부정적 영향을 주는 방식들에 대해 탐색해야 한다. 많은 경우, 부적절한 동일시나 잘못된 귀인은 일반적으로 역전이 문제들과 특히 임상가의 취약성에 주의하는, 객관적인 상담자의 지속적인 도움으로 예방되거나 개선될 수 있다.

임상가가 자신의 삶에서 트라우마의 영향을 인식하고 있는 경우, 이러한 추가의 치료 개입은 심리치료적이다. 최소한 어떤 환경에서 임상가가 다른 사람을 위한 심리치료의 힘을 지지하지만, 스스로는 어떤 식으로든 수치스러워하거나 도움받기를 피하는 것은 모순이다. 보통 심리치료 경험이 임상가에게 좋은 것이기 때문에 이러한 이중 잣대는 유감스럽다. 치료는 임상가 자신의 트라우마와 관련된 어려움을 감소시킬 수 있을 뿐만 아니라, 인간의 복합성에 대한 이해를 풍부히 할 수 있으며, 치료 과정에 자신의 문제를 침범하는 것을 극적으로 줄일 수 있다.

돌봄의 규준 안에서 윤리적 연습

이 장의 마지막 주제는 윤리적 그리고 전문적 임상에 관한 것이다. 트라우마 내담자는 종종 취약한 상태에 있고 일반적으로 심리치료는 내담자와 치료자 간 힘의 불균형이 있기 때문에, 치료자는 학대나 착취, 부적절한 보살핌이 될 수 있는 어떤 사안이나 역동을 다루는 것은 매우 중요하다.

많은 경우, 윤리적 그리고 위험을 줄인 활동들은 어떤 문제이든 치료적 임상이다. 예를 들면, 내담자의 경계를 존중하기, 착취나 학대나 같은 것을 금하기, 내담자와 다른 사람들에게 잠재적인 위험성이 있을 경우 보고를 하고 또 적절하다면 개입하기, 안전을 증가시키는 내담자의 비밀을 활동들(4장)에 대해 지켜주기, 정체성 발달과 기능 지지해주기(9장), 그리고/또는 긍정적인 치료적 관계 격려하기(4장)와 같은 것들이 있다. 이와 유사하게, 치료자는 자신의 개인적 내력, 관계, 선호, 또는 내담자와 관련 없는 생각을 과도하게 개방하지 말아야 하며, 치료 외에는 어느 정도 내담자와 치료자의 상호작용을 제한해야 한다. 이것은 내담자의 트라우마 활동을 관리하도록 해줄 뿐 아니라 이중 관계, 치료의 경계선, 치료 기준의 전문적 그리고 윤리적 사안들을 다룰 수 있게 한다. 마지막으로 문서와 차트에 관한 전문적 요건은 치료자가 내담자의 치료 과정을 관찰할 수 있도록 한다. 이러한 치료 간섭은 내담자가 현재 필요한 것들을 정확하게 언급하는 것 이외에 비밀이 보장될 때 다른 전문가들에게 관련 정보를 제공해야 한다.

이 장의 앞에서 언급했던 것처럼, 이 책에서 개괄된 치료 형태는 트라우마 생존자와의 관계적 연결(긍정적으로)을 강조하며, 역활성화와 연관된 사안들은 특히 가장 중요하다. 예를 들면, 비록 연민(탈자기중심적 치료와 치료자가 상호적으로 '현존'하는 것이 필요한)은 트라우마 집중 심리치료의 중요한 부분이며, 이러한 사안들은 때때로 치료자에게 도전이 될 수 있다. 예를 들면, 내담자의 고통에 대한 연민과 인정을 바탕으로 내담자를 위한 돌봄의 감정을 가질 때는 언제인가? 그리고 언제 친밀함이나 접촉, 다루어지지 않은 성적인 문제 혹은 애정 문제에 대한 임상가의 욕구를 잠재적으로 표현하게 되는가? 비슷하게, 내담자의 트라우마 가해자에게 정상적인 분노나 되돌릴 수 없는 상실에 대한 슬픔을 치료자 자신의 어린시절 기억의 역활성화로부터 어떻게 차별화할 수 있는가? 내담자가 추가적으로 관심, 돌봄, 또는 치료자 자신에 대해서 말해 줄 것을 요구할 때 강화되어야 할 분명한 경계선은 무엇인가? 어떤 경우에는, 반응성 및 다소 증가된 연결 또는 조율은 상황에 적절하고 역활성화 왜곡이 관찰된다면 도움이 될 수 있다. 다른 경우에, 내담자의 요청이나 요구에 대한 치료자의 과잉 반응은 동시의 전이 역동을 초래하고 문제를 초래할 수 있다.

이것은 복잡한 주제이지만 여기서 우리는 몇 가지를 제안한다.

- 관음증, 정서적 만족, 착취, 이중 관계(치료 환경의 내부 또는 외부의), 낭만, 또는 성적 행동을 포함하는 치료 경계 위반들은 비윤리적이며 잠재적으로 내담자에게 매우 해롭다. 만일 치료자가 이러한 현상들 중 어떤 것이라도 염려된다면, 이 염려가 타당하다고 가정하고 절차를 진행해야 한다. 이러한 상황하에, 외부의 도움, 협의, 또는 (실제적 그리고 심각한 행동의 경우) 중재를 찾아야 한다.
- 독재적이거나 지나치게 직접적인 치료는 부정적인 영향을 미칠 수 있다. 추론은 사실, 치료자는 사안들이 복합적일 때 단정지으면 안 된다. 치료자는 어떤 면에서는 내담자를 알 수 없는 점이 있고, 절대적 진실은 발견하기 어렵다. 사실에 대한 가르침이나 절대적인 선언을 포함한 개입들은 빗나가기 쉬우며, 어쩌면 나쁜 치료가 될 수 있다. 이러한 예들에는 다음과 같은 것들이 있다.

  ○ 여러 측면에서 근거가 부족하거나, 그에 상반되는 내담자의 항변에도 불구하고 내담자가 학대받았거나 받지 않았다고 말하는 것
  ○ 추측에 근거한 가설임에도 불구하고 내담자의 현재의 행동에 대한 의미나 원인에 대하여 확정적인 해석을 하는 것
  ○ 성, 인종, 나이, 민족, 성적 취향, 성 정체성, 또는 사회경제적 지위에 대한 불공평하거나 편견적인 사회적 메시지를 인정하거나 지지하는 것
  ○ 권리 증진, 내적 참조, 독립성이 더 필요한 사람에게 의존성이나 타인에 대한 묵인을 강화하는 것
  ○ 많은 유형의 '나쁜' 또는 '부도덕한' 행동과 같은, 판단하지 않는 것이 가장 좋아 보이는 것들에 대하여 가치 판단을 하는 것

- 비밀 보장보다 더 중요한 보고 의무. 만일 치료자가 아동이나, 노인, 또는 의존적인 성인의 학대나 내담자가 자신이나 다른 사람들을 위험하게 할 것을 알고 있거나 합당한 의심을 가지고 있다면 안전 보장에 관한 법률과 전문가 윤리에 의해 요구되는 것이 무엇이든 해야 한다. 여기에는 아동 복지 체계, 법률 강화, 또는 비자발적 입원이 포함될 수 있다. 이 분야의 사안들은 때로 치료자가 정면으로 대응하기 어려우며, 특히 정확한 행동이 내담자의 생각과 반대될 때 그러하

다. 내담자가 이러한 상황에서 느낄 수 있는 신뢰감의 위반에 대해 답을 하는 것은 쉽지 않다. 그러나 우리는 치료자가 치료를 시작할 때 법률이나 전문가 윤리원칙에서 요구되는 치료자가 해야 할 보고나 개입을 알려주도록 제안한다. 그러면 나중에 이러한 행동을 했을 때 덜 당황하게 된다(이 주제에 관한 더 자세한 설명에 대해서는 Briere and Lanktree, 2011).

- 우리의 경험으로 볼 때 치료자의 역활성화 반응은 대개 촉발된 반응들이다. 만일 치료자가 자신의 내면 상태나 인식 또는 6장과 7장의 촉발된 동일시(trigger identification)로 설명된 것과 유사한 침습 현상의 중요한 변화에 주목한다면, 치료자는 이러한 반응들이 단지 내담자의 자극과는 반대되는, 적어도 부분적으로 자신의 과거 내력의 기능이라는 강력한 가설을 생각해보아야 한다. 비록 이렇게 생각하는 것이 항상 옳은 것은 아니지만(때때로 갑작스러운 정서적 또는 인지적 변화는 통찰력이나 연민을 반영한다) 우리는 일반적으로 만일 치료자가 치료에서 갑자기 관계 규정에 예외를 두고 싶어 한다면, 가장 좋은 조언이 그렇게 하지 않는 것이고 이러한 역동을 성찰해 보아야 한다는 정신분석의 의견을 추천한다.

- 앞에서 설명한 것과 관련하여, 치료 기간 동안의 매우 강한 느낌이나 반응들이 사회 정의나 내담자의 권리, 또는 그에게 해주었어야 할 것처럼 보일지라도, 경계를 해야 한다. 필요하거나 치료적으로 적절할 때, 내담자의 '입장', 심지어 내담자를 옹호하는 것은 전적으로 적절하다. 사회적 부조리는 가능하다면 맞서야 한다. 그러나 치료자가 강한 분노, 격분, 내담자와의 과잉 동일시, 또는 보호하거나 부모로서 교육하려는 침습적 요구를 발견하면, 치료자는 적어도 자신이 촉발되었으며 내담자의 필요보다는 치료자 자신의 필요에 반응하고 있을 가능성이 있음을 알아야 한다. 이러한 예들은 관계적 치료의 중요한 원칙을 어기는 것이다. 심리치료에서 정신분석의 중심이 되는 구성 단위는 치료자가 아니라 내담자이다. 어떤 사례들에서는 이러한 모든 것을 분석하는 것은 어려우며, 치료자가 내담자와 거리를 두거나 관여하지 말아야 한다는 의미가 아니다. 오히려, 조율적이고 도움이 되는 치료자는 자신의 과거 내력, 요구, 부적절한 기대를 반영하는 것과 달리, 내담자의 안전과 안녕에 전념하도록 면밀히 검토하는 사람이다.

- 이렇게 하는 일은 중요하고 의미있는 일임에도 불구하고 때때로 매우 어려운 일이다. 앞서 언급한 대로, 트라우마 집중 치료자(기타 다른 도움을 주는 사람들)는 이러한 과정을 지탱해주는 데 필요한 지지(협의, 슈퍼비전, 또는 자신의 심리치

료 등)를 제공하는 원천에 접근하도록 권유한다. 고통스러운 일들을 기꺼이 들어주는 치료자의 자발성, 대인관계에 어려움을 겪는 사람들과의 연결, 그리고 다른 일보다 이러한 일을 하는 것은 트라우마를 경험한 내담자들에게 대단한 선물이다. 그러나 이러한 일들은 단독으로 수행해서는 안 된다.

윤리적 임상, 역활성화/역전이 사안들, 그리고 트라우마 치료와 관련된 전문 치료 기준에 관한 더 상세한 정보를 원하는 독자들은 다음의 자료들을 참조하기 바란다. Cloitre et al., (2011); Courtois and Ford (2013); Courtois, Ford, and Cloitre (2009); Dalenberg (2000); Kinsler, Courtois, and Frankel (2009); and Perlman and Saakvitne (1995).

추천 문헌

Bassuk, E. L.M Melnick, S., & Browne, A. (1998). Responding tho the needs of low-income and homeless women who are survivors of family violence. *Journal of the Aemrican Medical Women's Association, 53*, 57-64.

Courtois, C. A., * Ford, J. D. (2013). *Relational integrated treatment of complex trauma: A practical guide for therapists*. New York, NY: Guilford.

Dalengerg, C. J. (2000). *Countertransference and the treatment of trauma*. Washington, DC: American Psychological Association.

Marsella, A.J. Friedman, M. J., Gerrity, E. T., & Scurfield, R. M. (Eds.). (1996). *Ethonocultural aspects of posttraumatic stress disorder: Issues, research, and clinical applications*. Washington, DC: American Psychological Association.

Pearlman, L. A., & Saakvinet, K. W. (1995). *Trauma and the therapist: Countertransference and vicarious traumatization in psychotherapy with incest survivors*. New York, NY : Norton.

Ress, S. Silove, D. M., Chey, T. Ivancic, L., Steel, Z., Creamer, M. C., ⋯ Forbes, D. (2011). Lifetime prevalence of gender-based violence in women and the relationship with mental disorders and psychosocial function. *Journal of the American Medical Association, 306*, 513-521.

제5장

심리교육

트라우마 기억의 인지적 그리고 정서적 처리 과정에 대한 치료 문헌에 많은 관심이 쏠리고 있지만, 심리교육 또한 트라우마 치료의 중요한 부분이다(Allern, 1991; Flack, Litz, & Keane, 1998; Friedman, 2000a; Najavits, 2002). 많은 대인 간 폭력 생존자들은 의식의 제한 또는 해리, 감정적으로 압도되는 상황에서 피해자가 되며, 어떤 사례의 경우, 인지 발달의 초기 단계에서 피해자가 되는 경향이 있다. 이러한 외상성 사건들에 대한 생존자의 이해도는 정확성과 일치감에서 줄어들 수 있다. 나아가, 대인 간 폭력은 객관적인 현실을 왜곡함으로써(예 : 희생되는 것을 비난함) 자신의 공격성을 정당화하는 강력한 인물과 자주 관련되어 있다. 트라우마 사건에 대한 단편적이고 불완전하며 부정확한 설명은 성인기에 부정적인 결과를 가져오리라 예상된다.

임상가는 이러한 문제가 나타났을 때, 트라우마의 특성과 영향에 대한 정확한 정보를 제공하고, 내담자가 새로운 정보와 시사점을 자신의 전반적인 견해와 통합하도록 도움으로써 도와줄 수 있다. 심리교육 활동은 비교적 치료 초기에 자주 이루어지지만 (예 : Talbot et al., 1998), 심리교육 활동은 치료 과정 전반에서 도움이 된다. 예를 들면, 내담자가 트라우마 내용을 치료 기간 중 나중에 말하는 경우, 이 내담자는 트라우마 기억에 관한 새로운 견해를 제공하거나 일반적인 추가 정보를 얻을 수 있다.

심리교육은 보통 개인의 치료기간 동안 지속적으로 활용되지만, 비슷한 트라우마 내력을 가진 몇몇의 사람들이 서로의 이야기들을 비교하고, 서로 조언을 하며, 대인 간 폭력과 영향에 대해 의논하는 활동이 임상가가 이끄는 지지 집단에서 별도로 이루어질 수 있다. 집단적 치료 개입의 이점은 생존자가 다른 사람의 비슷한 경험으로부터 배울 수 있으며, 그 과정이 임상가에 의해 단독으로 전해질 때보다 더 견딜 수 있고 강력하다는 점이다. 반면, 본질적으로 지지 집단은 내담자 자신만의 트라우마 내용 처리하기, 통합, 그리고 이런 정보에서 배운 것을 개인적으로 적용하는 데 있어서는 대면 심리치료보다 덜 효과적일 수 있다.

유인물

개인 치료에서든 또는 지지 집단에서든, 심리교육은 유인물을 사용하기도 한다. 이러한 유인물에는 대개 대인 간 폭력의 빈도와 영향, 피해에 대한 근거 없는 사회적 통념들, 그리고 생존자가 활용할 수 있는 사회적 지원들과 같은 주제들에 관해 쉽게 이해할 수 있는 정보들이다.

임상가는 어떤 유인물이 유용하고 어떻게 사용되어야 하는지를 판단할 때 마음속으로 적어도 네 가지 사안들을 명심해야 한다.

1. 내용의 질. 어떤 유인물은 잘못된 정보를 포함하고 있으며, 간접적으로 비난을 하거나 전도시키거나, 또는 배타적인 종교적 또는 사회적 견해를 지지하거나, 또는 생존자가 쉽게 이해할 수 없는 수준에서 쓰여졌을 수 있다.
2. 사용된 언어. 예를 들면 스페인어를 주로 사용하는 사람은 영어로 쓰여진 자료집에서 얻는 정보가 매우 적을 수 있다.
3. 정보나 서술의 문화적 적합성. 예를 들면, 내용이 중상층의 우려를 좀 더 반영하거나, 시각적 묘사가 코카서스 지방 사람으로 제한되어 있을 수 있다.
4. 불충분한 인지정서적 통합의 위험성. 특히 충분한 논의나 내담자 자신의 내력이나 현재의 상황에 대한 적용 없이, 단지 교육적 자료를 제공하는 것은 효과적이지 않다.

가장 중요한 것은 유인물이 독립된 정보의 자료가 아니라 심리교육 과정의 도구로서 고려되어야 한다는 점이다. 예를 들면, 공중보건 문헌은 교훈적인 내용만으로는 피해자가 된 개인의 행동이나 신념을 변화시키는 데 특별히 효과적이지 않다고 한다(Becker, Rankin, & Rickel, 1998; Briere, 2003). 그 대신 임상가는 정보가 생존자에게 개인적으로 관련 있는지를 가능한 한 확인해야 하며, 유인물이나 미디어의 내용물의 내용이 어떤 것이든 내담자의 생활에 즉시 적용될 수 있는 것이어야 하므로, 상당한 함축적 의미를 가지고 있는 것이어야 한다.

내담자 지향의 소책자와 정보지들은 많은 기관에서 얻을 수 있으며, 웹사이트나 우편으로 주문하는 것도 가능하다. 현재, 특히 유용한 정보를 포함하고 있는 웹사이트는 다음과 같다.

트라우마 스트레스 연구 국제 협회 (International Society for Traumatic Stress Studies): http://www.istss.org/public-resource.aspx

범죄 희생자를 위한 사무국[Office for Victims of Crime(U.S. Department of Justice]: https://ojp.gov

도서

임상가는 또한 내담자에게 Judith Herman(1992a)의 트라우마와 회복(*Trauma and Recovery*)과 같이 생존자가 쉽게 읽을 수 있는 도서들에 관심을 가져보도록 할 수 있다. 내담자의 독서력에 따라 제한이 있지만, 이러한 책들은 내담자가 자신의 트라우마와 비슷한 트라우마에 관하여 '많은 것을 알 수 있게' 해준다. 생존자 또는 관심이 있는 비전문가를 위하여 특별히 쓰여진 다른 책들은 정보뿐만 아니라 조언도 포함하고 있다[가장 좋은 예로는 Jon Allen(2005)의 트라우마의 치유(*Coping With Trauma*)]. 어떤 것들은 해결되지 않은 외상후의 어려움을 가진 생존자에게 상당한 감정의 활성화를 불러일으킬 수 있지만, 적어도 회복과정이나 치료과정의 초기에 있는 사람들이어야 한다. 다른 책들은 잘못된 정보를 담고 있거나 실제로 도움이 되지 않는, 자가 도움 전략을 담고 있을 것이다. 때문에 우리는 임상가가 개인적으로 내담자에게 책을 추천하기 전에 먼저 읽어볼 것을 권장하며, 이는 내담자의 필요에 적합하고 정확한 사실을 담고 있는지를 확인하는 것일 뿐 아니라, 정서적 노출에 대해 준비가 되지 않은 사람들의 심각한 트라우마 이후의 고통을 활성화할 수 있는 잠재력을 측정하기 위해서도 필요하다.

치료에서의 언어적 정보

정보의 전달에 있어서 심리교육 유인물이 도움이 될 수 있지만, 심리치료 회기 진행

중에 임상가의 말로 전달되는 일이 더 일반적이다. 치료 과정에 교육 과정이 직접 들어 있기 때문에, 교육 과정은 자주 내담자의 경험과 직접적으로 연관되며, 따라서 내담자의 지속적 이해와 더 쉽게 통합된다(Briere, 2003). 덧붙여, 이러한 방식으로 제공된 심리교육은 임상가가 내용에 대한 내담자의 반응을 더 쉽게 모니터하고 일어날 수 있는 오해를 해결하게 한다. 그러나 이 장의 마지막에서 언급하였듯이, 치료 기간 동안 심리교육에 대한 잘못된 적용이나 과도한 적용은 치료 과정을 방해할 수 있으며 좋은 치료에 대한 대다수의 양상과 같이 쟁점은 과정과 내용의 정확한 균형과 내담자의 임상적 반응에 대한 충분한 조율이다.

일반적 초점

트라우마 분야에서 임상가는 유인물이든 구두이든 심리교육을 하는 동안 다음과 같은 몇 가지 주제들에 중점을 둔다.

- 트라우마 발생률. 대인 간 폭력의 발생율에 대한 자료는 내담자의 취약함, 불량함, 또는 가해자의 무의식적 도발로 인한 것이라는 믿음이나, 내담자만이 트라우마를 혼자서 경험한다는 일반적인 믿음과는 모순되는 경향이 있다. 예를 들면, 여성 약 5명 중 1명꼴로 일생의 어느 시점에서 강간을 당한다거나, 또는 남성의 20%가 아동이었을 때 성적으로 학대받았다는 정보는 생존자가 혼자서만 이러한 두려움을 경험하였으며 자신의 별난 면이 사건을 발생하게 했다는 염려를 해소해줄 수 있을 것이다.

- 트라우마와 연관된 흔한 사회적 통념. 이 책의 여러 대목에서 언급하였듯이, 대인 간 폭력은 어느 정도는 피해자의 행동을 비난하고/또는 가해자의 행동을 지지하는 광범위한 사회적 분위기에서 자주 발생한다. 예를 들면, 강간 피해자는 종종 자신이 매혹적이었다거나 아니면 자신들이 피해를 '자청'했다고 믿고(Burt, 1980) 가정폭력은 남편의 아내에 대한 적절하고 옳은 지배로 정당화될 수 있으며(Walker, 1984) 흔히 속임수나 보복 때문에 학대 또는 폭행을 당해왔다는 거짓말을 빈번하게 하기도 한다. 사실 내담자가 이러한 통념들에 동의한다면, 피해에 대하여 자신을 더욱 비난하거나 치료가 중요한 게 아니라고 여길 가능성이 크다(Resick & Schnicke, 1993). 이러한 이유로 '강간에 대한 사회적 통념'이나 '아내 구타에 대한 사회적 통념'에 대하여 이러한 신념들이 옳지 않다고 분명하게 말하

는 것은 도움이 될 수 있다.

- **대인 간 폭력에 연루되는 가해자들의 통상적 이유들.** 이것은 종종 많은 가해자 행동의 강박적이고 다중적인 피해 특성과 가해자 행동의 심리적 동기에 대한 설명을 포함할 수 있다. 가해자의 행위에 대한 심리적 동기는 가해자가 불안정과 부적절한 감정에 직면했을 때 힘과 지배에 대한 가해자의 빈번한 욕구를 포함한다. 이러한 정보는 폭행에 대한 내담자 자신에 초점을 둔 설명을 감소시키고 가해자의 역기능적이거나 악의적 특성들에 대한 인식을 증가시킬 수 있다. 이러한 귀인의 변화는 생존자가 자기비난이 비논리적이라고 볼 수 있게 만들 수 있다. 더불어, 내담자가 가해자에게 있어 '많은 사람들 가운데 하나'라는 인식은 자신에게 발생한 일에 대해 죄책감을 갖는 경향을 감소시킬 수 있다.

- **트라우마에 대한 일반적인 즉각적 반응들.** 피해자의 여러 이상 반응 중에서, 트라우마에 대한 전형적인 즉각적 반응은 주변 외상성 해리(예 : '멍한 상태', 유체이탈 경험, 또는 트라우마 발생 시간에 대한 왜곡), 때로는 성적 트라우마와 관련된 성적인 반응(많은 경우, 긍정적인 심리적 느낌과 상반되는 느낌들), 다른 사람이 부상이나 죽임을 당했을 때 그렇게 되지 않음에 대한 안도감, 그리고 피해자가 가해자에게 애착을 느끼게 되고 어떤 점에서 가해자와 유대하게 되는 '스톡홀름 효과'를 포함한다.

- **피해에 대한 지속적인 트라우마 이후의 반응들.** 2장에서 설명한 트라우마 이후의 스트레스 증상들(예 : 플래시백, 둔감화, 또는 과각성 반응들)과 트라우마 관련 반응들(예 : 물질 남용, 공황발작 또는 친밀함에 대한 두려움)에 대한 공통적이고 당연한 특성에 관한 정보는 적절한 트라우마 치료에서 가장 중요한 부분이다. 내담자가 트라우마 이후의 증상들이 비정상적이거나 유해한 상황에 대한 정상적인 (이러한 증상들이 당연하며 비교적 흔한) 반응임을 이해하면서, 내담자는 자신이 손상이나 정신 병리를 덜 경험하게 되며, 통제할 수 없을 것 같은 느낌을 덜 느끼게 된다. 비슷하게, 자기 자신을 기이하고 관련 없는 다양한 증상에 둘러싸여 있다고 보기보다는 트라우마 사건들에 대하여 잘 알려져 있는 전형적인 반응들(예 : PTSD)로 고통받는 자신으로 보는 것을 항상 더 낫다고 볼 것이다. 더불어, 심리교육은 미래에 일어날 증상들에 대하여 내담자를 준비시킬 수 있다. 임상가는 증상이 발생하기 전에 증상에 대한 설명을 함으로써, 내담자가 예측할 수 있게 할 것이다. 이것은 그 자체로, 트라우마 이후의 불안을 상당히 줄일 수 있다.

잠재적 증상을 성공적으로 예측하는 것은 임상가에 대한 내담자의 전반적인 신뢰를 강화한다. 특히, 증상이 의미하는 것과 의미하지 않는 것이 무엇인지에 대한 임상가의 병리적이지 않은 분석은 임상가에 대한 신뢰를 강화한다.

- 트라우마 처리 과정에서 증상의 재구성. 심리교육은 트라우마 이후의 특정 증상을 더욱 긍정적으로, 심지어 회복이 일어나고 있다는 증거로 재구성하는 것을 포함시킬 수 있다. 이것은 앞서 설명된 증상에 대한 정상화보다 다소 더 적극적인 과정이다. 물론 모든 증상들이 재구성될 수 없으며 또 그렇게 되어서도 안 된다. 예를 들면, 우울, 공황발작, 자살 충동, 또는 정신병들은 일반적으로 나타나는 일들이지만, 어떤 것이든 심리적 장애의 증거이다. 반면에 8장에서 설명하였듯이, 트라우마 이후의 재경험 증상들은(비록 성공적이지 않더라도) 심리적 처리하기를 시도했다는 신호들이며, 트라우마 이후의 회피는 흔히 재활성화된 고통의 압도적 측면을 줄이기 위한 적응의 시도이다. 트라우마 이후의 증상들을 잠재적으로 적응적인 것으로 재구성함으로써, 임상가는 무기력, 인식된 통제 불능, 그리고 종종 플래시백, 활성화된 트라우마 기억들 또는 심리적 둔감을 동반하는 비난에 반박할 수 있을 것이다. 사실 플래시백을 트라우마 처리과정으로 받아들이는 내담자는 재경험을 증상의 회복으로 여길 것이다.

- 안전계획. 계속되는 가정폭력 위험에 있는 여성들은 다른 여성들이 비슷한 상황에서 성공적으로 활용한 '안전계획'에 대하여 배울 필요가 있을 것이다. 이것은 주로 집을 나오는 것에 대한 상세한 전략(예 : 미리 마련해둔 여행가방, 탈출 방법)을 개발하는 것과 친구의 집이든 해당 지역에 위치한 여성 쉼터이든, 새롭고 안전한 환경을 찾는 것을 포함한다(Jordan, Nietzel, Walker, & Logan, 2004). 어떤 내담자들에게는 의료와 사회적 서비스, 아동 보호 종사자 또는 경찰 지원을 어떻게 받을 수 있는지에 대한 구체적인 정보가 유익할 수 있다(Briere & Jordan, 2004). 이러한 개입의 목적은 그들 자신의 안전을 보장하는 피해자의 힘을 증가시키는 것이며, 따라서 계속되는 피해 가능성을 줄이게 하여 종종 만성적인 대인간 폭력과 연관되는 무기력을 줄일 수 있다.

제약

심리교육의 일반적인 좋은 효과에도 불구하고, 심리교육은 개별 내담자에게 조심스럽게 적용되지 않거나, 내담자가 정보로부터 얻은 결론이 모니터되지 않는다면 역효과가 날 수 있다. 예를 들면, 대인 간 폭력에 대한 공통적인 정보는 자신만이 유일하게 피해를 경험했다는 내담자의 의식을 감소시키는 반면에, 다른 사람들에 대한 두려움과 회피의 증가로 이어짐에 따라 대인관계 환경의 위험에 대한 내담자의 과대추정을 강화할 것이다. 비슷하게, 가해자 역동에 너무 많이 중점을 두는 것은 가해자를 변명하려는 내담자의 욕구를 강화할 수 있으며, 트라우마 이후 반응 기준에 관한 정보는 내담자에게 장애가 있다고 느끼게 하거나 본인이 역기능적이라고 느끼게 하거나 트라우마 '환자'로 여기게 만들 수 있다.

　궁극적으로, 심리교육은 외부와 단절된 상태에서 이루어져서는 안 된다. 일반적으로 정보는 도움이 되며, 왜곡된 신념과 부적응적인 반응에 대한 해독제가 될 수 있지만, 심리교육은 지속적인 치료적 논의와 평가 상황에서 이루어져야 한다(Najzvits, 2002). 구체적으로, 임상가는 내담자가 새로운 정보를 그들의 세계관에 어떻게 통합하는지 그리고 이들이 이러한 정보를 그들의 일상생활에 어떻게 적용하는지에 대하여 주의 깊게 살펴봐야 한다. 내담자에게 무엇을 하고, 하지 않아야 하는지에 대한 간단한 교육(강연), 또는 트라우마와 그로 인한 영향에 대하여 어떻게 생각해야 하는지를 제안하는 것은 본질적으로 도움이 되지 않는다(Neuner, Schauer, Klaschik, Karunakara, & Ebert, 2004). 대신 심리교육이 지속적인 치료 과정으로 통합될 때 가장 유익할 수 있다.

추천 문헌

Allen, J. G. (2005). *Coping with trauma: Hope though understanding*. Washington, DC: American Psychiatric press.

Briere, J. (2003). Integrating HIV/AIDS prevention activities into psychotherapy for child sexual abuse survivors. In L. Kornig, A. O'Leary, L. Doll, & W. Pequenat (Eds.), *From child sexual abuse to adult sexual risk: Trauma, revictimization, and intervention* (pp. 219-232). Washington DC: American Psychological Assiciation.

Herman, J. L. (1992). *Trauma and recovery: The aftermath of violence-from domestic abuse to political terror*. New York: Basic Books.

Najavits, L. M. (2002). *Seeking safety: A treatment manual for PTSD and substance abuse*. New York: Guilford.

Resick, P. A., & Schnicke, M. K. (1993). *Cognitive processing therapy for rape victims: A treatment manual*. Newbury Park: Sage.

제6장

고통 감소와 정동 조절 훈련

2장에서 설명하였듯이 치료를 원하는 트라우마 생존자들은 만성적 불안, 불쾌감, 트라우마 이후의 각성을 종종 경험한다. 많은 사람들은 또한 트라우마 관련 자극과 기억에 대한 극도의 부정적인 정서적 반응들을 보고하는데, 이러한 감정 상태는 쉽게 촉발되며 내적으로 수용하기 어렵다. 압도적인 각성, 정신적 고통, 그리고/또는 감정적으로 만년의 기억들에 직면했을 때, 생존자는 자주 해리, 물질 남용 또는 극도의 긴장 감소 활동과 같은 감정의 회피 전략에 의존하게 된다. 8장에서 설명하였듯이, 불행히도 과도한 회피는 트라우마 사건의 영향으로 인한 심리적 회복을 방해한다. 최악의 경우, 트라우마 이후의 괴로움을 회피하려는 욕구는 과각성을 겪거나 감정적으로 조절이 안 되는 내담자가 치료기간 동안 트라우마 관련 문제를 회피하거나, 완전히 치료를 포기하게 할 수도 있다. 활용 가능한 정동 조절 자원을 압도할 만큼 충분히 혐오스러운 정서적 상태는 치료과정에 대한 내담자의 인식에 부정적인 영향을 미칠 수 있다.

이 장에서는 두 가지의 치료 개입 방식을 설명할 것이다. 이러한 개입 방식들은 치료과정 중에 나타나는 급성의 불안정한 정서 및 증상을 감소시키기 위한 의도이며, 부정적인 정서 상태를 조절하는 내담자의 일반적인 능력에 초점을 맞춘 개입이다. 어떤 사례에서는 전형적인 트라우마 치료(예 : 감정 처리하기)를 완수하기 전에 높은 불안 및 낮은 정동 조절 능력을 다루어야 하기 때문에(Chu, 2011; Cloitre 011; courtois, 2010; Ford et al., 2005), 이 책의 치료 파트 앞부분에 제시되었다. 하지만 여기에 소개된 개입법은 치료과정 중 어느 시점에서든 사용할 수 있다. 예를 들면, 이 장에서 설명한 이완법은 치료 초기에 시작할 수 있으며, 정동 조절을 위한 이러한 접근법과 그 밖의 다른 접근법들은 생존자가 경험하는 부정적인 내적 상태가 악화되거나 침습적일 때 언제든 사용될 수 있다. 이에 더해, 정동 조절 기술의 본질적인 발달은 보통 치료가 진행됨에 따라 점차로 나타나는 트라우마 관련 정화 현상에서 반복적으로 노출되는 상황 및 처리하는 과정에서 일어난다.

여기에 제시된 기법들은 트라우마와 불안에 대한 문헌에서 '안정화(grounding)', 이완 훈련, 인지 치료, 스트레스 예방접종, 명상, 그리고 불안 관리의 형태로 설명하였다. 어떻게 명명하든, 이러한 접근법들은 치료 기간 동안과 내담자의 생활 속에서, 고통스러운 감정 상태를 낮게 조절하고 인내하는, 내담자의 증가된 능력에 중점을 두고 있다.

급성적 침습 다루기 : 안정화 기법

이 장의 많은 부분이 트라우마 생존자의 정동 조절 기술 증진에 집중되어 있지만, 임상가가 내담자의 정동 조절 부전에 더 직접적으로 개입해야 하는 경우들이 있다. 예를 들면, 내담자는 어떤 자극 또는 기억으로 인해 촉발된 반응으로 치료를 받는 동안 갑작스러운 공황, 플래시백, 부정적 사고의 침습, 해리 상태, 또는 일시적인 정신증적 증상까지 경험할 수 있다 이러한 내적 과정은 안정되지 않는다면, 내담자를 놀라게 할 수 있으며, 임상가와 순간순간 이루어지는 심리적 접촉을 약화시킬 수 있다. 이러한 때에는 생존자의 관심을 현재의 치료 환경(안전하고 발달을 예측할 수 있는)과 임상가와 내담자의 연결에 다시 초점을 맞추는 것이 필요할 것이다.

'안정화'로 불리는 이 개입은 급작스러운 상황에서 상당히 유용하다. 그러나 이 기법은 특성상 치료과정에 잠재적인 지장을 줄 수 있다. 안정화 기법은 심리치료에서 현재의 서술적/관계적 흐름에 변화를 줄 수 있고, 갑작스러운 '응급' 절차가 필요한 위험 상황이 일어날 수 있다. 이러한 이유로, 안정화 기법은 분명한 권고가 있을 때만 사용되어야 하며, 내담자 내면의 악화를 줄이기 위한 최소한으로 적용되어야 하며, 내담자를 낙인찍거나 경험을 과도하게 각색하지 않는 방식으로 표현되어야 한다. 어떤 경우에는, 다른 치료 개입법들이 효율적일 수 있는데, 예를 들면, 무엇을 이야기하고 있든 내담자의 이야기를 더 인지적이거나 정서적으로 강도가 약하게 조심스럽게 전하거나 (8장 참조), 또는 명확한 변화를 포함하지 않는 다른 개입을 하는 것이다.

이러한 염려에도 불구하고 안정화 기법이 권고된다면(즉, 내담자가 침습적 증상이
나 트라우마 기억의 악화로 극도로 압도되고 임상가와의 심리적 접촉이 감소된다면),
다음과 같은 일반적 단계들을 제안한다.

1. 어떠한 내적과정이 일어나고 있든 간에 내담자의 주의를 임상가와 치료에 집중시키
   려는 시도. 여기에는(내담자가 촉발되지 않는 한에서) 의자를 살짝 내담자에게 가
   깝게 다가가기, 은근슬쩍 내담자의 시야 내로 옮겨가기, 또는 목소리를 약간 변
   화시켜서 더욱 관심을 갖도록 하는 것이 포함된다. 물론 이것은 임상가가 내담자
   에게 고함을 지르거나 지나치게 거슬리는 태도로 행동한다는 의미는 아니다. 더
   불어, 신체적 접촉은 내담자의 공포 또는 침범당했다는 느낌을 주거나 기억을 촉
   발할 수 있기 때문에, 보통 권장되지 않는다. 예를 들어, 접촉을 할지 안 할지는
   트라우마의 특성이나 내담자가 임상가를 잘 알고 있고, 신뢰하는지와 같은 특정
   상황에 따라서 정해진다.

2. 내담자에게 자신의 내면 경험을 간단하게 묘사할 것을 요청하기. 예를 들면, "수잔, 지
   금 당신에게 무슨 일이 일어나고 있습니까?/무엇이 당신의 기분을 불쾌하게 합
   니까?/무슨 일이 생겼습니까?"라고 묻는 것이다. 만일 내담자가 명백하게 두려
   워하고 있거나 또는 내적 자극으로 인한 고통에 반응을 하고 있지만 그것을 묘사
   할 수 없거나, 묘사하지 않으려고 한다면, 세 번째 단계로 넘어간다. 그러나 만일
   내담자가 내면 경험을 이야기할 수 있다면, 내담자가 이것에 이름을 붙이거나 대
   략적으로 묘사를 하게 하는 것이 종종 도움이 된다. 이것은 생존자가 꼭 상세히 설
   명해야 한다는 것은 아니다. 플래시백 또는 기억에 대한 자세한 설명은 그것의 강
   도를 증가시킬 수 있으며, 이에 따라 반응을 감소시키기보다는 강화시킬 것이다.

3. 현재의 외부환경으로 내담자의 시선 돌리기. 이것은 종종 두 가지 메시지와 연관되
   어 있다 : (a) 내담자가 안전하며, 위험에 처해 있지 않음이 사실이고 (b) 내담자
   가 여기(즉, 치료시간에, 방 안에, 임상가와 있다는 것) 그리고 지금 (트라우마를
   겪고 과거에 있지 않으며) 있다는 것이다. 어떤 사례에서, 내담자는 일반적으로
   내담자의 이름을 추가적인 적응 장치로 사용하는 것과 같이 재확인 진술을 통해
   상황에 적응할 수 있는데(예 : "수잔, 당신은 괜찮을 거예요. 당신은 이 방에 나
   와 함께 있어요. 당신은 안전해요"), 더 극단적인 경우에, 안정화 기법은 내담자
   에게 자신의 방이나 그 외 관련한 환경에 대해 묘사할 것을 요청하는 과정을 포
   함한다(예 : "수잔, 그 방으로 다시 돌아가 보세요. 괜찮습니까? 우리는 지금 어

디에 있습니까?/몇 시입니까?/방에 대해 묘사할 수 있습니까?"). 내담자에게 자신이 앉아 있는 의자나 소파의 느낌이나 바닥에 닿는 발의 느낌에 집중해볼 것을 요청할 수도 있다. 그러나 내담자가 지금, 여기에 재적응하는 것은 비교적 빠를 수도 있고(예 : 몇 초 내에), 오래 걸릴 수도 있다(예 : 몇 분에 거쳐).

4. 가능하다면, 호흡과 기타 이완기법들에 집중하기. 이것은 호흡이나 이완 훈련(다음에 이 장에서 설명하듯이)이 특히 도움이 될 수 있을 때의 예이다. 내담자로 하여금 지금 여기에 안전하며 존재하고 있음을 떠올리도록 하면서, 가능하면 오랫동안(대개 몇 분이나 그 이상) 이완이나 호흡 운동을 하도록 한다.

5. 두 번째 단계를 반복하며, 치료 과정으로 되돌아가려는 내담자의 자발성과 능력을 평가한다. 필요하다면 세 번째와 네 번째 단계를 반복한다.

치료 초기의 초점으로 치료를 되돌아가게 하는 것이 가능하다면, 트라우마를 일으킬 수 있는 침습(예 : 트라우마 처리 과정의 예상치 못했던 부분)과 안정화하는 활동(예 : 침습적 사건들로부터 관심을 돌리기 위한 간단한 절차)을 일반화하고, 트라우마 치료를 계속 진행한다. 내담자의 일시적인 재경험이나 증상 악화에 대하여 낙인을 찍어서는 안 되며, 이러한 것이 일반적인 일임을 알게 하는 것은 중요하다. 트라우마 처리 과정이 때로는 잠재적으로 기분을 불쾌하게 만드는 기억, 사고 그리고/또는 감정의(그리고 이들에 의한 방해) 침습을 포함하지만, 이것들은 정신병리적 증후와 반대되는, 치유 과정의 일부분이다.

만성적 정동 조절장애 치료 개입

안정화 기법과 반대로, 이 부분에서는 비교적 급성의 정서적 침습이나 활동에 초점을 맞추어, 심각한 만성 트라우마의 많은 생존자들이 경험하는 고통스러운 과각성과 불안에 대한 심리적 개입을 설명한다.

약물치료

불쾌감이나 트라우마 이후의 각성이 치료와 회복에 지장을 줄 정도로 강도가 높다면, 향정신성 약물이 권장될 수 있다. 12장에서 설명하였듯이, 불안 그리고/또는 과각성, 또는 정서적 안정을 다루는 향정신성 약물들은 때때로 트라우마 집중 심리치료를 하는 동안 이러한 증상을 감소시키는 데 도움을 줄 수 있다. 그러나 이러한 약들은 모든 불안정한 정서적 상태를 치료하지는 않는다. 약의 효능은 사례마다 다르며 어떤 경우에는 심각한 부작용 때문에 권장되지 않는다. 각성과 불안을 위한 사전 치료의 가장 좋은 접근은 정신과 약을 사용하는 것이며, 또한 필요하다면 이 장에서 설명하였듯이, 불안을 줄이고 정동 조절을 높이는 심리치료 개입을 적용하는 것이다.

이완과 호흡 조절

치료를 하는 동안 각성 감소의 가장 기본적인 형태 중 하나는 학습된 이완이다. 전략적으로 유도된 이완은 치료 시간 동안 내담자의 전반적인 불안 수준을 줄임으로써 트라우마를 일으키는 요인들을 수월하게 처리할 것이다. 트라우마를 처리하는 동안 감소된 불안은 트라우마와 관련된 고통으로 압도되는 느낌을 가질 가능성을 줄이고, 8장에서 설명하였듯이 트라우마를 감소시키는 데 기여할 것이다. 그 밖에 이완은 치료 밖의 상황에서 촉발된 트라우마 기억의 영향을 줄이는 방법으로 사용될 수 있다. 특히 불안이나 침습적인 재경험이 쉽게 활성화되는 사람들에게 내부 이완 방법은 매우 유익하다.

이완 훈련에는, 호흡 훈련과 점진적 이완의 두 가지 일반 접근법들이 있으며, 여기서 두 가지 모두를 간단하게 설명할 것이다. 더 자세한 정보를 원하는 독자들은 이 장의 끝에 있는 추천 문헌을 참고하기 바란다.

점진적 이완

이 기법은 근육을 꼭 움켜쥔 후, 이어서 이완하는 것을 포함하며, 머리부터 발끝까지 점진적으로, 몸 전체가 이완된 상태가 될 때까지 하는 것이다(Jacobson, 1938; Rimm & Masters, 1979). 내담자는 규칙적으로 점진적 이완을 연습하면서, 대부분 비교적 빠르게 이완 상태에 들어갈 수 있다. 어떤 임상가들은 매 치료시간을 이완 연습으로 시작하며, 어떤 임상가들은 치료 초기에 이완 연습을 가르친 후, 특별히 필요하다고 생각될 때만 이완 연습을 활용하는데, 예를 들면, 트라우마에 대한 이야기가 상당한 불안 상태를 유발하는 경우 이 기법을 활용한다. 트라우마 이후의 스트레스를 치료하는 이완 훈련의 사용은 두 가지를 고려해야 하는데, (1) 이 기법의 단독 사용(즉, 공존하는 다른 트라우마 처리 활동 없이)은 그 자체로는 트라우마 관련 증상을 두드러지게 줄이지 못하는 것 같으며 (2) 임상적 경험에 의하면 트라우마를 가진 소수의 사람들은 유도된 이완에 대해 예기치 못하게 불안해하거나 해리적인 반작용을 보이거나(예 : Allen,

2001; Fitzgerald & Gonzalez, 1994) 성공적인 자기 유도 이완 상태에 이르지 못한다고 한다. 플래시백과 다른 증상의 재경험으로 만성적으로 영향을 받고 있는 사람들은 이완 훈련의 효과가 적은 것 같다(S. Taylor, 2003). 우리의 경험으로 볼 때, 점진적 이완은 매우 도움이 될 수 있으며, 내담자는 가능한 한 관찰되어야 하며, 조금은 역설적이지만 이 과정 동안 불안과 각성이 증가된다.

마음챙김 기반의 호흡 훈련

점진적 이완이 일부 임상가들에 의해 성공적으로 활용되고 있으나, 다른 모든 방법과 동등하게, 호흡법을 가르치는 것을 선호한다. 스트레스 상태에 있을 때, 많은 사람들은 더 얕은 숨을 쉬거나 과호흡을 하거나, 어떤 경우에는 일시적으로 호흡을 멈춘다. 내담자에게 스트레스 상태에 있는 동안 '호흡을 어떻게 하는지'를 가르치는 것은 내담자가 정상적인 호흡을 되찾고, 이에 따라 두뇌에 적절한 산소를 공급할 수 있도록 돕는다. 이와 함께 내담자가 더 효율적이고 더 정상적이며, 긴장되지 않은 들숨과 날숨을 조절하는 호흡법을 배우는 것은 일반적으로 자율신경계를 진정하는 효과가 있다.

호흡 훈련은 흔히 내담자가 자신의 호흡을 더욱 인식하도록 하는데 특히 트라우마에 대한 긴장과 적응으로 자신도 모르는 압박 속에서 호흡 방식을 인식하도록 가르치는 유도된 호흡 훈련을 포함한다. 그리고 자신의 근육, 자세, 생각을 적응시켜 더 효율적이고 차분한 호흡이 되도록 한다(Best & Ribbe, 1995). 트라우마를 치료하는 동안 호흡 훈련에 관한 정보를 포함한 많은 매뉴얼들이 있다(예 : Foa & Rothbaum, 1998; Rimm & Masters, 1979).

여기에 제시된 한 가지 간단한 호흡훈련 방법은 명상기반 호흡훈련(Mindfulness-Based Breath Training, MBBT)[1] 이다.

첫째 :

1. 내담자에게 관련이 있을 경우, 고통과 불안을 관리하는 데 유용하고 이완에 도움이 되는 좀 더 천천히 길게 쉬는 호흡과 주의를 집중하는 법을 가르친다. 불안하거나 공황 상태일 때, 가장 먼저 호흡이 얕고 빨라진다는 점에 유념하라. 천천히 숨을 쉴 때, 공포는 저절로 서서히 줄어든다.

---

1 급성 화재 트라우마 생존자의 치료를 위해서 이 버전의 프로토콜을 가져왔다(Briere & Semple, 2013).

다음으로 :

2. 내담자가 편안한 자세로 앉게 한다. 이것은 대개 척추를 비교적 바르게 하고 어깨에 힘을 빼고, 손을 무릎에 놓고 발을 바닥에 평평하게 닿게 하는 자세를 포함한다.

3. 내담자와 함께 다음의 순서를 거친다(모든 과정이 대략 10~15분이 소요된다).

    a. 만일 내담자가 눈을 감는 것을 편안해하면, 그렇게 하라고 한다. 어떤 트라우마 생존자들은 눈을 감는 것을 더 불안해하고 눈을 뜨기를 원할 것이다. 이것은 전적으로 허용 가능하다.

    b. 호흡 연습을 하는 동안 내담자에게 '오직 호흡'에만 집중하도록 한다. 만일 내담자의 마음이 산만하거나(예 : 트라우마, 미래, 다른 사람과의 말다툼) 신체적 고통으로 집중에 방해를 받는다면, 내담자는 지금 경험하고 있는 호흡에 다시 집중해야 한다. 내담자는 산만함을 억누르려 하지 말고, 그 대신 자신의 호흡으로 주의를 되돌려야 한다. 평온함과 에너지를 들이마시고 긴장을 내뱉는다고 상상하도록 제안하는 것은 도움이 될 수 있다.

    c. 내담자에게 코로 호흡하기를 시작하고, 들이쉬고 내쉬기에 집중하도록 한다. 내담자에게 안정적으로 숨을 쉬면서, 각각의 들숨과 날숨이 얼마나 지속되는지에 집중하도록 요청한다. 이렇게 세 번 반복한다(들숨과 날숨이 한 세트).

    d. 내담자에게 배 안으로 더 깊게 호흡하기를 시작하도록 가르친다. 이것은 호흡을 할 때마다 눈으로 배가 나오고 들어가는 것이 보여야 한다는 의미이다. 내담자가 자신의 손을 배 위에 놓고 횡경막이 더 올라가는 것을 느끼도록 할 수 있다. 이러한 종류의 호흡은 보통 때의 호흡과 구별되어야 하며, 내담자는 각각의 호흡이 보통 때의 호흡보다 깊다는 것을 주문해야 한다. 내담자에게 숨을 들이쉴 때마다 공기가 배를 채우고 그다음에는 폐를 채우는 것을 상상하도록 한다. 처음에는 배로 들어가고, 그다음 흉강의 끝까지 채운다. 같은 방식으로 숨을 내쉴 때, 호흡은 배에서 나가고, 그다음 폐를 나간다. 어떤 사람들은 물결처럼 호흡이 안으로 들어가고 나가는 것을 상상하는 것이 도움이 된다. 이것을 2~3번 반복한다.

    e. 내담자가 배와 가슴 안으로 깊게 그리고 완전히 숨을 들이쉬면, 다음 단계는 호흡을 천천히 하는 것이라고 설명한다. 내담자에게 들이쉬기를 할 때마다 천천히 셋까지 세고, 잠시 멈추고, 셋까지 세면서 내쉰다ㅡ들이쉴 때 셋까지 세

고, 잠시 멈추고, 내쉴 때 넷까지 센다. 내쉬기가 들이쉬기보다 약간 길어야 함을 상기해준다. 들이쉬기와 내쉬기를 마칠 때 내담자는 잠시 멈추어야 하며, 필요하다고 느낄 때만 들이쉬기와 내쉬기를 다시 시작한다. 평소보다는 느리지만, 숫자를 세는 속도는, 비록 내담자에게 달려 있다. 내담자는 적절한 호흡 속도를 실험할 필요가 있다.[2] 내담자가 적절한 속도로 호흡을 하기 시작하면, 추가적으로 두 번 더 호흡을 지속한다.

　　f. 내담자가 호흡을 하는 동안 숫자 세기에 마음을 집중하게 하고, 고통이나 생각, 느낌, 기억으로 마음이 흩어질 때마다 숫자 세기에 집중하도록 다시 지시한다. 내담자가 과거의 기억이나 미래에 대한 걱정이 아니라, 에너지와 평온함을 들이마시고 긴장을 내뱉으면서, 숫자를 세는 현재에 집중하도록 지지한다. 만일 내담자가 몇 번째 숨 쉬기인지를 잊어버렸다면, 다음번 들이쉬기 시작할 때 1로 시작하도록 한다. 수 세기를 잊어버리는 것은 일반적이며 '나쁜' 것이 아니라 이러한 산만함이 흘러도록 배워야 한다(이는 이완과 호흡을 하면서 현재에 머무는 것이다). 목표는 주의가 흐트러졌음에 주목하고 호흡을 하면서 수 세기에 다시 집중하는 것이다. 임상가는 생각이나 몸의 고통스러운 생각이나 느낌 때문에 산만해지는 것은 '나쁘거나' '잘못된' 것이 아님을 강조해야 한다. 오히려 마음이 흐트러졌음에 주의하고 호흡을 세는 것에 다시 집중하는 것이 중요하다.

4. 이제, 내담자로 하여금 5분 정도 호흡하면서 수를 세도록 연습한다. 5분이 지나면, (내담자가 눈을 감았다면) 눈을 뜨도록 하고, 지금의 공간으로 되돌아오게 한다. 치료자는 이 호흡 연습을 하는 동안 내담자가 경험한 느낌이나 생각, 그리고 일어난 문제들에 대해서 내담자와 의논한다. 훈련을 하려는 내담자의 자발성을 인정하고 지지하며, 내담자가 다른 것에 산만해지지 않고 호흡을 세는 것에만 집중하도록 내담자를 격려하면서, 잡생각이 들거나 산만해지는 것도 지극히 정상적인 일이라고 말해준다(예 : "그건 그저 마음이 하는 것뿐이야").

5. 내담자가 스스로 하루에 5~10분 동안 호흡 세기 연습을 계속하도록 요청한다. 내담자는 특정 시간(예 : 오전이나 저녁 시간)을 선택하고 규칙적으로 매일 한다. 5~10분이 지났다고 생각이 들 때 시계를 볼 것을 권하지만 너무 자주 시계를 보

2　계속 훈련을 하다 보면 몇몇 내담자들은 시간이 갈수록 호흡이 느려진다는 것을 알게 된다.

지 않도록 한다. 시계가 없다면 5분이나 10분이 지났다고 생각될 때 멈출 수 있다. 부록 2에 내담자가 명상 기반 호흡 훈련의 단계를 기억하여 사용할 수 있도록 돕는 자료를 실었다.

결국, 내담자는 이 연습을 정해진 날 이외에 스트레스 상황이나 의료 과정, 신체적 고통이 있을 때, 또는 불안을 느낄 때마다 추가로 실시할 수 있다. 중요한 것은, 명상 기반 호흡 훈련이 점진적 노출을 하는 동안 유발된 부정적인 감정 상태를 낮추는 데 특별히 도움이 된다는 것이다. 이러한 이유로, 임상가는 명상 기반 호흡 훈련으로 치료시간을 시작하거나 끝내기도 하며, 치료적 노출이 불안정이나 순간적으로 압도되는 정서적 고통과 연관될 때 치료 도중에 사용하기도 한다.

첫 번째나 두 번째 회기 후에, 내담자에게 이 호흡 연습이 불안이나 고통 감소 또는 이완 능력의 향상 등 어떤 유익함이 있었는지를 질문한다. 만일 유익함이 없었다면, 명상 기반 호흡 훈련이 효과적이려면 시간이 걸린다고 말하면서 내담자가 경험한 것이 정상이라고 말해준다. 도움이 되었다면, 진전에 주목하고 칭찬을 해준다.

어떤 유형의 이완 훈련이든지 트라우마 치료에 도움이 되지만 항상 필요한 것으로 여겨져서는 안 된다. 어떤 내담자는 너무 과각성되거나 불안해져서 특별한 치료 개입이 요구되기도 한다. 어떤 내담자(그리고 임상가)는 이완 훈련이 지나치게 기계적이거나 심리치료의 관계적 과정을 방해한다고 생각한다. 이 책에서 제시한 다른 치료 기법처럼, 이완 훈련은 트라우마 치료의 선택이지 필수가 아니다.

명상과 요가

정동의 단계적 축소와 조절에 대한 다른 접근방식에는 다음과 같은 것들이 포함된다. (1) 부정적이고, 반복되는, 또 습관적인 생각이나 느낌들을 냉철하게 살펴보고, 주의를 특정한 다른 과정(예 : 숨쉬기)으로 옮기는 것, 그리고/또는 (2) 긍정적 상태를 만들고 부정적인 상태를 줄이는 활동(예 : 특별한 움직임 또는 신체 자세)에 참여하는 것이다. 전자는 종종 **마음챙김 명상**으로 언급되며 후자는 **요가**가 가장 대표적이다. 최근에는 두 접근법 모두 정동 조절뿐만 아니라 잠재적으로 트라우마 관련 고통에 관한 개입법으로 받아들여지고 있다. 이들 방법에 대해서 다음에서 간략하게 검토하였지만, 독자들은 Briere(2012a); Emerson and Hopper(2011); Waelde(2004)를 참조하고, 더 자세한 논의는 10장에서 다룬다.

명상

명상은 내면으로 향하는 연습을 하는 광범위한 분야를 나타내며, 대개 자신의 호흡이나 기타 다른 내면의 느낌이나 과정에 집중하면서, 앉거나 특정 자세로 눕거나 특정 방식으로 걷는 것을 포함한다. 대부분의 경우, 명상을 하는 사람들은 판단을 하지 않은 채 불가피하게 흩어지는 생각과 느낌을 다시 지속적으로 집중하도록 비교적 오랜 시간 집중을 유지하는 것을 배운다. 10장에서 설명한 대로, 많은 연구들은 명상이 신체적·심리적 안녕에 긍정적인 영향을 주고, 보통 스트레스를 줄이고 평정심을 향상시키며, 때때로 고통의 기저에 있는 실존적 통찰을 준다고 말한다. 문헌에서 주목한 명상의 긍정적 영향들에는 섬유근육통과 만성 통증에서부터 불안, 우울, 물질 남용, 섭식장애, 공격성, 그리고 외상후 고통에 이르는, 심리적 또는 생리적 문제의 감소와 혈압과 기타 심혈관 기능의 개선이 있다(Bormann, Liu, Thorp, & Lang, 2011; Hofmann, Sawyer, Witt, & Oh , 2010; Rosenthal, Grosswald, Ross, & Rosenthal, 2011; T. L. Simpson et al., 2007; 10장 참조). 명상이 스트레스에 어떤 방식으로 영향을 미치는지는 명확히 밝혀지지 않았지만, 명상은 자율신경계의 각성을 줄이고 부정적이거나 기분 나쁜 생각에 사로잡히는 것을 감소시키고, 심리적 재활성을 줄이고, 심리적 인식을 확장하는 효과가 있다. 이러한 이유로, 명상은 몇 가지 주의사항과 금기사항들이 있음에도 불구하고(10장 참조), 임상가들은 경험을 바탕으로 트라우마 관련 증상으로 고통받는 사람들에게 명상을 권장하고 있는 추세이다.

요가

명상과 같이, 요가도 시간이 지나면서 심리적·신체적 기능의 향상을 보이는 연습이다(Emerson & Hopper, 2011). 요가는 세심한 스트레칭, 특정 동작, 자세, 연속적인 특정 동작을 포함하며, 호흡에 집중하기, 명상, 이완, 식이요법, 특정한 철학적 관점도 포함한다. 요가는 마음을 안정시키는 것 이외에도 심리생리적 스트레스의 감소와 관련하여, 신체적 힘, 유연성, 역량을 증가시킬 수 있다(R.P. Brown & Gerbarg, 2009; Harvard Mental Health Letter, 2009). 어떤 연구들은 심각한 방법상의 결함을 지니고 있지만 최근의 연구는 요가를 규칙적으로 하는 것이 외상후 스트레스, 불안, 우울증의 개선과 관련이 있음을 보여준다(R.P. Brown & Gerbarg, 2009; Descilo et al., 2009; Janakiramaiah et al., 2000).

명상 그리고/또는 요가가 분명히, 모든 사람을 위한 것은 아니며, 많은 트라우마 생존자들은 요가를 스트레스 감소 또는 정동 조절을 위한 방법으로서 단독으로 시작하지는 않는다. 그러나 트라우마에 노출된 많은 사람들은 이러한 명상적인 활동에 끌리고, 그런 활동으로부터 분명히 도움을 받게 된다.

일반적인 정동 조절 능력 증진하기

안정화, 이완, 명상이나 요가와 같은 즉각적인 고통 감소 방법 이외에도, 트라우마 내담자의 일반적인 정동 조절 능력을 증가시키기 위한 많은 방법들이 문헌에 제시되어 있다. 이러한 방법들 모두는 부정적인 감정 상태를 감소할 수 있게 조절하고 인내하여 활성화된 감정으로 압도될 가능성을 감소시키고 내담자의 전반적인 능력을 증진시키는 데 중점을 두고 있다. 어떤 사례들에서, 이러한 정동 조절 '훈련'은 심각한 기억 처리가 수행되기 전에 필요할 수 있다(Cloitre et al., 2011; Courtois, 2010).

감정을 인식하고 구별하기

성공적인 정동 조절의 가장 중요한 요소 중 하나는 경험한 대로 감정을 정확하게 인식하고 분류하는 능력이다(Linehan, 1993a). 생애 초기에 발생한 만성 트라우마 생존자 다수는 감정이 활성화되었을 때 '나쁜' 또는 '기분이 상한' 느낌 이외에, 이들이 느낀 바를 정확하게 알아차리는 데 어려움을 가질 수 있다(Briere, 1996; Luterek, Orsillo, & Marx, 2005). 이와 유사하게, 어떤 사람들은 분노의 감정을 정확하게 구별할 수 없는데, 예를 들면, 불안과 슬픔에서 분노를 구별하지 못한다. 비록 이것은 때때로 정서와의 해리적 단절을 반영하기 때문이지만, 다른 사례들에서, 그 사람의 정서에 대하여 '모르는' 근본적인 무능력을 나타내는 것으로 보인다. 그래서 생존자는 자신의 내면 상태에 대해 혼란스럽고 강렬하다고 인식되지만, 그것을 비논리적이고 예측 불가능한 정서로 구별을 하지 못할 것이다. 예를 들면, 구별하지 못하는 부정적인 감정 상태가 촉발된 생존자는 "나는 위협받고 있다고 느끼기 때문에 불안해"라고 추정하는 말을 하기는커녕, "나는 불안해"라고 말할 수조차 없을 것이다. 내담자에게 있어 이러한 경험은 '갑자기' 나타난 압도적이고 설명 불가능한 부정적 정서일 것이다.

　임상가는 규칙적으로 내담자가 자신의 정서적 경험을 탐색하고 편하게 이야기하게 함으로써 내담자를 도울 수 있다. 내담자는 감정들에 대하여 지속적으로 질문을 받음으로써 감정을 알아차리는 것이 더 수월해질 것이다. 다른 경우에, 임상가는 내담자가 사건과 관련하여 경험했던 정서적 상태에 대한 가설을 세우는 시도를 포함하는

(예 : 내담자는 겁을 먹게 되는 자극이 이어지기 때문에 불안하다고 가정하거나, 억울함이나 화를 내는 행동과 연관되기 때문에 분노라고 추정하는 것) '정서 탐색 작업'을 하도록 격려한다. 또한 정동 확인과 구별은 때때로 "당신은 화가 난 것 같은데 그렇지 않나요?" 또는 "당신은 두려워 보입니다"와 같은 임상가의 직접적인 피드백으로 향상될 수 있다. 그러나 이러한 피드백은 돌봄을 받는다는 느낌으로 접근되어야 한다. 사실 내담자가 B라는 느낌을 경험하고 있을 때, 내담자의 정동을 A라는 느낌이라고 이름을 붙일 위험이 있으며, 따라서 효과적인 정서적 인식보다는 혼란을 조성하게 될 것이다. 이러한 이유로, 우리는 대부분의 명확한 사례에서, 임상가는 내담자가 느끼는 감정이 무엇인지를 말하기보다는, 내담자가 자신의 감정 상태에 대해 탐색하거나 가설을 시험하는 것을 촉진할 것을 권장한다. 대부분의 사례에서 가장 중요한 것은 내담자(또는 임상가)가 특정 감정 상태를 정확하게 인식하는 것이 아니라, 내담자가 정기적으로 자신의 감정을 탐색하고 여기에 이름 붙이기를 하려고 시도를 하는 것이다. 우리의 경험으로 볼 때, 감정 인식과 구별을 많이 할수록, 생존자는 결국 정확한 감정을 확인하고 구별할 수 있게 된다.

침습적 정서에 선행하는 사고를 확인하고 대응하기

대부분의 사례들에서는 감정뿐만 아니라 사고도 확인되어야 한다. 이것은 특정한 인지가 강력한 정서적 반응을 촉발시킬 때 가장 많이 관련되어 있지만, 생존자에게 이런 생각도 잘 알려지지 않았다. 몇몇 임상가들(예 : Cloitre et al., 2002; Linehan, 1993a)이 주장하듯이, 정동 조절 능력은 내담자가 트라우마 관련 정서를 상기하거나 악화시키는 생각을 확인하고 이에 대응하도록 권유받음으로써 향상될 수 있다. 7장에서 설명된 더 일반적인 인지적 개입 이외에도, 내담자가 촉발된 트라우마 기억에 연이어 부정적인 정서적 반응 사이에 떠오르는 생각이 무엇인지를 모니터하는 것을 포함한다. 예를 들면, 권위적 인물에 의해 촉발된 아동 학대에 대한 기억으로, 생존자는 무의식적이거나 부분적으로 억압된 생각인 "그는 나를 해칠 것이다"라는 생각을 가지고, 이후 극도로 불안해하거나 고통스럽게 반응할 것이다. 또는 성적 학대를 경험한 생존자는 연상의 여성과 상호 교류할 때 "그녀는 나와 성행위를 원한다"라고 생각하며, 이어서 혐오감, 격노, 두려움을 느낄 수도 있다. 이러한 경우에, 기억 그 자체로 부정적 정서를 유발할 수 있지만[조건화된 정서적 반응(Conditioned Emotional Responses, CERs), 8장 참조], 이와 연관된 인지는 종종 극단적인 정서 상태를 유발하는 이런 반응을 더 악화시킨다. 다른 경우에, 사고는 트라우마와 덜 직접적으로 관련될 수 있지만, 여전히 내담자의 정서적 반응의 강도를 증가시킨다. 예를 들면, 스트레스 상황에서 내담자는 "나는 통제가 불가능하다" 또는 "나는 놀림거리가 된다"와 같은 생각을 가질 수 있으며 이는 공황 상태나 압도되거나 감당 못한 두려움을 유발한다.

불행히도 촉발된 사고는 표면적으로 드러나지 않을 수 있기 때문에, 이에 뒤따르는 정서는 생존자에 의해 관찰되지 않을 수 있다(Beck, 1995). 내담자는 압도되는 감정 이전의 인식에 대해 더 자각할수록, 이러한 생각의 영향을 줄 수 있다. 많은 경우에, 예를 들면, "아무도 나에게 보복하지 않을 거야" 또는 "나는 이것을 처리할 수 있어"처럼 인식에 분명한 동의를 하거나, 이러한 인식을 정확한 인식이라기보다는 '빛바랜 기억'이라고 이름을 붙임으로써 해결된다(Briere, 1996; 10장 참조). 이러한 점에서, 정신역동 치료에서 통찰의 유익한 점 중 하나는 개인은 흔히 잘못된 '오래된'(예 : 트라우마 또는 학대와 연관된) 신념이나 인식들에 의해서 특정 방식으로 행동하게 된다는 자기 스스로 깨닫게 되는 자각이며, 이런 지각이 역기능적 행동에 동기를 부여시키거나 고통을 유발을 감소시킬 수 있다는 깨달음이다(7장 참조).

극도로 강렬하고 압도적인 정서 상태의 기저에 있는 생각들이 트라우마 관련 기억에 의해 촉발될 때, 임상가는 "당신이 두렵거나/무섭거나/기분이 상하기 바로 전에 무슨 일이 일어났는지요?" 또는 "어떤 생각이나 기억이 있나요?"와 같은 질문을 함으로써 내담자의 불쑥 떠오르는 반응에 집중을 할 것이다. 이 내담자가 예를 들어서, 트라우마 기억으로 어떤 강한 감정이 상기되었다고 보고한다면, 임상가는 그 기억을 설명하라고 요청하고 (이것을 견딜 만하면), 어떤 생각이 났는지를 의논하도록 한다. 불행히도, 이것은 다음의 네 가지 개별적 현상에 대한 탐색과 의논을 포함할 것이다.

1. 기억을 촉발하는 환경적 자극(예 : 애인의 분노 표현)
2. 기억 그 자체(예 : 화가 난 부모에 의한 학대)
3. 그 기억과 연관된 현재의 생각(예 : "그/그녀는 나를 혐오해", "나는 무언가 잘못된 것을 했음에 틀림없어" 또는 "그/그녀는 내가 하지 않은 어떤 것에 대하여 나를 비난하고 있어")
4. 현재의 감정(예 : 분노나 두려움)

이렇게 촉발된, 종종 '파국적'인 인식(즉, 극도로 부정적인 결과에 대한 예측 또는 추정)이 어떻게 현재 상황과 관련되어 있는지에 대하여 의논할 수 있다. 이러한 경우,

일반적으로 내담자는 이러한 생각들의 정확성, 가능한 원인(종종 아동기 학대, 방임, 또는 다른 심한 학대를 포함하는), 그리고 이러한 생각들(예 : 그 생각이 정확하지 않다거나 그 생각은 "단지 나의 어린 시절의 이야기야"라고 자신을 일깨우게 하는)을 다루기 위하여 무엇을 할 수 있는지를 탐색하도록 요청받을 것이다. 내담자가 이러한 인식을 더 잘 확인하게 되면, 이러한 생각들을 현실 상황에 두고, 더 긍정적인 생각으로 이러한 생각들과 맞서게 한다. 내담자는 극한 정서의 재활성화를 미연에 방지하는 역량을 더 키워서 정서적 경험을 더 잘 조절하게 된다.

유발인자 인식과 개입

생존자가 매일의 일상생활에서 감정의 균형을 유지하도록 돕는 또 다른 인지적 개입이 있다. 임상가는 생존자가 침습적인 부정적 느낌을 활성화시키는 환경 안에서 촉발요인들을 확인하고 다루는 것을 학습하도록 도울 수 있다. 2장에서 언급하였듯이 트라우마에 대한 활성화된 기억은 본질적으로 부정적인 현상이 아니지만, 때때로 유발된 고통을 감소시키는 데 효과적일지라도 주의나 적응 전략이 더 도움이 되는 상황에서 학대나 심지어 자기 파괴적인 행동들을 유발할 수 있다. 유발인자가 무엇인지를 확인하는 데 성공하는 것은 내담자가 이러한 유발인자가 발생할 수 있는 상황을 변경하게 함으로써, 또 행동적 문제를 만들기 전에 발생하는 긴급하고 부정적인 상태에서 문제를 해결함으로써 더 큰 통제감과 더 나은 대인 관계 기능을 할 수 있다. 궁극적으로 뒤에서 주목했듯이, 유발인자 개입은 정동 조절과 감내를 증진시킨다.

유발인자 인식과 개입은 대개 정기적인 치료로 학습하며, 나중에 생존자가 자신의 환경에서 유발인자를 마주하게 되었을 때 상기될 수 있다. 중요한 것은, 종종 내담자가 촉발요인으로 인해 촉발되었을 때 무엇을 해야 하는지를 정확히 알기가 어렵다는 점이다. 치료 안내와 지지적 상황 안에서 다른 유발인자들 중에서 이전에 확인된 유발인자, 이것의 인과관계, 그리고 해결방법을 가지고 있는 것이 더 좋다.

생존자가 말한 대로, 유발되기 전에 치료개입 전략을 발전시키는 것은 '빈 병 안의 메시지'를 만드는 것과 비슷하다. ('메시지')가 촉발되었을 때 무엇을 할지에 대하여 미리 계획하는 것은 추후의 활용('빈 병'이 놓여진)을 위하여 개발할 수 있으며 개인이 촉발 상황에 놓여 있을 때(그 밖에 위기 상황이 될 수 있는 것을 더 측정하고 조심스럽게 생각을 접근할 수 있도록 메시지가 촉발된 상황에 '떠다닌다') 그 전략을 불러올 수

있다.[3]

이러한 점에서, 유발인자 자각은 다음의 일련의 과제들로 학습될 수 있다.

1. **촉발된 특정 생각, 느낌, 또는 침습적 감각을 외상성으로 확인하기.** 이것은 어떤 사례들에서는 비교적 쉽다. 예를 들면, 총상에 대한 침습적인 감각 플래시백을 트라우마와 관련된 것으로 인식하는 것은 어렵지 않을 것이다. 그러나 다른 경우에, 분노나 두려움, 또는 관계적 상호 작용을 하는 동안 나타나는 침습적인 무기력한 느낌 같은 것을 재경험하는 것은 더욱 미묘할 수 있다. 내담자가 스스로 배울 수 있는 질문들에는 다음과 같은 것이 포함된다.

   - 지금 나에게 일어나고 있는 이런 사고/감정/감각이 "이해가 되는가?"
   - 현재 상황에 근거했을 때 이러한 생각과 느낌들이 강도가 지나치게 높은가?
   - 이런 사고나 감정이 과거의 트라우마 기억을 수반하는가?
   - 이러한 사고/감정/감각이 발생할 때 예상치 못한 인지의 변화를 경험하는가?(예 : 이인증 또는 비현실감)
   - 이러한 상황이 내가 흔히 촉발되는 상황인가?

2. **당면한 환경에서 자극들을 평가하고, 어떤 자극들이 트라우마를 연상시키게 하는지를 확인하기**(즉 '촉발요인 발견하기'). 내담자가 트라우마를 연상시킬 수 있는, 즉 잠재적인 촉발요인을 찾도록 환경을 객관적으로 평가하는 것을 배우면서 작업은 일정 수준의 탐색 작업을 하게 된다. 내담자가 인식할 수 있는 촉발요인들의 예는 내담자의 트라우마 내력에 달려 있으며, 다음과 같은 것들을 포함한다.

   - 대인 간 갈등
   - 비난이나 거부
   - 성적인 상황 또는 자극들
   - 권위 있는 인물과의 상호작용
   - 내담자의 과거 가해자와 비슷한 신체적 또는 심리적 특성을 가진 사람들
   - 경계 침범
   - 사이렌, 헬리콥터, 총소리

---

3 청소년기와 초기 성인들을 대상으로 유발요인에 관한 연습문제지를 포함한 유발요인 확인과 개입의 더 구체화된 버전은 Briere과 Lanktree(2011)와 http://johnbriere.com에서 찾아볼 수 있다.

- 우는 소리

어떤 사례들의 경우, 유발인지는 분명하고 쉽게 인식될 수 있다. 또 다른 사례들의 경우, 내담자는 무엇이 자신을 촉발시키는 것인지를 찾는 게 힘들 수도 있다.

3. **적응 전략 활용하기.** 이것은 내담자가 극단적인 감정 반응의 가능성을 줄이는, 약간 다른 형태의 '순간 향상하기'이며(Linehan, 1993a, p. 148), 다음과 같은 것들을 예로 들 수 있다.
    - 특별한 고통의 순간 동안 의도적인 회피 또는 '중지'(예 : 다른 사람들이 술에 취하기 시작할 때 파티를 떠나는 것, 권위 있는 사람과의 언쟁을 의도적으로 최소화하는 것, 원치 않는 추파를 던지는 사람들의 행동을 어떻게 막을 수 있는지를 배우는 것).
    - 내담자의 인식을 변화시키는 더 깊은 이해로 유발인자가 사라질 때까지 자극이나 상황을 분석하기(예 : 외상후 두려움을 유발하는 사람의 행동을 조심스럽게 검토하고, 결국은 그 사람이 위협적인 태도로 행동하는 것이 아니라는 사실을 자각하게 되는 것 또는 특정 개인의 무시하는 듯한 스타일이 서로 거북할 정도의 거부나 무시를 뜻하지 않음을 이해하는 것)
    - 지지 체계를 증진시키는 것(예 : 두려움을 느낄 수 있을 것 같은 파티에 친구를 데려오거나, 기분이 불쾌한 상황에 대해 친구에게 말하기 위해 전화하는 것)
    - 긍정적인 자기진술(예 : 촉발되었을 때와 같이 자신에게 말할 것을 미리 고안하기 "나는 안전해", "나는 내가 원하지 않는 것을 할 필요가 없어" 또는 "이것은 단지 나의 과거 이야기일 뿐이며, 내가 생각하는 것은 진짜가 아니야")
    - 이 장의 앞에서 설명한, 이완 유도나 호흡 조절
    - 공황 상태나 플래시백, 또는 파국적인 인식과 같이 내부 반응을 악화시키는 것으로부터 주위를 돌리는 방법으로서, 안전한 사람과 대화하기, 책 읽기, 또는 산책하기 등
    - 긴장 감소 행동(TRBs, 2장 참조)과 '전략적 교란 기법(urge surfing, 10장 참조)을 지연시키기. 이 전략들은 특히 촉발을 경험하는 생존자에게 도움이 되기 때문에 다음 장에서 자세히 다루었다.

긴장 감소 행동 지연시키기
촉발된 현상은 그들이 가능성을 낮추고 에너지가 줄어들 때까지 의도적으로 차단하는

TRBs로 줄일 수 있다. 일반적으로 이것은 대개 내담자가 촉발되었을 때 고통을 줄이기 위하여 사용할 수 있는 행동들(예 : 자해, 충동적인 성적 행동 또는 폭식/하제와 같은 행동)을 최대한 '미루도록' 격려하며, 만일 이러한 행동을 해야 한다면 최소한으로 하도록 하는 것이다(Briere & Lanktree, 2011).

이 전략에는 적어도 두 가지의 중요한 측면이 있다. 첫째, 많은 생존자들이 자신의 긴장 감소 행동 반응이 어느 정도 유연한지를 배운다. 충분한 관심과 생각으로, 이러한 행동들은 지나친 어려움 없이 지연되거나 회피될 수 있다. 예를 들면, 부정적 상태로 촉발되는 내담자의 즉각적 반응이 자신을 해치는 일이라면, 사실 기분 나쁜 감정은 감내할 수 있는 것이며, 자해의 한계점이 불필요하게 낮다는 점을 깨닫게 것이다. 두 번째는 Marlatt과 Gordon(1985) 및 그 밖의 사람들이 주목한 것처럼, 긴장 감소 행동이나 물질 남용 삽화를 촉발할 수 있는 많은 정서적 상태는 비교적 짧은 반감기를 갖는다. 만일 촉발된 감정 상태가 끝나도록 내버려 둔다면, 몇 분 만에 없어지며, 따라서 역기능적 행동을 할 필요가 없어진다.

충동의 파도타기

나에게 올라오는 고통을 줄이기 위해, 내담자는 10장에서 자세히 다룰 '충동의 파도타기(urge surfing)'(Bowen, Chawla, & Marlatt, 2011)를 학습할 수 있다. TRB 상태로 촉발될 때(예 : 어린시절 아동 학대 기억과 관련된 분노), 내담자는 마음챙김 관점(10장에서 제시한 대로)으로 들어가려는 시도를 할 수 있다. 그리고 감정을 표출하기보다는 정점을 치고 사라질 때까지, 긴장을 줄이려는 충동과 감정을 잘 '다루거나', '파도를 탄다' 특히, 지연하기와 충동의 파도타기 둘 다 생존자가 촉발되는 생각이나 감정들을 억압하려고 하지 않고 자신과 그 생각과 감정과의 관계를 변화시키려 한다.

임상가는 촉발된 대부분의 TRB(긴장 감소 행동) 반응의 유해성에 관한 분명한 기준을 가지고 있어야 하며 이러한 행동의 빈도와 위해성을 줄이거나 중단하기 위해 내담자와 적업해야 하지만, 임상가는 TRB(긴장 감소 행동)에 관하여 내담자를 판단하지 말아야 한다. 특정 행동(다른 사람들을 해치는 기타 활동들)에 대해 부정이나 부도덕에 대한 가치 판단들은 거의 도움이 되지 않는다. 이러한 언급은 종종 죄책감과 수치심을 증가시킬 뿐 아니라, 임상가로부터 내담자가 이것들을 지키도록(여기서는 지속적인 긴장 감소) 강요함으로써, "치료를 저해한다"

궁극적으로 긴장 감소 행동은 고통 감소에 기여하기 때문에, 내담자는 정동 감내를 발전시키기 위하여 이러한 행동을 지연(혹은 충동을 '파도 타서 넘기기')하려 한다. 예를 들면, 만일 생존자가 촉발상황에 따라 폭식이나 성적 충동대로 행동하지 않을 수 있다면, 단지 짧은 몇 분 동안만이라도 이러한 행동에서 벗어날 때, 다음과 같은 두 가지 상황이 발생할 수 있다.

1. 내담자는 짧은 기간 동안의 지속된(그러나 일시적으로 관리할 수 있는) 고통에 노출될 수 있으며, 그동안 적은 수준의 고통 감내를 배울 수 있다.
2. TRB와 관련된 충동은 점점 사라질 수 있는데, TRB와 관련된 충동과 관련된 정서는 즉시 행동화되지 않는다면, 줄어들기 때문이다.

계속된 연습으로, 이전에 촉발되었던 경험과 실제 TRB 사이의 기간은 늘어나며, TRB 자체의 심각도는 낮아지고, 정동 감내 능력은 증가할 것이다. 이 접근의 또 다른 장점은 TRB 감소라는 목표(그리고 나서 중지시키는)는 내담자가 '나쁜' 행동을 멈추는 것이 아니라 정동 조절 방법을 배우고 개인적 조절로 자신의 행동을 찾는 것이다.

중요한 것은, 이러한 접근법들의 어느 경우에나 잠재적으로 전적인 성공을 거둘 수는 없다. 긴장 감소 행동과 기타 회피 행동들이 생존에 기반을 두고 있으며, 따라서 내담자가 쉽게 포기할 수 없다는 점은 부정할 수 없는 사실이다. 그럼에도 불구하고 생존자가 부정적인 상태에 관여하고(허용하고) 의식적으로 정상적인 반응을 시도하도록 격려함으로써 상황을 변화시키고 새로운 행동을 하도록 해야 한다.

트라우마 처리 과정에서 정동 조절 학습하기

이 밖에도, 정동 조절과 감내는 치료기간 동안 지속적으로 노출된 장기적인 트라우마를 함축적으로 배울 수 있다. 이후의 장들에서 논의한 대로, 트라우마 집중 개입은 반복적인 활성, 처리하기, 압도되지 않는 고통의 해소를 포함하기 때문에, 이러한 치료는 생존자가 어느 정도의 고통스러운 정서적 경험을 하면서도 이에 더욱 '편안하게 익숙'해지며 중간 정도의 정서적 각성으로 하향시키는 데 필요한 기술을 발전시키도록 천천히 가르친다. 내담자가 트라우마 기억에 노출되는 동안 적절한 수준(즉, 압도되거나 불안정하지 않은)의 고통을 반복적으로 경험하면서(8장), 내담자는 자기 안정, 기분을 상하게 하는 생각을 재구성하기, 그리고 관계적 지지를 요청하는 능력을 서서히 발전시킬 수 있다. 더불어 임상가는 활성화되고 조건화된 정서적 반응과 관련된 고통을 하향시키도록 작업하면서, 정동 조절 전략, 특히 일반화, 달래기(위안), 타당성과 연관된 정동 조절 전략의 본보기를 자주 보여준다. 그러나 강렬한 정동 상태에 돌입하고 벗어나는 능력의 향상과 성장은 차례로, 정서적 통제에 대한 감각의 증가와 부정적 정동에 대한 두려움 감소를 촉진한다.

추천 문헌

Bowen, S., Chawla, N., & Marlatt, G. A. (2011). *Mindfulness-based relapse prevention for addictive behaviors: A clinician's guide.* New York, NY: Guilford.

Cloitre, M., cohen, L. R., & Karestan, K. C. (2006). *Treating survivors of childhood abuse: Psychotherapy for the interrupted life.* New York, NY: Guilford.

Cloiter, M., Koenen, K. C., Cohen, L. R., & Han, H. (2002). Skills training in affective and interpersonal regulation followed by exposure: A phase-based treatment for PTSD related to childhood abuse. *Journal of Consulting and Clinical Psychology, 70,* 1067–1074.

Jacobson, E. (1938). *Progressive relaxation.* Chicago, IL: University of Chicago Press.

Linehan, M. M. (1993). *Cognitive-behavioral treatment of borderline personality disorder.* New York, NY: Guilford.

Schore, A. N. (2003). *Affect regulation and the repair of the self.* New York, NY: Norton.

제**7**장

인지적 개입

2장에서 언급하였듯이, 트라우마 생존자들(특히 대인 간 폭력의 피해자들)은 자기비난, 죄의식, 수치심, 낮은 자존감, 위험에 대한 과대평가 등 부정적인 신념과 인식을 가지기 쉽다. 강간 피해자는 자신이 어떤 식으로든지 강간을 '자초'했거나 폭행의 원인을 제공했다고 믿을 수 있으며, 매 맞는 여성은 자신이 매를 맞을 만했다고 생각할 수 있다. 도망치기에는 무기력한 상황에 반복적으로 노출되거나 자신의 트라우마 노출 상황을 줄이려는 사람들은 종종 미래의 잠재된 부정적 사건들에 영향을 주는 무력감을 발달시킨다. 어떤 생존자들은 그들의 트라우마 이후에 나타나는 증상을 결함이 있거나, '정상이 아닌' 증거로 본다. 성적 트라우마의 피해자들은 자신의 경험으로 인해 수치심과 고립감을 자주 느낀다.

일반적으로, 트라우마 이후의 혼란에 대한 인지치료는 자신과 다른 사람들, 그리고 그 트라우마가 일어난 환경에 대한 부정적 인식과 신념에 대하여 안내에 따라 다시 고려해보는 것을 포함한다. 이러한 부정적 가정들이 재평가됨에 따라, 자신과 다른 사람에 대해 재확인하고 자율권을 주는 모델이 자리를 잡았다. 동시에, 내담자는 트라우마 사건에 대하여 더 자세하고 일관된 견해를 가질 수 있으며, 이것은 임상적 개선과 연관되어 있다.

인지적 처리

대부분의 경우, 트라우마 관련 인지 장애는 트라우마 사건과 그와 관련된 주변 상황에 대한 구체적인 구두 설명을 통해 다루어진다. 내담자는 치료 상황에서 트라우마에 대하여 반복적인 묘사를 통해 현재의 관점에서 과거를 바라보면서 과거를 재경험하게 된다. 트라우마 사건을 말로 이야기함으로써, 내담자는(종종 임상가의 보조적 도움으로) 트라우마 당시에 깊게 박혔던 가정(assumption), 신념, 인지를 '듣고', 트라우마가 발생한 이유를 이해하며, 내담자가 지금 알고 있는 것과 비교하는 기회를 가진다. 이와 더불어 내담자와 임상가는 발생했던 사건에 대하여 더 정확한 인지적 모델을 만들 수 있다.

이러한 상호작용 과정은 내담자가 이전의 '나쁜' 행동들과 학대를 받을 만했다는 생각을 재해석하게 하고, 부적절한 가정을 더 정확한 관점에서 보게 함으로써 더 긍정적인 자기인식을 갖게 한다. 예를 들면, 강간 전의 자신의 행동을 항상 '단정치 못하거나' '자초'했다고 해석해왔던 내담자는 실제로 무엇이 일어났는지를 재검토하고 재경험하는 기회를 가지며 그녀 자신에 대한 판단이 타당한지를 살펴볼 기회를 가질 수 있다. 강간 발생 이전에 대한 탐색은 그녀가 '유혹적'인 태도로 행동하지 않았으며, 학대나 피해를 원치 않았음을 밝혀낼 수도 있다. 이러한 탐색은 일반적으로 초기의 인식이 '비합리적'이었다고 말하기보다는 트라우마 상황에서 필연적이었다고 인정하는 것이 중요하다.

트라우마 당시에 개인이 합리적으로 실행해야 했던 일에 대한 증가된 인식은(즉, 그 사람의 선택이 실제로 어떤 것이었든) 책임감, 자기비난, 자기비판과 같은 부적절한 감정에 대한 해독제가 될 수 있다. 예를 들면, 아동 학대에 대한 기억을 묘사하는 것은 (어른의 관점으로 아동 학대에 대하여 듣는 동시에) 학대 당시, 복종이나 순응 이외에 다른 선택들이 거의 없었다는 자각을 이끌어낼 것이다. 예를 들어, "나는 그것을 멈추기 위해서 무엇인가를 해야만 했어"라는 생각은 일곱 살 아동의 의지(그리고 신체)를 강압하는 어른의 내재된 힘과 크기에 대해 더 깊게 이해할 수 있게 한다.

안전한 환경에서는 가해자의 비난이나 수치심이 그 힘을 점점 잃게 될 것이다. 많은 대인 간 폭력 피해자들은 폭행 당시 가해자가 했던 합리화를 내재화하거나 수용하는 경향이 있다(Salter, 1995). 여기에는 피해자가 좋은 배우자가 아니어서 폭행을 당할 만하다는 학대자의 언급, 피해자가 성폭행을 자초했다는 가해자의 언급, 신체적 학대가 그저 나쁜 행동에 대한 적절한 처벌이었다는 아동 학대자의 언급이 포함된다. 예를 들면, 난민은 자신이 '반역자'이기 때문에 가족의 죽음에 책임이 있다는 고문관의 말을 어느 정도 받아들일 것이다. 그러나 사실 (1) 그는 이와 같은 끔찍한 사건을 정당화

하는 데 있어 아무것도 하지 않았으며, (2) 가족의 죽음은 그가 아니라 정부가 행한 것
이다. 아동기 트라우마 생존자는 그가 나쁘거나, 뚱뚱하거나, 못생겼거나, 쓸모없다는
가해자의 언급을 내재화할 수 있다. 내담자와 임상가가 상황에 대하여 이야기 나누고
위협이나 강압이 없는 상태에서 가해자에 대한 언급을 숙고해 봄으로써, 이러한 말들
이 객관성이 없다는 것을 더 분명히 알게 될 것이다.

임상가는 내담자보다 이러한 인지 왜곡을 더 자주 볼 수 있기 때문에 피해자의 과
실이 아니라는 점 또는 가해자의 명백한 잔혹 행위라는 점과 같은 의견을 말해주고 싶
은 압박을 느낄 것이다. 이것은 이해할 만하며, 어떤 경우에는 대개 적절하다. 그러나
이러한 언급은 피해자가 피해자화되었다는 임상가의 분명한 이해하에 '공식적인' 형
식으로 제시되어야 한다. 이러한 언급 그 자체로는 내담자의 의견을 바꾸는 일이 실로
드물다. 사실, 임상적 경험에 비추어볼 때 인지치료는 임상가가 내담자의 인지나 기
억에 동의하지 않거나, 실제로 그런지 아닌지 확정적으로 언급할 때 거의 도움이 되지
않는다. 오히려, 인지치료는 내담자에게 더욱 최근의, 합리적인 관점(예 : 매 맞는 것
이 궁극적으로 배우자의 만성적인 분노, 알코올 중독, 부적절감과 관련된 것이며 내
담자가 설거지를 하다가 실수했거나 성행위 요구를 거절했기 때문이 아니라는)을 동
시에 고려하면서, 기존에 내담자가 가진 트라우마 관련 사고와 자기인식을 경험하는
(예 : 배우자에게 맞는 것을 회상할 때의 죄책감이나 책임감) 기회를 가졌을 때 가장
효과적이다.

Resick과 Schnicke(1992)이 제시했듯이 트라우마와 관련된 추정이나 인식에 대한 재
작업은 내담자가 트라우마를 적극적으로 회상하고 그 당시 내담자가 가졌던 사고와
감정을 재경험하는 동안 가장 효과적인 것 같다. 다시 말해서, 어느 정도의 정서적 기
억을 활성화하는 것 없이 단지 트라우마 사건만을 의논하는 것은 내담자가 그 기억과
연관된 인지를 변화시키는 데 효과가 덜 한 것 같다. 반대로, 회상의 활성화와 트라우
마 사건의 묘사는 다음의 두 병행적 과정을 촉발할 수 있다. (1) 그 사건의 세부사항에
대한 내담자 자신의 트라우마와 관련한 귀인 관찰, (2) 그 사건과 연관된 감정의 활성
화이다. 이 반응의 두 번째 요소는 다음 장에서 자세히 다룰 것이다. 그러나 감정의 활
성화가 내담자로 하여금 더 직접적으로 트라우마 사건을 재체험하게 하기 때문에, 이
러한 인지적 개입이 트라우마에 대한 구체적인 기억들에 더 직접적으로 연결된다는
것을 인식하는 것은 중요하다.

치료 과정 동안 내담자가 트라우마 사건을 기억하고 어느 정도 재경험하는 두 가지

주요한 방법이 있다: (1) 트라우마 사건을 자세히 설명하는 것, (2) 그것에 대하여 작성하는 것이다. 첫 번째의 경우, 임상가는 내담자가 피해자화되었던 경험 도중 및 그 이후에 경험한 감정을 포함하여 트라우마 사건을, 감내할 수 있는 한 가능한 한 자세하게 구두로 묘사하도록 권장한다. 다음 장에서 언급하였듯이, 이것은 정서적 처리의 중요한 요소이다. 또한 생존자가 그 경험을 통해 형성한 결론이나 신념에 대한 논의를 포함시킬 정도까지 인지적 처리를 촉진한다. 임상가는 일반적으로 내담자의 설명에 대한 반응으로, 비난이나, 당연시함, 또는 책임감 등으로 나타날 수 있는 인지적 왜곡을 분명하게 알 수 있도록 의도적으로 개방형 질문을 한다. 내담자는 이러한 질문에 반응하고, 임상가는 지지와 격려를 해주고, 적절한 때에 내담자의 반응에서 나온 부정적인 암시나 자기인식에 대응할 수 있는 정보를 적절한 때에 제시한다. 이후, 내담자는 임상가의 심층적인 질문을 유발하는 반응을 할 수도 있으며 또는 논의 과정으로부터 나온 느낌이나 통찰, 또는 새로운 정보의 시사점에 대한 내담자의 정서적 처리가 주제로 전환될 수도 있다.

인지적 처리의 두 번째 주요한 형식은 내담자가 트라우마와 연관된 특정 주제에 대하여 글쓰기 '과제'를 하도록 하고 이것을 다음 치료시간에 가져와서, 임상가가 있는 가운데 크게 읽도록 하는 것이다. 이러한 방식으로 트라우마 기억의 탈감각화(8장 참조)와 트라우마와 관련된 추정과 인식들에 대해 지속적으로 인지적 재고려를 포함하는 치료 활동 기회를 가진다. 더불어서, 연구에서는 기분 나쁜 사건에 대한 단순한 글쓰기 활동, 특히 다양한 경우에서 이뤄진 경우에, 시간이 지나면서 심리적 고통이 줄어들 수 있다고 제안한다(Pennebaker & Campbell, 2000). (Resick & Schnicke, 1992로부터 응용된 트라우마 처리 숙제의 예에 관해서는 8장의 168~169 쪽 참조).

구두로 이뤄지는 것이든, 글쓰기를 통한 것이든 이러한 활동의 목표는 트라우마 사건에 대한 내담자의 기억을 활성화하고 연속적인 논의를 통해 이것을 인지적으로 처리하는 것이다. 이러한 의논의 시작과 지속은 종종 내담자가 피해 경험에 대하여 자신이 만든 가정과 해석을 점진적으로 검토하도록 하는 조심스럽고, 개방형인 일련의 질문들인 소크라테스식 문답법에 중점을 둔다.

이와 관련된 전형적인 질문에는 다음과 같은 것들이 포함된다(그러나 여기에 제시한 질문들로 제한되지 않는다).

- "그 사건이 발생하는 동안 든 생각들이 있습니까? 어떤 생각입니까?"
- "주어진 상황에서, 당신이 다른 무언가를 할 수 있었다고 생각합니까?"

- "그래서 그 일이 당신을 비난받을 만하고/책임이 있으며/나쁘고/어리석고/유혹했다고 생각하게 만듭니까? 무슨 일이 일어났는지 검토하고 당신이 그렇게 생각하게 만든 것이 무엇인지 살펴볼 수 있을까요?"
- "당신은 그가/그녀가/그들이 당신을 강간하고/구타하고/학대하고/다치게 하기를 원했습니까? 한 번이라도 이것을 원한 적 있는지 기억합니까?"
- "당신은 그 일을 자초했거나/유혹적이었거나/문을 잠그지 않았거나/늦게 나갔기 때문에 당신이 다치고/강간을 당했고/구타당했다고 말합니다. 이러한 결론에 대한 증거를 검토해볼 수 있을까요? 어쩌면 이런 결론보다 더 복잡한가요?
- "만일 이것이 다른 누군가에게 일어났다면, 똑같은 결론에 이를 것 같습니까?"
- "당신은 그 사건에 대하여 그가/그녀가 말한 것을 믿는 것 같습니다. 그가/그녀가 어떤 것을 말할 때 그는/그녀는 당신이 믿을 만한 사람이었습니까?"
- "당신은 왜 그가/그녀가 그런 행동을 했다고 생각합니까? 그가/그녀가 정상적이지 않은 무언가가 있었습니까?"

여기서의 목표는 내담자가 자신의 트라우마에 기초해 새롭게 이해하는 사실에 대한 진실 여부나 내담자의 '오류들'에 대한 임상가의 진술을 단순히 포함시키는 것이 아니다. 이 점에 대하여, 비록 사건들의 추정된 진실에 관한 임상가의 언급이 가끔 도움이 되지만, 내담자가 치료에서 얻는 많은 지식은 내담자 자신으로부터 배울 때 가장 좋다. '오래된' 트라우마에 기초한 견해와 과거 사건의 자세한 검토 상황에서 생긴 새로운 이해들을 반복적으로 비교함으로써, 내담자는 자신의 개인 내력을 만들어내는 것이 아니라, 강압하에 형성되어 그 이후로 자세히 검토해보지 않았던 가정과 신념들을 새롭게 함으로써 내담자 자신의 내력을 수정할 수 있게 된다.

또한 이러한 접근은 단지 책임감이나 자기비난에 대한 감정 이외에, 미래 사건에 대한 왜곡된 신념을 검토하는 데 사용될 수 있다. 전형적으로, 이러한 사고에는 다음과 같은 신념들이 포함된다.

- 나는 망가졌고 앞으로 절대 나아질 수 없을 것이다/사랑을 받지 못할 것이다/내가 원하는 것을 얻지 못할 것이다.
- 주변 환경은 위험하고 나는 또다시 해를 입을 것이다.
- 나는 추가적인 트라우마를 피하기에는 무기력하다.
- 사람들/남자/여자/권위 있는 사람들은 이기적이며 믿을 수 없다.

- 미래는 절망적이다.

이러한 트라우마 관련 가정에 대한 인지적 개입은 미래의 결과들에 대한 분석에 더 집중한다는 점 이외에는 자기비난을 처리하기 위하여 사용되는 인지적 개입과 상당히 유사하다. 필요에 따라 임상가가 더 나은 어조로 바꾸어 물을 수 있는 일반적인 질문에는 다음과 같은 것들이 있다.

- "미래에 이것이 다시 일어날 것 같은 상황에는 어떤 경우들이 있을까요?"
- "무엇이 당신의 가정이 사실이라고/사실이었을 것이라고 믿게 만듭니까?"
- "당신의 신념에서 벗어나는 예들을 생각해볼 수 있습니까? 그 규칙에 예외가 있습니까?"(예 : 아마도 당신을 강간하지 않을 어떤 사람, 당신이 안전할 수 있는 어떤 장소, 트라우마에 대한 잠재적 노출을 회피할 수 있는 어떤 것, 당신이 최소한 신뢰할 수 있는 어떤 사람)
- "당신이 그렇게 말할 때 당신의 능력을 과소평가하는 방식이 있습니까?"
- "만일 그 일이 일어난다면/다시 일어날 것 같다면 당신이 할 수 있는 일에 대해 생각할 수 있습니까?"

트라우마에 대한 서술이 펼쳐짐에 따라 또는 내담자의 해석이 완료된 이후, 임상가는 이러한 질문을 할 수 있으며, 질문들은 내담자마다 그리고 치료회기에 따라 분명히 달라질 것이다. 우리는 이후의 접근법인 내담자로 하여금 트라우마를 자세하게 묘사하도록 격려하고 이후에 질문들을 계속하는 접근법을 선호하는 경향이 있다. 이렇게 함으로써, 내담자는 이야기에 수반되는 정서적 유발인자를 갖고서도 점점 이야기에 자신을 완전히 노출할 수 있게 되며, 임상가는 치료자 반응에 영향을 받아 해석하는 것 없이 내담자가 트라우마에 대해 어떻게 생각하는지를 판단할 수 있는 더 나은 기회를 얻게 된다.

그러나 인지치료로 얻어야 하는 중요한 목표는 내담자가 더 완전하고 정확하게 자신의 신념이나 가정, 그리고 가르침이나, 논쟁 없이, 또는 이러한 믿음을 '잘못'이라고 이름 붙이지 않고, 신념과 가정이 발생하는 상황을 탐색하도록 돕는 것이다. 이러한 인식은 극도의 불안과 괴로움, 불완전한 정보, 강압, 혼돈, 그리고 많은 경우에 생존적 방어의 필요성을 포함하여 압도적인 사건들을 전적으로 이해할 수 있는 반응으로 보아야 한다(그리고 내담자에게 다시 반영되어야 한다). 트라우마 관련 인식들은 내담자의 잘못이나 내재된 신경증의 산물이 아니라, 안전하고 지지적인 상황에서 새롭게 필요한 초기의 인식과 가정으로 생각해야 한다. 트라우마 경험에 대하여 대화와 글쓰기 방식으로 인지적 처리를 하는 것에 대한 더 자세하고 프로그램화된 논의에 대해서는 Resick과 Schnicke(1992)와 Chard, Weaver, 그리고 Resick(1997)을 찾아보기 바란다.

임상가는 사건에 대한 인지적 왜곡과 사건이 내담자에게 의미하는 것이 무엇인지를 다루면서, 내담자가 경험하는 증상의 의미에 대하여 내담자가 형성한 왜곡을 만날 수 있다. 여기에는 일반적으로 침습적 재경험, 둔감화/회피, 트라우마를 일으키는 스트레스의 과각성 요소들이 통제력 상실이나 주요한 심리적 병리를 대변한다는 신념이 포함된다. 임상가는 트라우마 관련 인식에 대하여 초기에 설명된 방식대로 다음과 같은 질문을 함으로써(특별히 심리교육이 이루어진 후에) 이러한 인식이나 신념의 인지적 처리를 촉진할 수 있다. 임상가는 내담자에게 다음과 같은 질문을 한다: (1) 그 증상에 관하여 무엇이 병리적이지 않은 설명이 될 수 있는지(예 : 과각성의 생존적 가치 또는 물질 남용에 있어 자가 투약의 측면), (2) 그 증상이 실제로 정신병 또는 정신질환을 암시하는지(예 : 플래시백이 환각과 같은 것인지 또는 이것이 트라우마 회상 상황에 대하여 두려워하는 실제의 '편집증'인지), (3) '폐쇄'나 트라우마 기억을 회피하기보다 적극적으로 트라우마 이후의 스트레스(특히 재경험)를 경험하는 것이 나은지를 묻는다. 이러한 질문들(그리고 비슷한 질문들)은 생생하게 그리고 임상적으로 유용한 대화를 자극할 수 있으며, 이러한 질문의 목적은 임상가의 설득을 위한 견해가 아니라 내담자가 자신의 내면 경험(그리고 의미)에 대한 기초를 탐색하도록 돕는 데 있다.

일관성 있게 서술하기

트라우마 기억의 인지적 처리 이외에도, 치료는 광범위한 의미와 상황을 제공할 수 있다. 임상 경험은 트라우마 경험들이 치료 과정 중에 반복적으로 의논되고 탐색되면서, 내담자의 과거 트라우마 사건에 대한 설명이 더 상세하게 되고, 체계화되고, 인과적으로 구조화되게 한다. 연구들(예 : Amir, Stafford, Freshman, & Foa, 1998)은 이러한 일관성의 증가가 트라우마 이후의 트라우마 증상 감소와 직접적으로 연관되어 있음을 보여준다. 서술의 일관성이 치료적 향상을 나타내는 신호지만, 내담자의 트라우마에 대한 통합된 견해의 발전 역시 회복에 긍정적 효과를 가지고 있음을 보여준다 (Pennebaker, 1993). 내담자에게 일어난 사건에 대한 서술이 연대순으로, 분석적으로 서술되고, 더 폭넓은 상황에 놓이면서, 내담자는 시각 증가, 혼란스러운 느낌의 감소,

세상이 예측될 수 있으며 질서정연하다는 더 큰 감각을 경험하게 된다(Meichenbaum & Fong, 1993). 더욱이 내담자의 경험에서 의미를 창출하는 것은(원인과 효과에 대한 판단을 포함한) 그 경험이 "이치에 맞다"는 점에서 그래서 더 이상의 반추나 거기에 마음을 빼앗길 필요가 없다고 만들 수 있다. 결과적으로, 더 조직적이고 복합적이며, 일관성 있는 트라우마 서술은 정서적·인지적 처리를 더 효율적으로 완수할 수 있도록 도울 수 있다(Amir et al. 1998). 반대로, 뒤죽박죽이고 분명한 인과적 관련이 없는 트라우마 사건에 대한 파편적 회상들은 효과적인 처리 과정에 지장을 주는 현상, 즉 추가적인 불안, 불안정, 그리고 혼란을 야기할 수 있다.

일관성 있는 서술의 향상은 대개 효과적인 트라우마 집중 치료 동안 자연스럽게 나타난다. 트라우마 사건이 반복적이고 자세하게 논의될때, 맥락 복원(Anderson & Bower, 1972)으로 언급되는 처리 과정이 발생한다. 특히 상세한 트라우마 서술은 그 기억에 대하여 생존자가 더 많은 양상에 접근하는 것을 증가시킬 수 있으며, 따라서 추가적인 세부사항에 대한 회상을 촉발할 것이다. 예를 들면, 내담자는 처음에 "그가 나의 머리를 쳤고, 고함을 쳤으며 피가 났다"고 보고하였을 수도 있다. 이 진술을 하는 순간, 피에 대한 언급은 카펫에 있던 피에 대한 더 구체적인 기억을 활성화시킬 수 있으며, 이어서 위치 또는 두부 상처와 관련된 고통에 대한 추가적인 회상을 촉발할지도 모른다. 더 깊은 논의는 순차적으로 상황을 제공할 것이다. 예를 들면 다음과 같다.

> 그래, 그는 나에게 고함을 질렀고, 내가 게으르다고 말했고, 녹색 재떨이로 나를 치고, 나는 머리에 상처를 입었다. 나는 거실의 카펫 전체에 피를 흘렸고, 그 와중에도 나는 절대로 카펫의 얼룩을 빼지 않겠다고 생각했던 것을 기억한다.

사건에 대한 순서와 세부사항이 더욱 명확해지고, 인지적으로 처리하는 내용이 더 많아지면서, '무엇이 일어났는지를 아는 것'과 연관된 더 큰 안정감이 생긴다. 더욱이, 앞서 설명하였듯이, 세부사항이 많아질수록 인지적 왜곡에 대한 해독제가 되는 정보가 많아진다. 예를 들면, 내담자는 다음처럼 언급할지도 모른다.

> 그가 나에게 그 짓을 하기 전에, 그가 나와 내 친구들에게 말하곤 했던 모든 이상한 물건에 대해 생각하고 있었다. 그가 이미 나를 덮치기 위해 나를 쳐다보고 있었고 나는 그 일의 원인을 제공하지 않았다는 것을 이해하기 시작했다.

또는 데이트 강간 시나리오에서

방금 생각났다. 그 일이 심해지기 시작했을 때, 나는 그에게 멈추라고 말했고, 나는 그를 멈추려 하였다. 나는 이런 일이 생기는 것을 바라지 않았다. 키스였을지는 몰라도, 다른 일들은 아니었다.

치료에서 트라우마를 반복해서 회상함으로써 더 일관적인 서술이 가능해지지만, 임상가는 이러한 가능성을 더 증가시킬 수 있다. 이것은 일반적으로 트라우마의 세부사항에 대한 조심스럽고, 비침습적인 질문들을 포함하며, 그 사건과 관련된 내담자의 생각과 느낌들에 대한 내담자의 일반적 탐색을(인지적 처리를 위하여 앞서 설명한 방식에서) 지지한다. 그러나 인지적 처리 개입법과는 약간 다르게, 서술 치료 개입은 트라우마 사건과 선행사건들, 그리고 사건의 영향들에 대한 광범위한 설명의 향상과 트라우마 사건에 대한 '이야기'의 연결을 돕는다. 이러한 일들의 분명한 임상적 효과 이외에도 부정적 경험들에 대한 통합적 견해는 인생에 관한 더 확장된 일반적 견해를 이끌어내고, 이것은 또한 4장에서 언급했듯이 더 큰 개인적 지혜를 이끌어낼 수 있다.

압도적이지 않은 정서적 활성화로부터 생기는 인지적 변화

Foa와 Rothbaum(1998)이 강조하였듯이, 트라우마 치료의 모든 인지적 영향들이 언어적 재고 또는 외상적으로 변한 사고 패턴을 '재구조화'하는 것은 아니다. 생존자의 신념 변화는 치료 기간 동안 기분을 상하게 하는 기억들을 회상하고 처리하는 동안 발생할 수 있다. Foa와 Kozak(1986)의 정서적 처리 모델에 관한 인지적 요소를 요약하면서, Rogers와 Silver(2002)는 다음과 같이 언급하였다.

불안장애를 가진 사람들은 또한 불안의 본질에 대하여 잘못된 신념을 가지고 있다. 이들은 불안을 두려운 상황에서 벗어나기 전까지 지속되는 것으로 보는 경향이 있으며, 이러한 불안은 신체적, 심리적 상처를 입히며, 불안의 결과는 매우 회피적인 모습으로 나타난다(p. 45).

치료에서 트라우마 기억을 처리하는 맥락에서 상황에서, 내담자는 다음의 세 가지를 반복적으로 경험한다: (1) 트라우마 기억에 조건화된 불안(즉, 조건화된 감정적 반응 또는 CER, (2) 이러한 불안이 위험의 신호이자 (또는) 그 자체로 위험한 상태이며 이를 회피해야 한다는 예상, 그러나 (3) 실제로 부정적 결과는 없음―내담자는 불안이나 전조가 될 수 있는 것으로부터 신체적 또는 심리적 손상을 실제로 경험하지 않는다. 이러한 위험에 대한 신호로서의 불안에 대한 기대와 위험하지 않은 경험 간의 반복적인 불일치(전문적 용어는 8장에서 더 자세한 내용과 함께 논의될 것이다)는 시간이 지나면서 내담자의 예상을 변화시킨다[Foa와 Kozak(1986)의 용어에 따르면, 수반된 '두려움 구조'를 수정한다]. 특정 트라우마 기억과 연관된 신념과 예측에 대한 인지적 영향을 넘어, 트라우마 치료 기간 동안(치료적으로 안전한 상황 안에서) 불안한 느낌을 반복적으로 경험하는 것은 그 자체로 심한 불안감을 감소시킬 수 있다. 많은 경우에서, 내담자가 불안에 대하여 덜 불안해 한다는 것을 의미하며 이것을 단지 불필요한 감정으로 보게 되고 위험의 조짐, 통제 상실, 또는 심리적 장애로 보지 않는다는 것을 알게 된다. 이러한 맥락에서, 트라우마 처리와 정동 조절 훈련의 상호 연결은 앞 장에서 설명한 대로 분명해진다. 즉, 관련된 파국적인 인지를 제외한 부정적 정동을 경험하는 능력의 향상은 그런 감정으로부터 압도될 가능성을 감소시킨다.

인지적 개입과 통찰

이 장의 앞에서 언급하였듯이, 인지적 개입의 중요한 목표 중 하나는 내담자가 자신과 자신의 과거 경험, 그리고 그들의 대인 간 환경 속에 있는 다른 사람을 보는 견해를 바꾸는 것이다. 이러한 인지적 재고는 종종 정신역동에서의 통찰의 개념과 상통한다. 예를 들면, 내담자는 자신이 통제할 수 없는 트라우마 사건에 직면했을 때 실제로 자신이 할 수 있는 것이 많지 않다는 것을 이해할 때(그 사실을 통찰한다), 그러한 경험을 하거나 트라우마를 가질 만했었다는 또는 그것을 피하지 않았다는 자기비난에 대해 적극적으로 반박된다. 앞서 언급하였듯이, 이러한 새로운 인지적 이해는 즉각적으로 나타나는 유의미한 효과는 없지만, 시간이 지나면서(그리고 치료시간 안팎에서 이러한 사실을 반복적으로 회상하는 것은) 기존의 추정 및 인지와는 대조되는 최근의 좀 더 정확한 판단 사이의 차이는 왜곡된 트라우마 관련 인식들을 상쇄하거나 덮어쓰는 데 기여할 것이다.

덧붙여서, 과거에 대한 깊은 이해는(그리고 이것이 현재와 구별되는 다양한 방식의 통찰은) 외상후 반응을 촉발하는 현재 환경에서의 자극의 영향을 줄일 수 있다. 예를 들면, 상호 관계적 친밀함이 항상 위험한 것이 아니라는 '자각'(즉, 인지적 재고 그리고 또는 지속적인 임상가와의 상호작용을 통해서)은 내담자의 성인기 환경의 관계에서 촉발된 불신, 두려움, 또는 분노의 수준을 줄일 수 있다. 그렇지 않으면 이전의 대인 간 폭력을 떠올리게 하는 것을 변화시킬 수 있다. 사람은 대개 주변 사람들에게 상처받을 수도 있고 그렇지 않을 수도 있다는 것을 이해한다는 것은 덜 직접적인 회상이나 트라우마 유사 자극들이 현재의 친밀한 상호작용에서 경험될 가능성이 있음을 의미한다. 다시 말해서, 집단에 있는 누군가가 자신의 학대적인 부모, 구타한 사람, 또는 강간자로 동일시하지 않는다면, 일반적으로 사람들과의 친밀한 관계는 트라우마 연관 기억과 고통은 촉발할 가능성이 낮다. 유사하게, 압도되지 않고 불안할 수 있다는 자각(경험)은 안정감을 증가시키고, 어떤 경우에 있어서는 더 나은 대인관계 기능을 낳는다.

물론, 정신역동적 임상가와 인지적 임상가가 인지적 왜곡의 변화를 추구하는 데는 이론적 차이가 있다. 인지적 임상가는 일반적으로 합리적인 생각을 확인하고 이것을 더 정확한 인식과 믿음으로 대체하기 위하여 작업하는 반면, 정신역동적 치료자는 왜곡에 대한 내담자의 근원을 이해하도록 돕는 데 힘을 쓴다. Goin(1997)은 "인지적 임상가는 비논리와 논리를 가지고 애를 쓰는 반면 정신역동 임상가는 비논리에서 논리를 찾는다"(p. 308)고 언급한다. 트라우마 치료에서(그리고 현대 인지행동치료의 어떤 형태들에서), 두 가지 현상이 이상적으로 발생한다. 즉, 내담자는 이전의 자신과 다른 사람들 그리고 미래에 대한 부정확한 생각을 확인할 기회를 갖게 되며(즉, 인지적 재고를 통하여), 실제에 대한 좀 더 정확한 모델을 찾도록 지지받을 뿐만 아니라, 트라우마와 트라우마에 적용하려는 내담자의 초기 욕구에 대한 지침을 주는 왜곡에 대한 논리적 기초를 배운다. 추후에, 인지적 왜곡에 대한 '이유들'에 대한 광범위한 이해는 과거에 대하여 더 일관성 있는 서술을 하게 하며 생존자에게 미친 영향을 이해하고, 생존자에 관한 논리적 영향을 허용하며, 궁극적으로 더 최근의(즉, 트라우마에 영향을 덜 받은) 이해들에 대하여 많은 타당성을 갖게 한다.

'통찰'이라는 개념과 인지적 개입 사이의 유사성과 일치는 아마 많은 다른 치료 접근법 간의 숨겨진 유사성의 상징이다. 이러한 점에서, 가장 좋은 치료의 대부분은 지지적인 치료적 관계의 맥락에서, 새로운 정보와 새로운 배움의 기회를 제공하는 것이다. 내담자가 새로운 정보에 어떻게 잘 접근하고 통합하고, 수행하였는지가 특정 치료 방법의 사용 여부보다 중요하다. '잘못된 사고'에 대한 냉철한 '인지적' 직면이나 정신역동 치료의 심도 깊은 '해석'은 부적절하거나 좋지 않은 시점에서 사용되면 실패하기 쉽다. 반면에, 내담자의 자신에 대한, 그리고 지금과 과거에 대한 더 많은 지식(그리고 일치하는 서술)은 내담자의 심리 회복에 상당히 유용하다.

추천 문헌

Beck, J. S. (1995). *Cognitive therapy: Basics and beyond*. New York: Guilford.

Chard, K. M., Weaver, T. L., & Resick, P. A. (1997). Adapting cognitive processing therapy for child sexual abuse survivors. *Cognitive and behavioral Practice, 4*, 31–52.

Follete, V. M., Ruzek, J. I., & Abueg, F. R. (Eds.). (1998). *Cognitive-behavioral therapies for trauma*. New York: Guilford.

Janoff-Bulman, B. (1992). *Shattered assumptions: Towards a new psychology of trauma*. New York: Free Press.

Kubany, E. S., & Watson, S. B. (2002). Cognitive trauma therapy for formerly battered women with PTSD: Conceptual bases and treatment outlines. *Cognitive and Behavioral Practice, 9*, 111–127.

Resick, P. A., & Schnicke, M. K. (1993). *Cognitive processing therapy for rape victims: A treatment manual*. Newbury Park: Sage.

제**8**장

정서적 처리

장에서 설명한 인지적 개입 이외에, 대부분의 트라우마 치료는 몇몇의 정서적 처리 형태를 포함한다. 그러나 이 용어에 대한 정의는 다양하다. 흔히 언급되는 관점은 트라우마 관련 공포로 연상된 잘못된 인식, 신념, 그리고 예측이('병리적 공포 구조') 새롭고 더 정확한 정보 맥락에서 활성화되고 습관화될 때 정서적 처리가 일어난다는 점이다(Foa & Kozak, 1986). 비록 이 모델은 함축적으로는 인지적이지만, 기억을 불러내고, 결국 공포 반응을 감소시키는 것을 필요로 하기 때문에 정서적인 것으로 간주된다.

이 책에서 사용된 정서 처리에 대한 관점은[자기-트라우마 모델(self-trauma model); Briere, 1996, 2002a) Foa와 Kozak의 견해와 특별히 반대되는 것은 아니지만, 더 직접적으로는 정서 중심적이다. 이것은 트라우마를 회상시키는 자극들(환경 속에서, 또는 트라우마 사건에 대해 생각하거나 묘사하는 것의 결과로서)에 노출되었을 때 정서 처리가 발생하며, 트라우마 회상 자극들은 (1) 연상된 암묵적 그리고/또는 외현적 기억을 유발시키고, 이후 (2) 초기에 이것들이 이러한 기억들과 함께 암호화된 (그리고 조건화된) 정서적 반응을 활성화하지만, (3) 활성화된 정서 반응이 외부 환경에서 강화되지 않거나 사실, 이것들은 (4) 상반된 정서 경험에 의해 역조건화되어 (5) 원래의 기억-정서 간 연관성을 소거한다. 예를 들면, 치료에서 트라우마에 대하여 이야기하는 것은 상황에 대한 회상과 회상 자극들에 대한 단서 제공적 측면을 통한 외현적(서술적)인 트라우마 기억들에 접근해야 하며, 이 기억들은 종종 적절한 심리치료의 안전성 내에서 강화되지 않으며, 그리고 시간이 지나면서 치료 관계에서 생긴 긍정적 느낌으로 역조건화될 수 있는 조건 정서 반응들(CER; 예 : 두려움, 공포)을 종종 활성화한다. 그 결과, 충분한 트라우마 처리 과정 이후에, 트라우마 촉발 요인 및 기억에 노출되더라도 더 이상 PTSD가 활성화되지 않는다.

그러나 이 모델은 항상 이렇게 간단하지만은 않다. 이미 형성된 '트라우마 기억'은 그 트라우마 사건에 대한 분절되어 있고 단편적인 기억의 총체를 포함할 가능성이 있다. 더욱이 이러한 기억을(그리고 같은 종류의 기억으로 간주할 수 있는 CER과 관련 있는 정서 반응) 불러내는 것은 내적 연상 및 활성화된 상태 또는 경험에 대한 상당히 복잡한 처리를 이끌면서 다른 트라우마와 다른 조건 반응들에 대한 회상을 촉발할 것이다. 사실, 이 장 뒷부분에 언급하겠지만, 생각과 예측 또한 트라우마 기억들로 인해 활성화될 수 있다. 특별히, 우리는 (CER과 비슷하게) 촉발된 트라우마 기억들은 사건 당시에 부호화되고 그 기억에 조건화된 단순한 인지적 내용(추정 또는 예측)을 활성화할 수 있다(내재적 · 전통적으로 조건화된 '사고방식'에 대한 논의에 관해서는 Olsen & Fazio, 2002 참조). 실제로 항상 고통스러운 정서를 유발하거나 필연적으로 공포감을 생성하지는 않으므로 이렇게 활성화된 인지들은 필연적으로 '공포 구조'를 나타내는 것은 아니다(예 : 분노나 수치심과 관련이 있다).

자기-트라우마 모델은 기억을 정리하기 위해 반드시 구두로 말하거나 다루어서 바꿀 필요는 없다는 점이 중요하다. 예를 들어, 어떤 상황(사랑하는 사람으로부터 비판적인 말을 들었을 때)에서 연상된 시간은 기억이나 이전의 다수의 기억을, 대뇌피질의 작용(일어났던 일에 대한 '사고')과는 별개로, 인지적 반응(위험성, 심각한 공포 또는 분노와 같은 예측) 또는 직접적으로 활성화되는 정서적 반응과 같은 트라우마 경험(예 : 부모에 의한 신체적 · 언어적 학대)을 촉발시킬 수 있다. 만일 이러한 반응들이 그 환경에서 강화된 것이 아니거나(예 : 사랑하는 사람이 확실히 학대적이거나 위험하지 않다면), 비슷한 과정이 치료 중에 일어난다면(예 : 임상가가 임상가의 모습이나 행동이 내담자에게 반복적으로 학대 기억을 유발한다면), 이러한 반응은 의논되거나 심지어 '생각해보는' 과정 없이도 감소할 것이다.

이 점에 관하여 LeDoux(1998)와 다른 연구자들은 정서적 (그리고 어쩌면 단순히 인지적) 반응들이 '사고, 추론, 의식과 관련된 뇌의 상위 처리 체계의 개입 없이' 촉발될 수 있다고 제안한다(LeDoux, 1998, p. 161). LeDoux는 '피질하부' 경로는 시상으로부터 편도체까지 직접적으로 감각 정보를 전송하며, 더 느린 것과는 대조적으로, '피질' 경로는 시상으로부터 피질과 해마(더 많은 상황과 구두 정보와 통합하는) 모두에게 전송되며 이후 편도체에 전달된다.

　다시 말해서, 트라우마 기억들은 비의식적 수준뿐만 아니라 의식적 수준에서도 처리될 수 있으며, 따라서 정서적 특성을 줄이기 위하여 반드시 '공포 구조'의 수정이 필요한 것은 아니다. 반면, 부분적으로 인지적인 습관에 대한 Foa와 Kozac의 견해와 유사하게(예 : 내담자는 지속된 두려움이 본질적으로는 위험하지 않다는 것을 배우는 것), 소거는 특정 반응들이 더 이상 이전의 촉발 자극과 관련되어 있지 않다는 비언어적 학습을 수반할 수 있다. 이것은 '인지적인' 결론일 수 있지만, 구두적(또는 심지어 필연적으로 의식적인)이지는 않다. 이 책의 전반에서 보여준 것처럼, 비록 생존자가 트라우마 경험을 이해하고 해결하려는 것과 같이 트라우마 생존자의 인지를 많이 강조하고 있지만, 많은 트라우마가 활성화되고 처리되는 것이 내재적, 비언어적, 그리고 때로 관계적 수준들에서 자주 발생한다는 것 또한 사실이다.

트라우마 처리과정으로서의 재경험

트라우마 기억들이 치료 기간 동안 어떻게 다루어질 수 있는지에 대한 설명을 하기 전에, 재경험을 통한 내재적 처리(intrinsic processing) 개념을 먼저 소개하려 한다. 다른 사람들처럼, 침습적 재경험은 트라우마 처리의 내재적 방식이라고 생각하며, 이는 (플래시백, 악몽, 또는 다른 침습적 기억을 통한) 불쾌한 기억들이 마음속에서 반복되는 것으로 표현되며, 외상성 사건의 실제(Horowitz, 1978)로의 인지적 적응을 위한, 그리고 트라우마 기억으로 연상된 조건화된 예측과 정서들(조건화된 정서적 반응들)을 체계적으로 둔감화하거나 소거시키기 위한(Briere, 1996, 2002a) 점진적으로 유도된 시도라 생각한다. 이러한 기제는 왜 많은 사람들이 외상후 스트레스를 트라우마 이후 몇 개월 이내에, 심지어 치료 없이 회복하는지를 부분적으로 보여준다(Bryant & Harvey, 2000; Norris et al., 2002; Rothbaum, foa, Riggs, Murdock, & Walsh, 1992). 사실, 많은 초기 트라우마 고통 반응들은 드러난 스트레스장애 증상만큼 자가치유에 대한 시도로 대변할 수 있다.

　그러나 어떤 트라우마 기억들은 너무 기분을 불쾌하게 하는 것이어서(예 : 지속된 학대, 고문, 강간 또는 강제 수용소에 대한 기억들) 쉽게 적응되거나 둔감화될 수 없다. 덧붙여서, 트라우마를 가진 몇몇 사람들은 트라우마에 수반되는 정서에 압도되지 않고 '정상적인' 트라우마 완화 경험을 하는 것을 불가능하게 하는 다른 심리적 현상들(예 : 정신증, 우울이나 불안의 공병, 또는 기존의 외상후 스트레스), 신경학적 조절장애[예 : 외상성 두부 손상이나 변형된 시상하부 뇌하수체 부신(hypothalamic-pituitary-adrenal, HPA축)], 고통을 주는 인지들(예 : 죄책감 또는 수치심), 또는 부족한 정동 조절 기술(6장 참조)로 위태롭게 된다. 그 결과로 생긴 고통은 2장에서 설명한 다양한 회피 반응을 동기화할 수 있으며, 이후에 트라우마에 대해 기억해내는 것을 방해하며 더 나은 트라우마 처리 과정을 감소시킨다. 예를 들면, 트라우마 기억을 촉발하는 부정적인 정서적 반응들(CER)에 대한 느낌들을 감내할 능력이 부족한 사람들은 해리, 물질 남용, 사고 억압, 주의 산만, 그리고 내적 균형 유지를 위한 다른 회피 반응에 강화됐을 수도 있다. 이러한 경우, 침습-소거 과정은 효율적이지 않으며, 회복되지 않는 재경험을 지속하게 된다.

자기-트라우마 모델은 트라우마 치료 과정에서 중요한 시사감을 준다. 이 모델은 특히 혐오스러운 트라우마 기억 또는 연상된 부정적 정서 조절에 어려움이 많은 사람들에게 회피는 적응적인 것이며 심지어 필요하다고 제안한다. 또한 이 모델은 이러한 회피, 저항, 부인, 또는 해리 증상을 일찍 없애기 위한 임상가의 지나친 열정이나 가혹한 시도들이 내담자의 내적 균형에 위협을 줄 수 있음을 내포하고 있다.

이것은 치료에 대한 수수께끼다. 어떤 사람들(특히 만성 트라우마 생존자들)은 치료에서 트라우마 기억으로 연상된 정서(CER) 활성화를 감내할 수 없으며, 따라서 그런 내용을 쉽게 처리할 수 없다(Ford, Courtois, Steele, Van der Hart, & Nijenhuis, 2005). 해답은 내담자의 정서 활성화 수준을 관찰하고 통제하는 방법을 발견하는 데 있지만, 그래도 여전히 어느 정도 트라우마 기억에 충분한 노출을 제공하는 것에 있다. 즉, 소거와 역조건화가 치료적 노출을 하는 데 충분한 역할을 하지만, 이러한 노출은 내담자가 상황에 압도되어 처리과정을 방해하는 회피전략을 사용하지 않는 수준으로 제공해야 한다. 이러한 점에서 보면, 치료에서 임상가 역할의 한 부분은 본질적인 트라우마 노출 상황을 떠맡는 '몫'이며, 어느 정도는 침습적인 재경험을 트라우마 기억에 대한 조심스러운 치료적 탐색으로 대체하는 것이다. 그러나 치료는, 자연스럽게 발생하는 트라우마 과정과는 반대로, 치료 장면에서는 비교적 통제된 환경을 제공하며, 치료자가 치료회기 내에서 기억 노출의 수준을(그리고 연속된 정서 활성화) 조정하거나 적절하게 할 수 있다. 이를 통해 트라우마 생존자의 감소된 정서능력 또는 지나치게 불쾌한 기억을 다루어줄 수 있다.

여기서 언급한 대로 모든 트라우마 전문가들이 적정 노출의 타당성을 받아들이지 않는다는 점에 주목해야 한다. 그 대신, Foa와 Rothbaum(1998)과 같은 임상-연구자들은 내담자가 일인칭의 현재 시제로 한 번에 한 시간 동안 자세하게 말하면서 트라우마 관련 정서를 완전히 경험하도록 격려하는 한도 내에서 **지속적 노출**(prolonged exposure)을 하도록 하는 것을 제안한다. 우리는 어떤 사례들에서 지속적 노출의 효과(그리고 효율성)를 부인하지 않지만, 현재의 이 모델은 이러한 활동들이 더 심각하거나 복잡한 외상후 증상을 가진 개인의 정동 조절 능력을 초과할 수 있다고 우려한다. 그 대신 우리는 아래에서 설명하듯이, 일반적으로 치료는 **치료적 창**(Briere, 1996, 2002a) 안에서 일어난다고 생각한다.

치료적 창

치료적 창(therapeutic window)은 치료를 하는 동안 트라우마와 관련된 부적절한 정서의 활성과 압도적인 활성 사이의 심리적 중간 지점으로, 치료 개입이 가장 도움이 된다고 생각되는 가상의 '공간'이다. 치료적 창 안에서의 치료 개입은 너무 사소하거나 기억을 부적절한 기억 노출과 환기시키지 않아 처리를 제공하는 것이 아니며, 너무 강력하여 받아들일 수 있는 기억 활성과 압도된 정서 간의 균형이 이후에 압도된 정서로 기울어지게 되는 것도 아니다. 다시 말해서, 치료적 창을 고려한 치료 개입은 내부 보호 체계 안에서 트라우마 기억을 유발하고 처리를 촉진함으로써 원하지 않는 회피 반응들을 자극한다.

치료적 창에 미치지 못하는 치료 개입들은 일관적으로 완전하게 트라우마 내용들을 회피하는 것이거나 혹은 더 많은 노출이나 처리를 감내할 수 있는 내담자를 지지해 주고 인정해주는 것에만 중점을 두는 개입들이다. 치료적 창에 미치지 못하는 개입은 그다지 위험하지 않다. 그러나 더 효과적인 치료 개입이 가능한 경우에 이것은 시간과 능력을 낭비하는 것이다.

반면에 치료적 창을 '넘어서는 것'은 임상가가 내담자가 가진 현재의 정동 조절 능력에 비해 너무 많은 기억 노출과 정서 활성화를 제공하거나 압도적인 트라우마 고통에 노출되는 내담자를 보호하지 못할 때 일어난다. 지나치게 **빠른** 치료 속도는 새로운 기억을 떠올리기 전에 이미 활성화된 내용을 내담자가 적절하게 조정하고 둔감해지도록 허용하지 않기 때문에, 치료적 창을 넘어설 것이다. 치료가 지속적으로 치료적 창을 넘어설 때, 생존자는 치료 과정에 압도되지 않기 위하여 회피 전략을 사용해야만

한다. 내담자는 치료시간 동안 자신의 해리 정도를 높이거나(예 : 관여하지 않거나 '멍하게 있기'), 또는 다양한 행동으로 임상가의 집중을 방해하면서, 분명한 치료적 초점을 가지지 않거나, 위협이 덜한 주제로 바꾸거나, 또는 언쟁으로 치료의 초점이나 속도를 방해하는 일이 흔하다. 최악의 경우, 내담자는 치료를 그만둘지도 모른다.

임상가들은 이러한 행동을 '저항'으로 해석할 수도 있지만, 이러한 회피는 종종 임상가에 대한 적절한 보호 반응을 대변한다. 불행히도, 회피의 필요성은 기억 내용에 대한 내담자의 노출을 줄이고 개선적인 치료 측면을 감소시킴으로써 치료를 방해할 수 있다.

이와 반대로, 효과적인 트라우마 치료는 마침내 CER 소거에 필요한 안전을 유지하면서 트라우마 내용에 대한 적정 노출을 제공한다. 연상된 정서의 활성화가 생존자의 정서 능력을 초과하지 않도록 하는 치료적 노출의 양을 조심스럽게 조정함으로써, 치료적 창 안에서의 치료는 처리 과정을 멈추거나 트라우마가 재발하지 않도록 하며, 내담자로 하여금 트라우마 기억들을 천천히 처리하도록 돕는다.

강도 조절

강도 조절은 치료 시간에 발생하는 정서 활성화 정도에 대한 임상가의 인식과 상대적인 통제에 관한 것이다. 우리는 치료 회기의 중간 즈음(또는 중간의 약간 전에)에 정서 강도를 가장 높게 하도록 하는 반면, 시작과 끝은 강도를 가장 낮게 할 것을 권유한다(특히 정동 조절 능력이 손상된 내담자에게, 그림 8.1 참조). 이상적으로는, 회기의 시작에는, 내담자로 하여금 심리 치료 과정으로 점점 더 들어오게 하며, 회기 중간 무렵에는 비교적 더 강도 높은 처리하기와 활성화로 바꾸는 것이 중점이며, 회기의 끝부분에는 내담자가 나중에 회피를 하지 않고 세상 밖으로 다시 들어갈 수 있도록 각성되지 않도록 한다. 결과적으로, 내담자의 정동 상태가 가능한 한 차분한 상태에서 회기를 마치게 하는 것이(이상적으로는 회기의 시작 때보다는 더 이상 정서적으로 각성되지 않도록) 임상가의 목표여야 한다.

트라우마-집중 치료를 하는 동안 불쾌한 감정이나 사고를 경험하고자 하는 내담자의 욕구는 임상가가 내담자가 경험하는 정서의 활성화 수준을, 적어도 임상가의 통제 아래 있는 정도로, 조심스럽게 적정선으로 진행하는 것을 요구한다. 치료적 창의 관점에서 보면, 치료 기간 동안의 강도 높은 정동은 내담자를 이 창 밖으로 밀어내고(즉, 압도될 가능성의 증가), 반면에 강도가 적은 것(또는 인지에 더 중점을 두는 것)은 내담자가 창의 내부로 향하도록(즉, 노출과 처리의 감소) 한다. 목표는 내담자가 창의 '중간' 근처를 유지하도록 하는 것인데 너무 적게 느끼는 것(예 : 처리할 수 없는 인식들과 학대와 관련된 CER들을 회피하거나 해리를 하는 것)도 아니며 지나치게 느끼는 것도 아니다(예 : 정동 조절 능력을 압도하고 다시 트라우마를 경험하게 하는 이전에 회피했던 정서로 압도되는 것).

트라우마 처리하기의 제약

이 책 전반에서 주목하였듯이, 트라우마 기억에 대한 노출(트라우마를 기억해내는것), 그리고 이에 따르는 고통은 상당한 도전이 될 수 있다. 대부분의 경우, 트라우마 처리는 치료적 창 내에서 발생하는 범위에서 감내할 만하다. 그러나 비교적 드문 몇몇 사례들의 경우에는, 내담자의 노력과는 무관하게 거의 모든 기억 처리 수준이 "치료적 창을 넘어선다". 이런 일은 보통 다음과 같은 이유 때문에 일어난다 : (1) 트라우마가 너무 최근의 것이거나 심각해서 본질적으로 CER 활성화가 압도적이기 때문에 (2) 내담자가 충분치 못한 정동 조절 능력을 가지고 있기 때문에 (3) 내담자가 일반적으로 공병하는 높은 수준의 정서적 고통 또는 추가적인(특히 트라우마와 관련된) 고통으로 정상적인 생활을 하지 못하게 만드는 부정적 인지 편향으로 고통받고 있기 때문이다.

이러한 이유로, 트라우마 내용의 탐색이 항상 적절한 것은 아니다. 여러 저자들이 주목하였듯이 (예 : Bryant & Harvey, 2000; Cloitre, Koenen, Cohen, & Han, 2002;

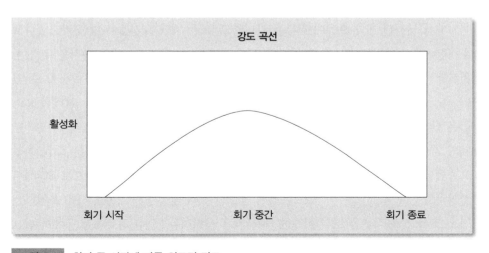

그림 8.1 회기 중 시간에 따른 치료적 강도

Najavits, 2002; Pitman et al., 1991), 트라우마 기억에 대한 치료적 노출은 내담자가 다음과 같은 경험을 하고 있다면 사용이 금지된다.

- 매우 높은 수준의 불안(쉽게 촉발되는 공황 발작을 포함)
- 심각한 우울증
- 급성 정신증
- 심각한 자살 충동(즉, 자살 시도의 높은 위험률)
- 트라우마 사건과 연관된 압도적인 죄책감과 수치심
- 특히 손상된 정동 조절 능력
- 매우 최근에 발생한 상당한 트라우마에의 노출
- 약물 중독 또는 약물 의존의 경우(약물 중독 트라우마 생존자의 노출기반치료에 대한 구체적 조언은 이 장의 뒤에서 언급할 것이다)

이러한 요건들이 노출 치료를 불가능하게 할 때, 이 책에서 다뤘던, 정동 조절(6장), 인지적(정서에 기초한 것과 반대로) 개입들(7장), 정신과 약물(11장), 정신과 입원을 포함한, 기타 다양한 개입들에 중점을 두도록 조언한다. 많은 사례들에서, 이러한 여러 개입들의 반복된 사용은 결국 더 고전적인 정서 처리를 위한 단계를 설정하게 하고 따라서 더 효율적인 트라우마 둔감화가 될 것이다.

트라우마 처리의 요소

여기에서 제시된 제약 요건이 전부는 아니라고, 또는 제약 요건들이 많이 감소했다고 추정할 때, 정식으로 트라우마 처리 과정이 시작될 수 있다. 이 책의 목적을 위하여, 치료적 창 안에서의 트라우마 기억의 처리 과정은 다섯 가지 요소로 나누어 볼 수 있다. 즉, 노출, 활성화, 차이, 역조건화 그리고 둔감화/해결(Briere, 2002)이다. 이러한 요소들은 항상 선형적 진행과정을 따르는 것은 아니다. 사실, 어떤 사례들에서, '후기' 단계의 치료 개입은 '초기' 단계에서보다 더 깊은 작업을 이끌 수 있다. 다른 경우, 특정 요소들은(예 : 역조건화) 다른 것들(예 : 차이)보다 덜 중요하다. 마지막으로 6장에서 설명하였듯이, 정서 반응이 의도치 않게 압도적일 때 내담자가 고통을 하향 조절하는 정동 조절 기술 학습은(또는 이전에 배울 것을 상기하는 것이) 치료과정 중에서 필요할 것이다.

노출

이런 맥락에서, 노출은 내담자에게 트라우마 사건에 대한 기억을 유발하거나 촉발시키는 임상가나 내담자가 연관된 어떤 활동을 뜻한다. 치료적 노출은, '예를 들어, 불안을 감소시키기 위한 목적으로 객관적인 위해는 없지만 공포스러운 자극에 대한 실제적 또는 상상을 통한 반복된 또는 지속적인 노출'로 설명했었다(Abueg & Fairbank, 1992, p. 127). 트라우마 관점에서 볼 때, '객관적인 해가 없는' 자극들을 정의하자면, 현재 발생하고 있지 않은, 이전의 트라우마 기억들이며 '불안'은 이러한 트라우마 기억에 의해 촉발된 정서적 반응이다.

노출기반 치료의 몇몇 유형들은 (특히 성폭행과 같은) 성인기 트라우마 치료에 비교적 효과를 나타내는 지속된 노출은 트라우마 고통을 치료하는 데 사용되곤 한다(Foa & Rothbaum, 1998). 앞서 주목하였듯이, 이 접근법은 트라우마 기억에 대해 적정선 또는 단계적 접근을 삼가고, 그 대신 연상된 불안이 익숙해질 때까지 트라우마 기억들(예 : 강간에 대한 순간순간마다의 경험)에 집중하며 지속적으로 노출하도록 한다. 이와 반대로, 우리가 여기서 제안하는 노출 접근법은 체계적 둔감화(Wolpe, 1958)의 변형이며, 안전한 치료 환경 안에서, 내담자가 압도되지 않는 적당히 고통스러운 트라우마 경험을 회상하도록 요청한다. 일반적으로 노출은 회상된 내용의 강도에 따라 등급화되며(그러나 불가피하지 않게), 더 불쾌하게 했던 기억들보다 덜 불쾌하게 했던 기억을 회상하고 언어화한다. 그러나 이러한 접근법은 지속적인 노출 활동의 순서를 미리 계획하거나(즉, 위계적으로) 순서를 고수하지는 않는다. 이것은 노출을 감내하는 내담자의 능력이 어느 정도 절충되고 외부 생활 스트레스 요인들의 기능, 친구들, 친척들과 다른 사람들의 지지 정도, 또한 가장 중요한 것인 순간에 내담자가 가지고 있는 정동 조절 능력의 정도에 달려 있기 때문이다. 자기-트라우마 용어에서, 치료적 창의 '크기'는 치료 시간 중에 그리고 치료 회기를 넘어서까지 변화할 수 있는 것이다.

일반적으로, 노출은 임상가와 함께 내담자가 트라우마 사건을 회상하고 의논하거나, 사건에 대한 글쓰기를 한 이후에 이것을 임상가에게 읽어주는 것을 포함한다. 몇몇 유형의 트라우마 치료는 단일 트라우마(예 : 교통 사고나 신체적 폭행)에 대한 기억에 중점을 두고 다른 트라우마들에 대해서는 많은 이야기를 하지는 않지만, 우리가 지지하는 접근법은 상당히 허용적이다. 트라우마 생존자가 치료자에게, 혹은 심지어 어떤 사례에서는 내담자 스스로에게도 직접적으로는 명백하지 않은 연상을 하며 한 기억에서 다른 기억으로 '건너 뛰는 것'은 꽤 흔한 일이다. 특히 다중적·복합적·지속적인 트라우마 생존자들에게 치료 회기의 초점은 강간 경험으로부터 초기 아동기 학대로 옮겨가고, 그다음엔 아마도 가정 폭력 경험으로 옮겨갈 수 있다. 예를 들어, 전쟁 참전자는 육박전에 대한 기억으로 치료 회기를 시작하여 20분이 지난 후에는 그가 아이였을 때 그의 아버지로부터 받은 신체적 학대를 묘사하는 자신을 발견할 수도 있다.

여기에 설명한 치료에서의 광범위한 노출 활동은 다양한 트라우마 표현의 복합성을 반영한다. 비록 내담자는 최근의 폭행 경험을 다루기 위해 치료를 받으러 왔을지라도, (1) 초기의 트라우마가 내담자의 현재 진행되는 고통과 실제로는 더 많이 관련되어 있다는 것, 또는 (2) 고통은 복합트라우마의 상호 작용 때문이라는 것이다. 예를 들면, 매춘에 연루되었던 여성은 고객에 의한 성폭행 영향 때문에 치료를 찾았을 수 있으며, 곧 이 강간이 정기적으로 그녀가 겪는 다른 고통스러운 경험들 이외에도 첫 매춘 장소에서 그녀가 일정 부분 매춘을 결정하게 된 아동기의 근친상간에 대한 회상을 활성화시킨다는 것을 알게 될 것이다(Farley, 2003). 이러한 예시들에서, 치료 회기 동안 내담자가 단일 트라우마에만 집중해야 한다거나 한번에 하나의 트라우마에만 집중해야 한다는 것은, 내담자 또한 반기지 않을 수 있다. 또한 초기 트라우마에 대한 회상들은 종종 단편적이고 완전하지 않으며(Williams, 1994), 언어 발달 이전의(Berliner & Briere, 1998) 많은 사례에서는 기억에 대한 내담자의 노출을 각각의 별개로 일관성 있게 묘사하는 것을 금지한다. 우리는 단일 트라우마를 고수하는 대신 트라우마 생존자가 회기 동안 중요하다고 생각하는 트라우마 또는 다른 기억들에 의해 촉발된 기억(기억의 일부분)을 논의하고 자신을 개방할 수 있도록 한다. 어떤 주어진 단일(특히 성인의) 트라우마를 다룰 때에 이 접근법이 덜 효과적이라는 사실에는 의심의 여지가 있다. 그러나 다중 트라우마 내담자를 치료할 때는 더 적합하다.

치료적 노출의 가치 설명하기

임상가들은 치료적 노출을 강력한 치료 방법으로 폭넓게 이해하고 있더라도, 트라우마 생존자가 초기에 이러한 생각에 더 부정적으로 반응하는 것은 무리가 아니다. 치료에 앞서 생존자는 외상후 침습을 촉발시키는 사람들, 장소들 그리고 대화를 회피함으로써 자신의 증상을 통제하는 데 상당한 시간과 노력을 쏟았을 것이다. 사실, 트라우마를 회상시키는 요소들을 회피하는 것은 PTSD와 기타 다른 스트레스 반응의 주요한 양상이다. 그 결과, 내담자가 회피했던 사건들은 의도적으로 경험하도록 요구받은 내담자들에게 노출기법은 직관적으로 볼 때 옳지 않은 방법이다.

이러한 이유로, 트라우마 치료의 중요한 측면은 사전 브리핑이다. 즉, 정식으로 트라우마 치료를 시작하기 전에, 노출을 하는 이유와 노출의 일반적인 기법들을 설명하는 것이다. 충분한 설명이 없는 노출 과정과 즉각적인 영향은 매우 비합리적이고 고통스럽기 때문에 내담자는 자동적으로 저항을 하고 회피를 하게 될 것이다. 이와 달리, 때로는 고통스러운 절차인 노출에 대한 이유를 내담자가 이해할 수 있도록 설명한다면, 대개 긍정적인 내담자-임상가의 치료 동맹과 치료 과정에 관한 공유된 인식을 형성하는 것은 어렵지 않다.

노출이 소개되는 방식은 경우마다 다양할 수 있지만, 내담자가 노출 작업에 대한 준비를 할 때, 임상가는 대개 다음의 내용을 다루려 시도해야 한다.

- 재경험은 단지 기분을 불쾌하게 하는 증상일 뿐만 아니라 그 자체로 치유하려는 정신적 시도라는 것을 설명한다.
- 해결되지 않은 트라우마 기억은 이야기되고 재경험되어야 하며, 그렇지 않으면 처리되지 않고 증상이 되돌아 올 가능성이 높다는 것을 강조한다.
- 내담자가 일어난 사건에 대하여 생각하지 않으려 하고, 기분을 상하게 하는 느낌을 회피할 수 있지만, 이러한 회피는 종종 증상 지속의 원인이 된다는 것을 알린다.
- 만일 내담자가 발생한 사건에 대하여 충분히 말할 수 있다면, 트라우마와 관련된 고통과 공포는 줄어들 것이라고 제안한다. 그러나 회복을 약속하지는 않는다.
- 노출은 본래 어느 정도의 고통과 연관이 있다는 점을 주목한다. 그 밖에 노출 경험을 겪는 몇몇 사람들은 치료 회기 중에 플래시백, 악몽, 괴로운 느낌들이 증가할 수 있음을 경고한다. 그러나 이것은 정상적인 것이며 대개 나쁜 신호가 아니라고 말한다. 동시에, 내담자에게 만약 이런 일이 생기면 언제 이러한 일들이 일어나는지, 임상가에게 말하도록 요청해서, 임상가가 노출이 너무 심한지를 관찰할 수 있도록 한다.
- 임상가는 내담자를 압도하는 이러한 기억들에 대한 의논을 지속하는 작업을 할 것이고, 만일 이것이 너무 기분을 상하게 한다면, 이야기하는 것을 멈출 수 있음을 강조한다. 내담자는 스스로 감내할 수 있는 만큼만 말할 필요가 있음을 강조한다. 그러나 내담자가 그 기억들에 대하여 더욱 더 기억하고, 생각하며, 느끼고, 말할수록 고통은 눈에 띄게 개선될 것이다.

과제

앞 장에서 주목하였듯이, 트라우마 치료는 종종 '과제' 부여를 포함한다. 이것은 주로 치료 장면 밖에서 내담자가 외상성 사건에 대헤 글쓰기를 하고, 그다음 치료 시간에 글을 소리내어 읽는 것이다. 외상성 사건으로 연상된 인식들을 검토하고 처리하는 (7장 참조) 추가적인 기회의 제공과 함께, 내담자가 기존의 트라우마 기억에 대해 작성하기 위해 그 기억에 접근하는 것을 필요로 하며, 이에 따라 상당한 치료적 노출을 제공한다. 이후, 이러한 노출은 내담자가 이 이야기를 소리내어 읽을 때 반복된다.

임상가는 강간 피해자를 위한 Resick과 Schnicke(1992)의 과제 부여를 예시로 응용하여, 다음과 같이 말할 수 있을 것이다.

> 강간/총격/학대 사건/교통 사고에 대하여 한 페이지나 두 페이지의 글쓰기를 시도해보십시오. 당신이 기억할 수 있는 만큼 그 사건에 대한 자세한 내용을 포함시키며, 가능한 한 구체적으로 쓰십시오. 예를 들면, 어떤 일이 일어났으며, 어떤 느낌이 들었고, 그것이 일어났을 때 어떤 생각을 했으며, 누가 무엇을 말했는지, 그리고 사건 직후에 무엇을 했는지입니다. 이 모든 것을 한번에 쓸 필요는 없으며, 어떤 사람들은 여러번의 시도 끝에 글쓰기를 완성합니다. 당신이 글쓰기를 마친 후, 다음 회기 전까지 적어도 한 번, 자신에게 읽어주십시오. 만일 한 번에 모든 것을 읽는 것이 너무 기분을 상하게 한다면, 당신이 할 수 있을 만큼 읽기를 시도하고 다음에 할 수 있을 때 나머지를 읽으십시오.

보통, 내담자는 치료 과정 전체를 통하여 여러 다른 상황에서 이러한 글쓰기 연습을 반복하고, 매번 임상가에게 글을 읽어줄 것을 요청받는다. 이러한 글쓰기와 읽기 연습에 대한 구체적인 시간을 정하는 것은 다음 사항에 따라 다를 수 있다 : (1) 쓰기 표현을 할 수 있는 현재의 내담자의 능력, (2) 직접적으로 트라우마에 대면하는 내담자의 준비 상태, (3) 현재 내담자의 안정성과 정동 조절 능력. 내담자의 이야기를 듣는 임상가의 반응은 지지, 확인, 그리고 잠재적으로 어려운 과제에 참여하는 내담자의 준비 자세를 인정하는 것을 특징으로 한다.

분명히, 이러한 접근은 읽고 쓰기를 할 수 없거나 이러한 활동을 수행하기에는 인지 능력이 너무 저하된(예 : 정신병 또는 심각한 우울증) 사람들에게는 가능하지 않다. 그러나 글을 읽고 쓰는 능력과 공병 장애에 있어 문제가 없을 경우, 이러한 연습은 처음 몇 회기의 치료 시간 이후 어떤 시점에서 시도될 수 있으며 간격을 두고 여러 번 반복될 수 있다. 이러한 연습의 전체 횟수는 정서 처리가 필요한 다른 여러 트라우마들이 있다면 늘릴 수 있다. 일반적으로 임상가는 이러한 글쓰기가 반복될수록 더 자세하게 그리고 더 정서적인 묘사를 하고, 시간이 지나면서, 글을 읽을 때 내담자의 정서 반응이 덜 극단적이 된다는 것을 발견할 것이다.

활성화

치료가 효과적이려면, 노출을 하는 동안 어느 정도의 활성화가 일어나야 한다. 활성화는 트라우마 기억들로 촉발된 조건 정서 반응들(예 : 두려움, 슬픔, 공포와 같은), 그리고 트라우마와 관련된 구체적인 인지 반작용들(예 : 침습적이고 부정적인 자기인식이나 무기력과 같은 갑작스러운 감정들)에 관한 것이다. 다른 관련 기억들과 이와 관련된, 정동들과 인식들 또한 촉발될 수 있다. 예를 들면, 아동기 시기의 성적 학대 경험을 묘사하도록 요청받은 여성은, 치료 회기 동안 그 사건의 특징을 회상할 정도까지 치료적 노출을 경험한다. 만일 이러한 기억들이 원래의 학대 자극들(예 : 두려움, 혐오 또는 공포)에 조건화된 정서 반응을 촉발시키거나, 인지적 침습들(예 : "나는 지저분한 계집이다")을 연상시키거나, 또는 더 깊은 기억들(예 : 다른 트라우마들에 관한 것 또는 학대의 특정 측면을 기억함으로써 촉발된 학대의 다른 측면들)을 자극한다면, 치료적 활성화가 일어났다고 말할 것이다.

활성화는 대개 트라우마 처리에 매우 중요하다. 특정 트라우마 기억에 대한 정서적-인지적 연관성을 소거하기 위하여, 이러한 것들은 (1) 활성화되고, (2) 강화되지 않고, 이상적으로는 (3) 역조건화된다. 그 결과, 정서를 활성화하지 않고 오직 트라우마 관련 기억들에 대한 서술로만 이루어진 치료 개입은 증상을 경감시키지 못할 것이다(Foa & Kozak, 1986; Samoilov & Goldfried, 2000). 최적의 활성이 이루어지기 위하여, 노출을 처리하는 동안 상황에 맞게 가능한 한 회피가 적어야 한다. 예를 들면, 해리를 겪는 내담자는 특정 트라우마 기억에 대하여 상당히 자세한 해석이 될 수 있는 것을 제공하더라도 매우 적은 활성화를 경험할 것이다. 반면에 이 책 전반에서 주목한 대로, 너무 많은 활성화 또한 문제가 되는데 이것은 높은 수준의 고통을 불러일으키고 (그에 따른 기억을 안전이나 긍정적인 느낌들보다는 정서적인 고통과 연결시키는) 회피를 동기화한다(그에 따른 더 많은 노출과 처리를 감소시키는).

활성화된 인지정서적 반응들이 어느 정도는 트라우마 작업에서 중요하기 때문에 우리는 다음 부분에서 치료 기간 동안 활성화 수준을 통제하는 것을 목표로 한 여러 개입들에 대하여 설명할 것이다. 각 사례들의 목표는 최적의 처리를 위하여 지나치게 적

지도 않고 지나치게 많지도 않은 정서적·인지적 활성화를 지지하는 치료적 창 안에 서의 작업이다.

활성화 증가시키기

임상가는 내담자가 정동 조절 능력이 되는데도 트라우마 내용에 대한 자신의 정서 반응의 일부를 불필요하게 차단하는 경우, 일반적으로 활성화를 증가시키려 한다. 스트레스에 노출되었을 때, 회피 반응들은 과도하게 학습되어 자동적으로, 불필요하게 나타나는 경우가 흔하다. 다른 경우는, 4장에서 설명한대로 성역할이나 직업 사회화는 감내할 수 있는 개인의 정서 표현을 억제시킬 수 있다. 이러한 경우에, 치료 중의 회피 감소는 합리적으로 안전할 뿐만 아니라, 보통 현저한 둔감화가 발생하는 데 필수이다. 트라우마 처리과정을 방해하지 않는다면 회피는 지속적인 정서적 항상성을 위해 굳이 필요하지 않고 이때 각각의 개입은 적절하다. 각각의 사례에서, 목표는 인식의 증가이며, 그에 따라 활성화를 증가시키는 것이다. 비판은 하지 않으며, 필요하다면 증상 확인조차 하지 않는다.

첫째, 임상가는 비교적 덜 회피할 수 있는 상태에서 대답이 가능한 질문만을 한다. 여기에는 다음의 예들이 포함된다.

- "그 일이 일어났을 때 무엇을 느꼈는지/어떤 느낌이 들었습니까?"
- "지금 무엇을 느끼나요?"
- "그 트라우마에 대하여 묘사할 때 어떤 생각이나 느낌을 알아차립니까?"

어떤 사례들의 경우, 회피는 감소하지만 이것을 결코 인식하지 못하는 경우도 있으며, 이러한 결과는 치료의 주요한 의도가 내담자의 반응을 문제 삼는 것이 아니라 적절한 수준에서 활성화를 유지하는 것이기 때문에 경우에는 적절한 것이다.

두 번째, 임상가는 낙인 찍지 말고, 간접적으로 주의를 회피할 수 있으며, 활성화 과정 동안 내담자가 자신의 접촉 수준을 높이도록 요청할 것이다. 이것은 내담자의 회피, 또는 내담자를 압도할 수 있는 CER의 강도가 치료에서 주요 문제로 사전에 확인되었을 때 종종 가장 효과적이다. 다음과 같은 제안을 하기를 권장한다.

- "당신은 잘해내고 있습니다. 그 감정에 머물도록 해보십시오."
- "지금 벗어나지 마세요. 당신은 정말 잘하고 있습니다. 지금의 상태에 머물러 보십시오."

- "나는 이것이 기분을 불쾌하게 하는 것을 알고 있습니다. 단지 몇 분만 더 이 기억에 머물러 볼 수 있겠습니까? 당신이 필요하다면 우리는 언제든 멈출 수 있습니다."

그러나 다른 사례들에서, 예를 들면, 해리가 단지 하나의 가능성이거나 아니면 내담자가 방어적 반응을 하기 쉬울 때, 임상가는 다음과 같은 질문–진술 조합으로 개입할 것이다.

- "지금 어떻습니까? 약간 멍한 상태인 것 같습니다."
- "당신은 약간, 지금 당장 떠나버릴 것처럼 보입니다. 그렇습니까?"

가끔은 회피에 대해서 직접적 주의를 주는 것이 적합하지만, 이는 노출/활성화 처리를 방해하는 경향이 있으며, 따라서 활성화를 격려하는 데 덜 직접적인 방법들이(따라서 회피를 줄이는) 효과적이지 않을 때만 사용해야 한다.

임상가는 인지적·정서적 회피를 막음으로써, 뿐만 아니라 정서적 경험을 증가시킴으로써 활성화를 증가시킬 수 있다. 종종 이것은 트라우마 사건에 대하여 더 세부적인 사항을 묻거나 내담자가 정서적 문제들에 초점을 두는 방식으로 반응하는 것을 포함한다. 더 자세한 설명을 할수록 정서적으로 지속적인 내용들이 더 많이 나타나고 더 자세한 설명을 할수록 내담자의 본래 모습으로 회복하게 되므로 트라우마가 발생했던 그때의 감정적 경험을 증가시킬 수 있게 된다. 다음은 특별히 회피를 다루지 않으면서도 높은 수준의 정서 활성화를 가져온 대화의 한 예이다.

임상가 : 어떤 일이 일어났었는지를 말할 수 있습니까?
내담자 : [무미건조한 목소리로] 자동차로.
임상가 : 총을 쏘면서 운전하는 것을 말하나요? 누가 부상을 입었습니까?
내담자 : [잠시 멈춤] 네. 이웃이 총을 맞았습니다.
임상가 : 이웃이요? 그게 누구였습니까?
내담자 : 내가 조금 아는 여자입니다. 그녀는 좋은 사람이었습니다.
임상가 : 좋은 사람이었다고요? 그녀는 지금 괜찮습니까?
내담자 : [목소리를 약간 높이고, 얼굴이 약간 붉어지며] 그녀는 죽었습니다.
임상가 : [잠시 멈춤] 이런… 무슨 일이 일어났습니까? 좋지 않은 일이 일어났군요.
내담자 : 네, 그랬습니다.[목소리가 낮아지고, 눈길을 돌리며]

임상가 : 그렇게, 그녀가 총을 맞았군요. 당신은 거기에 있었습니까? 그녀는 언제 총에 맞았습니까?

내담자 : 음… 그녀는 가슴에 총을 맞았습니다[목소리가 흔들리며, 목구멍이 울리는 것 같은 소리를 내며]. 그녀는 그곳에 온통 피를 흘렸습니다. 나는 바닥에 엎드렸습니다. 그가 계속 총을 쐈기 때문에 나는 그렇게 해야 했지만, 그녀의 비명을 들었습니다. 나는 그녀를 도울 수 없었습니다. 나는 나 자신을 보호해야 했습니다(손으로 얼굴을 덮으며).

이 사례에서, 내담자는 사건을 묘사하는 것을 꺼려했지만, 정서 조절 장애의 극적인 신호를 보이지 않았다. 그의 회피 반응들(초기에 나타난 정서 반응 감소, 눈길 피하기, 손으로 얼굴을 덮는 것)은 작은 것들이며, 이 남자가 압도되지 않은 채 좀 더 깊은 정서의 활성화와 처리하기를 감내할 수 있음을 보여준다. 피해자를 도울 수 없었다는 죄책감이나 수치심을 다루기 위해서 몇몇 시점에서는 인지적 개입 또한 나타났다.

활성화 감소시키기

일반적으로 활성화 강도는 (1) 노출 수준, (2) 트라우마 기억에 대한 혐오감(즉, 트라우마에 대한 조건화된 부정적인 정서의 정도), (3) 내담자가 가지고 있는 정동 조절 능력으로 결정된다. 만일 임상가가 활성화를 과도하게 격려하거나 내담자의 정서 활성화를 감내하는 수준을 유지하는 것에 실패한다면, 치료적 창을 넘어설 것이다. 감소된 정동 조절 능력을 가진 사람들에게는 부정적인 정서를 조절하는 능력이 향상될 때까지 특별히 기분을 상하게 하는 기억들에 노출시켜서는 안 된다(Chu, 1998; Cloitree et al., 2002). 이것은 내담자가 과도하게 활성화될 때, 기분이 덜 나쁜 내용으로 방향을 수정하고, 내담자가 이완에 집중하게 하거나, 대화의 방향을 그 사건에서 덜 감정적인 측면으로 바꾸는 것을 의미한다. 이러한 사례에서, 정동 기술 개발(6장 참조)은 특히 강도가 높은 트라우마 처리 과정보다 우선적이며, 지지적 개입과 반응들은 탐색적인 처리 과정보다 우선되어야 한다. 예를 들면, 회피가 더욱 심해질 때, 치료시간 동안 내담자가 심하게 해리를 겪을 때, 임상가는 회피의 원인이 무엇이든 일반적으로는 노출/활성화 처리를 중단하고 안정화 개입에 초점을 두어야 할 것이다.

이러한 일반적 접근은 내담자로 하여금 중요한 트라우마를 다룰 기회를 박탈할 수 있다. 그러나 우리는 이러한 규제가 임상가의 책임 가운데 하나라고 여긴다. 만일 임상가가 내담자에 대한 관찰에 기초하여 판단컨대, 주어진 상황에서 활성화가 치료적 창을 넘어설 것 같은 생각이 든다면, 치료의 강도와 속도를 낮춤으로써 내담자가 안전을 확신하도록 하는 것이 중요하다. 이것은 임상가가 함께 트라우마 처리를 회피할 필요가 있다는 것을 의미하는 것이 아니라, 단지 처리 과정은 천천히 그리고 조심스럽게 처리되어야 한다거나, 또는 일시적으로 지연되어야 한다는 것을 뜻한다. 다행히도, 이러한 보수적인 접근은 일시적으로 필요한 것이다. 트라우마 내용이 천천히 그리고 조심스럽게 처리되면서, 극소수의 트라우마 기억들이 점진적으로 압도적인 정동이 활성화된 가능성이 생기고, 6장에서 설명한대로, 고통을 감내하는 내담자의 전반적 능력이 증진될 것이다. 전반적으로 가장 주요한 문제는 시간에 대한 것이다. 적절한 정동 조절 능력을 가지고 있으며, 심한 고통스러운 트라우마 기억들이 적은, 장애를 갖게 하는 공병하는 다른 질병이 없는 개인은 치료적 창을 넘어서지 않고도, 높은 수준의 활성화를 감내할 수 있으며, 따라서 비교적 빠르게 치료에 반응할 것이다. 그러나 이러한 부분에서 하나 또는 그 이상의 어려움을 가진 개인들은 트라우마 처리 과정 동안 낮은 수준의 활성화로 적정하게 하는 것이 필요하며, 증상의 현저한 개선이 일어나기 전까지 오랜 기간 동안 치료를 유지해야 할 것이다.

　불행히도, 임상가가 모든 활성화를 관찰할 수 있는 것은 아니다. 내담자가 치료 동안 치료적 창을 '초과'했는데도 불구하고 특별히 압도되지 않는 경우가 있을 수 있다. 이는 다음과 같은 이유에서 비롯된다. (1) 내담자가 임상가 사무실의 통제된 환경 안에서 비교적 안전을 느끼고 내담자가 치료가 끝날 때까지 노출에 압도되는 경험을 충분히 경험하지 않기 때문에, (2) 내담자가 임상가의 인정을 받으려 자신을 강하고 건강하거나 또는 통제할 수 있는 사람으로 보여주기 위해서 치료시간 동안 자신의 고통을 보여주지 않기 때문에, 또는 (3) 내담자가 해리적이거나 인지적으로 기분을 상하게 하는 내적 처리를 억압하기 때문이다. 이런 눈에 안 보이는 치료적 창의 초과는 내담자가 이것을 인식하든 안하든, 회기가 끝난 후에 높은 불안, 낙담 또는 수치심을 느끼게 할 것이다. 또한 긴장 감소 행동들(예 : 자해 또는 충동적 행동), 물질 남용, 또는 다른 회피 활동을 유발할 수 있다. 어떤 경우에, 내담자는 임상가에게 응급 전화를 하거나, 다음 치료에 오지 않거나, 늦을 수도 있다.

　트라우마 작업에서, 회기에 불참하거나 지각하는 것은 트라우마 내용에 관한 이전의 치료적 노출과 연관된 고통에 대한 회피를 나타낸다. 이러한 경우, 내담자의 행동은 이어지는 회기에서의 더 잦은 정서의 활성화에 대한 공포를 반영한다. 한번 치료 회기에 불참하기 시작하면, 이후 불참하는 회기가 더 많아질 것이다. 내담자가 반복적으로 약속을 지키지 않을 때, 치료 과정의 어떤 측면이나 내용이 회피를 유발하게 하는지를 평가하고, 내담자에게 화나지 않았고 벌을 주지 않을 것이라 확신시키면서, 판단하지 않는 태도로 함께 이 문제를 탐색할 것을 권유한다. 종종, '보이지 않는 것'에 대한 허용적인 태도는 다른 형태의 심리치료보다 트라우마 작업에 더욱 더 필요하다. 불참에 관한 근본적인 원인을 받아들이고 의논함으로써(직면하고 비판하는 것과 반대로) 임상가는 앞으로 내담자가 회기에 불참할 가능성을 감소시킬 수 있다.

치료적 창의 오류 수정하기

명백하게, 가능한 한 치료적 창을 넘어서는 것을 지양하는 것은 중요하다. 그러나 노출 작업의 미묘한 특성과 내담자의 정서적 회피에 대한 불투명한 효과를 고려하면, 과도한 활성화를 완전히 피하는 것은 종종 불가능하다. 그 결과 치료에서 임상가의 역할 중 과도한 활성화가 일어날 때 개입을 하는 것이고, 이러한 경험의 영향을 수정하기 위해 작업을 하는 것이다.

치료적 창이 상당히 초과된 것이 분명할 때, 임상가는 다음 사항을 고려해 볼 것을 조언한다.

- 이완이나 호흡 연습, 인지적(정서적인 것과 반대로) 개입을 통하여, 그리고 과도하게 활성화되는 주제로부터 초점을 바꿈으로써 집중하는 것을 현재 활성화의 기간과 강도를 줄인다.
- 내담자의 과도한 활성화에 어느 정도 책임을 가지는 동시에 자신의 작업이나 능력을 폄하하지 않는다.
- 정서적 반응이 '적절한 작업'(회피와 반대되는)이라고 제안하는 것을 포함하여, 내담자의 고통 표현을 지지하고 인정해준다.
- 중요한 활성화가 일어난 후에 이를 의논하고 재구성하는 것, 그래서 내담자가 자신의 반응이 기억을 유발시키는 힘에 대한 정상 반응으로 이해하며, 이것을 병리화하지 않도록 한다.
- 내담자와 문제를 해결하는 방식에는 (1) 임상가가 내담자의 증가되는 고통을 감지하거나(이것은 특히 치료시간에 내담자가 정서적 회피 방어를 습관적으로 사용한다면), (2) 내담자가 고통이 있을 때마다 의논하거나, (3) 임상가와 내담자가 활성화 수준을 치료적 창으로 되돌아올 수 있게 하는 것이다.
- 초기 트라우마 회기의 '정서적 기복'이 시간이 지나면서 점점 약해질 것이라고 조

심스럽게 긍정적으로 이야기하면서 방어적이지 않고, 지지적으로 인정해준다.

차이

노출과 활성화는 트라우마 치료에 그 자체로는 충분하지 않다. 7장에서 언급하였듯이, 내담자가 느끼는 것(예 : 트라우마 기억과 관련된 활성화된 공포)과 현재의 실제 상태(예 : 즉각적 위험에 대한 명백한 부재)에는 차이가 분명히 있다. 트라우마 기억에 대한 CER이 시간이 자나면서 약화되거나 사라지기 위해서 현재 환경에서 비슷한 위험(신체적 또는 정서적)으로 인하여 지속적으로 강화되어서는 안 된다.

앞서 설명한 대로, 안전은 최소한 두 가지 방식으로 드러나야 한다. 첫째, 내담자는 자신이 임상가와 있는 것이 안전하다고 지각하는 기회를 가져야 한다. 이러한 안전은 신체적 부상과 성적 착취뿐 아니라 가혹한 비판, 벌, 경계 침입 또는 내담자의 경험에 대한 과소 평가부터의 안전을 의미한다. 대인 간 폭력, 심한 학대 또는 착취의 생존자는 대인관계 상황의 위험을 과도하게 확인하는 경향이 있기 때문에(Janoff-Bulman, 1992), 치료 회기 내 위험의 부재는 약속이 아니라 직접적으로 경험되어야 한다. 다시 말해서, 그들의 힘을 잃게 할 것이라는 내담자의 트라우마 기억에 대한 불안한 연관성은, 설령 미묘할지라도 치료 회기 내 현재의 위험이나 학대에 의해 지속적으로 강화되지 않아야 한다.

두 번째, 치료에서의 안전은 압도적인 내부 경험의 보호를 포함한다. 치료기간 동안 트라우마 기억들로 인해 불안정한 정서를 경험하는 내담자는 치료가 원래의 경험과는 상당히 다르다는 것을 발견하지 못할 것이다. 앞서 주목하였듯이, 이러한 압도적인 정서는 다음 두 가지 중 한 가지, 혹은 모두 존재할 때 발생할 수 있다 : 즉, (1) 기억이 굉장히 외상성인 것이며, 그것과 관련된 상당히 고통스러운 정동(예 : 불안, 분노) 또는 인지(예 : 죄책감 또는 수치심)를 가질 때 적정하지 않은 노출은 심각한 정신적 고통을 낳는다. 또는 (2) 생존자의 정동조절 능력이 충분히 타협되어 주요한 재경험이 압도되는 경우이다. 각각의 경우에, 안전(그리고 따라서 차이)은 오직 치료적 창의 상황 안에서만 제공될 수 있다. 정의하자면, 창 안에서의 처리는 기억으로의 노출(기억을 해내는 것)이 이러한 기억을 감내하는 내담자의 능력을 넘어서지 않으며, 이러한 상황에서 트라우마를 재경험하는 것은 압도적인 부정적인 정동, 정체성 분열, 또는 통제 상실의 느낌을 연상하지 않는다는 의미이다.

트라우마 기억에 대한 CER의 처리는 공포증을 위한 행동 치료에서 두려움을 처리하는 과정과 유사하다. 치료 회기 내에서 이러한 반응들에 대한 인식할 수 있는 '실제' 이유가 없는 가운데, 트라우마 내용을 반복적으로 이야기하는 동안 이루어지는 공포와 다른 부정적인 정서 반응들의 계속되는 활성화는 이러한 정서가 강화되고 있지 않다는 의미이다. 결국, 강화되지 않은 반응들은 사라지는 경향이 있다는 것이다. 이러한 현상에 대한 가능성 있는 이유는 전통적인 소거 이론(Wolpe, 1958)으로부터 경험에 기초한 인지적 '공포 구조'의 수정(Foa & Kozak, 1986)을 포함한 새로운 인지 모델까지 다양하다. 근본적인 기제와 상관없이, 트라우마 회복에서 차이의 역할은 분명하다. 트라우마 활성화가 일어나는 환경에서는 원래의 위험-공포 연상을 강화해서는 안 된다. 그렇지 않으면 그 기억에 대한 내담자의 공포 반응은 증가하지 않는다면 강하게 남게 될 것이다.

역조건화

트라우마 처리를 하는 동안 위험이 없어야 하는 것은 물론 중요하며, 최상의 환경에서 역조건화(신체적 또는 심리적 위험과 반대되는 긍정적 현상의 존재)되어야 한다. 예를 들면, 오래 지속된 가정 폭력 관련 문제로 치료를 찾아 온 여성은 그녀의 임상가가 자신을 비판하거나 거부할 거라고 예측한다. 치료에서 그녀의 두려움이 이러한 예측과 어긋나고(치료적 안전과 연관된 차이), 사실, 수용, 확인, 돌봄이 있을 때, 활성화된 고통은 치료에서 일어난 긍정적인 느낌과 양립할 수 없기 때문에 강도가 약해질 것이다. 그 결과, 매맞은 기억에 대한 정서적 연상들은 강화되지 않고 모순되게도 약해지며, 긍정적인 느낌이 든다. 임상가의 지지, 이해, 그리고 보살핌 안에서 다른 유형의 트라우마 내용을 (비대인 간 사건을 포함하는) 이야기하는 내담자를 위하여 비슷한 (덜 강력한) 처리가 뒤따를 것이다. 트라우마 활성화로 연상된 부정적 정서는 치료 환경과 연관된 동시에 긍정적 느낌으로 대응된다. 인지행동치료의 많은 측면들과 비슷하게, 트라우마 해결을 위한 역조건화의 기여는 논쟁이 되고 있으며, 몇 가지 논쟁은 이것이 치료의 위험한 요소가 아니라는 점이다. 그러나 지금까지 조사된 주된 역조건화 상태는 노출 치료 기간 동안 이완이었다(Foa, Keane, & Friedman, 2000). 우리는 긍정적 치료 관계로 자극된, 일관된 긍정적 정서보다는 상당히 덜 강력한 경험이라고 믿는다.

역조건화의 두 번째 유형은 정서적 자유를 경험하는 것이다. 기분을 상하게 한 사건에 대한 반응으로 울거나 또는 다르게 정서를 표현하는 것은 대개 초기에 트라우마 기억으로 연상된 공포와 관련 있는 정동을 역조건화할 수 있는 비교적 긍정적인 정서 상태(예 : 경감)를 낳는다. 다시 말해서, 누가 '실컷 울거나' 또는 '속 시원히 털어놓게' 하는 흔한 제안들은 트라우마 관련 CER을 자연적으로 역조건화하는 정서 활동을 위한 문화적 지지를 반영할 수 있다. 이러한 관점에서, 시간을 지나 불안 반응을 중립화하려는 시도로서 전통적인 체계적 둔감화가 이전에 괴로운 자극이 이완된, 불안과 양립할 수 없는 상태와 짝을 이루듯, 고통스러운 기억에 대한 노출 동안 반복적인 정서의 해방은 정서 표현과 연관된, 비교적 긍정적인 내부 상태에 대한 트라우마 자극과 짝을 이룰 수 있다. 이러한 이유로 최적의 트라우마 치료는 대개 노출 과정 동안 표현된 정서를 유순하게 지지하고 강화를 하는 것이다. 이러한 환경에서 정서 반응 수준은 사람마다 다르며, 부분적으로는 내담자의 정동 조절 능력, 개인의 내력, 그리고 사회화 기능에 따라 다를 것이다. 그 결과 임상가는 내담자가 이러한 활동을 할 수 없거나 참여하지 않으려 할 때 '밀어붙이기'를 해서는 안 되지만, 이런 일이 있을 때 이것을 지지해야 한다.

둔감화/해결

고통스러운(그러나 압도적이지 않은) 사건을 안전하고, 긍정적인 관계, 정서적인 표현, 최소한의 회피 맥락에서 치료자와 함께 처리하는 것은 트라우마 기억과 연관된 부정적 정서 반응과의 연결을 깰 수 있다. 이러한 둔감화가 일어나면서, 트라우마 경험에 대한 기억을 촉발하는 환경적 그리고 내부의 사건들이 더 이상 이전 같은 수준의 부정적 정서를 만들지 않는다. 일단 처리되면, 트라우마 기억들은 단순한 기억들이 되며, 이전처럼 큰 고통을 일으키지 않게 된다. 그러나 다양한 트라우마에 노출된 사람의 경우, 처리는 기억의 해결로 끝나지 않는다. 그 대신, 다른 기억들, 더 많은 고통과 연관된 기억들은 더욱 더 대화를 가능하게 되며 새로운 내용을 계속 처리하는 시점에서 가능하게 된다. 그러나 우리의 경험으로, 볼 때 흔히 나중의 기억들이 치료 초기에 다루어진 기억들보다 더 빨리 둔감화된다. 이것은 트라우마 내용의 성공적인 처리와 관련된 증가된 정동 조절 능력(6장 참조) 이외에, 하나의 트라우마 기억에 대한 CER의 소멸이 다른 트라우마 기억과 관련된 조건화된 정서 반응을 부분적으로 일반화하는 가능성 때문일 것이다.

'핫스팟' 처리하기

치료 시간 동안 특정 기억들은 조건화된 부정적 정서 반응과 침습적 인식의 강력한 활성물이 될 수 있다. 이러한 기억들은 적정화된 노출 방법들에 덜 반응할 것이다. 이러한 '핫스팟(hot spot, 분쟁점)'(Foa & Rothbaum, 1998)은 증상을 현저히 경감하기 위해서 주의를 집중할 필요가 있다. 핫스팟의 예는 다음과 같다.

- 내담자는 그녀가 특히 혐오스러운 행동을 하도록 강요당한 당시 상황을 묘사한다. 그녀는 이 폭행을 회상할수록, 기분이 더 상하고 인지적으로 혼란스러워진다. 더불어 강간 경험의 다른 기억들이 시간이 지나면서 둔감화되더라도 이 기억은 계속해서 같은 수준의 고통을 유발한다.
- 2001년 9월 11일 테러 공격의 생존자는 성공적인 치료에도 불구하고, 그날 그가 목격하고 경험한 것에 대하여 "하나도 잊지 못한다". 그는 사람들이 세계 무역센터 창 밖으로 뛰어내리는 침습적인 플래시백을 계속해서 경험하며, 이 사건에 대하여 논의할 때마다 이러한 이미지들을 집요하게 반복한다.
- 붐비는 도시 거리에서 교통사고로 노숙자를 친 한 여성은 그녀 자동차의 타이어가 그의 몸을 지나는 소리를 묘사할 때 불쾌함을 느낀다. 이러한 구체적인 기억은 강박적 생각과 반복적인 악몽을 만들며, 그녀는 운전을 할 때마다 타이어가 부딪히면서 나오는 소리를 계속해서 듣는다.

이러한 침습적인 기억의 파편들은 다중 트라우마 사건의 일반적 표상의 일부분이며 정동 조절 능력을 감소시키는 경우에, 적어도 임상가는 내담자가 더 효율적인 정동 조절 레퍼토리를 수립할 때까지 덜 생각나게 하고 고통스러운 기억에 덜 집중하도록 도와야 한다. 그러나 다른 경우들은, 이러한 핫스팟들이 혐오스러운 기억에 대한 더 직접적인 처리를 감내할 수 있다고 기대하는 사람들에서 일어날 수 있다. 이후 사례의 경우, 임상가가(내담자의 허락으로) 더 깊이 중점을 두고 제한된 노출과 활동을 유도하는 방안을 선택할 수 있다. 이 치료적 활동은 전체 과정이 대개 단기로 제한된다는 것을 제외하면, 이 책에서 소개한 일반적 접근과 반대로, Foa와 Rothbaum(1998)이 주장하는 '지속적 노출'과 더 유사하다.

우리는 핫스팟 처리에 대하여 다음과 같은 일반적 절차를 제안한다.

- 절차에 대하여 온전히 설명하고, 시작하기 전에 동의를 얻는다. 종종 몇몇 기억들로 고

통스럽지 않으려면 더 많은 주의 집중이 필요하다는 것을 알린다. 절차를 설명하며, 특히 내담자가 '핫스팟'을 매우 자세하고, 아마도 반복해서 묘사하도록 요청되며, 또 이 절차가 다소 정서적인 도전이 되기 쉽다는 것을 설명한다. 이 절차가 압도적일 경우 내담자는 언제든지 멈출 수 있음을 알려준다. 그럼에도 불구하고 노출을 더 오래 감내할수록, 더 많은 이익이 생김을 알려준다.

- 내담자가 가능한 한 이완하도록 격려한다. 내담자가 특히 불안해 보이면, 천천히 숨쉬기를 하게 하거나 6장에서 설명한 일정 수준의 근육 이완 초점을 하도록 제안한다. 내담자가 비교적 이완 상태에 있으면, 다음 단계로 옮겨간다. 치료적 창의 범위 안에서 이러한 경험을 유지하기 위하여, 필요할 때마다 이 단계를 반복한다.
- 내담자에게 눈을 감고(만일 감내할 수 있다면) 그 불쾌한 기억을 현재 시제를 사용하여, 천천히 그리고 자세하게 묘사하도록 요청한다. 내담자에게 그 사건으로 '되돌아'가라고 말하고, 그것을 말하는 동안, 가능한 한 그것을 재체험하도록 말한다. 현재 시제로 처리하는 것은 "그 차가 나에게 달려오는 중이었고, 나는 차가 멈추지 않을 것이라고 생각했었다"와 반대로 "그 차가 나에게 달려오고, 그 차는 멈추려 하지 않는다"와 같이 말하는 것이다. 이 문법적 차이는 그 사건이 마치 현재에 일어나고 있는 것처럼 구성하기 때문에, 활성화를 높이는 경향이 있다. 만일 내담자에게 현재 시제로 처리하는 것이 너무 스트레스를 주면, 가능할 때까지, 잠시 과거 시제를 사용하도록 허용한다. 적절한 때에, 그 사건이 일어났을 때 내담자가 무엇을 느꼈는지, 무엇을 보고, 어떤 냄새를 맡고, 소리는 어떠했는지 그때 있었던 다른 물건이나 사람들, 그리고 그 당시에 내담자의 특정 생각들에 대하여(현재 시제로) 질문한다. 일반적으로 더 자세하게 말할수록, 처리가 더 효율적이지만, 치료적 창 안에서 일어날 때만 그러하다. 비록 어떤 내담자는 노출 강도 활성화 강도를 증가시키기 위하여 눈을 감을 수도 있지만, 어떤 사람들(예 : 대인 간 폭력의 생존자들)은 눈을 뜨는 것을 더 안전하게 느낄 수도 있다.
- 정서 표현이 나오려 할 때마다 정서의 표현(예 : 눈물이나 분노)을 격려한다. 그러나 내담자가 표현하기를 저항하면 정서를 표현하도록 압박하지 않는다. 내담자가 CER에 더 정서적으로 접근할수록, 이 반응의 궁극적 소거가 더 직접적이고 잠재적으로 효율적일 수 있다. 다시 한번, 정서의 활성화가 치료적 창을 넘어서는 안 된다는 것에 주목하라. 만일 정서의 불안정, 인지적 와해, 해리의 심각한 증가, 또는 외견상의 압도적인 고통과 같은 현저한 정동 부조절의 증거가 있다면,

(내담자가 얼마나 멀리 이 과정을 갈 수 있는지를) 핫스팟 처리는 조심스럽게 중단되어야 한다. 분쟁점 처리의 이른 종료는 실패로 규정짓지 말고 나중에 다시 시도할 수 있는 과제의 부분적인 완성으로 받아들여야 한다.

- 내담자가 주제에 집중하고, 현재 시제를 유지하고, 호흡하기에 집중하거나 이완하도록 안내하거나 또는 압도하는 내용으로부터 멀어지도록 주위를 돌리기 위하여, 부드럽게 방해하는 것에 부담을 갖지 않는다.
- 필요할 때마다 내담자는 지금—여기를 지향하도록 하게 한다. 만일 내담자가 잠재적으로 압도하는 활성화를 경험하는 것이 보이면, 내담자에게 비록 과거를 기억하고 있지만, 그것은 단지 기억이라고 말하며, 내담자는 실제로 임상가와 함께 이 방에서 안전하다고 상기시킨다. 예를 들면, 임상가는 이렇게 말한다, "비록 당신이 마음 속으로는 그 [트라우마]를 기억하지만, 이것은 실제로 지금 일어나는 것이 아닙니다. 이것은 매우 중요한 점입니다. 그 [트라우마]는 과거에 있습니다. 당신은 여기서 나와 함께 안전합니다. 이것은 단지 기억들입니다." 만일 더 많은 안내가 필요하다면 6장에서 설명한 안정화 기법의 사용을 생각해보라.
- 많은 회기에 거쳐 이러한 단계들을 반복한다. 핫스팟 처리는 대개 한 번의 치료시간에 한 번의 에피소드로 제한되지만, 일반적으로 20분을 초과해서는 안 된다. 이 제한 시간은 핫스팟 처리를 한 이후에 관계적 지지와 잠재적인 트라우마 관련 고통의 축소가 필요한 사람들, 더 복합적 트라우마 생존자를 대상으로 한 임상 경험에 기초한 것이다. 그러나 지속된 노출의 지지자들은 대개 상당히 긴 노출/활성화 기간을 미리 정한다.

핫스팟 처리는 계속되는, 관계적 심리치료를 제공하는 동안, 특히 증상을 만드는 내용을 다루는 데 효과적인 방법이 될 수 있다. 이러한 처리가 필요한지, 내담자가 감내할 수 있는지는 사례마다 다양하다. 트라우마 기억들이 특히 기분을 상하게 하거나, 또는 정동 조절 능력이 뚜렷하게 낮을 때, 이 과정은 그리 적합하지 않다. 반면에, 분쟁점 처리는 비교적 적절한 정동 조절 기술을 가지고 있는 내담자의 비교적 미완성된 트라우마 내용에 관한 정규적인 트라우마 치료의 일부분이 될 수 있을 것이다.

핫스팟 처리의 예

우리는 이 기법의 간단한 예를 다음에서 보여주려 한다. 내담자는 이 책에서 설명한

지시를 따르고, 그의 트라우마 가운데 특히 문제 있는 부분을 눈을 감고, 현재 시제로 말하고 있다. 그는 20분 처리 과정에 있다.

> 내담자 : 모든 곳에 불이 붙었고, 차에도 불이 났고, 나는 그들에게 갈 수 없습니다. 문이 잠겨 있고, 너무 뜨겁습니다. 나는 문을 잡아당기고 또 잡아당깁니다. 내가 들을 수 있는 모든 소리는 비명을 지르는 소리입니다…. 나는 그들이 거기서 불에 타고 있음을 압니다! 나는 문을 잡아당기면서 울고 있었다고 생각하며, 그렇게 해서 내가 화상을 입었습니다.
>
> 임상가 : 당신은 정말로 잘하고 있습니다. 현재 시제에 머무르는 것을 기억하십시요. 당신은 문 손잡이를 잡아당기고 있습니다….
>
> 내담자 : 네. 알겠습니다. 나는 그 문 손잡이를 확 잡아채지만, 문은 너무나 뜨겁고 나는 그것을 잡을 수 없습니다…. 나는 나의 손이 타고 있는 것을 느낍니다. 나는 너무 다쳤기 때문에 나가야 하지만, 다른 사람들은 비명을 지르고 있고 나는 무언가를 해야 하지만, 내가 할 수 있는 것은 아무것도 없습니다. [약간의 과호흡을 시작한다]
>
> 임상가 : 폴, 당신은 괜찮습니다. 당신은 잘하고 있습니다. 깊게 호흡을 들이마시고, 머물고, 그런 다음 천천히 밖으로 내보내십시오.
>
> 내담자 : 네. [심호흡을 하고 긴장을 풂] 괜찮습니다. [다소 진정되어 보임] 나는 괜찮습니다. 정말입니다.
>
> 임상가 : 네. 좋아요. 좋습니다…. 당신이 이렇게 할 수 있는 것은 훌륭합니다. 네. 그래서 당신의 손이 화상을 입고, 그 문은 닫혀 있습니다….
>
> 내담자 : 최악은 비명이고, 심지어 창문 너머의 비명입니다. [울기 시작한다]

정서 처리와 약물 의존

현대 트라우마 치료에서 요청된 대부분의 인지행동치료 원칙들은 물질 남용이나 약물 의존 참가자를 배제한 치료-결과 연구에서 발전되었다(Bradley, Greene, Russ, Dutra, & Westen, 2005; Spinazzola, Blaustein, & Van der Kolk, 2005). 그 결과, 외상후 스트레스장애와 물질 남용과 관련되어 고통받는 사람들의 정서 처리 접근과 노출 사용에 대하여 알려진 자료가 적다(Ouimettre, Moos, & Brown, 2003). 불행히도, 2장에서 설명한 대로, 상당수의 물질 남용자들이 트라우마 내력을 가지고 있으며, 많은 수가 상당한 외상후 스트레스를 경험한다.

　동반되는 트라우마 증상과 물질사용장애(substance use disorders, SUDs) 치료를 위한 일반적 제안은, 첫째로 화학적 의존도를 치료하고, 이후 절제가 가능해지면, 트라우마 관련 증상을 치료하는 것이다(Chu, 1988; Keane, 1995). 이 치료 순서의 주된 이유는 트라우마 기억으로의 이른 노출이 물질 남용을 강화하고 재발을 촉발하거나, 아니면 많은 물질 남용 트라우마 생존자들의 약화된 정동 조절 능력과 대처기술에 영향을 주기 때문이다. 아마도 이러한 합리적인 고려사항에 관하여, 동반된 외상후 스트레스장애와 물질사용장애에 대한 가장 잘 알려지고 가장 효율적인 치료 접근은('안전 추구하기'; Najavits, 2002) 트라우마 기억에 대한 어떤 탐색이나 어떤 형태의 치료적 노출을 피하는 것이다.

　그러나 이러한 고려에도 불구하고 일반적인 임상 실제에서 '절제 우선(abstinence first)' 접근법을 사용하는 것은 다음과 같은 몇 가지 문제가 있다 : (1) 트라우마 치료에서 높은 비율의 사람들이 중대한 물질 남용 문제들을 가지고 있다는 사실이다. 이것은 치료에 대한 접근을 차단하는 것은 치료를 필요로 하는 트라우마 생존자 대다수에게 서비스 제공이 이루어지고 있지 않다는 의미이다. (2) 대다수 도시의 정신건강 분야에서, 경쟁력 있고 준비되어 있는, 사용 가능한 약물 의존 서비스들은 즉각적으로 가능한 것이 드물다. 대기자들이 종종 수개월 동안 기다려야 하고, 물질 남용 트라우마 생존자를 위한 특성화된 프로그램들이 드물다, (3) 연구는 주요 외상후 스트레스를 경험하는 사람들에게 SUD 치료가 상당히 효과가 적음을 보여준다(Ouimette et al., 2003). 다시 말해서 트라우마 치료 전의 성공적인 SUD '사전 치료'는 어떤 사례들에서 '실험적'일 수 있지만, 논리적이지 않다면 적합하지 않다.

　이러한 문제를 고려하여, 몇몇 임상가들과 연구자들은 트라우마와 SUD 치료의 결합을 주장한다(예 : Abueg & Fairbanks, 1991; Expert Consensus Guideline Series, 1999). 더 나아가, 최근의 연구들은 치료적 노출을 포함한, 고전적인 트라우마 치료가 몇몇 약물 의존 트라우마 생존자들에게 효과적일 수 있다고 제안한다(Coffey, Dansky, & Brady, 2003 참조). 이러한 관점과 동일한 입장에서, 우리는 PTSD-SUD 공병에 가장 유용하고 포괄적인 접근은 이 책에서 개괄하였듯이 남용 또는 중독된 생존자들의 외상후 스트레스를 치료하는 것이다. 그러나 PTSD-SUD 공병, 그리고 일반적으로 물질 남용과 연관된 문제들에 대하여 알려진 것을 고려하면, 우리는 정규적인 트라우마 처리에 몇 가지 잠재적인 수정을 제안한다.

1. 많은 물질 남용 트라우마 생존자들은 정동 조절 기술과 대처능력의 감소 측면에 주목할 만하다(Khantzian, 1997). 이러한 이유로 임상가는 정서가 불안정한 내담자가 6장에서 개괄한 스트레스 감소와 정동 조절 개입으로 이익을 얻을 때까지 트라우마 기억에 대한 정서적(또는 인지적) 처리를 지연할 것을 고려해야 한다.

2. 만일 정동 조절이 적합하거나 또는 성공적 치료 개입으로 인하여, 트라우마 처리가 어느 정도 가능하다면, 치료적 노출과 활성화는 주의해서 접근되어야 한다. 특히, 임상가는 SUD가 있을때, 처리가 치료적 창 안에서 일어나야 함을 확실히 해야 한다. 가장 중요한 것은, 트라우마 기억에의 노출은 "낮은 것에서 시작하고 천천히 진행한다"라는 금언을 따라야 한다. 트라우마 내용은 점진적으로 탐색을 하고 진행되어야 하며, 만일 정동 조절 능력 초과한다면(즉, 치료적 창을 초과하면) 노출은 중단되어야 한다.

3. 일반적으로 트라우마 치료는 생존자가 취한 상태로 왔다면 하지 않아야 한다. 그 대신 초점은 내담자의 안전(예 : 운전해서 왔는지, 집에 안전하게 갈 수 있는지 여부)에 중점을 두고, 있을 수 있는(예 : 자살 충동, 공격성, 취한 상태와 관련된 '대상부전(decompensation)' 임상 문제들의 관리에 중점을 둔다. 더 나아가, 다음 치료 시간에는 이전의 치료 시간에, 취한 상태로 온 이유에 대한 의논, 취해서 오면 치료가 불가능하다는 반복적인 언급, 그리고 내담자가 절제할 수 있는 방법들에 대한 모색 또는 적어도 다음 치료 시간에 맑은 정신으로 올 것을 확인받는 것을 포함해야 한다. 임상가는 이 점을 다양하게 다룰 수 있지만, 보통 우리는 (비록 우리가 이것을 권유하더라도) 트라우마 내담자의 약물 절제를 요구하지 않는다. 그러나 우리는 내담자가 치료 회기에 임박하여 물질을 남용한 상태로 오지 않도록 요구한다.

4. 가능할 때마다, 내담자는 물질 남용 문제들에 중점을 둔 자가-도움 또는 임상가가 촉진하는 어떤 종류의 외부 집단 모임에 참여해야 한다. 익명의 알코올 중독자 모임(Alcoholics Anonymous) 또는 '12 단계' 프로그램들은 그들의 인식이 심리적으로 또 정신적으로 내담자에게 받아들여질 정도로 이러한 목적에 기여할 것이다.

5. 이 책에서 개괄하였듯이, 효율적인 물질 남용 치료 기법이 가능하다면 트라우마 치료는 증가되어야 한다. 독자들은 Najavits(2002)의 치료 매뉴얼과 Ouimette와 Brown(2003)의 특정한 PTSD-SUD 접근법에 대한 훌륭한 책을 참조하기 바란다.

다른 관점에서 본 정서 처리 : EMDR

정서 처리에 대한 고전적인 인지행동적 그리고 심리역동적 접근법 이외에, 점점 더 많은 임상가들이 그 밖의 모델인, 안구운동 둔감화 및 재처리 요법(eye movement desensitization and reprocessing, EMDR)을 사용한다. 이 접근법은 Shapiro(1995)에 의해 개발되었으며, 내담자에게 외상성 사건을 회상하도록 요청한 후 그 기억으로 연상된 시각적 이미지, 부정적인 신념들, 몸의 반응, 그리고 정서 반응을 포함한다. 동시에 내담자는 자신의 시각 영역을 넘어 임상가가 손가락을 움직이는 대로 손가락을 따라 시선을 이동하거나 두드리는 소리, 청각 음, 또는 빛의 움직임이나 플래시에 노출된다. 주어진 치료 시간에 다양한 장면에서 여러 번 반복된다.

여러 메타 분석은 EMDR이 비교적 효과적이며, 같은 정도로 시연되는 치료적 노출 방법들에 비해 외상후 스트레스 증상을 감소시킨다고 한다(예 : Bradley et al., 2005; Van Etten & Taylor, 1998). 흥미롭게도, EMDR의 안구운동 요소는 최종 결과에 미치는 영향이 적은 것으로 나타나며, 불필요한 것일 수도 있다고 한다(Davidson & Parker, 2001). 그러나 일반적으로 EMDR 임상가들과 연구들은 이러한 입장에 동의하지 않는다(Shapiro, 2002).

EMDR에 대한 우리의 결론은 PTSD 치료의 다른 간단한 치료들만큼 효과적일 수 있는 인지행동치료의 유형이라고 생각한다. EMDR이 고전적인 인지행동치료만큼 기여하는지는 아직 모른다. EMDR은 별개의 덜 복합적인 트라우마 영향들의 치료에 상대적으로 가장 효과적일 수 있거나, 더 장기적인 관계적 치료를 하는 동안 '핫스팟' 처리를 제공하는 데 효과적일 수 있다. EMDR 기관에서 주목하였듯이, 다른 노출 치료처럼, 이 절차도 "내담자가 정서의 고통을 조절하는 적절한 방법과 적절한 대처 기술을 가지고 있지 않다면, 그리고 내담자가 비교적 안정적인 상태에 있지 않다면 권장되지 않는다. 만일 더 많은 안정이 요구되거나, 또는 추가 기법이 필요하다면, 치료는 이것을 제공하는 데 중점을 두어야 한다" (EMDR Institute, 2004).

기억 처리과정의 순서와 회기 수준의 구조

8장과 앞장은 트라우마 기억의 인지적 · 정서적 처리에 관한 다양한 기법과 접근법을 설명하고 있다. 마지막 부분에서는 이러한 개입이 가장 잘 일어날 수 있는 전반적인 상황을 제안한다. 비록 트라우마 기억의 실제적인 처리와 둔감화가 치료 회기마다 정도가 다르지만, 일반적으로 이러한 모든 치료 시간은 기본 구조를 따라야 한다. 이러한 틀은 치료자가 내담자의 현재의 요구에 접근하고 요구와 관련된 처리 활동을 제공하고, 내담자의 현재 상태를 재평가하고, 필요하다면 치료 시간 수준의 각성을 낮추고, 치료 회기를 마무리할 수 있도록 한다. 50분 회기를 따르는 몇 가지 형식을 다음에 제안한다.

- 도입(5~15분)
  1. 지난 치료 시간 이후로 내담자의 생활에 어떤 변화가 있었는지 질문한다.
     - 어떤 것이든 새로운 트라우마나 피해가 있었는지?
     - 내담자가 역기능적이거나 자기파괴적인 행동을 하였는지?
     - 만일 앞서 걱정되는 것이 있다면, 내담자의 지속적인 물리적 안정감을 확인하거나 증진할 수 있는 작업을 한다.
  2. 지난 치료 시간 이후의 내담자의 내적 경험에 관해 점검한다.
     지난번 만남 이후에 심각하게 증가된 침습적이거나 회피적인 증상들이 있었는지? 만일 그렇다면, 이러한 경험들은 정상적인 것이며, 트라우마 과정에서 일반적인 증상들이라는 것을 확인시킨다. 만일 침습이나 회피 반응들이 상당하다면, 그 치료 시간의 노출과 활성 강도를 줄이는 것을 고려한다.

- 중간 부분(20~30분):
  1. 가능할 때마다 치료적 창 안에 머물면서, 정서적 · 인지적 기억 처리를 제공한다.
  2. 만일 중요한 처리가 진행되지 않으면, 심리교육, 일반적인 대화 또는 내담자 인생에서 기분이 덜 상했던 사건들에 집중한다.

- 후반 부분(15~25분)
  1. 필요한 만큼 일어났던 기억 처리 과정을 보고하거나 정상화 그리고 타당화하는 작업을 한다.
  2. 처리하는 동안 내담자의 주관적 경험뿐 아니라 치료 시간 동안 있었던 어떤 생각이나 느낌에 대해 묻는다.
  3. 필요하다면 처리 과정 동안 나타난 추가적인 인지 왜곡에 대하여 인지치료를 제공한다(7장 참조).
  4. 만일 내담자의 활성화 수준이 높은 상태로 남아 있다면, 그의 정서적 각성을

줄이는 작업을 한다. 여기에는 비정서적인 사안들에 대한 집중의 증가, 게다가 인지적(정서적이 아닌) 처리, 그리고/또는 6장에서 언급한 안정화가 포함될 것이다.

- 마무리(마지막 5~10분)
  1. (필요한 만큼) 내담자에게 때때로 증가되는 플래시백, 악몽, 물질 남용 및 긴장 감소 행동과 같은 회피활동을 하고 싶은 욕구를 포함한 트라우마 처리의 잠재적 지연 효과에 대해 상기시킨다.
  2. (필요하다면) 치료 시간에 확인된 위험에 관하여, 또는 가능한 자기 (또는 타인) 파괴 행동의 가능성에 안전 계획을 제공한다.
  3. 끝맺는 말(예 : 치료 시간에 대해 요약하는 것)과 격려하는 말을 제공한다.
  4. 다음 치료 시간의 시간과 날짜를 분명히 전달한다.

추천 문헌

Briere, J. (2002). Treating adult survivors of severe childhood abuse and neglect: Further development of an integrative model. In J. E. B. Myers et la. (Eds.), *The APSAC handbook on child maltreatment* (2nd ed.; pp. 175-202). Thousand Oaks, CA: Sage.

Briere, J., &Lanktree, C. B. (2014). *Treating substance use issues in traumatized adolescents and young adults: Key principles and components.* Los Angeles, CA: USC Adolescent Trauma Treatment Training Center, National Child Traumatic Stress Network, U.S. Department of Substance Abuse and Mental Health Services Administration.

Cloitre, M., Koenen, K. C., Cohen, L. R.,& Han, H. (2002). Skills training in affective and interpersonal regulation followed by exposure: A phase-based treatment for PTSD related to childhood abuse. *Journal of Consulting and Clinical Psychology, 70*, 1067-1074.

Foa, E. B., &Rothbaum, B. O. (1998). *Treating the trauma of rape: Cognitive-behavioral therapy for PTSD.* New York: Guilford.

Follette, V. M., Ruzek, J. I., &Abueg, F. R. (Eds.) (1998). *Cognitive-behavioral therapy for trauma.* New York: Guilford.

Ouimette, P., & Brown, P. J. (2003). *Trauma and substance abuse: Causes, consequences, and treatment of comorbid disorders.* Washington, DC: American Psychological Association.

제 9 장

정체감 향상과 관계적 기능

2장에서 주목하였듯이 트라우마는 외상후 스트레스, 인지적 왜곡, 정동조절장애 외에도 정체성과 대인 관계에 있어 만성적인 문제들을 유발할 수 있다. 주로 임상가들은 지속적이고 심각한 아동기 학대와 방임 내력(Cole & Putnam, 1992; Pearlman & Courtois, 2005; Schore, 2003) 그리고 정체성과 관계의 장해(disturbance)를 가장 대표적인 성격장애(특히 '경계성')의 원인으로 본다. 트라우마와 끊임없는 심리적 장애의 몇몇 유형은 상당한 연관이 있지만, 이 영역의 모든 문제들이 그 자체로 역기능적 성격과 관련되는 것은 아니다. 많은 사례에서 이들은 반응, 적응 또는 만성적인 아동기 학대의 직면을 위해 발달된 대처기술들을 보여준다.

　Cloitre, Koenen, Cohen, Han(2002), Linehan(1993a), Najavits(2002), 그리고 몇몇 다른 사람들에 의해 개발된 모델을 제외하고, 대부분의 인지행동적 트라우마 치료들은 오직 인지적 또는 외상후 스트레스 증상에만 중점을 둔다. 그러나 다수의, 복합적인 트라우마의 많은 생존자들은 정체성과 대인 관계적 기능에 심각한(종종 상당히 괴로운) 어려움을 보인다. 결과적으로 우리는 이러한 내용을 다룰 수 있는 치료적 개입을 권유한다.

정체성 문제

초기의 심각한 아동기 트라우마의 생존자들은 내적 자아에 접근하는 것과, 내적 자아로부터 오는 무언가를 얻는 것과 관련된 문제들에 대한 불평을 자주 한다. 예를 들면 이러한 것들은 다음과 같은 문제들로 나타날 것이다.

- 자기 자신의 욕구나 권리를 결정하기
- 자기주장이 강한 사람과 함께 있을 때 혹은 강도 높은 감정이 올라오는 상황에서 일관성 있는 자아의식이나 정체성 유지하기
- 스트레스를 받을 때 이에 대한 내적 기준점 가지기
- 다양한 상황에서 자기 자신의 반응이나 행동을 예측하기
- '자신의 가장 친한 친구'가 되는 것, 즉 긍정적인 자아의식에 직접적인 접근하기

이러한 어려움들 가운데 많은 경우가 인생의 생애 초기에, 부모 자식 간의 애착 관계가 양육자의 공격성 또는 다소 역설적으로 방임에 의해 방해받았을 때 발달된다고 여겨진다(Allen, 2001; Hesse, Main, Abrams, & Rifkin, 2003). 아동의 심리생물학 발전에 부정적 영향을 주는 것(예 : 대뇌피질과 자율신경 처리를 조절하는 안와전두피질 [(orbitofrontal cortex)] 능력의 감소; Schore, 1994, 1996; Siegel, 1999) 이외에 아동기 학대와 방임은 적응과 방어의 발달을 동기화시킬 수 있으며, 잇따라 아동의 일관적인 자의식 발달을 저해한다.

아동기 트라우마 생존자들의 정체성 장애에 대한 이유들은 의심할 여지없이 복합적인 것이지만, 초기 해리, 타인 지향성, 다른 사람들과의 원만한 상호작용의 부재 또한 유력한 병인이다(Briere, 2002a). 해리나 생애 초기의 트라우마 관련 고통의 회피는 자아의식이 발달된다고 알려진 아동기 바로 그때의 생존치의 내적 상태에 대한 인식을 차단할 수 있다. 더 나아가 과각성은 위험에 처한 아동이 자신의 생존을 확인하기 위해 필요하며, 이는 자신의 주의를 밖으로 향하게 하고, 내적 자각을 다른 곳으로 돌리는 과정을 뜻한다. 이러한 상황에서(아마도 자기에 대한 내적 모델의 발전을 위해 필요한; Stern, 1985) 자기성찰이 일어날 때 이것은 다음과 같은 이유로 멈추게 된다: (1) 내부로 향하는 주의는 주변 환경으로부터 벗어나기 때문에, 위험을 증가시킨다, (2) 더 많은 내적 자각은(지속적인 트라우마 상황에서) 더 많은 정서적 고통을 의미한다. 마지막으로 많은 아동 발달의 자기 내적 모델에서 자기 역량에 대한 대부분의 이론들은 친절한 타인의 역할을 강조한다(Bowlby, 1988). 사람은 일관성 있고 긍정적인 자의식을 형성하기 위하여 긍정적인 타인들과 상호작용을 해야 한다. 이는 자애롭고 적절히 대응하는 부모나 양육자가 아동이 느끼거나 경험한 것을 반영하여 돌려주고(예 : 아기가 웃을 때 웃고, 아이가 울 때 염려를 나타내는 것), 아동이 합리적으로 강화될

수 있도록 아동의 욕구에 반응을 해주고, 긍정적인 자기 특성을 암시하는 방식으로 아동을 다룰 때 나타난다고 알려져 있다. 아동이 청소년으로 그리고 성인으로 발달하면서, 사회적 환경과 자신 간의 상호작용은 점점 복잡해지고, 이상적으로 타인과의 상황 속에서 자의식은 생성한다. 불행히도 일관적인 정체성 향상의 과정은 긍정적인 양육을 받지 못한 사람들에게는 가능성이 적다.

개입

자기발달의 많은 부분은 다른 사람을 돌보는 상호작용과 관련되기 때문에, 치료적 관계는 내담자의 정체감을 발달시킬 수 있는 강력한 환경이 될 수 있다. 이러한 맥락에서 임상가는 안전을 제공하고, 자기타당성을 지지하고, 자기탐색을 격려하기 위하여 작업한다.

안전 제공

자기성찰은 궁극적으로, 외부 환경이 과각성을 유발하지 않을 때 일어날 수 있다. 이러한 이유로 임상 환경은 이 책의 앞에서 개괄한 안전에 대한 측면을 포함해야 한다. 즉, 내담자가 임상가와 세상으로부터(적어도 임시적으로) 신체적으로 안전을 느끼는 것 이외에 내담자가 심리적 안전을 경험해야 한다. 임상가는 심리적으로 선을 넘지 않으며, (내담자가 자신의 세계를 인식하는 것과 상관없이) 내담자의 영역을 존중하고, 그리고 안정성과 안전을 이야기할 수 있을 만큼 충분히 믿을 만해야 한다. 이러한 요건들이 충족될 때, 내담자는 자신의 내적의 생각, 느낌, 경험들을 탐색하기에 충분하다고, 이 장의 뒤에서 주목하였듯이, 임상가에게 더욱 긍정적인 애착을 형성하기 쉽다. 그러나 앞에서 주목하였듯이 내담자가 치료에서 안전한지를 실제로 알아보는 과정은 시간이 오래 걸릴 수 있으며, 심한 아동기 트라우마 또는 성인 트라우마 경험을 가진 많은 생존자들은 치료 회기에서 안전성을 정확히 인식할 수 있기까지 어느 정도의 치료시간이 필요하다(Allen, 2001). 그렇다고 하더라도, 상대적인 안전감은 치료 기간 내내 나빠질 수도 좋아질 수도 있다.

자기타당성 지지

또한 임상가가 내담자의 필요와 인식들을 본질적으로 타당한 것으로 인정하는 것은 도움이 되며, 기본적인 관계적 권리에 관한 내담자와의 대화는 도움이 된다(Herman, 1992a). 이것은 어느 정도 내담자의 부정적인 자기인식과 다른 인지적 왜곡에 도전하려는 모순으로 보일 수 있다. 그러나 이 책에서 주장한 이 접근법은 자기에 대한 내담자의 '생각의 오류'에 관하여 내담자와 논쟁을 하는 것이 아니라, 오히려 내담자가 현재의 (치료 기반) 관계적 경험에 비추어 잘못된 생각들을 바로 잡고 부정확한 가정들을 인식할 수 있는 방법으로 내담자와 함께 작업하는 것이다. 비록 대개의 경우 임상가는 내담자의 자기거부(예 : 내담자가 다른 사람에 의해서 존중되거나 돌봄을 받을 자격이 없다는 신념)를 인정하지는 않겠지만, 이러한 생각과 모순되는 치료적 경험을 제공할 것이다. 이것은 어떤 면에서 7장에서 묘사된 한 가지 유형의 격차이다. 내담자가 스스로를 자기결정할 수 있는 권리를 가지고 있지 않다고 생각하더라도, 자기에 대한 인식은 치료 시간에 경험하는 긍정적 배려 및 수용과 상반될 것이다. 이러한 인식들은 임상가에 의해서 강화되지 않을 때 시간을 두고 감소되기 쉽다. 이와 동등하게 중요한 것은 자신을 타당하다고 하는 메시지가 임상가의 행동에 의해 내담자에게 반복적으로 전달되면서, 받을 자격이 없다는 것과 받아들일 수 없음에 대한 내담자의 생각들이 상호 모순된다는 것이다.

내담자의 권리에 관한 이러한 일반적인 초점은 생존자가 학대나 방임 상황에서 학습한 타인 지향성을 발전시키는 데 도움을 줄 수 있다(Briere, 1996). 대부분의 아동기 학대 동안 아동의 주의는 주로 학대자의 필요, 그가 폭력적이 될 가능성에 초점을 두며, 결국은 학대자의 현실에 대한 관점으로 향하게 된다. 이러한 상황에서 아동의 필요나 실제는, 위험하지 않다고 주장되었다면 상관없는 것이 된다. 그러나 내담자 중심 환경에서, 임상가가 요구하거나 기대하는 것보다는 내담자가 필요로 하거나 인식하는 것이 현실이 된다. 이러한 환경에서 내담자는 내적 상태, 인식, 필요를 더 확인할 수 있으며 의미 있는 다른 사람들(즉, 임상가)이 있을 때 자기에 대한 이러한 측면을 어떻게 '계속 유지하는지' 알게 될 것이다. 내담자의 경험이 궁극적인 초점이라고 강조함으로써, 내담자가 자신의 내적인 느낌과 필요들을 확인하고 그것에 이름을 붙이도록 도와줌으로써, 임상가는 내담자가 일관적이고 긍정적인 자기에 대한 모델(부모들이 그랬어야 했던 방식으로, 내담자의 아동기가 더욱 안전하고, 조율되고, 지지적이 되는 방식으로)을 형성하도록 돕는다.

자기탐색 격려

자기탐색과 자기언급을 가능하게 함으로써(임상가를 포함하여, 다른 사람들의 기대 또는 반응에 따라 자기를 정하는 것과 반대로), 치료를 통해서 생존자는 자신의 내면에 대하여 더 많은 감각을 얻을 것이다. 자기인식의 향상은 치료 과정을 통하여 내담자의 지속적인 내적 경험에 대하여 반복적으로 질문을 받을 때 일어날 가능성이 특히 크다. 이러한 과정에는 (7장에서 설명하였듯이) 피해 경험과 그 이후의 내담자의 감정과 반응, 내담자의 초기 인식과 경험, 지속적인 치료 과정에 대한 내담자의 생각과 결론에 대한 다수의 세심한 질문들이 포함될 것이다. 그러나 이것과 동등하게 중요한 것은 내담자가 트라우마 관련 그리고 그 밖에 모든 현실에 대해 자신이 무엇을 생각하고 느끼는지를 찾는 것이다. 부당한 괴롭힘으로부터 생존하기 위하여 필요한 타인 지향성 때문에, 자신이 좋아하는 것과 싫어하는 것, 자신과 다른 사람들에 관한 견해, 자격과 의무, 치료적인 지지와 수용 상황에서 연관된 현상을 탐색하도록 격려되어야 한다. 이러한 더 광범위하고, 덜 구체적인 트라우마 집중 치료 개입은 '정체성 훈련'이다. 이는 생존자에게 다른 사람들이 생각하고 느끼는 것과 별개로, 자신이 생각하고 느끼는 것을 알아내는 기회를 제공한다.

자기성찰, 자기탐색, 자기정체성에 대한 임상가의 일관적이고 지속적인 지지는 내담자가 더 연결되고 접근 가능한 내적 자아의식 발전시키도록 한다. 궁극적으로 임상가는 내담자의 내적 생활과 자기 결정의 발전에(증상 해결 이외에) 우선적인 관심을 두어 지지적이면서도 함께 참여하여 도움이 되는 애착관계를 가진다. 이러한 과정은 특정한 치료 기법이나 프로토콜에 덜 집중되더라도 더 중요한 치료적 측면 중 하나가 될 수 있다.

관계적 장해

이 책에서 제시한 관점은 트라우마를 가진 사람들에 의해 경험되는 많은 관계 문제들이 가혹한 대인관계와 관련된 세계의 적응과 이 세계에 대한 초기의 배움으로부터 생긴다는 것이다. 비록 이러한 어려움들이 성인기의 만성 트라우마 결과로서 일어날 수 있지만(예 : 지속적인 가정 폭력, 고문 또는 만성적으로 위험한 환경에서 사는 것), 이러한 어려움은 초기의 아동기 학대 상황에서 훨씬 더 자주 보여진다(Pearlman & Courtois, 2005). 학대와 방임의 가장 초기 영향 중 하나는, 이들의 양육자로부터 어떻게 다루어졌는지에 기초하여, 자기와 다른 사람들에 대한 아동의 내적 표상이 된다고 생각된다(Allen, 2001). 학대나 방임 사례에서 이러한 추론들은 특히 부정적으로 되기 쉽다. 예를 들면 학대받은 아동은 자신이 벌이나 무시를 받을 만하다고 생각하고,

본질적으로 받아들여질 수 없거나 악한 사람임에 틀림없다는 결론을 내리거나, 자신을 무기력하고 부적합하거나 약한 존재로 보게 된다. 뿐만 아니라 이러한 부정적인 맥락은 학대받거나 방임된 아동이 다른 사람들을 본질적으로 거부하고 위험하거나 또는 가까이 할 수 없는 존재로 본다는 의미일 것이다.

이러한 자기와 다른 사람들에 대한 초기 형성된 추정은 가끔 내적 작동 모델 (Baldwin, Fehr, Keedian, Seidel, & Thompson, 1993)이나 관계 도식(Baldwin, Fehr, Keedian, Seidel, & Thompson, 1993)으로 묘사되는, 예측과 추정의 일반화된 세트를 형성한다. 이러한 것들은 생애 초기에 부호화되고, 언어 사용 이전이기 때문에 자연적으로 이러한 핵심적 이해는 나중에 인생에서 다른 사람들에 대하여 표현된 견해나 구두 정보들에 반응하지 않는다. 예를 들면 초기 학습에 기초하여 다른 사람들이 자신을 좋아하지 않고 매력적이지 않게 느낀다고 생각하거나, 또는 다른 사람들을 신뢰할 수 없다고 믿는 개인들은 다른 사람들의 말에 기초하여 사람의 가치가 평가되거나 의존할 수 있다는 견해를 쉽게 바꾸지 못할 것이다.

이러한 기억은 종종 암시로 언급되며, 그 자체로는 회상될 수 없는 광범위한 비언어적 그리고 비자서전적 기억들이지만, 현재 환경에서 연상 자극에 의해 유발될 수 있다 (논의에 관하여는 Siegel, 1999 참조). 그 결과 대부분의 사람들은 이러한 초기의 관계 기억들에 관하여 '유아 기억 상실'을 가진다. 비록 이러한 기억들이 인식과 조건화된 정서적 반응을 유발할 수 있더라도 이것들은 과거의 부분으로서 의식적으로 회상될 수 없다.

이러한 핵심 도식의 질과 가치는 이후에 다른 사람들과의 의미 있는 연결과 애착을 형성하고 유지하는 개인의 능력에 영향을 주는 것으로 알려져 있다(Bowlby, 1988). 그 결과 이전에 학대되거나 방임된 개인들은 이후의 인생에서 대립적이거나 혼돈된 관계들에 있는 자신을 발견할 수 있으며, 친밀한 성인 애착을 형성하는 데 어려움을 가지며, 또 가까운 관계를 방해하거나 위협을 주기 쉬운 행동에 관여할 수 있다(Allen, 2001). 이러한 핵심 도식들은 종종 애착 유형으로 언급된다. 이전의 부모 자녀 애착 기간 동안 아동이 배운 학습들은 트라우마를 가진 청소년과 성인들의 역기능적인 대인 관계 행동들과 분명히 관련되어 있기 때문에(Alexander, 1992; Carlson, 1998; Coe, Dalenberg, Aransky, & Reto, 1995), 독자들은 애착 이론에 관한 현대적 교과서들(예 : Collins & Read, 1990; Simpson & Rholes, 1998; Solomon & Siegel, 2003)을 읽어보기 바란다.

관계 도식들(또는 내적 작동 모델들)은 일반적으로 암시적이고 비언어적인 수준에서 암호화되며, 우선적으로 안전과 애착 욕구에 기반되기 때문에 이 도식들은 생존자가 대인 관계적 위협을 거부, 유기, 비난 또는 신체적 위험과 같은 학대와 유사한 것으로 인식하는 상황을 제외하고는 분명히 눈에 띄지 않을 것이다. 이런 일이 생길 때 이러한 근본적인 인식들은 그 결과로 인한 부정적인 정서와 대인 관계의 어려움을 촉발할 것이다(Simpson & Rholes, 1994). 예를 들면 초기에 분리 또는 버려짐을 경험한 사람은 거부, 공감받지 못함 또는 버림을 당할 것 같은 (또는 연상시키는 방식들로) 자극을 경험할 때까지 주어진 직업이나 친밀한 상황에 상대적으로 잘 연관될 수 있다. 이렇게 인식된 경험들은, 초기 트라우마와의 유사성으로, 당면한 상황보다 과하거나 또는 비례해서, 학대되거나 방임된 아동의 감정과 생각에 해당되는 기억, 감정(CER), 그리고 인식을 촉발할 것이다(Briere, 2002a). 이러한 활성화는 비록 가까이 있음을 확인하고 관계 유지를 하려 하지만, 너무 '원시적인'(즉 아동적인) 반응과 욕구를 특징으로 하며, 너무 감정적이기 때문에 관계를 파괴하거나 곤란하게 만드는 행동을 야기할 수도 있다.

만성적인 관계 트라우마 활성화의 가장 극적인 예는 '경계성 성격장애'로 언급되는 것들이다. 2장에서 주목하였듯이 경계성 성격 특성을 가진 개인들은 종종 다음과 같은 것들을 하기 쉽다: (1) 사소하거나 지어낸 대인 관계적 자극에 대한 반응으로 갑작스런 감정 폭발 혹은 상상한 대인 관계적 도발 자극에 대한 반응으로 갑작스러운 감정적 표출, (2) 자책적 인지, (3) 공허감이나 강도 높은 불쾌감, (4) 다른 사람에 의해 버려졌거나, 거부되었거나, 심한 학대를 받았다는 인식에 의해 촉발된 충동적, 긴장 감소 행동(American Psychiatric Association, 2000). 이러한 행동과 증상의 상당 부분은 일반적으로 감소된 정동 조절 능력 상황에서 초기 학대, 버려짐, 거부 또는 부모의 무관심으로 연상되는 CERs, 연관된 기억을 떠올리게 하는 것처럼 볼 수 있다. '경계성' 개인은 성인의 관계적 상황에 자극되어 촉발된 학대 기억 때문에 물질 남용, 부적절한 친밀 추구(예 : 버려짐을 미연에 방지하기 위한 시도)와 같은 행동과 연관된 괴로움을 회피하는 시도를 하거나 마음을 산란하게 하거나 긴장 감소 행동을 할 수도 있다.

치료 개입

병행하는 관계적 장애에 대한 개입들은 7, 8장에서 어느 정도 소개되었다. 그러나 관계적 상황에서 트라우마 처리의 다양한 요소들은 치료적 관계의 기능으로서 더 직접적으로 발생한다. 가장 방해되는 관계는 생애 초기의 심한 학대에서 발행하는 것으로 나타나, 종종 이후의 대인 관계적 자극에 의해서 촉발되기 때문에 사실, 관계적 문제의 가장 효과적인 개입이 사실은 관계적이라는 점은 놀라운 일이 아니다. Kohlenberg와 Tsai(1998)의 트라우마 생존자가 말했듯이, "만일 나쁜 관계가 나를 엉망으로 만들면, 이후에 나를 치유하기 위하여 도움을 주는 좋은 관계가 필요할 것이다"(p. 305). 몇몇 단기 치료 지지자에 의해 제안된 불특정한 플라시보 효과나 비활성 요소와는 달리, 내담자와 임상가의 관계는 직접적으로 그리고 구체적으로 치유될 수 있다.

다른 치료 요소들 중에서 치료적 관계는 대인 관계적 촉발의 강력한 자원이다. 내담자와 임상가의 관계가 향상되면서, 임상가에 대한 내담자의 증가된 애착은 아동기의 애착 경험에 대한 암시적(비언어적, 감각 또는 경험적) 기억을 점차적으로 촉발시킬 수 있다. 많은 내담자에게 이러한 초기 애착 기억은 치료를 하는 동안 학대 관련 생각과 느낌으로 재경험할 수 있는 상당한 학대나 방임을 포함한다. 이렇게 갑자기 발생하는 광범위한 암묵적 '관계적 플래시백'은 과거를 표상하는 상황 정보를 포함하지 않으며(Siegel, 1999), 따라서 현재의 임상가-내담자 관계(인지이론가들이 가끔 '귀인 오류'라고 부르는 것)와 관련된 느낌으로 종종 잘못 인식된다. 이러한 인식과 감정이 일단 활성화되고 표현되면, 긍정적인 치료 관계와 관련되어 안전하며, 위로받고 지지적인 상황에서 의논하고 처리될 수 있다.

더 '단순한' 트라우마 기억들을 작업할 때, 관계적 기억과 연상들(예 : CER과 애착 수준 인식들)에 대한 치료적 처리는 앞 장에서 설명된 노출, 활성화, 차이, 역조건화와 관련되어 있다고 볼 수 있다.

노출

치료 시간에 내담자는 치료적 자극의 반응으로 어떤 면에서 초기의 경험과 유사한 초기 대인 관계적 트라우마에 대한 암묵적 기억들을 재경험한다.

원래의 트라우마와 유사성으로 관계적 기억들에 대한 노출을 촉발할 수 있는 치료 자극들에는 임상가의 외양, 나이, 성별, 또는 인종, 그리고(상처받기 쉬운 내담자의 느낌을 포함한) 내담자와 임상가 사이의 권력 차이가 포함된다. 심지어 치료적 관계와 연관된 긍정적 느낌도 고통을 유발할 수 있다. 치료자를 향한 내담자의 사랑하는 감정(또는 임상가로부터의 비슷한 느낌에 대한 인식)은 성적인 느낌 또는 두려움을 활성화할 수 있으며, 치료자의 보살핌과 수용에 대한 인식은 이러한 경험을 잃어버릴 수 있다는 두려움을 유발할 수 있다(즉 애착 인물로부터의 버려짐). 뿐만 아니라, 치료자들은 공감적 조율의 순간적인 착오, 개인적 문제들로 인한 혼란, 피곤, 또는 4장에서 설명한 내담자의 표상에(이러한 것들은 내담자를 초기의 심한 학대나 방임에 대한 기억들에 부주의로 노출되게 할 수 있다) 의한 그들 자신의 문제들에 대한 촉발을 포함하여, 예측할 수 없는 정상적인 경험에 불가피하게 영향을 받는다.

이러한 별개의 촉발 요인들 이외에, 치료적 관계는 그 자체로(이것의 지속적인 특성과 내담자에게 중요하기 때문에) 내담자의 애착에 관한 아동기의 욕구를 포함한 초기의 중요한 관계들의 자극과 비슷한 자극적 조건들을 복제할 것이다. 어느 정도는 초기 관계가 트라우마에 의해 특징지어지므로 현재의 치료적 관계는 부정적인 관계적 기억들을 촉발하기 쉽다.

좀 더 단순한 트라우마 처리에 관하여 앞에서 주목하였듯이, 노출은 치료적 창의 상황 안에서 일어나야 한다. 이러한 점에서, 임상가는 내담자의 자극 유용성 또는 치료적 관계의 특징이 부정적인 관계적 기억들에 너무 많이 노출되어서 내담자가 압도되지 않도록 확인하여 적극적으로 작업하고 조심스럽게 주의해야 한다. PTSD를 다루는 치료자가 트라우마 기억에 대하여 내담자가 겪는 노출 정도를 적정하듯이, 관계적 트라우마를 다루는 치료자는 이상적으로 치료적 환경의 회상 측면들이 압도적이지 않도록 해야 한다.

예를 들면 4장에서 주목하였듯이, 처벌적인 양육으로부터 쉽게 접근 가능한 도식을 가진 내담자는 치료자의 어떤 판단도 피하는 치료가 요구될 것이다. 비슷하게 신체적으로 또는 성적으로 폭행을 당한 내담자는 다음의 것을 필요로 할 것이다: (1) 안전 문제에 대한 눈에 띄는 특별한 주의, (2) 경계 인식과 존중을 강조하는 치료자의 반응 또는 (3) 내담자 의자와 치료자 의자 사이에 보통보다 더 벌어진 물리적 간격. 반면에 초기의 심리적 방임으로부터 유기 문제를 가진 내담자는 특히 임상가가 내담자에게 조율적이고 심리적으로 함께 있을 때 더욱 편안함을 느낄 것이다. 더 일반적인 수준에서 만성 트라우마 내담자의 치료자들은 어떤 면에서 침습, 통제 또는 자기애를 포함한 행동들을 피하기 위하여, 평소보다 더 많은 주의를 기울이는 것이 필요할 것이다.

불행히도 치료자의 어떤 특성들은 너무 강력한 촉발요인이어서 언제나 유용한 치료가 되지만은 않는다. 아마도 이것의 가장 좋은 예는 치료자의 성별이다. 최근에 남성에 의해 성폭행을 당한 많은 여성들은 남성 치료자와 치료적 작업을 하는 데 상당한 어려움을 가질 것이다. 어떤 사례들에서는 치료자의 성격 특성과 의도와 상관없이, 치료자의 남성적 자극 특성이 남자에 의한 폭행에 대한 트라우마 기억들에 대해 압도적 노출을 유발할 것이며, 이에 따라 치료적 창을 벗어나고 의미 있는 치료적 개입의 가능성을 무효화할 것이다(Briere, 1996). 이러한 사례들에서 가장 좋은 해결책은 대개 내담자를 여성 임상가에게 의뢰하는 것이다. 임상가의 민족이나 인종 정체성이 내담자의 가해자와 같을 때, 또는 치료 장소(예 : 병원)가 내담자에게 트라우마 기억을 압도적으로 유발할 때(예 : 내담자 출생지와 비슷한 시설에서 고문을 당했던 것) 비슷한 시나리오가 생길 수 있다.

그러나 대개 치료 자극들은 적정할 수 있으며, 따라서 치료적 관계는 더욱 도움이 될 수 있다. 이러한 적응은 대인 관계적 트라우마에 관하여 임상가가 일반적으로 치료적 창에 도달하지 못한다는 것을 의미하는 것이 아니다. 치료적 관계가 내담자의 관계적 기억들을 유발하게 되는 것은 대부분 필연적이다. 치료가 내담자를 위한 것이라는 중요성, 그리고 이러한 치료는 자주 공유한 경험, 애착, 친밀함, 상처받기 쉬운 가능성을 포함하기 때문이다.

활성화

치료적 노출로, 내담자는 관계적 트라우마 시점에서 발생한 정서와 사고를 경험한다.

초기의 관계적 기억들에 대해 활성화된 정서적 반응들은 종종 그것들의 갑작스러운 발현, 강도, 상황적으로 부적절하다는 점이 두드러진다. 자기나 치료자에 대한 침습적인 부정적 인식들이 활성화되거나 복종, 어린아이 같은 지각 또는 의존성을 포함한 애착 관련 도식들이 갑자기 나타날 수 있다. 어떤 사례들에 이러한 활성화는 정서적 플래시백과 해리 반응을 촉발할 것이다.

인지정서적 활성화는 폭행이나 재난 같은 개별적인 트라우마 기억들의 맥락에서 일어날 때 내담자와 임상가 모두에 의해 쉽게 이해될 수 있다. 그러나 활성화가 관계적 자극들의 상황에서 일어날 때 내담자의 사고와 감정 너머에 있는 진짜 '이유'는 훨씬 덜 명백할 수 있다. 원래 트라우마 기억이 인생의 첫 몇 해 동안 형성되어, 의식적(분명한) 인식이 가능하지 않기 때문에, 내담자나 치료자는 왜 내담자가 불안해하거나 화를 내는지, 또는 왜 갑자기 임상가를 믿지 않는지를 알지 못할 수 있다. 사실 이러한 활성화가 극적인 경우에 그들은 너무 비합리적이고 상황적으로 부적절하게 나타나서 어떤 사람들에게는 이것이 심각한 정신병리적 또는 심지어 정신병으로 보일 수 있다. 그러나 궁극적으로 이러한 활성화는 이것들이 촉발된 관계적 기억들에 대한 조건화된 인지정서적 반응이라는 점에서 납득될 만하다.

인지정서적 활성화는 내담자의 애착 반응을 (긍정적인 것과 부정적인 것 모두) 유발하기 쉽다는 점에서, 특히 오랜 시간의 더 강도 높은 심리치료와 관련되어 있다. 관계적 트라우마 기억들과 연상된 부정적 도식의 활성화는 다음 Briere(2002a)가 제시하고 있다.

> [A] 자기애적 아버지로부터 정서적 학대의 오랜 내력을 갖고 있는 24세의 여성이 나이 든 남성 임상가와 함께 치료를 시작한다. 내담자는 초기에 그녀의 임상가를 지지적이고 자신을 돌봐주는 것으로 보았지만, 곧 그를 불신하게 되고, 그의 말에서 미묘하게 비난하는 것을 느끼며, 결국 공감이 부족하고 조율과 보살핌이 없고, 판단적인 행동을 하는 치료자에게 화가 나는 자신을 발견한다(p. 194).

이 예에서 내담자와 임상가의 외관상 친절한 관계는 아동기 학대 기억을 유발하고 구체적인 트라우마 인지정서적 반응을 활성화하는 자극(예 : 치료가 진행되면서 증가된 감정적 친밀감의 느낌)을 포함한다. 많은 정신역동 이론가들과 동일하게, 우리는 관계 기억과 느낌의 이러한 활성화는 아동기(그리고 확장된 성인들) 트라우마를 가지고 있는 사람들을 치료할 때 예상되어야 하며, 사실상 만성적인 대인 관계 문제의 성공적인 해결에 종종 필수적이다. 이러한 관계적 활성화가 없는 치료는 실행이 더 쉬울 수도 있지만 내담자의 관계적 생활을 개선하기 위해 꼭 다루어야만 하는 요소를 활성화하지 못할 것이다.

차이

내담자가 치료 동안에 심한 학대나 유기가 일어나거나 일어날 것처럼 생각하거나 느낄지라도, 실제로 그 치료 시간은 안전하며 치료자는 학대적이지 않고, 거부적이지 않고, 위험하지도 않다.

이는 트라우마를 처리하는 데 종종 비판적이지만, 대인 간 피해자가 된 사람들은(특히 그 피해가 만성적이라면) 신뢰는 고사하고, 처음에는 이 차이를 완전히 받아들이기 어렵다는 것을 발견할 것이다. 여기에는 많은 이유가 있다. 첫째로 만성적인 위험에 노출된 사람들은 종종 이러한 위험이 불가피하다고 가정한다. 예를 들면 매 맞는 여성, 참전 군인들 또는 창녀들은 규칙이 갑자기 바뀌고 자신이 안전하다는 것을 받아들이는 것이[특히 힘 있는 사람과의 관계와 같은 기존의(위험한) 상황과 어떤 유사한 상황을 견디는) 매우 어렵다는 것을 발견할 것이다. 두 번째로, 많은 사례들에서 원래 폭력의 가해자들은 피해자에게 접근하는 방식으로 안전, 보살핌 또는 지지를 약속한다. 그 결과 곧 일어날 위험에 대한 경고가 아니라면 안전에 대한 재확신이나 맹세는 '이전과 별 다를 것 없이'일 것이다. 마지막으로, 치료는 함축적으로 어느 정도의 친밀함 혹은 내담자의 최소한의 취약성이 요구된다. 생존자의 관점에서 볼 때 필요한 충족요건은 친밀함에 대한 욕구와 이후 발생하는 상처에 관한 과거 경험의 되풀이다.

이러한 이유들로, 차이/안전이 존재해야 함을 물론이고 내담자는 이것을 인식할 수 있어야 한다. 때때로 치료자를 좌절시킬지라도 치료에서 진실된 관계적 처리가 되기 위해서는 충분한 믿음이 형성되기까지 상당한 시간이 필요하다는 것을 의미한다. 예를 들면 지속적인 정치적 고문, 전투, 또는 집단 폭행의 생존자는 트라우마 치료에 전적으로 참여하기 위해서 충분히 '경계를 낮추기' 전에 매주 한달 동안의 치료가 필요할 수 있다. 비슷하게 치료자는 불신이나 즉각적인 거부를 하는 내담자를 위하여 "당신은 여기서 안전합니다" 또는 "나는 어디도 가지 않을 것입니다"와 같은 말을 준비해야 한다. 이것은 임상가가 이러한 말을 해서는 안 된다는(이 말들이 정확하고, 침습적이지 않고 부담을 주지 않는 방식으로 표현되었을 때) 의미가 아니라, 오히려 이러한 말들이 이전의 역경에 의해 반복적으로 강화되고 비언어적으로 부호화된 인식을 바꾸는 것이 힘들다는 것을 이해해야 한다.

사실 대인적 상황에서 위험을 과도하게 경계하는 사람들에게 차이는 의사소통될 수 없으며, 입증해주어야 한다. 앞서 주목하였듯이 치료자가 믿을 만하다는 치료자의 말은 트라우마 내담자들에게 역효과를 가져올 수 있다. 내담자들이 과거의 가해자들로부터 비슷한 약속이나 맹세들을 들었었기 때문에 이러한 말들은 이들을 덜 안전하거나 안전하지 않다고 느끼게 할 수 있다. 대신에, 치료자는 만성적 관계 트라우마 생존자와 작업할 때, 내담자가 진심으로 앞으로의 안전을 추정하고 차이를 가정할 때까지 시간을 두고 확실히 안전하고 착취당하지 않는 방식으로 행동해야 한다.

노출/활성화/차이 처리는 관계적 트라우마 생존자에게 단계적 방식으로 진행되어야 한다. 치료 초기에 때때로 내담자는 임상가에게 약간의 취약성이나 고통을(그리고 종종 무심코) 드러내고, 반사적으로 부정적인 결과를 기대한다. 사실 이러한 취약성에 대해 치료자가 처벌하지 않고(뒷부분에서 주목하였듯이) 지지와 다소 조심스럽게 적정화된 수준의 뚜렷한 보살핌을 겪었을 때, 내담자는 자신의 심리적 경계들(회피 전략들을 포함하여)을 천천히 낮추고 더 많은 생각이나 느낌을 표현한다. 이러한 반응들이 비슷하게 지지되고 착취당하거나 처벌받지 않을 때, 실시간으로(즉, 치료자 앞에서 직접적으로) 고통을 처리하려는 내담자의 자발성은 일반적으로 증가한다. 이것은 시간이 걸린다는 점을 강조하며, 임상가의 성급한 모습은 역설적이게도 비평, 거부 또는 심지어 자기애에 대해 이야기함으로써 치료 과정을 와해시킬 수 있다.

　　다른 사례들에서, 예를 들면 내담자가 덜 심각하거나 덜 만성적인 관계적 트라우마를 경험한 내담자일 때, 피해의 주변 요건이 치료의 현재 요건과 상당히 다를 때(내담자에 의해 이렇게 인식될 수 있는), 내담자의 환경에 가해자 이외에 지지적인 사람들이 있을 때 차이는 설정하기가 상당히 쉬울 것이며 트라우마 처리는 더 즉각적으로 가능하게 될 것이다. 그러나 어떤 경우라도 이것은 자동적으로 가정될 수 있는 것과는 반대로 평가 문제이다. 정확한 평가의 실패, 과각성이나 아니면 과도하게 두려움을 가진 내담자는 전적인 노출 활성화 활동으로부터 효과를 얻지 못하고, 사실 노출은 차이가 확실히 보일 때까지 반대로 나타날 수 있을 것이다.

역조건화

내담자는 회기 동안 안전을 인식할 수 있는 것뿐만 아니라, 치료적 관계에서 두려움이 감소되는 감정 상태를 경험할 수 있다.

　　8장에서 역조건화가 설명되었을 때 이 현상의 치유적 측면은 (1) 트라우마 기억 노출로 연상된 활성화된 고통과 (2) 지지적이고 보살핌을 받는 치료적 환경에 의해 생겨난 긍정적인 느낌 두 가지 모두 동시에 나타나는 것으로 설명되었다. 관계적 트라우마가 진행될 때 역조건화는 잠재적으로 더욱 중요하다. 이러한 점에서 활성화된 부정적인 관계적 인식들(예: "그/그녀는 나를 싫어한다", "그/그녀는 나를 상처주거나 버릴 것이다" 또는 "내가 상처받기 쉽게 된다면 나는 이용당할 것이다") 그리고 느낌(예: 권위적인 인물이나 친밀함과 관련된 두려움)은 직접적으로(그리고 따라서 잠재적으로 더욱 효율적으로) 긍정적인 관계적 경험에 의해 모순된다. 다시 말해서 배려와 수용의 특정 상황에서 학대에 대한 두려움과 예측하는 것은 특별히 도움이 될 수 있다. 초기 정신 역동 이론의 언어에서는 활성화된 도식과 느낌에 대한 실제적인 시간 모순은 교정적 정서 경험(corrective emotional experience)을 제공할 것이다(Alexander et al., 1946).

　　그러나 치료에서 부정적인 기대와 긍정적인 경험이 함께 수반되는 것에는 잠재적으로 부정적인 점 또한 있다. 치료에서 긍정적인 경험들이 가까운 관계에 대하여 초기에 가졌던 신념과 모순될 수 있듯이, 활성화된 부정적인 관계적 인식들이 치료에서 생긴 긍정적인 관계적 현상들을 내담자가 확인하고 접근하는 것을 방해할 수 있다는 것도 사실이다. 다행히도 전부 아니면 아무것도 아닌 경험은 거의 드물다. 대부분의 사례에서 불신하거나 과도한 경계를 하는 내담자들도 임상가의 지지와 인정이 분명하고 확실히 믿어질 때 서서히 부정적인 관계적 인식을 재평가하게 될 것이다. 내담자가 치료적 안전을 인식하는 데의 어려움이 있는 사례에서, 치료적 돌봄과 긍정적 수용을(그리고 이에 따른 긍정적인 애착 경험들) '받아들이는' 점진적인 과정은 치료에서 상당한 시간을 필요로 할 것이다.

　장기 심리치료와 연관되어 있는 내담자들은 치료자의 지지와 돌봄보다 더 강력한 형태의 역조건화를 경험할 수 있다. 이것은 치료자와 내담자 간의 더 깊은 따뜻함과 관계로 설명된다. 이것은 트라우마 처리에서 특별히 지지적으로 보이는 감정의 상황이다. 비록 이러한 현상은 수량화하거나 경험적으로 확인하는 것이 어렵지만, 우리는 다른 사람들처럼(예 : Siegel, 2003), 이러한 반응들이 비교적 타고난, 애착 수준의 감정과 인식들의 활성화를 대변한다고 짐작한다.

　아이는 태어나자마자 비교적 초기에(어떠한 문제도 개입되지 않을 때) 부모와 신생아 모두 대개 서로를 향하여 매우 긍정적인 감정들을 경험한다. 이러한 느낌과 연관된 인지는 진화적으로 얻어진 생존 기능인 것 같다(Bowlby, 1982). 아이가 분리의 고통을 피하기 위하여 부모에게 가까이 있으려는 것 이외에도 아이는 생물학적으로 부모 자녀 관계의 친밀함이 가져다주는 긍정적 감정을 활성화하려 한다고 우리는 제안한다. 비슷하게, 부모는 아이에게 애착 관계를 유지하는데, 여러 이유들 중에서, 자녀와의 분리는 부모에게 상처가 되며, 아이와의 친밀함이 긍정적인 감정을 만들기 때문이다. 이러한 부모-자녀의 친밀함에 대한 상호적 갈망은 아이가 젖을 먹고 보호받게 될 가능성을 최대화하며, 그렇게 함으로써 지속적인 생존을 지원한다.

　애착에 대한 선천적 보상 체계에 대한 개념이 다소 추측에 근거한 것이지만, 최근의 연구는 긍정적 애착 경험이 도파민과 베타 엔돌핀 보상 체계를 활성화시키는 것으로 나타내고 있다(Schore, 2003). 이런 생리적 체계의 친밀함과 유대감에 대한 보상은 인간의 일생 동안 경험할 수 있고, 보살피고 양육하는 사람들과 지속적으로 가까이 있을 때 유발될 수 있다. 부모 자녀의 두 사람 조합, 주요한 우정 또는 성적 관계들에서 활성화되었을 때 이 현상은 대개 사랑이라고 불린다. 비슷한 느낌은 이러한 활성화가 양육과 장기적인 심리치료에서 나타날 수 있다는 것이다. 이것은 정신분석가들이 전이의 형태로 간주하는 것, 그리고 우리는 가장 적절한 용어인 **애착 활성화**(attachment activation)로 부른다.

계속되는 심리치료 과정 동안 애착 활성화가 일어나는 정도까지, 몇 가지 결과들은 비슷하다. 첫째로, 타고난 애착 반응으로 유발된 긍정적이며 지속적인 느낌은 특히 이전 트라우마 경험들로 연상된 부정적인 생각과 느낌을 역조건화하는 데 효율적이다. 둘째로, 애착 활성화는 내담자로 하여금 다른 종류의 아동-부모 생각, 느낌, 그리고 행동을 하게 만드는데, 이런 반응들은 치료에 미칠 영향에 관하여 조심스럽게 관찰되어야 한다. 예를 들면 내담자는 치료적 관계가 지속되고 깊어지면서 더 의존적이고 '유아적인' 것이 된다. 내담자는 치료자에게 더 접촉하려 하고, 더 자주 전화를 하고, 더욱 가까워지려고 다른 방법을 찾을 것이다. 셋째, 초기 애착 경험들이 특히 불안전하거나 문제가 심했던 내담자들은 치료적 관계가 초기의 관계적 트라우마의 재경험을 촉발하는 데 매우 강력한 것이다.

몇 가지 사례들에서, 이러한 유형의 전이는 내담자가 치료자와 매우 기본적인 관계적 기능으로 '퇴행'하면서, 문제를 나타낼 것이다. 그러나 치료 시간에 폭행을 감정적으로 처리하는 것과 같은 방식으로, 애착 수준으로 이해하는 것은 중요하다. 앞서 설명하였듯이 목표는 치료적 창 안에서 작업하는 것이다. 충분한 관계적 접촉, 지지, 그리고 내담자가 고통 감소의, 양육 상태의 상황 안에서 잠재된 아동기 안에서 기억을 재경험할 수 있는 기회를 갖는 것도 긍정적인 관심을 제공하는 치료적 창이다. 그러나 동시에 치료자는 너무 많은 초기의 트라우마 관련 고통이 내담자의 의존 욕구가 성장에 해가 되는 방식으로 강화될 정도로 고통과 관련된 너무 강하게 활성화되게 하거나, 유사-부모 지지를 너무 많이 제공해서는 안 된다. 아마도 후자는 내담자를 보호하거나 또는 구하려는 치료자의 필요에 대한 지속적인 검토에 의해 가장 잘 방지된다. 그 밖에, 분명하게 치료자에 대한 애착 수준의 감정 출현 가능성은 부적절한 내담자의 성적 매력이나 낭만, 또는 치료자의 충족되지 않은 애착(양육을 포함한)을 충족시키기 위한 내담자의 착취에 대하여 특별한 경계를 필요로 한다(Chu, 1992; Herman, 1992a). 이러한 '역전이'(자기 트라우마 모델에서는 역활성화로 언급되는)가 행해지면, 차이를 파괴하고(즉 안전을 제거하며) 트라우마 관련 CER과 인식을 강화하거나 증가시킨다.

둔감화

치료자와의 관계로 유발된 내담자의 관계적 트라우마 기억의 반복적인 노출은 치료적 관계에서 비롯되는 자신의 부정적인 기대와 감정의 비강화와 역조건화의 결합으로,

관계와 위험 사이의 학습된 연결을 와해한다.

8장에서 설명하였듯이 노출, 활성화, 차이, 역조건화의 과정은 치료적 창 안에서 충분히 반복될 때 종종 트라우마 기억에 대한 둔감화로 이끈다. 이것은 아마도 다음의 여러 과정을 포함한다: (1) 차이를 통한 비강화된 감정적 반응의 소멸(예 : CERs), (2) 기억과 감정적 고통 사이의 연상을 기억과 더욱 긍정적인 느낌의 새로운 연결로(예 : 지지와 보살핌으로 연상되는 것들) '덮는' 형식을 포함한 역조건화 효과들, (3) 트라우마 기억을 유발하는 관련 자극에 대한 변화된 능력(즉, 대인적 사건들에 대한 내담자의 해석을 변화시키는 통찰이나 새로운 정보)을 포함한다. 마지막 요점에 관하여는, 긍정적인 치료적 경험들은 초과 학대 기억을 자연스럽게 촉발하는 관계나 대인 관계적 친밀성의 능력을 변화시킬 수 있다. 관계는 그 자체로 더 이상 위험한 것으로 인식되지 않기 때문에, 따라서 아동기 학대나 방임에 대한 회상을 덜 하게 되기 때문이다.

그러나 점진적인 활성화, 암묵적인 관계적 기억들, 이들의 인지적이고 정서적인 연합의 관계의 전반적인 영향은 내담자 자신의 대인 관계에 대한 내담자의 반응을 바꾸는 것이다. 이 점에서 성공적인 치료는 내담자가 긍정적인 대인 관계들을 만들고 유지할 수 있는 것이며, 이것은 다른 사람들과의 접촉이 더 이상 같은 수준의 공포, 분노, 불신, 부정적이거나 회피적인 행동을 유발하지 않기 때문이다. 그 결과 내담자의 대인 관계는 스트레스나 고통을 지속하기보다 더욱 성취감을 주고, 덜 혼란스럽게 하며, 지지의 원천이 된다.

추천 문헌

Allen, J. (2001). *Traumatic relationship and serious mental disorder*. Chichester, UK: Wiley.

Linehan, M. M. (1993). *Cognitive-behavioral treatment of borderline personality disorder*. New York: Guilford.

McCann, I. L., & Pearlman, L. A. (1990). *Psychological trauma and the adult survivor: Theory, therapy, and transformation*. New York: Brunner/Mazel.

Pearlman, L. A., & Courtois, C. A. (2005). Clinical application of the attachment framework: Relational treatment of complex trauma. *Journal of Traumatic Stress, 18*, 449–459.

Simpson, J. A., & Rholes, W. S. (Eds.). (1998). *Attachment theory and close relationships*. New York: Guilford.

Solomon, M. F., & Siegel, D. (2003). *Healing trauma: Attachment, mind, body, and brain*. New York: Norton

제10장

트라우마 치료에서의 마음챙김

이 책에서 명상과 마음챙김은 트라우마 생존자들에게 잠재적으로 유용한 것으로 다양한 관점에서 소개되었다. 우리는 이 장에서 마음챙김 관련 트라우마 치료의 연구 개요, 목적, 방법들에 대해 더 직접적으로 다룰 것이다. 이러한 개입은 기존의 치료와 단순히 동일한 효과를 주지 않을 수 있다는 점에서 흥미로울 뿐 아니라, '새로운'[1] 또는 더 나은 기술과 관점들을 제공함으로써, 특히 부정적인 경험이 있던 사람들에게 더 적합할 수 있다.

마음챙김 접근을 인지행동(예 : Hayes, Follette, & Linehan, 2004; Segal, Williams, & Teasdale, 2002)과 정신역동(Bobrow, 2010; M. Epstein, 2008) 치료에 접목하는 임상가와 연구자들이 빠르게 증가하고 있다. 사실, 마음챙김을 기반으로 한 개입이 특별히 사용되지 않을 때에도 불교 심리학 또는 수련의 여러 요소들[예 : 자비, 메타인지인식, 연기(緣起, dependent origination)에 대한 감사가 이 장에서 소개됨]은 트라우마를 겪은 사람들을 작업할 때 유용할 수 있다(Germer & Siegel, 2012).

마음챙김이란 무엇인가

마음챙김은 내면의 정신 상태와 외부 세계의 측면을 포함한 현재의 경험을 판단 없이

---

1 마음챙김이나 비(非)자기중심적 동정과 같은 구인들은 수천 년 전부터 주로 불교에서 있어 왔으며, 기독교, 유대교, 명상을 전통적으로 수행해왔던 종교에서도 있어 왔다.

수용하는 태도로 인식하며, 이에 대한 열린 자세를 유지할 수 있는 능력이라고 정의할 수 있다(더 자세한 정의를 위해서는 Bishop et al., 2004; Germer, 2005; Kabat-Zinn, 2003; D. J. Siegel, 2007 참조). 현재의 순간에 집중하고 자신과 세상을 무비판적으로 바라볼 수 있는 능력은 과거의 부정적인 일에 사로잡히거나(또한 영향을 받으며) 미래에 대해 걱정하는 것과는 반대로 심리적인 고통을 줄여주는 것뿐만 아니라(Kabat-Zinn, 2003), 특정 심리적 처리과정이 일어나게 한다.

불교에서의 마음챙김은 실존적 통찰을 높이고, 불필요한 애착으로 인한 고통을 줄이고, 결국 영적인 깨달음을 제공하는 데 최종 목적이 있는 여러 활동 중 하나이다. 불교 사회에서 논란이 없는 것은 아니지만(예 : Kearney, n.d; Wallace, 2006 참조) 최근 몇십 년간 마음챙김은 보다 세속적으로 적용되어 왔다. 즉, 심리 증상과 문제를 줄이는 심리치료의 요소로 활용되어 왔다(Baer, 2003; Briere, 2013; Hofmann et al., 2010). 마음챙김 기반의 임상 개입은 관련 연구결과부터, 다양한 심리 호소 문제에 걸쳐 유용한 것으로 나타났다. 마음챙김은 단순한 심리적 기술을 넘어선다. 그러나 우리는 독자들이 마음챙김의 치료적 적용을 불교 상담이라는 큰 범주와 비교해 작은 부분으로 보기를 권한다. 우리는 이것이 트라우마를 경험했든 안했든 모든 사람에게 풍부한 실존적 교훈과 통찰력을 줄 것이라고 기대한다.

마음챙김에 있어 수용의 개념은 중요한데, 이는 개인이 현재의 자신과 현재 당면한 상황에 대해 '좋다', '나쁘다'로 정의 내리지 않고, 개방적인 자세로 경험 그 자체를 인정하는 것을 포함한다. 온라인 면접에서(Goldstein, 2009) Brach는 이것을 '내면에서 일어나고 있는 것에 대한 정직한 인정, 또한 현재 순간의 삶에 있는 그대로 함께 하고자 하는 용기'라고 말한다(para. 10). 비슷한 맥락으로, Germer(2009)는 이 과정을 '우리의 감각, 느낌, 생각을 매 순간마다 있는 그대로 경험하기로 한 의식적 선택'(p. 32)이라 한다.

수용전념치료(acceptance and commitment therapy, ACT; Hayes, Strosahl, & Wilson, 2011)의 창시자인 Steven Hayes는 수용에 대한 논의에서 인간이 겪는 고통의 기저에는 원하지 않는 사고와 감정을 회피하거나 통제하려는 시도('경험적 회피')가 존재하며, 이에 반해 마음챙김적 수용은 자기 자신과 그 경험(원하지 않는 상태를 포함하는)을 지금 여기에서 판단 없이 포용하려는 적극적인 시도를 포함한다고 말한다. 트라우마와 관련한 다양한 증상과 장애(Engle & Follette)를 위한 수용전념치료에서 증명하듯(Hayes, Luoma, Bond, Masuda, & Lilis, 2006; Ruiz, 2010 참조), 마음챙김에서 수용은 중요하며, 마음챙김 훈련 모델에서 볼 수 있는 주의력과 인식 기술의 발달보다도 더욱 중요하다고 할 수 있다. 오래전에 Carl Rogers(1961)는 개인의 사고나 감정을 바꾸려는 방법으로 수용을 시도할 때 일어나는 내면의 갈등에 대해 설명하였다. "신기한 역설은, 내가 스스로를 받아들일 때 비로소 내가 바뀔 수 있다는 것이다"(p. 17).

이 장의 첫 부분은 마음챙김 기반의 치료를 경험적으로 평가한 연구들을 요약하여, 심리적 고통에 대한 마음챙김의 적용을 과학적 접근으로 설명한다. 이 장의 두 번째 부분은 마음챙김의 측면들을 불교 심리의 실존적/철학적 가르침뿐만 아니라 트라우마와 가장 관련 있는 부분에 적용할 것이다.

연구

경험적으로 증명된 구조화된 마음챙김 개입은 트라우마 노출과 관련한 다양한 심리적 증상과 장애들을 유의하게 감소시킨 것으로 나타났다.

- 불안과 공황
- 우울 혹은 우울 재발의 방지
- 물질 남용
- 섭식 장애
- 주의력 결핍 장애
- 자해 행동
- 공격성
- 낮은 자존감과 기타 인지적 왜곡
- 만성 통증
- 암 질환과 생명을 위협하는 건강 상태의 심리적 영향
- 섬유근육통 증상
- 만성 정서 조절장애
- 경계성 성격장애
- 양극성 정동장애의 요소

위의 증상과 장애 및 다른 문제들에 대한 마음챙김의 임상적 효과성은 다음의 메타 분석이나 리뷰를 참고하라: Baer, 2003; Coelho, Canter, & Ernst, 2007; Grossman,

Neimann, Schmidt, & Walach, 2004; Hayes et al., 2006; Hofmann et al., 2010; Lynch, Trost, Salsman, & Linehan, 2007.

현재의 마음챙김 기반 치료

지난 몇십 년간 경험적으로 타당도가 입증된 다수의 마음챙김 개입이 발전되어 왔으며 이들 모두 트라우마 관련 장애와 연관이 있다. 이는 마음챙김 기반 스트레스 감소 (MBSR; Kabat-Zinn, 1982), 마음챙김 기반 인지치료(MBCT; Segal et al., 2002), 마음챙김 기반 재발 방지(MBRP; Bowen et al., 2011; Marlatt & Gordon, 1985), ACT(Hayes et al., 2011), 변증법적 행동치료(DBT; Linehan, 1993a)를 포함한다. 이들 중 가장 유명한 MBSR과 MBCT는 마음챙김이 어떻게 내담자에게 좋은 영향력을 주는지에 대해 배울 수 있는 예시로 아래에 설명되어 있다.

마음챙김 기반 스트레스 감소

메사추세츠대학교 의학센터의 Jon Kabat-Zinn 박사에 의해 개발된 마음챙김 기반 스트레스 감소(mindfullness-based stress reduction, MBSR)는 서양에서 가장 유명하고 가장 널리 사용되는 마음챙김 개입 방법이다. 일반적으로 각 2시간 반 정도의 집단 회기가 8주간 이루어지며 여섯 번째 주에는 하루 종일 진행되는 회기가 포함된다. 참가자들에게는 과제와 함께 일주일에 6일 동안 각 45분씩 명상 시간이 주어진다. MBSR 관련 주제에 대한 CD와 책들도 종종 사용된다. MBSR의 핵심은 마음챙김 명상을 어떻게 하는지 가르치는 것이며 (a) 특정한 앉는 자세와 눕는 자세, (b) 단일 목표물에 집중하는 것(예 : 호흡이나 신체적 감각), (c) 갑자기 어떤 생각, 감정, 감각에 방해를 받을 때, 이것에 대해 무비판적으로 받아들이고 다시 목표물로 관심을 돌리는 것을 포함한다. (이와 관련된 활동으로서) 바디 스캔(body scan)을 통해 신체에서 일어나는 감각들을 머리부터 발끝까지 전문가의 유도하에 탐색하게 된다. 그 외 훈련들에는 가벼운 스트레칭과 하타(Hatha) 요가 자세, 그리고 마음챙김, 명상, 스트레스에 영향을 주는 마음에 관련된 요소에 대한 강의 및 집단 토론이 포함된다. MBSR과 관련된 연구에서 MBSR이 불안, 우울, 수면 장애, 폭식증, 그리고 전반적인 심리적 고통(Baer, 2003; Grossman, et al., 2004 참조)뿐 아니라 만성 통증과 기타 건강 문제에 효과적인 것으로 드러났다. 중요한 것은, 최근 일부 연구 자료에서는 트라우마 생존자 치료에서 MBSR의 유용성이 밝혀졌다(Dutton, in press; Kearney, in press; Magyari, in press).

마음챙김 기반 인지치료

마음챙김 기반 인지치료(mindfullness-based cognitive therapy, MBCT)는 MBSR의 변형으로, 기존에는 주요우울삽화 병력이 있던 사람들의 재발을 막는 것에 초점을 두었으나, 최근에는 불안을 포함한 다른 영역에도 적용되고 있다(Evans et al., 2008; Semple & Lee, 2011 참조). 일반적으로 이 개입 방식은 2시간씩 8회기로 진행되며 사고, 느낌, 감각에 대해 무비판적인 주의 집중과 명상 기술과 같이 MBSR에서 가르치는 많은 동일한 기술들을 가르친다. 그러나 MBCT는 인지 왜곡과 부정적 사고에 대한 집착이 저절로 계속 될 수 있고 우울의 심화에 큰 영향을 미칠 수 있다는 기존에 확립된 사실에 근거하여, 참가자의 사고 과정에 훨씬 더 초점을 둔다(Beck, 1995). 참가자들은 자신들의 사고에 대해 '탈중심적' 혹은 '메타인지적' 관점을 가져, 현실을 반드시 진실된 증거로 여기기보다는 부정적인 인지 혹은 우울 사고 패턴들을 단순한 사고들로 여기도록 배운다. 이러한 부정적인 사고가 침습하는 경우(예 : "나는 나쁜 사람이다", "모든 것에 희망이 없다" 또는 "나는 할 수 없다"), 억압되는 것이 아니라 냉철하게 인식되며 마음챙김적으로(mindfully) 받아들여진다. 다시 말해, 마음에서 갑자기 일어나는 일련의 과정들은 필연적으로 나타났다 사라졌다 하지만 이것을 내면적인 의미나 진리로 여기지 않아야 한다. 많은 연구 결과에 따르면, 일반적으로 주요우울장애를 적어도 세 차례 겪은 사람들에게 처방되는 MBCT는 이후의 우울 삽화의 심각도를 경감시키거나 예방하는 데 유용한 것으로 나타났다(Piet & Hougaard, 2011).

트라우마를 경험한 개인을 위한 적용

PTSD의 치료에서 마음챙김의 적용과 관련하여 상당한 논의가 문헌을 통해 이루어졌으나(예 : Cloitre et al., 2011; Follette, Palm, & Hall, 2004; Germer, 2005; Orsillo & Batten, 2005; Vujanovic, Niles, Pietrefesa, Schmertz, & Potter, 2011; Wagner & Linehan, 2006; Walser & Westrup, 2007) 트라우마 생존자들에 대한 마음챙김 개입을 다룬 경험적 연구들은 비교적 적은 편이다(Follette & Vijay, 2009). 이는 (1) PTSD는 임상 장면에서 더 심각한 편이라 현재의 마음챙김 기반 치료 모델이 내담자들에게는 압도적일 수 있기 때문이거나, (2) PTSD에 대한 개입에는 고전적인 인지행동적 접근이 주를 이루고 있어 마음챙김 연구자들이 이 분야를 피할 가능성이 있지만, 이는 명백한 사실은 아니다.

　첫 번째 이유는 제한적인 설명력을 갖는다. 2장에서 설명하였듯, 극심한 외상 관련 문제를 겪는 사람들은 심각한 침습적 증상, 공병장애, 정서 조절 능력의 감소와 같은 문제들로 고통받을 수 있으며, 역기능적 회피와 관련되기도 한다(예 : 물질 남용이나 자살 경향성). 이러한 문제들은, 트라우마를 경험한 사람들도 다른 사람들에 비해 쉽게 압도될 수 있으며 개입에 더 취약해 부정적인 내면 상태에 빠지기 쉽다는 것을 의미한다. 그렇기 때문에, 우리는 이 장의 후반부에서 트라우마를 경험한 사람들에게 마음챙김 기반 개입의 사용을 금해야 하는 경우에 대해 설명할 것이다. 그러나 이러한 경우는 비단 마음챙김 개입에만 국한된 것이 아니다. 심한 심리적 고통을 겪는 사람에게 그들의 감정, 사고, 기억에 대해 질문하여 탐색하도록 하는 것은 그것이 노출 치료든, 정신분석이든, 마음챙김 치료이든 상관없이 많은 것을 요구하는 일일 수 있다.

두 번째 가능성으로, 트라우마 관련 증상에 대한 인지행동치료가 마음챙김 기반의 요소의 개입을 방해한다는 추론이 더 이상 설득력이 없다. 많은 저자들은 마음챙김과 인지행동치료의 명백한 양립 가능성(Hayes, 2004; Hayes, Follette, & Linehan, 2004 참조)을 설명하면서 인지행동 이론 및 관련 치료들을 '제3의 물결'이라고 칭하였다. 게다가, 이 장의 후반부에서 언급하겠지만, 마음챙김의 주요 활성 요소들 중 몇 가지는 본질적으로 인지행동적인 부분이 있으며, 여기에는 노출, 인지 재구조화, 정서 조절 훈련이 포함된다.

이러한 연구의 장애에도 불구하고, 적어도 한 가지의 마음챙김 기반 치료 중 하나인 변증법적 행동치료는 특히 경계성 성격장애(Kliem, Kröger, & Kosfelder, 2010; Öst, 2008)와 같이 트라우마가 매우 두드러지는 내담자들에 대해 많은 성공 내력이 있으며, 몇몇 연구 임상가들은 아동 학대 생존자들(Kimbrough et al., 2010; Smith, 2009; Steil, Dyer, Priebe, Kleindienst, & Bohus, 2011)과 다른 사람들(예 : Fiorillo & Fruzzetti, in press)을 위한 마음챙김 개입을 개발하였다. 뿐만 아니라, 경험을 지향하는 기관인 미국 재향군인 복무부 국제 PTSD 센터는 "연구 결과들은 생존자들이 종종 겪는 증상들과 문제들의 해결에 마음챙김이 어떻게 도움을 주는지 보여준다. 마음챙김은 그 자체로, 또는 PTSD 치료에 효과를 보인 기존의 치료법과 함께 쓰일 수 있다"고 밝혔다(U.S. Department of Veterans Affairs, 2011, para. 9). 우리는 이러한 개입의 효과가 점점 더 드러나면서, 미래에는 트라우마를 위한 마음챙김 훈련의 적용이 매우 증가할 것으로 예상한다.

마음챙김과 트라우마 치료

마음챙김 기반 개입이 넓은 범주의 증상과 문제들에 유용한 것으로 밝혀졌지만 상당 부분 역효과를 낼 수도 있으며, 전통적인 트라우마 치료에는 특정 제한점이 있다. 일반적으로 이 개입은 트라우마로 심각하게 영향을 받은 생존자들에게 중요한 치료 형태인 개인 심리치료의 맥락에서 적용되지 않는다. 사실, 경험 기반 마음챙김 개입은, 거의 예외 없이, 집단에서 일어나고 비교적 비임상적이며 개인의 심리 증상 그 자체보다는 기술(예 : 마음챙김, 메타인지 인식, 명상 능력)의 개발에 더 초점을 둔다(Baer, 2003). 이것은 결국 적절한 것이며, 명백한 사용 금지 사유가 없다면 MBSR이나 MBCT(ACT와 DBT도 포함)와 같은 기술 개발 집단 프로그램은 외상을 입은 사람들을 치료하는 데 매우 유용한 도구가 될 수 있다. 그러나 동시에, 2장에서 제시된 다양한 문제들의 결합으로 고통을 받는 사람들은 마음챙김 기반 집단이나 명상 훈련만으로는 모든 혹은 대부분의 임상적 필요를 채우지 못할 것이다(불교의 지도자이자 심리학자인 Jack Kornfield가 이 문제에 대한 혜안으로 집필한 글을 참조). 마지막으로, 마음챙김은 종종 몇몇 트라우마 생존자에게는 사용이 금지될 수 있는 명상을 통해 가장 잘 학습될 수 있기 때문에, 트라우마의 증후를 포함하여 내담자의 개별적인 트라우마 내력의 잠재적인 영향력을 반드시 고려하고, 감독하여 생존자가 부정적인 영향을 받지 않도록 관찰해야 한다.

이러한 맥락에서 우리는 다음과 같은 절충적 접근을 제안한다.

1. 마음챙김(일반적으로 명상) 훈련이 적합한지 선별한다. 경험상 갑자기 나타나는 침습적 플래시백, 반추 또는 트라우마 기억이 쉽게 떠오르는 내담자들은 명상을 할 때 때때로 괴로워지거나 불안정해지기 쉽다(Germer, 2005; D. H. Shapiro, 1992; WIlliams & Swales, 2004). 이는 명상과 마음챙김이 경험에 대한 회피는 감소시키고 기억이나 고통스러운 정서적 상태와 같은 내적 경험에 대한 노출을 증가시키기 때문이다(Baer, 2003; Germer, 2005; Hayes et al., 2011; Treanor, 2011). 또한 2장에서 언급하였듯이 어떤 생존자들은 정동 조절/감내 능력의 감소를 겪는데, 이는 명상에서 감각이나 정서적인 소재가 건드려질 때 더욱 압도될 수 있다는 의미이다. 더 분명한 사실은, 정신증, 심각한 우울증, 양극성 조증, 심각한 자살 경향성 또는 어느 정도의 물질 남용을 겪는 트라우마 생존자들은 대체로 현재의 증상이나 상태가 호전되거나 통제가 가능할 때까지 명상 기반의 마음챙김 훈련을

피해야 한다. 그러나 흥미롭게도 연구 결과에 따르면, 위험도가 높은 집단도 종종 철저히 관리된 마음챙김 훈련을 통해 효과를 볼 수 있다(예 : Deckersbach et al., 2011; Langer, Cangs, Salcedo, & Fuentes, 2011; Williams & Swales, 2004). 물론 이렇게 통제된 상황이라도 마음챙김 훈련을 적용하기 전에 각 사례의 특이성을 고려해야 한다. 증후를 보이는 트라우마 생존자들에 대한 마음챙김 훈련의 활용이나 각색에 대해서 Germer(2005)의 제안을 참고하기 바란다. 이러한 사안들을 볼 때, 우리는 트라우마와 관련하여 명상을 하려는 내담자들에게 발생할 수 있는 위험 요인에 대해 사전에 숙지시키길 권한다. 많은 경우, 명상/마음챙김 훈련을 받는 데 있어 어떤 심리적 장애도 나타나지 않고 긍정적인 효과가 발생할 수 있다. 어떤 경우에는 명상을 전혀 시도할 수 없는 내담자도 있다. 이런 경우 내담자가 보다 안정되거나 상태가 호전되면 이를 시도할 수 있다.

2. 마음챙김 훈련을 견뎌낼 수 있고 배우고 싶은 사람은 MBSR이나 MBCT 집단 또는 기본적인 명상 기술을 배울 수 있는 전문적인 명상 훈련 기관에 의뢰한다[2]. 심리치료 회기 중 마음챙김 훈련은 어떤 사례의 경우 비효과적일 수 있는데, 이는 훈련 기술 개발이 상당한 시간을 필요로 하기 때문에 트라우마 중심 치료가 뒷전이 될 수 있기 때문이다. 게다가, 전문성을 갖춘 명상 지도자들은 기술을 가르치는 법뿐만 아니라 훈련과 경험을 통해(일반적인 치료자들은 쉽게 가질 수 없는 배경) 명상과 마음챙김 기술을 습득하였을 것이다.

사실 운이 좋은 경우 치료자가 양쪽 영역 모두에서 충분한 경험을 갖고 있을 수 있으며, 이런 경우 내담자가 치료와 명상/마음챙김 훈련 두 가지를 같은 곳에서 받을 수 있다(Brach, 2003, 2103; Germer, 2005 참조). 다른 경우 치료자는 기본적인 조절 방법을 알려주어 안정되게 하거나 메타인지 능력을 증진할 수 있지만 과도한 시간을 투자하지는 않는다. 어떤 상황에서든지 치료자는 명상이나 마음챙김 기술을 개발하는 데 너무 집중한 나머지 기본적인 트라우마 중심 심리치료에는 너무 짧은 시간만 할애하지 않도록 주의해야 할 것이다.

치료자가 내담자의 주된 명상 지도자가 될 확률은 낮지만, 그럼에도 명상에 대한 치료자의 개인적인 경험은 여전히 중요하다. 명상을 경험해본 치료자는 내담

---

2 트라우마 생존자들을 위한 특정 마음챙김 훈련 집단(예 : Kimbrough et al., 2010)이 정기적으로 이용 가능해져, 이것이 가장 좋은 선택이 될 것이다.

자가 심리치료와 마음챙김 훈련에 동시에 참여하는 동안 명상 과정을 검토하고 이에 대해 내담자에게 알려줄 수 있다 이는 내담자가 두 가지 영역에서 배우고 경험하는 것을 이해하고 통합하도록 돕고, 시간이 지남에 따라 마음챙김 훈련의 적절성을 평가할 수 있게 한다.

3. 내담자가 명상 및 마음챙김 기술을 습득하면서 생긴 능력은 트라우마 중심의 심리치료 중에 사용될 수 있다. 여기에는 최소한 다음과 같은 내용이 포함될 수 있다.

- 명상에서 습득한 해결 기술(settling skills)의 사용. 명상을 통해 불안이나 과각성을 줄일 수 있는 사람(Baer 2003; Ogden, Minton, & Pain, 2000)(예 : 자신의 호흡에 주의를 기울이며, 지금-여기에 집중하고, 자신이 정의한 인지적 관점을 덜 수용하기)은 치료가 고통스러운 기억과 이로 인해 유발된 정서를 수반할 때 이러한 기술을 사용할 수 있다. 이와 유사하게, 침습적 혹은 지속적인 생각을 '놓아버리는(let go)' 능력을 요구하는 마음챙김 기술은 내담자가 외상 치료 시 자신의 경험을 지배하는 불쾌한 생각, 느낌 또는 기억을 경험할 때 유용할 수 있다.

- 8장에서 제시된 노출. 여러 저자들(예 : Baer, 2003; Germer, 2005; Kabat-Zinn, 2003; Treanor, 2011)은 내담자들이 마음챙김을 통해 회피가 감소되고 불쾌한 정서가 가득한 기억을 보다 편안한 상태에서, 기억에 대한 반응을 둔감화시켜 역조건화하기 쉽고 정서적 고통을 덜 일으키는 과정으로서, 덜 압도되고 비판단적이며 인지적 관점을 수용할 수 있다고 말한다(Briere, 2012). 이 과정은 [선불교 저자들은 '당신의 두려움을 티타임으로 초대하는 것'(원작자 미상) 또는 '두려움에 기대는 것'(Brach, 2003)으로 설명] 치료 회기에서 내담자에게 외상 사건을 기억해내고 동반되는 감정을 느끼도록 요청하는 동시에 마음챙김 상태에 머무르도록 함으로써 가능해진다.

- 7장에서 설명한 메타인지 인식. 트라우마 치료에서 내담자는 자신의 외상과 관련한 부정적인 인지, 감정, 기억을 현재 상황에서 특별히 실제적이기보다는 뚜렷한 재경험의 역사인, '단지' 마음의 생산물로 여기도록 요구받는다. 그 의도는 생존자에게 그의 기억이 관련이 없다거나, 더 심하게는 망상적이라고 설득하려는 것이 아니라, 내담자는 이러한 현상이 마음이나 뇌의 투사를 상징하며 현실에 대한 정확한 피드백이 아닐 수 있다고 깨닫는 인식이 증대될 수 있다.

- 반응의 감소와 긴장 감소 활동에 참여할 필요성 또는 기타 회피 행동. 내담자의 명

상 경험과 마음챙김 훈련은 생각, 기억, 감정과 내담자의 관계를 근본적으로 변화시켜 감정 조절 능력을 키울 수 있다. 예를 들어, 생존자가 치료적으로 활성화된 외상 기억과 외부 현실에서 메타인지 인식을 사용하여, "그가 나를 무시하고 있어", "나는 위험에 빠졌어", "난 이런 꼴을 당해 마땅해"와 같은 트라우마에 연관된 파국적인 생각(혹은 감정적으로 반응하는 것)을 할 필요가 줄어들 것이다. 지각력과 압도되는 느낌이 줄어들고 감정 조절과 회피 전략을 사용할 필요도 줄어들게 되는 시점에는, 침습적으로 떠오르는 기억들을 현실로 받아들이기보다는 '오래된 비디오 테이프' 또는 '나의 과거 영화'로 해석하게 될 것이다.

'마음챙김 기반 재발 방지'에서 가져온 또 다른 옵션은 '충동의 파도타기'(Marlatt & Gordon, 1985; Bowen et al., 2011; 6장 참조)인데, 이것은 내담자가 빠져들고 싶은 물질 남용이나 긴장 완화 활동에 갑작스러운 또는 트라우마 관련 마음챙김 기술을 적용하는 법을 배우는 것을 말한다. Kabat-Zinn(1994)이 이야기한 "당신은 파도를 멈출 수 없지만 파도를 타는 법은 배울 수 있다"(p. 32)를 통해, 생존자는 긴장 완화에 대한 욕구가 파도를 타는 것과 비슷하다고 여기도록 할 수 있다. 처음에는 작게 시작하지만 점점 크기가 증가해 최고조에 이르다가 이내(보통 20~30분 정도에) 잦아든다. 만약 내담자가 파도에 올라 탈 수 있는 서핑보드와 같이, 촉발된 감정에 맞서 싸우거나 조치를 취하지 않고 그것을 일시적인 방해로 여길 수 있다면 그는 알코올 사용, 약물 사용, 폭식 또는 제거 행동, 자해와 같이 문제적이거나 자기파멸적 행동을 하지 않을 수 있을 것이다.

4. 진행 중인 치료에서 치료자는 내담자가 실존적인 통찰을 하도록 도와 기존의 고통스러울 수 있는 상황과 사건에 대한 내담자의 관점을 변화시킬 수 있다. 이러한 통찰은 마음챙김과는 달리 기술을 배우는 것을 포함하지 않으나, 치료자는 필요한 경우 대화를 통해 내담자의 기본적인 삶의 추정들을 탐색하는 과정을 수반한다. 이와 관련된 개념은 애착, 비영속성, 연기가 있다.

불교 심리학에서 애착은 '움켜쥐는' 또는 '매달리는'의 의미를 가리키며 비영속적인 것들에 매달리거나 과도하게 쏟는 욕망을 포함한다.[3] 비영속성은 모든 것들이 흘러가는

---

3 이러한 불교적 의미가 발달심리학에서의 애착이 의미하는 것과는 일치하지 않는다. 발달심리학적

상태에 있으며 어떤 것도 또는 어떤 사건도 영원하지 않다는 사실이다. 불교에서는 영원하지 않거나 또는 존재하지도 않을 수 있는 것들에 대해 누구나 가질 수 있는 욕망이 인간을 고통스럽게 한다고 말한다. 이러한 과정에 따라 자신 또는 타인에 대한 경직된 사고나 인식뿐만 아니라 물질, 부, 또는 명예에 대한 집착을 버리라고 말한다. 이러한 물질들과 생각들은 결국 지속될 수 없으며 신뢰할 수 없기에 상실, 실망, 불행을 낳기 때문이다(Bhikkhu Bodhi, 2005).

지나친 집착에 대한 금기는 개인이 아무것도 소유하지 않고, 자존감을 버리거나, 다양한 활동을 즐겨서는 안 된다는 의미가 아니다. 다만 개인이 이것들에 집착하지 않으며 마치 영원할 것 같은 착각에 빠지지 않아야 한다는 의미이다. 같은 맥락에서, 타인을 사랑하고 돌보는 것과 내가 사랑받고 돌봄을 받기 원하는 것은 '잘못된' 것이 아니다(오히려 좋은 것이 많다). 한편으로는 변덕스러운 삶과 현상들, 종종 발생하는 상실의 불가피함, 가까운 관계들에 대해 정확한 기대와 관점을 가질 수 없음을 인정하고 수용하는 것이 도움이 될 것이다. 사실, 우리가 도움과 관계에 대한 필요성을 고려할 때, 이러한 덧없음과 공허함을 받아들이는 것은 우리가 누리는 관계들을 가벼이 하지 않고 더욱 소중하게 만들 수 있다.

트라우마는 집착에 강력한 위협이 되는데, 많은 경우 트라우마가 사람들, 소유물, 사회적 지위, 신념, 희망, 자존감 그리고/또는 안녕감의 상실이 수반되기 때문이다. 화상 생존자는 신체 변형이나 기능 소실을 견뎌야 하며, 재난 피해자는 재산이나 사랑하는 누군가를 잃었을 수 있고, 강간이나 고문을 당한 누군가는 개인의 안전, 정의, 또는 타인의 선함에 대한 신념을 잃어 고통스러울 수 있으며, 심장마비 생존자는 이전에는 깊이 생각할 필요가 없었던 불멸에 대한 추정을 재고하게 될 수 있다. 따라서 어떠한 외상이든지 그 고통에는 두 가지 근원이 있을 것이다. 바로 사건 그 자체와 이에 대한 해석으로 인한 상실이다.

불교의 가장 초기의 가르침들 중 하나는 한 사람이 2개의 화살을 쏠 때 한 화살이 즉시 다른 화살에 뒤이어 가는 것과 빗대어, 고통과 그에 대한 반응에는 두 가지 요소가 있다고 설명한다. 첫 번째 화살은 트라우마나 상실과 같은 고통스러운 사건을 만났을 때 객관적으로 느끼는 고통이다. 두 번째 화살은 괴로움을 증가시키는 요구나

관점에서 애착은 가깝고 친밀한 관계를 허용하는 사람들의 긍정적이고, 상호 기능적인 생물심리학 기능이다.

반응들로 인해 가중되는 고통, 특히 수용하지 못함으로 인한 것을 말한다(Thanissara Bhikkhu, 1997). 원래의 우화는 (적어도 번역에서) 두 번째 화살로 인해 고통받는 사람, 즉 상황을 다소 비판하는 것처럼 보일지라도, 어느 누구도 매우 고통스러운 사건에 노출되었을 때 촉발되는 상태나 저항을 완벽히 피할 수는 없을 것이다. 그러나 어느 정도 치료는 다음에 의해 고통의 두 번째 근원을 줄일 수 있다: (1) 흔들리거나 거짓으로 증명된 신념, 욕구, 기대에 대한 생존자의 생각을 가볍게 하고, (2) 보다 현실적이며 영양가 있고 존재로서의 수용적인 방법으로 주의를 돌림으로써, 바꿀 수 없는 것(외상이나 외상에 따른 구체적인 영향)이 아닌 바꿀 수 있는 것(자신의 관점이나 이해)을 변화시킬 수 있을 것이다.

　마지막으로, 연기(緣起, dependent origination)는 모든 것들이 또 다른 원인과 상태로부터 촉발되는 구체적인 상태와 지속되는 원인들로 인해 일어난다는 것을 나타낸다(Bhikkhu Bodhi, 2005). 다시 말하면, 모든 사건들은 이전의 사건의 영향으로 인해 발생한다. 어떤 사건도 독립적으로 혹은 따로 고립되어 발생하지 않는다. 이러한 견해는 행동 과학의 기본 원리와 일맥상통하는데, 사람들은 다른 것들의 영향으로 인해 어떠한 행동을 한다는 것이다. 연기와 서양의 심리학은 나쁨, 부족함 또는 자신이나 타인의 병리를 불충분한 정보에서 기인한다고 말한다. 만약 한 사람의 (또는 우리의) 문제 행동이나 고통스러운 과거에 대한 타당한 이유(why)를 알았더라면, 우리는 그 사람이나 스스로에 대해 판단하거나 원망하지 않을 수 있을 것이다(Briere, 2012b).

　일반적으로 치료자는 내담자가 자신의 생각, 감정, 반응들을 탐색하게 도우며 어떤 외상 사건에 대해 비지시적 기회들을 제공할 수 있다. 내담자가 외상 사건 전에 스스로에 대해 가졌던 신념은 무엇인가? 외상이 지나간 후 현재 가장 힘든 것은 무엇인가? 내담자가 여전히 진실이라고 믿는 것은 무엇인가? 무엇이 첫 번째 화살이었으며 두 번째 화살은 무엇인가? 이러한 과정이 어떤 특정한 선택을 하도록 치료자로부터 압박을 받지 않을 때, 다시 말해 무조건적인 수용과 지지의 상태에서 일어날 때, 내담자의 구체적인 분석은 다음과 같은 느린 전환으로 이어질 수 있다: (1) 자신이 약하거나 병리적인 사람이라는 시각에서, 이미 일어난 사실에 대해 자신은 책임이 없으며 사건에 대한 자신의 반응은 트라우마의 자연스러운 영향이라는 시각으로의 전환, (2) 가해자 혹은 학대자가 본질적으로 악하다는 시각에서 그들의 문제적인 성향과 나쁜 과거력으로부터 기인한 행동이라는 시각으로의 전환이다. 중요하게도 두 번째 개념은 피해자가 가해자를 즉시 혹은 반드시 '용서'해야 한다는 것은 아니며, 특히 그렇게 한다고 해서 생존자가 부정적인 느낌이나 생각을 할 권리가 없다는 것이 아니다(Briere, 2012b). 사실 이 책에서 여러 번 언급하였듯이, 고통스러운 내면 상태(분노 포함)를 막거나 회피해야 한다는 사회적 혹은 개인적 억압은 회복에 필요한 정상적인 심리적 과정을 방해한다. 그러나 끊임없는 증오와 깊은 원한 또한 내담자에게 좋지 않을 것이며 이러한 상태에 덜 머물러 있는 것이 정신건강을 개선하는 데 도움이 된다(Dalai Lama & Goleman, 2003). 이러한 맥락에서, 연기를 이해하는 것은 가해자의 죄를 용서해주는 과정이 아니라, 오히려 생존자의 이익을 위한 것이다(Kornfield, 2008).

마음챙김 치료자

마음챙김 및 존재론적 인정 능력을 키우는 것은 트라우마를 경험한 내담자뿐만 아니라 상담자의 기능에도 중요한 부분이다. 치료자가 깨어 있고, 수용적이며, 자비적인 태도로 내담자에게 집중을 유지할 수 있다면 치료적 관계의 질을 높일 수 있을 것이다(Bruce, Shapiro, Constantino, & Manber, 2010). 긍정적인 내담자-치료자 관계는 4장에서 언급하였듯, 일반적으로 치료에서 가장 도움이 되는 요소로 보인다. 이는 종종 특정 치료 방법의 효과를 능가하기도 한다(M.J. Lambert & Barley, 2001; M.J. Lambert & Okishi, 1997; Martin et al., 2000). 특히 트라우마 생존자들의 경우 내담자-치료자의 긍정적인 관계는 최소 요구 조건이자 강력한 개입이 될 수 있다는 점에서 특히 더 그러하다(Cloitre, Stovall-McClough, Miranda, & Chemtob, 2004; Pearlman & Courtois, 2005).

　4장에서 소개하였듯이, 치료자가 갖춘 마음챙김의 몇 가지 요소들이 외상 치료에 도움을 주는 긍정적인 치료 조건을 만들어낼 수 있다. 여기에는 공감적 조율, 자비, 무조건적 긍정적 존중, 전이와 관련한 반응의 감소를 포함한다.

　마음챙김은 내적 및 외적 현상에 면밀하고 비판단적인 주의력을 기울이는 능력을 배양하는 것을 포함하기 때문에, 치료자가 내담자를 향한 좋은 조율의 자세를 유지하도록 도울 수 있다(Germer, 2005; W. D. Morgan & Morgan, 2005; S. L. Shapiro Carlson, 2009). D.J. Siegel(2007)은 마음챙김이 궁극적으로는 자기조율의 한 형태이며, 마음챙김을 행하는 것은 결국 타인의 내면 경험과 조율하게 한다고 말한다. 치료적 관계에서 치료자의 마음챙김의 역할에 대한 논의에 따르면, Bruce와 그 동료들은 (2010, p. 83) "마음챙김을 행함으로써, 심리치료자는 자기 스스로를 알게 되고 친밀해

짐으로써 내담자를 알고 친밀해질 수 있는 능력을 키우게 된다"고 말한다. 마음챙김을 통해 치료자가 내담자의 현재 경험을 이해하고 '진단'할 수 있는 능력을 증진시킬 뿐 아니라, 내담자의 부정적인 대인관계 도식과 정서적 반응을 처리할 수 있도록 도울 수 있다.

앞서 설명한 것처럼 내담자가 조율을 지속적으로 경험할 때, 특히 만약 치료자의 자비(compassion)가 잘 드러난다면, 개방성과 연결성을 늘리고 관계 위험에 대한 사고(또한 이에 따른 방어)를 줄여 건강을 증진시키는 심리적 · 신경생물학적 체계를 활용함에 따라, 애착 활성화의 한 형태에 들어가게 된다. 트라우마 생존자에게 본래 두려움을 불러 일으킬 수도 있었던 관계 맥락에서 발생하는 이러한 긍정적인 정서들은 신뢰가 쌓일 가능성과 관계적 연결성을 증진시켜 관계에서 오는 정신적 고통을 역조건화하는 경향이 있다(Briere, 2012a).

치료자의 마음챙김은 치료자 자신이 내담자에게 조율하고 자비를 갖도록 할 뿐만 아니라, 심리치료 중 치료자가 과도하거나 부적절한 반응을 하지 않는 부분적인 보호 장치 역할을 한다. 마음챙김은 치료자 자신의 내면 과정에 대한 인식을 높임으로써, 마음챙김은 치료자 자신의 생각, 감정, 기억, 반응의 주관적이고 다중결정적인 성질을 보다 잘 이해하도록 돕는다(7장에서 설명한 메타인지 인식의 한 형태이다). 치료자가 내담자에 대한 자신의 특정 감정 및 인지 반응이 단순히 내담자의 임상 증상으로 인해 발생하는 것이 아닌, 잠재적으로 촉발된 현상임을 보다 잘 깨닫게 되면서 치료자는 이러한 반응들이 뚜렷한 역전이 행동이나 대리외상으로까지 이어지기 전에 이들을 적절한 관점으로 볼 수 있게 된다.

치료자의 마음챙김 개발하기

치료자의 마음챙김과 연민이 긍정적인 효과를 낸다면, 당연히 가져야 할 질문은 어떻게 하면 이러한 능력을 개발하거나 강화할 수 있는가이다. 이에 대해 일반적으로 가장 좋은 해답은 트라우마 내담자를 다루는 경우 규칙적인 명상 연습이라고 할 수 있다. 시중에 치료자들에게 마음챙김을 가르치는 책들이 많지만, 규칙적인 명상은 구조, 반복적인 기술을 개발할 기회들을 제공하며, 결국에는 마음챙김을 의미 있게 증진시키기 위해서 필요한 실존적 통찰을 제공한다. 뿐만 아니라, 마음챙김을 임상에 적용하는 것과 관련된 권위자들(예 : Kabat-Zinn, 2003; Semple & Lee, 2011; S. L. Shapiro & Carlson, 2009) 대부분은 치료자가 마음챙김을 가르치기 전에 자기 스스

로 규칙적인 명상 연습을 하도록 제안한다. 물론 이것은 강의나 워크숍을 듣거나 또
는 Batchelor(1997, 2010), Boorstein(2002), Brach(2013), Chodron(2000), Hahn(1987),
Kornfield(2008), 또는 Salzberg(1995)와 같은 스승들의 책을 통해 마음챙김과 연민에
대한 중요한 이해를 얻을 수 있다고 말하는 것이 아니다. 이러한 것들을 통해 얻는 정
보들은 실제 경험에서 꽤 유용할 수는 있다. 그러나 많은 스승들이 주장하듯, 어떻게
자전거를 타는지에 대해 읽는 것이 실제로 자전거를 탈 수 있게 하지는 못하는 것처
럼, 특히 마음챙김은 경험적으로 배우는 것이 가장 좋다.

서양에서는 일반적으로 치료자들이 명상을 배우고 마음챙김을 배양하도록 하는 두
가지 방법이 있다. 개설된 수업이나 공인된 명상 또는 수련 기관에서 제공하는 훈련
에 참여하는 것과, 공식 MBSR 혹은 MBCT 훈련에 참여하는 것이다. 제시된 두 가지
훈련 중 어떤 것이든 경험이 풍부하고 공인된 전문가가 강의하거나 훈련시키는 기관
에 참석하기를 권한다. 미국 동부와 서부 해안 지역에는 양질의 수련 기관들[예 : Spirit
Rock(http://www.spiritrock.org), the Insight Meditation Society(http://dharma.org)]
과 도시를 기반으로 한 수양 및 훈련 기관들이 있다[로스엔젤레스의 InsightLA(http://
www.insightla.org)와 뉴욕의 the Zen Center of New York City(http://mro.org/)]. 북미
지역 및 그 외의 지역의 훈련 기관들을 찾는 독자들은 http://dharmanet.org/를 참조
하기를 바란다.

추천 문헌

Baer, R. A. (2003). Mindfulness training as a clinical intervention: A conceptual and empirical review. *Clinical Psychology: Science and Practice, 10*, 125-143.

Batchelor, S. (1997). *Buddhism without belief: A contemporary guide to awakening.* New York, NY: Riverhead Books.

Briere, J. (2012). Working with trauma: Mindfulness and compassion. In C. K. Germer & R. D. Siegel (Eds.), *Wisdom and compassion in psychotherapy* (pp. 265-279). New York, NY: Guilford.

Bruce, N., Shapiro, S. L., Constantino, M. J., & Manber, R (2010). Psychotherapist mindfulness and the psychotherapy process. *Psychotherapy: Theory, Research, Practice, Training, 47*, 83-97.

Germer, C. J., Siegel, R. D., & Fulton, P. R. (2005). *Mindfulness and psychotherapy.* New York, NY: Guilford.

Kabat-Zinn, K (2003). Mindfulness-based interventions in context: Past, present, and future. *Clinical Psychology: Science and Practice, 10*, 144-156.

Segal, Z. V., Williams, J. M. G., & Teasdale, J. D. (2002). *Mindfulness-based cognitive therapy for depression: A new approach to preventing relapse.* New York, NY: Guilford.

제11장

급성 트라우마의 영향 다루기

Janelle Jones, Heidi Ardern, John N. Briere, Catherine Scott

이 책의 많은 부분은 만성 트라우마와 관련된 고통의 치료를 다루고 있다. 그러나 보다 최근의 부정적인 사건에 노출된 사람들의 욕구도 또한 중요하다. 하지만 안타깝게도 급성 스트레스장애는 만성 트라우마 증상에 비해 제대로 타당화되어 있는 치료 전략이 적은 편이다. 급성 트라우마 스트레스에 대한 가장 최근의 개입법들은 외상후 스트레스장애의 치료를 변형한 것인데, 이것은 외상후 스트레스가 만성화되었을 때 효과가 있는 것이 급성 반응에도 또한 유용할 수 있다는 가정에 기초한 것이다.

이러한 접근은 일반적으로 타당하지만 더 만성적인 외상성 스트레스와는 대조적으로, 대부분의 사람들이 경험하는 급성 트라우마 스트레스의 형태에는 상당한 차이가 있다. 이러한 차이는 어느 정도 다른 개입 방법에 요구된다.

이 장은 급성 스트레스에 대한 문헌을 살펴보고 급성 트라우마 피해자의 특별한 요구를 고려하며 치료법을 어떻게 변형할 수 있는지 객관적으로 알아보고자 한다. PTSD에서, '급성'의 의미는 일반적으로 외상성 사건 발생 직후 3개월의 기간 동안 나타나는 증상을 말한다. 그러나 진단명에 급성 스트레스장애가 추가됨으로써, '급성'의 의미는 첫 한 달에 나타나는 반응으로 설명되기도 한다. 이 장에서 우리는 이 단어를 넓은 의미로 사용하여 트라우마 노출 후 처음 몇 주나 몇 달간에 일어나는 반응을 설명하는 것으로 한다. 다른 장에서와 마찬가지로, 여기서 제시되는 치료에 대한 연구 데이터는 *DSM-IV*에 기초한다. *DSM-5*는 최근에 개정되었기 때문에 이러한 치료법들이 *DSM-5* 진단기준에 어떻게 부합하는지에 대한 정보는 아직 찾을 수 없다.

급성 트라우마 스트레스에 대한 연구

*DSM-IV-TR*에 ASD 진단명이 소개되고 9 · 11 사건이 발생함에 따라 급성 외상성 고통에 대한 연구가 고조되고 임상적 흥미가 증가했다. 그러나 이 분야에 대한 연구의 대부분은 개입 전략이나 접근법에 초점을 두기보다는 ASD와 PTSD의 발달과 관련한 위험 요인에 대한 논의에 국한되어 있다.

PTSD의 급성 증상과 위험 요인

앞 장에서 다루었듯이, 급성 트라우마 피해자들 중 많은 이들은 자연적으로 회복을 하며 그들의 외상후 증상은 (완전히 해결되는 것은 아니지만) 시간이 지남에 따라 감소한다(치료를 받지 않아도)(예 : Briere & Elliott, 2000; Norris et al, 2002; Rothbaum et al., 1992). 반면 초기 증상이 심각한 경우 PTSD를 포함한 지속적인 외상후 스트레스가 일어날 수 있다. 예를 들면, ASD로 진단될 만큼 심각한 초기 증상들을 가지고 있는 대부분의 트라우마 피해자들이 시간이 지나면서 PTSD로 발전된다는 것을 이전 연구에서 시사하였다.

그러나 흥미롭게도, 최근의 연구들은 만성적인 PTSD를 예측하는 것은 ASD보다는 특정 PTSD 증상에만 국한되는 것일 수도 있다고 본다(체계적 개관은 Bryant, 2011 참조). 이러한 맥락에서, *DSM-IV-TR*에서는 해리 증상이 ASD의 진단 기준에 충족되며, 추후의 PTSD 발병과 연관된다고 보는 반면(Biere, Scott, & Weathers, 2005; Sugar & Ford, 2012), 또 다른 연구들은 과각성의 초기 발생, 수면 장애, 과민성, 재경험과 같은 증상에 비해 해리 증상은 추후 PTSD의 발전에 있어 주요 요인은 아닐 수 있다고 주장한다(Dalgleish et al., 2008; Halpern et al., 2011).

또한 연구들은 다수의 추가적인 변인과 마찬가지로, 외상후 스트레스의 초기 증상, 피해자의 나이, 교육 수준뿐만 아니라, 상해의 정도가 추후 PTSD를 예측한다고 한다(Schonenberg, Jusyte, Hautzinger, & Badke, 2011). 여기에는 업무 지장과 사회생활, 사회적 지지의 감소, 초기 공황 반응, 경증의 외상성 뇌손상, 고통, 부적응적인 정서적 대처가 포함된다(Bryant et al., 2011; Schnyder, Wittman, Friedrich-Perez, Hepp, & Moergeli, 2008; Yasan, Guzel, Tamam, & Ozkan, 2009).

초기 PTSD 증상 혹은 또는 ASD(또한 대부분의 급성 트라우마 발현과 관련된 심리사회적 역기능)를 진행되는 트라우마 생존자들이 경험하는 고위험의 지속적인 고통은 외상후 종합적 증상에 대한 초기 개입의 잠재적인 이점을 강조한다. 불행히도 연구가 계속 진행되고 있지만 이런 개입들의 중요한 본질과 이상적 시기의 선택에 대해서는 명확하지 않다. 예를 들면, 12장에서 언급했던 것과 같이, 몇몇의 연구에서는 PTSD를 방지하기 위해 트라우마가 일어난 직후 초기에 사용했던 치료들의 효과가 불분명한 것으로 밝혀졌다. 이와 비슷하게, 다음에 논의된 것처럼 심리적 디브리핑 기법의 광범위한 사용이 특별히 급성 스트레스 치료나 PTSD를 예방하는 것에 효과가 있다는 것이 아직 밝혀지지 않았다. 다행히도, 점점 늘어나는 연구들은(증가하고 있는 문헌들은) 이후의 PTSD를 감소시키고 ASD를 치료하는 데 다른 접근법들이 효과적일 것임을 시사한다.

급성 스트레스 치료 개입에 대한 연구

복명

본래 심리적 복명(복기)은 전시 상황이나 테러 공격 또는 자연 재난과 같이 많은 트라우마 생존자가 발생하여 개인적인 평가나 치료가 불가능한 상황에서 많은 트라우마 생존자에게 개입하기 위해 개발되었다. 일찍이 제2차 세계대전과 같은 시기에 디브리핑은 군인들이 전쟁과 관련된 고통에서 그들 스스로 '벗어나기(purge)' 위한 방법으로 설명되었다(Bisson, McFarlane, & Rose, 2000).

위기 상황 스트레스 디브리핑

가장 많이 사용되는 디브리핑의 접근은 J. T. Mitchell(1983)이 개발한 구조적 규약인인 위기 상황 스트레스 디브리핑(Critical Incident Stress Debriefing, CISD)이다. CISD는 주요 외상성 사건 이후 구조자, 일차 대응자(first responder), 법조인에게 사용되었다. 예를 들어, 2001년 9·11 테러 사건 이후, CISD는 이 재난에 직접적으로 노출된 여러 집단의 사람들, 사고가 발생한 지역 주변에 거주하거나 일했던 사람들, 사건을 직접 보거나 경험하지는 않았지만 다른 방식으로 영향을 받은 사람들에게 폭넓게 사용되었다.

CISD는 개별 디브리핑을 위한 프로토콜도 있지만 보통 10~20명의 사람들로 이루어진 집단에서 진행된다. 회기는 1~3시간 정도이며 보통 외상성 사건이 발생한 첫 주 이내에 진행된다. 참가자들은 트라우마 경험에 대해 구체적으로 설명하고, 인지적 평가와 사건의 해석을 구조화하고, 감정 반응(정서적 반응)을 표현한다. 또한 스트레스 반응을 정상화하고 사회적 지지를 제공하는 의도로 집단 내 이야기를 공유하는 것이 장려된다. 회기는 미래에 발생 가능한 결과에 대한 심리교육과 대처 전략에 대한 토론과 함께 마무리된다(J.T. Mitchell, 1983).

초기에 생존자들에게 교육과 지원을 제공하는 것의 효과성에 대한 일화적 보고가 있었지만, 그럼에도 CISD가 실제로 PTSD 증상을 예방하거나 현재 겪는 고통을 경감시키는지는 불확실하다. Boscarino, Adams, Figley(2005)의 고용주가 후원하는 위기 개입에 대한 연구는 2~3개의 단기 회기가 PTSD를 포함한 몇 가지 영역에 효과적이었다고 설명했다. 또한 2개의 메타 분석(Rose, Bisson, & Wesley, 2002; van Emmerik, Kamphuis, Hulsbosch, & Emmelkamp, 2002)과 최근에 시행된 무작위 실험(Adler et al., 2008)에서는 단일 회기 디브리핑이 PTSD로의 발전을 막지 못하며 이미 보이는 증상들로부터의 회복도 촉진하지 못한다고 밝혔다. 비 CISD 개입(어떤 개입도 하지 않은)이 오히려 종종 CISD보다 더 나은 결과와 연관을 보이기도 하였다. 사실, 몇몇 연구에서는 디브리핑은 장기적으로 추적했을 때, 더 높은 PTSD의 발생률을 보이는 유해한 영향을 주는 것으로 나타났다(Mayou, Ehlers, & Hobbs, 2000). 반면 Adler 등 (2008)은 CISD가 지나친 고통을 야기하는 것이 아니라고 밝혔다. 우리는 CISD는 평화유지군에게 적용되었을 때 상대적으로 더 효과적이지 않았음에도 불구하고 스트레스 관리 집단보다 더 선호되었다.

CISD가 종종 해로운 영향을 주는 몇 가지 이유를 몇 가지 찾을 수 있다. 먼저, CISD 집단은 종종 다른 트라우마 노출 내력, 고통의 정도, 증상, PTSD의 위험이 각기 다른 사람들을 포함한다. 이러한 상황에서, 어떤 이들은 타인의 경험을 들으면서 스스로의 반응을 처리하고 통합하기도 전에 다시 트라우마를 겪거나 더 많은 고통을 경험할 수 있다. 둘째로, CISD는 그런 목적으로 개발되지는 않았지만, 때때로 트라우마의 1차적인 피해자들(예 : 사고 피해자)에게 적용되기도 한다. CISD에 대한 개관 문헌은 CISD는 응급 구조원들이나 초기 대응자들과 같이 처음에 적용 대상이었던 사람들의 PTSD의 위험을 낮추는 데 더 적합할 것이라 제안한다(Jacobs, Horne-Moyer, & Jones, 2004). 셋째로, CISD는 감정 반응을 정상화하고 타당화하도록 고안되었지만, 어떤 사례에서는 낙인으로 이어질 수도 있다. 예를 들어, 어떤 사람들은 다른 사람들보다 트라우마 사건에 대해 더 극단적인 반응을 나타낼 수도 있어 그들 스스로를(혹은 집단 내 다른 사람에 의해) 정신적으로 문제가 있는 것으로 여길 수 있다. 넷째로, 어떤 집단에서는 (특히 함께 긴밀히 일하는 팀원들이나 법조계와 같이 안전에 대해 서로 의지하는 관계인 경우) 자신의 감정을 드러내고 취약함과 공포를 나타내는 것은 집단으로부터의 거부와 사회적 지지를 감소시키고 이후 업무에 관련한 어려움으로 이어질 다른 관계적 어려움을 야기한다. 마지막으로, CISD가 조직의 모든 개인에게 적용되거나 잠재적 트라우마 사건에 노출된 소집단에 적용되는 정도로, 트라우마를 일으킬 수 있는 사건에 노출되었으나 트라우마를 겪지 않거나 CISD를 활용하는 경우, 그들은 치료에 부정적인 반응을 보일 수 있다.

체계적 관점에서, 주목할 것은 CISD[현재는 위기 상황 스트레스 관리(Critical Incident Stress Management, CISM)로 명명]는 치료법이라기보다는 커다란 정책적 예방 프로그램의 한 부분으로 볼 수 있을 것이다. 그러나 현재 정보가 상대적으로 부족하기 때문에, CISD/CISM의 예방적 유용성에 대한 평가는 더 많은 연구가 필요하다.

근접성, 신속성, 예측성

디브리핑의 또다른 형태[proximity(근접성), immediacy(즉시성), expectancy(예측성), PIE, 혹은 '최전방 치료(Frontline Treatment)'; Ritchie, Watson, & Friedman, 2006)]은 군사 환경에서 부상당한 병사를 전쟁의 최전방으로 돌아오게 하는 것을 목적으로 활용된다. PIE는 부상당한 생존자들이 가장 최전방으로(근접성), 가장 빠르게(신속성) 돌아오도록 개입하는 것을 강조하며 군으로 돌아왔을 때 회복될 것을 기대할 수(예측성) 있어야 한다(E. Jones & Wessely, 2003; Z. Solomon & Benbenishty, 1986). 이 개입은 또한 정서적 표출을 위한 기회와 함께, 기본적인 욕구와 의료적 돌봄에 주의를 기울이는 것을 포함한다. PIE 모형은 1982년 레바논 전쟁에서 이스라엘 병사들에게 적용되어 확연한 장기적·단기적 성공을 거두었다(Z. Solomon & Benbenishty, 1986; Z. Solomon, Shklar, & Mikulincer, 2005). 최근 Potter, Baker, Sanders, Peterson(2009)의 연구 또한 군 배치 중 스트레스 반응을 조절하는 데 PIES[뒤의 S는 Simplicity(간결성)를 의미] 모형의 효과성을 증명했다.

PIE의 효과성에도 불구하고, 기존 트라우마 상황으로의 복귀를 의미하는 '임무로의 복귀'(이후 트라우마에 노출될 가능성도 포함)에 대해서는 다소 논란의 여지가 있다. 예를 들어, 베트남전에서 병사들의 빠른 복귀는 더 나은 정신건강 결과와 관련이 없다(Shalov, 2002). 비교적 트라우마를 덜 경험하였거나, 근본적 생명활동의 회복력이 더 높거나, 외상후 장애 증상에 대한 위험이 낮은 사람들에게는 즉각적인 재노출이 심리적 회복을 촉진할 수 있을 것이다. 그러나 트라우마 사건에 압도된 경우, 또는 정동 조절 기술이 부족한 사람이나 생물학적으로 스트레스에 취약한 사람에게는 이러한 재노출이 다시 트라우마를 만들고 해롭게 작용할 수 있다. E. Jones와 Wessely(2003)의 연구는 전투 상황에서의 PIE에 대해 보다 자세하며 결과적으로 부정적인 평가를 내렸는데, 이는 PIE의 효과성에 대한 초기 측정이 상당히 과장되었음을 시사한다. 독자들은 이 연구발표를 참조하기 바란다.

그 밖의 급성 치료적 개입

디퓨징

급성 트라우마 치료 개입의 흔하지 않은 다른 유형은 '디퓨징(defusing)'이라 불린다. 디퓨징은 단기(대개 10~30분) '대화적' 개입인데, 비공식적 맥락에서 트라우마에 노출된 사람들에게 지지, 안심, 정보를 제공하려는 의도로 고안되었다(Ritchie et al., 2006; Young, Ford, Ruzek, Friedman, & Gusman, 1998). 비록 이 접근법에 대한 연구 자료는 적지만, 보스니아에 주둔하는 스웨덴 평화유지군에 대한 연구는 동료 지지와 함께 적용된 디퓨징이 귀환 후 보다 나은 정신건강과 상관이 있음을 나타냈다(Larsson, Michel, & Lundin, 2000). 그러나 복무 전 최악의 심리 기능을 가진 사람들에게는 이러한 효과가 나타나지 않았다. 이 연구의 결과는 고무적이나 디퓨징의 효과성을 평가하기 위해서 특히 동료 지지의 효과와는 별개로 한 추가 연구가 요구된다.

심리적 응급 처치

심리적 응급 처치(Psychological First Aid, PFA)는 미국 아동 트라우마 스트레스 네트워크(National Child Traumatic Stress Network)와 PTSD 국립 센터(National Center for PTSD)의 테러 재난 분과에 의해 개발되었다. 미국 걸프 지역의 허리케인 카트리나 발생 후 지원을 제공하는 사람을 위한 문서자료의 필요에 따라 출판된 작업문서인 심리적 응급 처치 현장 운영 지침(PFA Field Operations Guide, 2nd edition) 2판은 http://www.nctsn.org에서 다운로드 받을 수 있다. 심리적 응급 처치는 디브리핑 기법과 디퓨징과는 달리 특정한 치료적 개입이 아니다. 이것은 국가 재난, 테러, 그리고 다른 대형 트라우마의 피해자들에게 개별 지원을 제공하는 정신건강 전문가를 위한 모델 체계를 개괄하고 있다.

심리적 응급 처치는 다양한 장소에서(예 : 쉼터, 병원, 기동 응급 의료팀) 이루어지며, 아동, 청소년, 성인에게 적용될 수 있다. 이 모형은 규격화된 것이지만, 유연하게 활용되도록 개발되었으므로 다른 요소들은 각자의 필요에 따라 맞춤화될 수 있다. 이 치료 개입의 주 목표는 트라우마 노출과 관련한 기존의 고통을 줄이고 장기적으로 적응 기능을 개선하는 것이다.

이 모형은 임상가들에게 경계를 침범하지 않는 것과 공감적인 태도를 강조한다. 심리적 응급 처치는 어떤 종류의 트라우마 디브리핑이라도 삼간다. 임상가들은 트라우마를 겪은 이들이 그들의 경험에 대해 가급적이면 적게 또는 그들이 바라는 만큼만 이야기하도록 하며, 정보나 처리하기를 강요하지 않는다. 심리적 응급 처치의 핵심은 안전과 위로를 제공하며 주요 지지 네트워크와 사회적 자원과의 연계를 만드는 등, 즉각적인 필요에 대한 현실적인 지원에 집중하는 것이다. 또한 작업 매뉴얼은 다양한 자료와 노숙인들과 같은 특정 인구들에 대한 팸플릿을 제공한다.

인지행동적 개입

앞서 소개된 접근법들과는 반대로, 트라우마 발생 후 몇 주간 진행된 인지행동치료 과정이 이에 따른 PTSD의 발생 가능성을 줄인다는 것을 뒷받침하는 경험적 증거가 몇 번의 실험에서 증명되었다. 여기에는 치료 개입 직후, 5개월 후, 6개월 후, 9개월 후, 그리고 트라우마 사건 발생 4년 후에 대한 연구가 포함된다(Bryant, Moulds, & Nixon, 2003; Bryant, Sackville, Dang, Moulds & Guthrie, 1999; Echeburúa, DeCorral, Sarasua, & Zubizarreta, 1996; Foa, Hearst-Ikeda, & Perry, 1995; Roberts, Kitchiner, Kenardy & Bisson, 2010; Shalev et al., 2012).

급성 트라우마 생존자들을 위한 첫 번째 인지행동적 개입은 ASD의 진단이 도입되기 전이며, 따라서 트라우마 노출 후 PTSD의 증상 기준에 부합하는 사람들이 연구 대상이었다. 초기 결과는 특별히 긍정적이지는 않았는데, 심리교육, 불안 관리, 인지 테크닉, 노출 치료를 포함한 개입들은 통제집단에 비해 주요하고 지속적인 증상 감소를 가져오지 않았다(Bryant & Harvey, 2000). 그러나 이 연구의 많은 수가 적은 표본 크기로 제한되어 있었고 장애와 증상 정도가 광범위하고 다양하였다.

CBT 후속 연구들은 보다 긍정적인 결과를 보였다. 앞서 말한 Bryant 등(1998)의 두 가지 연구에서는 교통사고나 산업사고의 피해자들에게 다섯 회기의 심리교육, 불안 관리, 지속된 노출, 실제 노출, 인지치료를 제공했다. 통제집단은 지지적 상담을 받았다. 6개월 후 뿐만 아니라, 외상 치료 후 즉시, 통제집단과 비교했을 때, CBT를 받은 사람들 중 유의미하게 적은 비율이 외상후 스트레스장애 진단 기준에 속하였다. 다음으로 진행된 Bryant 등(1999)의 연구에서는 CBT를 받거나 지지적 상담을 받는 보다 다양한 종류의 성적 트라우마가 아닌 그 외 트라우마 피해자들을 대상으로 하였다. 이전 연구와 비슷한 패턴이 나타났는데, 지지적 상담을 받은 피해자들에 비해 지연 노출치료, 인지치료를 받은 이들 중 더 적은 비율이 PTSD의 기준에 부합하였다. 6개월이 지난 후에도 여전히 두 집단은 치료 후 결과에서 유의미한 차이를 보였다. 그러나 치료 집단의 20%는 연구에서 탈락되었는데 이들은 치료를 완료한 사람들에 비해 더 심한 ASD를 가진 것으로 발견되었다. 4년 후, Bryant 등(2003)의 연구에서 앞서 진행했던 두 연구의 참여자들 중 41명을 재검사했을 때, 지지적 상담을 받은 이들이 CBT를 받은 이들에 비해 PTSD 진단 기준에 속하는 확률이 세 배 더 높은 것으로 나타났다. 또한 지지적 상담을 받은 이들은 더 심하고 빈번한 PTSD의 증상을 보인 것으로 보고되었다. 이와 유사하게 Ehler 등(2003)은 최근 교통사고에서 살아남아 PTSD 진단을 받은 생존자들을 최대 12회기의 CBT, 자기개발 책자 활용, 반복적 임상평가에 할당하여 각 집단을 비교하는 연구를 진행했다. 6개월 후의 추적연구에서, 자기개발 책자를 활용한 집단의 61%와 반복적 임상평가를 받은 집단의 55%가 여전히 PTSD 진단 기준에 속한 반면, CBT를 받은 이들 가운데에서는 11%만 PTSD 진단 기준에 속하였다.

최근 두 가지 발표가 급성 스트레스 증상에 대한 CBT 개입의 효과성을 지지한다. 불안장애에 대한 CBT 종합 메타 분석인 Hosmann과 Smits(2008)의 연구는 ASD를 위한 CBT 전략의 효과 크기가 다른 종류의 불안장애에 비해 더 큰 것을 발견하였다. 같은 맥락으로, Roberts 등(2010)이 발표한 급성 스트레스 증상에 대한 조기 심리 치료개입의 효과성에 대한 체계적 분석에 따르면, 단기의 트라우마 집중 CBT가 대기자 리스트 개입과 지지적 상담보다 효과적이었으며, 이러한 효과는 6개월 후에도 지속되었다.

마지막으로, Shalev 등(2011)의 임상 실험은 PTSD 예방에 대한 세로토닌 억제제(serotonin reuptake inhibitor, SSRI; 에스시탈로프람)의 효과를 측정하는 것뿐 아니라, PTSD에 대한 조기 CBT와 지연된 CBT를 비교 분석하여 이 분야의 심리치료 연구를 한 단계 진전시켰다. 실험 참가자는 예루살렘의 대형 병원 응급 의료 서비스를 통해 모집되었으며, 최근 트라우마 사건의 단일 삽화를 겪은 성인 생존자들이다. 이들은 다음의 네 가지 실험 집단 중 한 집단에 무선 할당되었다: 지속적(prolonged) 노출치료, 인지치료, SSRI 대(對) 위약 처방, 대기자 리스트와 후속의 지연된(delayed) 지속노출치료. 결과 자료는 치료 5개월 후와 9개월 후에 수집되었는데, SSRI 대 위약 처방 집단에 비해, 지속노출치료와 인지치료 그룹에서 PTSD가 더 적게 발견되었다. 9개월 후 수집된 데이터에서, 대기자 집단 또한 SSRI 대 위약 처방 그룹에 비해 더 적은 PTSD를 나타냈다. 전체적으로, 지속노출치료와 인지치료는 개입 이후 9개월 동안 PTSD를 예방하는 데 동일하게 효과적인 것으로 나타났고, 지속노출치료를 지연하는 것은 9개월 시점의 결과에 영향을 주지 않았다. 이러한 자료의 내용은 중요한데, 트라우마 사건이나 재난 발생 후 빠른 시일 내 ASD/PTSD의 치료 제공이 여의치 않더라도, 생존자들은 지연된 치료로부터 도움을 받을 수 있을 것이며, 치료가 지연되었다고 해서 만성 PTSD의 발생에 대한 위험성이 높아지지는 않을 것이라는 점을 시사한다. 이 연구는 또한 부분적으로 진단 기준에 부합하는 사람들과 대조적으로 전체 진단 범주에 속하는 사람들을 대상으로 치료하는 것을 지지하는데, 후자의 치료 참여 여부에 상관없이 모두 성공적인 결과를 가져왔기 때문이다. SSRI 집단은 치료 9개월 후 드러나는 예방 효과가 없는 것으로 나타나 가장 나쁜 결과를 보였다.

전반적으로 볼 때, 이 문헌은 CBT의 접근이 적어도 ASD를 겪는 몇몇 사람들에게는 증상 감소와 이후 PTSD의 발현 위험을 줄이는 데 효과적임을 시사한다. 이러한 효과가 전통적 CBT에서만 나타나는지, 트라우마 기억에 대한 신중한 치료적 노출을 포함하는 모든 치료에도 해당하는지는 명확하지 않다. 또한 가장 큰 표본을 가진 확고한 연구들은 교통사고, 재난, 다른 비대인적인 트라우마의 생존자들을 주요 대상으로 한다는 점에 주목해야 한다. 그렇기에 이러한 연구 결과들은 더 넓은 임상 현장으로 일반화하기는 어려운데, 이는 임상 사례에서는 비대인적 사건보다 성적·신체적·대인적 트라우마가 더 흔하고 더욱 심각한 증상을 일으키며 일반적으로 PTSD로 발전하는 비율이 더 높기 때문이다.

급성 스트레스장애 치료 개입 : 개관

앞에서 소개된 문헌들은 비록 특정 치료 상황이나 몇몇 전투 상황에서의 비대인적 트라우마 생존자들에게만 국한된 선별된 표본을 다룬 것이 일반적이나, 급성 트라우마 환자들과 작업하는 임상가들이 무엇을 해야 하고 하지 말아야 하는가에 대해 중요한 지침을 제공한다. 동시에, 이 연구들은 일반 임상 현장에서(그리고 일반 임상 현장에서만 제한되어) 실제 진행되는 급성 트라우마 치료에 초점을 두고 있지 않다는 점에서 좀 더 만성적 외상후 장애 치료와 관련한 인지행동학적 연구들과 유사하다. 이 장에서 소개되는 가장 효과적인 개입의 창시자들은, 학문적 환경에서 종종 비교적 '순수'

ASD 사례와 같은 급성 트라우마 치료의 연구와 치료에 많은 시간을 헌신하였고 고도로 훈련된 전문성 있는 임상가들이다.

반면, '현실 세계'의 많은 임상가들은 그러한 전문적인 훈련을 필수적으로 받지 않고 (1) 다각면의 오래된, 그리고 새로운 트라우마를 가지고 있고 (2) 광범위한 정신과적 공병 질환을 겪기도 하는 환자들을 대하게 된다. 다시 말해, 평범한 지역사회 정신건강 치료소를 찾는 급성 트라우마 생존자들은 대개 다양한 도움이 (심리사회적, 심리적, 그리고 종종 신체적이거나 의학적인) 필요한 것이며 이들에 대한 개입은 많은 평가와 신중하게 관찰된 치료를 수반하는 것이 이상적이다.

이러한 복합성과 일반적인 문제들을 고려하여, 이 장의 나머지 부분들은 지역사회 정신건강 기관, 응급, 트라우마 치료기관 환경에서 선행 연구에 따라 급성 트라우마 생존자들을 다룬 임상적 경험에 기초한 것들이다. 그렇기 때문에, 우리가 여기에서 제안하는 것은 경험주의와 실현 가능성 사이의 균형을 맞추려는 시도이다.

다행히, 특정 전제 조건들이 충족된다면, 급성 트라우마의 많은 치료법은 앞장에서 소개된 만성적 외상후 반응의 개입방법과 상응한다. 예를 들면 치료는 앞에서 소개된 트라우마 처리의 단계를 따르는 편이며, 심리교육과 같은 다른 인지행동 요소뿐 아니라, 노출, 활성화, 불일치(disparity), 역조건화, 소거/해결을 포함한다. 그러나 내담자가 급성 트라우마 생존자일 때 치료의 준비성에 대한 평가는 매우 큰 문제이며 치료 과정에서 적절한 초점, 강도, 진행, 속도에 대해 보다 많은 관심이 요구된다.

즉각적 평가

급성으로 트라우마를 경험하는 사람들에 대한 평가는 3장에서 소개된 것과 같이 일반적인 평가원칙을 따른다. 급성 트라우마에 대한 개개인의 반응은 매우 다를 수 있으며 어느 한 가지도 일반적인 반응은 없다는 것을 기억해야 한다. 어떤 생존자들은 충격을 비교적 덜 받은 것처럼 보이나 어떤 이들은 분노, 눈물, 변덕스러운 행동, 긴장 감소 활동과 같이 극단적이고 극적인 반응을 보일 수 있다. 반면 겉보기에 증상이 없는 것 같은 반응은 간과될 수 있으나, 표정이 없는 모습은 해리, 둔감화, 심각한 내적 고통을 반영하는 것일 수 있다. 이러한 결과로, 평가자들은 트라우마 직후 '조절하고' 있는 것처럼 보이는 사람들이나 평정 상태를 유지하는 듯한 사람들이 잘 대처하고 있을 것이라 생각하는 실수를 자주 범하게 된다.

그러나 동시에, 회피적인 트라우마 생존자는 본인의 의지와 상관없이 치료를 강요

받아서는 안 된다. 트라우마 직후의 높은 수준의 해리나 인지적 회피는 압도적 고통, 그리고/또는 정동 조절 능력의 감소를 나타내는 것일 수 있다. 다른 장에서 이야기한 것처럼, 이러한 경우에는, 트라우마 기억에 대한 과도한 (또는 종종 약간이라도) 노출은 '치료의 창을 넘어서' 또 다른 트라우마를 야기할 수 있다.

일반적으로 우리는 임상가들이 급성 트라우마 환자들이 평가 과정에서 그들이 원하는 만큼 많이 또는 적게 이야기하도록 두기를 권한다. 트라우마에 대해 구체적으로 말하기를 요구하거나 피해자들이 꺼려할 때 더 말하기를 권유하는 것은 가능하면 피해야 한다. 그러나 분명히 어떠한 문제들은 급성기 평가에서 중요한 부분이며, 거슬릴 수 있는 질문이 요구될 수 있다. 이러한 평가의 목표는 위협적이지 않은 태도로 필요한 정보를 이끌어내는 동시에 부드러운 지지를 제공하는 균형을 찾는 것이다.

초기에 평가되어야 할 중요한 문제들은 다음과 같은 내용으로 3장에 설명되어 있다.

- **신체적 안전.** 의료적으로 치료가 필요한 부상이 있는가? 이 사람은 쉼터, 의류, 음식에 충분히 접근 가능한가? 강간이나 가정폭력의 피해자가 가해자로부터 발견되지 않을 수 있는 안전한 피난처가 있는가?

- **자살 충동성.** 자살 생각이나 자살 충동을 초래하는 사망 사건, 압도적인 수치심, 애착 대상의 배신, 크게 감소한 기능, 신체 손상 등이 있는가? 자살 계획이 있는가? 손쉽게 이용할 수 있는 자살 수단(예 : 알약, 칼, 총)이 있는가? 이는 특히 최근의 연구에서 급성 스트레스 반응을 보이는 사람들은 자살에 성공할 확률이 훨씬 높다(이러한 반응을 보이지 않는 사람들에 비해 열 배 더 높음; Gradus et al., 2010)고 밝힌 것과 관련이 있다.

- **살인/폭력 가능성.** 그 트라우마가 복수나 처벌로서 공격적 행동 가능성을 촉진시켰는가? 그 피해자가 총이나 다른 무기를 가질 수 있는가? 엄청난 위협을 하고 있는가? 폭력 행동 내력이 있는가?

- **정신증.** 그 트라우마가 정신증적 증상을 가져왔는가? 만일 그렇다면 이러한 증상이 인지 기능과 목적 지향성을 손상시킴으로써 자신의 자원에 접근하는 것을 방해하는가? 그 증상들이 자신의 판단이나 이해를 손상시킴으로써 그 사람을 추가적 손상의 위험에 처하게 하는가?

- **다른 심리적 쇠약.** 피해자가 심각한 우울, 불안, 해리를 경험하고 있어서 적절하고, 목표 지향적인 방식으로 행동할 수 있는 능력에 손상이 있는가? 극도의 정서적 고통이나 대단히 높은 수준의 침습적 PTSD 증상이나 고통을 겪음으로써 압

도되거나 극적인 불안정성을 경험하고 있는가?

- **인지적 증상.** 주의력, 기억력, 그리고/또는 집행 기능의 손상 증거가 있는가? 이러한 전두-측두 뇌 기능의 결함과 관련한 손상은 급성 외상후 장애를 겪는 사람들에게서 찾아볼 수 있었으며(LaGarde, Doyon, & Brunet, 2010) 치료 과정에 방해가 될 수 있다.
- **가족 또는 기타 사회적 지지.** 생존자가 트라우마 직후 급성기에 활용 가능한 관계적 혹은 사회적 자원이 있는가?
- **트라우마 상태.** 트라우마가 끝났는가? 임상가는 경험한 트라우마가 과거에 있었던 것이기 때문에 계속되는 위협이 없다고 가정할 수 있다. 그러나 불행히도 대인 간 폭력의 많은 형태들이 반복적이고 지속적이어서 피해자에게 지속적 위험을 주고, 심리치료를 어렵게 만드는 생존 반응을 가져온다. 즉각적인 평가 질문은 다음과 같은 것들을 포함해야 한다.
  - 가해자가 피해자에게 아직도 물리적 접촉을 하는가?
  - 피해자가 가해자에게 정서적으로 연결되어 있어 가해자가 피해자에게 접근하는 것이 지속 가능한가?
  - 가해자가 체포되었다면, 그(그녀)는 수감되었는가? 수감되어 있다면 교도소에서 얼마나 있을 것인가? 가해자가 피해자를 해칠 수 있는 외부 연락자와 접근을 하는가?

의뢰

이러한 질문들에 대한 대답을 기반으로 할 때, 즉각적 개입은 적절할 수도 적절하지 않을 수도 있다. 대답에 따라, 많은 경우 임상가의 첫 기능은 의뢰인으로서의 기능이다. 만약 심리적, 의학적, 혹은 심리사회적 어려움이 유의하게 나타난다면 임상가는 적절한 자원에 환자를 분류하는 평가를 할 것이다. 예를 들면 다음과 같다.

- 부상을 당했거나 의학적으로 아픈 피해자는 즉각적인 의료적 처치를 하거나 가까운 응급실로 후송해야 한다.
- 쉼터, 의류 또는 음식이 필요한 사람들은 사회 서비스 기관들에 대한 정보가 주어져야 하며, 관련 사례 담당자들은 내담자의 필요에 주의를 기울여야 한다.
- 강간과 가정 폭력 피해자들은 지역 응급실이나 위기 센터, 쉼터 또는 적절한 사

회 기관으로 의뢰되어야 한다. 만일 필요하다면 보고서가 법 집행인, 성인 보호 서비스 기관 또는 아동 학대 기관들로 연계되어야 한다.

- 정신증적 또는 자신을 돌볼 수 없는 기타 정신병 증상들로 손상된 사람들은 자신 이나 다른 사람을 해치거나 자살을 할 위험에 있는 경우에 정신병동에 입원하도 록 의뢰되어야 한다.
- 비밀보장 원칙의 제한 내 그리고 가능한 범위 내에서 트라우마를 겪는 개인을 지 지할 수 있는 가족과 친구들과의 접촉을 시도해야 한다.

치료

어떤 유형의 의뢰는 급성 트라우마에 노출되었던 증상을 보이는 개인을 위한 것으로 보이지만 공식적인 심리치료의 필요(또한 이러한 필요에 대한 내담자의 인식)는 사람 마다 다양하다. 이에 대한 이유는 다음과 같다.

- 심리치료는 시기와 적절하게 맞지 않을 수 있다. 사건 발생 후 처음 며칠, 또는 몇 주간의 인지적 적응과 통합 과정을 거쳐 정서 반응과 증상들이 갑자기 해소될 수 도 있다. 이 과정은 때에 맞지 않는 심리치료 개입으로 인해 방해받거나 흐름이 변할 수 있다.
- 앞서 말했듯이, 사실 잠재적인 외상성 사건을 겪은 상당수의 사람들은 그 사건에 의해 트라우마를 겪지 않으며, 지속되는 트라우마 이후 증상이 있더라도 적을 것 이기 때문에 치료를 받지 않아야 할 것이다.
- 신체적 부상이 있는 트라우마 피해자들에게는 의료적 처치가 정신건강 평가와 개입보다 우선적으로 취해져야 한다.
- 의료적 치료 외에도, 적절한 쉼터, 의류, 음식은 홍수, 지진, 화재 등의 재난 생존 자들에게 우선되어야 한다(National Institute for Mental Health, 2002). 강간이나 가정 폭력의 많은 피해자들에게 중요한 문제는 가해자로부터 안전하게 지낼 수 있는 장소를 찾는 것일 것이다. 신체적 요구와 안전이 중요한 이러한 상황에서는, 심리적 치료는 최우선이 아니다(Briere & Jordan, 2004). 사실, 이러한 긴급한 개 입이 제공되기 전까지(혹은 개입 대신에) 심리치료는 오히려 해로울 수도 있다.

급성 트라우마 상황에서, 시기적으로 매우 이른 치료는 적절치 않아 보이고 침습 적이며 더 긴급한 문제에 대한 주의를 흐려 오히려 생존에 반하는 것으로 보일 수 있다. 예를 들어 2001년 9·11 테러 사건 이후의 일화적 보고들은 피해자와 가족들이 가장 직접적으로 고마움을 느낀 서비스는 다른 가족들이나 피해자들을 찾아주는 것, 구체적인 조언, 사회 기관에 의뢰, 정서적 격려, 또 어떤 경우에는 도넛, 커피, 담요, 재난 현장 지원 등과 같은 사람의 접촉과 따뜻함이었다고 이야기한다. 그러나 반대로 치료적 개입이 필요하지 않거나 원하지 않는다고 주장하는데도 불구하고 치료자들이 생존자들에게 트라우마 관련 자료들을 이야기하고 처리하도록 강요한 것에 대한 불만도 소수 있었다. 후자의 경우 이러한 치료의 효과를 보다 부정적으로 평가하는 편이었다. 돌봄을 제공하는 사람들로서, 급성 트라우마를 겪는 이들에게 너무 완고하게 '치료적' 서비스를 제공하려고 집착하지 않는 것이 중요하다. 우리가 제공해야 하는 가장 중요한 것은 기본적인 사람의 접촉, 정서적 지지, 다른 이들과의 연대인 경우도 있는 것이다.

어떤 사례에서 정신건강에 대한 치료 요청은 피해자가 아닌 가족이나 성직자 또는 구조대원으로부터 오기도 한다. 치료적 개입을 찾는 이러한 의뢰는 피해자가 자신에게 필요한 의료적 또는 심리적 자원을 찾을 수 없거나 찾으려는 의지가 없을 때 매우 중요하다. 예를 들면 피해자가 정신증적, 자살 충동적 또는 즉시 상해를 입힐 위험이 있을 때 개입은 분명히 필요하다. 그러나 보다 덜 극단적인 경우, 트라우마에 노출된 개인은 요청하지 않은 의뢰나 개입을 침습적이고 자신이 즉시 필요로 하는 것과 무관한 것으로 여길 수 있다.

이러한 주의사항에도 불구하고 어떤 사람들 외상성 사건에 굉장히 그리고 즉각적으로 영향을 받고, 이에 따라 초기 심리치료 개입이 유용할 것이라는 데에는 의문을 갖지 않는다. 만약 다음의 기준을 충족하는 상황이라면 우리는 일반적으로 급성 스트레스에 대한 공식적인 심리치료를 제안한다.

- 평가 결과에서 심각한 심리적 장애가 나타난다.
- 심각한 식량, 쉼터, 의학적 문제가 드러나지 않거나 통제하에 있다.
- 내담자가 치료를 받고자 한다.
- 임상적으로 유의한 증상이 적어도 1, 2주간 지속되었다.

불행히도 이 목록은 상황을 실제보다 단순해 보이게 하는 위험을 갖고 있다. 아마 가장 심각한 것은 어떤 경우에는, 피해자의 장애 수준이 어느 정도 있는 상태에서, 초기 개입이 도움이 될 수 있지만 동시에 피해자는 중요한 증상을 부인하거나 치료를 적극적으로 거부할 수도 있다는 것이다. 이 책의 여러 부분에서 명시되었듯이, 외상후 반응에서 빈번하게 나타나는 것은 일종의 정서적·행동적 회피이다. 압도적 사건과 관련한 충격과 둔감화는 피해자 내면에 대한 접근(그리고 이에 따라 내면에 대한 설명도 포함)을 감소시킬 수 있다. 어떤 경우, 생존자는 부정적 정서에 압도되는 느낌을 받아 2장에서 설명한 ASD의 증상을 활성화시킬 수 있는 대화(예 : 증상에 대한 설명)와 활동(예 : 치료)을 일부러 피할 수 있다. 생존자들은 그들의 증상과 트라우마 자체로 인해 당황하거나 놀랄 수 있으며, 따라서 그들의 경험을 공개하는 것을 꺼려할 것이다. 다른 이들은 정서 표현이나 도움 요청을 나약한 행동이라고 생각할 수도 있다. 또 어떤 이들은 억압하거나 알아차리지 않는다면 트라우마 증상들은 저절로 없어질 것이라는 기대로, "과거는 과거로 묻어 두어라" 혹은 "그냥 극복해라"라는 사회적 메시지를 받아들일 수도 있다.

　동시에 이러한 다양한 반응은 임상가에게 수수께끼를 남길 수 있다. 어떤 사람은 트라우마를 겪는 것으로 보이나 증상을 부정하고 치료 권유를 거절한다. 궁극적으로 경험을 털어놓거나 치료에 참여할지에 대한 선택권은 결국 피해 당사자에게 있다. 증상이 확연한 사람이라도 스스로가 원하지 않는다면 심리치료를 받도록 강요하는 것은 현명하지 않다. 한편, 이러한 상황을 마주할 때(예 : 증상이 심각한 강간 피해자가 혼자 있고 싶어 하거나 정서적으로 고통받는 경찰관이 PTSD 증상에 대해 밝히거나 치료에 임할 때 받는 낙인을 두려워한다면) 임상가가 피해자와 함께 현 증상의 정도, 현재 혹은 미래에 치료를 받을 경우 얻는 이점, 치료를 막는 방해물을 해결할 만한 방안에 대해 조심스럽게 의논하는 것은 매우 적절하다. 만일 피해자가 명백하게 치료에 참여하지 않으려 한다면, 일반적으로 더 심하게 강요하지 않는 것이 좋으며, 대신에 임상가는 다음에 제시된 것 중 한 가지 또는 그 이상을 고려할 수 있다.

- 구두 혹은 문서 형태로 트라우마 노출에 대한 발생 가능한 장기간 영향에 대한 설명과 앞으로 도움을 받을 수 있는 방법에 대한 정보를 제공한다.
- 현재의 접촉 이후 한 달 후의 약속을 정하고, 서면의 약속을 기록하는 후속조치를 한다.
- 임상가는 사전 승인 후 적어도 한 번 피해자에게 일이 어떻게 되고 있는지(어떻게 지내고 있는지)에 대해 후속 전화를 한다.
- 피해자의 허락과 서명이 날인된 정보공개 동의서를 가지고, 한 사람 또는 그 이상의 중요한 다른 사람들(예 : 연인이나 배우자, 가족)과 만나 피해자의 상황과 앞으로 치료를 받을 수 있는 가능성을 의논한다. 이것은 피해자가 있는 상황에서

이루어지는 것이 이상적이다. 이런 경우 사례 정보공개 동의서가 필요할 수도, 필요하지 않을 수도 있다.

- 가능한 약물치료에 대해 정신과 의사나 다른 의료 실무진에게 의뢰한다. 어떤 사람들은 심리치료로 인한 낙인을 걱정하면서도 고통을 줄여주는 약물을 고려할 수 있고, 이러한 치료법에 대해 덜 병리적으로 받아들일 수 있다. 약물치료는 내담자에게 트라우마를 완전히 처리할 기회를 주지는 않지만 걱정을 드러낼 수 있는 안전한 환경과 공감적 지지를 제공할 수 있을 것이다. 이것은 미래의 심리 치료 가능성에 대해 '문을 여는' 기회가 될 수 있다.

어떤 사례에서, 피해자들은 이러한 추가적인 시도나 지원에 반응하여 결국 심리 지원을 요청하게 된다. 예를 들어, 내담자는 홍보 책자나 예약 카드를 '혹시 몰라서' 가지고 있다가 증상이 심해지거나 증상이 감소하지 않을 때 참고할 수 있다. 안타깝게도 다른 경우에는 트라우마 생존자가 정신건강 서비스를 찾는 데 몇 년이 걸리기도 한다. 그러나 이러한 경우더라도 임상가의 태도, 유익함, 트라우마 발생 시 초기에 얻은 정보가 나중에 도움을 요청하는 데 영향을 미칠 수 있다.

내담자가 치료를 원하고 요청한다면 치료는 일반적으로 이전 장에서 설명된 것처럼 진행된다. 하지만 급성 트라우마 내담자들은 때때로 쉽게 압도되고 회피 방어기제에 굉장히 의존할 수 있기 때문에 치료는 자기-트라우마(self-trauma) 모델의 원칙에 주의하여 제공되어야 하며, 특히 치료적 창 안에서 이루어져야 한다. 다음은 급성 트라우마를 다룰 때 특별히 주의해야 하는 것들을 소개한다.

정서적 지지와 연민의 균형

앞서 소개하였듯이, 외상성 사건에 급성으로 압도된 사람들은 종종 사람의 접촉, 지지, 연민에 대하여 상당하고 긴박한 필요를 느낀다. 이러한 필요는 종종 너무 강해서 덜 반응이 덜한 임상가의 경우 피해자들을 돌보지 않거나 접근 불가한 것처럼 보여 효과가 잠재적으로 감소될 수 있다. 우리는 급성 트라우마 생존자와의 첫 상호작용에 있어 공감적 접촉과 배려심 있는 대화를 지향해야 한다고 제안한다. 이는 치료자의 관심이 동정적이거나 내담자를 침해하는 관심 표현을 뜻하는 것은 아니다. 우리의 목표는 내담자의 트라우마 상황에 대해 인정하는 태도를 가지고 정서적 수용과 따뜻함을 제공하는 동시에 전문적이고 내담자를 침범하지 않는 자세를 유지하는 것이다. 재난 현장이든 응급실에서든, 생존자들은 그들이 겪은 이러한 보살핌, 전문적 도움을 이후에도 기억한다.

적극적 유대 관계

고전적 심리치료에서, 임상가는 치료적 중립성을 갖고 소통하며 내담자가 꺼내는 이야기에 대해 비교적 반영적이고 비지시적으로 반응할 것이다. 이와 반대로 트라우마 피해자를 위한 치료는, 특히 외상성 사건에 갑자기 노출된 피해자를 위한 치료에서, 더 적극적이고 직접적인 상호작용을 한다. Judith Herman(1992a)은 폭력의 피해자나 기타 주요 트라우마에 노출된 이들과 작업할 때 치료적 중립성은 적절치 않다고 이야기한다. 더 나아가 잠재적으로 압도되는 몇몇 급성 트라우마 후 발현은 치료자가 피해자들에게 구체적인 조언을 제공하고 직접적인 의뢰를 하며, 강한 관계적 대상(내담자가 잠시 의지할 수 있는 대상)의 역할을 요구한다. 중요하게도 이러한 지시적 입장은 내담자의 자기결정권과 자기주도성이 요구되고 지지받는 장기 치료에서는 드물게 나타난다(9장 참조). 그 대신, 적극적인 유대관계는 급성 트라우마 노출로 인한 무질서하고 불안정한 영향에 대한 일반적인 단기적 반응이다. 내담자의 체계, 자원에 대한 접근, 치료적 지침에 대한 즉각적 필요가 줄어듦에 따라 치료자의 지시 또한 줄어들어야 한다.

표준 이상의 접근성

더 고전적이고 덜 긴급한 정신건강 상황에서 종종 내담자와 치료자 사이에서 접촉의 경계선이 합의되며, 대개 내담자가 치료자에게 전화하거나 다른 방법으로 접촉하도록 제한한다. 이렇게 제한을 하는 이유는 내담자의 과도한 의존을 막고 치료자에게 '일을 하지 않는 시간 동안' 방해받지 않게 하기 위해서이다. 하지만 급성 트라우마 상황에서 내담자는 위기 그리고 혹은 경험하는 내담자는 압도적 괴로움이나 애도의 간헐적 삽화를 경험할 치료자와 더 잦은 연락이 필요하다. 이러한 이유로 트라우마 이후 며칠, 몇 주, 그리고 몇 개월 후에도 급성 트라우마 피해자가 필요할 때마다 전문적 도움이 가능해야 한다. 내담자에게 응급실, 위기 센터 또는 당직 치료자나 대기 중인 치료자들의 전화번호를 주는 것 외에도 위기/트라우마 임상가는 일반적인 심리치료 사례들보다 더 많은 전화나 긴급 치료 시간이 걸리는 것(이상적으로는 일반적인 치료 시간)을 고려해야 한다. 내담자는 트라우마 회복 과정 초기에 임상가에게 특별히 강한 애착을 형성할 수 있기 때문에 치료사와의 지속적 연락은 위기 전화나 대기 중인 임상가와 같은 비개인적 치료로 제공된 치료 개입보다 좀 더 자주 진가를 보인다(또 자주 더 도움이 된다). 물론 급성 트라우마 임상가라도 24시간 접근 가능한 것은 결코 적절하지 못하다. 만일 급성 트라우마 생존자가 단기에 많은 정신건강 지원이 필요하다고 보이면, 더 강력한 치료적 개입(예 : 정신과 병동 입원)이 고려되어야 한다.

사례 작업

대부분의 임상심리사와 다른 정신건강 임상가들은 치료 외적인 다른 업무들보다 심리적 장애를 평가하고 치료하는 데 관심을 집중한다. 그러나 이 장의 앞에서 설명한 대로 많은 급성 트라우마 생존자들은 심리치료 이외에, 의료적, 사회적, 법적, 그리고 심리적이지 않은 다른 서비스들을 필요로 한다. 이러한 추가 서비스와 자원 접근에 대한 내재적 실행 계획들은 종종 최근에 트라우마를 겪은 사람에게 벅찬 일이다. 예를 들면 내담자는 상실, 외상후 스트레스, 갑작스러운 불쾌감을 경험하는 상황에서 힘들게 치료 예약을 하지만, 적절한 사회적 서비스들(예 : 재난 구호품 또는 범죄 피해 지원), 집 또는 경제적 지원, 개인 보험, 또는 법 집행인이 관여되었을 (또는 관여되어야 하는) 때의 법적 문제에 대한 도움을 찾아내는 것이 어려울 수 있다. 비록 이러한 영역에서 내담자를 지원하는 것이 임상가의 업무 외적인 것처럼 보일 수 있지만, 내담자가 당면한 세상이 혼란스러울 때 사례별 사회복지 업무와 심리치료를 구별하는 것은 종종 어려운 일이다(예 : Young et al., 1998). 이러한 상황에서 임상가는 내담자를 지원하고, 문제를 해결하거나 내담자가 단독으로 해결할 수 없는 관공서의 형식적인 절차를 해결하기 위하여 정부, 법적 또는 다른 기관들에 전화를 하거나 편지를 쓰는 것이 필요할 수 있다.

사회적 연결

트라우마의 심리적 영향에는 고립과 사회적 단절이 포함된다. 생존자는 자신이 다른 사람들에게 완전히 이해되거나 인정받을 수 없다고 느낄 수 있다(Herman, 1992a). 재해나 다른 대형 트라우마 현상에서 급성 트라우마 사건에 대한 혼란스러운 기간 동안, 피해자들은 다른 피해자, 가족, 친구들과 실제로 단절되고, 도움을 주는 사람들은 모든 피해자에게 빠른 시간 안에 접촉하지 못할 수 있으며 스스로도 사건에 영향을 받을 수 있다(Hobfoll, Dunahoo, & Monnier, 1995; Orner, Kent, Pfefferbaum, Raphael, & Watson, 2006). 이러한 이유로, 급성 트라우마의 개입은 종종 생존자들을 관련 지원과 재연결시키는 것(예 : 피해자들이 가족을 찾고 연결망을 구축하도록 돕는 것)과 다양한 사회적 지지(적당한 경우 성직자 혹은 지역 단체와의 연결을 촉진함)를 포함한다. 많은 경우에 사회적 지지를 증가시키고 지역 사회 자원을 동원하는 것이 급성 트라우마 생존자들에게 고전적인 심리치료 개입보다 즉각적으로 더 도움이 된다.

심리교육

대부분의 임상가들과 연구자들은 심리교육을 급성 트라우마 생존자들을 위한 치료의 중요 요소로 보고 있다. 급성 트라우마를 겪은 내담자들은 자기돌봄에 관련한 정보를 제공받아야 한다. 이것은 최근의 관계적 폭력의 경험을 떠올리고 싶지 않아서 스스로를 완전히 고립시키는 것이나 모든 대화, 생각 또는 트라우마 경험의 단서를 피하려는 행동과 같은 과도한 행동적 회피에 관한 상담도 포함한다. 이와 유사하게, 알코올 남용이나 기분 전환용 약물 사용은 주요 트라우마 발생 후 처음 몇 주나 몇 달간 제지되어야 한다. 물질 남용은 트라우마 처리를 저해하고 자기 파괴적인 행동과 자살 경향성 혹은 타인에 대한 위험을 막을 수 있는 억제 반응을 감소시키기 때문이다. 이러한 맥락에서 트라우마 단서와 기억에 대한 과도한 회피는 이해 가능한 일이지만, 노출, 활성화, 처리의 정상적인 과정을 막아 심리적 회복을 방해할 수 있다.

어떤 사례에서 이러한 조언은 체내 둔감화의 한 종류를 뒷받침한다. 예를 들면 최근 교통사고를 겪어 반드시 필요할 때만 운전을 하는 피해자는 더 자주 운전하도록 격려받거나, 사고가 발생한 지역에 점점 더 가까이 운전하도록 권장된다. 이와 유사하게 자기를 고립시키는 강간 피해자는 여자친구와 그 지역의 상점까지 걷는 것을 생각해 보도록 하거나, 가능하면 남자들이 있지만 이들과의 상호작용이 제한된 파티에(친구와 함께) 참석한 것을 요청할 수 있다. 이러한 경우, 이상적으로 본다면 임상가들은 조언 이상의 일을 하며, 이러한 조언에 대한 잠재적 이유를 설명한다. 임상 경험으로 볼 때 회피를 하지 않아야 한다고 조언받은 내담자들이 그 조언에 대한 의미를 이해한다면 그 조언대로 행동하기가 더 쉽다.

5장에서 설명한대로, 내담자는 보통 외상성 사건에 갑자기 노출된 이후 나타나는 증상과 문제들의 범주에 대해 듣게 된다. 이것은 주로 ASD와 PTSD의 주요 증상들 이외에 내담자의 특정 상황과 관련되어 보이는 다른 인지적 또는 행동적 반응들을 포함한다. 트라우마 치료에 적합한 이들은 분명히 어느 정도의 증상을 가지고 있지만 소수는 외상후 장애 증상의 전체를 경험한다. 그럼에도 불구하고 외상후 스트레스로 인한 잠재적 결과에 대한 조심스러운 교육은 내담자가 이미 경험하고 있는 것을 타당화하고 일반화하는 데 기여할 수 있어서, 내담자 스스로 수치심이나 정신적으로 장애를 가진 느낌을 덜 가질 수 있다.

마지막으로 급성 트라우마를 겪은 내담자는 잠재적으로 트라우마 경험을 연상시키는 상황과 자극을 어떻게 분별하는가에 관한 정보를 통해 문제적 상황에서 과도한 활성화를 피할 수 있다. 6장에서 설명하였듯이 이러한 정보는 쉽게 감정에 압도되는 내담자가 그가 예상할 수 있을 정도로 통제감을 갖게 하고 침습적 회상과 트라우마 관련 정서의 범람을 어느 정도 줄일 것이다.

치료적 창에 대한 세심한 주의

트라우마 기억 활성화의 영향과 내담자의 역량 균형은 모든 트라우마 치료에서 항상 염두에 두어야 하는 부분이지만, 특히 급성 트라우마 생존자의 치료와 관련이 있다. 사람들은 심각하고 침습적인 외상후 증상을 겪거나, 또한 그만큼 동일하게 심각한 기분 부전 상태에 있을 수 있기 때문에, 너무 이른 면담이나 이전 경험을 과도하게 상기시키는 면담은 치료 범위를 넘어설 수 있다. 이것은 아마 급성 트라우마를 겪은 이들을 치료하는 임상가들이 저지르는 가장 흔한 실수일 것이다. 이는 아직 심리적 자원을 통합할 기회가 없었고 급성으로 정서적 조절에 어려움을 겪는 내담자에게 공식적인 치료를 너무 이르게 시작하고/또는 갑자기 너무 과한 기억 노출과 활성화를 유도하는 것이다. 이러한 경우 치료적 창은 처음에는 꽤 "작다" 따라서 임상가는 트라우마 처리에 매우 신중하게 접근해야 하고 내담자가 충분한 내적 안정을 갖고 있다고 판단될 때에만 주요 노출 활동들을 시도해야 한다. 사실 많은 경우에 이 장과 다른 장에서 언급했던 다양한 상호작용들(예 : 정서적 지지, 사례별 작업, 심리교육, 특정 경우에 자기 돌봄 능력을 강화하는 것)은 기억 처리가 고려되기 전에 요구될 수 있다. 이것은 치료적 노출이 급성 트라우마 피해자를 위한 작업과 대립된다고 이야기하려는 것이 아니다. 최근의 연구는 그것이 꽤 유용할 수 있다고 본다. 대신, 이와 관련한 문제들은 얼마나 **빠른가**, 그리고 얼마나 **강력한가**이다. 외상후 지속 노출은 그것을 감내할 만한 급성 트라우마 생존자들에게는 가장 효율적일 수 있으나, 정서적 안정성을 평가하여 적정 노출을 제공하는 것이 가장 좋은 방법일 것이다. 필요하다고 여겨질 때만 내담자가 준비되었을 때만, 신중하게 치료적 창에 주의를 기울이면서 실행해야 한다.

치료 기간

좀 더 만성적인 외상후 트라우마 상태 치료와 급성 트라우마 스트레스의 치료를 구분하는 마지막 쟁점은 치료 기간일 것이다. 어떤 경우에 수년에 걸쳐 다각적인 트라우마를 겪은 생존자들은 지속되는 임상적 주요 개선 효과가 나타나기 전에 지속된 치료를 요구할 수 있다. 반면, 어떤 급성 스트레스 생존자들은 현저히 더 단기간의 치료에 반응한다. 예를 들어, Bryant와 Harvey(2003), Ehlers 외 다수(2003)는 ASD 치료 기간은 경험적으로 타당화된 시기가 5~12회기의 인지행동치료라고 제시한다. 그러나 이러한 단기 치료가 항상 적절하지는 않을 것이다. 예를 들어 특별히 침습적이고 공포스러운 경험(예 : 고문, 극심한 화상, 전쟁의 잔혹 행위)을 한 급성 생존자를 치료할 때 그 생존자가 지속적인 심각한 공병 질환이나 과거에 미해결된 트라우마가 있는 경우 그러할 수 있다. 그러나 연구자들은 많은 급성 트라우마 환자들은 연장 치료를 필요로 하지 않는다는 점을 강조한다. 이에 대한 이유는 몇 가지가 있다. 첫째, 많은 급성 트라우마는 그들 스스로 어느 정도 해결할 것이다. 이런 경우 치료의 역할은 더 빠른, 그리고/혹은 완전한 회복을 할 수 있도록 하는 것이다. 반대로, PTSD와 다른 외상후 조건들은 보다 만성적일 수 있어서 더 심하고 치료 저항적인 현상을 보일 수 있다. 둘째로, 만성적인 외상후 스트레스는 여러 위험 요인과 관련이 있지만(예 : 부적절한 정동 조절, 과도한 회피), 이것은 급성 트라우마의 경우와는 다를 수 있다. 마지막으로, 완전히 입증된 것은 아니지만, 초기의 성공적 개입은 외상후 증상이 일반화되고 상세해지기 전에 그 증상을 '잡을 수' 있을 것이고 따라서 덜 포괄적인 개입이 필요하게 된다.

모든 급성 트라우마 생존자들이 단기 치료에 반응하는 것은 아니라는 점을 다시 강조 한다. 예를 들어, 집단 사상 사건, 집단 강간, 고문, 인권 탄압 등의 소수집단은 더 많은 임상적 관심을 필요로 하기 쉽다. 그러나 모든 트라우마 치료가 그러하듯, 현재의 급성 스트레스를 해소하기 위한 치료의 정도는 임상가의 짐작이나 본래 임상가가 습관적으로 사용하던 치료기법에 따라 정해져서는 안 된다. 많은 경우, 긍정적인 결과는 예상하던 것보다 단기간의 치료에 의해 발생한다.

특별 주제 : 급성 의료 상황에서의 트라우마 작업

응급실

응급실은 트라우마를 경험한 이후의 많은 사람들이 거치는 첫 번째 정거장이다. 응급실은 주로 심각한 질병이나 부상의 안정화에 초점을 두지만 많은 생존자들이 심리적 영향을 경험하기 시작하는 곳이기도 하다. 이런 맥락에서, 외상성 상해 생존자들의

12~16%는 ASD를 갖게 되며, 30~46%는 트라우마 상해 발생 12개월 이내 PTSD를 갖게 된다(Thombs, Fauerbach, & McCann, 2005). 그럼에도 불구하고, 응급실은 전체적으로 볼 때, 급성 스트레스 반응의 초기 증상을 통해 개인적 고통을 확인하거나 이에 대한 초기 개입을 제공하기에는 부족한 곳이다. 이는 응급실 체제의 문제가 아니다. 사실 응급실은 적절한 치료를 제공하기 위해 우선순위를 정하고 분류화하는 것에 집중하기 때문에 이런 처치에는 이상적이다. 따라서 이것은 부족한 시간과 외상성 스트레스의 초기 증상 발견에 대한 어려움과 더 관련이 있어 보인다.

응급실 의료진을 대상으로 한 설문조사는 PTSD에 대한 평가를 실행하기에 부족한 시간이 트라우마를 겪는 사람들을 더 확실한 평가와 치료로 의뢰하는 데 가장 큰 걸림돌이 된다고 한다(S. Lee et al., 2004). 이에 대한 가능한 해결방법은 급성 스트레스 증상에 대한 초기 개입을 통해 더 개선될 수 있는 환자들을 판별해낼 수 있는 정신건강 전문가가 응급실에 상주하게 하는 것이다.

심리사회적 트라우마 반응에 대한 수많은 연구들은 응급실에서 진행되었으며 ASD와/또는 PTSD의 초기 위험 요인을 알아내는 전략으로서 가치 있는 정보를 제공한다. 예를 들어, 53명의 사고 생존자를 대상으로 한 Ehring, Ehlers, Cleare, Glucksman(2008)의 연구는 낮은 타액 코르티솔 수준, 낮은 이완기 혈압, 과거 정서 문제, 심한 해리 증상이 응급실 방문 6개월 후 PTSD를 예견한다고 밝혔다. 또한 응급실에서의 심장 박동 수의 상승은 외상후 6개월 이내 ASD와 PTSD를 예견하는 것으로 나타났다(Kuhn, Blanchard, Fuse, Hickling, & Broderick, 2006).

응급실 환자가 중환자실로 옮겨지는 경우 PTSD가 발생하는 확률이 증가한다. 선행연구는 중환자실의 환자 중에 PTSD의 발병률이 광범위하게 분포된다고(5~63%) 보고하였으나, 이러한 높은 비율은 과대평가되었을 가능성이 있다(Jackson et al., 2007). 인구학적 요인과 별개로, 중환자실에 입실하는 것, 정신건강 관련 병력, 부상의 성격은 ASD나 PTSD의 발달에 유의한 영향을 줄 수 있다. 빛, 소리, 의료진의 높은 비율, 침습적인 처치에 대한 높은 잠재력은 직접적인 트라우마가 될 수 있다(O'Donnell, Creamer, Holmes, et al., 2010). 이 장에서 소개된 여러 연구들이 시사하듯, 중환자실에서의 초기 심리치료 개입은 이후 스트레스장애의 발생을 줄여줄 수 있다. 예를 들어, Peris 등(2011)의 연구에서 중환자실의 환자들이 초기에 임상심리학자들의 지원을 받은 경우, 통제집단에 비해 PTSD의 위험이 유의하게 낮은 것으로 나타났다(21% 대 57%).

치료

일반적으로, 응급실에서 트라우마 생존자들을 위한 치료 개입은 응급 의료 상황에 맞게 조절되어야 하긴 하지만, 이 장에서는 논의됐던 급성 스트레스 대처 방안과 유사해야 한다. 이러한 개입에는 다음과 같은 내용이 포함된다.

- 환자에 대한 존엄성과 연민을 가진, 부드럽고, 지지적이며, 공감적인 임상적 접근
- 심각한 신체적 부상, 화상, 출혈, 심각한 외모 손상 또는 죽음이 임박한 상황에서 겁먹거나 혐오감을 느끼거나 무시하는 듯하게 보이지 않는 임상적 태도
- 비현실적인 회복은 장담하지 말고 안심시키고 낙관적일 것
- 가능하고 적절하다면, 미래 치료 계획에 대한 스케줄 개요와 환자의 특정 부상, 질병, 그리고/또는 장애에 관한 모든 적절한 정보를 포함한 심리교육을 제공
- 필요한 경우 인지치료(7장에 나온 내용을 적용하여)를 통해 죄책감, 수치심, 자책 또는 가까운 미래에 대한 과도한 파국화를 다룸
- 환자의 필요와 동의에 따라, 외상성 사건과 주변 상황에 대한 적절한 설명과 같이 압도적이지 않고 시기 적절한 기회를 통해 트라우마를 처리
- 심리교육, 환자에게 가해질 수 있는 모든 부적절한 비난에 대해 논의하는 것, 불안하거나 도움이 되지 않는 방법으로 환자에게 반응하지 않기 위해 그들 스스로 트라우마를 처리할 기회를 주는 것을 포함한 트라우마 피해자에 대한 지지 역량을 증대하기 위해 가족들이나 중요한 사람과 함께 개입
- 외래 환자로 방문하게 하는 것, 가족/부부 심리치료, 지지집단, 사회 서비스로의 연계를 포함한 퇴원 후 환자에게 적절한 안내 제공

화상 병동

미국 화상 협회(American Burn Association, 2011)에 따르면 매년 미국 인구 가운데 약 45만 명이 화상 치료를 받고 이들 중 10%는 입원을 필요로 한다. 입원환자들 중 대다수는 백인 남성이며 대부분의 화상 사고는 집에서 화재나 불길에 노출되어 발생한다. 현재, 화상 피해의 생존 확률은 95%이며, 많은 화상 환자들은 몇 주 또는 그 이상의 입원과 몇 달 혹은 그 이상의 재활을 필요로 한다.

화상 환자들의 의료적·심리적 개입의 필요는 광범위할 수 있다. 1장에서 설명하였듯이, 얼굴 화상의 생존자들은 통증 관리와 상처 치료(종종 수술적인 방법; 예 : 괴사

조직 제거, 피부 이식, 그리고 어떤 경우에는 절단)에서부터 물리치료와 작업치료, 재활 운동, 환자와 가족에 대한 심리치료, 압박 의복과 같은 의료 기기, 직업 상담이 수반될 수 있는 장기간의 회복기와 재활 과정에서 많은 어려움을 겪는다.

화상 환자들이 보이는 가장 흔한 정신과적 증상은 외상후 스트레스와 우울이다. 연구마다 유병률은 다를 수 있지만 PTSD는 일반적으로 민간인 및 군인 화상 환자들의 3분의 1에게 영향을 미친다(McGhee et al., 2009). 화상 환자들에 대한 몇몇 연구들은 ASD와 PTSD 간의 확실한 상관을 제시하면서(Difede et al., 2002; McKibben, Bresnick, Wiechman Askay, & Fauerbach, 2008) 외상후 스트레스의 급성 증상을 보이는 환자들에게 초기 개입에 대한 필요성을 강조하였다.

임상 연구는 화상 환자들의 트라우마 관련 증상 발생 및 유지와 관련된 다양한 위험 요인을 밝혔다. 여기에는 심한 침습적·회피적 증상(Difede et al., 2002; N. Gould et al., 2011), 주변 외상성 해리, 급성 스트레스 증상(Davydow et al., 2009), 기존 정신과적 그리고/또는 물질 남용 병력, 성격 특성(특히 높은 신경증적 성질), 화상의 성질(화상 상처의 보이는 정도, 외모 손상, 신체 화상 면적의 비율 등), 주변 외상성 그리고 입원 후 맥박, 통증에 관련한 불안, 회피적 대처, 부상에 대해 타인을 원망하는 것(Davydow et al., 2009; Dyster-Aas, Willebrand, Wikehult, Gerdin, & Ekselius, 2008; N. Gouldet al., 2011; R.T. Jones & Olendick, 2005; J. F. Lambert, Difede, & Contrada, 2004; Madianos, Papaghelis, Ioannovich, & Dafni 2001; Suominen, Vuola, & Isometsa, 2011)과 같이 이 장에서 대략적으로 설명했던 특정 증상을 포함한다.

치료

의료 및 정신건강 서비스 제공자들은 화상으로 인한 상황을 바꿀 수는 없지만 트라우마와 관련된 증상에 영향을 미칠 수 있는 치료 경험에 대해서는 다룰 수 있다(Davydow et al., 2009). 부적절한 통증 관리는 화상 환자의 트라우마 관련 증상의 주 요인으로, 회복의 다른 국면을 다룰 수 있는 충분한 정서적 자원이 없거나 무력한 기분을 느끼게 한다(Tengvall, Wickman, & Wengstrom, 2010). 화상으로 입원했을 때 겪은 부정적인 치료 경험(예 : 무력감이나 불확실한 느낌, 공포, 필요를 무시받는 느낌)을 다시 떠올리는 정도는 더 심한 PTSD 증상과 관련이 있다(Wikehult, Hedlund, Marsenic, Nyman, & Willebrand, 2008). 그러므로 환자의 부상과 예후에 대한 정보 공유와 교육, 환자의 안전감과 통제감을 증진하는 것 또한 환자가 수용과 용서(종종 결국에는 그렇

게 되는)를 받아들이도록 돕는 것에 중점을 둔 치료 개입이 트라우마와 관련한 증상을
줄일 수 있을 것이다.

다른 상황에서 발생한 ASD와 같이, 화상 관련 사건에 대한 적극적인 처리는 환자가
안정되고 자기 스스로를 진정시킬 수 있기 전까지는 좋지 않거나 오히려 해로울 수 있
다(Fauerbach et al., 2009). 그러나 8장에서 설명하였듯이 많은 경우 화상 관련 기억에
대해 각자의 치료적 창에 맞춘 세심한 적정 노출은 도움이 될 수 있다(Briere & Semple,
2013). 화상 환자들을 다루는 정신건강 서비스 제공자들은 화상 환자들이 회복 및 재
활 과정에서 겪게 되는 많은 어려움에 대해 알고 있어야 하며 심리치료 중 어려움의
모든 것 또는 적어도 하나라도 다루어져야 한다. 이것은 여기에는 애도, 상실, 고통,
역할의 변동, 외모 손상, 기능 감소, 사회적 낙인, 경제적 문제, 법적 이슈, 일자리 복
귀의 어려움, 전체적인 삶의 질 하락을 포함한다(Davydow et al., 2009; Difede, Cukor,
Lee, & Yurt, 2009).

외모 손상과 관련된 이슈는 최근 화상을 겪은 환자들에게 특히 중요하다. 안면이
나 보이는 신체 부위에 극심한 화상을 입은 이들과 화상으로 팔이나 다리를 절단하게
된 이들은, 실제로든 느낌만으로든 타인의 부정적인 시선과 낙인으로 인해 상당한 고
통을 겪을 수 있다. 심각한 얼굴 흉터, 다시 조작된 눈꺼풀이나 입술, 혹은 변형되거나
소실된 귀를 가진 사람들은 타인의 혐오 반응이나 혐오스러운 시선을 경험한 적이 있
을 것이며, 이는 화상 생존자들에게 수치심, 당혹감 또는 종종 자기혐오까지도 불러일
으킬 수 있다.

많은 경우, 이 영역에 대한 개입은 내담자가 갑자기 외모가 변했지만 그럼에도 스스
로를 수용하도록 돕는 것을 포함한다. 특히 회복탄력성, 내적 자질(예 : 지성, 유머감
각, 배려심, 혹은 지혜), 그리고/또는 가족, 친구, 또는 연인과 같이 내담자의 겉모습
에 별로 영향을 받지 않는 사람들(혹은 결국에는 그렇게 되는)과의 관계에 초점을 둔
자존감 모델을 발달시키는 것을 말한다.

몇몇 임상가들은 심하게 화상을 입거나 외모 변형을 겪은 사람들이 삶에 잘 적응할
수 있다는 생각과 심지어 그들이 지속적으로 행복할 수 있다는 생각을 자동적으로 부
인할 수 있다. 그러나 우리는 그것이 실제 가능하다는 것을 다양한 상황에서 보게 된
다. 비록 일반적으로 과학적 문헌에서 양적으로 확인되지는 않았지만, 현재 진행 중인
중증 화상 환자들의 심리적 생존은 조건만 허락한다면 극단적인 외상성 사건들이 성
공적으로 통합될 수 있다는 인간의 가능성에 대한 증명을 보여준다. 그렇기 때문에,

임상가들은 외모나 의학적 상황을 극복하는 것이 불가능해 보일지라도 '포기하지 않는' 것이 중요하다. 어떤 경우 외모 변형이나 극심한 부상을 입은 많은 내담자들은 수용, 순응, 심지어 성장도 가능하지만 치료자나 제도적 역전이로 인해 회복이 제한될 수 있다.

급성 심리치료 개입을 넘어서, 입원 후 후속 진료나 의뢰는 화상 생존자에게 특히 중요하다. ASD 그리고/또는 PTSD에 대한 치료를 받지 않는 화상 환자들은 퇴원 후 신체적·심리사회적 기능에 어려움을 겪기 쉽다(Corry, Klick, & Fauerbach, 2010). 많은 화상 환자들에게 사회 복귀는 새로운 도전이기 때문에 그들은 지지집단과 정기적인 후속 진료와 같이 퇴원 후 진행되는 심리치료의 혜택을 받게 된다. 화상 환자의 가족들 또한 그들이 사랑하는 사람의 부상 초기 단계에서부터 퇴원 후까지, 치료 개입으로 인한 도움을 얻을 수 있다. 이는 특히 ASD나 PTSD로 고통받을 수 있는 소아 화상 환자들의 부모들에게 특별히 중요하다(Hall et al., 2006).

추천 문헌

Blanchard, E. B., & Hickling, E. J. (1997). *After the crash: Assessment and treatment of motor vehicle accident survivors*. Washington, DC: American Psychological Association.

Bryant, R.A., & Harvey, A.G. (2000). *Acute stress disorder: A handbook of theory, assessment, and treatment*. Washington, DC: American Psychological Association.

National Child Traumatic Stress Network and National Center for PTSD. (2005). *Psychological First Aid: Field operations guide*. Retrieved from http://www.nctsnet.org/content/psychological-first-aid

Ritchie, E., C., Watson, P.J., & Friedman, M.J. (Eds.). (2007). *Interventions following mass violence and disasters: Strategies for mental health practice*. New York, NT: Guilford.

Shalev, A. Y. (2002). Acute stress reactions in adults. *Biological Psychiatry, 51*, 532–544.

Vasterling, J. J., Bryant, R.A., & Keane, T.M. (Eds.). (2012). *PTSD and mild traumatic brain injury*. New York, NY: Guilford.

제12장

트라우마의 정신생리학과 정신약리학

Catherine Scott, Janelle Jones, John N. Briere

이 장은 정신과 의사들과 다른 의료진뿐만 아니라 아니라 의사가 아닌 임상가들에게도 도움이 되도록 구성하였다. 이 장의 내용 중 일부는 필요에 따라 비교적 기술적인 성격을 띤다. 이 정보는 보다 의학적으로 특화되어 있기 때문에 약을 처방하지 않는 임상가들에게는 덜 필요한 것처럼 보일 수 있다. 그러나 일반적으로 심리치료를 받고 있는 많은 트라우마 생존자들은 어떤 종류의 것이든지, 정신과 약물을 복용하고 있음을 고려해야 한다. 이러한 맥락에서, 치료자들은 약물을 처방하지 않더라도 매주 내담자의 심리 상태와 전반적 신체 기능을 가장 잘 알고 있는 전문가라 할 수 있다. 반면에 의료 실무진들은 한 시간 중 약간의 시간만을 쪼개서 어쩌면 한 달에 한 번 또는 그보다도 못하게 약물의 효과를 평가할 수 있다. 내담자의 상태에 대한 이러한 신속한 접근은 약학적 지식이 있는 치료자들이 약물의 부작용이나 약을 변경할 필요성을 감지하여, 처방을 내리는 임상가와 의논할 수 있게 한다. 그렇지 못할 경우에는, 정신과적 약물로 효과를 볼 수 있음에도 불구하고 심각한 트라우마 생존자가 약을 사용하지 못할 수도 있다. 트라우마 정신약리학적 지식은 그러한 내담자들에게 비의료적 임상가들이 적절한 정신과 의뢰와 권고를 할 수 있도록 돕는다. 이 장에서 비의료적 심리치료사들을 위해 다루는 이슈에는 (1) 특정 트라우마 중심 약물에 대한 이론적 해석, (2) 이러한 약물의 인간 신경 체계에 대한 주요 작용, (3) 주요 부작용, (4) 제한점이 포함된다.

외상후 장애와 정신 상태 관련 실무적 정신약리학의 이해를 높이려는 의료 실무자들을 위해, 이 장에 주요 트라우마 관련 약물의 개관과 적정 복용량, 외상후 증상 패턴에 따른 일반적 적응증 및 약물 사용 금기 사유를 설명하였다.[1] 이에 따라 외상 후 고통에 대한 약물치료를 포함한 주요 임상적 시행을 검토하였다. 이 장은 또한 외상 후 심리치료에 추가적인 내용으로 공존장애와 관련된 약물 관리를 위한 전략을 설명한다. 이 책에서는 이 분야의 연구에 대해 더 깊이 다루지 못하지만, 임상가들은 트라우마 정신약리학 관련 문헌에 대한 보다 자세한 리뷰를 위해 이 장 마지막에 있는 추천 문헌을 참조하기를 바란다. 또한 이 장은 성인 생존자의 치료만을 다루고 있다. 청소년들은 향정신성 약물에 성인과 비슷하게 반응하기도 하지만 성인의 생물학적 작용과는 유의한 차이가 있으므로 아동청소년을 위한 트라우마 정신약리학은 매우 특정 분야라고 볼 수 있다. 따라서 트라우마를 겪은 아동 및 청소년을 위한 약물 사용에 대한 더 자세한 정보를 원한다면 Donnelly, Amaya-Jackson과 March(1999), Seedat, Stein(2001), Strawn, Keeshin, DelBello, Geracioti, Putnam(2010)을 참조하길 바란다.

신경계 조절장애는 향정신성 약물의 세분화된 분야이므로, 정신약리학을 다루기 전에 외상후 스트레스의 정신생리학을 간단히 살펴볼 것이다. 그러나 이 분야의 연구는 아직 초기 단계에 있으므로 외상후 장애의 생리학적 기질에 대한 정확한 정의를 내리기 보다 현재 제시된 생물학적 모델의 개관을 소개한다.

트라우마의 생물심리학

지난 20년간 외상후 스트레스의 생물학에 대해 많은 관심이 있었다. 이에 따라 증가한 연구 결과들은 해석하기 어렵거나 상반되는 몇몇 결과를 제외하고는 여러 체계와 신경전달물질이 외상후 장애와 관련이 있음을 알려준다. 이러한 복잡성에 대한 몇 가지 시사점은 다음과 같다.

1. 외상후 스트레스로 발전되는 데는 다수의 생물학적 경로들이 있다. 또한 특정한 모델이 전체적인 병리생리학을 전부 설명할 수는 없을 것이다.
2. 외상후 스트레스장애(PTSD)는 설명한 대로, 단일 장애로 나타나기보다, 유전적 개인차와 기저의 신경생리학, 스트레스 반응, 외상성 사건에 대한 노출 등과 같

---

1   다른 곳에서도 기술했지만, 최근 *DSM-5*의 도래는 이 책에서 기술한 치료 방법들이 *DSM-IV*(또는 더 초기판) 진단의 맥락에서는 평가되었다는 것을 의미한다. *DSM-5* 장애들에 대한 치료의 효과에 관한 자료가 이 시점에서는 없다.

은 여러 영향의 집합체로 나타날 수 있다.

3. PTSD를 위한 이상적인 단일 약물은 없을 것으로 보이며, 오히려 어떤 범위의 약물 작용이 다양한 증상을 치료하는 데 도움이 될 것으로 보인다.

시상하부 뇌하수체 부신피질(HPA) 축과 아드레날린 발생계

스트레스를 받을 때 일어나는 신체의 정상 반응은 노르에피네프린과 코르티솔을 내보내어 아드레날린과 글루코코르티코이드 발생계 모두를 활성화시키는 것이다(Sherin & Nemeroff, 2011). 건강한 상태에서 이 두 가지 발생계는 서로를 조절한다. 코르티솔은 아드레날린 발생계에 '브레이크' 역할을 하여 교감 신경활동이 지속되는 것을 막는다. PTSD의 경우에는 이러한 균형이 깨져 두 발생계에 조절 부전이 일어난다(Raison & Miller, 2003).

교감신경계(SNS)라고 불리는 아드레날린 발생계는 일반적으로 알려져 있는 투쟁-도피 반응(fight-or-flight)을 담당한다. 이는 각성과 집중을 유지하는 일과 관련이 있으며 특정 종류의 기억을 통합하는 일에도 관련이 있다. 보통 스트레스나 위협 상황에서 뇌는 청반(locus ceruleus)과 망상활성계를 중심으로 노르에피네프린의 방출과 합성을 증가시켜 상황에 적절한 반응을 할 수 있게 돕는다(예 : 맞서 싸우거나 도피하는 것). 스트레스 요인이 제거된 경우, 아드레날린 발생계는 일상의 기저선으로 돌아온다. 이러한 각성 수준에서 기저선으로 회복되는 과정이 PTSD에서는 방해를 받는다. PTSD를 겪는 사람들에게서는 많은 신경전달물질들과 아세틸콜린, 에피네프린, 노르에피네프린과 같은 신경호르몬을 내보내는 것뿐 아니라, 대사물질의 증가를 포함한 아드레날린 과잉 활동이 나타난다. 이러한 과잉되고 지속된 활성화는 과각성, 재경험, 해리, 공격성, 범불안장애와 공황발작을 포함한 다양한 외상후 증상과 관련이 있다. 또한 아드레날린 활동의 증가는 불쾌한 감정이 동반되는 기억들을 저장하도록 돕는다(Southwick, Bremner, et al., 1999).

부신(상하부 뇌하수체 부신피질 축의 끝에 있는 기관)은 코르티솔과 아드레날린 화합물을 내보낸다. 코르티솔의 생산에 의해 만들어지는 폭포는 부신피질자극호르몬방출인자(CRF)를 분비하는 시상하부에서 시작된다. CRF는 뇌하수체를 자극시켜 아드레노코르티코트로핀 호르몬(ACTH)을 분비하게 하고 아드레날린에 의해 코르티솔의 분비를 통제한다. 코르티솔은 다양한 기능을 가진 호르몬인데, 면역과 스트레스 반응을 조절한다. 연구 결과에 따르면 코르티솔이 뉴로펩타이드 Y(NPY)와 같은 다른 화합물과 함께 아드레날린 발생계의 활동을 조절하는 기능을 할 수 있다고 한다(Sherin & Nemeroff, 2011; Southwick, Bremner, et al., 1999). NPY는 코르티솔과 함께 작용하는 것으로 보이는 내생 항불안제이다(Kask et al., 2002). '견딜 만한' 수준의 스트레스는 혈중 코르티솔 수치와 NPY 수치가 일반적으로 높다는 의미이다. 이러한 수준에서, NPY는 신경스테로이드를 보호하는 물질로서 추가적인 탄성을 주어, 외상에 노출되었을 때 뇌에서 PTSD로의 이환을 막는 완충제 역할을 한다(Sah et al., 2009). 그러나 외상성 사건에 압도될 때 이 체계 역시 압도당할 수 있으며 코르티솔과 NPY의 수준의 하락으로 이어진다. 이에 따라 뇌의 용량에 한계가 생겨 아드레날린으로 인한 각성을 조절하기 어렵게 되고 PTSD에 취약하게 된다.

앞서 언급한 것과 같은 맥락에서, 만성적인 스트레스 상황에 있는 사람들에게서 코르티솔과 NPY의 수준이 감소한 것을 볼 수 있다. 몇몇 연구들 역시 PTSD를 겪는 사람들도 코르티솔과 NPY의 수준이 낮다고 보고한다(Yehuda, 2002). 이것은 PTSD 증상이 모든 스펙트럼으로 발전하는 것과 상관없이, 외상 노출 자체가 HPA를 민감하게 하여 코르티솔 수준에 변화를 일으킨 것일 수 있다(de Kloet et al., 2007). 또한 외상후 이러한 신경전달물질들의 감소가 이후 PTSD의 발생을 예측하는 것으로 보인다(C.A. Morgan Et al., 2001). 예를 들어 성폭행을 당한 경험이 있는 여성들에게서 낮은 코르티솔 수준이 PTSD를 예측하였다(Resnick, Yehuda, Pitman, & Foy, 1995). 그러나 이 분야의 모든 연구가 이 결과와 일치하지는 않는다. 예를 들어, DeBellis 등(1999)은 PTSD에서 코르티솔의 상승(앞서 말한 낮은 수준과 상반되는)을 발견했고 몇몇 연구들은 코르티솔과 외상후 스트레스의 관계가 다른 연구에서 예상한 것보다 더 복잡할 것이라고 보고한다(Yehuda, 2002; Lindley, Carlson, & Benoit, 2004 참조). 이 분야의 연구는 아직 진행 중이며 현재의 결과들은 강력하게 제시되고 있으나 아직 단정할 수는 없다.

HPA 축은 부정적 피드백 고리에 의해 스스로 조절된다. '정상적' 상황에서, 낮은 코르티솔 수준은 시상하부와 뇌하수체에 피드백을 주어 CRF와 ACTH의 수준을 증가시키고, 결국 부신을 자극시켜 코르티솔을 더 많이 분비하게 하여 체계의 균형을 찾게 한다. 그러나 PTSD의 경우 HPA 축의 부정적 피드백이 강화되어 코르티솔의 수치는 높아지지 않은 채 CRF의 수준만 높아지는 것으로 보인다(Raison & Miller, 2003). 또한 PTSD를 가진 사람은 덱사메타손 검사에서 코르티솔을 과잉억제하는 것으로 나타났다(Pfeffer, Altemus, Heo & Jian, 2009; Yehuda et al., 2004). 이 자료는 외상을 입은 몇몇 사람들에게서 글루코코르티코이드 수용기들이 과민해져 코르티솔의 기저선을 감소시키고 따라서 교감신경계 활동을 증가시킨다는 것을 제시한다. 과도한 글루코코르코이드 민감성은 말초 신경의 염증에 영향을 미쳐, 인지 기능에 영향을 줄 수 있다 (Rohleder, Wolf, & Wolf, 2010).

위의 정보를 바탕으로, PTSD에서의 결손은 코르티솔이 너무 적어서 발생하는 문제라기보다는 글루코코르코이드 시그널 작용의 손상이라 할 수 있다(Raison & Miller, 2003). 또한 덱사메타손 검사(그리고 충분한 수준의 CRF)에서 PTSD를 겪는 사람들에게서 기대한 ACTH 상승을 이끌어내지 못했기 때문에 HPA 발생계의 문제는 뇌하수체에서 기인한 것으로 보인다(Strohle, Scheel, Modell, & Holsboer, 2008). 흥미롭게도, 최근의 연구 결과들은 히드로코르티손과 같은 치료법을 통해 HPA 축의 기능을 회복시키는 것이 주관적인 고통을 줄이는 것에 도움이 될 것이라 제안하며(M.W. Miiller et al., 2011) 여기에는 노출 치료가 포함된다(Suris, North, Adinoff, Powell, & Greene, 2010).

이를 종합하면, 이러한 결과들은 사람들에게 최적의 스트레스 반응을 위한 신경생물학적 창이 있어서 뇌의 다양한 화합물들이(NPY와 코르티솔과 같은) 작용하여 "[노르에피네프린]의 지속적인 분비를 막아 교감신경이 과잉활동 하지 않도록 한다"고 제시한다(Southwick et al., 2003, p. 1). 외상후 스트레스에서 아드레날린 활동의 증가와 글루코코르티코이드(코르티솔)의 감소가 동시에 일어나며 NPY의 조절이 일어나는 것으로 보인다. 이러한 불균형은 격한 감정으로 가득한 외상 기억을 급속하고 강력하게 합성하고, 이것은 부신 자극이 진행됨에 따라 침습적이고 압도적이게 되어 과각성, 흥분, 불안, 해리와 같은 증상으로 이어진다. 몇몇 트라우마 생존자들이 보고하듯 HPA와 관련한 정상 면역 반응의 손상은 특히 만성적인 스트레스 상황에서(예: 지속적인 고문, 아동기 신체적 혹은 성적 학대) 만성적인 신체적 불편 및 신체 질병에 대한 민감성에 기여할 수 있다(Ehlert, Gaab, & Heinrichs, 2001; Pace & Heim, 2011).

외상후 스트레스장애의 기타 생물학적 상관관계

앞서 언급하였듯이, 외상의 생리는 매우 복잡하며, 서로 다양한 방법으로 중복되며 상호작용하는 여러 체계와 회로가 있다. 앞으로는 이러한 흥미로운 연구 분야에 대해 더알아갈 것이다.

앞서 설명한 아드레날린과 글루코코르티코이드 발생계에 더하여, HPA 축 조절장애의 신경해부학적 후유증뿐만 아니라 PTSD의 발달에 대한 또 다른 생물학적 기제를 연구한 많은 문헌이 있다.

PTSD는 세로토닌 수치, 세로토닌 운반체, 오피오이드 조절장애, 높은 수준의 평상시 갑상선 호르몬 수치(Friedman, 2000b)와 관련이 있으며, 질병의 병리생리학에 일정 부분 기여하는(Pace & Heim, 2011) 면역 기능의 변화(Gill, Vythilingam, & Page, 2008)와도 관련이 있다. 낮은 감마아미노뷰티르산(GABA, 신경 흥분을 조절하는 뇌 내 주요 억제 신경전달물질) 수치는 PTSD에 영향을 미친다(Rasmussen et al., 2006; Vaiva et al., 2006). 반복되는 스트레스가 변연계 신경을 민감하게 만들어 이전에는 역치 아래 수준이었던 자극에 반응하게 되는 점화(kindling)는 PTSD의 발달 모델로 제시되고 특히 아동 학대와 같은 만성 스트레스 상황에서 그러하다(Weiss & Post, 1998).

최근 늘어나고 있는 신경생물학 연구는 신경촬영(다음에 설명되는)에서 나타난 해마의 변화를 설명할 수 있으며, 여기에는 '신경발생(neurogenesis)' 신경계의 새로운 세포 형성을 포함한다. 다른 불안 및 정서 장애뿐 아니라 PTSD 역시 해마의 치상회 내 손상된 신경 발생과 관련이 있는 것으로 보인다. 최근까지 성인의 뇌는 새로운 세포를 생성할 수 없는 것으로 생각되었으나 1990년대에 들어서 어른 쥐에서 신경 발생이 나타난다는 것이 처음 증명되었다(Takemura & Katok, 2007 참조). 더 나아가 연구들은 포유류 뇌의 단 두 곳에서만 신경 발생이 일어난다고 밝히고 있는데, 이 중 한 곳은 해마이다(Samuels & Hen, 2011). 신경 발생은 스트레스의 수준에 영향을 받는 것으로 보이며 학습 및 기억 과정과 관련이 있다(Takemura & Kato, 2007). 사실, 스트레스 상황에 처할 때 코르티솔은 신경 발생을 조절하는데, 높은 코르티솔 수치는 세포 위축, 낮은 수치는 세포 성장과 상관이 있다(Samuels & Hen, 2011). 이 분야 연구들의 대부분이 스트레스와 우울 상황하에서의 쥐와 영장류를 대상으로 하였으나 최근의 인간 대상 연구 또한 고무적이다. Boldrini 등(2009)은 우울증을 치료하지 못한 사람들, SSRI(세로토닌 재흡수 억제제) 또는 TCA(삼환계 항우울제)로 우울증을 치료한 사람들, 그리고 통제집단의 해마 조직을 해부하였다. 그 결과, 통제집단과 치료되지 않은 집단에 비해 치료된 집단에서 더 많은 세포 분열을 발견하였다.

그러나 SSRI의 효과는 더 복잡한 생물학적 기제를 나타내어, 단순히 세로토닌을 늘리거나 해마의 성장을 강화하는 것보다 다양할 수 있다. 세로토닌 작용 약물은 아드레날린 작용의 세포체들이 있는 청반에도 영향을 미친다(SSRI가 HPA에 영향을 미치게 하는 기제). 또한 세로토닌 작용 제제가 PTSD에 주는 영향 중 하나가 내생 항불안제인 신경스테로이드 알로프레그나놀론의 수준을 높이는 것이라고 알려져 있다. 알로프레그나놀론은 GABA를 활성화시켜 불안에 영향을 주며, 따라서 신경 흥분을 하향 조절하게 된다(Pinna, 2010).

신경촬영 연구 결과

최근 신경촬영(neuroimaging) 기술의 발전은 체내에서 기능하고 있는 뇌를 볼 수 있게 하여, 트라우마가 신경해부학적·신경생리적으로 어떤 영향을 미치는지 알 수 있게 되었다. 자료의 많은 부분이 적은 표본 크기로 인한 한계가 있지만, 몇 가지 일관된 연구결과들을 찾을 수 있다. 일반적으로, PTSD는 편도체의 활동 항진, 더 작은 뇌의 백질과 회백질, 작은 해마, 작은 전측 대상회와 연관이 있다고 알려져 있다(Shin, Rauch, & Pitman, 2006; Villarreal & King, 2004). 가속화된 뇌 위축(atrophy)은 증상의 차도를 보이는 환자들이 아니라 악화되고 있는 환자들에게서 일어나는 것으로 보인다 (Cardenas et al., 2011). 작은 크기의 해마는 아동 학대의 생존자들에게도 발견되는데 (PTSD의 진단과는 상관없이), 손실된 양은 학대의 심각도, PTSD 증상의 심각도와 상관을 보이며(Fennema-Notestine, Stein, Kennedy, Archibald, & Jerningan, 2002), 어떤 경우에는 기억장애와도 상관을 보인다. 심지어 한 연구에서는 PTSD가 새로 발병하는 것도 해마와 해마방회의 밀도와 용량의 감소와 상관이 있다고 밝힌다(J. Zhang et al., 2011).

아직 밝혀지지 않은 궁금증은 PTSD 발병에 있어 트라우마 이전에 이미 해마의 감소가 취약성이 되는가(Gilbertson et al., 2002), 아니면 외상성 사건에 의한 신경생물학적 반응으로 해마의 용량이 줄어드는가(Woon, Sood, & Hedges, 2010 참고)이다. 더 복잡하게는, 어떤 사람들에게는 두 가지 모두가 겹쳐 일어날 수 있다(예 : Apfel et al., 2011 참조).

신경 촬영은 PTSD를 겪는 사람들이 언어 기억 과제를 할 때 해마의 활동이 감소하는 것을 보여주어(Bremner et al., 2003), 해마가 기억 통합에 중요한 역할을 함을 증명한다. 흥미롭게도 선택적 세로토닌 분비 억제제(프로작과 같은)를 사용한 치료가 해마의 용량을 늘리는 것뿐 아니라 구두적 기억을 향상시키는 것으로 나타났다(Villarreal & King, 2004). 이와 비슷하게, 연구자들은 트라우마를 회상할 때 정서 반응 및 감정 조절과 상관이 있는 뇌 내 전측 대상회 사용이 감소한 것을 밝혀냈다(Shin et al., 2001).

또한 흥미롭게도, 최근의 연구는 외상 이후 뇌 내 다른 부위에 의해 나타나는 증상을 감소시키기 위해 배측엽 전두엽 피질(DLPFC) 크기가 증가하면서 그 활동도 증가하는 것을 밝혀냈다. DLPFC 두께의 증가는 회복 기간 동안 증상의 더 많은 감소와 상관이 있으며 시간이 지남에 따라 기저선으로 돌아가기도 한다고 보고한다(Lyoo et al., 2011).

자기외상 모델과 생물학적 모델의 통합

여기서 소개되는 심리생물학적 모델들은 이전에 설명한 보다 적응 지향적인 심리적 개념화와는 반대로 신경계 병리학에 초점을 두었다. 생물학적 이론들은 외상후 스트레스가 과도한 교감 신경의 활성화로부터 일어난다고 주장하는 편인데, 이는 HPA 축 조절장애와 신경호르몬의 결합으로 발생되며, 외상성 기억이 과도하게 통합되고 쉽게 활성화되며 부정적인 감정을 만들어내는 역량을 압도해 버린다고 한다. 또한 스트레스 요인들이 반복될 때, 교감 신경의 활성화가 지속됨으로써 자율 각성을 지속시키며 이어지는 자극에 과민반응을 하게 되는 것으로 보인다.

반면, 이전에 소개한 심리학적 모델은 외상후 재경험(예 : 플래시백, 외상과 관련한 침습적 생각들)이 정상적인 심리생물학적 과정, 즉 외상 기억을 안전한 맥락에서 반복하여 불러내어 둔감해지고자 하는 정신적 시도(8장에서 말하는 노출의 개념, 불일치, 소거)를 나타낸다고 한다.

이러한 두 가지 관점의 통합은 가능하다고 본다. 8장에서 설명하였듯이, 우리는 정상적인 노출/불일치/소거의 과정이 고통스러운 영향을 견디고 조절할 수 있는 개인의 능력을 넘지 않는 재경험 현상(예 : 침습적인 생각들과 기억들)의 범위 내에서만 작용한다고 가설을 세웠다. 결국, HPA 축의 기능이 교감 신경의 각성을 조절하는 것과 같이, 정서조절 능력은 부분적으로는 심리생물학적 현상의 기능으로 인한 것일 수 있다.

따라서 만성 PTSD와 기타 외상후 반응들은 자연 노출/소거 체계가 흐트러졌을 때 즉, 스트레스 요인으로 인한 정서적 영향이 개인의 감정 조절의 '창'을 넘어설 때 발생한다. 이것은 이미 민감한 신경계나 신경계에 조절장애가 있는 사람의 경우 특히 그러할 것이다. 외상성 기억들이 성공적으로 노출되고 소거될 때와 같이 재경험이 효과적으로 보이는 경우에 우리는 압도적인 스트레스 요인들이 줄어들고, 신경계의 '흥분성'이 감소하며 (그러므로 코르티솔을 이용한 더욱 효과적인 조절), NPY의 수준이 높아지며, 변연계가 전체적으로 덜 민감해질 것을 기대한다.

생물학 및 심리학 연구자들이 최적의 스트레스 반응이 일어나는 '창'의 개념에 대한 가설을 각각 독립적으로 설정한 것은 흥미롭다. Southwick과 동료들(2003)은 "심리적으로 회복탄력성이 있는 사람들은 교감 신경이 적응적 증가의 창 범위 내에서 활성화되며, 위험에 대응하기 충분한 수준이지만 불안, 공포, 무능력으로 이어질 만큼의 높은 수준은 아니다"(p. 1). 8장에서 자세히 설명하였듯이, 자기외상(self-trauma) 모델(Briere, 2002b)은 개인이 압도되지 않고 경험하고 감내할 수 있는 정서와 고통의 범위를 나타내는 심리적 창을 가정한다.

앞서 말한 것들을 바탕으로, PTSD와 다른 스트레스장애의 성공적인 치료는 다음과 같은 내용들의 조합이나 하위조합을 포함한다.

1. 외상성 기억에 대한 적정한 노출을 통해 생물학적·심리적 체계가 압도되지 않게 함
2. 6장에서 설명한 심리 개입을 통해 정서/스트레스 조절을 높이기 위해 노력하며, 어떤 경우에는 변연계와 HPA 축을 안정화하기 위해 약물도 사용함
3. 필요한 경우 불안을 치료하는 약물을 사용하여 교감신경계의 활성화 수준을 줄이는 것뿐 아니라, 이완 훈련, 명상, 기억 둔감화를 통해 전체적인 불안/각성의 '부담'(즉, 교감 신경의 과잉활동과 과민성)을 줄임
4. 전체적인 고통을 증가시키거나 정서 조절에 방해가 될 수 있는 공존 불안, 우울, 또는 정신증을 줄이기 위해 약물을 사용함

이 장에서 언급한 대로, 현재 사용할 수 있는 약물로 외상후 스트레스를 완전히 해결할 수 있는 경우는 드물지만, 어떤 트라우마 생존자들은 불안, 과각성, 공존 장애 증상이 너무 심각하여 심리치료만으로 완전히 효과를 보기도 어렵다. 따라서 외상후 상태, 특히 중증 또는 만성 증상의 경우를 성공적으로 치료하는 방법은 많은 경우 심리 개입과 약물 개입 모두를 포함할 것이다.

트라우마 정신약리학

이 책에서 다루었듯이, 외상후 결과들은 매우 복잡할 수 있다. 마찬가지로, 심리치료이든지, 정신약리학이든지, 혹은 두 가지의 조합이든지 개인의 특정 상황에 대한 치료법의 변형은 전혀 간단하지 않을 것이다. PTSD와 관련 장애의 치료를 위한 약물들의 종류는 몇 가지 안 되지만 이들을 사용하는 것과 환자가 처방을 잘 따르도록 장려하는

것은 상당한 지식과 주의가 요구된다. 내담자에게 처방전을 써주고 한 달 후에 만나자고 이야기하는 것만으로 충분하지 않다. 트라우마 생존자들에게 약물을 사용하는 것과 관련된 고려사항들은 다음과 같다.

- **약물 순응도.** 트라우마 생존자들은 약물 복용을 종종 기억하지 못한다—이는 주의산만, 높은 수준의 정서적 활성화, 그리고 종종 해리 때문이다. 특히 처방이 하루에 여러 번의 복용을 해야 한다면 더욱 문제가 될 수 있다.

- **불안.** PTSD 치료에 사용되는 많은 항우울제들은 몇몇 사람들이 치료 초기에 경험하는 불안 수준을 높일 수 있으며, 어떤 경우는 공황 발작을 일으키기도 한다. 심한 해리와 신체화가 동반되며, 불안이 높은, 또는 공황 발작을 보이는 트라우마 생존자들은 트라우마를 덜 경험하는 다른 사람들에 비해 이러한 약물에 대한 반응으로 더 심한 불안 증상을 보일 수 있다.

- **진정.** 특정 향정신성 약물들은 '둔감' 진정, 또는 '내가 아닌 듯한 느낌'을 일으키기도 한다. 특히 트라우마 생존자들은 이러한 부작용들이 위험을 감지하고 대처하는 데 방해를 한다고 느낄 수 있다. 역설적으로, 과각성은 심신을 극도로 쇠약하게 만드는 외상후 스트레스의 요소일 수 있지만, 많은 사람들은 '신경이 곤두선 상태'에 있을 때 느끼는 통제감과 안전감을 잃고 싶지 않아야 한다.

- **수면.** 마찬가지로, 트라우마 생존자들은 수면장애와 불규칙한 수면을 보고하지만, 위험한 순간에 잠이 들 것을 두려워하여 수면 약물을 복용하기를 거부한다.

- **기억 처리.** 이 장의 뒤에 자세히 설명하였듯이, 어떤 약물들, 특히 벤조디아제핀('뒷골목' 약물이나 기분 전환 약물도 포함) 계열은 외상성 기억의 심리적인 처리 과정을 방해할 수 있다. 따라서 내담자가 심리치료를 받는 중이거나 트라우마와 관련한 이슈들을 이야기하고 있다면 이러한 약물을 사용하는 비용과 이점은 신중히 고려되어야 한다.

- **물질 남용.** 불법이나 기타 중독 물질의 사용은 외상후 스트레스와 긴밀히 공존하며 특정 약물과 같이 쓰일 경우 문제가 될 수 있다.

- **권위에 대한 불신.** 많은 트라우마 생존자들, 특히 대인 간 폭력이나 정치 고문의 희생자들은 권위자에 대한 불신을 가질 수 있으며, 어떤 경우 치료자나 의사를 포함하기 때문에 약물 처방을 따르는 것은 꺼려할 수 있다. 예를 들어, 그들은 임상가가 약물을 통해 통제하려 하거나, 드물게는 독살할 것을 두려워할 수 있다.

- **약물 과용.** 어떤 트라우마 생존자들이 겪는 만성적이고 극심한 고통은 임상가들

에게 무력감과 좌절감을 불러 일으켜, 약물을 적정량보다 과감하게 주거나 중독적인 항우울제를 과다 처방할 수 있다.

이러한 문제점들을 고려하여, 우리는 다음과 같은 초기 권고를 한다.

- 트라우마를 경험하는 내담자에게 새로운 약물 처방 후 가급적 일주일 내로 면밀히 후속 처리한다.
- 환자가 약물 복용하기를 이따금 저항하는 것에 대해 인내한다(향정신성 약물 처방을 시작할 수 있는 신뢰를 갖는 데 한 번 이상의 방문이 필요할 수도 있음).
- 약물 순응도를 감소시킬 수 있는 부작용을 피하기 위해 복용량은 천천히 늘린다.
- 발생 가능한 부작용에 대한 적절한 교육을 통해, 부작용이 발생하더라도 내담자가 놀라거나 불안하지 않아 결국에는 적응할 수 있는 약물을 너무 빨리 중지하지 않도록 한다.
- 약물 과용에 대한 두려움에 대해 친절한 격려와 지지를 통해 위험에 덜 반응적이 되도록 한다.
- 불안의 경감을 위한 약물 처방 시 남용이나 과용의 잠재성에 대해 신중히 고려할 것
- 항상 그렇듯이, 정신과 약물을 처방할 때 동의서를 받는다.

심리치료와 정신약리학

이 책에서, 우리는 지지적인 치료 관계의 맥락에서 외상 내용을 처리하는 것의 중요성에 초점을 두었다. 그러나 어떤 경우에는 외상후, 증상들이 너무나 압도적이어서 내담자가 치료에 참여할 수 없거나, 불안과 고통이 너무 심하고 활성화 정도가 너무 미약해서 치료과정이 매우 느리게 진행될 수 있다. 또 다른 경우, 공존하는 심리질환들(우울증이 가장 빈번함)은 내담자가 심리치료에 온전히 참여할 수 없도록 방해한다. 최악의 경우 내담자는 겨우 몇 번의 회기 후 치료를 중단하고, 종종 중단에 대한 이유도 밝히지 않으며, 치료자의 전화도 받지 않는다.

이러한 경우 향정신성 약물들은 외상 중심 심리치료에 유용한 도구가 될 수 있으며 특히 치료 초기에 그러하다. 적절한 약물 개입은 극심한 고통을 치료 초기에 경감시킬 수 있다(부분적으로는 외상후 증상에 대한 약물과 위약 효과를 통해서). 수면을 개선하는 약물은 특히 유용한데, 수면장애가 가장 쇠약하게 하는 외상후 스트레스 증상 중하나이기 때문이다.

약물을 통해 초기 증상이 경감될 때, 내담자들은 트라우마 중심 심리치료의 어려운 작업에 참여하고자 하는 의지와 능력이 강화될 것이다. 과거에 치료에 대한 부정적인 경험으로 인해 회복 가능성을 믿지 않게 되어 치료를 불신하는 사람들은 치료 초기에 개선되는 것을 경험하면 치료적 관계를 개선시키는 데 도움이 될 수 있다. 이들에게 치료 초기에 증상 경감을 경험하는 것은 미래의 회복에 대한 희망을 갖게 한다. 따라서 약물치료는 내담자들의 회복 과정에 있어 심리치료에 돌입하여 지속하게 돕는 '초석'이 될 수 있다.

그러나 결론적으로, 약물치료는 도움은 될 수 있지만 그 자체만으로는 치유가 어렵고 심리치료에 비해 효과가 작다. 심리치료(Cahill, Rothbaum, Resick, & Follette, 2009)와 약물치료(Friedman, Davidson, & Stein, 2009)의 좋은 예시가 되는 결과 연구를 분석한 국제트라우마스트레스연구회(International Society for Traumatic Stress Studies, ISTSS, Foa, Keane, Friedman, & Cohen, 2009)의 실무 지침에 따르면, 심리치료 개입으로 인한 증상 경감의 수준이 약물치료 개입의 경우보다 상당히 높았다. 이러한 직접 비교에는 방법론적인 문제가 있을 수 있지만(약물치료 연구와 심리치료 연구의 참가자들의 증상 정도의 차이를 포함), 외상후 스트레스에 대한 약물치료가 본질적으로 심리치료보다 더 효과적이라는 주장에 대한 근거를 찾을 수 없음은 명백하다. 그럼에도 불고하고 우리의 경험상, 어떤 이들은 심리치료의 이점을 '놓치게' 되는데, 그들 증상의 정도가 아주 미약한 수준의 고통이나 정서의 활성화에도 감내할 수 없어서 회피해야만 하기 때문이다. 이러한 사람들에게 약물은 심리치료를 할 수 있는 힘을 주는 강력한 방법이 되어 결국에는 회복의 가능성을 증가시킬 수 있다.

지난 몇 년간, PTSD의 심리치료와 정신약리학적 통합을 추구하는 몇몇 연구들은 오히려 가벼운 화제에 그쳤다. Simon 등(2008)은 지속노출치료로 호전되지 않던 사람들에게 파록세틴(paroxetine) 증가 실험을 하였고, 남은 증상을 감소하는 데 약물이 위약보다 더 나은 결과를 보이지 않았다고 밝혔다. 이들은 심리치료와 약물치료 모두에 실패한 환자들에게 새로운 치료가 필요할 것이라고 제안하였다. Rothbaum 등(2006)은 설트랄린(sertraline)을 이미 10주간 처방받고 있던 환자 집단에 지속된 설트랄린 치료 대 지속 노출을 비교하였다. 흥미롭게도, 처음에 약물에 잘 반응하던 환자들은 양쪽 어느 치료에서도 그 이상의 효과를 보지 못하였다. 그러나 약물에 부분적으로 반응하던 사람들에게는 심리치료를 추가했을 때 외상후 스트레스 증상이 더 많이 감소하였다. Van der Kolk 등(2007)은 안구운동 둔감화 및 재처리 요법(EMDR)과

플루옥세틴(fluoxetine) 및 위약 처치의 효과를 8주간 비교했다. 6개월 후 추적연구에서, 성인기 트라우마 생존자들에서 EMDR은 더 많은 증상 감소와 상관이 있었다. 아동기 발병 외상에서, 두 가지 치료법은 부분적으로만 효과를 나타내었다. 마지막으로, Shalev 등(2012)은 급성 트라우마 생존자들에게 지속노출치료, 인지치료, 시탈로프람(citalopram) 약물치료, 위약 처치를 한 후 비교하였다. 연구 결과는 선행 연구들이 보고한 결과들과 일치했다. 5개월 후 추적연구에서, 약물 개입 집단의 60%, 위약 처치 집단의 58%가 PTSD로 발전한 것에 비해 심리치료 집단은 20%만이 PTSD로 발전하였다. 각기 다른 연구자와 다른 피험자들로 진행된 네 가지 연구들은 확연히 일관적인 결과를 보여주었다. 모든 사례에서 심리치료는 향정신성 약물보다 증상을 더 많이 감소시킨다.

외상후 스트레스에서 치료 결과 연구와 약물의 제한점

이 장은 외상후 상태를 치료하기 위해 사용되는 약물들과 이들의 적응증, 부작용, (만약 존재한다면) 트라우마를 겪은 사람들에게 사용된 주요 임상 시험들을 보고한다. 그러나 이 연구에는 논의가 필요한 몇 가지 제한점이 있다. 많은 PTSD 치료 결과 연구들은 심리치료와 향정신성 약물치료 여부에 상관없이 비교적 '순수한' PTSD를 살펴보았고, 종종 정도가 심하지 않은 복합적인 성인 외상과 관련한 것이었다. 주요우울증, 인격장애, 강박장애, 그리고 다른 불안장애들을 공존장애로 갖는 사람들은 이러한 임상 시험에서 종종 제외되었다(Spinazzola et al., 2005). 또한 물질 남용, 자살 경향성, 또는 심각한 해리 증상을 가진 사람들 역시 많은 임상 시험에서 제외되었다. 그럼에도 불구하고 많은 연구에서 중도 탈락률은 약 30%에 달한다(Spinazzola et al., 2005).

불행히도 일반 표본에서(스크리닝하지 않은, 연구환경이 아닌) 외상후 스트레스는 높은 확률로 다른 정신질환과 공존한다. 사실, PTSD와 다른 질환의 공병률은 모든 성별을 합할 때 80%에 달하는 것으로 추정된다(Kessler et al., 1995). 트라우마 생존자들과 작업하는 임상가들 대부분이 증명하듯, '순수한' PTSD는 비교적 드물다. 따라서 치료 결과 연구를 실무(내담자들이 복합적인 증상을 보이며, 치료에 덜 반응적이거나 연구결과가 제시한 것보다 반응에 더 오랜 시간이 걸리는 환경)에 일반화하기란 쉽지 않다.

결과적으로, 향정신성 약물이 종종 필요하다는 것에 대해 상당한 근거는 있지만, PTSD나 기타 외상 관련 상태를 치료하기에는 충분하지 않다. 그러나 이러한 제한점이 임상 현장에서 약물을 적절히 사용하는 것을 막아서는 안 된다. 예를 들어, LAC + USC 의료센터의 외상 내담자 대부분은 적어도 한 가지의 향정신성 약물을 복용하고 있다. 비록 그 내담자들이 트라우마의 심각성과 복합장애의 선상에서 가장 심각한 경우에 해당한다고 인정하고 있다(Ehrlich & Briere, 2002).

임신과 수유

임신기는 정신적·육체적으로 취약성이 증가하며 역할의 변화와 경제적인 스트레스를 겪게 되는 시기이다. 이러한 상황에서, 심리적 안정성, 육체적 안전, 사회적 지지는 임신기와 출산 직후에 특히 중요해진다. 1장에서 언급하였듯이, 여성은 트라우마 생존자들 가운데 상당한 수를 차지하며 임신한 경우에는 희생자가 될 가능성이 더욱 높다(Campbell & Lewandowski, 1997). 트라우마 내력, 특히 PTSD 진단뿐 아니라 아동기 성적 학대는 임신기의 부정적인 결과와 상관이 있는 것으로 나타났다. 또한 출산 그 자체가 외상후 증상과 고통으로 이어지는 트라우마가 될 수 있으며, 특히 응급 제왕 절개나 도구의 도움으로 출산이 이루어진 경우에 그러하다(예 : 겸자, 회음절개술; L.E. Ross & McLean, 2006).

임신기에 폭력적인 관계에 있었던 경우 폭력에 희생당할 위험과 태아와 산모 사망의 위험이 있으며 복부 상해로 이어지는 경우가 가장 빈번하다. 사실, 모든 원인에 의한 임신기 산모 사망 위험은 학대를 당한 여성이 그렇지 않은 여성들보다 세 배 더 높다(Boy & Salihu, 2004). 임신기 폭력은 또한 임신기 신장 감염, 조산, 출산 시 저체중의 위험 요인이 된다(Seng, 2002).

성적 트라우마 내력도, 특히 아동기에 발생한 경우, 다양한 임신 합병증과 부정적인 임신 결과와 관련이 있다. 여기에는 의도치 않은 임신, 유산, 입덧(임신기 지속적이고 극심한 메스꺼움과 구토), 조산, 출산 시 저체중 등을 포함한다. 또한 성적 외상은 수유의 어려움, 애착, 양육 등 출산 후 부정적인 결과와 관련이 있다(Curry, Perrin, & Wall, 1998; Jacob, 1992; Seng, 2002). 또한 외상성 기억의 재활성화는 치료 과정이나 검사 과정에서 일어날 수 있어 받아야 하는 산전 관리를 회피하게 만들 수 있다.

PTSD와 임신에 있어 부정적인 결과의 관련성을 살피는 연구들은 아직 그 수가 제한적이지만 늘어나는 추세에 있다. PTSD를 겪는 여성들은 건강에 대한 낮은 인식, 재희생자화, HIV, 섭식장애, 우울증, 약물 및 알코올 사용의 증가 등 개별적으로 임신의 부정적인 결과를 가져오는 위험 요인들을 가지고 있어, 사회적 및 의학적 후유증에 놓일 기저 위험이 높다. 뿐만 아니라, PTSD 진단 그 자체와 임신 합병증과의 연관성도 찾을 수 있다. 여기에는 자궁 외 임신, 임신중독증, 유산, 임신 입덧, 과도한 태아생장, 조산을 포함한다. 아기에 대한 회피, 어머니-아기 간 유대의 결함, 성생활 회피, 다른 아기와 어머니들에 대한 기피(사회적 고립을 낳게 됨) 역시 출산 전후의 PTSD와 연관이 있다(Ross, & McLean, 2006; Seng et al., 2001). 흥미롭지만 놀랍지 않은 사실은, 아동 학대로 발생하는 PTSD가 가장 부정적인 결과를 예측한다는 점이다. 이러한 위험 요인들은 태내 관리에 대한 통제가 있더라도 여전히 지속된다는 점을 주목해야 한다(Seng et al., 2011).

임산부의 PTSD의 유병률은 연구 표본의 특성에 따라 0~8%로 나타났다(Ross & McLean, 2006). PTSD를 트라우마 내력의 유형에 따라 설명하면, 최근 임산부 설문 결과 한 번도 학대를 당한 경험이 없는 여성의 4.1%, 성인기 학대를 경험한 여성의 11.4%, 아동기 학대를 경험한 여성의 16%, 아동기와 성인기 모두에서 학대 경험이 있는 여성의 39.2%에서 PTSD를 발견했다(Seng, Sperlich, & Low, 2008).

위의 사실을 볼 때, 트라우마를 겪은 여성과 작업할 때 가임기 여성들의 임신과 임신 가능성을 염두에 두는 것이 중요하다. 안타깝게도 현재까지 (1) 임신기의 PTSD나 (2) 임신 전후의 PTSD의 경과에 대한 연구는 없다. 따라서 임상가들은 우울, 불안, 조현병을 가진 여성들의 임신기 약물 복용에 관한 연구를 바탕으로 추론해야 한다. 이 분야의 데이터는 적기 때문에 대부분의 향정신성 약물들은 임산부에 대하여 명확한 안전 기준을 찾을 수 있을 만큼 충분히 연구되지 않았다. 임산부에게 무작위 약물 실험을 진행하는 것은 비윤리적이기에 이 연구는 난해할 수밖에 없다.

임신기에 치료를 처방하는 것은 매우 다양하며, 문헌 연구들도 임신기에 정신과 증상을 적극적으로 치료하도록 권고하는 의견에서부터 약물은 분명히 유해성이 있기 때문에 최후의 수단으로 남겨두어야 한다는 의견까지 다양한 의견들이 존재한다(예 : Campagne, 2007; L.S. Cohen, Nonacs, Viguera, & Reminick, 2004). PTSD 치료를 위한 약물은 태아에 해로운 영향을 줄 수 있어서 FDA에 의해 임신기에 미치는 영향 등급 C로 분류된다. 다음에 설명된 특정 약물들은 임산부에게 금지되어 있다. 따라서 임산부를 향정신성 약물로 치료하는 결정은 위험성과 이점을 신중히 분석한 후 내려야 한다. 예를 들어, "임산부가 태아나 스스로를 위험에 빠뜨릴 정도로 증상이 심각한가?", "자기방임 또는 자해로 인한 위험이 약물로 인한 위험보다 더 큰 것으로 보이는가?"와 같은 문제이다.

항우울제, 특히 세로토닌 재흡수 억제제(SSRI)는 임산부에게 꽤 널리 처방되고 있다. 그러나 2005년 12월, FDA는 SSRI 파록세틴(팍실)을 임신기에 미치는 영향 등급 C에서 D로 변경하여, 위험에 대한 근거가 있음을 나타냈다. 이러한 등급 변경은 임신 초기 3개월 내 약물 복용은 선천성 기형, 특히 심장 기형의 발생 가능성을 높인다는 예비 연구 자료에 의한 것이다(FDA, 2005). 이러한 연구 결과가 단순히 SSRI에 관련한 효과인지 파록세틴에만 관련한 것인지는 불분명하다. 그러나 이렇게 갑작스러운 변경은 우리가 여전히 약물에 대해 많은 부분을 모르고 있음을 보여준다. 또한 임신 초기 3개월 내 SSRI 복용이 조산과 출산 직후 합병증(호흡 및 수유의 어려움, 신경과민, 장기간호, 통합적으로 명명되는 '신생아 행동 증후군')으로 이어질 수 있다는 몇 가지 연구들이 있다(Noses-Kalko et al., 2005). 따라서 모든 SSRI는 임신 초기 3개월 내 사용에 대한 위험성이 있다.

PTSD 환자에게 종종 쓰이는 신경 안정제는 태아 기형을 유발하는 성질이 있으므로 임신기에 강력하게 권유되는 것은 아니며 임신기에 미치는 영향 등급 D로 분류된다. 예를 들어, 임신 첫 3개월 내 리튬을 복용하는 경우 심장 기형을 유발할 수 있으며 발프로산은 이분척추, 신경관 결함, 두개 안면 기형과 관련이 있는 것으로 나타났다.

임신기 항정신성 약물의 사용은 도전이 되는 시험이다. 일반적으로 항정신성 약물은 임신기에 미치는 영향 등급 C로 분류되지만 관련한 연구는 많지 않다. 할로페리돌(할돌 : 가장 초기의, 가장 널리 쓰이는 항정신성 약물 중 하나)은 임신기에 가장 흔하게 쓰이는데 이것은 출시된 지 가장 오래되었기 때문이다. 그러나 항정신성 약물의 사용과 관련하여 산모의 임신 당뇨, 출산 합병증, 영아의 운동장애의 위험 증가뿐 아니라 기형에 대한 여러 보고가 있었다(Gentile, 2010).

임신 초기 3개월간 신경 발달의 가장 중요한 과정이 일어나기 때문에, 이 시기에는 가능하면 향정신성 약물을 피하는 것이 권유된다. 약물이 반드시 필요하다면, 고려 중인 약물이 어떤 성분인지와 관계없이, 발생 가능한 위험이나 부작용에 대해 환자와의 솔직한 협의가 이루어져야 한다. 만약 환자가 약물 투약 중에 임신하게 된다면, 약물 변경에 대한 필요와 약물이 변경될 때 태아가 하나 이상의 성분에 노출되는 가능성 모두를 신중히 고려해야 한다. 또한 만약 환자가 임신 초기 3개월간 약물을 사용한다면, 신생아 합병증에 따른 많은 돌봄이 필요할 수 있기 때문에 출산이 가까워지면서 주의를 기울여야 한다.

대부분의 향정신성 약물들은 모유 안에 들어 있다. 모유를 통해 아기가 흡수하게 되는 약물의 영향에 대한 연구 자료는 미미하며, 수유 중인 어머니와 아기에 대한 통제된 향정신성 약물 임상 시험도 없다(V. K. Burt et al., 2001). 따라서 산모들이 약물 치료가 요구될 만큼 증상이 심한 경우에는 수유를 하지 않는 것이 가장 신중한 선택이다. 그러나 수유 중인 산모에 대한 처방은 다양하여, 환자가 임신 중에 약물을 사용할 때 태아는 탯줄보다 모유로부터 약물을 훨씬 적게 전달받을 것이므로 수유 중에도 약물을 지속해도 좋다고 제안하는 이들도 있다. 언제나 말하지만, 위험 대비 이익에 대한 신중한 분석이 요구된다. 몇몇 사례에서 수유 중 항우울제의 사용은 허용되지만, 항정신성 약물이나 신경안정제는 아기에게 심각한 부작용을 남길 수 있으므로 산모가 이러한 약물을 사용한다면 모유보다는 분유를 먹이는 것이 권유된다.

Payne과 Meltzer-Brody(2009)는 임신 중 항우울제 사용에 대한 보고에서 임산부와 수유 중인 여성들을 치료할 때 숙지해야 할 다음과 같은 '임상적 지침'을 제안한다.

- 모든 가임기 여성들이 임신을 할 것이고 그러한 계획이 있다고 가정하라.
- 모든 약물의 변경은 가능하다면 임신 전에 이루어져야 한다.
- 이상적으로, 환자는 임신을 시도하기 전에 최소 3개월은 정신적으로 안정적이어야 한다.
- 아기를 위해 약물 사용 횟수를 제한하라. 어머니가 현재 보이는 정신과적 증상들에 대한 노출을 고려하라.
- 더 잘 알고 있는 약물을 사용하라. 시중에 나온 지 오래된 것이 대체로 더 낫다.
- 임신을 계획할 때 수유할 것을 고려하라.
- 만약 아기가 임신 중 약물에 노출된 경우, 수유를 위해 약물을 중단하는 것(혹은 수유를 하지 않는 것)은 논리에 맞지 않을 수 있다.
- 모든 사례는 사례마다 다르다. 즉, 원칙은 없다.
- 동료와 팀을 이루어 접근하라.

약물이 태아 발달과 임신 기간에 어떤 영향을 미치는지에 대해 다 알지 못하기 때문에 아주 신중한 접근이 권고된다. 가능하다면, PTSD와 기타 외상 후유증을 겪는 여성들에게는 심리치료가 첫 번째 선택권으로 주어져야 한다. 만약 신중한 위험 대비 이익을 판단해보았을 때 약물 사용이 적합하다면, 환자 교육, 동의서, 출산 전후의 면밀한 관찰이 필요하다.

이 장의 표들에서 우리는 각 약에 대해 FDA의 임신기에 미치는 영향 등급을 목록화

등급 A : 인간 대상 통제 연구 결과 위험이 발견되지 않음	적절하며 잘 통제된 인간 연구에서 임신 초기 3주간 태아에 미치는 위험을 발견하지 못함(또한 이후 임신 기간에서도 위험에 대한 근거가 없음).
등급 B : 인간에 미치는 위험에 대한 명확한 근거가 없음	동물 번식 연구에서 태아에 대한 유해성을 발견하지 못하였으나 임산부에 대한 적절하며 통제된 인간 연구가 없음. 또는 동물 연구에서는 유해성을 발견했으나 적절하며 통제된 인간 연구에서는 임신기에 대한 위험을 발견하지 못함.
등급 C : 위험이 배제될 수 없음	동물 번식 연구에서 태아에 대한 유해성이 발견되었으나 임산부에 대한 적절하며 통제된 인간 연구가 없음. 그러나 잠재적 위험에도 불구하고 잠재적인 이익이 임신기 약물 사용의 정당성을 뒷받침할 수 있음.
등급 D : 위험에 대한 근거가 있음	신약 시험, 마케팅, 연구 등에서 나타난 부작용을 근거로 인간 태아에 대한 유해성이 증명되었으나, 이러한 위험에도 불구하고 잠재적인 이익이 임신기 약물 사용의 정당성을 뒷받침할 수도 있음.
등급 X : 임신기 사용 금지	동물 또는 인간 대상 연구들이 태아 기형을 발견하고/또는 신약 시험, 마케팅, 연구, 등에서 나타난 부작용을 근거로 인간 태아에 대한 유해성이 증명되었고, 이러한 위험이 임신기 약물 사용의 잠재적인 이익을 명백히 능가함.

하였다. 그 밖에도 각각의 약이 모유에 포함되는지, 약물을 사용하면서 수유하는 것이 위험한지(알려진 정보 내에서) 기록하였다. 참고를 위해서, FDA가 발표한 임신기에 미치는 영향 등급은 다음과 같다(FDA, 1980).

보완대체의학과 향정신성 약물

보완대체의학(complementary and alternative medicine, CAM)은 의과대학에서 보편적으로 교육하거나 병원에서 제공하지 않는, 엄밀하게 정의되지 않은 치료 양식이라 할수 있다. 대체 의학은 일반적으로 '전통의학'과는 구별되며 한약, 동종요법, 마사지, 카이로프랙틱, 침술, 비타민, '기 치료'와 같은 이질적인 치료들을 포함한다. 트라우마 생존자들이 정신과 약물 처방을 받는 대신(또는 이외에 추가로) 비전통적인 치료법을 이용한다는 일회적인 근거자료가 있기 때문에, 이 장에서 우리는 이러한 대체 의학의 사용에 대해 살펴볼 것이다.

종종 요가, 명상 또는 기타 마음챙김 혹은 영적인 훈련들과 같은 삶의 방식의 전환과 함께 사용되었다. 10장에서 자세히 설명하였듯이, 마음챙김은 트라우마를 겪은 이들과 작업하는 데 강력한 도구가 될 수 있다. 뿐만 아니라 영성, 종교, 대처방법에 대한 많은 연구들이 다양한 영적 신앙과 긍정적인 종교적 대처 기제들(기도, 선행 참여, 성직자로부터 도움을 받는 것 등)이 보다 긍정적인 심리적 결과와 관련이 있는 것으로 밝혀진 바 있다(예 : Ahrens, Abeling, Ahmad, & Hinman, 2010; Boehnlein, 2006; Connor, Davidson, & Lee 2003). 지난 20년간 미국 내에서 대체 의학은 널리 퍼졌으며 1997년에는 국제 전화 설문조사에 응한 응답자들 중 45%가 적어도 한 가지 이상의 대체 의학치료를 받아본 경험이 있다고 밝혔다(Knaudt, Connor, Weisler, Churchill & Davidson, 1999). 대체 의학 중 몇몇은 자격이 있는 실무자들이 제공하지만, 어떤 것들은 전혀 관련 규정이 없는 것들도 있다. 예를 들어, 한약, 영양제, 비타민, 큰 부작용을 일으키거나 다른 약물과 상호작용할 수 있는 많은 것들이 시중에서 쉽게 구입할 수 있고 FDA로부터 제재받지 않는다.

또한 치유에 대한 신앙들에 기반한 접근들이 CAM에 융합되었다. 예를 들어, USC 의학 센터에서 우리는 **주술사**(curanderos)라고 불리는 전통 멕시칸 영적 치유자의 자문을 구한 경험이 있는 여러 사람들을 보았다. 이러한 치유자들은 그들이 속한 지역사회에서 매우 존경받으며, 그들의 의견에는 많은 힘이 실린다. 주술사들은 종종 치유 의식의 일부분으로 약초나 약을 주거나, 환자들에게 치유 의식이 효과가 있으려면 현재 받는 모든 주류 치료들을 멈추라고 말하기도 한다.

인구학적 연구들은 건강 관리의 대체 수단을 찾는 사람들이 불안과 우울 수준이 더 높다고 반복적으로 말한다(J.R.T. Davidson et al., 1998; Knaut et al., 1999). 이에 대한 이유로는 분산되고 불분명한 신체적 불편감이 전통의학으로는 잘 다루어지지 않는 것, 신체적 · 정신적인 문제를 '자연적인' 치료법으로 해결하려는 시도, 의료 시스템에 대한 좌절 등이 있다. 이유가 무엇이든지, 내담자들이 대체 치료법을 사용할 수도 있다는 사실을 인식하고 있는 것과 내담자들이 이러한 정보를 의사나 치료자에게 종종 밝히기 꺼려한다는 사실을 인지하는 것이 중요하다. 흔히 한약이나 기타 보조제들은 '자연적'이라서 역효과가 없을 것이라고 믿지만 불행히도 그것은 사실이 아니다.

대체 치료법을 다룬 연구들에 대한 자세한 논의는 이 장에서 다 다룰 수는 없다. 그러나 일반적인 보고에서는 몇 가지 영역에서 얻을 수 있는 잠재적인 이익들을 시사하고 있다. 구체적으로 PTSD를 위한 대체약물치료(한약이나 기타 '자연적' 치료법)에 관한 체계적인 연구들은 아직 그 수가 많지 않다. 하지만 불안과 우울 증상에 대한 대체 의학 연구들이 전반적으로 늘어나고 있는 실정이다. 여기에는 침술, 세인트존스워트(St. John's Wort 혹은 Hypericin), 카바카바(Kava Kava), S-아데노실메티오닌(sadenosyl-methionine, SAMe), 오메가 지방산, 시계풀, 발레리안 뿌리, 아로마테라피, 동종치료를 포함한다. 뿐만 아니라, 비타민, 트립토판, 그리고 정신과적 증상을 치료하기 위한 기타 보조제들에 대한 과학적인 근거가 없는 많은 정보들이 인터넷에 포진되어 있다.

이들 중 모든 치료법과 개입들이 항상 안전하거나 유용한 것은 아니지만 몇몇 연구에서는 대체 치료법들에서 긍정적인 결과를 나타내기도 했다. 무작위 실험에서, 침술은 인지행동치료 집단만큼 효과적인 PTSD 증상 감소를 가져왔다(Hollifield, Sinclair-Lian, Warner, & Hammerschalg, 2007). 소규모 예비 연구에서, 오메가 3 지방산은 자연 재난으로 인한 PTSD에 유용한 것으로 드러났다(Matsuoka et al., 2011). 여러 실험에서 세인트존스워트는 경미한 성인 우울에 대해 효과적인 치료법으로 나타났으며, 오메가 지방산과 S-아데노실메티오닌은 항우울제 치료에 보조제 역할을 할 수 있다고 드러났다. 또한 대체 치료법 중 카바카바는 불안 완화제로서 가장 잘 작용할 수 있는 것으로 나타났다(Larzelere, Campbell, & Robertson, 2010). 이중맹검 무작위 시험에서, 근육당은 PTSD를 겪는 사람의 우울 증상을 개선하는 것으로 나타났으나 PTSD 자체에는 효과가 없는 것으로 드러났다(Kaplan, Amir, Swartz, & Levine, 1996). 같은 맥락에서, 최근의 보고에서 불안/스트레스 장애에서 동종요법의 사용에 대한 근거는 찾을 수 없었으나 수면에 대해서는 어느 정도의 잠재적 효용성을 발견했다(J. R. Davidson, Crawford, Ives, & Jonas, 2011).

안전과 관련하여 언급해야 할 몇 가지 중요 사항도 다음과 같다.

1. 세인트존스워트(라이퍼리신)는 시중에서 구할 수 있으며, 대체 의학에서 우울 치료를 위해 종종 권장되는 약초 보조제이다. 이 성분의 활동 기제는 SSRI인 것으로 보인다. 따라서 내담자는 세인트존스워트를 SSRI와 함께 복용하지 않는 것이 중요하다. 세로토닌 증후군의 위험을 증가시킬 수 있기 때문이다(SSRI 약물과 세로토닌 증후군에 대한 설명은 SSRI에 대한 부분을 참조). 세로토닌의 선행 물질인 트립토판을 함유한 보조제의 사용도 유사한 위험이 있다. 트립토판은 온라인에서 '기분 강화제'로서 추천되는 물질이며 여러 가지 형태로 약국이나 온라인에서 구매할 수 있다.

2. 몇몇 자연적인 치료법들은 흥분제로서 작용하며 교감 신경을 활성화시킨다(예 : 에페드라/에페드린은 체중 조절에 사용되고 요힘빈은 활력 및 남성 발기부전에 사용된다). 앞서 설명하였듯, 트라우마 생존자들은 종종 교감 신경의 활성화가

일어나기 때문에 흥분제를 사용할 경우 외상후 증상을 겪을 위험이 있다. 일련의 사례 보고에 따르면(Southwick, Morgan, Charney, & High, 1999), 시중에서 구한 요힘빈을 사용한 PTSD 환자들에게서 극단적인 증상이 증가한 것으로 나타났다. 그러므로 우리는 외상 환자들이 약초나 기타 처방받지 않은 흥분제를 피하도록 권고한다.

3. 어떤 내담자들은 정식으로 포장되지 않거나 다른 국가로부터 온 보조제를 사용한다. 이러한 보조제들은 앞서 언급했던 한방 의사나 주술사로의 처방을 받기도 한다. 만약 향정신성 약물을 처방하는 경우, 내담자들이 사용 중인 다른 치료제들이 있는지 확인하는 것은 매우 중요하다. 우리는 내담자가 현재 복용 중인 모든 치료제와 보조제들을 기존의 포장과 함께 상담 시간에 가져오기를 권유한다. 치료자가 이를 통해 발생 가능한 약물 상호작용이나 문제에 대한 정보를 수집할 수 있기 때문이다.

주류 치료제와 대체 치료제를 혼합하는 경우 실제적인 위험이 발생할 수 있다는 사실은 반드시 내담자에게 알려져야 하며 의료 기록에도 남겨야 한다. 그러나 내담자와 이러한 내용에 대한 논의를 할 때 지지적이고 비판단적인 태도로 대하는 것이 중요하다. 내담자들은 그들이 대체의학 제공자들을 만나는 것에 대해 비난을 받을 것이라고 생각하기 때문에 그들이 복용하는 약을 보고하기는 꺼려하기도 한다. 이러한 상황에서, 처방을 하지 않는 치료자, 정신과 전문의 혹은 기타 의료진, 내담자 사이에 터놓고 말하는 것이 굉장히 유용할 수 있다.

현재 대체의학에 대한 관심이 늘어나는 추세여서 우리는 정신건강 치료에 대한 이러한 대체적 접근에 대해 의심 없이 더 많이 배울 것이다. 또한 환자들이 건강 관리에 더 정통한 소비자가 되어가고 인터넷을 통해 보다 많은 정보에 접근 가능하기 때문에, 임상가들은 가장 안전하고 효과적인 케어를 제공하기 위해 항상 최신의 정보에 관심을 기울여야 한다. 우리는 임상가들의 개방적인 접근을 권유한다. 예를 들어, CAM은 단순히 주류 접근의 보완으로서 영성, 일체감, 현대의학에서 부족할 수 있는 새로운 시각(어떤 경우, 새로운 효과성)을 제공할 수 있다.

복용에 대한 주의와 이 장의 한계점

다음에서 제시한 내용의 대부분은 활동 기제, 부작용, 금기 사유, 다양한 향정신성 약물의 복용량에 관해 쉽게 접근 가능하고, 이미 잘 알려진 내용이다. 그러나 간결성을 위해 그리고 독자들의 편의를 위해 우리는 각 약에 대해 하나도 빠뜨리는 것 없이 모든 것을 제시하지는 않았다. 그러나 우리는 이러한 약물을 PTSD에 어떻게 적용하는지에 초점을 맞춰, 독자들이 끊임없이 확장 중인 이 영역에 대한 정보의 범위를 넓힐 수 있도록 한다. 약을 처방하는 임상가들은 이 책을 외상에서의 정신약리학의 사용에 대한 문헌의 지침서로 사용해야 하며, 특정 정신과 약물의 실제 사용에 관해 그들의 임상 지식뿐 아니라 더욱 완전하고 권위 있는 책들을 참고해야 한다. 어떠한 경우라도 임상가는 오직 이 장의 내용만으로 약물의 복용량이나 처방 여부를 결정해서는 안 된다. 대신, 약을 처방하는 임상가들은 정확하고 모든 내담자의 적절한 복용량과 처방법을 위해 의약품 처방 정보(Physicians' Desk Reference, 2012)를 참조하거나 다른 약물 참고서를 보아야 한다.

PTSD를 위한 약물

항우울제

선택적 세로토닌 재흡수 억제제(SSRI)

PTSD를 위한 약물 관련 연구의 대부분은 SSRI의 사용에 집중한다. SSRI는 우울, 범불안장애, 공황의 치료에 효과성을 보여왔으므로 이것은 논리적인 접근이라 볼 수 있다. 따라서 이러한 장애와 겹치는 증상을 포함하는 PTSD를 위한 SSRI의 사용은 자연스러운 확장이다. SSRI와 PTSD 연구 결과들은 대부분 고무적어서 SSRI가 외상후 스트레스 치유를 위한 이런 약물 사용은 널리 알려졌다. 예를 들어, 외상성 스트레스 연구를 위해 국제사회에서 펴낸 'PTSD를 위한 치료 권고'에서 SSRI는 PTSD의 1차 약물로 명시되었다(Friedman et al., 2009). 또한 FDA가 PTSD의 치료를 위해 허가한 유일한 약물이 바로 설트랄린(졸로프트), 파록세틴(팍실)과 같은 SSRI들이다.

PTSD에서 SSRI의 사용과 관련해 파록세틴(팍실; 예 : Marshall et al., 2007; D. J. Stein, Davidson, Seedat, & Beebe, 2003)과 설트랄린(Zoloft; 예 : Brady et al., 2000; J. R. T. Davidson, Rothbaum, van der Kolk, Sikes, & Farfel, 2001; D. J. Stein, van der Kolk, AUstin, Fayyad, & Clary, 2006), 그리고 플루옥세틴(프로작; 예 : Connor, Sutherland, Tupler, Malik, & Davidson, 1999; Martenyi & Soldatenkova, 2006)을 사용한 몇 가지 무선의, 이중맹검, 위약효과 통제 연구들이 있다. 이러한 연구들의 결과는

SSRI가 PTSD의 세 가지 핵심 증상군(즉, 재경험, 과각성, 회피)의 증상들을 감소시키는 것으로 나타났다.

좀 더 새로운 SSRI들인 시탈로프람과 데시탈로프람은 무선의 통제 실험에서 연구되지 않았다. 이들은 소규모의 공개 실험에서 효과성을 입증하였으나 이 결과를 타당화하고 실험을 재현하기 위해서는 보다 광범위한 무작위 연구가 필요하다(English, Jewell, Jewell, Ambrose, & Davis, 2006; S. Robert et al., 2009).

대부분의 연구들은 비교적 단기인 12주간의 치료 기간 동안 환자들을 관찰하였다. 설트랄린의 한 실험에서는 급성기 이후 재발 방지의 효과성을 검증하기 위해 28주간 환자를 관찰하였다(J. R. T. Davidson et al., 2001). 연구 결과, 설트랄린이 PTSD의 재발을 방지하는 데 효과적인 것으로 나타났다. 플루옥세틴에 대한 PTSD의 재발 방지의 두 가지 위약효과 통제 실험이 있었다. 첫 번째는 재발 방지에 대한 플루옥세틴이 위약효과보다 효과적임을 보여주는 12주간 연구의 24주 연장이었다(Martenyi, Brown, Zhang, Koke, & Prakash, 2002). 두 번째 연구는 이러한 연구 결과를 보다 긴 기간 동안 관찰하여 확인하였다. 6개월의 플루옥세틴 공개 실험 후 6개월의 위약효과 통제 무작위 실험이 이어질 때, 플루옥세틴을 복용하는 환자들 중 22%가 재발했고 위약효과에 할당된 환자의 50%가 재발했다(J. R. Davidson et al., 2005). 또한 재발하기까지 위약효과에 비해 플루옥세틴을 복용한 환자에게 걸리는 시간이 더 길었다. 이 결과는 SSRI 치료가 장기간에 걸쳐 효과적이기 위해서는 일반적인 12주의 임상 실험 기간보다 더 오랜 기간 복용해야 한다는 것을 말해준다. 사실, 3개월 이상 지속되는 PTSD의 경우, 증상이 사라진 후 9개월에서 1년간의 SSRI 치료가 보다 적절한 것으로 밝혀졌다(J. R. T. Davidson, 2004).

SSRI가 PTSD에 유용하긴 하지만 반드시 치유력이 있는 것은 아니라는 것은 중요하다. 대부분의 연구에서, 50~60%의 참가자들에게는 반응이 나타났으나 실험이 끝난 후 겨우 20~30%만이 PTSD 진단 기준에 해당되지 않는 것으로 나타났다(Spinazzola et al., 2005). 다시 말하면, 비록 약화된 형태일지라도, 이 실험 참가자의 70~80%는 치료 후에도 여전히 PTSD를 겪는 것을 의미한다. 또한 위에서 언급된 연구들이 PTSD에 대한 SSRI의 치료 효과성을 입증하더라도, 또다른 연구들은 이러한 약물에 대해 강력하지 않은 반응을 보인 것으로 나타나거나 공존장애의 존재에 대해 언급하고, 전반적으로 보다 적은 복용량 또는 놀라우리만큼 높은 위약 효과를 혼입 요인으로 언급한다(예: Martenyi, Brown, & Caldwell, 2007). 임상에서 이것이 뜻하는 바는 외상을 위한 약물은 천편일률적으로 처방될 수 없다는 것이다. 임상가들은 환자의 전체적인 양상을 고려하고 특히 어떤 치료에서든지 환자의 반응을 약화시킬 수 있는 공존장애와 합병증을 인지해야 한다.

PTSD에 대한 SSRI의 몇몇 연구에서는 치료는 민간인 및 여성들보다 전쟁 참전용사들과 남성들에게 덜 성공적인 것으로 나타났다(예 : Herzberg, Feldman, Beckham, Kudler, & Davidson, 2000). 이에 대한 이유를 놓고 많은 논의가 있었다. 지속적인 PTSD에 몇 년간 시달리던 베트남전 시기의 남성들(가정의 의해 집단으로 구성된 특히 치료 저항성 장애 형태를 지닌 집단)을 대상으로 한 연구는 약물치료의 부정적인 결과를 보여주었다. 또한 베트남전 시대의 많은 참전용사들은 장기간의 심한 약물 의존을 겪고 있었고 이는 치료를 어렵게 만들 수 있다. 그러나 민간인을 대상으로 하는 최근의 연구들은 이러한 약물에 대한 성차를 보이지 않았다. 뿐만 아니라, 다른 전쟁 지역의 참전용사들을 대상으로 한 연구들에서 전쟁과 관련한 PTSD에 SSRI 약물이 효과적인 것으로 나타났다. 예를 들어, Zohar 등(2002)은, 비록 민간인들을 대상으로 한 것에 비해서는 비교적 작은 효과 크기이지만, 이스라엘 전쟁 참전용사들의 PTSD에 설트랄린이 위약효과보다 더 효과적임을 입증하였다. 또한, 유고슬로비아 내전(1992~1996)에서 외상을 입은 남성 참전용사들을 대상으로 한 위약효과 통제의 플루옥세틴 무작위 연구에서는 PTSD의 세 가지 핵심 증상군이 유의하게 개선되었다(Martenyi & Soldatenkova, 2006). 트라우마의 유형, 만성화 정도, 약물 사용 간의 관계를 좀더 명확히 밝히기 위해 앞으로 더 많은 연구들이 요구된다.

SSRI가 외상후 스트레스 기저의 해부학과 신경생리학에 실제로 직접적인 영향을 미친다고 제안하는 흥미로운 몇 가지 자료들이 있는데, 신경생물학 관련 내용에서 앞서 다룬 것이다. 경계성 성격장애 환자들로 구성된 작은 집단에서, 플루복사민(fluvoxamine, 루복스)은 아동기 학대 피해 내력이 있는 사람들 가운데 HPA 축의 과반응(덱서메타손 거부활동으로 측정된)을 줄이는 것으로 나타났다(Rinne et al., 2003). 또 다른 최근 연구는 파록세틴으로 1년간 치료를 받은 PTSD 환자들의 해마 양이 5% 증가한 것을 보여준다(Bremner & Vermetten, 2004). 아직 예비단계이긴 하지만, 이러한 정보는 SSRI를 사용한 치료가 치료기간이 보다 길어질 때 가장 효과적임을 지지하는 근거가 된다.

이 책을 출판할 시기(미국 기준), 현재 시장에는 여섯 가지 종류의 SSRI 약물이 출시되어 있으며 이것은 표 12.1에 명시되어 있다. 이들은 *DSM-IV-TR*(American

표 12.1 선택적 세로토닌 재흡수 억제제(SSRIs)					
일반명	상표명	권장복용량	반감기	임신기에 미치는 영향 등급*	모유 내 존재 여부
시탈로프람	셀렉사	10~40mg	35시간	C. 임신 후기에 주의	○ (안정성 불분명)
에스시탈로프람	렉사프로	10~20mg	27~32시간	C. 임신 후기에 주의	○ (안정성 불분명)
플루옥세틴	프로작	10~80mg	4~6시간	C. 임신 후기에 주의	○ (안정성 불분명)
플루복사민	루복스	100~300mg	15시간	C. 임신 후기에 주의	○ (안전하다고 추측)
파록세틴	팍실	10~50mg	10~21시간	D	○ (안전함)
설트랄린	졸로프트	50~200mg	26시간	C. 임신 후기에 주의	○ (안전함)

*FDA 임신기에 미치는 영향 등급 분류에 대한 설명에 대해서는 270쪽 참조

Psychiatric Association, 2000)의 다양한 진단들을 위한 대부분의 임상 시험에서 삶의 질 개선과 증상 감소에 있어 동등하게 효과적인 것으로 나타났다. 이 장의 뒷부분에서 논의하겠지만, 이들은 부작용에서 주로 차이가 있다. 이것은 트라우마 생존자들을 위한 처방에서 중요하게 고려되어야 할 사항인데, 이 환자 집단에서 불응이 특히 높기 때문이다. 현재 설트랄린과 파록세틴만이 PTSD 치료에 대한 FDA 승인을 받은 상태이다. 그러나 SSRI 약물들이 여러 장애들에 걸쳐 일반적으로 동등하게 효과적이기 때문에, 어떤 약물을 선택할 것인가는 전적으로 임상가의 판단에 달렸다고 볼 수 있다.

SSRI 약물들은 대체로 이전의 항우울제(이 장의 뒤에서 설명할 삼환계 약물과 모노아민 산화효소 억제제)에 비해 안전하고 과다복용에도 덜 치명적인 것으로 고려된다. 그러나 이들은 중추 신경 체계의 과다 세로토닌으로 인해 발생되는, '세로토닌 증후군'이라 알려진 잠재적으로 생명을 위협할 수 있는 상태와 관련이 있다. 증상들은 떨림과 설사에서부터 섬망, 신경근육 경직, 이상고열까지 다양하게 나타난다. 세로토닌 증후군은 과다복용, 약물 간 상호작용 또는 드문 경우 치료적 이유로 약물을 사용하는 경우에도 나타날 수 있다.

일반적으로, SSRI 약물들은 잘 받아들여지며 과다복용에도 비교적 치명적이지 않다는 장점이 있다(예 : 15일 동안 같은 약을 복용했을 때 치명적인 삼환계 항우울제에 비교하면, 삼환계 항우울제는 15일분의 약물을 복용할 때 치명적임). 그러나 이 약물들은 모두 잠재적인 부작용의 위험성이 존재한다. 여기에는 불안, 초조, 식은땀, 두통,

위장 장애(메스꺼움, 설사, 소화불량), 구강 건조, 비몽사몽, 불면, 모든 단계의 성적 장애(남성의 발기, 남성 및 여성의 성욕과 오르가즘)를 포함한다. SSRI 약물은 불안과 불안장애의 치료에 사용되지만, 이들은 복용 후 처음 며칠간 종종 불안을 증가시키며 공황 발작을 야기할 수도 있다.

어떤 부작용들은 몇몇 SSRI과 좀 더 연관이 있는 경우가 있다. 플루옥세틴은 보통 오전에 복용하도록 되어 있으며 흥분시키는 경향이 있다. 파록세틴(플루복사민도 역시)은 진정시키는 경향이 있으며 일반적으로 저녁에 복용하도록 되어 있다. 또한 파록세틴은 체중을 증가시킬 수 있다. 설트랄린, 에스시탈로프람, 시탈로프람은 부작용이 보다 중립적이며 수면과 체중에 적은 영향을 미치는 편이다. 그러나 최근의 자료는 많은 양의 시탈로프람과 EKG에서 QTc 간격 연장의 연합이 최대 권장 복용량을 60mg에서 40mg로 줄어들게 한다고 밝혔으며 QT의 이상에 대한 위험을 주의하도록 권고한다. 또한 모든 SSRI 제제는 아동, 청소년, 젊은 성인(만 24세 미만)의 자살 경향성을 증가시킬 수 있는 '블랙박스' 경고를 주고 있다.

몇몇 임상가들은 이러한 부작용의 가장 유리한 활용에 기반하여 내담자에게 어떤 SSRI를 처방할 것인지 판단하며, 이러한 전략은 일차적으로 복약 순응도를 높이는 것으로 나타났다. 예를 들면 다음과 같은 처방을 내릴 수 있다.

- 불안이 높아 잠을 잘 수 없으나 잠재적 체중 증가에는 신경 쓰지 않는 임신하지 않은 내담자에게 파록세틴 처방
- 피곤하고 냉담하고 아침에 일상을 시작하는 활력이 없는 내담자에게 플루옥세틴 처방
- 부작용을 특히 걱정을 하는 내담자에게 설트랄린, 시탈로프람, 또는 에스시탈로프람 처방

논의된 잠재적 부작용을 고려할 때, 내담자 교육은 필수적이다. 매우 불안하고 과각성된 내담자에게 그들의 불안 수준이 복용 초기에는 증가할 수 있으며, 이것은 자연스러운 약물 반응임을 알려주는 것은 중요하다. 또한 내담자에게 발생 가능한 성 관련 부작용에 대해 알려주고 발기와 관련한 문제가 약물을 중단할 때 해결될 것이라고 안심시켜주는 것도 중요하다. 뿐만 아니라, 항우울제가 즉시 효과를 보이는 것은 아님을 알려주는 것이 필요하다. 약물에 대한 초기 반응이 일어나기까지 종종 2주까지 걸릴 수 있으며, 완전한 반응은 4~6주간 복용할 때까지 나타나지 않을 수도 있다.

SSRI는 또한 갑자기 중단할 경우 '중단 증후군'으로 알려진 유의한 증상을 야기할 수 있다. 구토, 설사, 메스꺼움, 거식, 어지러움, 두통, 불면, 과민성, 시력 장애, 피로, 떨림뿐 아니라 팔과 등에 '전기 충격'과 같은 감각을 느끼는 것도 보고된 바 있다(예 : Coupland, Bell, & Potokar, 1996). 짧은 반감기를 가진 파록세틴은 다른 SSRI 약물들보다 중단 증상을 더 자주 보이는 것으로 알려졌다(Barr, Goodman, & Price, 1994). 긴 반감기를 가진 플루옥세틴은 이러한 문제들을 드물게 일으키며 다른 SSRI 약물을 점점 줄이는 것을 돕기 위해 단기간 사용되기도 한다. 다시 한 번 강조하지만, 내담자들에게 SSRI 약물의 중단과 관련한 발생 가능한 증상들에 대해 교육하는 것은 중요하다(그들은 처방한 임상가의 감독하에서 약물을 줄여나갈 때만 약을 중단할 수 있다고 권고되어야 한다). 이러한 문제에 대해 참고할 수 있는 SSRI 약물의 반감기는 표 12.1에 제시되어 있다.

기타 세로토닌 약물

지난 15년간 임상가들이 사용할 수 있는 항우울제의 수는 급격히 증가했다. SSRI 약물들뿐 아니라, 세로토닌과 다른 신경전달물질에 영향을 주는 몇 가지 새로운 약물들이 시장에 출시되었다. 이러한 약물들은 자체적으로 효과적인 항우울제로 알려져 있지만, 외상후 스트레스를 치료하는 데 얼마나 효과적인지는 잘 알지 못한다. 앞으로 이러한 약물들과 트라우마에 대한 약물의 사용에 대한 우리들의 지식은 분명 상당히 증가할 것이다. 이 약물들은 표 12.2에 제시되었다.

벤라팍신

벤라팍신(venlafaxine, 이펙서)은 세로토닌-노르에피네프린 재흡수 억제제(SNRI)이며 우울과 불안의 치료에 효과적인 것으로 확인되었다. 이 약물의 부작용은 SSRI의 부작용과 비슷한데, 신경계를 진정시키기보다는 흥분시키는 경향이 있으며 성 관련 부작용과 중단 증후군을 일으킬 확률이 비교적 높다(둘 다 세로토닌 활동과 관련 있으며 이는 앞서 설명한 SSRI의 부작용과 비슷하다). 일반적으로 벤라팍신은 어떤 이들에게는 혈압의 상승과 연관이 있으며, 확산정인 벤라팍신 XR에서는 적게 나타난다. 그렇다 하더라도 벤라팍신을 복용하는 환자의 혈압을 관찰하는 것이 적절하다. SSRI 제제와의 유사성을 고려할 때, 벤라팍신은 PTSD에 유용할 것으로 예상할 수 있다. 그러나 이 영역에 대한 연구는 극히 드물다.

표 12.2 기타 세로토닌 약물

명칭	상표명	권장 복용량	임신기에 미치는 영향 등급*	모유 내 존재 유무
벤라팍신	이펙서 XR	일일 75~225mg	C, 임신 후반부에 주의	○(안정성 불분명)
듀록세틴	심발타	일일 60~120mg, 여러번 나눠서 복용	C, 임신 후반부에 주의	○(안정성 불분명)
아토목세틴	스트라테라	일일 40~100mg	C	○(안정성 불분명)
부프로피온	웰부트린	일일 150~300mg(일반 형태와 서방정인 경우 2회에 나눠서 복용, 확산정인 경우 1일 1회)	C	○(안전하지 않다고 추측)
미르타자핀	레메론	잠잘 때 15~45mg	C	○(안정성 불분명)
트라조돈	데시렐	150~600mg, 1일 2회에 나눠서 복용	C	○(안전하다고 추측)
네파조돈	세르존	200~600mg, 1일 2회에 나눠서 복용	C	○(안전하지 않다고 추측)

*FDA 임신기에 미치는 영향 등급 분류에 대한 설명에 대해서는 270쪽 참조

주의 : 위에 명시된 세로토닌 약물들은 네파조돈을 제외하고 SSRI 제제와 마찬가지로 아동, 청소년, 젊은 성인(만 24세 이하)에게 모두 같은 '블랙박스' 위험이 있음

PTSD에 대한 벤라팍신의 24주간의 위약효과 통제 연구에서 벤라팍신은 위약 효과에 비해 재경험, 회피/무감각을 완화하는 데 더 효과적이지만 과각성에는 그렇지 않은 것으로 나타났다(J. R. Davidson, Baldwin et al., 2006). 이는 벤라팍신이 노르아드레날린성 효과를 보이며 흥분시키는 경향이 있다는 점에서 놀라운 일은 아니다. 두 번째 위약 효과 통제 연구에서 벤라팍신은 설트랄린과 위약 효과 모두와 비교되었다(J. R. T. Davidson et al., 2001). 이 실험에서 벤라팍신과 설트랄린은 PTSD 증상을 감소시키는 데 동등한 효과를 보였으나, 위약 효과 역시 비교적 높고 벤라팍신과 설트랄린의 효과 크기가 작다. 난민들을 대상으로 한 공개 실험에서는 다섯 명의 피험자에 대해 효과성을 나타냈는데(Smajkic et al., 2001), 이 실험 외의 경우 PTSD에 있어 벤라팍신에 대한 긍정적인 반응은 사례 보고에서만 찾을 수 있었다(예 : Hamner & Frueh, 1998). 결론을 내리자면, 벤라팍신은 PTSD에 유용한 것으로 볼 수 있으나 과각성이

높은 환자에게 최적의 약물은 아닐 것이다.

듀록세틴

듀록세틴(duloxetine, 심발타)은 또 다른 SNRI 약물이며, 우울과 만성 통증의 치료에 종종 쓰인다. 듀록세틴과 PTSD에 대한 문헌은 두 가지 보고가 있다. 첫 번째는 전쟁 참전용사의 PTSD에 대한 듀록세틴 치료의 공개 실험이다. 듀록세틴은 외상후 증상과 우울 증상을 모두 감소시키며 수면을 개선하는 것으로 나타났다(Walderhaug et al., 2010). 반면 난치성 우울을 겪는 PTSD 환자를 듀록세틴으로 치료한 결과 외상후 스트레스 증상이 악화된 것으로 나타난 사례 보고가 있다.

부프로피온

부프로피온(wellbutrin)은 다른 어떤 항우울제와도 연관성이 없다. 이 약물의 정확한 활동 기제는 알려지지 않았다(이것은 세로토닌과 에피네프린의 재흡수를 미약하게 억제하고, 도파민의 재흡수를 보다 강력하게 억제한다). 부프로피온은 흥분제와 같은 효과를 내는 것으로 보이며 따라서 불면을 예방하기 위해 오후 5시 이전에 복용하도록 권고된다. 이러한 흥분성 기제와 같이, 부프로피온 치료를 받은 사람들의 많은 비율은 불안과 안절부절 못하는 기분을 경험하는데, 이러한 부작용은 트라우마 생존자를 치료하는 경우 자율신경계의 흥분을 이미 겪고 있을 수 있기 때문에 주의해야 한다. 가장 주의해야 하는 부작용은 간질을 일으킬 수 있는 0.4%의 위험성인데, 이는 다른 항우울제에 비해 네 배나 되는 수치이다. 이러한 위험은 신경성 식욕 항진증(bulimia)을 가진 환자들에서 증가할 수 있고, 따라서 간질장애나 신경성 식욕 항진증의 내력이 있는 사람들에게는 처방을 금해야 한다. 아동 학대 경험이 있는 몇몇 생존자들은 폭식/토하기(2장에서 언급한 바와 같이) 긴장 완화 행동에 몰입할 수 있기 때문에 식이장애 내력을 묻는 것이 중요하다. 이러한 문제점에도 불구하고 부프로피온은 효과적인 항우울제이며 성적 부작용이 없다는 면에서 또 다른 유의한(그리고 특별한) 장점이 있다. 사실, 부프로피온은 다른 약물이 일으키는 성적 부작용에 대응하기 위해 추가되기도 한다.

PTSD에 대한 부프로피온의 사용에 관한 문헌은 오직 두 가지의 보고만 있다. 이는 부프로피온이 심한 외상후 장애와 불안을 겪는 환자에게서 과도하게 활성화될 수 있다는 우려 때문일 것이다. 17명의 PTSD를 겪는 전쟁 참전용사를 대상으로 한 공개 실험에서 부프로피온은 흥미롭게도 과각성을 줄였으나 침습 혹은 회피 또는 전체적인 PTSD의 증상 정도에는 효과를 나타내지 않았다(Canive, Clark, Calais, Qualls, & Tuason, 1998). 하지만 적은 표본 크기인 43명을 대상으로 한 위약 효과 통제 연구에서 부프로피온은 우울 증상과 PTSD 증상 중 어느 것에도 효과를 보이지 않는 것으로 나타났다(M. E. Becker et al., 2007). PTSD에 대한 부프로피온의 사용에 있어서 확정적인 권고를 내리기 전에 더 많은 연구가 필요하겠지만, 초기의 보고들은 그다지 고무적이지 않다. 부프로피온은 일반적인 형태, 서방정(sustained release, SR), 그리고 가장 최근의 형태인 확산정(extended release, XR)의 세 가지 형태로 출시되어 있는데, 이는 하루에 한 번만 복용하면 된다. 확산정은 불안과 초조와 같은 급성 부작용이 보다 적을 것이지만 임상 현장에서는 실제로 부작용이 관찰되고 있다.

미르타자핀

미르타자핀(mirtazapine, 레메론)은 시냅스 전 알파-아드레날린성 차단뿐 아니라 세로토닌과 노르에피네프린에 작용하는 또 다른 특별한 약물이다. 미르타자핀은 몇몇 세로토닌 수용체들에서 길항작용을 하는데, 이는 세로토닌이 SSRI 약물보다 성적 부작용이 더 적기 때문으로 추론된다. 미르타자핀은 신경을 진정시켜 숙면을 취할 수 있게 도와준다. 그러나 불행히도 이 약물은 체중 증가를 일으킬 수 있다. PTSD에 대한 미르타자핀의 긍정적인 반응을 알려주는 몇 가지 공개 실험들과 소규모 무작위 통제 실험이 있었다(Alderman, Condon, & GIlbert, 2009; J. R. T. Davidson et al., 2003). 한국 전쟁 참전용사를 대상으로 한 무작위 공개 실험에서는 미르타자핀이 졸로프트에 비해 PTSD 증상을 감소하는 데 더 효과적임을 증명했다(Chung et al., 2004). 또한 PTSD와 관련된 악몽과 수면장애에 대한 미르타자핀의 효과에 대한 사례 보고들도 있다(Lewis, 2002). 이는 알파 차단에 의한 것이라고 추측되는데, 이 주제는 이 장의 후반부에서 다루도록 한다.

트라조돈

트라조돈(trazodone, 데시렐)은 알파-아드레날린성 차단을 활성화시키는 또 다른 세로토닌성 항우울제이다. 이것은 높은 진정 효과가 있으며 정신과에서 가장 자주 수면제로 사용된다. PTSD에 대한 트라조돈의 사용에 관한 여섯 명의 피험자에 대한 공개 실험과 몇 가지 사례 보고들이 있다. 이 보고들은 PTSD 증상군들에 경미한 정도에서 중간 정도의 효과가 있다고 주장한다(Hertzberg, Feldman, Bechkam, & Davidson, 1996). 진정 효과를 제외한 심각한 부작용에는 구강건조증(dry mouth), 흐릿한 시야,

소화기 장애, 남성들에게 나타날 수 있는 음경지속발기증(응급 처치가 필요할 수 있는 고통스럽고 지속적인 발기 상태)을 포함한다.

네파조돈

네파조돈(nefazodone, 세르포)은 시냅스 후 세로토닌의 강력한 차단제이자 세로토닌과 노르에피네프린의 미약한 재흡수 억제제이다. 네파조돈은 우울 치료에 SSRI 제제와 유사한 효과를 지닌 것으로 알려졌고 최소한의 성적 부작용을 초래하는 이점을 갖고 있다. 네파조돈은 SSRI와 관련한 성적 기능장애가 있는 이들에게 널리 사용되고 있다. 불행히도 이 약물은 몇몇의 치명적인 간 부전(liver failure) 사례와 연관이 있었고, 이에 따라 미국, 유럽, 캐나다 시장에서 철수되었다. 네파조돈과 관련한 무작위 통제 실험은 없었으나, 몇몇 공개 실험들에서 PTSD의 세 가지 증상군에 대한 효과뿐만 아니라 수면에도 효과가 있음을 보여주었다(예 : Davis, Nugent, Murray, Kramer, & Petty, 2000).

모노아민 산화효소 억제제

모노아민 산화효소 억제제(monoamine oxidase inhibitors, MAOIs; 표 12.3 참조)는 SSRI 약물들의 상당한 부작용과 복용 중 따라야 하는 식단 규제로 인해 SSRI를 대체하는 효과적인 항우울제로 널리 사용되어왔다. MAOI 제제는 일반적으로 우울 치료(특히 멜랑콜리형)에서 다른 약물들이 효과적이지 않을 때 사용된다. 이 약물은 에피네프린, 노르에피네프린, 세로토닌, 도파민을 분해하여 이러한 신경전달물질의 가용 수준을 높이게 되는 모노아민 산화효소의 활동을 억제한다. MAOI 제제는 어지러움, 두통, 졸림, 체중 증가, 변비, 구강건조증, 성기능 장애와 같은 심각한 부작용을 초래한다. MAOI 제제는 또한 고혈압을 유발할 수 있는데, 특히 종합감기약, 충혈제거제,

표 12.3 모노아민 산화효소 억제제

명칭	상표명	권장 복용량(일일)	임신기에 미치는 영향 등급*	모유 내 존재 유무
페넬진	나딜	45~90mg	C	미확인
트라닐시프로민	파네이트	30~60mg	C	미확인

*FDA 임신기에 미치는 영향 등급 분류에 대한 설명에 대해서는 262쪽 참조

체중 감소약과 같은 교감신경흥분제를 복용하거나 티라민 함유 음식을 먹는 사람들에게 더욱 그러하다. 모노아민 산화효소는 티라민 역시 분해하기 때문에 식단 관리는 중요하다. 티라민이 대사되지 않을 때, 신경계와 부신에서 에피네프린과 노르에피네프린을 대체하여 극심한 두통, 발한, 목 경직, 심장 두근거림, 급작스러운 혈압의 상승이 나타날 수 있다. 드문 경우, MAOI가 유발하는 고혈압 위기 상황은 심장 부정맥과 뇌출혈로 이어질 수도 있다. 따라서 MAOI 제제를 복용하는 사람들은 티라민을 함유한 음식을 피해야 한다(숙성된 치즈, 이스트 잼, 적포도주, 맥주, 절인 생선, 보존 육류, 누에콩, 지나치게 익은 바나나와 아보카도, 카페인, 초콜릿을 포함하나 이에 국한되지 않음). MAOI 약물은 명백히 복용하기에 간단한 약물은 아니며 복용 지침의 준수가 매우 어렵다.

PTSD에 대한 페넬진(phenelzine)의 세 가지 무작위 통제 실험이 있었다. 한 연구는 이미프라민(imipramine)과 위약보다 재경험 증상 감소와 전체적인 개선 효과를 보였다(Kosten, Frank, Dan McDougle, & Giller 1991). 다른 두 가지 실험은 위약효과에 비해 그 효과가 전혀 우수하지 않았다(Frank, Kosten, Giller, & Dan, 1988; Shezatsky, Greenberg & Lerer 1988). 페넬진의 공개 실험들은 비슷하게 동등한 결과를 보였다(예 : Lerer et al., 1987).

삼환계 항우울제

삼환계 항우울제(TCA; 표 12.4 참조)는 1950년대에 우울 치료제로 소개되었으며 1980년대에 SSRI 제제가 소개되기 전까지는 우울 약물치료의 주축이었다. TCA 제제는 심신을 매우 쇠약하게 하는 부작용과 과다 복용 시 치명적이어서 지난 20년간 잘 사용되지 않았다. TCA 제제의 일반적인 부작용에는 진정, 구강건조증, 위장 장애, 변비, 흐릿한 시야, 성 기능장애, 체중 증가가 있다. TCA 제제는 또한 EKG에서 QTc의 간격을 연장시킬 수 있고 어떤 경우에는 심장부정맥으로 이어질 수 있다.

PTSD에 대한 TCA 제제의 네 가지 무작위 임상실험과 다수의 공개 실험들이 있다. 이미프라민과 아미트리프틸린[1]은 모두 PTSD의 재경험과 회피 증상 감소에 효과적인 것으로 나타났으나 과각성에는 효과를 보이지 않았다(Kosten et. al., 1991). 또한 데시프라민에 대한 한 연구에서는 아무 효과도 입증하지 못했다(Reist et al., 1989). 결론적으로 TCA 제제는 SSRI 제제나 MAOI 제제에 비해 PTSD에 덜 효과적인 것으로 나타났다(Friedman, Davidson, & Stein 2009). 그러나 모든 무작위 통제 실험들이 민간인이

명칭	상표명	권장 복용량(일일)	임신기에 미치는 영향 등급*	모유 내 존재 유무
아미트리프틸린	엘라빌	50~300mg	C	○(안전하다고 추측)
클로미프라민	애나프라닐	100~250mg	C	○(안전하다고 추측)
데시프라민	노르프라인	50~300mg	C	○(안정성 불분명)
이미프라민	토프라닐	75~300mg	D	○(안전하다고 추측)
노르트립틸린	팔메러	74~150mg	D	○(안전하다고 추측)

표 12.4 삼환계 항우울제

*FDA 임신기에 미치는 영향 등급 분류에 대한 설명에 대해서는 262쪽 참조

아닌 참전용사를 대상으로 했다는 점이 결과에 영향을 주었을 가능성이 있다.

어떤 임상가들은 삼환계의 진정 효과를 이용하여, PTSD 증상에 대한 부속적 수면제로서 소량을 사용하기도 한다. 그러나 이러한 처방을 지지할 수 있는 연구 자료는 없다.

SSRI 제제와 마찬가지로, TCA 제제는 중단 증후군을 일으킬 수 있다. 이는 아세틸콜린의 차단제의 제거로 인한 콜린성 과다에 따른 것으로 추측된다. 중단 증후군에는 복통, 메스꺼움, 구토, 거식증, 오한, 발한, 설사, 피로, 두통, 불안감, 근육통, 쇠약을 포함한다(Lejoyeux, Ades, Mourad, Solomon, & Dilsaver, 1996).

벤조디아제핀

벤조디아제핀은 정신과와 일반의학에서 불안 치료에 쓰이는 매우 중독성이 강한 약물이다. 가장 널리 쓰이는 벤조디아제핀 약물들은 표 12.5에 제시되어 있다. 이들은 GABA에 작용하며 알코올과 유사한 점이 많다. 사실, 이들은 금단 현상을 예방하기 위한 알코올 해독의 주요 치료제로 쓰인다. 이 약물의 사용은 잠재적 남용과 의존의 위험으로 인해 논란이 되고 있다. 벤조디아제핀은 알코올뿐 아니라 불법적인 마약성 약물과 종종 함께 사용되며 '뒷골목에서' 구매할 수도 있다. 남용에 대한 문제는 특히 즉각적인 완화가 필요한 강렬하고 압도적인 불안을 겪는 트라우마 생존자의 치료에 관련이 있다. 이러한 사람들에게, 벤조디아제핀은 처음에는 흥분의 수준을 급격히 낮

표 12.5	벤조디아제핀			
명칭	상표명	권장 복용량(필요에 따라 일일 2~3회, 또는 잠자리에 복용)	임신기에 미치는 영향 등급*	모유 내 존재 유무
알프라졸람	자낙스	0.25~0.5mg	D	○ (안전하지 않은 것으로 추측)
클로나제팜	클로노핀	0.5~2mg	D	○ (안정성 불분명)
디아제팜	발륨	2~10mg	D	○ (안전하지 않은 것으로 추측)
로라제팜	아티반	1~2mg	D	○ (안전하지 않은 것으로 추측)
테마제팜	레스토릴	잠자리에 7.5~30mg	X	○ (안전하지 않은 것으로 추측)
트리아졸람	할시온	잠자리에 0.125~0.25mg	X	○ (안전하지 않은 것으로 추측)
옥사제팜	세락스	10~30mg	D	○ (안전하지 않은 것으로 추측)

*FDA 임신기에 미치는 영향 등급 분류에 대한 설명에 대해서는 262쪽 참조

취주거나 혹은 공황을 다루는 신이 주신 약처럼 보일 수 있다. 그러나 장기적으로 볼 때, 많은 사람들은 이 약에 내성을 갖게 되고 그 전과 같은 효과를 얻기 위해서는 복용해야 하는 양을 계속해서 늘려야 할 것이다. 어떤 사람들은 생리적·심리적 의존성을 갖게 되고 약을 중단하기 매우 어려워질 수 있다. 앞서 언급하였듯이, 벤조디아제핀은 적절히 관리하지 않는 경우, 치명적일 수 있는 금단 현상을 포함한다는 점에서 알코올과 비슷한 양상을 보인다. 벤조디아제핀은 매우 뛰어난 항불안제이지만, 이는 단지 단기간의 해결책일 뿐이다. 불안이 발생할 때 투여되는 약물로서, 혈액 내 약 성분이 남아 있는 동안만 불안을 완화시킬 수 있다. 혈액 내 성분 수치가 몇 주간에 걸쳐 축적되고 나서야 불안을 치료할 수 있는 SSRI 제제와 기타 항우울제와는 달리, 벤조디아제핀은 '그 순간에'만 활성화된다.

남용과 의존을 제외하고, 트라우마 생존자들에 대한 벤조디아제핀의 사용과 관련한

또 다른 문제는 의식에 변화를 일으킨다는 점이다. 벤조디아제핀은 불안과 공황을 치료할 뿐만 아니라 도취감, 탈억제, 진정, 위험에 대한 반응 감소, 조작 기능 장애, '멍한' 느낌 또는 '분리 상태'의 느낌을 유발할 수 있다. 처음에는, 이러한 흥분의 감소가 트라우마 관련 심리치료에 유용할 수 있다. 예를 들어 어떤 사람은 흥분의 감소가 트라우마 관련 경험을 이야기할 때 감정에 압도될 가능성은 줄일 수 있다고 상상할 수 있다. 그러나 임상 현장에서는 이에 대한 증거를 찾을 수 없다. 오히려, 벤조디아제핀의 장기적인 사용은 트라우마 관련 경험을 치료 시간에 처리하는 데 방해할 수 있으며, 약물이 중지되었을 때는 지속 가능하지 않은 상태 의존적인 치료 효과를 가져올지도 모른다고 추정된다(Briere, 2002b).

이러한 임상 관찰이 특정 심리치료 개입에서 경험적으로 입증된 것은 아니지만, 연구 결과에서 벤조디아제핀은 학습과 기억 수행에 분명히 영향을 주는 것으로 드러났다. 트리아졸람(triazolam)은 편도체가 손상된 사람들에게 보이는 장애와 같은 방식으로 감정과 관련한 기억에 영향을 주는 것으로 나타났다(Matthews, Kirkby, & Martin, 2002). 다른 연구에서는 옥사제팜이 약물의 효과가 나타나는 동안 장기기억의 통합 장애로 인해 행동전략을 학습하는 데 장애가 나타날 수 있다는 것을 보여준다. 학습과 기억에 발생하는 유사한 장애들은 옥사제팜(oxazepam)과 알코올에 의해서도 일어난다(Barbee, 1993; Mattila, Vanakoski, Kalska, & Seppala, 1998). 이러한 결과들은 벤조디아제핀이 마취제로도 쓰이고 건망증을 일으킨다는 점에서 놀라운 일은 아니다.

벤조디아제핀이 GABA에 미치는 유사한 영향을 볼 때, 벤조디아제핀에도 일반화시킬 수 있는, 알코올이 기억과 실행기능에 미치는 영향과 관련한 자료들이 있다. 알코올 관련 연구들은 알코올의 영향 아래 학습된 정보는 이후 같은 조건일 때 가장 잘 불러낼 수 있다고 밝혔다. 어떤 연구는 알코올은 해마에 의존하는 정보 처리 과정(외현 및 서술 기억)을 우선적으로 방해한다고 주장한다. 이 결과는 술에 취했을 때 겪은 특정 경험을 기억해내는 것이 왜 어려운지 설명할 수 있을 것이다(Melia, Ryabinin, Corodimas, Wilson, & LeDoux, 1996).

내담자들이 벤조디아제핀을 복용 중이라면 이러한 문제들에 대해 교육하는 것이 중요하다. 내담자들이 중독이나 외상 처리와 관련해 발생 가능한 장기적인 영향을 알고 있다면 아직 중독되지 않은 경우 약물 사용에 조금 더 주의를 기울일 수 있을 것이다. 또한 위험을 감지하는 능력이 저하된 트라우마 생존자들은 벤조디아제핀의 진정 효과와 손상된 반응성의 가능성에 대해 제공된 정보를 인식한다. 또한 내담자들이 벤조디아제핀을 단기적으로만 사용하도록 권고하는 것이 도움이 될 수 있다(마치 와인 한 잔이 급성 불안을 완화시키지만 장기적으로는 치료적이지 않은 것과 같다).

그러나 불행히도, 응급실에 찾아오는 트라우마 생존자들이 극심한 불안과 공황을 호소할 때, 그들은 잠재적 위험에 대한 충분한 설명 없이 종종 벤조디아제핀을 단일 제제로 처방받기도 한다. 알프라졸람(alprazolam, 자낙스) 역시 자주 처방되는 약인데 같은 분류의 약물들 중 가장 중독성이 강하다. 알프라졸람은 심리적 중독을 유발할 수 있는 도취감을 고조시킨다. 또한 어떤 경우 간질 발작 약물까지 필요할 수 있는 반동 공황(rebound panic)을 동반하는 악성 금단 현상도 일으킬 수 있다. 응급 상황에서 알프라졸람의 사용이 잦다면, 이 약물에 대해 이미 문제가 발생한 내담자들에게 트라우마 치료자와 정신건강 전문가들이 개입하고 교육할 필요가 있다. 일차 진료 환자들에게 설문조사를 한 결과 외상 노출은 일생 동안의 벤조디아제핀 사용이 증가한 것과 관련이 있었다(Sansone, Hruschka, Vasudevan, & Miller, 2003).

트라우마 피해자들의 벤조디아제핀 사용에 대한 몇 가지 실험 연구들이 있다. 트라우마에서 벤조디아제핀의 무작위 통제에 관한 유일한 연구에서 알프라졸람은 임상 실험 중 불안 증상을 완화하는 데 유용한 것으로 나타났으나, 외상후 증상이나 이후 PTSD의 발달에 대한 위험을 줄이는 것과는 상관이 없었다(Braun, Greenberg, Dasberg, & Lerer, 1990). 외상후 첫 1주간 진행된 클로나제팜(clonazepam)과 알프라졸람 관련 공개 실험에서, 벤조디아제핀으로 치료한 환자들은 시간이 지남에 따라 심장박동수의 감소를 보였지만 6개월 후에는 아무런 효과가 없었다. 사실 벤조디아제핀 제제를 처방받은 환자들이 그렇지 않은 환자들에 비해 6개월 이후 PTSD 진단 기준에 부합하는 경우가 더 많았다(Gelpin, Bonne, Peri, Brandes, & Shalev, 1996). 급성 외상 피해자들에게 일주일간 잠자리에 복용하도록 한 테마제팜(temazepam)은, 중단 이후 수면을 개선하고 PTSD 증상을 감소시키는 것으로 나타났으나 이후 장기 추적 조사는 없었다(Mellman, Byers, & Augenstein, 1998). 소규모의 단일 맹검, 위약 통제 연구에서 잠자리에 복용하도록 한 클로나제팜은 전쟁과 관련한 PTSD 환자의 다양한 수면 측정에서 위약 효과에 비해 더 우수한 효과를 내지 않았다(Cates, Bishop, Davis, Lowe, & Wooley, 2004).

Girad와 동료들의 연구에서(2007) 중환자실에서 인공 호흡기를 한 환자들을 추적했다. 중환자실에서 로라제팜(lorazepam)이 처방된 환자들은 PTSD를 갖기 더 쉬웠고 로라제팜의 총복용량은 증상의 정도와 상관을 보였다. 연구자들은 동물 모델에서 이에 대한 이유를 밝히려고 했고 다음과 같은 흥미로운 결과를 얻었다. 스트레스를 받은 동물들에게, 알프라졸람의 투여는 차후 외상에 대한 좋은 반응이 아닌 동결 행동(freezing behavior)과 상관이 있었고 코르티코스테로이드 수준의 억제와도 상관이 있었다(Matar, Zohar, Kaplan & Cohen, 2009).

트라우마 생존자들에 대한 벤조디아제핀의 유용성에 관해서는 더 많은 연구가 필요하지만, 앞으로의 연구들이 이 약물의 장단기적 치료 효과를 입증할 것으로 보이지는 않는다. 현재로서는, 벤조디아제핀 제제는 극심한 불안과 공황발작의 경우에 다른 적절한 방안이 없을 때만 활용하길 권고한다. 만약 이러한 약물들을 사용한다면, 단기 처방되어야 할 것이며 치료 계획의 첫 단계에 환자들에게 잠재적인 위험과 부작용 및 중단 계획까지 설명하는 것을 포함해야 한다. 뿐만 아니라 치료자는 현재 겪고 있는 극심한 증상을 다루기 위해서 SSRI 제제와 같이 덜 중독적이고 장기적으로 처방 가능한 다른 약물에 관해 환자와 의논해야 한다. SSRI 제제 치료는 벤조디아제핀과 동반되고, 첫 10~14일 동안 벤조디아제핀을 점차 줄여나가는 것이 이상적이다. 처방한 치료자가 면밀히 추적 관찰하는 것도 중요하다. 응급 상황에서는 4~5일분의 약만 주는 것이 권고된다(이것은 환자가 후속 조치 전에 의존되지 않도록 하는 방법이다).

기분 안정제

앞서 언급했듯, 신경계 점화는 만성 스트레스 상황에서 PTSD로 발전되는 기제들 중 하나로 가정되었다. 점화 이론은 간질 장애를 설명하는 한 방식이므로, PTSD에 기분 안정 및 항간질 약물을 사용하는 것에 대한 흥미를 불러일으켰다. 이 약물들은 PTSD 및 기타 정신 질환의 공격성과 과민성을 치료하는 데 쓰여져 왔다. FDA는 오직 리튬과 발프로산 두 가지만 기분 안정제로 승인하였다. 리튬이 양극성장애의 치료에서 일반적인 '황금률'로 여겨졌음에도 불구하고 PTSD에서의 사용과 관련한 임상 실험은 없다. 최근 기분 안정제로서 이례적인 항정신성 약물에 대한 관심이 증가하고 있으며, 양극성장애에 사용할 때 각 단계별 적응증도 나타나 있다. 이러한 약물들과 관련 적응증들은 항정신성 약물에 대한 영역에 설명되어 있다. 기분 안정제들은 표 12.6에 명시되었다.

리튬

리튬(lithium)이 PTSD와 관련 있는 공격성 치료에 유용하다고 주장하는 연구들이 몇

표 12.6 기분 안정제				
명칭	상표명	권장 복용량	임신기에 미치는 영향 등급*	모유 내 존재 유무
리튬	리비소드	300~1,800mg(1일 2~3회로 나누어서, 혈중 농도가 0.6~1.2mEq/L가 되도록)	D	○ (안전하지 않다고 추측)
라모트리진	라믹탈	50~200mg(1일 1회)	C	○ (안전하지 않음)
발프로산	데파코트	500~1,500mg(1일 2~3회로 나누어서, 혈중 농도가 50~100micrograms/mL가 되도록)	D	○ (안전하다고 추측)
카르바마제핀	테그레톨	200~1,200mg(1일 2회로 나누어서, 혈중 농도가 8~12micrograms/mL가 되도록)	D	○ (안전하다고 추측)
토피라메이트	토파맥스	100~400mg(1일 2회로 나누어서)	D	○ (안정성 불분명)
가바펜틴	뉴론틴	300~3,600mg(1일 3~4회로 나누어서)	C	○ (안전하다고 추측)
레비티라세탐	케프라	500~3,000mg(1일 2회로 나누어서)	C	○ (안전성 불분명)
티가바인	가비트릴	32-56mg(일일 2-4회로 나누어서)	C	○ (안전하다고 추측)

*FDA 임신기에 미치는 영향 등급 분류에 대한 설명에 대해서는 262쪽 참조

가지(예 : Kitchner & Greenstein, 1985) 있으나 PTSD 치료제로서 사용하는 것에 대한 연구 자료는 없다. 리튬은 체중 증가, 떨림, 발진, 신부전, 갑상선 장애를 일으킬 수 있으며 과다 복용 시 생명에 치명적일 수 있다.

라모트리진

라모트리진(lamotrigine, 라믹탈)은 N-메틸-D-아스파르테이트(NMDA)에 영향을 주는 새로운 약물이다. 소규모 코호트 연구의 환자들 가운데 라모트리진은 PTSD 증상 중 재경험과 회피/둔감화에 대해 위약 효과보다 개선된 효과를 보였다(Hertzberg et

al., 1999). 이 연구의 표본 크기가 작은 것을 감안하면, 더 많은 연구가 진행되기 전에
는 이러한 결과를 일반화하기 어려울 것이다. 라모트리진은 항우울 효과를 가졌을 뿐
아니라 효과적인 기분 안정제로서 입증되었다. 가장 우려될 만한 부작용은 스티븐-존
슨 증후군인데, 몸 전반의 발진과 특히 손바닥, 발바닥, 손등, 발등에 나타나는 희귀하
지만 치명적인 다형 홍반이다. 또한 점막 병변을 일으키고 심한 경우에는 신장, 폐, 소
화기관에 발생한다. 이러한 이유로 라모트리진은 면밀한 관찰을 통해 천천히 적정화
해야 한다.

발프로산

모든 기분 안정제들 중에 발프로산(valproic acid, 데파코트)은 아마도 공격성과 과민성
에 가장 널리 쓰이는 약물일 것이다. 여러 사례 보고들뿐 아니라 세 가지 공개 실험에
서 PTSD에 대한 발프로산의 결과는 긍정적인 효과를 보였지만 어떤 면에서는 모호
하기도 했다. 한 공개 실험은 PTSD의 세 가지 증상군 모두에서 긍정적인 효과를 보
고했고, 다른 실험들은 재경험/과각성과 과각성/회피에서 각각 효과를 보였다(예:
R. D. Clark, Canive, Calais, Qualls, & Tuason, 1999; Petty et al., 2002). 표본 크기가
적고 참가자들이 난치성 PTSD를 가진 참전용사들이기 때문일 수 있지만, 최근의 무
작위 위약 통제 연구에서 발프로산 제제는 위약 효과보다 더 나은 효과를 내지 못했다
(Hamner et al., 2009). 발프로산은 체중 증가, 정신적 둔감화, 간 손상을 일으킬 수 있
고 과다 복용 시 치명적일 수 있다.

카르바마제핀

카르바마제핀(carbamazepine, 테그레톨)은 FDA에서 기분 안정제로서 승인되지는 않
았으나 빈번하게 그러한 용도로 쓰이는 또 다른 항경련제이다. 이 약물은 나트륨 통
로를 안정시켜 뇌의 흥분성을 가라앉히고, GABA 수용체를 강화시킨다. 몇몇 소규
모 공개 실험들에서 카르바마제핀은 PTSD의 세 가지 증상군 모두에 효과적인 것으로
나타났다(예: Keck, McElroy, & Friedman, 1992; Looff, Grimley, Kuller, Martin, &
Shonfield, 1995). 카르바마제핀은 심각한 결과를 초래할 수 있는 골수 억제를 일으킬
수 있지만, 대체로 잘 견딜 수 있는 약물이다. 또한 혈청 나트륨 수준을 유의하게 떨어
뜨릴 수 있다. 따라서 간 및 신장 기능뿐 아니라 혈구 수치와 전해액을 주기적으로 관
찰해야 한다. 일반적인 부작용에는 위장 장애, 체중 증가, 진정이 있다. 또한 카르바마
제핀은 과다 복용 시 치명적이다.

토피라메이트

토피라메이트(topiramate, 토파맥스)는 기분 안정제로 쓰이는 새롭게 추가된 항경련제
이다. 대부분의 기분 안정제들은 눈에 띄는 체중 증가를 일으킬 수 있지만, 토피라메
이트는 이러한 부작용을 줄이는 데 도움이 되는 추가적인 이점이 있다. 다른 항경련제
와 마찬가지로 토피라메이트는 GABA와 관련한 신경계에서 활동하는 것으로 보이지
만 정확한 활동 기제는 알려진 바가 없다. 사례 보고들과 두 가지 소규모 공개 실험에
서(Berlant, 2004; Berlant & van Kammen, 2002), 토피라메이트는 PTSD의 세 가지 증
상군에 효과적인 것으로 나타났다. 토피라메이트는 PTSD와 관련한 악몽과 플래시백
에 특히 효과가 있었으며 추가적으로 처방되었을 때 수면과 불안을 개선하는 것으로
나타났다(Alderman, McCarthy, et al., 2009). 가장 눈에 띄는 부작용은 인지적 둔감화
이며 어떤 사람의 경우에는 이를 견디기 힘들어 하는 것으로 나타났다.

가바펜틴

가바펜틴(gabapentine, 뉴론틴)은 정신과에서 추가적 기분 안정제로 쓰이는 흔한 항경
련제이며 불안과 공격성의 관리에 사용된다. 가바펜틴은 GABA에 영향을 주도록 만
들어졌으나 그 활동 기제는 불분명하다. 이 약물은 부작용이 비교적 적고 과다 복용
시 위험이 덜한 점이 장점이다. 현재까지는 PTSD를 위한 다른 약물의 병용 요법으로
쓰인 것으로 보고되는 사례 보고들과 후향적(retrospective) 연구 결과 검토만 있다. 초
기 보고들은 가바펜틴 제제가 PTSD와 관련한 수면장애와 악몽에 유용하다고 제안한
다(Hamner, Brodrick, & Labbate, 2001).

레비티라세탐

레비티라세탐(levetiracetam, 케프라)은 신경계에 특이한 결속력을 보이는 새로운 항경
련제이다. 이 약물은 칼슘 통로에 영향을 주어 신경의 전송을 감소시키는 것으로 보인
다. SSRI 무반응자에 대한 소규모 후향적 연구에서 레비티라세탐은 PTSD의 증상들
을 감소하는 데 효과가 있는 것으로 나타났다(Kinrys, Wygant, Pardo, & Melo, 2006).
보다 큰 규모의 통제 연구에서도 그 결과가 동일하게 나타나는지는 아직 확인되지 않
았다. 레비티라세탐은 일반적으로 잘 견딜 만하며 최소한의 부작용을 보인다. 가장 공
통적인 부작용은 과민성, 졸림, 어지러움이며, 많이 복용하는 경우 정신증적 증상을
일으키기도 한다.

티아가빈

티아가빈(tiagabine, 가비트릴)은 항간질제로서 뇌 내 GABA의 활동을 강화한다. PTSD에 대한 티아가빈의 두 가지 소규모 실험이 있다. 첫 번째는 이중 맹검 공개 확장실험이다. 연구 초기에 약물에 반응한 피험자들이 무작위로 약물 혹은 위약 집단에 배정된다. 재발률은 양 집단 간 유의한 차이를 보이지 않았으나, 티아가빈 치료가 최종적으로는 차도를 보일 확률이 더 높은 것과 상관이 있었기 때문에 저자들은 티아가빈이 PTSD의 치료도구로 활용될 수 있다고 결론지었다(Connor et al., 2006). 그러나 이후 무작위 위약 통제 연구에서, 티아가빈은 위약효과보다 더 나은 효과를 내지 않은 것으로 나타났다(J. R. Davidson et al., 2007). 가장 공통적인 부작용은 어지러움, 두통, 메스꺼움이다. 드물지만, 간질 병력이 없던 사람들이 발작을 겪는 것과 연관이 있다고 알려지며, 또한 우울과 다른 정신과적 증상을 일으킨다고 보고되었다.

정신과에서 티아가빈의 복용량은 간질발작에 사용하는 것보다 훨씬 적은 양이다(이것은 대부분의 발작 환자들이 티아가빈의 대사를 유도하는 다른 약들을 함께 사용 중이기 때문으로, 충분한 혈중 농도를 얻기 위해서는 많은 복용량이 필요하다).

이러한 논의, 그리고 기분 안정제의 사용에 대한 충분한 자료가 부족하다는 점을 바탕으로, 기분 안정제들은 PTSD의 1차 치료제로 권유될 수 없다. SSRI 제제나 다른 항우울제에 잘 반응하지 않는 사람들과 공격성이나 극심한 과각성으로 인한 심각한 행동장애가 있는 사람들에게 가장 적절할 것이다.

아드레날린성 약물

앞서 설명한 대로, 교감신경계의 장애는 PTSD와 기타 외상후 결과의 생물학적 토대에서 설명될 있다. 연구결과들이 이러한 상황에서 교감신경의 과활성화를 입증하였음에도, 외상후 스트레스의 치료에 대한 항아드레날린성 약물 사용에 대한 연구는 놀라울 정도로 적게 연구되었다. 가장 널리 사용되는 아드레날린성(adrenergic) 약물은 표 12.7에 명시되었다.

베타아드레날린성 차단제

프로프라놀롤(propranolol, 인데랄). 프로프라놀롤은 중추 및 말초 신경계에 영향을 주는 비선택적 베타아드레날린성 차단제이다. 일반의학에서 주로 항고혈압제와 항부정맥제로 사용되었는데, 정신과에서도 공격성, 사회 공포, 수행 불안, 정좌불능증을 치료하기 위해 사용되기도 한다.

외상후 스트레스를 치료하는 베타차단제에 대한 세 가지 무작위 연구가 있다. 한 예비 연구에서는 심박수가 1분에 적어도 90인 급성 트라우마 생존자들의 프로프라놀롤 복용 과정을 조사했다(Pitman et al., 2002). 한달 후에는 베타 차단제로 치료한 집단 가운데 PTSD의 진단 기준을 충족시키는 사람들이 그렇지 않은 집단에 비해 적었다. 그러나 이러한 차이는 3개월 후 사라졌다. 놀랍게도 프로프라놀롤 복용량을 40mg로 처방받은 집단은 위약 집단에 비해 심장박동의 감소를 크게 보이지 않았다. 저자들은 이러한 결과가 트라우마 관련 아드레날린성 조건화에 효과적으로 대응하기 위해서 더 많은 복용량이 필요함을 지지한다고 주장한다. 두 번째 실험에서 급성기 외상 이후 13일간 프로프라놀롤과 가바펜틴을 투약한 결과를 위약에 비교했을 때 아무런 효과도 없었다(M. B. Stein, Kerridge, Dimsdale, & Hoyt, 2007). 세 번째 실험에서 PTSD를 가진 아동들을 대상으로 프로프라놀롤은 위약에 비해 아무런 유의한 효과를 내지 못하였다(Nugent et al., 2010).

더 소규모의 공개 연구들인 급성 트라우마 생존자들에 대한 두 가지 연구(Jimenez, Dieguez, & Lopez-Ibor, 2007; Vaiva et al., 2003), PTSD를 가진 아동에 대한 연구 하나(Famularo, Kinscherff, & Fenton, 1988), 그리고 두 명의 내담자 사례 보고(Dias & Jones, 2004)는 프로프라놀롤이 외상후 스트레스와 PTSD에 대한 향후 위험을 줄이는 데 유용할 것이라고 제안한다. 그러나 급성기 외상의 아동들에 대한 사례들과(Sharp, Thomas, Rosenberg, Rosenberg, & Meyer, 2010) 화상을 입은 현역군인들에 대한 한 사례(McGhee et al., 2009)에서는 베타차단제의 더 나은 점을 찾지 못했다.

베타차단제들은 기억의 통합을 방해하는 것으로 드러났다(예 : Maheu, Joober, & Lupien, 2005 참조). 이러한 영향으로 인해, 학계와 언론에서는 베타차단제를 처방하여 외상 기억을 형성하는 것을 막아 PTSD를 예방하는 것이 윤리적인가에 대한 많은 토론이 있었다(예 : E. A. Hurley, 2007 참조). 그러나 베타차단제가 PTSD를 예방하거나 치료한다는 명확한 결과를 낸 문헌이 없기 때문에, 이러한 논란은 시기상조일 것이다.

베타차단제의 부작용은 소화장애(메스꺼움, 구토, 설사, 복통), 수족 냉증, 레이노병, 수면장애, 어지러움, 피로이다. 베타차단제들은 또한 울혈성 심부전과 기관지 경련을 일으킬 수 있으며 이전에 울혈성 심부전, 기관지 경련, 기관지 천식, 동서맥 또는 1급 심차단이 이미 발생했었던 경우에는 처방될 수 없다. 과다복용 시 프로프라놀롤은 심각한 심장 손상을 가져올 수 있다.

표 12.7	아드레날린성 약물			
명칭	**상표명**	**권장 복용량**	**임신기에 미치는 영향 등급***	**모유 내 존재 유무**
프로프라놀롤	인데랄	초기 복용량 : 40mg씩 1일 2회. 320mg까지 견딜 수 있는만큼 적정함. 정신과에서 보통 복용되는 양은 1일 120~160mg(인데랄은 지속성 제제 형태로 존재하지만 정신과에서 이 약의 사용에 관한 연구는 없음)	C	○(안전하다고 추측)
클로니딘	카타프레스	초기 복용량 : 0.1mg씩 1일 2회. 복용량은 임상에서 명시한 대로 일일 0.1mg씩 늘릴 수 있음(일반적으로 0.2~0.6mg의 범위)	C	○(안전성 불분명)
프라조신	미니프레스	초기 복용량 : 1일 1mg씩. 견딜 수 있는 만큼 천천히 증가시킴. PTSD에 사용되는 양은 1일 1~10mg. 의료 세팅에서 프라조신 복용량은 15mg로 제한	C	○(안전성 불분명)

*FDA 임신기에 미치는 영향 등급 분류에 대한 설명에 대해서는 262쪽 참조

알파-아드레날린성 차단제

클로니딘(clonidine, 카타프레스).　클로니딘은 시냅스전 알파 2-아드레날린성 효능약 (presynaptic alpha 2-adrenergic agonist)으로, 노르에피네프린의 방출을 중추적으로 그리고 지엽적으로 억제한다. 클로니딘은 항고혈압제로 사용되며 아편제 금단증상과 연관된 자율신경 증상들을 치료하는 병용제로 사용된다. 이 약은 공개 실험들에서 참전 용사들(Kolb, Burris, & Griffiths, 1984), 캄보디아 난민(Kinzie & Leung, 1989), PTSD 아동들(Harmon & Riggs, 1996)의 과각성, 과민성, 수면장애, 과한 경계, 악몽, 과민행동, 공격성 증상들에 유용한 것으로 보고 되었다.

클로니딘의 가장 흔한 부작용에는 구강건조증, 졸림, 진정 작용, 어지러움, 변비가 있다. 클로니딘은 비교적 빠르게 작용하며 투여 후 30~60분 이내에 급성으로 심각한 저혈압을 유발할 수 있다. 따라서 이 약은 심각한 심혈관 질환을 가진 사람들에게 처방될 수 없으며 고혈압 반동을 피하기 위해 중단 시 주의해야 한다.

클로니딘과 관련한 심각한 문제는, 점차 원래 증상으로 돌아가게 되어 종종 높은 투여량에도 반응하지 않게 되는 신체적 내성의 발달이다. 클로니딘 대신 구아파신 (guanfacine)의 사용을 설명하는 몇몇 사례 보고들이 있으나 실제 사용을 권고하기에는 연구 자료의 수가 너무 적다(예 : Horrigan & Barnhill, 1966).

프라조신(prazosin, 미니프레스). 프라조신은 비교적 부작용이 적고, 클로니딘과는 달리 내성이 없다는 점에서 임상 현장에서 클로니딘보다 더 널리 쓰이고 있다. 프라조신은 알파 1-아드레날린성 수용체를 중추적 · 지엽적으로 차단하는 항고혈압제이다. 전쟁과 관련되지 않은 PTSD에 대한 소규모 위약 통제 실험에서 프라조신은 수면 중간에 깨는 것과 악몽을 줄이고 수면 시간을 늘리는 것에 효과적임이 드러났다(F. B. Taylor et al., 2008). 비슷하게, 참전용사를 대상으로 한두 개의 소규모 통제 실험에서 프라조신은 수면을 개선하고 꿈의 내용을 외상과 관련한 것에서 멀어지게 하고 전반적인 PTSD 증상을 개선하는 데 위약에 비해 더 나은 효과를 보였다(Raskind et al., 2007; Raskind et al., 2003). 몇몇 공개 실험에서 전쟁 및 전쟁과 관련 없는 PTSD에 프라조신을 처방했을 때에도 비슷한 효과를 나타낸 것으로 나타났다(예 : Boynton, Bentley, Strachan, Barbato, & Raskind, 2009; F. Taylor & Raskind, 2002).

가장 흔한 부작용에는 메스꺼움, 어지러움, 두통, 졸림, 무기력, 피로감, 두근거림이 있다. 프라조신은 실신(갑자기 의식을 잃는)을 일으키는 것으로 보고되며, 대부분 저혈압으로 인한 것으로 보인다. 프라조신은 특정 금지 사유는 없으나 심장 질환을 앓고 있는 환자에게는 신중해야 하며 혈압 또한 세심히 관찰해야 한다. 과다 복용 시 알파 차단제들이 심장에 심각한 문제를 일으킬 수 있으며 매우 많이 복용하는 경우 사망에 이를 수 있다.

아드레날린성 약물에 관한 마지막 유의점

알파와 베타 아드레날린성 차단제들이 외상후 스트레스의 치료에 유용한 보조제가 될 수 있다는 명백한 연구 자료들이 있으나, 현재까지 보고된 자료들은 사례 보고, 공개 실험, 표본 크기가 작은 통제 연구 몇 가지 정도로 제한된다. 자료들은 베타 차단제가 심한 과각성 증상을 치료하는 데 유용하며 알파 차단제는 만성적 수면장애나 악몽에 유용하다고 밝힌다. 이러한 약물을 처방할 때 주의해야 할 현실적인 사항은 (1) 이러한 약제의 성분과 사용하는 이유를 설명하며, 설명에 정신과에서 이러한 약의 사용은 '오프 라벨(off label)[2]임을 포함하는 것이다. 또한 (2) 환자의 내과 전문의와 상의하여 혈압을 낮추는 약을 사용해도 괜찮다는 소견을 받는 것, (3) 특히 치료 첫 몇 주간 바이탈 사인을 잘 관찰하고 (4) 노인이나 다른 의학적인 고려사항이 있는 경우 낙상 위험에 주의하는 것이다.

항정신성약

항정신성약들은 중추신경계에서 도파민을 차단하는 약물이다. 이들은 도파민을 차단하는 범위, 영향을 주는 특정 수용체, 부작용에서 제각기 서로 다르다. '전형적으로' 쓰이는 향정신성약(예 : 할로페리돌, 플루페나진, 클로르프로마진)은 1950년대에 처음 소개되었을 때 조현병에 있어 기적과 같은 치료제가 되었다. 그러나 이들은 도파민에 주는 영향 때문에 심신을 쇠약하게 하고 심각한 운동 부작용을 일으킬 수 있다. 이러한 '추체외로(extrapyramidal) 증상'(EPS, 뇌간의 '피라미드(pyramids)' 운동이 아닌 기저핵에서 시작하는 것으로 알려져 있기 때문에 이렇게 부른다)은 종종 치료 시작 후 며칠 또는 몇 주 동안 발생하며 세 가지 방식으로 발현된다 : (1) 파킨슨증(떨림, 강직, 발을 끌면서 걷는 것), (2) 정좌불능(한 자리에 가만히 앉을 수 없고 들뜬 기분을 경험함), (3) 긴장 이상(팔다리, 턱, 목이 굳으며 종종 급성으로 나타나 즉각적인 의료적 조치가 필요할 수 있음). 지발성 운동장애(tardive dyskinesia, TD)는 치료 초기와 치료가 종료된 후에 보고된 바 있으나 보통은 항정신성약으로 장기간 치료한 후 나타나는 편이다. TD는 팔다리뿐 아니라 입, 턱, 혀, 입술의 율동적인 비자발성 운동(씹기, 쩝쩝대기, 입술 오므리기와 같은)을 보인다. TD는 일반적으로 비가역적이며 환자를 보기 흉하게 만들고 심신을 쇠약하게 할 수 있다.

전형적인 항정신성약물은 신경마비성 악성증후군(neuroleptic malignant syndrome, NMS)과 관련이 있는데, 이는 정신 상태의 변화, 자율신경기능 장애, 열, 근육 강직과 같은 잠재적으로 생명을 위협할 수 있는 반응이다. 과다 복용 시, 부정맥증을 일으킬 수 있으며 이는 치명적일 수 있다.

1980년대에 새로운 종류의 항정신성약이 개발되었으며 이전 약물과 구별하기 위해 '비전형적'이라고 부르게 되었다. 이 새로운 약물들은 하나의 유형으로서 이전 약물에 비해 유의하게 적은 운동 부작용을 지닌다. 또한 이들은 과다 복용하더라도 그 반응이

---

2 FDA가 승인하지 않은 상태

비교적 덜 독하다. 이러한 낮은 위험성 때문에 이들은 조증, 우울, 심한 불안, 성격장애, 공격성, 불면, 외상과 같은 비정신증적 정신과 장애에 다양하게 쓰이게 되었다. 사실 FDA 최근 양극성장애의 여러 단계의 치료를 위해 몇 가지 비전형적 항정신성약을 승인하였다. 비전형 항정신성 약물은 표 12.8에 나타나 있다.

표 12.8 비전형 항정신성 약물

명칭	상표명	권장 복용량	주요 부작용	임신기에 미치는 영향 등급*	모유 내 존재 유무
리스테리돈	리스페달	1일 0.5~16mg. 그러나 1일 4mg보다 많은 양을 투여한다고 해서 더 효과적인 경우는 드물다.	정좌불능, 다량을 투여할 때 추체외로증상(EPS), 고프로락틴혈증	C	○ (안전하지 않은 것으로 추측)
올란자핀	자이프렉사	1일 5~20mg	진정, 체중 증가, 당뇨병 환자에게 고위험	C	○ (안전하지 않은 것으로 추측)
쿠에티아핀	쎄로켈	1일 50~800mg, 나누어서 복용	진정, 체중 증가, 녹내장 환자에게 고위험	C	○ (안전성 불분명)
지프라시돈	게오돈	1일 40~160mg, 나누어서 복용	드물게 EKG의 지연된 QTc에 대한 위험(치료 전 EKG 검사가 권고됨)	C	○ (안정성 불분명)
아리피프라졸	아빌리파이	1일 10~30mg	불안, 변비, 두통, 어지러움	C	○ (안정성 불분명)
클로자핀	클로자릴	1일 100~900mg, 나누어서 복용	진정, 침 흘림, 체중 증가, 당뇨 위험 증가, 과립구 감소증	B	○ (안전하지 않은 것으로 추측)
아세나핀	사프리스	1일 10~20mg, 나누어서 복용	어지러움, 비몽사몽, 심계 항진, 체중 증가, 드물게 과립구 감소증	C	○ (안정성 불분명)
루라시돈	라투다	1일 40~80mg	비몽사몽, 정좌 불능, 메스꺼움, 체중 증가	B	○ (안정성 불분명)
일로페리돈	파납트	1일 12~24mg, 나누어서 복용	어지러움, 비몽사몽, 체중 증가, 피로감	C	○ (안정성 불분명)

*FDA 임신기에 미치는 영향 등급 분류에 대한 설명에 대해서는 262쪽 참조

한편, 비정신증적 내담자에게 이러한 약물을 사용하는 것은 여전히 논란의 여지가 있다. 운동장애와 NMS의 발병률이 비전형 항정신성약물로 인해 상당히 줄어들었으나 위험성이 없는 것은 아니다. 전형적 항정신성약물을 사용할 때 발생하는 TD의 연간 발병률이 성인의 5%로 추정되며, 비전형적 약물을 사용하는 경우 발병하는 TD는 연간 약 0.8%이다(Correll, Leucht, & Kane, 2004). 그러나 몇몇 연구들은 주요 정신병적 장애보다 기분장애를 가진 사람들에게 항정신성약물로 인한 TD가 발생할 확률이 더 높다고 말한다. 한 연구에서, 전형적 항정신성약물로 우울을 치료한 내담자들에게 연간 13.5%의 확률로 TD가 발병했다고 한다(Kane, 1999). 이와 같은 결과는 신형 약물들을 사용했을 때 발견되지 않았으나 PTSD와 우울증의 높은 공병률을 볼 때, 트라우마를 겪은 이러한 부작용에 대한 위험이 높다고 추론할 수 있을 것이다. 이러한 잠재위험 때문에 다양한 증상에 항정신성약을 처방할 때 주의해야 한다.

비전형 약물 사용에 따르는 또 다른 우려는 대사 증후군이다[비만, 내당능장애(impaired glucose tolerance), 고혈압, 지방질 증가의 군집]. 대사 증후군은 일반인들보다 심한 정신장애를 가진 사람들에게 더 많이 나타나는 것으로 보고되나(생활방식, 자기돌봄 부족 등과 같은 여러 이유로) 향정신성 약물, 특히 올란자핀, 클로자핀, 쿠에티아핀과도 상관이 있는 것으로 나타났다. 최근의 연구들은 모든 항정신성 약물의 높은 중단률을 보고했으며 연구자들과 임상가들은 위험 효용 양상을 재고하기 시작했다(예 : Lieberman et al., 2005).

PTSD에 대한 항정신성 약물

다섯 가지 비전형 항정신성 약물인, 리스페리돈(리스페달), 올란자핀(자이프렉사), 쿠에티아핀(쎄로켈), 지프라시돈(게오돈), 아리피프라졸(아빌리파이)은 외상에 대한 효능성의 평가를 받아왔다. 루라시돈(라투다), 아세나핀(사프리스), 일로페리돈(파납트)는 신형 약물인데, 이들 역시 외상에 대한 효능성을 평가받게 될 것으로 보인다. 클로자핀(클로자릴)의 외상과 정신증에 대한 효능성을 논의한 문헌은 사례 보고 한 가지가 있다(Hamner, 1996). 그러나 선행 연구들의 부족과 이 약과 관련한 상당한 부작용들을 볼 때, 정신증을 가졌거나 치료에 매우 저항적인 내담자에게는 그동안 이 약물을 금지하였던 것을 유지하는 것이 현명한 것으로 보인다.

리스페리돈(Risperidone, 리스페달). 다섯 가지 무작위 통제 연구가 PTSD에 대한 리스페리돈의 효능성을 측정하였다. 이들 중 가장 최근이자 가장 대규모의 연구에서는 6개월간의 다기관 연구에서 300명이 넘는 내담자들을 대상으로 하였고 만성 PTSD를 가진 전쟁 참전용사들에게 부가적으로 리스페리돈을 사용하는 것에 대한 효능성을 평가하였다. 놀랍게도, 리스페리돈은 이 집단에서 불안, 우울 또는 PTSD의 감소와는 상관이 없는 것으로 나타났다(Krystal et al., 2011). 한편, 알파 아드레날린성 차단제 역할의 연장선상에서, 회피/둔감화에 비교할 때 과각성과 재경험의 증상을 일정 부분 개선하는 것과는 상관이 있었다. 연구자들은 이 집단에서 리스페리돈이 효능을 잘 보이지 않은 것은 대부분의 참가자들이 다른 약물을 함께 복용 중이기 때문이라고 볼 수 있었다. 다른 약물에는 비슷한 처치를 하여 연구에서 관찰하고자 했던 효과를 감소시킬 수 있는 트라조돈이나 쿠에티아핀과 같은 약물이 포함된다. 연구자들은 또한 만성 PTSD에 대한 치료로 리스페리돈을 널리 사용하고 있는 점에 대해 의문을 제기하였고, 이러한 상황에 처방될 때 주의가 필요하다고 제안하였다.

리스페리돈의 또 다른 네 가지 무작위 연구들은 적은 표본 수, 유의한 공병질환, 다른 향정신성 약물의 사용으로 제한점이 있다. 이들 중 두 가지는 소량의 리스페리돈이 과민성과 침습적 재경험의 치료에 효과적이라고 밝혔다(Monnelly, Ciraulo, Knapp, & Keane, 2003; Reich, Winternitz, Hennen, Watts, & Stanculescu, 2004). 또 한 연구에서는 CAPS의 과각성 하위척도에서 효능성을 보였다(Bartzokis, Lu, Turner, Mintz, & Saunders, 2005). 나머지 한 연구에서는 PTSD와 정신증 증상을 보이는 참전용사에게 리스페리돈을 처방하는 것에 대해 연구하였다. 이들의 정신증 증상은 보통 정도로 개선되었으나, PTSD 증상에서는 통계적으로 유의한 감소를 보이지 않았다(Hamner, Deitsch, Brodrick, Ulmer, & Lorberbaum, 2003).

또한 몇 가지 공개 실험에서 리스페리돈이 PTSD에서의 악몽, 침습적 재경험, 과각성, 의심, 공격성에 효과적일 수 있다고 나타났다(예 : David, De Faria, & Mellman, 2006; Krashin & Oates, 1999; Monnelly & Ciraulo, 1999). Rothbaum 외 다수(2008)는 PTSD를 가진 작은 표본 수의 민간인들에게, 설트랄린 단일제제만 사용할 때 반응하지 않은 경우 설트랄린의 촉진제로 리스페리돈을 처방하는 것을 연구하였다. 전반적인 반응을 볼 때, 리스페리돈과 위약 집단 사이에 차이가 없었으나, 수면과 의심/편집증의 개선에는 리스페리돈 처방 집단에서 효과를 보였다.

비전형 약물들 중 리스페리돈은 추체외로 증상에 있어 가장 높은 위험을 가지고 있는데, 이 증상은 비전형적 약물의 가장 '전형적' 증상으로 볼 수 있다. 리스페리돈은 또한 체중 증가, 진정, 가임기 여성의 경우 문제가 될 수 있는 프로락틴 수치의 증가를 일으킬 수 있다.

올란자핀(Olanzapine, 자이프렉사). 비정신증적 증상을 보이는 PTSD를 가진 참전용사들에게 추가로 올란자핀을 처방한 무작위 통제 연구 두 가지가 있다. 첫 번째 연구에서 위약집단과 비교할 때 PTSD 증상의 보통 정도의 감소가 있었으나, 임상적으로 전체적인 개선에는 유의한 차이를 보이지 않았다(M. B. Stein, Kline, & Matloff, 2002). 두 번째 연구에서는 위약 처치 집단에서 높은 반응률을 보였고 위약 대비 올란자핀 처치 집단에서 통계적으로 더 나은 효과를 보이지 않았다(Butterfield et al., 2001). PTSD와 관련한 불면, 악몽, 침습적 재경험, 우울에 대해 올란자핀의 효과성을 증명하는 몇 가지 공개 실험들과 사례 보고들이 있었다(예 : Jakovljevic, Sagud, & Mihaljevic-Peles, 2003; Pivac, Kozaric-Kovacic, & Muck-Seler, 2004). 올란자핀은 체중증가에 있어 상당한 위험성이 있으며(내담자들이 종종 견디기 힘들 정도의) 당뇨와 대사 증후군의 발병과 상관이 있는 것으로 나타났다. 또한 진정 효과가 상당하여 어떤 경우 저혈압을 일으킬 수도 있다.

쿠에티아핀(Quetiapine, 쎄로켈). 여러 공개 레이블 실험들과 사례 보고에서 PTSD에 대한 쿠에티아핀의 효과성을 어느 정도 증명하였으나, 관련 무작위 통제 연구는 아직 없는 실정이다. PTSD와 정신증을 가진 치료 저항 참전용사들을 대상으로 한 공개 실험에서 쿠에티아핀 단일 약물 치료는 PTSD와 정신증 증상 모두를 개선시켰다. 정신증은 PTSD보다 더 개선되었으며 대부분의 내담자들은 실험 말미에 여전히 보통에서 경미한 정도의 PTSD의 범주에 있었다(Kozaric-Kovacic & Pivac, 2007). 비슷하게, 공개 레이블 연구에서 PTSD와 관련한 다양한 수면장애를 가진 참전용사들이 쿠에티아핀의 처방으로, 그 효과가 '보통 정도(modest)'이나 증상이 개선되었다(S. Robert et al., 2005).

몇 가지 다른 공개 실험들과 사례 보고에서 쿠에티아핀을 추가로 처방할 때, PTSD의 모든 증상군에 효과적이었으며, 특히 재경험 증상과 정신증의 긍정적 증상에 효과적인 것으로 나타났다(예 : Hamner et al., 2003; Sokolski, Denson, Lee, & Reist, 2003).

쿠에티아핀은 상당한 체중 증가와 진정효과를 보일 수 있으며, 대사 증후군의 발병 위험 요인으로 알려져 있다. 쿠에티아핀은 약물 중독자들에게 'street value(암시장 내 가치)'를 얻었고 이로 인해 교도소와 같은 임상 현장에서는 사용하지 않게 되었다.

아리피프라졸(Aripiprazole, 아빌리파이).   PTSD에 대한 아리피프라졸에 대한 무작위 연구는 없다. 몇 가지 공개 실험들과 사례 보고에서 약간의 효과성을 증명하였으나, 모든 연구에서 약물의 역효과로 인한 탈락율이 높은 것으로 보고된다. 최근의 공개 레이블 실험에서 아리피프라졸을 촉진제로 사용할 때, PTSD의 전반적인 증상들이 개선되었다. 가장 흥미로운 것은, 재경험과 과각성에서 가장 유용한 것으로 보였던 리스페리돈과 올란자핀과는 반대로, 회피/둔감화 증상이 개선되었다(S. Robert et al., 2009). 비슷하게, PTSD와 우울을 가진 환자들의 기록에서 두 가지 증상 모두가 아리피프라졸을 촉진제로서 사용할 때 개선되었고, 그중 우울 증상이 비교적 약간 개선된 것으로 나타난다(Richardson, Fikretoglu, Liu, & McIntosh, 2011).

아리피프라졸을 단일제제로 처방하는 것은 두 가지 공개 실험에서 꽤 효과적으로 나타났으며 참가자들 중 3분의 2 정도까지 유의한 증상 개선을 보였다. 그러나 이 두 실험들의 참가들 중 4분의 1과 3분의 1은 차례대로 부작용으로 인해 탈락하게 된다(Villareal et al., 2007).

아리피프라졸은 독특한 약물로, 뇌의 어떤 부위에서는 도파민을 차단하고 다른 부위에서는 활동을 늘리는 '도파민 균형제(dopamine equalizer)'의 역할을 한다. 이 약물은 어떤 사람들에게는 모순적인 활동을 하는데, 진정작용과 위장장애를 일으킨다. 흥미롭게도, PTSD와 아리피프라졸에 관한 연구들에서는 역효과로 인해 다른 항정신성 약물보다 중도탈락율이 더 높은 것으로 나타났다. 약물의 활성화가 이미 과각성화된 트라우마 생존자들에게는 견디기 어려웠을 수 있다. 그러나 회피/둔감화와 우울을 겪는 내담자들에게는, 그들이 견딜 수만 있다면 이 약물의 효용성이 다른 약물들보다 더 높은 것으로 보인다. 아리피프라졸은 심각한 체중 증가를 일으키지 않는 것으로 보여 대사 증후군의 위험이 적다.

지프라시돈(Ziprasidone, 게오돈).   이 약물과 관련한 한 무작위 위약 통제 연구가 대상자들의 중도탈락으로 인해 중지되었다(사례들은 맹검 처리되지 않았고 중도탈락한 참가자들 모두 역효과를 겪은 것으로 드러났다)(Kellner, Muhtz, & Wiedemann, 2010). 난치성 비정신증의 전쟁 관련 PTSD에 대한 두 사례 보고에서 외상후 증상들이 지프라시돈에 잘 반응하였다고 나타났다(Siddiqui, Marcil, Bhatia, Ramaswamy, & Petty, 2005). 지프라시돈은 체중 증가의 위험성이 적고, 좋은 대사 프로파일을 가진다. 이 약은 반드시 음식과 함께 복용해야 하는데, 이는 약의 체내 흡수율을 두 배로 높이기 때문이다.

위의 자료는 난치성 PTSD에서, 특히 정신증 증상이 있을 때 비전형 항정신성 약물이 약물치료에 추가로 처방된다면 유용할 수 있음을 시사한다. 사실, 임상현장에서 항정신성 약물들은 과각성, 불면, 공격성이 심각할 때 처방되는 것으로 보인다. 그러나 높은 부작용 위험, 참고할 만한 무작위 통제 연구의 부족, 비정신증적 외상후 스트레스에 대한 약물 사용의 효능성에 대한 자료의 부족으로 인해 주의가 권고된다. 쿠에티아핀과 프라조신을 비교한 최근 연구에서, 수면장애에 있어 두 약물이 동등하게 효과적이었으나, 부작용이 적어 복용을 지속할 가능성이 높은 프라조신이 장기적으로 볼 때 더 효과적임이 나타났다(Byers, Allison, Wendel, & Lee, 2010). 이러한 결과의 연장선에서 볼 때, 임상가는 최소한의 역효과를 내는 치료법을 찾는 것이 당연하다.

심한 불안과 의심이 많은 내담자들, 특히 진정되고 싶지 않아 하는 내담자들에게 항정신성약물이 좋은 대안이 될 것임을 설득하는 것은 매우 어려울 것이다. 최근까지 항정신성약물로 SSRI만큼 PTSD에 효과적이라거나 항정신성약물이 PTSD에 대한 일차 치료제를 대표한다고 제안할 수 있는 근거는 찾을 수 없다(Friedman et al., 2009).

항정신성약물이 임상적으로 보증되는 경우에 대한 뒷받침 문헌들은 다음과 같은 경향을 보인다.

- 비전형 약물들은 다른 약물 치료에 반응하지 않거나 부분적으로만 반응하는 증상을 가진 환자들에게 가장 유용할 것이다.
- 올란자핀과 리스페리돈은 재경험, 침습, 과각성 증상에 가장 효과적인 것으로 나타난다.
- 쿠에티아핀은 수면 개선과 악몽 감소에 특히 효과적이다.
- 아리피프라졸은 심한 둔감화/회피 그리고/또는 공존 우울에 가장 효과적일 것이다.

트라우마 관련 정신증을 위한 약물

이 책에서 앞서 설명한 대로, 외상후 스트레스는 종종 정신증을 동반한다. 심한 트라우마는 상당한 스트레스 요인으로 인한 단기 정신증 장애(BPDMS)로 이어질 수 있으며, 조현병과 같은 기저 정신증 장애 증상들을 악화시킬 수 있다. PTSD는 비정신증적 우울을 가진 사람들보다 정신증적 우울을 가진 사람들에게 네 배 더 많이 발생하는 것으로 나타났다(Zimmerman & Mattia, 1999). 어떤 사람들은 정신증 증상과 구별하기 어려울 정도로 강렬한 재경험 증상을 겪기도 하며, 외상 관련 공포와 회피 반응이 넓은 범주의 자극들에 의해 발생하여 편집 망상과 구별하기 어려운 사람들도 있다. *DSM -5*에서 '정신증적 특성을 띤 PTSD'라는 분류는 없지만, 기저 정신증 장애가 없고 정신증적 우울 진단 기준을 충족하지는 않으면서 정신증적 증상을 보이는 PTSD 내담자들이 있는 것으로 보인다(2장에는 이 주제와 관련된 진단 딜레마에 대해 더 자세한 논의가 있다).

트라우마가 급성 정신증으로 이어지는 경우, 항정신성 약물이 권고된다. 종종 BPDMS처럼, 정신증 증상이 비교적 짧은 시간 안에 사라지기도 한다. 이런 경우, 재발과 다른 외상후 증상 발생을 면밀히 지켜보며 항정신성 약물 복용을 몇 주에 걸쳐 점차 줄여나갈 수 있다. BPDMS에 대한 문헌[*DSM-III*(American Psychiatric Association, 1987)에서 '급성 반응성 정신증'이라고 함]은 매우 드물고 이런 경우를 특정하여 약물의 효능성을 실험한 임상결과도 없다.

트라우마 생존자들 사이에서 드물지 않게 발생하는(2장 참조) 정신증적 특질을 동반하는 주요우울장애는 진단과 치료 모두가 특히 어렵다. PTSD가 정신증적 우울과 공존하는 경우 항우울제(일반적으로 SSRI)와 항정신성약물을 처방해야 한다(Schatzberg, 2003 참조). 단일제제로서 삼환계 항우울제는, SSRI나 항정신성 약물과 마찬가지로 일반적으로 정신증적 우울에는 효과가 없는 것으로 나타났다(예 : Schatzberg, 2003; G. M. Simpson, El Sheshai, Rady, Kingsbury, & Fayek, 2003). 결론적으로 SSRI와 비전형 항정신성약물을 함께 처방할 때의 반응률은 50~60% 정도이다. 치료 기간 동안 PTSD 증상, 우울, 정신증이 밀접하게 나타날 것이다. 정신증 증상이 사라졌을 때 항정신성약물을 지속할지 말지는 개인에 따라 판단해야 한다. 재발 위험에 대한 평가, 정신증 병력, 우울의 심각도, 현재 스트레스 수준, 환자를 쇠약하게 하는 부작용이 있는 약물 복용 여부 등을 고려할 수 있다. 최근 연구는 항정신성약물로 최소 4달 동안 치료하는 것과 재발 위험의 감소 간 관련이 있다고 보고하였다(Rothschild & Duval, 2003).

미페리스톤과 같이 HPA 축을 억제하는 약물로 정신증적 우울을 치료하는 것에 대한 연구가 늘어나고 있다. 이런 치료는 정신증적 우울이 HPA 축의 이상활동 및 코르티솔 수치 상승과 상관이 있다고 추론한 선행연구 결과를 바탕으로 한 것으로 보인다(Schatzberg, 2003). 앞서 언급했듯이 PTSD와 관련하여 일반적으로 낮은 HPA 축 활동과 낮은 코르티솔 수준의 결합은 아직 불명확하다. 최근의 어떤 연구에서는, 트라우마와 상관없는 '보통의' 우울보다 트라우마 생존자의 비정신증적 우울이 생물학적으로

(HPA 축 활동을 고려할 때) PTSD에 더 가깝다고 말한다(Yehuda et al., 2004). 더 많은 연구가 지속되면 아마도 트라우마와 PTSD와 관련한 정신증적 우울과 그렇지 않은 정신증적 우울 간의 생물학적 차이를 발견할 수 있을 것이다. 이 수수께끼는 다시 말해, 트라우마의 연구 및 치료와 관련한 복잡성을 보여준다. PTSD와 공존하는 정신증적 우울 치료를 위한 HPA 활동 억제를 조사하는 연구는 아직 없는 실정이다.

우울이나 다른 정신증적 장애가 없는 경우의 정신증적 증상에 의해 동반되는 PTSD 를 겪는 사람들을 위한 관련 문헌은 적은 정보만을 제공한다. 임상적 및 일화적인 경험적 측면에서, 정신증적 우울과 PTSD가 공존할 때, 약물 지속의 필요성을 면밀히 평가하고 후속 조치하면서 항우울제와 항정신성 약물을 처방하도록 제안한다. 우리의 경험상, PTSD의 재경험 증상이 정신증처럼 보일 때 항정신성 약물은 거의 소용이 없다(표 12.8 참조).

급성 트라우마 스트레스를 위한 약물

6장에서 설명하였듯이 급성 스트레스장애(ASD)에 대한 문헌은 부족하다. 특히 약리학 분야에서는 더욱 그러하다. 급성 스트레스와 관련한 무작위 통제 실험은 매우 적고, 사실 임상가들은 가장 최신의 동향에 맞는 타당한 치료를 하기 위해 PTSD에 관한 연구로부터 추론하여 ASD 내담자를 치료해야 할 때도 있다. 대부분의 연구들은 응급 상황이거나 응급 상황은 아니더라도 급성 상황인 경우 희생자를 대상으로 하며 약물 개입보다는 심리사회적인 개입에 집중한다(11장 참조).

벤조디아제핀

급성 트라우마 생존자들은 심각한 불안, 공황발작, 흥분, 수면장애를 동반하는 굉장한 고통을 종종 경험한다. 생존자들(그리고 그들의 가족과 가까운 지인들)은 치료자에게 트라우마와 관련된 강한 고통을 해소할 수 있는 진정 약물을 요구하기도 한다. 또한 임상가들은 내담자들의 고통이나 트라우마 관련 주제들에 대한 자신만의 감정 반응으로 인해 내담자에게 당장 증상을 줄여줄 수 있는 강력한 약을 주고 싶어질 수 있다. 그러나 불행히도 관련된 연구들은 급성 트라우마 생존자들이 겪는 불안을 빨리 감소시키는 것에서 어떤 이득이 있는지에 대해 불분명한 입장이다.

앞서 설명하였듯이, 벤조디아제핀은 급성 불안을 개선하는 데 기술적으로 효과적이지만, 급성 트라우마를 치료하는 데는 유용하지 않으며 사실 PTSD로 발전될 수 있는 높은 위험과 관련이 있을 수 있다(Gelpin et al., 1996). 어떤 연구들은 벤조디아제핀이 급성기에 PTSD로 이어지는 기억 통합을 차단하는 데 효과적일 것이라고 추론한다. 그러나 이러한 가설은 임상 현장에서 검증되지는 않았다. 그러나 어떤 경우의 고통(예 : 집단 강간 혹은 가족이 살해당하는 것을 목격한 후)은, 특히 응급실에서는 벤조디아제핀으로만 충분히 대처할 수 있다. 이러한 상황에서 신중한 사용이라면 수용할 수 있고 SSRI나 다른 항우울제를 투약하면서 사용하면 더 좋다. 그러나 알프라졸람 관련 물질 남용 및 의존의 위험이 특히 높기 때문에 벤조디아제핀은 권고되지 않는다(표 12.5 참조).

항우울제

급성기 트라우마에 대한 항우울제 사용에 관한 자료는 매우 적다. ASD 진단 기준을 충족하는 소아 화상 피해자에게 이미프라민를 처방하는 것에 대한 소규모 단일 공개 실험에서, 세 가지 증상군에 걸쳐 보통 정도의 개선 효과가 처방 7일 후 나타났다(R. Robert, Blakeney, Villarreal, Rosenberg, & Meyer, 1999). 놀랍게도, SSRI가 PTSD의 1차 치료제로 쓰이며 세 증상군 모두에서 효과를 나타내는 것으로 알려져 있는데도 불구하고 급성 트라우마 스트레스에 대한 SSRI의 사용에 관해서는 아무런 연구가 없다.

경험적 자료가 없음에도 불구하고, 실제 임상 현장에서 임상가들은 종종 ASD로 진단받았거나 급성 트라우마 후 증상을 보이는 사람들, 특히 공황발작을 겪는 사람들에게 SSRI를 처방한다. 또한 SSRI는 지속되는 외상후 장애의 발병을 예방하기 위해 처방되기도 한다. (1) ASD와 PTSD의 *DSM-5* 진단 기준이 비슷한 것과 (2) 앞서 설명한 자료가 SSRI가 외상후 스트레스에서 발생하는 HPA 기능장애를 '재조절' 할 수 있다고 제시한 것을 바탕으로, ASD에서 SSRI의 사용은 합리적인 것으로 보인다.

따라서 SSRI는 약물치료가 필요한 ASD 환자들에게 합당한 선택이다. 벤조디아제핀의 사용과 관련한 문제를 볼 때, SSRI는 ASD의 급성 불안에 개입할 수 있는 최적의 방법일 것이다. SSRI 약물들은 PTSD뿐만 아니라 ASD의 범불안장애와 공황발작에도 효과가 있기 때문이다. 그러나 이 부분에 대해서는 좀 더 명백한 연구가 필요한 것은 사실이다(표 12.1~12.4 참조).

아드레날린성 약물

앞서 설명했듯이, 트라우마에 대한 아드레날린성 약물(adrenergic agents) 치료는 이론적으로 가능성이 있지만 현재까지 진행된 몇 가지 연구들은 모호한 결과를 낳았다. 프로프라놀롤이 급성 트라우마 생존자에게 처방되었을 때 처음에는 PTSD의 위험을 감소시키는 것으로 보이지만 3개월 후 이러한 차이는 사라진다(Pitman et al., 2002). 그러나 치료 시작 후 3개월이 지났을 때 대본에 의해 유도된 상상은 통제집단에 비해 약물 처방 집단의 신체적 반응을 감소시키는 것으로 확인되었다. 아드레날린 차단제에 대해, 외상후 몇 시간 이내에 복용한다면 아드레날린계가 예민해지는 것을 방지할 수 있을 것이라는 추측이 있지만 이것은 아직 충분히 연구되지 않았다. 현재는 급성 트라우마에 이러한 약물을 권고할 수는 없다(표 12.7 참조).

기타 약물

SSRI처럼, ASD에 대한 다른 향정신성 약물에 대한 연구는 매우 드물다. 기분 안정제를 사용하여 PTSD로 이어질 수 있는 신경점화 초기에 개입하는 것에 대한 잠재적 이점을 평가할 수 있는 연구가 필요하다.

수면을 위한 약물

수면장애는 외상후 스트레스에서 가장 고통스럽고 사람을 쇠약하게 만드는 요소 중 하나이다. 트라우마 생존자들은 종종 취면장애, 수면유지 장애, 악몽, 새벽에 일찍 깨는 것, 잠을 자도 푹 잔 느낌을 가질 수 없는 것에 대해 호소한다. 수면 연구들은 트라우마 환자들의 수면장애 기저의 생리적 기제에 대해 결론을 내리지 못했다. 어떤 연구에서는 트라우마가 렘수면(REM)에 장애를 일으키고 악몽을 꾸는 사람들은 더 빈번한 수면유지 장애를 겪게 된다고 말한다(Harvey, Jones, & Schmidt 2003; Mellman, Bustamante, Fins, Pigeon, & Nolan, 2002). 또한 다른 연구들은 수면장애에 대한 주관적 불편감과 수면다원검사(polysomnographic)에서 나타나는 이상 상관관계를 찾지 못했다(예 : Hurwitz, Mahowald, Kuskowski, & Engdahl, 1998). 그러나 수면 문제는 트라우마 생존자들에게 여전히 자주 발생하는 문제이다. 낮에 졸리지 않게 하고 필요 이상으로 잠들지 않게 하는 동시에 수면의 양과 질을 개선하는 약물을 찾는 것은 어려운 일일 것이다.

　PTSD 관련 수면장애 치료에 관한 연구들은 제한적이다. 그러나 외상후 증상을 개선하는 기분 안정제, 항정신성약물, 삼환계 약물, 몇몇 항우울제를 포함한 많은 약들은 수면에 도움이 된다. 이들은 진정 작용도 있기 때문에 임상가들은 이러한 부작용을 고려하여 밤에 복용하도록 처방할 수 있다. SSRI는 PTSD의 세 가지 증상군 모두를 개선하지만, (특히 치료의 처음 몇 주간) 불안과 활성화를 높이기 때문에 수면제를 추가해야 할 수도 있다. 주요 비벤조디아제핀 수면제들은 표 12.9에 나타나 있다.

트라조돈

트라조돈(Trazodone, 데시렐)은 앞서 말했듯이 진정효과가 높은 항우울제이다. 사실, 트라조돈은 우울 치료제로보다는 수면제(적은 용량으로)로서 더 널리 사용된다. 트라조돈은 졸음을 유발하는 데 효과적이며 의존이나 금단 현상을 일으키지 않는다. 그러나 '숙취'와 같은 기분과 낮 시간의 졸린 기분을 유발할 수 있어 어떤 환자들은 견딜 수 없다. 이 약물이 PTSD 생존자들에게 수면제로서 처방되었다는 보고는 아직 없지만 몇몇 사례 보고들에서 트라조돈이 PTSD의 다른 증상들뿐 아니라 수면도 개선하였다고 밝힌 바 있다(Hertzberg et al., 1996). 수면제의 가장 좋은 효과를 내기 위한 '시간'이 있다(수면을 효과적으로 유도하기 위해 트라조돈 복용 후 1~1.5시간 이내에 잠자리에 들도록 권고된다. 트라조돈은 다른 향정신성 약물들에 비해 안전한 부가제로 알려져 있다. 이 약에 대한 자세한 정보는 274~275쪽을 참조하면 된다).

항히스타민제

PTSD에 대한 항히스타민제(antihistamines)의 사용을 다루는 특정 문헌은 없다. 그러

표 12.9   비벤조디아제핀 수면제

명칭	상표명	권장 복용량 (수면을 위한)	임신기에 미치는 영향 등급*	모유 내 존재 유무
트라조돈	데시렐	50~200mg	C	○(안전한 것으로 추측)
디펜히드라민	베나드릴	25~50mg	B	○(안전한 것으로 추측)
하이드록시진	아타락스, 비스타릴	50~100mg	C	○(안전한 것으로 추측)
졸피뎀	앰비엔	5~10mg	C	○(안전하지 않을 수 있음)
잘레플론	소나타	5~10mg	C	○(안전한 것으로 추측)
에스조피클론	루네스타	1~3mg	C	○(안전성 불분명)

*FDA 임신기에 미치는 영향 등급 분류에 대한 설명에 대해서는 262쪽 참조

나 디펜히드라민(Diphenhydramine, 베나드릴, 약국에서 처방전 없이 구매 가능)과 히드록시진(Hydroxyzine, 아타락스, 비스타릴)은 진정효과가 있어 수면제로 널리 사용되고 있다(Ringdahl, Pereira, & Delzell, 2004). 이들은 비교적 적은 부작용을 일으키고 과다 복용 시의 위험도 적으며 잠재적인 남용이나 의존도 없다. 이들을 수면제로 사용 시 발생 가능한 주요 문제는 구강건조증과 아침에 졸릴 수 있다는 점이다.

졸피뎀

졸피뎀(Zolpidem, 앰비엔)은 비벤조디아제핀 수면제로서 널리 처방되고 있다. 약 2.5시간 정도의 짧은 반감기 덕분에 활성화가 빠르게 시작되며 낮에 겪는 졸음이 최소화된다. 벤조디아제핀에 비해 인지와 기억에 유의하게 적은 영향을 미치며(Terzano, Rossi, Palomba, Smerieri, & Parrino, 2003) 남용의 위험이 적은 것으로 보인다. 참전용사의 PTSD에 대한 졸피뎀 처방을 연구한 여러 사례 보고에서, 졸피뎀은 20개월까지의 치료기간 동안 내성을 일으키지 않는 효과적인 수면제라고 나타났다(Dieperink, & Drogemuller, 1999). 그러나 제조사에서 알린 것처럼 어떤 사람들에게는 내성이 생기기도 하고, 반발 작용으로 불면이 생기기도 하고, 심리적 의존도 발생 가능하기 때문에 주의가 요구된다. 또한 3주 이상은 복용하지 않도록 제한하는 것도 권고된다. 주요 부작용은 두통, 졸림, 피로감, 어지러움이 있다. 졸피뎀은 복용 후 얼마 지나지 않아 지각장애가 나타나기도 하는데 이것은 최고 플라즈마 수준과 관련한 졸림 혹은 꿈과 같은 상태에 금방 빠져들기 때문이다. 졸피뎀은 또한 활동기가 더 긴 서방형[통제−방출(controlled-release)]으로도 복용할 수 있다.

잘레플론

잘레플론(Zaleplon, 소나타)은 최면 효과를 내는 비벤조디아제핀 약물이다. 매우 짧게 작용하며 반감기는 약 1시간이다. PTSD에 잘레플론을 처방하는 것에 대한 연구는 아직 없으나, 약의 짧은 활성기 덕분에 진정제와 위협에 대한 감소되는 반응성에 대해 걱정하는 특정 트라우마 환자들에게는 좋은 선택이 될 수 있을 것이다. 반대로, 아침에 일찍 깨거나 트라우마 관련 악몽 때문에 수면 상태 유지가 어려운 환자들에게는 잘레플론의 효과는 충분히 길지 않을 것이다. 주요 부작용에는 두통, 메스꺼움, 어지러움이 있다. 잘레플론은 졸피뎀과 같이 꾸벅꾸벅 조는 졸림현상을 일으킬 수 있다(Terzano et al., 2003).

에스조피클론

에스조피클론(Eszopiclone, 루네스타)은 가장 최신의 비벤조디아제핀 수면제이며 졸피
뎀과 잘레플론과 관련이 있다. 이 약물은 대체로 견딜 만한 편이다. PTSD에 대한 처
방에 대해서는 연구된 바 없다. 주요 부작용으로, 기상 시 미각에 이상한 맛을 느끼기
도 하는데 어떤 사람들에게는 참기 어렵기도 하며, 이미 언급한 바와 같이, 두통, 졸림
을 일으킬 수도 있다.

벤조디아제핀

이 장의 앞부분에서 설명하였듯이 벤조디아제핀에는 상당한 위험이 있다. 가능하다면
임상가들은 벤조디아제핀을 수면제로 선택하기 전에 다른 약물을 고려해야 한다. 벤
조디아제핀은 생리적 · 심리적 의존성이 높으며 남용되기도 쉽다. 그렇지만 외상후 스
트레스로 인한 극심한 불면에 처방할 수 있는 다른 약이 없는 경우도 있다. 이러한 경
우라면 벤조디아제핀은 짧은 기간 동안만 처방되어야 하며 사용 패턴을 관찰하고 용
량을 증가해야 하는지 여부를 신중히 살펴야 한다(표 12.5 참조).

외상후 스트레스로 인한 수면장애의 약물 치료 전략

외상후 수면장애에 대한 권고사항은 다음과 같이 요약된다.

- 효과적인 수면을 위해 현재 복용 중인 향정신성 처방약을 최대한 사용하라(예 :
  파록시틴, TCA, 트라조돈, 미르타자핀, 항정신성약, 기분 안정제). 이것은 하루
  2회 복용에서 하루에 자기 전 1회 복용으로 바꾸는 것이 가능하기도 하다.
- 필요하다면, 트라조돈이나 항히스타민제와 같이 중독성 없는 수면제를 추가하라.
- 수면장애뿐 아니라 악몽을 꾸는 사람들에게도 프라조신 처방을 고려하라.
- 졸피뎀과 잘레플론과 같은 비벤조디아제핀 최면 약물로 전환하라.
- 이 약들이 효과가 없다면, 적절한 판단을 통해 벤조디아제핀을 사용하는 것이 도
  움이 될 수도 있다.

해리를 위한 약물 처방

해리성 증상의 치료를 위한 약리학적 접근에 대한 문헌들은 극히 드물며 많은 임상가
들이 약물이 해리에 도움되지 않을 것이라고 예상한다. 언, 정도는 맞는 말이다(현재
시판되는 약물은 기억상실, 인지적 유리, 이인증의 상태에서 다른 상태로 급격히 전환

되는 것, 시간 개념을 잃는 것과 같은 증상에는 큰 도움이 되지 않는다). 하지만 해리 증상은 스트레스 상황에서 더 심해지기 때문에 많은 연구결과들은 해리장애와 함께 발생할 수 있는 우울, 불안, PTSD와 같은 다른 증상들의 치료를 권고한다.

몇몇 공개 실험에서(예 : Bohus et al., 1999) 날트렉손이 경계성 환자들의 해리증상과 외상후 플래시백을 줄일 수 있는 것으로 나타났으며, 또 다른 연구들은 해리성 정체감 장애 환자들의 자해 행동을 줄일 수 있을 것으로 설명하였다(Loewenstein, 2005).

해리가 심한 사람들에게서 외상후 재경험과 정신증적 환각(3장에서 더 자세히 설명됨)을 구분하는 것은 특히 어려울 수 있다. 불행하게도, 정신증이라고 잘못 판단되는 경우 어떤 내담자들은 적은 효과 대비 상당한 부작용을 내는 항정신성 약물으로 불필요하게, 장기간 치료받기도 한다. 어떤 임상가들은 약간의 항정신성약물이 해리를 수반하는 PTSD의 불안과 침습적 증상을 개선할 수 있다고 본다(Loewenstein, 2005). 하지만 우리의 일반적인 경험상 이러한 약물은 벤조디아제핀처럼 환경에 대한 자각을 줄여 오히려 해리 반응을 증가시킬 수 있다.

C.A. Morgan, Krystal, Southwick(2003)의 연구에서는 해리 상태의 생물학적 반응을 고려할 때 도움이 될만한 접근들을 소개한다: (1) 과각성의 치료에 아드레날린 차단제 사용(트라우마 내담자들이 스트레스 상태나 압도당할 때 해리 증상을 보일 수 있기 때문), (2) SSRI와 같이 GABA 신경에 영향을 주는 약물 사용, (3) 라모트리진과 같이 N-메틸-D-아스파르테이트(NMDA)에 영향을 주는 약물 사용. 그러나 이러한 권고들은 임상 자료보다는 생물학적 예측에 근거한 것이다.

해리에 대한 우리의 일반적인 치료적 접근은 심리치료를 주요 개입으로 하며, 가장 좋은 경우는 내담자는 트라우마를 처리하고 정서 조절과 대인 간 관계성에 도움이 되는 기술을 배우면서 해리 증상을 줄어들게 하는 것이다. 그러나 해리 증상을 보이는 내담자들이 심각한 외상후 증상, 우울 혹은 기타 불안 증상을 보인다면 약물치료가 적절하다.

외상성 뇌 손상을 위한 약물

FDA는 외상성 뇌 손상(Traumatic Brain Injury, TBI) 이후 발생하는 특정 정신건강 질환에 대한 어느 약도 아직 승인하지 않았다. 뇌의 여러 부분의 병변이 여러 임상 양상으로 나타나는 것을 볼 때, 약물 개입은 일반적으로 환자의 특정 증상군을 치료하는 것을 목적으로 한다. 예를 들어, 충동성, 낮은 집중력, 정신증, 기분장애, TBI로 인해 발생하는 불안은 각각 다른 치료 접근을 요구할 것이다. 환자군에 따라 그 숫자와 손상의 종류가 매우 다양하겠지만 TBI 이후를 생각할 때 11~48%가 주요우울장애를, 5~23%가 조증을, 최대 20%가 외상후 정신증을 발달시킨다고 추정되며, 어떤 사람은 처음 손상 후 수년이 지나서야 발병하기도 한다(Kim et al., 2007). 이러한 증상군의 관리를 위한 약물처방의 권고사항은 비TBI 환자들의 증상 관리와 일관되며, 다음에 설명하는 몇 가지 주의사항이 있다.

TBI 이후의 인지기능장애는 광범위하게 설명되며 매우 힘들고 쇠약 증세 징후를 나타낼 수 있다. Writer 외 다수(2009)는 TBI 이후의 인지기능 후유증을 치료하기 위한 흥분제의 효능성을 뒷받침하는 많은 자료를 찾았으며, 여러 유형의 인지 손상이 다른 약에 가장 잘 반응한다고 밝혔다. 주의력 결핍은 흥분제에 가장 잘 반응하며, 기억력 결핍은 콜린성 약물과 흥분제에, 실행장애는 흥분제와 비흥분성 도파민 강화제에 가장 잘 반응한다. 이러한 이질성(heterogeneity)은 우울과 PTSD와 같은 혼입 요인들뿐 아니라 TBI의 다양한 양상을 반영하는 것으로 보인다.

이 장에서는 TBI 이후 증상의 약물 관리에 집중하지만, 뇌 손상이 있음에도 ASD와 PTSD 증상들 모두 인지행동치료와 심리교육에도 반응한다는 것을 주목해야 한다(예 : Bryant 2003, 2011). 특히 지속 노출이나 인지행동치료를 통한 초기 개입이 SSRI 치료보다 더 효과적이라는 최근의 연구 결과를 볼 때(Shalev et al., 2012), 상담과 비약물 개입이 트라우마 치료의 핵심임을 상기하는 것이 중요하다.

흥분제

흥분제(도파민 강화제)는 각성, 주의력, 정신운동 활동, 심장박동, 혈압을 높이는 항정신성 약물의 한 분류이다(여기에는 카페인, 니코틴, 코카인, 암페타민과 같은 약물을 포함한다). TBI의 치료에 쓰이는 주요 흥분제는 메틸페니데이트[MPH 또는 리탈린(Ritalin)으로, 뇌 내 도파민과 노르에피네프린의 방출을 증가시킴]이며, 주의력결핍과잉활동 장애(ADHD)의 치료에 흔히 쓰인다. 일곱 가지 무작위 위약 통제 실험을 포함한 여러 연구들에서 인지 및 주의 산만 증상에 대한 메틸페니데이트의 효능성을 입증했다(Plenger et al., 1996; Whyte et al., 2004). 메틸페니데이트는 TBI 환자의 충동성에도 유용할 수 있다(Jin & Schachar, 2004). 또한 TBI 환자들이 종종 경험하는 수면-각성 주기 장애를 교정하고 집중력과 반응 시간을 개선하기도 한다(H. Lee et al., 2005). Lee (2005)는 메틸페니데이트와 설트랄린을 비교할 때, 메틸페니데이트가 우울, 수면-각성 장애, 인지적 작업 능력을 개선시키는 반면 설트랄린은 우울만 개선하였다고 밝혔다. 흥미롭게도, 이 흥분제는 견디기 쉬운 편이다.

Willmott과 Ponsford(2009)는 메틸페니데이트가 TBI 이후 인지 처리 속도를 개선하며 그 손상이 심할수록 반응이 더욱 좋다는 것을 발견하였다. TBI 후 메틸페니데이트의 초기 개입에 대한 연구에서, 집중력, 정신 통제력, 상징성 찾기, 단기기억 모두 개선되었다(Kaelin, Cifu, & Matthies, 1996). 한 가지 명심할 것은, 이러한 초기의 개선은 약물을 중지한 후에도 지속되었다는 점이다. 한편, TBI 발생 후 중환자실에 있을 때 입원 기간을 줄이는 방편으로 흥분제를 사용할 수 있다는 자료도 있다(Moein, Khalili, & Keramatian, 2006).

일반적으로 메틸페니데이트는 하루 5~60mg를 몇 번에 나누어 복용한다. 일반적인 부작용에는 신경과민, 졸림, 불면, 위장장애, 두통, 식욕 저하, 심부정맥이 있다. 임신기에 미치는 영향 등급 C로 분류된 약물이므로 모유에서는 안전한 것으로 보이나, 모유 수유 시 주의가 필요하다.

콜린성 약물

콜린성 약물은 부교감 신경 흥분제로도 알려져 있으며, 신경전달물질 아세틸콜린의 활동을 증진시키거나 모방한다. TBI는 많은 경우 저콜린성 상태로 정의되기 때문에, TBI에서 콜린성 약물을 사용하는 것은 타당하다고 볼 수 있다. 치매와 TBI에 쓰이는 가장 흔한 콜린성 약물은 아세틸콜린에스테라아제 차단제인 도네페질(donepezil, 아리셉트)이다. 새로운 연구에서 도네페질은 TBI 환자에게 주의력, 인지기능, 처리 속도, 학습능력을 향상시킨다고 밝혔다(예 : Ballesteros, Guemes, Ibarra, & Quemada, 2008; S. L. Griffin, van Reekum, & Masanic, 2003). TBI 환자 10명 중 8명이 도네페질 처방 후 인지 기능의 개선을 보고했으며, 검사 결과 처리 속도, 학습, 주의력 향상이 관찰되었다(Khateb, Ammann, Annoni, & Diserens, 2005). 비슷하게, 이중 맹검 교차 연구에서 18명의 TBI 환자를 대상으로 도네페질을 처방했을 때 위약집단에 비해 단기기억이 향상되었고 주의력이 지속되었다(Zhang, Plotkin, Wang, Sandel, & Lee, 2004). 일반적인 도네페질의 복용량은 하루 5~10mg이며 일반적인 부작용은 심박수 저하, 메스꺼움, 설사, 거식, 복통, 강렬한 꿈을 꾸는 것이다. 임신기에 미치는 영향 등급 C로 분류되었으며 모유가 안전한지 여부는 불명확하다.

비흥분성 도파민 강화제

이 분류에는 본질적으로 각기 다른 약물들이 있는데, 모두 흥분제로서 작용하지 않으면서 도파민이나 뇌 내 도파민 활동을 증가시킨다. 여기에는 (여러 약물들 중) 아만타딘, 브로모크립틴, 프라미펙솔이 있으며, 모두 파킨슨병과 하지불안증후군 치료에 사용된다. 두 가지 무작위 통제 실험(McDowell, Whyte, & D'Esposito, 1998; Meythaler, Brunner, & Johnson, 2002)과 몇 가지 공개 실험들에서 TBI와 관련한 인지기능장애에 대한 이 분류의 약물의 효능성을 입증하였고, 특히 실행 기능과 전체적인 인지 기능의 개선을 보였다.

- 아만타딘(Amantadine, 시메트릴)은 대개 하루 100~400mg를 여러 번에 나누어 복용한다. 일반적인 부작용은 긴장, 불면, 불안, 집중이 어려운 것, 간질과 기타 기저 정신 질환의 악화이다. 임신기에 미치는 영향 등급은 C이다.
- 브로모크립틴(Bromocriptine, 팔로델, 사이클로셋)은 일반적으로 10~30mg를 하루 세 번 복용한다. 흔한 부작용은 메스꺼움, 두통, 피로감, 어지러움, 간 효소 수치 증가이다. 간질을 촉발하기도 한다. 임신기에 미치는 영향 등급은 C이며 모유의 안전성은 불명확하다.
- 프라미펙솔(Pramipexole, 미라텍스)은 일반적으로 0.5~1.5mg를 하루 두 번 복용한다. 브로모크립틴과 비슷한 부작용을 낳으며 임신기에 미치는 영향 등급 역시 C이다. 모유 내 안전성은 불명확하다.
- 아토목세틴(Atomoxetine, 스트라테라)는 성인 ADHD에 사용되는 특이한 약물이며, 뇌 내 노르에피네프린과 도파민을 증가시켜 인지 결함을 치료하는 약물로 고려되고 있다. 현재 이러한 가능성에 대한 연구는 아직 없는 실정이다.

항우울제

TBI를 겪는 많은 환자들은 PTSD나 우울 등의 동반 증상들을 보인다. 이러한 증상들을 최대한 줄여주는 것이 치료에 상당한 도움이 될 것이다. 어떤 연구 결과들은 TBI의 인지적 후유증에 대한 항우울제 사용을 지지하며, 세로토닌성 치료에 인지 및 정서 관련 증상이 호전된다고 말한다.

이 약물이 갖는 불안과 우울장애에 대한 효능성을 볼 때, SSRI는 대체로 TBI로 인한 정서 증상을 치료하는 첫 번째 선택 약물이 된다. Fann, Hart, Schomer (2009)는 27개의 연구들을 종합 분석했을 때, 외상성 뇌 손상 이후의 우울을 세로토닌 약물과 인지행동치료로 개입했을 경우에 가장 좋은 효과를 보였다고 말한다. 그 이전의 연구 (Fann, Uomoto, & Katon, 2001)에서는 설트랄린을 8주간 처방하여 뇌 손상으로 인한 우울이 치료되었을 때 인지기능과 우울 증상이 개선되었다고 한다. 우울 증상뿐 아니라 언어 기억, 시간 기억, 정신운동 속도, 전체적인 인지 능력도 개선되었다. 연구자들은 설트랄린이 SSRI 중 가장 큰 도파민성 효과를 내기 때문에 TBI에 특히 효과가 있을 것으로 보았다. 플루옥세틴에 대한 공개라벨 연구에서 8개월간의 치료 후 여러 영역에서 인지 관련 증상이 개선되었으며, 우울 증상도 완화되었다(Horsfield, et al., 2002).

TCA의 노르에피네프린의 증가를 포함한 다중수용체(multireceptor) 효과로 인해, TCA 계열 약물은 TBI에서의 우울뿐 아니라 인지적 장애도 치료할 수 있는 후보 약물로 볼 수 있다. 그러나 TCA 약물은 항콜린성이 상당하여 TBI 환자의 이미 낮은 아세틸콜린 수치를 고려할 때 문제가 될 수 있다. 이런 이유로, TCA 약물 중 항콜린성이 가장 낮은 데시프라민(desipramine)을 사용하는 것이 좋다. Wroblewski 외 다수(1996)의 연구에서는 심한 TBI와 우울이 장기화되고 있는 10명의 환자들을 데시프라민으로 치료하였을 때, 그중 두 환자가 간질 발작과 조증 증상의 발병으로 연구를 중단하였지만, 정서와 감정을 지각하는 데 개선을 보였다고 밝혔다. 세 가지 사례에서 데시프라민과 아미트리프틸린으로 치료하였을 때 인지, 흥분, 언어 표현에서 효과를 보였다(Reinhard, Whyte, & Sandel, 1996).

기분 안정제

충동 조절 문제와 기분장애 문제는 TBI 후의 증상으로 나타난다. 대부분의 기분 안정제들은 항경련제이기 때문에 뇌 손상으로 인해 발생할 수 있는 간질 발작을 방지하는 데 도움이 된다. 발프로산은 인지 기능을 더 손상시키지 않으면서 가장 잘 견딜 만하며, 발프로산과 카르바마제핀은 TBI 관련 공격성을 관리하는 데 도움을 주는 것으로 나타났다(Chew & Zafonte, 2009). 가바펜틴과 같은 항경련제는 두부 외상의 중요한 증상인 만성 통증을 치료하여 추가적인 도움을 줄 수도 있다.

항정신성 약물

뉴로펩타이드는 종종 정신증 증상뿐 아니라 불안한 행동을 다루기 위해 사용된다. TBI 환자들은 항정신성 약물을 복용할 때 부정적 부작용을 경험할 수 있기 때문에 각별한 주의가 필요하다(Harmsen, Geurts, Fasotti, & Bevarrt, 2004). 이미 말했듯이, 쿠에티아핀과 지프라시돈과 같은 몇몇 비전형 항정신성 약물은 TBI 환자의 공격성을 낮추는 데 효과적으로 사용되었다(Kim & Bijlani, 2006; Noe, Ferri, Trenor, & Chirivella, 2007).

기타 공존 장애를 위한 약물

2장에서 언급하였듯, PTSD는 우울과 기타 불안장애 및 정신증적 장애를 포함하는 다른 정신질환과 함께 쉽게 발견되는 장애이다. 트라우마 전문 임상가들은 외상후 스트레스를 위한 심리치료가 넓은 범주의 장애들을 모두 다룰 수 있다고 생각해서는 안 된다. 내담자가 만약 하나 혹은 그 이상의 공존장애를 보인다면, 적절한 약물치료가 권고된다. 다행히도, 우울이나 다른 불안 증상이 있는 경우 SSRI로 치료할 수 있으며 외상후 스트레스도 동시에 치료될 수 있다. 앞서 말하였듯, 명확한 정신증 증상이 있다면 항정신성 약물이 요구된다. 이 장의 앞부분에서 언급하였듯, 외상후 스트레스뿐 아니라 공존장애를 다룰 때, 그리고 특히 부작용과 과용에 대한 문제를 고려한다면, 트라우마 생존자를 위한 일반적인 약물 관리 지침을 적용할 수 있다.

보다 큰 맥락에서의 치료 전략에 대한 고려

PTSD를 위한 효과적인 치료법: 국제 트라우마 스트레스 연구 학회 임상 가이드라인 (Effective Treatments for PTSD: Practice Guidelines From the International Society for Traumatic Stress Studies; Friedman et al., 2009)은 세로토닌성 항우울제를 PTSD의 1차 치료제로 인정하였다. 저자들은 그들의 약리학적 발견을 다섯 가지 주 요점으로 정리한다: (1) 많은 사람들은 PTSD와 관련 증상에 대한 약물을 처방받는다, (2) 어떤 환자들은 단기 치료로 큰 효과를 보지만 머지않아 더 지속적인 치료가 필요할 수 있다, (3) SSRI와 SNRI[3]는 PTSD에 가장 적합한 약물이다, (4) 치료에 반응하지 않는 사람들은 비전형 항정신성 약물을 사용하는 것이 합당하며, (5) 이 분야에 대해서는 더 많은 연구가 필요하다.

　미국정신의학회(APA)의 ASD와 PTSD에 대한 치료 가이드 라인(APA, 2004)은 비슷한 권고를 내린다: (1) SSRI는 일차 치료제로 권고된다, (2) 벤조디아제핀은 불안과 수면에는 도움이 될 수 있지만 의존과 PTSD 증상이 증가할 가능성에 대해서 주의할

3　여기에서, 그리고 이 책의 다른 부분에서, SNRI는 통합적으로 명명되었다. 그러나 효과성이 입증된 SNRI는 벤라팍신 하나뿐임을 명시한다. 이 분류의 다른 약물을 권고하기에는 연구자료가 충분하지 않다.

필요가 있다, (3) 비전형 항정신성 약물은 SSRI에 반응하지 않는 사람들에게 병행 치료할 수 있다, (4) 항경련성 약물은 개인적 사례에 유용할 수 있으나 여기에 대한 근거 자료는 빈약하다.

미국 재향군인회(Department of Veterans Affairs)와 국방부(Department of Defense) (2010)는 비전형 항정신성 약물과 벤조디아제핀의 위험성에 대해 더욱 강하게 경고하며, 치료 초기에 PTSD에 대한 효과성이 입증된 SSRI 또는 SNRI의 단일제제 사용을 권고한다. 그들은 PTSD에 대한 대부분의 항정신성 약물의 사용을 지지하는 근거자료가 부족한 반면, 리스페리돈을 병행 치료로 사용할 때 효과성이 떨어진다고 밝힌 최근의 연구(Krystal et al., 2011)가 대사 관련 위험성이 발생 가능한 작은 효과를 능가하는 것으로 밝혔다고 지적했다. 또한 그들은 "효과성에 대한 지지 근거가 부족하며 위험성이 잠재적 이득을 능가하기 때문에 ASD와 PTSD에 대한 벤조디아제핀의 사용을 자제해야 한다"고 말한다(p. 153).

최근 하버드 정신약리학 알고리즘 프로젝트에서는 약간 다른 입장을 취한다(Bajor, Ticlea, & Osser, 2011). 사실 저자들은 항우울제가 모든 경우 가장 좋은 일차 치료제가 아닐 수 있다고 제시한다. 대신, 가장 효과적인 초기 약물 사용은 프라조신 또는 트라조돈을 이용해 수면을 돕고, 악몽과 재경험을 줄이는 것이라고 한다. 다음으로, 진행 중인 PTSD의 증상에 대해 SSRI를 시도할 수 있다. 저자들은 항정신성 약물은 PTSD와 관련한 정신증이나 잔여 증상들이 다시 심해질 때를 위해 남겨두도록 권한다.

트라우마 내담자들에 대한 우리의 치료적 접근은 앞서 말한 권고들과 이 장에서 살펴본 문헌들과 우리의 임상 경험을 바탕으로 한다. 우리가 일반적으로 제안하는 정신약리학적 치료의 알고리즘은 다음과 같다.

일차 치료:

1. 심각한 외상후 증상이 있는 환자에게는 SSRI나 SNRI를 일차 치료제로 사용한다.
2. 수면장애나 악몽이 현저한 경우 트라조돈이나 프라조신을 SSRI와 함께 사용할 수 있다. 대신에, 미르타자핀과 같은 진정제를 사용하여 수면장애를 도울 수 있다.
3. 과각성에 압도되는 환자의 경우, 알파 또는 베타 차단제를 고려할 수 있다.
4. 정신증이 확실한 경우, 비전형 항정신성 약물을 SSRI와 함께 사용해야 한다.

일차 치료에 반응하지 않거나 부분적으로 반응하는 환자를 위한 이차 치료:

1. SSRI에 반응하지 않는 경우나 부분적으로 반응하는 경우 이차 항우울제를 사용할 수 있다.

2. 증상이 여전히 가라앉지 않는다면 저용량의 항정신성 약물을 병행할 수 있다.

3. SSRI로는 개선되지 않는 심한 공격성을 보이는 경우 또는 항정신성 약물이 환자에게 금지되었거나 수용되지 않는 경우 기분 안정제를 처방하는 것을 고려해야 한다.

4. 앞서 설명하였듯, 벤조디아제핀은 불안이 압도적이며/또는 즉각적인 하향조절이 요구되는 급성 스트레스의 경우에만 사용하도록 보류해야 한다.

치료에 대한 반응이 보인다면, 그 효과를 지속하기 위해 1년간 약물을 지속하는 것이 이상적이다.

결론

이 장에서 외상후 스트레스의 치료에 유용한 것으로 보이는 많은 약물들을 광범위하게 살펴보았는데, 여기에서 두 가지를 다시 강조하고자 한다.

첫째, 현재까지의 임상 연구들을 볼 때, 정신과 약물 자체만으로 대부분의 PTSD 사례들이나 다른 유형의 외상후 장애를 해결할 수 있다고 보기 어렵다. 이러한 약물들은 종종 유용하지만, 완전히 치료적이기보다는 일시적인 효과를 내는 것으로 보인다. 많은 경우 약물은 증상을 경감시키지만 모든 증상을 완전히 제거하지는 않으며, 특정 외상후 증상군에만 효과적일 수 있다. 또한 증상의 유의한 차도를 보이는 내담자들 중 많은 사람들이 약물을 중단할 때 재발을 겪는다. 뿐만 아니라, 어떤 내담자들은 향정신성 약물이 가져올 수도 있는 효과에도 불구하고, 이로 인한 부작용을 참을 수 없거나 참으려고 하지 않는다.

둘째, 정신과 약물이 모든 외상후 증상들을 영원히 없애는 경우는 드물지만, 종종 유용하기도 하다. 우리의 경험에 의하면 약물의 효과적인 사용으로(어떤 경우에는 초기 심리치료 효과가 일어나기 전에도) 초기 증상을 완화(의학적으로 그리고 위약 효과를 통해)시킬 수 있다. 이러한 초기 반응은 치료 순응도를 높이고 중도 탈락을 막고, 내담자의 고통에 상당한 영향을 끼치는 수면 부족 그리고/또는 자율신경계 과각성을 줄인다. 이러한 방법으로, 정신과 약물은 보다 두드러지고 지속되는 심리 개입의 효과가 나타날 때까지 내담자가 충분히 버티면서 심리치료에 참여하도록 도와주는 이점을 제공한다.

추천 문헌

Davidson, J. R. T. (2004). Long-term treatment and prevention of posttraumatic stress disorder. *Journal of Clinical Psychiatry*, 65, 44–48.

Davidson, J. R. T. (2006). Pharmacologic treatment of acute and chronic stress following trauma: 2006. *Journal of Clinical Psychiatry, 68*(Suppl. 2), 34–39.

Friedman, M.J. (2000). What might the psychobiology of posttraumatic stress disorder teach us about future approaches to pharmacotherapy? *Journal of Clinical Psychiatry, 61*(Suppl. 7), 44–51.

Friedman, M. J., Davidson, J. R. T., & Stein, D. J. (2009). Psychopharmacotherapy for adults. In E. B. Foa, T. M. Keane, M. J. Friedman, & J. A. Cohen (Eds.), *Effective treatments for PTSD: Practice guidelines from the International Society for Traumatic Stress Studies* (pp. 245–268). New York, NY: Guilford.

Morgan, C. A., Krystal, J. H., & Southwick, S. M. (2003). Toward early pharmacological posttraumatic stress intervention. *Biological Psychiatry, 53*, 834–843.

제**13**장

결론

이 책은 다양한 유형의 외상후 고통과 장애에 대한 평가 및 치료의 개요들을 제공하고 있다. 이 책에서 우리는 비병리학적이고 성장 지향적인, 궁극적으로 트라우마로부터 회복이 가능하다는 희망적인 관점을 강조하는 치료 개입에 대한 철학을 제공하였다. 우리는 인간관계가 우리 세계에서 수많은 폭력뿐만 아니라 폭력의 결과가 다루어질 수 있는 근본적인 환경을 제공한다는 것을 시사하였다. 치료 관계는 항상 심리치료를 수반하지는 않는데, 많은 사람들은 전문가의 도움을 찾지 않고, 그들의 상처를 가족, 친구 또는 기타 다른 관계들의 환경에서 처리하고 회복한다.

불행히도, 몇몇 외상 후 결과들은 더 심각하고 만성적인 수준이어서, 종종 더 전문적인 관계를 필요로 하는데, 서양 문화에서는 일반적으로 이를 **심리치료**라고 일컫는다. 문화와 상관없이, 몇몇 트라우마로 인한 영향들은 경청과 공감하는 반응을 훈련받은 사람, 비교적 객관적 태도로 반응하는 사람, 그리고 심리적 상처를 직접적으로 다룰 수 있는 다양한 기법과 접근법을 소화할 수 있는 사람들을 통해서 회복된다. 우리는 이러한 과정과 연관이 있는 일련의 치료 개입법에 대한 개요를 제시했다. 동시에 임상적 기법들은(외상후 스트레스를 치료하는 데 있어서 상당한 전문성과 효과를 자주 제공하지만) 일반적으로 부수적인 요소인 돌봄, 안전, 과거가 탐색되고 처리될 수 있는 지지적인 치료적 관계를 필요로 한다.

치료 관계에 관한 이러한 초점은 때때로 비전문적 또는 '플라시보' 현상이라고 불리는 치료의 관계적 효과를 지닌 단기 치료 지지자들에 의해서 묵살된다. 이와 대조적으로, 우리는 치료적 관계가 트라우마 기억(특히 관계적 트라우마)들을 기억하고, 역조건화하며, 처리하는 중요한 심리적·신체적 과정(플라시보 효과가 아닌)을 활성화한다는 것을 제안한다. 이러한 애착 관계 처리과정의 치료적 개입은 상당한 훈련과 기술을 필요로 하는데, 부분적으로는 관계 역동성 또한 임상가에게 영향을 주기 때문이다. 동시에 노출, 활성화, 차이, 역조건화, 그리고 소거/해결과 같은 전반적인 인지행동 활동들이(한 가지 또는 다른 유형에서) 가장 효율적인 트라우마 치료들에서 나타날 수 있다. 사실 외상후 스트레스를 위한 성공적인 심리적 치료는 몇 가지 요소만 포함한다면 실패할 수 있다.

만성적 그리고/또는 복합성 외상후 장애를 치료하는 데 있어서 관계적 치료 개입과 인지행동적 개입 모두가 필요하며, 특히 현실의 임상 실제를 검토할 때 더욱 그러하다. 아마 적절한 트라우마 치료는 모두 인지행동적이며, 어느 정도 내담자에게 무엇이 일어났는지에 대하여 느끼고 생각하도록 격려하면서(정서적·인지적 활성화 및 처리하기), 안전한 관계 안에서(차이) 트라우마 내용을 탐색(노출)하는 것을 포함한다. 반면에, 복합적인 트라우마 영향을 위한 가장 효과적인 치료는 활성화된 애착관계와 대인 간 처리에 대한 영향을 포함하고 관계적이며 '정신역동적'인 치료이다.

궁극적으로 부정적 사건에 대한 노출, 생물학적, 심리적·문화적·사회적 지지, 증상학 간의 복합적인 상호관계는 각각의 트라우마 생존자들이 임상적으로 유사할 수 없다는 것을 의미한다. 이 사실에 대한 필연적인 결론은 다양한 변수들의 기능과 같이 외상후 영향들에 필요한 개입이 사례마다 다를 수 있다는 것이다. 우리가 이 책에서 분명히 밝힌 소망처럼, 트라우마 치료는 융통성 있게 다양한 시각들을 포함하며, 내담자의 특정 문제와 고민과 관련이 있고, 내담자의 특정 관계적 상황에 반응해야 한다. 어떤 사례들의 경우, 신중하게 선택되고 관찰된 정신과 약들이 포함될 수 있다. 트라우마를 경험한 사람들의 뛰어난 생존 역량과 관련하여, 이러한 치료는 대다수의 경우에서 심리적 회복과 성장의 강력한 요인이 될 수 있다.

부록 1

초기 트라우마 보고서-3(Initial Trauma Review-3, ITR-3)

아동기 질문

1. **[신체 학대 질문]** "당신이 만 18살이 되기 전, 부모님이나 다른 어른이 당신을 다치게 하거나 멍, 베인 상처, 긁힌 자국을 남기는 방식으로 체벌하거나 피를 흘리게 한 적이 있습니까?"

   네 _____   아니요 _____   [네＝신체 학대]

   '네'의 경우 :

   "이 일이 일어났을 때, 당신은 굉장한 두려움이나 공포심 또는 무기력함을 느꼈습니까?"

   네 _____   아니요 _____

   "당신은 당신이 다치거나 죽임을 당할 것이라고 생각한 적이 있습니까?"

   네 _____   아니요 _____

2. **[성적 학대 질문]** "당신이 만 18살이 되기 전, 당신보다 5살 이상 많은 누군가가 당신과 성적인 무언가를 함께 하거나 성적인 무엇을 가한 적이 있습니까?"

   네 _____   아니요 _____   [네＝성적 학대]

   '네'의 경우 :

   "그 사람이 자신의 남성 성기, 손가락 또는 어떤 물건을 당신의 질이나 항문에 넣거나 자신의 남성 성기를 당신의 입에 넣은 적이 있습니까?"

   네 _____   아니요 _____   [네＝삽입을 동반한 성적 학대]

   "이 일이 당신의 의지에 반하거나 당신이 스스로를 방어할 수 없을 때(예 : 당신이 자고 있을 때나 약물 또는 술에 취해 있을 때) 일어났습니까?"

   네 _____   아니요 _____   [네＝성적 학대]

   "이 일이 일어났을 때, 당신은 굉장한 두려움, 공포심 또는 무기력함을 느꼈습니까?"

네 ___   아니요 ___
"당신은 당신이 다치거나 죽임을 당할 것이라고 생각한 적이 있습니까?"
네 ___   아니요 ___

3. **[또래 성폭력 질문]** "당신이 만 18살이 되기 전, 당신보다 5살 이하의 누군가가 당신에게 당신의 의지에 반하는 성적인 무엇인가를 하거나 당신이 스스로를 방어할 수 없을 때 (예 : 당신이 자고 있을 때나 약물 또는 술에 취해 있을 때) 당신에게 성적인 무엇인가를 한 적 이 있습니까?"

네 ___   아니요 ___   [네=또래 성폭력]

  '네'의 경우 :
  "그 사람이 자신의 남성 성기, 손가락 또는 어떤 물건을 당신의 질이나 항문에 넣거나 자신의 남성 성기를 당신의 입에 넣은 적이 있습니까?"

  네 ___   아니요 ___   [네=삽입을 동반한 성적 학대]
  "이 일이 일어났을 때, 당신은 굉장한 두려움, 공포심 또는 무기력함을 느꼈습니까?"
  네 ___   아니요 ___
  "당신은 당신이 다치거나 죽임을 당할 것이라고 생각한 적이 있습니까?"
  네 ___   아니요 ___

4. **[재난 질문]** "당신이 만 18살이 되기 전, 심각한 화재, 지진, 홍수, 또는 기타 재난을 겪은 적이 있습니까?"

네 ___   아니요 ___   [네=아동기 재난 노출]

  '네'의 경우 :
  "이 일이 일어났을 때, 당신은 굉장한 두려움, 공포심 또는 무기력함을 느꼈습니까?"
  네 ___   아니요 ___
  "당신은 당신이 다치거나 죽임을 당할 것이라고 생각한 적이 있습니까?"
  네 ___   아니요 ___

5. **[교통 사고 질문]** "당신이 만 18살이 되기 전, 심각한 교통 사고를 겪은 적이 있습니까?"

네 ___   아니요 ___   [네=아동기 교통사고 노출]

  '네'의 경우 :
  "이 일이 일어났을 때, 당신은 굉장한 두려움, 공포심 또는 무기력함을 느꼈습니까?"
  네 ___   아니요 ___

"당신은 당신이 다치거나 죽임을 당할 것이라고 생각한 적이 있습니까?"

네 _____　　　　　　　　　　　　아니요 _____

6. **[트라우마 목격 질문]** "당신이 만 18살이 되기 전, 누군가가 살해되거나 심하게 다치는 것을 본 적이 있습니까?"

네 _____　　　　　　　　　　　　아니요 _____　　　　　　[네＝아동기 트라우마 목격]

'네'의 경우 :

"이 일이 일어났을 때, 당신은 굉장한 두려움, 공포심 또는 무기력함을 느꼈습니까?"

네 _____　　　　　　　　　　　　아니요 _____

"당신은 당신이 다치거나 죽임을 당할 것이라고 생각한 적이 있습니까?"

네 _____　　　　　　　　　　　　아니요 _____

성인기 질문

1. **[성인기 성폭력 질문]** "당신이 만 18살이 된 이후, 누군가가 당신의 의지에 반하는 성적 행동을 당신에게 하거나, 당신이 스스로를 방어하지 못할 때(예 : 당신이 자고 있거나 약물 또는 술에 취한 경우) 성적 행동을 당신에게 한 적이 있습니까?"

네 _____　　　　　　　　　　　　아니요 _____　　　　　　[네＝성인기 성폭력]

'네'의 경우 :

"그 사람이 자신의 남성 성기, 손가락 또는 어떤 물건을 당신의 질이나 항문에 넣거나 자신의 남성 성기를 당신의 입에 넣은 적이 있습니까?"

네 _____　　　　　　　　　　　　아니요 _____　　　　　　[네＝삽입을 동반한 성적 학대]

"이 일이 일어났을 때, 당신은 굉장한 두려움, 공포심 또는 무기력함을 느꼈습니까?"

네 _____　　　　　　　　　　　　아니요 _____

"당신은 당신이 다치거나 죽임을 당할 것이라고 생각한 적이 있습니까?"

네 _____　　　　　　　　　　　　아니요 _____

"이 일이 데이트 중 또는 성적/연애 파트너 또는 배우자와의 사이에 일어난 적이 있습니까?"

네 _____　　　　　　　　　　　　아니요 _____　　　　　　　[네＝데이트/연인/
　　　　　　　　　　　　　　　　　　　　　　　　　　　　　부부 성폭력 또는 강간]

2. **[배우자/연인 학대 질문]** "당신이 만 18살이 된 이후, 당신은 성적 또는 부부 관계에서 따귀를 맞거나, 폭행을 당하거나, 물린 적이 있습니까?"

네 ___   아니요 ___   [네=연인 구타]

"당신이 만 18살이 된 이후, 당신은 성적 또는 부부 관계에서 총에 맞거나 총에 겨누어
지거나, 찔리거나 또는 거의 목이 졸린 적이 있습니까?"

네 ___   아니요 ___   [네=연인 구타와 살인 미수 가능]

'네'의 경우 :

"이 일이 일어났을 때, 당신은 굉장한 두려움, 공포심 또는 무기력함을 느꼈습니까?"

네 ___   아니요 ___

"당신은 당신이 다치거나 죽임을 당할 것이라고 생각한 적이 있습니까?"

네 ___   아니요 ___

3. **[관계 외 폭력 질문]** "당신이 만 18살이 된 이후, 당신은 성적 파트너나 배우자가 아닌 누
   군가로부터 신체적인 공격이나 폭행을 당하거나, 찔리거나 또는 총에 겨누어진 적이 있
   습니까?"

네 ___   아니요 ___   [네=관계 외 폭력과 살인 미수 가능]

'네'의 경우 :

"이 일이 일어났을 때, 당신은 굉장한 두려움, 공포심 또는 무기력함을 느꼈습니까?"

네 ___   아니요 ___

"당신은 당신이 다치거나 죽임을 당할 것이라고 생각한 적이 있습니까?"

네 ___   아니요 ___

4. **[전쟁 질문]** "당신이 만 18살이 된 이후, 당신은 전투를 경험하거나 전쟁에서 싸우거나 전
   쟁이 진행되고 있는 곳에 거주한 적이 있습니까?"

네 ___   아니요 ___   [네=전쟁 노출]

'네'의 경우 :

"이 일이 일어났을 때, 당신은 굉장한 두려움, 공포심 또는 무기력함을 느꼈습니까?"

네 ___   아니요 ___

"당신은 당신이 다치거나 죽임을 당할 것이라고 생각한 적이 있습니까?"

네 ___   아니요 ___

5. **[교통사고 질문]** "당신이 만 18살이 된 이후, 당신은 심각한 교통사고를 겪은 적이 있습니
   까?"

네 ___   아니요 ___   [네=교통사고]

'네'의 경우 :

"이 일이 일어났을 때, 당신은 굉장한 두려움, 공포심 또는 무기력함을 느꼈습니까?"

네 ___   아니요 ___

"당신은 당신이 다치거나 죽임을 당할 것이라고 생각한 적이 있습니까?"

네 ___   아니요 ___

6. **[재난 질문]** "당신이 만 18살이 된 이후, 당신은 심각한 화재, 지진, 홍수 또는 기타 재난을 겪은 적이 있습니까?"

네 ___   아니요 ___   [네=재난 노출]

'네'의 경우 :

"이 일이 일어났을 때, 당신은 굉장한 두려움, 공포심 또는 무기력함을 느꼈습니까?"

네 ___   아니요 ___

"당신은 당신이 다치거나 죽임을 당할 것이라고 생각한 적이 있습니까?"

네 ___   아니요 ___

7. **[고문 질문−만약 내담자가 해외에서 온 이민자인 경우]** "당신이 살던 나라에서, 당신은 정부나 반정부 집단으로부터 고문을 당한 적이 있습니까?"

네 ___   아니요 ___   [네=고문]

'네'의 경우 :

"이 일이 일어났을 때, 당신은 굉장한 두려움, 공포심 또는 무기력함을 느꼈습니까?"

네 ___   아니요 ___

"당신은 당신이 다치거나 죽임을 당할 것이라고 생각한 적이 있습니까?"

네 ___   아니요 ___

8. **[경찰 트라우마 질문]** "이 나라에서 당신은 경찰이나 다른 사법 집행 공무원에 의해 체포 과정 또는 체포 이후 또는 다른 시기에, 맞거나, 물리거나, 폭행을 당하거나, 총에 겨누어진 적이 있습니까?"

네 ___   아니요 ___   [네=경찰 트라우마]

'네'의 경우 :

"이 일이 일어났을 때, 당신은 굉장한 두려움, 공포심 또는 무기력함을 느꼈습니까?"

네 ___   아니요 ___

"당신은 당신이 다치거나 죽임을 당할 것이라고 생각한 적이 있습니까?"

네 ___   아니요 ___

9. **[트라우마 목격 질문]** "당신이 만 18살이 된 이후, 누군가가 살해되거나 심하게 다치는 것을 본적이 있습니까?"

네 ___   아니요 ___   [네＝성인기 트라우마 목격]

'네'의 경우 :

"이 일이 일어났을 때, 당신은 굉장한 두려움, 공포심 또는 무기력함을 느꼈습니까?"

네 ___   아니요 ___

"당신은 당신이 다치거나 죽임을 당할 것이라고 생각한 적이 있습니까?"

네 ___   아니요 ___

부록 2

마음챙김 기반 호흡 훈련 프로토콜 핸드아웃[1]

편안한 자세로 앉거나 누우세요. 자신의 호흡에만 5~10분간 집중합니다. 그렇게 하는 것이 편하다면, 눈을 감으세요.

1. 할 수 있다면, 들숨과 날숨에 집중하며 **코**로 호흡하는 것을 시작합니다. 각각의 들숨과 날숨이 얼마나 지속되는지 알아차립니다.

   이것을 세 번의 호흡 순환(들숨과 날숨) 동안 반복합니다.

2. 배로 호흡하는 데 주의를 옮깁니다. **배**가 들숨에서 상승하고 날숨에서 가라앉는 점에 유의합니다. 공기가 복부를 채우고 폐로 들어와야 합니다. 숨을 내 쉴 때, 그 숨은 처음에 복부를 떠나고 다음으로 가슴을 떠납니다.

   이것을 세 번의 호흡 순환 동안 반복합니다.

3. 다음 단계는 호흡을 천천히 늦추는 것입니다. 한 번 들이쉴 때 3까지 천천히 센 후, 쉬고, 내쉴 때 4까지 세어봅니다. 날숨은 들숨보다 조금 더 오래 걸려야 합니다. 숨을 내쉰 후, 다시 들이쉬고 싶어질 때까지 잠시 멈춥니다. 일반적인 호흡의 속도보다는 느려져야 하지만, 실제 속도는 당신에게 맞출 수 있습니다.

4. 숨을 쉬는 동안 숫자를 세는 것에 당신의 마음을 **집중**합니다. 생각이나 느낌, 기억 또는 고통에 주의가 분산되는 것을 느낄 때마다 숫자를 세는 것에 주의를 가져옵니다. 숫자를 어디까지 세었는지 잊는 것은 정상이며, '잘못'되거나 '나쁜' 것이 아닙니다. 당신은 편하게 쉬면서 호흡하는 동안 주의를 방해하는 것들을 떠나보내고 현재 순간에 머무르는 것을 배우고 있습니다. 당신의 주의가 흐트러지는 것을 단순히 알아차리

---

1 이 프로토콜에 기여해주신 Randye Semple 박사님께 감사드린다.

는 것이 목적입니다. 그리고 당신의 주의를 각 숨마다 숫자를 세는 것으로 돌아오게 합니다.

5. 긴장을 풀고, 평화롭고 힘이 있는 상태에서 호흡하는 것을 **상상하는 것**이 도움이 될 수 있습니다.

참고문헌

Abbas, C. C., Schmid, J.-P., Guler, E., Wiedemar, L., Begré, S., Saner, H., . . . von Känel, R. (2009). Trajectory of posttraumatic stress disorder caused by myocardial infarction: A two-year follow-up study. *International Journal of Psychiatry in Medicine, 39,* 359–379.

Abouzeid, M., Kelsall, H. L., Forbes, A. B., Sim, M. R., & Creamer, M. C. (2011). Posttraumatic stress disorder and hypertension in Australian veterans of the 1991 Gulf War. *Journal of Psychosomatic Research, 72*(1), 33–38.

Abueg, F. R., & Fairbank, J. A. (1992). Behavioral treatment of posttraumatic stress disorder and co-occurring substance abuse. In P. A. Saigh (Ed.), *Posttraumatic stress disorder: A behavioral approach to assessment and treatment* (pp. 111–146). Needham Heights, MA: Allyn & Bacon.

Acierno, R., Resnick, H. S., Kilpatrick, D. G., Saunders, B. E., & Best, C. L. (1999). Risk factors for rape, physical assault, and posttraumatic stress disorder in women: Examination of differential multivariate relationships. *Journal of Anxiety Disorders, 13,* 541–563.

Adler, A. B., Litz, B. T., Castro, C. A., Suvak, M., Thomas, J. L., Burrell, L., . . . Bliese, P. D. (2008). A group randomized trial of critical incident stress debriefing provided to U.S. peacekeepers. *Journal of Traumatic Stress, 21,* 253–263.

Afifi, T. O., Mather, A., Boman, J., Fleisher, W., Enns, M. W., MacMillan, H., & Sareen, J. (2011). Childhood adversity and personality disorders: Results from a nationally representative population-based study. *Journal of Psychiatric Research, 45,* 814–822.

Agar, K., & Read, J. (2002). What happens when people disclose sexual or physical abuse to staff at a community mental health centre? *International Journal of Mental Health Nursing, 11,* 70–79.

Ahrens, C. E., Abeling, S., Ahmad, S., & Hinman, J. (2010). Spirituality and well-being: The relationship between religious coping and recovery from sexual assault. *Journal of Interpersonal Violence, 25,* 1242–1263.

Akagi, H., & House, A. (2002) The clinical epidemiology of hysteria: Vanishingly rare, or just vanishing? *Psychological Medicine, 32,* 191–194.

Alaggiaa, R. (2005). Disclosing the trauma of child sexual abuse: A gender analysis. *Journal of Loss and Trauma: International Perspectives on Stress & Coping, 10,* 453–470.

Alderman, C. P., Condon, J. T., & Gilbert, A. L. (2009). An open-label study of mirtazapine as treatment for combat-related PTSD. *Annals of Pharmacotherapy, 43,* 1220–1226.

Alderman, C. P., McCarthy, L. C., Condon, J. T., Marwood, A. C., & Fuller, J. R. (2009). Topiramate in combat-related posttraumatic stress disorder. *Annals of Pharmacotherapy, 43,* 635–641.

Alemany, S., Arias, B., Aguilera, M., Villa, H., Moya, J., Ibáñez, M. I., . . . Fañanás, L. (2011). Childhood abuse, the BDNF-Val66Met polymorphism and adult psychotic-like experiences. *British Journal of Psychiatry, 199,* 38–42.

Alexander, F. et al. (1946). *Psychoanalytic therapy: Principles and activations.* New York, NY: Ronald Press.

Alexander, P. C. (1992). Effect of incest on self and social functioning: A developmental psychopathology perspective. *Journal of Consulting and Clinical Psychology, 60,* 185–195.

Allden, K., Poole, C., Chantavanich, S., & Ohmar, K. (1996). Burmese political dissidents in Thailand: Trauma and survival among young adults in exile. *American Journal of Public Health, 86,* 1561–1569.

Allen, J. G. (2001). *Traumatic relationships and serious mental disorders.* Chichester, UK: Wiley.

Allen, J. G. (2005). *Coping with trauma: Hope through understanding* (2nd ed.). Washington, DC: American Psychiatric Press.

Álvarez, M.-J., Roura, P., Osés, A., Foguet, Q., Solà, J., & Arrufat, F.-X. (2011). Prevalence and clinical impact of childhood trauma in patients with severe mental disorders. *Journal of Nervous and Mental Disease, 199,* 156–161.

American Burn Association. (2011). *Burn incidence and treatment in the United States: 2011 fact sheet.* Retrieved from http://www.ameriburn.org/resources_factsheet.php

American Congress of Rehabilitation Medicine. (1993). Definition of mild traumatic brain injury. *Journal of Head Trauma Rehabilitation, 8*(3), 86–87.

American Educational Research Association, American Psychological Association, & National Council of Measurement in Education. (1999). *Standards for educational and psychological testing.* Washington, DC: American Educational Research Association.

American Psychiatric Association. (1987). *Diagnostic and statistical manual of mental disorders* (3rd ed., Rev.). Washington, DC: Author.

American Psychiatric Association. (2000). *Diagnostic and statistical manual of mental disorders* (4th ed., Text Rev.). Washington, DC: Author.

American Psychiatric Association. (2001). *Practice guideline for the treatment of patients with borderline personality disorder.* Washington, DC: Author.

American Psychiatric Association. (2004). Practice guideline for the treatment of patients with acute stress disorder and posttraumatic stress disorder. *Psychiatry Online.* Retrieved from http://psychiatryonline.org/content.aspx?bookid=28&sectionid=1670530.

American Psychiatric Association. (2012a). *G 02 acute stress disorder.* Retrieved from http://www.dsm5.org/ProposedRevisions/Pages/proposedrevision.aspx?rid=166

American Psychiatric Association (2012b). *G 03 posttraumatic stress disorder.* Retrieved from http://www.dsm5.org/proposedrevision/pages/proposedrevision.aspx?rid=165

American Psychiatric Association. (2012c). *Persistent complex bereavement-related disorder.* Retrieved from http://www.dsm5.org/ProposedRevision/Pages/proposedrevision.aspx?rid=577

American Psychiatric Association (2013). Diagnostic and statistical manual of mental disorders (5th ed.). Washington, DC: Author.

Amir, N., Stafford, J., Freshman, M. S., & Foa, E. B. (1998). Relationship between trauma narratives and trauma pathology. *Journal of Traumatic Stress, 11,* 385–393.

Amnesty International. (2008). *State of the world's human rights.* Retrieved from http://archive.amnesty.org/report2008/eng/

Amnesty International. (2010). *Invisible victims: Migrants on the move in Mexico.* Retrieved from http://amnesty.org/en/library/info/AMR41/014/2010/en

Amnesty International. (2012). *Torture and accountability.* Retrieved from http://www.amnesty.org/en/campaigns/counter-terror-with-justice/issues/torture-and-accountability

Amstadter, A. B., Elwood, L. S., Begle, A. M., Gudmundsdottir, B., Smith, D. W., Resnick, H. S., . . . Kilpatrick, D. G. (2011). Predictors of physical assault victimization: Findings from the National Survey of Adolescents. *Addictive Behaviors, 36,* 814–820.

Anastasi, A., & Urbina, S. (1997). *Psychological testing* (7th ed.). Upper Saddle River, NJ: Prentice Hall.

Anders, S. L., Frazier, P. A., & Frankfurt, S. B. (2011). Variations in criterion A and PTSD rates in a community sample of women. *Journal of Anxiety Disorders, 25,* 176–184.

Anderson, C. A., & Huesmann, L. R. (2003). Human aggression: A social-cognitive view. In M. A. Hogg & J. Cooper (Eds.), *The handbook of social psychology* (Rev. ed., pp. 296–323). London, UK: Sage.

Anderson, J. R., & Bower, G. H. (1972). Recognition and retrieval processes in free recall. *Psychological Review, 79,* 97–123.

Andrews, B., Brewin, C. R., Rose, S., & Kirk, M. (2000). Predicting PTSD symptoms in victims of violent crime: The role of shame, anger, and childhood abuse. *Journal of Abnormal Psychology, 109,* 69–73.

Apfel, B. A., Ross, J., Hlavin, J., Meyerhoff, D. J., Metzler, T. J., Marmar, C. R., . . . Neylan, T. C. (2011). Hippocampal volume differences in Gulf War veterans with current versus lifetime posttraumatic stress disorder symptoms. *Biological Psychiatry, 69,* 541–548.

Armstrong, J. G., & Kaser-Boyd, N. (2003). Projective assessment of psychological trauma. In D. Segal & M. Hilsenroth (Eds.), *The comprehensive handbook of psychological assessment, Volume 2: Personality assessment* (pp. 500–512). New York, NY: Wiley.

Asmundson, G. J. G., & Taylor, S. (2006). PTSD and chronic pain: Cognitive-behavioral perspectives and practical implications. In G. Young, A. W. Kane, K. Nicholson, G. Young, A. W. Kane, & K. Nicholson (Eds.), *Psychological knowledge in court: PTSD, pain, and TBI* (pp. 225–241). New York, NY: Springer Science + Business Media.

Atkeson, B., Calhoun, K., Resick, P., & Ellis, E. (1982). Victims of rape: Repeated assessment of depressive symptoms. *Journal of Consulting and Clinical Psychology, 50,* 96–102.

Baer, R. A. (2003). Mindfulness training as a clinical intervention: A conceptual and empirical review. *Clinical Psychology: Science and Practice, 10,* 125–143.

Bailey, J. N., Goenjian, A. K., Noble, E. P., Walling, D. P., Ritchie, T. L., & Goenjian, H. A. (2010). PTSD and dopaminergic genes, DRD2 and DAT, in multigenerational families exposed to the Spitak earthquake. *Psychiatry Research, 178,* 507–510.

Bajor, L. A., Ticlea, A. N., & Osser, D. N. (2011). The Psychopharmacology Algorithm Project at the Harvard South Shore Program: An update on posttraumatic stress disorder. *Harvard Review of Psychiatry, 19,* 240–258.

Baker, R. (1992). Psychosocial consequences for tortured refugees seeking asylum and refugee status in Europe. In M. Basoglu (Ed.), *Torture and its consequences: Current treatment approaches* (pp. 83–106). Cambridge, UK: Cambridge University Press.

Baldwin, M. W., Fehr, B., Keedian, E., Seidel, M., & Thompson, D. W. (1993). An exploration of the relational schemata underlying attachment styles: Self-report and lexical decision approaches. *Personality and Social Psychology Bulletin, 19,* 746–754.

Ballesteros, J., Guemes, I., Ibarra, N., & Quemada, J. I. (2008). The effectiveness of donepezil for cognitive rehabilitation after traumatic brain injury: A systematic review. *Journal of Head Trauma Rehabilitation, 23,* 171–180.

Barbee, J. G. (1993). Memory, benzodiazepines, and anxiety: Integration of theoretical and clinical perspectives. *Journal of Clinical Psychiatry, 54*(Suppl.), 86–97.

Barnett, O. W. (2001). Why battered women do not leave, part 2: External inhibiting factors—social support and internal inhibiting factors. *Trauma Violence & Abuse, 2,* 30–35.

Barr, L. C., Goodman, W. K., & Price, L. H. (1994). Physical symptoms associated with paroxetine discontinuation. *American Journal of Psychiatry, 151,* 289.

Bartzokis, G., Lu, P. H., Turner, J., Mintz, J., & Saunders, C. S. (2005). Adjunctive risperidone in the treatment of chronic combat-related posttraumatic stress disorder. *Biological Psychiatry, 57,* 474–479.

Basoglu, M. (1992). *Torture and its consequences: Current treatment approaches.* Cambridge, UK: Cambridge University Press.

Bassuk, E. L., Dawson, R., Perloff, J. N., & Weinreb, L. F. (2001). Post-traumatic stress disorder in extremely poor women: Implications for health care clinicians. *Journal of the American Medical Women's Association, 56,* 79–85.

Batchelor, S. (1997). *Buddhism without belief: A contemporary guide to awakening.* New York, NY: Riverhead Books.

Batchelor, S. (2010). *Confessions of a Buddhist atheist.* New York, NY: Spiegel & Grau.

Batten, S. V., Follette, V. M., Rasmussen Hall, M. L., & Palm, K. M. (2002). Physical and psychological effects of written disclosure among sexual abuse survivors. *Behavior Therapy, 33,* 107–122.

Baugher, S. N., Elhai, J. D., Monroe, J. R., & Gray, M. J. (2010). Rape myth acceptance, sexual trauma history and posttraumatic stress disorder. *Journal of Interpersonal Violence, 25,* 2036–2053.

Beck, J. S. (1995). *Cognitive therapy: Basics and beyond.* New York, NY: Guilford.

Becker, E., Rankin, E., & Rickel, A. U. (1998). *High-risk sexual behavior: Intervention with vulnerable populations.* New York, NY: Plenum.

Becker, M. E., Hertzberg, M. A., Moore, S. D., Dennis, M. F., Bukenya, D. S., & Beckham, J. C. (2007). A placebo-controlled trial of bupropion SR in the treatment of chronic posttraumatic stress disorder. *Journal of Clinical Psychopharmacology, 27,* 193–197.

Beckham, J. C., Moore, S. D., Feldman, M. E., Hertzberg, M. A., Kirby, A. C., & Fairbank, J. A. (1998). Health status, somatization, and severity of posttraumatic stress disorder in Vietnam combat veterans with posttraumatic stress disorder. *American Journal of Psychiatry, 155,* 1565–1569.

Bell, M. D. (1995). *Bell object relations and reality testing inventory.* Los Angeles, CA: Western Psychological Services.

Bem, S. L. (1976). Sex typing and the avoidance of cross-sex behavior. *Journal of Personality and Social Psychology, 33,* 48–54.

Benedek, D. M., Fullerton, C., & Ursano, R. J. (2007). First responders: Mental health consequences of natural and human-made disasters for public health and public safety workers. *Annual Review of Public Health, 28,* 55–68.

Benedict, A. L., Mancini, L., & Grodin, M. A. (2009). Struggling to meditate: Contextualising integrated treatment of traumatised Tibetan refugee monks. *Mental Health, Religion & Culture, 12,* 485–499.

Benish, S. G., Imel, Z. E., & Wampold, B. E. (2008). The relative efficacy of bona fide psychotherapies for treating posttraumatic stress disorder: A meta-analysis of direct comparisons. *Clinical Psychology Review, 28,* 746–758.

Benson, H., & Klipper, M. Z. (2000). *The relaxation response: Updated and expanded.* New York, NY: HarperTorch.

Berg, S. H. (2006). Everyday sexism and posttraumatic stress disorder in women: A correlational study. *Violence Against Women, 12,* 970–988.

Bergner, R. M., Delgado, L. K., & Graybill, D. (1994). Finkelhor's risk factor check-list: A cross-validation study. *Child Abuse & Neglect, 18,* 331–340.

Berlant, J. L. (2004). Prospective open-label study of add-on and monotherapy topira-mate in civilians with chronic nonhallucinatory posttraumatic stress disorder. *BMC Psychiatry, 4,* 24.

Berlant, J. L., & van Kammen, D. P. (2002). Open-label topiramate as primary, or adjunctive therapy in chronic civilian posttraumatic stress disorder: A preliminary report. *Journal of Clinical Psychiatry, 63,* 15–20.

Berlin, H. A., Rolls, E. T., & Iversen, S. D. (2005). Borderline personality disorder, impulsivity, and the orbitofrontal cortex. *American Journal of Psychiatry, 162,* 2360–2373.

Berliner, L., & Briere, J. (1998). Trauma, memory, and clinical practice. In L. Williams (Ed), *Trauma and memory* (pp. 3–18). Thousand Oaks, CA: Sage.

Berman, H., Girón, E., & Marroquín, A. (2006). A narrative study of refugee women who have experienced violence in the context of war. *Canadian Journal of Nursing Research, 38,* 32–53.

Bernstein, E. M., & Putnam, F. W. (1986). Development, reliability, and validity of a dissociation scale. *Journal of Nervous and Mental Diseases, 174,* 727–734.

Bernstein, I. H., Ellason, J. W., Ross, C. A., & Vanderlinden, J. (2001). On the dimen-sionalities of the Dissociative Experiences Scale (DES) and the Dissociation Questionnaire (DIS-Q). *Journal of Trauma and Dissociation, 2,* 103–123.

Berthold, S. M. (2000). War traumas and community violence: Psychological, behav-ioral, and academic outcomes among Khmer refugee adolescents. *Journal of Multicultural Social Work, 8,* 15–46.

Best, C. L., & Ribbe, D. P. (1995). Accidental injury: Approaches to assessment and treatment. In J. R. Freedy & S. E. Hobfoll (Eds.), *Traumatic stress: From theory to practice* (pp. 315–337). New York, NY: Plenum.

Bhikkhu Bodhi. (2005). *In the Buddha's words: An anthology of discourses from the Pali Canon.* Somerville, MA: Wisdom.

Bienvenu, O. J., & Neufeld, K. J. (2011). Post-traumatic stress disorder in medical set-tings: Focus on the critically ill. *Current Psychiatry Reports, 13,* 3–9.

Bills, C. B., Dodson, N., Stellman, J. M., Southwick, S., Sharma, V., Herbert, R., . . . Katz, C. L. (2009). Stories behind the symptoms: A qualitative analysis of the narratives of 9/11 rescue and recovery workers. *Psychiatric Quarterly, 80,* 173–189.

Bishop, S. R., Lau, M., Shapiro, S., Carlson, L., Anderson, N. D., Carmody, J., . . . Devins, G. (2004). Mindfulness: A proposed operational definition. *Clinical Psychology: Science and Practice, 11,* 230–241.

Bisson, J. I. (2003). Single-session early psychological interventions following traumatic events. *Clinical Psychology Review, 23,* 481–499.

Bisson, J. I., McFarlane, A. C., & Rose, S. (2000). Psychological debriefing. In E. B. Foa, T. M. Keane, & M. J. Friedman (Eds.), *Effective treatments for PTSD* (pp. 39–59). New York, NY: Guilford.

Black, M. C., Basile, K. C., Breiding, M. J., Smith, S. G., Walters, M. L., Merrick, M. T., & Stevens, M. R. (2011). *The National Intimate Partner and Sexual Violence Survey (NISVS): 2010 summary report.* Atlanta, GA: National Center for Injury Prevention and Control, Centers for Disease Control and Prevention.

Blake, D. D., Weathers, F. W., Nagy, L. M., Kaloupek, D. G., Gusman, F. D., Charney, D. S., & Keane, T. M. (1995). The development of a clinician-administered PTSD scale. *Journal of Traumatic Stress, 8,* 75–90.

Blanchard, E. B., & Hickling, E. J. (1997). *After the crash: Assessment and treatment of motor vehicle accident survivors.* Washington, DC: American Psychological Association.

Bobrow, J. (2007). Tending, attending, and healing. *Psychologist-Psychoanalyst, 27,* 16–18.

Bobrow, J. (2010). *Zen and psychotherapy: Partners in liberation.* New York, NY: W. W. Norton.

Bobrow, J. (2011). Isolation kills and community heals. *Huffington Post.* Retrieved from http://www.huffingtonpost.com/

Boehnlein, J, K. (2006). Religion and spirituality in psychiatric care: Looking back, looking ahead. *Transcultural Psychiatry, 43,* 634–651.

Bohus, M. J., Landwehrmeyer, G. B., Stiglmayr, C. E., Limberger, M. F., Bohme, R., & Schmahl, C. G. (1999). Naltrexone in the treatment of dissociative symptoms in patients with borderline personality disorder: An open-label trial. *Journal of Clinical Psychiatry, 60,* 598–603.

Boldrini, M., Underwood, M. D., Hen, R., Rosoklija, G. B., Dwork, A. J., John Mann, J., & Arango, V. (2009). Antidepressants increase neural progenitor cells in the human hippocampus. *Neuropsychopharmacology, 34,* 2376–2389.

Boorstein, S. (2002). *Pay attention, for goodness' sake: Practicing the perfections of the heart—the Buddhist path of kindness.* New York, NY: Ballantine Books.

Bormann, J. E., Liu, L., Thorp, S. R., & Lang, A. J. (2011). Spiritual wellbeing mediates PTSD change in veterans with military-related PTSD [Electronic version]. *International Journal of Behavioral Medicine,* August 28, 2011.

Boscarino, J. A., Adams, R. E., & Figley, C. R. (2005). A prospective cohort study of the effectiveness of employer-sponsored crisis interventions after a major disaster. *International Journal of Emergency Mental Health, 7*(1), 9–22.

Bowen, S., Chawla, N., & Marlatt, G. A. (2011). *Mindfulness-based relapse prevention for addictive behaviors: A clinician's guide*. New York, NY: Guilford.

Bowlby, J. (1982). *Attachment and loss. Vol. 1: Attachment* (2nd ed.). New York, NY: Basic Books.

Bowlby, J. (1988). *A secure base: Parent-child attachment and healthy human development*. New York, NY: Basic Books.

Boy, A., & Salihu, H. M. (2004). Intimate partner violence and birth outcomes: A systematic review. *International Journal of Fertility & Women's Medicine, 49,* 159–164.

Boynton, L., Bentley, J., Strachan, E., Barbato, A., & Raskind, M. (2009). Preliminary findings concerning the use of prazosin for the treatment of posttraumatic nightmares in a refugee population. *Journal of Psychiatric Practice, 15,* 454–459.

Brach, T. (2003). *Radical acceptance: Embracing your life with the heart of a Buddha*. New York, NY: Bantam.

Brach, T. (2013). *True refuge: Three gateways to a fearless heart*. New York, NY: Bantam.

Bracken, P., Giller, J., & Summerfield, D. (1995). Psychological responses to war and atrocity: The limitations of the current concepts. *Social Science & Medicine, 40,* 1073–1082.

Bradley, R. G., Greene, J., Russ, E., Dutra, L., & Westen, D. (2005). A multidimensional meta-analysis of psychotherapy for PTSD. *American Journal of Psychiatry, 162,* 214–227.

Brady, K., Pearlstein, T., Asnis, G. M., Baker, D., Rothbaum, B., Sikes, C. R., & Farfel, G. M. (2000). Efficacy and safety of sertraline treatment of posttraumatic stress disorder: A randomized controlled trial. *Journal of the American Medical Association, 283,* 1837–1844.

Braun, P., Greenberg, D., Dasberg, H., & Lerer, B. (1990). Core symptoms of posttraumatic stress disorder unimproved by alprazolam treatment. *Journal of Clinical Psychiatry, 51,* 236–238.

Bremner, J. D., Southwick, S., Brett, E., Fontana, A., Rosenheck, R., & Charney, D. S. (1992). Dissociation and posttraumatic stress disorder in Vietnam combat veterans. *American Journal of Psychiatry, 149,* 328–332.

Bremner, J. D., & Vermetten, E. (2004). Neuroanatomical changes associated with pharmacotherapy in posttraumatic stress disorder. *Annals of the New York Academy of Sciences, 1032,* 154–157.

Bremner, J. D., Vythilingham, M., Vermetten, E., Southwick, S. M., McGlashan, T., Nazeer, A., . . . Charney, D. S. (2003). MRI and PET study of deficits in hippocampal structure and function in women with childhood sexual abuse and posttraumatic stress disorder. *American Journal of Psychiatry, 160,* 924–932.

Brennan, K. A., & Shaver, P. R. (1995). Dimensions of adult attachment, affect regulation, and romantic relationship functioning. *Personality and Social Psychology Bulletin, 21,* 267–283.

Brent, D., Melhem, N., Donohoe, M. B., & Walker, M. (2009). The incidence and course of depression in bereaved youth 21 months after the loss of a parent to suicide, accident, or sudden natural death. *American Journal of Psychiatry, 166,* 786–794.

Breslau, N., Chilcoat, H. D., Kessler, R. C., & Davis, G. C. (1999). Previous exposure to trauma and PTSD effects of subsequent trauma: Results from the Detroit Area Survey of Trauma. *American Journal of Psychiatry, 156,* 902–907.

Breslau, N., Davis, G. C., Andreski, P., & Peterson, E. L. (1991). Traumatic events and posttraumatic stress disorder in an urban population of young adults. *Archives of General Psychiatry, 48,* 216–222.

Breslau, N., Kessler, R. C., Chilcoat, H. D., Schultz, L. R., Davis, G. C., & Andreski, P. (1998). Trauma and posttraumatic stress disorder in the community: The 1996 Detroit Area Survey of Trauma. *Archives of General Psychiatry, 55,* 626–632.

Breslau, N., Peterson, E. L., & Schultz, L. R. (2008). A second look at prior trauma and the posttraumatic stress disorder effects of subsequent trauma: A prospective epidemiological study. *Archives of General Psychiatry, 65,* 431–437.

Breslau, N., Wilcox, H. C., Storr, C. L., Lucia, V., & Anthony, J. C. (2004). Trauma exposure and PTSD: A non-concurrent prospective study of youth in urban America. *Journal of Urban Health, 81,* 530–544.

Briere, J. (1992). *Child abuse trauma: Theory and treatment of the lasting effects.* Newbury Park, CA: Sage.

Briere, J. (1995). *Trauma Symptom Inventory professional manual.* Odessa, FL: Psychological Assessment Resources.

Briere, J. (1996). *Therapy for adults molested as children* (2nd ed.). New York, NY: Springer.

Briere, J. (1998). *Brief Interview for Posttraumatic Disorders (BIPD).* Unpublished psychological test, University of Southern California.

Briere, J. (2000a). *Cognitive Distortions Scale (CDS).* Odessa, FL: Psychological Assessment Resources.

Briere, J. (2000b). *Inventory of Altered Self Capacities (IASC).* Odessa, FL: Psychological Assessment Resources.

Briere, J. (2001). *Detailed Assessment of Posttraumatic Stress (DAPS).* Odessa, FL: Psychological Assessment Resources.

Briere, J. (2002a). *Multiscale Dissociation Inventory.* Odessa, FL: Psychological Assessment Resources.

Briere, J. (2002b). Treating adult survivors of severe childhood abuse and neglect: Further development of an integrative model. In J. E. B. Myers, L. Berliner, J. Briere, C. T. Hendrix, T. Reid, & C. Jenny (Eds.), *The APSAC handbook on child maltreatment* (2nd ed., pp. 175–202). Newbury Park, CA: Sage.

Briere, J. (2003). Integrating HIV/AIDS prevention activities into psychotherapy for child sexual abuse survivors. In L. Koenig, A. O'Leary, L. Doll, & W. Pequenat (Eds.), *From child sexual abuse to adult sexual risk: Trauma, revictimization, and intervention* (pp. 219–232). Washington DC: American Psychological Association.

Briere, J. (2004). *Psychological assessment of adult posttraumatic states: Phenomenology, diagnosis, and measurement* (2nd ed.). Washington, DC: American Psychological Association.

Briere, J. (2006). Dissociative symptoms and trauma exposure: Specificity, affect dysregulation, and posttraumatic stress. *Journal of Nervous and Mental Disease, 194,* 78–82.

Briere, J. (2011). *Trauma Symptom Inventory-2 (TSI-2)*. Odessa, FL: Psychological Assessment Resources.

Briere, J. (2012a). Working with trauma: Mindfulness and compassion. In C. K. Germer & R. D. Siegel (Eds.), *Wisdom and compassion in psychotherapy* (pp. 265–279). New York, NY: Guilford.

Briere, J. (2012b). When people do bad things: Evil, suffering, and dependent origination. In A. Bohart, E. Mendelowitz, B. Held, & K. Schneider (Eds)., *Humanity's dark side: Explorations in psychotherapy and beyond* (pp. 141-156). Washington, DC: American Psychological Association.

Briere, J. (2013). Mindfulness, insight, and trauma therapy. In C.K. Germer, R.D., Siegel, & P. R. Fulton (Eds.), *Mindfulness and psychotherapy* (2nd edition), 208–224). NY: Guilford.

Briere, J., & Armstrong, J. (2007). Psychological assessment of posttraumatic dissociation. In E. Vermetten, M. Dorahy, & D. Spiegel (Eds.), *Traumatic dissociation: Neurobiology and treatment* (pp. 259–274). Arlington, VA: American Psychiatric.

Briere, J., & Elliott, D. M. (2000). Prevalence, characteristics, and long-term sequelae of natural disaster exposure in the general population. *Journal of Traumatic Stress, 13,* 661–679.

Briere, J., & Elliott, D. M. (2003). Prevalence and symptomatic sequelae of self-reported childhood physical and sexual abuse in a general population sample of men and women. *Child Abuse and Neglect, 27,* 1205–1222.

Briere, J., Godbout, N., & Runtz, M. (2012). The Psychological Maltreatment Review (PMR): Initial reliability and association with insecure attachment in adults. *Journal of Aggression, Maltreatment & Trauma, 21,* 300–320.

Briere, J., Henschel, D., & Smiljanich, K. (1992). Attitudes toward sexual abuse: Sex differences and construct validity. *Journal of Research in Personality, 26,* 398–406.

Briere, J., & Hodges, M. (2010). Assessing the effects of early and later childhood trauma in adults. In R. Lanius, E. Vermetten, & C. Pain (Eds.), *The impact of early life trauma on health and disease* (pp. 207–216). Cambridge, UK: Cambridge University Press.

Briere, J., Hodges, M., & Godbout, N. (2010). Traumatic stress, affect dysregulation, and dysfunctional avoidance: A structural equation model. *Journal of Traumatic Stress, 23,* 767–774.

Briere, J., Kaltman, S., & Green, B. L. (2008). Accumulated childhood trauma and symptom complexity. *Journal of Traumatic Stress, 21,* 223–226.

Briere, J., & Lanktree, C. (2011). *Treating complex trauma in adolescents and young adults*. Thousand Oaks, CA: Sage.

Briere, J., & Lanktree, C. B. (2014). *Treating substance use issues in traumatized adolescents and young adults: Key principles and components*. Los Angeles, CA: USC Adolescent Trauma Training Center, National Child Traumatic Stress Network, Substance Abuse and Mental Health Services Administration, U.S. Department of Health and Human Services.

Briere, J., & Rickards, S. (2007). Self-awareness, affect regulation, and relatedness: Differential sequels of childhood versus adult victimization experiences. *Journal of Nervous and Mental Disease, 195*, 497–503.

Briere, J., & Runtz, M. G. (1989). The trauma symptom checklist (TSC-33): Early data on a new scale. *Journal of Interpersonal Violence, 4*, 151–163.

Briere, J., Scott, C., & Weathers, F. (2005). Peritraumatic and persistent dissociation in the presumed etiology of PTSD. *American Journal of Psychiatry, 162*, 2295–2301.

Briere, J. & Semple, R.J. (2013). *Brief Treatment for Acutely Burned Patients (BTBP) Treatment Manual*. Unpublished treatment manual, Keck School of Medicine, University of Southern California.

Briere, J., & Spinazzola, J. (2005). Phenomenology and psychological assessment of complex posttraumatic states. *Journal of Traumatic Stress, 18*, 401–412.

Briere, J., & Spinazzola, J. (2009). Assessment of the sequelae of complex trauma: Evidence-based measures. In C. A. Courtois & J. D. Ford (Eds.), *Treating complex traumatic stress disorders: An evidence-based guide* (pp. 104–123). New York, NY: Guilford.

Briere, J., Weathers, F. W., & Runtz, M. (2005). Is dissociation a multidimensional construct? Data from the Multiscale Dissociation Inventory. *Journal of Traumatic Stress, 18*, 221–231.

Briere, J., & Zaidi, L. Y. (1989). Sexual abuse histories and sequelae in female psychiatric emergency room patients. *American Journal of Psychiatry, 146*, 1602–1606.

Brown, A. (2009). Trauma and holocaust video testimony: The intersection of history, memory, and judgment in the interview process. *Traumatology, 15*, 44–54.

Brown, L. S. (2008). *Cultural competence in trauma therapy: Beyond the flashback*. Washington, DC: American Psychological Association.

Brown, P. J., Read, J. P., & Kahler, C. W. (2003). Comorbid posttraumatic stress disorder and substance use disorders: Treatment outcomes and the role of coping. In P. Ouimette & P. J. Brown (Eds.), *Trauma and substance abuse: Causes, consequences, and treatment of comorbid disorders* (pp. 171–188). Washington, DC: American Psychological Association.

Brown, P. J., & Wolfe, J. (1994). Substance abuse and post-traumatic stress disorder comorbidity. *Drug and Alcohol Dependence, 35*, 51–59.

Brown, R. P., & Gerbarg, P. L. (2009). Yoga breathing, meditation, and longevity. *Annals of the New York Academy of Sciences, 1172*, 54–62.

Browne, A. L., Andrews, R., Schug, S. A., & Wood, F. (2011). Persistent pain outcomes and patient satisfaction with pain management after burn injury. *Clinical Journal of Pain, 27,* 136–145.

Bruce, N., Shapiro, S. L., Constantino, M. J., & Manber, R. (2010). Psychotherapist mindfulness and the psychotherapy process. *Psychotherapy: Theory, Research, Practice, Training, 47,* 83–97.

Bryant, R. A. (2003). Treating acute stress disorder following mild traumatic brain injury. *American Journal of Psychiatry, 160,* 585–587.

Bryant, R. A. (2011a). Acute stress disorder as a predictor of posttraumatic stress disorder: A systematic review. *Journal of Clinical Psychiatry, 72,* 233–239.

Bryant, R. A. (2011b). Post-traumatic stress disorder vs traumatic brain injury. *Dialogues in Clinical Neuroscience, 13,* 251–262.

Bryant, R. A., Creamer M., O'Donnell M., Silove, D., Clark, C. R., & McFarlane, A. C. (2009). Post-traumatic amnesia and the nature of post-traumatic stress disorder after mild traumatic brain injury. *Journal of the International Neuropsychological Society, 15,* 862–867.

Bryant, R. A., Friedman, M. J., Spiegel, D., Ursano, R. J., & Strain, J. J. (2011). A review of acute stress disorder in DSM-5. *Depression and Anxiety, 28,* 802–817.

Bryant, R. A., & Harvey, A. G. (2000). *Acute stress disorder: A handbook of theory, assessment, and treatment.* Washington, DC: American Psychological Association.

Bryant, R. A., & Harvey, A. G. (2002). Delayed-onset posttraumatic stress disorder: A prospective evaluation. *Australian and New Zealand Journal of Psychiatry, 36,* 205–209.

Bryant, R. A., Harvey, A. G., Dang, S. T., & Sackville, T. (1998). Assessing acute stress disorder: Psychometric properties of a structured clinical interview. *Psychological Assessment, 10,* 215–220.

Bryant, R. A., Moulds, L. M., & Nixon, R. V. D. (2003). Cognitive behaviour therapy of acute stress disorder: A four-year follow-up. *Behaviour Research and Therapy, 41,* 489–494.

Bryant, R. A., Sackville, T., Dang, S., Moulds, M., & Guthrie, R. (1999). Treating acute stress disorder: An evaluation of cognitive behavior therapy and counseling techniques. *American Journal of Psychiatry, 156,* 1780–1786.

Buchanan, T. W., Karafin, M. S., & Adolphs, R. (2003). Selective effects of triazolam on memory for emotional, relative to neutral, stimuli: Differential effects on gist versus detail. *Behavioral Neuroscience, 117,* 517–525.

Bureau, J.-F., Martin, J., & Lyons-Ruth, K. (2010). Inadequate early caregiving and psychopathology. In R. Lanius & E. Vermetten (Eds), *The hidden epidemic: The impact of early life trauma on health and disease* (pp. 48–56). Cambridge, UK: Cambridge University Press.

Burns, J. K., Jhazbhay, K., Esterhuizen, T., & Emsley, R. (2011). Exposure to trauma and the clinical presentation of first-episode psychosis in South Africa. *Journal of Psychiatric Research, 45,* 179–184.

Burt, M. R. (1980). Cultural myths and support for rape. *Journal of Personality and Social Psychology, 38*, 217–230.

Burt, V. K., Suri, R., Altshuler, L., Stowe, Z., Hendrick, V. C., & Muntean, E. (2001). The use of psychotropic medications during breast-feeding. *American Journal of Psychiatry, 158*, 1001–1009.

Butcher, J. N., Dahlstrom, W. G., Graham, J. R., Tellegen, A., & Kaemmer, B. (1989). *Minnesota Multiphasic Personality Inventory (MMPI-2): Manual for administration and scoring.* Minneapolis: University of Minnesota Press.

Butcher, J. N., Williams, C. L., Graham, J. R., Archer, R. P., Tellegen, A., Ben-Porath, Y. S., & Kaemmer, B. (1992). *MMPI-A (Minnesota Multiphasic Personality Inventory–Adolescent): Manual for administration, scoring, and interpretation.* Minneapolis: University of Minnesota Press.

Butterfield, M. I., Becker, M. E., Connor, K. M., Sutherland, S., Churchill, L. E., & Davidson, J. R. (2001). Olanzapine in the treatment of post-traumatic stress disorder: A pilot study. *International Clinical Psychopharmacology, 16*, 197–203.

Byers, M. G., Allison, K. M., Wendel, C. S., & Lee, J. K. (2010). Prazosin versus quetiapine for nighttime posttraumatic stress disorder symptoms in veterans: An assessment of long-term comparative effectiveness and safety. *Journal of Clinical Psychopharmacology, 30*, 225–229.

Cahill, S. P., Rothbaum, B. O., Resick, P. A., & Follette, V. M. (2009). Cognitive behavioral therapy for adults. In E. B. Foa, T. M. Keane, M. J. Friedman, & J. A. Cohen (Eds.), *Effective treatments for PTSD: Practice guidelines from the International Society for Traumatic Stress Studies* (pp. 139–222). New York, NY: Guilford.

Campagne, D. M. (2007). Fact: Antidepressants and anxiolytics are not safe during pregnancy. *European Journal of Obstetrics & Gynecology and Reproductive Biology, 135*, 145–148.

Campbell, J. C. (2002). Health consequences of intimate partner violence. *Lancet, 359*, 1331–1336.

Campbell, J. C., & Lewandowski, L. A. (1997). Mental and physical health effects of intimate partner violence on women and children. *Psychiatric Clinics of North America, 20*, 353–374.

Campbell, J. C., & Soeken, K. L. (1999). Forced sex and intimate partner violence: Effects on women's risk and women's health. *Violence Against Women, 5*, 1017–1035.

Canive, J. M., Clark, R. D., Calais, L. A., Qualls, C., & Tuason, V. B. (1998). Bupropion treatment in veterans with posttraumatic stress disorder: An open study. *Journal of Clinical Psychopharmacology, 18*, 379–383.

Cardenas, V. A., Samuelson, K., Lenoci, M., Studholme, C., Neylan, T. C., Marmar, C. R., . . . Weiner, M. W. (2011). Changes in brain anatomy during the course of posttraumatic stress disorder. *Psychiatry Research, 192*, 93–100.

Carleton, R. N., Peluso, D. L., Collimore, K. C., & Asmundson, G. J. G. (2011). Social anxiety and posttraumatic stress symptoms: The impact of distressing social events. *Journal of Anxiety Disorders, 25*, 49–57.

Carlson, E. A. (1998). A prospective longitudinal study of attachment disorganization/disorientation. *Child Development, 69,* 1107–1128.

Carlson, E. B. (1997). *Trauma assessments: A clinician's guide.* New York, NY: Guilford.

Carlson, E. B., & Dalenberg, C. J. (2000). A conceptual framework for the impact of traumatic experiences. *Trauma, Violence, and Abuse: A Review Journal, 1,* 4–28.

Carlson, E. B., Putnam, F. W., Ross, C. A., Torem, M., Coons, P., Dill, D. L., . . . Braun, B. G. (1993). Validity of the Dissociative Experiences Scale in screening for multiple personality disorder: A multicenter study. *American Journal of Psychiatry, 150,* 1030–1036.

Carrión, V. G., & Steiner, H. (2000). Trauma and dissociation in delinquent adolescents. *Journal of the American Academy of Child & Adolescent Psychiatry, 39,* 353–359.

Carter, R. T. (2007). Racism and psychological and emotional injury: Recognizing and assessing race-based traumatic stress. *Counseling Psychologist, 35,* 13–105.

Carter, R. T., & Forsyth, J. (2010). Reactions to racial discrimination: Emotional stress and help-seeking behaviors. *Psychological Trauma: Theory, Research, Practice, and Policy, 2,* 183–191.

Cassidy, J., & Mohr, J. J. (2001). Unsolvable fear, trauma, and psychopathology. *Clinical Psychology: Science and Practice, 8,* 275–298.

Cassidy, J., & Shaver, P. R. (Eds). (1999). *Handbook of attachment: Theory, research, and clinical applications.* New York, NY: Guilford.

Cassidy, J., & Shaver, P. R. (Eds.). (2010). *Handbook of attachment: Theory, research, and clinical applications* (2nd ed.). New York, NY: Guilford.

Cates, M. E., Bishop, M. H., Davis, L. L., Lowe, J. S., & Woolley, T. W. (2004). Clonazepam for treatment of sleep disturbances associated with combat-related posttraumatic stress disorder. *Annals of Pharmacotherapy, 38,* 1395–1399.

Chang, J. C., Cluss, P. A., Burke, J. G., Hawker, L., Dado, D., Goldstrohm, S., & Scholle, S. H. (2011). Partner violence screening in mental health. *General Hospital Psychiatry, 33,* 58–65.

Chard, K. M., Weaver, T. L., & Resick, P. A. (1997). Adapting cognitive processing therapy for child sexual abuse survivors. *Cognitive and Behavioral Practice, 4,* 31–52.

Chew, E., & Zafonte, R. D. (2009). Pharmacological management of neurobehavioral disorders following traumatic brain injury: A state-of-the-art review. *Journal of Rehabilitation Research and Development,46,* 851–879.

Chilcoat, H. D., & Breslau, N. (1998). Investigations of causal pathways between PTSD and drug use disorders. *Addictive Behaviors, 23,* 827–840.

Chödrön, P. (2000). *When things fall apart: Heart advice for difficult times.* Boston, MA: Shambhala Classics.

Chu, J. A. (1988). Ten traps for therapists in the treatment of trauma survivors. *Dissociation: Progress in the Dissociative Disorders, 1,* 24–32.

Chu, J. A. (2011). *Rebuilding shattered lives: Treating complex PTSD and dissociative disorders* (2nd ed.). Hoboken, NJ: Wiley.

Chung, M. Y., Min, K. H., Jun, Y. J., Kin, S. S., Kin, W. C., & Jun, E. M. (2004). Efficacy and tolerability of mirtazapine and sertraline in Korean veterans with posttraumatic stress disorder: A randomized open label trial. *Human Psychopharmacology, 19,* 489–494.

Cioffi, D., & Holloway, J. (1993). Delayed costs of suppressed pain. *Journal of Personality and Social Psychology, 64,* 274–282.

Cisler, J. M., Amstadter, A. B., Begle, A. M., Resnick, H. S., Danielson, C. K., Saunders, B. E., & Kilpatrick, D. G. (2011). A prospective examination of the relationships between PTSD, exposure to assaultive violence, and cigarette smoking among a national sample of adolescents. *Addictive Behaviors, 36,* 994–1000.

Clark, D. M., Ball, S., & Pape, D. (1991). An experimental investigation of thought suppression. *Behaviour Research and Therapy, 29,* 253–257.

Clark, R. D., Canive, J. M., Calais, L. A., Qualls, C. R., & Tuason, V. B. (1999). Divalproex in posttraumatic stress disorder: An open-label clinical trial. *Journal of Traumatic Stress, 12,* 395–401.

Classen, C. C., Nevo, R., Koopman, C., Nevill-Manning, K., Gore-Felton, C., Rose, D. S., & Spiegel, D. (2002). Recent stressful life events, sexual revictimization, and their relationship with traumatic stress symptoms among women sexually abused in childhood. *Journal of Interpersonal Violence, 17,* 1274–1290.

Classen, C. C., Palesh, O. G., & Aggarwal, R. (2005). Sexual revictimization: A review of the empirical literature. *Trauma, Violence, and Abuse: A Review Journal, 6,* 103–129.

Cloitre, M., Courtois, C. A., Charuvastra, A., Carapezza, R., Stolbach, B. C., & Green, B. J. (2011). Treatment of complex PTSD: Results of the ISTSS Expert Clinician Survey on Best Practices. *Journal of Traumatic Stress, 24,* 615–627.

Cloitre, M., Koenen, K. C., Cohen, L. R., & Han, H. (2002). Skills training in affective and interpersonal regulation followed by exposure: A phase-based treatment for PTSD related to childhood abuse. *Journal of Consulting and Clinical Psychology, 70,* 1067–1074.

Cloitre, M., Stovall-McClough, K. C., Miranda, R., & Chemtob, C. M. (2004). Therapeutic alliance, negative mood regulation, and treatment outcome in child abuse-related posttraumatic stress disorder. *Journal of Consulting and Clinical Psychology, 72,* 411–416.

Cloitre, M., Stovall-McClough, K. C., Nooner, K., Zorbas, P., Cherry, S., Jackson, C. L., & Petkova, E. (2010). Treatment for PTSD related to childhood abuse: A randomized controlled trial. *American Journal of Psychiatry, 167,* 915–924.

Cochran, S. V. (2005). Evidence-based assessment with men. *Journal of Clinical Psychology, 61,* 649–660.

Coe, M. T., Dalenberg, C. J., Aransky, K. M., & Reto, C. S. (1995). Adult attachment style, reported childhood violence history and types of dissociative experiences. *Dissociation: Progress in the Dissociative Disorders, 8,* 142–154.

Coelho, H. F., Canter, P. H., & Ernst, E. (2007). Mindfulness-based cognitive therapy: Evaluating current evidence and informing future research. *Journal of Consulting and Clinical Psychology, 75,* 1000–1005.

Coffey, S. F., Dansky, B. S., & Brady, K. T. (2003). Exposure-based, trauma-focused therapy for comorbid posttraumatic stress disorder-substance use disorder. In P. Ouimette & P. J. Brown (Eds.), *Trauma and substance abuse: Causes, consequences, and treatment of comorbid disorders* (pp. 127–146). Washington, DC: American Psychological Association.

Cohen L. R., & Hien D. A. (2006). Treatment outcomes for women with substance abuse and PTSD who have experienced complex trauma. *Psychiatric Services, 57,* 100–106.

Cohen, L. S., Nonacs, R., Viguera, A. C., & Reminick, A. (2004). Diagnosis and treatment of depression during pregnancy. *CNS Spectrums, 9,* 209–216.

Coker, A. L., Smith, P. H., Thompson, M. P., McKeown, R. E., Bethea, L., & Davis, K. E. (2002). Social support protects against the negative effects of partner violence on mental health. *Journal of Women's Health and Gender-Based Medicine, 11,* 465–476.

Cole, P. M., & Putnam, F. W. (1992). Effect of incest on self and social functioning: A developmental psychopathology perspective. *Journal of Consulting and Clinical Psychology, 60,* 174–184.

Connor, K. M., Davidson, J. R. T., & Lee, L. C. (2003). Spirituality, resilience, and anger in survivors of violent trauma: A community survey. *Journal of Traumatic Stress, 16,* 487–494.

Connor, K. M., Davidson, J. R., Weisler, R. H., Zhang, W., & Abraham, K. (2006). Tiagabine for posttraumatic stress disorder: Effects of open-label and double-blind discontinuation treatment. *Psychopharmacology, 184,* 21–25.

Connor, K. M., Sutherland, S. M., Tupler, L. A., Malik, M. L., & Davidson, J. R. (1999). Fluoxetine in post-traumatic stress disorder: Randomised, double-blind study. *British Journal of Psychiatry, 175,* 17–22.

Cook, A., Spinazzola, J., Ford, J., Lanktree, C., Blaustein, M., Cloitre, M., . . . van der Kolk, B. (2005). Complex trauma in children and adolescents. *Psychiatric Annals, 35,* 390–398.

Cooper, B. S., Kennedy, M. A., & Yuille, J. C. (2001). Dissociation and sexual trauma in prostitutes: Variability of responses. *Journal of Trauma and Dissociation, 2,* 27–36.

Correll, C. U., Leucht, S., & Kane, J. M. (2004). Lower risk for tardive dyskinesia associated with second-generation antipsychotics: A systematic review of 1-year studies. *American Journal of Psychiatry, 161,* 414–425.

Corry, N., Klick, B., & Fauerbach, J. (2010). Posttraumatic stress disorder and pain impact functioning and disability after major burn injury. *Journal of Burn Care & Research, 31*(1), 13–25.

Cottler, L. B., Compton, W. M., Mager, D., Spitznagel, E. L., & Janka, A. (1992). Posttraumatic stress disorder among substance users from the general population. *American Journal of Psychiatry, 149,* 664–670.

Cougle, J. R., Feldner, M. T., Keough, M. E., Hawkins, K. A., & Fitch, K. E. (2010). Comorbid panic attacks among individuals with posttraumatic stress disorder: Associations with traumatic event exposure history, symptoms, and impairment. *Journal of Anxiety Disorders, 24,* 183–188.

Cougle, J. R., Timpano, K. R., Sachs-Ericsson, N., Keough, M. E., & Riccardi, C. J. (2010). Examining the unique relationships between anxiety disorders and childhood physical and sexual abuse in the National Comorbidity Survey-Replication. *Psychiatry Research, 177,* 150–155.

Coupland, N. J., Bell, C. J., & Potokar, J. P. (1996). Serotonin reuptake inhibitor withdrawal. *Journal of Clinical Psychopharmacology, 16,* 356–362.

Courtois, C. A. (2004). Complex trauma, complex reactions: Assessment and treatment. *Psychotherapy: Theory, Research, Practice, and Training, 41,* 412–425.

Courtois, C. A. (2010). *Healing the incest wound: Adult survivors in therapy* (2nd ed.). New York, NY: W. W. Norton.

Courtois, C. A., & Ford, J. D. (Eds.). (2009). *Treating complex traumatic stress disorders: An evidence-based guide.* New York, NY: Guilford.

Courtois, C. A., & Ford, J. D. (2013). *Relational integrated treatment of complex trauma: A practical guide for therapists.* New York, NY: Guilford.

Courtois, C. A., Ford, J. D., & Cloitre, M. (2009). Best practices in psychotherapy for adults. In C. A. Courtois & J. D. Ford (Eds.), *Treating complex traumatic stress disorders: An evidence based guide* (pp. 82–103). New York, NY: Guilford.

Currier, G., & Briere, J. (2000). Trauma orientation and detection of violence histories in the psychiatric emergency service. *Journal of Nervous and Mental Disease, 188,* 622–624.

Curry, M. A., Perrin, N., & Wall, E. (1998). Effects of abuse on maternal complications and birth weight in adult and adolescent women. *Obstetrics & Gynecology, 92,* 530–534.

Dalai Lama, & Goleman, D. (2003). *Destructive emotions: How can we overcome them? A scientific dialogue with the Dalai Lama.* New York, NY: Bantam Books.

Dalenberg, C. J. (2000). *Countertransference and the treatment of trauma.* Washington, DC: American Psychological Association.

Dalgleish, T., Meiser-Stedman, R., Kassam-Adams, N., Ehlers, A., Winston, F., Smith, P., . . . Yule, W. (2008). Predictive validity of acute stress disorder in children and adolescents. *British Journal of Psychiatry, 192,* 392–393.

David, D., De Faria, L., & Mellman, T. A. (2006). Adjunctive risperidone treatment and sleep symptoms in combat veterans with chronic PTSD. *Depression and Anxiety, 23,* 489–491.

David, D., Kutcher, G. S., Jackson, E. I., & Mellman, T. A. (1999). Psychotic symptoms in combat-related posttraumatic stress disorder. *Journal of Clinical Psychiatry, 60*, 29–32.

Davidson, J. R., Brady, K., Mellman, T. A., Stein, M. B., & Pollack, M. H. (2007). The efficacy and tolerability of tiagabine in adult patients with post-traumatic stress disorder. *Journal of Clinical Psychopharmacology, 27*, 85–88.

Davidson, J. R., Connor, K. M., Hertzberg, M. A., Weisler, R. H., Wilson, W. H., & Payne, V. M. (2005). Maintenance therapy with fluoxetine in posttraumatic stress disorder: A placebo-controlled discontinuation study. *Journal of Clinical Psychopharmacology, 25*, 166–169.

Davidson, J. R., Crawford, C., Ives, J. A., & Jonas, W. B. (2011). Homeopathic treatments in psychiatry: A systematic review of randomized placebo-controlled studies. *Journal of Clinical Psychiatry, 72*, 795–805.

Davidson, J. R. T. (1994). Issues in the diagnosis of posttraumatic stress disorder. In R. S. Pynoos (Ed.), *Posttraumatic stress disorder: A clinical review* (pp. 1–15). Lutherville, MD: Sidran.

Davidson, J. R. T. (2004). Long-term treatment and prevention of posttraumatic stress disorder. *Journal of Clinical Psychiatry, 65*, 44–48.

Davidson, J. R. T., Book, S. W., Colket, J. T., Tupler, L. A., Roth, S. H., David, D., . . . Feldman, M. E. (1997). Assessment of a new self-rating scale for posttraumatic stress disorder. *Psychological Medicine, 27*, 153–160.

Davidson, J. R. T., Rampes, H., Eisen, M., Fisher, P., Smith, R. D., & Malik, M. (1998). Psychiatric disorders in primary care patients receiving complementary medical treatments. *Comprehensive Psychiatry, 39*, 16–20.

Davidson, J. R. T., Rothbaum, B. O., van der Kolk, B. A., Sikes, C. R., & Farfel, G. M. (2001). Multi-center, double-blind comparison of sertraline and placebo in the treatment of posttraumatic stress disorder. *Archives of General Psychiatry, 58*, 485–492.

Davidson, J. R. T., Weisler, R. H., Butterfield, M. I., Casat, D. C., Connor, K. M., Barnett, S., & Van Meter, S. (2003). Mirtazapine vs. placebo in posttraumatic stress disorder: A pilot trial. *Biological Psychiatry, 53*, 188–191.

Davidson, P. R., & Parker, K. C. H. (2001). Eye movement desensitization and reprocessing (EMDR): A meta-analysis. *Journal of Consulting and Clinical Psychology, 69*, 305–316.

Davis, L. L., Nugent, A. L., Murray, J., Kramer, G. L., & Petty, F. (2000). Nefazodone treatment for chronic posttraumatic stress disorder: An open trial. *Journal of Clinical Psychopharmacology, 20*, 159–164.

Davydow, D., Katon, W., & Zatzick, D. (2009). Psychiatric morbidity and functional impairments in survivors of burns, traumatic injuries, and ICU stays for other critical illnesses: A review of the literature. *International Review of Psychiatry, 21*, 531–538.

De Bellis, M. D., Baum, A. S., Birmaher, B., Keshavan, M. S., Eccard, C. H., Boring, A. M., . . . & Ryan, N. D. (1999). Developmental traumatology, Part I: Biological stress systems. *Biological Psychiatry, 45,* 1259–1270.

Deckersbach, T., Hölzel, B. K., Eisner, L. R., Stange, J. P., Peckham, A. D., Dougherty, D. D., & Nierenberg, A. A. (2011). Mindfulness-based cognitive therapy for nonremitted patients with bipolar disorder. *CNS Neuroscience & Therapeutics, 18,* 133–141.

de Kloet, C. S., Vermetten, E., Heijnen, C. J., Geuze, E., Lentjes, E. G., & Westenberg H. G. (2007). Enhanced cortisol suppression in response to dexamethasone administration in traumatized veterans with and without posttraumatic stress disorder. *Psychoneuroendocrinology, 32,* 215–226.

Del Gaizo, A. L., Elhai, J. D., & Weaver, T. L. (2011). Posttraumatic stress disorder, poor physical health and substance use behaviors in a national trauma-exposed sample. *Psychiatry Research, 188,* 390–395.

Dell, P. F. (2006). The Multidimensional Inventory of Dissociation (MID): A comprehensive measure of pathological dissociation. *Journal of Trauma and Dissociation, 7,* 77–106.

Department of Veterans Affairs & Department of Defense. (2010). *VA/DoD clinical practice guideline for management of post-traumatic stress.* Retrieved from http://www.healthquality.va.gov/ptsd/PTSD-FULL-2010a.pdf

DePrince, A. P., Combs, M. D., & Shanahan, M. (2009). Automatic relationship–harm associations and interpersonal trauma involving close others. *Psychology of Women Quarterly, 33,* 163–171.

Derogatis, L. R. (1983). *SCL-90-R administration, scoring, and procedures manual II for the revised version* (2nd ed.). Towson, MD: Clinical Psychometrics Research.

Descilo, T., Vedamurtachar, A., Gerbarg, P. L., Nagaraja, D., Gangadhar, B. N., Damodaran, B., . . . Brown, R. P. (2009). Effects of a yoga breath intervention alone and in combination with an exposure therapy for post-traumatic stress disorder and depression in survivors of the 2004 South-East Asia tsunami. *Acta Psychiatrica Scandinavica, 121,* 289–300.

Dias, C. P., & Jones, J. (2004, April). *Propranolol in the treatment of hyperarousal symptoms in posttraumatic stress disorder.* Paper presented at the West Coast Colleges of Biological Psychiatry, Pasadena, CA.

Dieperink, M. E., & Drogemuller, L. (1999). Zolpidem for insomnia related to PTSD. *Psychiatric Services, 50,* 421.

Dietrich, A. M. (2007). Childhood maltreatment and revictimization: The role of affect dysregulation, interpersonal relatedness difficulties and posttraumatic stress disorder. *Journal of Trauma and Dissociation, 8,* 25–51.

Difede, J., Cukor, J., Lee, F., & Yurt, R. (2009). Treatments for common psychiatric conditions among adults during acute, rehabilitation, and reintegration phases. *International Review of Psychiatry, 21,* 559–569.

Difede, J., Ptacek, J. T., Roberts, J., Barocas, D., Rives, W., Apfeldorf, W., & Yurt, R. (2002). Acute stress disorder after burn injury: A predictor of posttraumatic stress disorder? *Psychosomatic Medicine, 64,* 826–834.

DiGrande, L., Neria, Y., Brackbill, R. M., Pulliam, P., & Galea, S. (2010). Long-term posttraumatic stress symptoms among 3,271 civilian survivors of the September 11, 2001, terrorist attacks on the World Trade Center. *American Journal of Epidemiology, 173,* 271–281.

Dobie, D. J., Kivlahan, D. R., Maynard, C., Bush, K. R., Davis, T. M., & Bradley, K. A. (2004). Posttraumatic stress disorder in female veterans: Association with self-reported health problems and functional impairment. *Archives of Internal Medicine, 164,* 394–400.

Donnelly, C. L., Amaya-Jackson, L., & March, J. S. (1999). Psychopharmacology of pediatric posttraumatic stress disorder. *Journal of Child and Adolescent Psychopharmacology, 9,* 203–220.

Drescher, K. D., Foy, D. W., Kelly, C., Leshner, A., Schutz, K., & Litz, B. (2011). An exploration of the viability and usefulness of the construct of moral injury in war veterans. *Traumatology, 17,* 8–13.

Duckworth, M. P., & Follette, V. M. (2011). *Retraumatization: Assessment, treatment, and prevention.* New York, NY: Routledge.

Du Mont, J., Macdonald, S., Rotbard, N., Asllani, E., Bainbridge, D., & Cohen, M. M. (2009). Factors associated with suspected drug-facilitated sexual assault. *Canadian Medical Association Journal, 180,* 513–519.

Duran, E., & Duran, B. (1995). *Native American postcolonial psychology.* Albany: State University of New York Press.

Dutra, L., Callahan, K., Forman, E., Mendelsohn, M., & Herman, J. (2008). Core schemas and suicidality in a chronically traumatized population. *Journal of Nervous and Mental Disease, 196,* 71–74.

Dyster-Aas, J., Willebrand, M., Wikehult, B., Gerdin, B., & Ekselius, L. (2008). Major depression and posttraumatic stress disorder symptoms following severe burn injury in relation to lifetime psychiatric morbidity. *Journal of Trauma Injury, Infection & Critical Care, 64,* 1349–1356.

Echeburúa, E., De Corral, P., Sarasua, B., & Zubizarreta, I. (1996). Treatment of acute posttraumatic stress disorder in rape victims: An experimental study. *Journal of Anxiety Disorders, 10,* 185–199.

Ehlers, A., Bisson, J., Clark, D. M., Creamer, M., Pilling, S., Richards, D., . . . Yule, W. (2010). Do all psychological treatments really work the same in posttraumatic stress disorder? *Clinical Psychology Review, 30,* 269–276.

Ehlers, A., Clark, D. M., Hackman, A., McManus, F., Fennell, M., Herbert, C., & Mayou, R. A. (2003). A randomized controlled trial of cognitive therapy, self-help, and repeated assessment as early interventions for PTSD. *Archives of General Psychiatry, 60,* 1024–1032.

Ehlert, U., Gaab, J., & Heinrichs, M. (2001). Psychoneuroendocrinological contribu-tions to the etiology of depression, posttraumatic stress disorder, and stress-related bodily disorders: The role of the hypothalamus-pituitary-adrenal axis. *Biological Psychology, 57,* 141–152.

Ehring, T., Ehlers, A., Cleare, A. J., & Glucksman, E. (2008). Do acute psychological and psychobiological responses to trauma predict subsequent symptom severities of PTSD and depression? *Psychiatry Research, 161*(1), 67–75.

Ehrlich, C., & Briere, J. (2002). The Psychological Trauma Clinic at Los Angeles County-USC Medical Center. *Los Angeles Psychologist, 16,* 12–13.

Elhai, J. D., & Palmieri, P. A. (2011). The factor structure of posttraumatic stress dis-order: A literature update, critique of methodology, and agenda for future research. *Journal of Anxiety Disorders, 25,* 849–854.

Elklit, A., Armour, C., & Shevlin, M. (2010). Testing alternative factor models of PTSD and the robustness of the dysphoria factor. *Journal of Anxiety Disorders, 24,* 147–154.

Elklit, A., & Brink, O. (2004). Acute stress disorder as a predictor of post-traumatic stress disorder in physical assault victims. *Journal of Interpersonal Violence, 19,* 709–726.

Elliott, D. M. (1994). Impaired object relationships in professional women molested as children. *Psychotherapy, 31,* 79–86.

Elliott, D. M. (1997). Traumatic events: Prevalence and delayed recall in the general population. *Journal of Consulting and Clinical Psychology, 65,* 811–820.

Elliott, D. M., & Briere, J. (1992). Sexual abuse trauma among professional women: Validating the Trauma Symptom Checklist40 (TSC40). *Child Abuse & Neglect: The International Journal, 16,* 391–398.

Elliott, D. M., & Briere, J. (1995). Posttraumatic stress associated with delayed recall of sexual abuse: A general population study. *Journal of Traumatic Stress, 8,* 629–647.

Elliott, D. M., & Briere, J. (2003). *Prevalence and symptomatic sequelae of physical and sexual domestic violence in a general population sample of women.* Unpublished manuscript, University of Southern California, Los Angeles, CA.

Elliott, D. M., Mok, D., & Briere, J. (2004). Adult sexual assault: Prevalence, symp-tomatology, and sex differences. *Journal of Traumatic Stress, 17,* 203–211.

Elwood, L. A., Smith, D. W., Resnick, H. S., Gudmundsdottir, B., Amstadter, A. B., Hanson, R. F., . . . Kilpatrick, D. G. (2011). Predictors of rape: Findings from the National Survey of Adolescents. *Journal of Traumatic Stress, 24,* 166–173.

EMDR Institute. (2011a). *EMDR evaluated clinical applications.* Retrieved from http://www.emdr.com/general-information/clinical-applications.html

EMDR Institute. (2011b). What is EMDR? Retrieved from http://www.emdr.com/general-information/what-is-emdr.html

Emerson, D., & Hopper, E. (2011). *Overcoming trauma through yoga: Reclaiming your body*. Berkeley, CA: North Atlantic Books.

English, B. A., Jewell, M., Jewell, G., Ambrose, S., & Davis, L. L. (2006). Treatment of chronic posttraumatic stress disorder in combat veterans with citalopram: An open trial. *Journal of Clinical Psychopharmacology, 26*, 84–88.

Epstein, M. (2008). *Psychotherapy without the self: A Buddhist perspective*. New Haven, CT: Yale University Press.

Epstein, R. S., Fullerton, C. S., & Ursano, R. J. (1998). Posttraumatic stress disorder following an air disaster: A prospective study. *American Journal of Psychiatry, 155*, 934–938.

Erickson, M. F., & Egeland, B. (2011). Child neglect: The invisible assault. In J. E. B. Myers (Ed.), *The handbook of child maltreatment* (3rd ed.), (pp. 103–124). Thousand Oaks, CA: Sage.

Evans, S., Ferrando, S., Findler, M., Stowell, C., Smart, C., & Haglin, D. (2008). Mindfulness based cognitive therapy for generalized anxiety disorder. *Journal of Anxiety Disorders, 22*, 716–721.

Expert Consensus Guideline Series. (1999). Treatment for posttraumatic stress disorder: The Expert Consensus Panels for PTSD. *Journal of Clinical Psychiatry, 60*(Suppl. 16), 3–76.

Eytan, A., Guthmiller, A., Durieux-Paillard, S., Loutan, L., & Gex-Fabry, M. (2011). Mental and physical health of Kosovar Albanians in their place of origin: A post-war 6-year follow-up study. *Social Psychiatry and Psychiatric Epidemiology, 46*, 953–963.

Falsetti, S. A., & Resnick, H. S. (1997). Frequency and severity of panic attack symptoms in a treatment seeking sample of trauma victims. *Journal of Traumatic Stress, 10*, 683–689.

Famularo, R., Kinscherff, R., & Fenton, T. (1988). Propranolol treatment for childhood PTSD acute type. *American Disorders of Childhood 142*, 1244–1247.

Fann, J. R., Hart, T., & Schomer, K. G. (2009). Treatment for depression after traumatic brain injury: A systematic review. *Journal of Neurotrauma, 26*, 2383–2402.

Fann J. R., Uomoto, J. M., & Katon, W. J. (2001). Cognitive improvement with treatment of depression following mild traumatic brain injury. *Psychosomatics. 42*, 48.

Farber, B. A., & Hall, D. (2002). Disclosure to therapists: What is and is not discussed in psychotherapy. *Journal of Clinical Psychology, 58*, 359–370.

Farley, M. (Ed.). (2003). *Prostitution, trafficking, and traumatic stress*. Binghamton, NY: Hayworth.

Farley, M. (2004). "Bad for the body, bad for the heart": Prostitution harms women even if legalized or decriminalized. *Violence Against Women, 10*, 1087–1125.

Fauerbach, J., Lawrence, J., Fogel, J., Richter, L., Magyar-Russell, G., McKibben, J., & McCann, U. (2009). Approach-avoidance coping conflict in a sample of burn patients at risk for posttraumatic stress disorder. *Depression and Anxiety, 26*, 838–850.

Fauerbach, J. A., McKibben, J. B. A., Bienvenu, O. J., Magyar-Russell, G., Smith, M. T., Holavanahalli, R., . . . Lezotte, D. (2007). Psychological distress after major burn injury. *Psychosomatic Medicine, 69*, 473–482.

Fauerbach, J. A., Richter, L., & Lawrence, J. W. (2002). Regulating acute posttrauma distress. *Journal of Burn Care and Rehabilitation, 23*, 249–257.

Federal Bureau of Investigation. (2010). *Crime in the United States by volume and rate per 100,000 inhabitants,* 1991–2010. Retrieved from http://www.fbi.gov/about-us/cjis/ucr/crime-in-the-u.s/2010/crime-in-the-u.s.-2010/tables/10tbl01.xls

Fennema-Notestine, C., Stein, M. B., Kennedy, C. M., Archibald, S. L., & Jernigan, T. L. (2002). Brain morphometry in female victims of intimate partner violence with and without posttraumatic stress disorder. *Biological Psychiatry, 51*, 1089–1101.

Feuer, C., Jefferson, D. L., & Resick, P. A. (2002). Post-traumatic stress disorder. In J. Worell (Ed.), *Encyclopedia of gender* (pp. 827–836). San Diego, CA: Academic Press.

Finkelhor, D., Hotaling, G., Lewis, I. A., & Smith, C. (1990). Sexual abuse in a national survey of adult men and women: Prevalence, characteristics, and risk factors. *Child Abuse and Neglect, 14*, 19–28.

Finkelhor, D., Ormrod, R. K., Turner, H. A., & Hamby, S. L. (2005). Measuring poly-victimization using the JVQ. *Child Abuse & Neglect, 29*, 1297–1312.

Finkelhor, D., & Yllö, K. (1985). *License to rape: Sexual abuse of wives.* New York, NY: Holt, Rinehart & Winston.

Fitzgerald, S. G., & Gonzalez, E. (1994). Dissociative states induced by relaxation training in a PTSD combat veteran: Failure to identify trigger mechanisms. *Journal of Traumatic Stress, 7*, 111–115.

Foa, E. B. (1995). *Posttraumatic Stress Diagnostic Scale.* Minneapolis, MN: National Computer Systems.

Foa, E. B., Ehlers, A., Clark, D., Tolin, D. F., & Orsillo, S. M. (1999). The Posttraumatic Cognitions Inventory (PTCI): Development and validation. *Psychological Assessment, 11*, 303–314.

Foa, E. B., Hearst-Ikeda, D., & Perry, K. J. (1995). Evaluation of a brief cognitive-behavioral program for the prevention of chronic PTSD in recent assault victims. *Journal of Consulting and Clinical Psychology, 63*, 948–955.

Foa, E. B., Hembree, E. A., & Rothbaum, B. O. (2007). *Prolonged exposure therapy for PTSD: Emotional processing of traumatic experiences: Therapist guide.* New York, NY: Oxford University Press.

Foa, E. B., Huppert, J. D., & Cahill, S. P. (2006). Emotional processing theory: An update. In B. O. Rothbaum (Ed.), *Pathological anxiety: Emotional processing in etiology and treatment* (pp. 3–24). New York, NY: Guilford.

Foa, E. B., Keane, T. M., & Friedman, M. J. (Ed.). (2000). *Effective treatments for PTSD: Practice guidelines from the International Society of Traumatic Stress Studies.* New York, NY: Guilford.

Foa, E. B., Keane, T. M., Friedman, M. J., & Cohen, J. A. (2009). *Effective treatments for PTSD: Practice guidelines of the International Society for Traumatic Stress Studies* (2nd ed). New York, NY: Guilford.

Foa, E. B., & Kozak, M. J. (1986). Emotional processing of fear: Exposure to corrective information. *Psychological Bulletin, 99,* 20–35.

Foa, E. B., Molnar, C., & Cashman, L. (1995). Changes in rape narrative during exposure therapy for posttraumatic stress disorder. *Journal of Traumatic Stress, 8,* 675–690.

Foa, E. B., & Rothbaum, B. O. (1998). *Treating the trauma of rape: Cognitive-behavioral therapy for PTSD.* New York, NY: Guilford.

Foa, E. B., Zinbarg, R., & Rothbaum, B. O. (1992). Uncontrollability and unpredictability in post-traumatic stress disorder: Experimental evidence. *Psychological Bulletin, 112,* 218–238.

Follette, V. M., Palm, K. M., & Hall, M. L. R. (2004). Acceptance, mindfulness, and trauma. In S. C. Hayes, V. M. Follette, & M. M. Linehan (Eds.), *Mindfulness and acceptance: Expanding the cognitive-behavioral tradition* (pp. 192–208). New York, NY: Guilford.

Follette, V. M., & Pistorello, J. (2007). *Finding life beyond trauma: Using Acceptance and Commitment Therapy to heal from posttraumatic stress and trauma related problems.* Oakland, CA: New Harbinger.

Follette, V. M., Polusny, M. A., Bechtle, A., & Naugle, A. (1996). Cumulative trauma: Impact of child sexual abuse, sexual assault, and spouse abuse. *Journal of Traumatic Stress, 9,* 25–35.

Follette, V. M., & Vijay, A. (2009). Mindfulness for trauma and posttraumatic stress disorder. In F. Didonna (Ed.), *Clinical handbook of mindfulness* (pp. 299–317). New York, NY: Springer.

Food and Drug Administration. (1980). *Federal Register, 44,* 37434–37467.

Food and Drug Administration. (2005). *Public health advisory: Paroxetine.* Retrieved from http://www.fda.gov/Drugs/DrugSafety/PostmarketDrugSafetyInformationfor PatientsandProviders/DrugSafetyInformationforHeathcareProfessionals/Public HealthAdvisories/default.htm

Ford, J. D., Connor, D. F., & Hawke, J. M. (2009). Complex trauma among psychiatrically impaired children: A cross-sectional, chart-review study. *Journal of Clinical Psychiatry, 79,* 1155–1163.

Ford, J. D., Courtois, C. A., Steele, K., van der Hart, O., & Nijenhuis, E. R. S. (2005). Treatment of complex postraumatic self-regulation. *Journal of Traumatic Stress, 18,* 437–447.

Foy, D. W., Resnick, H. S., Sipprelle, R. C., & Carroll, E. M. (1987). Premilitary, military, and postmilitary factors in the development of combat-related posttraumatic stress disorder. *Behavior Therapist, 10,* 3–9.

Frank, A. F., & Gunderson, J. G. (1990). The role of the therapeutic alliance in the treatment of schizophrenia. *Archives of General Psychiatry, 47,* 228–236.

Frank, J. B., Kosten, T. R., Giller, E. L., Jr., & Dan, E. (1988). A randomized clinical trial of phenelzine and imipramine for posttraumatic stress disorder. *American Journal of Psychiatry, 145,* 1289–2291.

Frayne, S. M., Seaver, M. R., Loveland, S., Christiansen, C. L., Spiro, A., Parker, V. A., & Skinner, K. M. (2004). Burden of medical illness in women with depression and posttraumatic stress disorder. *Archives of Internal Medicine, 164,* 1306–1312.

Freed, W. (2003). From duty to despair: Brothel prostitution in Cambodia. *Journal of Trauma Practice, 2,* 133–146.

Freedman, S. A., Gluck, N., Tuval-Mashiach, R., Brandes, D., Peri, T., & Shalev, A. Y. (2002). Gender differences in responses to traumatic events: A prospective study. *Journal of Traumatic Stress, 15,* 407–413.

Freedman, S. A., & Shalev, A. Y. (2000). Prospective studies of the recently traumatized. In A. Y. Shalev, R. Yehuda, & A. C. McFarlane (Eds.), *International handbook of human response to trauma* (pp. 249–261). New York, NY: Kluwer.

Friedman, M. J. (2000a). *Posttraumatic stress disorder.* Kansas City, MO: Compact Clinicals.

Friedman, M. J. (2000b). What might the psychobiology of posttraumatic stress disorder teach us about future approaches to pharmacotherapy? *Journal of Clinical Psychiatry, 61*(Suppl. 7), 44–51.

Friedman, M. J., Davidson, J. R., & Stein, D. J. (2009). Psychopharmacotherapy for adults. In E. B. Foa, T. M. Keane, M. J. Friedman, & J. A. Cohen (Eds.), *Effective treatments for PTSD: Practice guidelines from the International Society for Traumatic Stress Studies* (pp. 245–268). New York, NY: Guilford.

Friedman, M. J., & Jaranson, J. M. (1994). The applicability of the PTSD concept to refugees. In A. J. Marsella, T. H. Borneman, S. Ekblad, & J. Orley (Eds.), *Amid peril and pain: The mental health and well-being of the world's refugees* (pp. 207–228). Washington, DC: American Psychological Association.

Friedman M. J., Resick P. A., Bryant R. A., Brewin C. R. (2011). Considering PTSD for *DSM-5. Depression and Anxiety, 28,* 750–769.

Fullerton, C. S., Ursano, R. J., & Wang, L. (2004). Acute stress disorder, posttraumatic stress disorder, and depression in disaster or rescue workers. *American Journal of Psychiatry, 161,* 1370–1376.

Gal, G., Levav, I., & Gross, R. (2011). Psychopathology among adults abused during childhood or adolescence: Results from the Israel-based world mental health survey. *Journal of Nervous and Mental Disease, 199,* 222–229.

Galea, S., Ahern, J., Resnick, H. S., Kilpatrick, D. G., Bucuvalas, M. J., Gold, J., & Vlahov, D. (2002). Psychological sequelae of the September 11 terrorist attacks in New York City. *New England Journal of Medicine, 346,* 982–987.

Gelpin, E., Bonne, O., Peri, T., Brandes, D., & Shalev, A. Y. (1996). Treatment of recent trauma survivors with benzodiazepines: A prospective study. *Journal of Clinical Psychiatry, 57,* 390–394.

Gentile, S. (2010). Antipsychotic therapy during early and late pregnancy: A systematic review. *Schizophrenia Bulletin, 36,* 518–544.

Germer, C. K. (2005). Teaching mindfulness in therapy. In C. K. Germer, R. D. Siegel, & P. R. Fulton (Eds.), *Mindfulness and psychotherapy* (pp. 113–129). New York, NY: Guilford.

Germer, C. K. (2009). *The mindful path to self-compassion: Freeing yourself from destructive thoughts and emotions.* New York, NY: Guilford.

Germer, C. K., & Siegel, R. D. (Eds.). (2012) *Wisdom and compassion in psychother-apy.* New York, NY: Guilford.

Giaconia, R. M., Reinherz, H. Z., Silverman, A. B., & Pakiz, B. (1995). Traumas and posttraumatic stress disorder in a community population of older adolescents. *Journal of the American Academy of Child & Adolescent Psychiatry, 34,* 1369–1380.

Gilbert, J. (2009). Power and ethics in psychosocial counselling: Reflections on the experience of an international NGO providing services for Iraqi refugees in Jordan. *Intervention, 7,* 50–60.

Gilbert, P. (2009). Introducing compassion-focused therapy. *Advances in Psychiatric Treatment, 15,* 199–208.

Gilbertson, M. W., Shenton, M. E., Ciszewski, A., Kasai, K., Lasko, N. B., Orr, S. P., & Pitman, R. K. (2002). Smaller hippocampal volume predicts pathologic vulner-ability to psychological trauma. *Nature Neuroscience, 5,* 1242–1247.

Gilboa, D., Friedman, M., Tsur, H., & Fauerbach, J. A. (1994). The burn as a continu-ous traumatic stress: Implications for emotional treatment during hospitalization. *Journal of Burn Care and Rehabilitation, 15,* 86–94.

Gill, J., Vythilingam, M., & Page, G. C. (2008). Low cortisol, high DHEA, and high levels of stimulated TNF-alpha and IL-6 in women with PTSD. *Journal of Traumatic Stress, 21,* 530–539.

Ginzburg, K., & Solomon, Z. (2011). Trajectories of stress reactions and somatization symptoms among war veterans: A 20-year longitudinal study. *Psychological Medicine: A Journal of Research in Psychiatry and the Allied Sciences, 41,* 353–362.

Girard, T. D., Shintani, A. K., Jackson, J. C., Gordon, S. M., Pun, B. T., Henderson, M. S., . . . Ely, E. W. (2007). Risk factors for post-traumatic stress disorder symp-toms following critical illness requiring mechanical ventilation: A prospective cohort study. *Critical Care, 11,* R28.

Glaesmer, H., Braehler, E., Riedel-Heller, S. G., Freyberger, H. J., & Kuwert, P. (2011). The association of traumatic experiences and posttraumatic stress disorder with health care utilization in the elderly—A German population based study. *General Hospital Psychiatry, 33,* 177–184.

Goin, M. K. (1997). A psychoanalyst's look at common and uncommon factors in psychodynamic and cognitive-behavioral psychotherapies. *Journal of Practical Psychiatry and Behavioral Health, 3*, 308–309.

Goin, M. K. (2002). When it really hurts to listen: Psychotherapy in the aftermath of September 11. *Psychiatric Services, 53*, 561–562.

Gold, D. B., & Wegner, D. M. (1995). Origins of ruminative thought: Trauma, incompleteness, nondisclosure, and suppression. *Journal of Applied Social Psychology, 25*, 1245–1261.

Goldberg, J., True, W. R., Eisen, S. A., & Henderson, W. G. (1990). A twin study of the effects of the Vietnam War on posttraumatic stress disorder. *Journal of the American Medical Association, 263*, 1227–1232.

Goldstein, E. (2009). *Radical acceptance: An interview with Tara Brach.* Retrieved from http://blogs.psychcentral.com/mindfulness/2009/09/radical-acceptance-an-interview-with-tara-brach/

Goodman, L. A., Corcoran, C. B., Turner, K., Yuan, N., & Green, B. L. (1998). Assessing traumatic event exposure: General issues and preliminary findings for the Stressful Life Events Screening Questionnaire. *Journal of Traumatic Stress, 11*, 521–542.

Gould, K. R., Ponsford, J. L., Johnston, L., & Schonberger, M. (2011). Relationship between psychiatric disorders and 1-year psychosocial outcome following traumatic brain injury. *Journal of Head Trauma and Rehabilitation, 26*(1), 79–89.

Gould, N., McKibben, J., Hall, R., Corry, N., Amoyal, N., Mason, S., . . . & Fauerbach, J. (2011). Peritraumatic heart rate and posttraumatic stress disorder in patients with severe burns. *Journal of Clinical Psychiatry, 72*, 539–547.

Gradus, J. L., Qin, P., Lincoln, A. K., Miller, M., Lawler, E., Sørensen, H. T., & Lash, T. L. (2010). Acute stress reaction and completed suicide. *International Journal of Epidemiology, 39*, 1478–1484.

Green, B. L., Grace, M. C., Lindy, J. D., & Gleser, G. C. (1990). War stressor and symptom persistence in posttraumatic stress disorder. *Journal of Anxiety Disorder, 4*, 31–39.

Green, B. L., Krupnick, J. L., Stockton, P., Goodman, L., Corcoran, C., & Petty, R. (2005). Effects of adolescent trauma exposure on risky behavior in college women. *Psychiatry: Interpersonal and Biological Processes, 68*, 363–378.

Green, B. L., Lindy, J. D., Grace, M. C., Gleser, G. C., Leonard, A. C., Korol, M., & Winget, C. (1990). Buffalo Creek survivors in the second decade: Stability of stress symptoms. *American Journal of Orthopsychiatry, 60*, 43–54.

Green, B. L., & Solomon, S. D. (1995). The mental health impact of natural and technological disasters. In J. R. Freedy & S. E. Hobfoll (Eds.), *Traumatic stress: From theory to practice* (pp. 163–180). New York, NY: Plenum.

Grella, C. E., & Joshi, V. (2003). Treatment processes and outcomes among adolescents with a history of abuse who are in drug treatment. *Child Maltreatment, 8*, 7–18.

Griffin, M. G., Resick, P. A., Waldrop, A. E., & Mechanic, M. B. (2003). Participation in trauma research: Is there evidence of harm? *Journal of Traumatic Stress, 16,* 221–227.

Griffin, S. L., van Reekum, R., & Masanic, C. (2003). A review of cholinergic agents in the treatment of neurobehavioral deficits following traumatic brain injury. *Journal of Neuropsychiatry and Clinical Neuroscience 15,* 17–26.

Grilo, C. M., Martino, S., Walker, M. L., Becker, D. F., Edell, W. S., & McGlashan, T. H. (1997). Controlled study of psychiatric comorbidity in psychiatrically hospitalized young adults with substance use disorders. *American Journal of Psychiatry, 154,* 1305–1307.

Gros, D. F., Simms, L. J., & Acierno, R. (2010). Specificity of posttraumatic stress disorder symptoms: An investigation of comorbidity between posttraumatic stress disorder symptoms and depression in treatment-seeking veterans. *Journal of Nervous and Mental Disease, 198,* 885–890.

Grossman, P., Niemann, L., Schmidt, S., & Walach, H. (2004). Mindfulness-based stress reduction and health benefits: A meta-analysis. *Journal of Psychosomatic Research, 57,* 35–43.

Haden, S. C., Scarpa, A., Jones, R. T., & Ollendick, T. H. (2007). Posttraumatic stress disorder symptoms and injury: The moderating role of perceived social support and coping for young adults. *Personality and Individual Differences, 42,* 1187–1198.

Hahn, T. H. (1987). *The miracle of mindfulness.* Boston, MA: Beacon Press.

Hall, E., Saxe, G., Stoddard, F., Kaplow, J., Koenen, K., Chawla, N., . . . King, D. (2006). Posttraumatic stress symptoms in parents of children with acute burns. *Journal of Pediatric Psychology, 31,* 403–412.

Halpern, J., Maunder, R. G., Schwartz, B., & Gurevich, M. (2011). Identifying risk of emotional sequelae after critical incidents. *Emergency Medicine Journal, 28*(1), 51–56.

Hamner, M. B. (1996). Clozapine treatment for a veteran with comorbid psychosis and PTSD. *American Journal of Psychiatry, 153,* 841.

Hamner, M. B., Brodrick, P. S., & Labbate, L. A. (2001). Gabapentin in PTSD: A retrospective, clinical series of adjunctive therapy. *Annals of Clinical Psychiatry, 13,* 141–146.

Hamner, M. B., Deitsch, S. E., Brodrick, P. S., Ulmer, H. G., & Lorberbaum, J. P. (2003). Quetiapine treatment in patients with posttraumatic stress disorder: An open trial of adjunctive therapy. *Journal of Clinical Psychopharmacology, 23,* 15–20.

Hamner, M. B., Faldowski, R. A., Robert, S., Ulmer, H. G., Horner, M. D., & Lorberbaum, J. P. (2009). A preliminary controlled trial of divalproex in posttraumatic stress disorder. *Annals of Clinical Psychiatry, 21,* 89–94.

Hamner, M. B., & Frueh, B. C. (1998). Response to venlafaxine in a previously anti-depressant treatment-resistant combat veteran with post-traumatic stress disorder. *International Clinical Psychopharmacology, 13*, 233–234.

Harari, D., Bakermans-Kranenburg, M. J., & van Ijzendoorn, M. J. (2007). Attachment, disorganization, and dissociation. In E. Vermetten, M. Dorahy, & D. Spiegel (Eds.), *Traumatic dissociation: Neurobiology and treatment* (pp. 31–54). Arlington, VA: American Psychiatric.

Hardy, A., Fowler, D., Freeman, D., Smith, B., Steel, C., Evans, J., . . . Dunn, G. (2005). Trauma and hallucinatory experience in psychosis. *Journal of Nervous and Mental Disease, 193*, 501–507.

Harmon, R. J., & Riggs, P. D. (1996). Clonidine for posttraumatic stress disorder in preschool children. *Journal of the American Academy of Child and Adolescent Psychiatry, 35*, 1247–1249.

Harmsen, M., Geurts, A. C., Fasotti, L., & Bevarrt, B. J. (2004). Positive behavioural disturbances in the rehabilitation phase after severe traumatic brain injury: An historic cohort study. *Brain Injury, 18*, 787–796.

Hart, S. N., Brassard, M., Davidson, H. A., Rivelis, E., Diaz, V., & Binggeli, N. J. (2011). Psychological maltreatment. In J. E. B. Myers (Ed.), *American Professional Society on the Abuse of Children (APSAC) handbook on child maltreatment* (3rd ed., pp. 125–144). Thousand Oaks, CA: Sage.

Harvard Mental Health Letter. (2009, April). *Yoga for anxiety and depression.* Cambridge, MA: Harvard Health.

Harvey, A. G., & Bryant, R. A. (2002). Acute stress disorder: A synthesis and critique. *Psychological Bulletin, 128*, 886–902.

Harvey, A. G., Jones, C., & Schmidt, D. A. (2003). Sleep and posttraumatic stress disorder: A review. *Clinical Psychology Review, 23*, 377–407.

Haskell, S. G., Mattocks, K., Goulet, J. L., Krebs, E. E., Skanderson, M., Leslie, D., . . . Brandt, C. (2011). The burden of illness in the first year home: Do male and female VA users differ in health conditions and healthcare utilization. *Women's Health Issues, 21*, 92–97.

Hayes, S. C. (2004). Acceptance and commitment therapy, relational frame theory, and the third wave of behavioral and cognitive therapies. *Behavior Therapy, 35*, 639–665.

Hayes, S. C., Follette, V. M., & Linehan, M. M. (Eds.). (2004). *Mindfulness and acceptance: Expanding the cognitive-behavioral tradition.* New York, NY: Guilford.

Hayes, S. C., Luoma, J., Bond, F., Masuda, A., & Lillis, J. (2006). Acceptance and commitment therapy: Model, processes, and outcomes. *Behavior Research & Therapy, 44*, 1–25.

Hayes, S. C., Strosahl, K. D., & Wilson, K. G. (2011). *Acceptance and commitment therapy: The process and practice of mindful change* (2nd ed). New York, NY: Guilford.

Hedtke, K. A., Ruggiero, K. J., Fitzgerald, M. M., Zinzow, H. M., Saunders, B. E., Resnick, H. S., & Kilpatrick, D. G. (2008). A longitudinal investigation of interpersonal violence in relation to mental health and substance use. *Journal of Consulting and Clinical Psychology, 76,* 633–647.

Heidenreich, F., Ruiz-Casares, M., & Rousseau, C. (2009). The psychosocial consequences of organized violence on children. In R. Lanius, E. Vermetten, & C. Pain (Eds.), *The impact of early life trauma on health and disease: The hidden epidemic* (pp. 234–241). Cambridge, UK: Cambridge University Press.

Herman, J. L. (1992a). Complex PTSD: A syndrome in survivors of prolonged and repeated trauma. *Journal of Traumatic Stress, 5,* 377–392.

Herman, J. L. (1992b). *Trauma and recovery: The aftermath of violence—from domestic abuse to political terror.* New York, NY: Basic Books.

Herman, J. L., Perry, C., & van der Kolk, B. A. (1989). Childhood trauma in borderline personality disorder. *American Journal of Psychiatry, 146,* 490–494.

Herpertz, S., Gretzer, A., Steinmeyer, E. M., Muehlbauer, V., Schuerkens, A., & Sass, H. (1997). Affective instability and impulsivity in personality disorder: Results of an experimental study. *Journal of Affective Disorders, 44,* 31–37.

Hertzberg, M. A., Butterfield, M. I., Feldman, M. E., Beckham, J. C., Sutherland, S. M., Connor, K. M., & Davidson, J. R. T. (1999). A preliminary study of lamotrigine for the treatment of posttraumatic stress disorder. *Biological Psychiatry, 45,* 1226–1229.

Hertzberg, M. A., Feldman, M. E., Beckham, J. C., & Davidson, J. R. T. (1996). Trial of trazodone for posttraumatic stress disorder using a multiple baseline group design. *Journal of Clinical Psychopharmacology, 16,* 294–298.

Hertzberg, M. A., Feldman, M. E., Beckham, J. C., Kudler, H. S., & Davidson, J. R. T. (2000). Lack of efficacy for fluoxetine in PTSD: A placebo controlled trial in combat veterans. *Annals of Clinical Psychiatry, 12,* 101–105.

Hesse, E., Main, M., Abrams, K. Y., & Rifkin, A. (2003). Unresolved states regarding loss or abuse can have "second generation" effects: Disorganization, role inversion, and frightening ideation in the offspring of traumatized, non-maltreating parents. In M. F. Solomon & D. Siegel (Eds.), *Healing trauma: Attachment, mind, body, and brain* (pp. 57–106). New York, NY: Norton.

Hickling, E. J., Blanchard, E. B., & Hickling, M. T. (2006). The psychological impact of litigation: Compensation neurosis, malingering, PTSD, secondary traumatization, and other lessons from MVAs. *DePaul Law Review, 55,* 617–633.

Hickling, E. J., Gillen, R., Blanchard, E. B., Buckley, T. C., & Taylor, A. E. (1998). Traumatic brain injury and posttraumatic stress disorder: A preliminary investigation of neuropsychological test results in PTSD secondary to motor vehicle accidents. *Brain Injury, 12,* 265–274.

Hien, D. A., & Ruglass, L. M. (2009). Interpersonal partner violence and women in the United States: An overview of prevalence rates, psychiatric correlates and consequences and barriers to help seeking. *International Journal of Law and Psychiatry, 32,* 48–55.

Hien, D. A., Wells, E. A., Jiang, H., Suarez-Morales, L., Campbell, A. N. C., Cohen, L. R., . . . Nunes, E. V. (2009). Multisite randomized trial of behavioral interventions for women with co-occurring PTSD and substance use disorders. *Journal of Consulting and Clinical Psychology, 77,* 607–619.

Hinton, D. E., Hinton, S., Um, K., Chea, A. S., & Sak, S. (2002). The Khmer "weak heart" syndrome: Fear of death from palpitations. *Transcultural Psychiatry, 39,* 323–344.

Hinton, D. E., & Lewis-Fernández, R. (2011). The cross-cultural validity of post-traumatic stress disorder: Implications for DSM-5. *Depression and Anxiety, 28,* 783–801.

Hinton, D. E., Pich, V., Marques, L., Nickerson, A., & Pollack, M. H. (2010). Khyâl attacks: A key idiom of distress among traumatized Cambodia refugees. *Culture, Medicine and Psychiatry, 34,* 244–278.

Hobfoll, S. E., Dunahoo, C. A., & Monnier, J. (1995). Conservation of resources and traumatic stress. In J. R. Freedy & S. E. Hobfoll (Eds.), *Traumatic stress: From theory to practice* (pp. 29–47). New York, NY: Plenum.

Hoffman, A., Eisenkraft, A., Finkelstein, A., Schein, O., Rotman, E., & Dushnitsky, T. (2007). A decade after the Tokyo sarin attack: A review of neurological follow-up of the victims. *Military Medicine, 172,* 607–610.

Hofmann, S. G., Sawyer, A. T., Witt, A. A., & Oh, D. (2010). The effect of mindfulness-based therapy on anxiety and depression: A meta-analytic review. *Journal of Consulting and Clinical Psychology, 78,* 169–183.

Hofmann, S. G., & Smits, J. A. J. (2008). Cognitive-behavioral therapy for adult anxiety disorders: A meta-analysis of randomized placebo-controlled trials. *Journal of Clinical Psychiatry, 69,* 621–632.

Hoge, C. W., Castro, C. A., Messer, S. C., McGurk, D., Cotting, D. I., & Koffman, R. L. (2004). Combat duty in Iraq and Afghanistan, mental health problems, and barriers to care. *New England Journal of Medicine, 351,* 13–22.

Holbrook, T. L., Hoyt, D. B., Stein, M. B., & Sieber, W. J. (2001). Perceived threat to life predicts posttraumatic stress disorder after major trauma: Risk factors and functional outcome. *Journal of Trauma: Injury, Infection, and Critical Care, 51,* 287–293.

Holgersen, K., Klöckner, C. A., Boe, H., Weisæth, L., & Holen, A. (2011). Disaster survivors in their third decade: Trajectories of initial stress responses and long-term course of mental health. *Journal of Traumatic Stress, 24,* 334–341.

Hollifield, M., Sinclair-Lian, N., Warner, T. D., & Hammerschlag, R. (2007). Acupuncture for posttraumatic stress disorder: A randomized controlled pilot trial. *Journal of Nervous & Mental Disease, 195,* 504–513.

Hooberman, J. B., Rosenfeld, B., Lhewa, D., Rasmussen, A., & Keller, A. (2007). Classifying the torture experiences of refugees living in the United States. *Journal of Interpersonal Violence, 22,* 108–123.

Hooberman, J. B., Rosenfeld, B., Rasmussen, A., & Keller, A. S. (2010). Resilience in trauma-exposed refugees: The moderating effect of coping style on resilience variables. *American Journal of Orthopsychiatry, 80,* 557–563.

Horowitz, M., Wilner, N., & Alvarez, W. (1979). Impact of Event Scale: A measure of subjective stress. *Psychosomatic Medicine, 41,* 209–218.

Horowitz, M. J. (1978). *Stress response syndromes.* New York, NY: Jason Aronson.

Horowitz, M. J., Siegel, B., Holen, A., Bonanno, G. A., Milbrath, C., & Stinson, C. H. (1997). Diagnostic criteria for complicated grief disorder. *American Journal of Psychiatry, 154,* 904–910.

Horrigan, J. P., & Barnhill, L. J. (1996). The suppression of nightmares with guanfacine. *Journal of Clinical Psychiatry, 57,* 371.

Horsfield, S. A., Rosse, R. B., Tomasino V., Schwartz B. L., Mastropaolo, J., & Deutsch, S. I. (2002). Fluoxetine's effects on cognitive performance in patients with traumatic brain injury. *International Journal of Psychiatry in Medicine. 32,* 337–344.

Horvath, A. O. (2007). The alliance in context: Accomplishments, challenges, and future directions. *Psychotherapy: Theory, Research, Practice, Training, 43,* 258–263.

Human Rights Watch. (2009). *World report 2009.* Retrieved from http://www.hrw.org/world-report-2009.

Hung, N., & Rabin, L. A. (2009). Psychological implications of parental bereavement by suicide: A review of the literature and recommendations for future research. *Death Studies, 33,* 781–814.

Hurley, E. A. (2007). The moral costs of prophylactic propranolol. *American Journal of Bioethics, 7,* 35–36.

Hurley, M., Parker, H., & Wells, D. L. (2006). The epidemiology of drug facilitated sexual assault. *Journal of Clinical and Forensic Medicine, 13,* 181–185.

Hurwitz, T. D., Mahowald, M. W., Kuskowski, M., & Engdahl, B. E. (1998). Polysomnographic sleep is not clinically impaired in Vietnam combat veterans with chronic posttraumatic stress disorder. *Biological Psychiatry, 44,* 1066–1073.

Institute of Medicine. (2010). *Gulf War and health: Volume 8. Health effects of serving in the Gulf War.* Retrieved from http://www.iom.edu/Reports/2010/Gulf-War-and-Health-Volume-8-Health-Effects-of-Serving-in-the-Gulf-War.aspx

Jackson, J. C., Hart, R. P., Gordon, S. M. Hopkins, R. O., Girard, T. D., & Ely, E. W. (2007). Post-traumatic stress disorder and post-traumatic stress symptoms following critical illness in intensive care unit patients: Assessing the magnitude of the problem. *Critical Care, 11*(1), R27.

Jacob, J. (1992). Child sexual abuse victimization and later sequelae during pregnancy and childbirth. *Journal of Child Sexual Abuse, 1,* 103–112.

Jacobs, J., Horne-Moyer, H. L., & Jones, R. (2004). The effectiveness of critical incident stress debriefing in primary and secondary trauma victims. *International Journal of Emergency Mental Health, 6*(1), 5–14.

Jacobson, E. (1938). *Progressive relaxation.* Chicago, IL: University of Chicago Press.

Jakovljevic, M., Sagud, M., & Mihaljevic-Peles, A. (2003). Olanzapine in the treatment-resistant, combat-related PTSD—A series of case reports. *Acta Psychiatrica Scandinavica, 107,* 394–396.

Janakiramaiah N., Gangadhar, B. N., Naga Venkatesha Murthy, P. J., Harish, M. G., Subbakrishna, D. K., & Vedamurthachar, A. (2000). Antidepressant efficacy of Sudarshan Kriya yoga (SKY) in melancholia: A randomized comparison with electroconvulsive therapy (ECT) and imipramine. *Journal of Affective Disorders, 57,* 255–259.

Janoff-Bulman, B. (1992). *Shattered assumptions: Towards a new psychology of trauma.* New York, NY: Free Press.

Jaycox, L. H., Foa, E. B., & Morral, A. R. (1998). Influence of emotional engagement and habituation on exposure therapy for PTSD. *Journal of Consulting and Clinical Psychology, 66,* 185–192.

Jin, C., & Schachar, R. (2004). Methylphenidate treatment of attention-deficit/hyperactivity disorder secondary to traumatic brain injury: A critical appraisal of treatment studies. *CNS Spectrums 9,* 217–226.

Johnson, K., Scott, J., Rughita, B., Kisielewski, M., Asher, J., Ong, R., & Lawry, L. (2010). Association of sexual violence and human rights violations with physical and mental health in territories of the eastern Democratic Republic of the Congo. *JAMA: Journal of the American Medical Association, 304,* 553–562.

Jones, E., & Wessely, S. C. (2003). "Forward psychiatry" in the military: Its origins and effectiveness. *Journal of Traumatic Stress, 16,* 411–419.

Jones, R. T., & Ollendick, T. H. (2005). Risk factors for psychological adjustment following residential fire: The role of avoidant coping. In E. Cardena & K. Croyle (Eds.), *Acute reactions to trauma and psychotherapy: A multidisciplinary and international perspective* (pp. 85–99). New York, NY: Haworth.

Jordan, C. E., Nietzel, M. T., Walker, R., & Logan, T. K. (2004). *Intimate partner violence: Clinical and practice issues for mental health professionals.* New York, NY: Springer.

Jordan, R. G., Nunley, T. V., & Cook, R. R. (1992). Symptom exaggeration in a PTSD inpatient population: Response set or claim for compensation. *Journal of Traumatic Stress, 5,* 633–642.

Joseph, S. A., & Linley, P. A. (2008). *Psychological assessment of growth following adversity: A review.* Hoboken, NJ: Wiley.

Kabat-Zinn, J. (1982). An outpatient program in behavioral medicine for chronic pain patients based on the practice of mindfulness meditation: Theoretical considerations and preliminary results. *General Hospital Psychiatry, 4*, 33–47.

Kabat-Zinn, J. (2003). Mindfulness-based stress reduction (MBSR). *Constructivism in the Human Sciences, 8*, 73–107.

Kaelin, D. L., Cifu, D. X., & Matthies, B. (1996). Methylphyenidate effect on attention deficit in the acutely brain-injured adult. *Archives of Physical Medicine & Rehabilitation, 77*, 6–9.

Kaltman, S., & Bonnano, G. A. (2003). Trauma and bereavement: Examining the impact of sudden and violent deaths. *Journal of Anxiety Disorders, 17*, 131–147.

Kane, J. M. (1999). Tardive dyskinesia in affective disorders. *Journal of Clinical Psychiatry, 60*(Suppl. 5), 43–47.

Kang, H. K., Dalager, N. A., Mahan, C. M., & Ishii, E. (2005). The role of sexual assault on the risk of PTSD among Gulf War veterans. *Annals of Epidemiology, 15*, 191–195.

Kaplan, Z., Amir, M., Swartz, M., & Levine, J. (1996). Inositol treatment of post-traumatic stress disorder. *Anxiety, 2*, 51–52.

Kask, A., Harro, J., von Horsten, S., Redrobe, J. P., Dumont, Y., & Quirion, R. (2002). The neurocircuitry and receptor subtypes mediating anxiolytic-like effects of neuropeptide Y. *Neuroscience and Behavioral Reviews, 26*, 259–283.

Keane, T. M. (1995). The role of exposure therapy in the psychological treatment of PTSD. *National Center for PTSD Clinical Quarterly, 5*(1), 3–6.

Kearney, P. (n.d.). *Still crazy after all these years: Why meditation isn't psychotherapy.* Retrieved from http://www.buddhanet.net/crazy.htm

Keck, P., McElroy, S., & Friedman, L. (1992). Valproate and carbamazepine in the treatment of panic and posttraumatic stress disorders, withdrawal states, and behavioral dyscontrol syndromes. *Journal of Clinical Psychopharmacology, 12*, 368–418.

Kellner, M., Muhtz, C., & Wiedemann, K. (2010). Primary add-on of ziprasidone in sertraline treatment of posttraumatic stress disorder: Lessons from a stopped trial? *Journal of Clinical Psychopharmacology, 30*, 471–473.

Kendall-Tackett, K. (2009). Psychological trauma and physical health: A psychoneuro-immunology approach to etiology of negative health effects and possible interventions. *Psychological Trauma: Theory, Research, Practice, and Policy, 1*, 35–48.

Kendler, K. S., Bulik, C. M., Silberg, J., Hettema, J. M., Myers, J., & Prescott, C. A. (2000). Childhood sexual abuse and adult psychiatric and substance use disorders in women: An epidemiological and cotwin control analysis. *Archives of General Psychiatry, 57*, 953–959.

Kendler, K. S., Myers, J., & Prescott, C. A. (2002). The etiology of phobias: An evaluation of the stress-diathesis model. *Archives of General Psychiatry, 59*, 242–248.

Kennedy, J. E., Jaffee, M. S., Leskin, G. A., Stokes, J. W., Leal, F. O., & Fitzpatrick, P. J. (2007). Posttraumatic stress disorder and posttraumatic stress disorder–like symptoms and mild traumatic brain injury. *Journal of Rehabilitation Research & Development, 44*, 895–920.

Kernberg, O. F. (1976). *Borderline conditions and pathological narcissism.* New York, NY: Jason Aronson.

Kersting, A., Kroker, K., Horstmann, J., Ohrmann, P., Baune, B. T., Arolt, V., & Suslow, T. (2009). Complicated grief in patients with unipolar depression. *Journal of Affective Disorders, 118*, 201–204.

Kessler, R. C., Sonnega, A., Bromet, E., Hughes, M., & Nelson, C. B. (1995). Posttraumatic stress disorder in the national comorbidity survey. *Archives of General Psychiatry, 52*, 1048–1060.

Khan, A. Y., & Margoob, M. A. (2006). Paediatric PTSD: Clinical presentation, traumatic events and socio-demographic variables—experience from a chronic conflict situation. *JK-Practitioner, 13*(Supplement 1), S40–S44.

Khantzian, E. J. (1997). The self-medication hypothesis of substance use disorders: A reconsideration and recent applications. *Harvard Review of Psychiatry, 4*, 231–244.

Khateb, A., Ammann, J., Annoni, J. M., & Diserens, K. (2005). Cognition-enhancing effects of donepezil in traumatic brain injury. *European Neurology, 54*, 39–45.

Kianpoor, M., & Rhoades, G. F. (2005). "Djinnati," a possession state in Baloochistan, Iran. *Journal of Trauma Practice, 4*, 147–155.

Kilcommons, A. M., Morrison, A. P., Knight, A., & Lobban, F. (2008). Psychotic experiences in people who have been sexually assaulted. *Social Psychiatry and Psychiatric Epidemiology, 43*, 602–611.

Kilpatrick, D. G., & Resnick, H. S. (1993). Posttraumatic stress disorder associated with exposure to criminal victimization in clinical and community populations. In J. R. T. Davidson & E. B. Foa (Eds.), *Posttraumatic stress disorder: DSM-IV and beyond* (pp. 113–143). Washington, DC: American Psychiatric Press.

Kim, E., & Bijlani, M. (2006). A pilot study of quetiapine treatment of aggression due to traumatic brain injury. *Journal of Neuropsychiatry and Clinical Neuroscience, 18*, 547–549.

Kim, E., Lauterbach, E. D., Reeve, A., Arcineagas, D. B., Coburn, K. L., Mendez, M. F., . . . Coffey, E. C. (2007). Neuropsychiatric complications of traumatic brain injury: A critical review of the literature. *Journal of Neuropsychiatry Clin Neuroscience, 19*, 106–127.

Kimbrough, E., Magyari, T., Langenberg, P., Chesney, M. A., & Berman, B. (2010). Mindfulness intervention for child abuse survivors. *Journal of Clinical Psychology, 66*, 17–33.

Kimerling, R., Ouimette, P., & Wolfe, J. (Eds.). (2002). *Gender and PTSD.* New York, NY: Guilford.

Kimerling, R., Street, A. E., Pavao, J., Smith, M. W., Cronkite, R. C., Holmes, T. H., & Frayne, S. M. (2010). Military-related sexual trauma among Veterans Health Administration patients returning from Afghanistan and Iraq. *American Journal of Public Health, 100,* 1409–1412.

Kinrys, G., Wygant, L. E., Pardo, T. B., & Melo, M. (2006). Levetiracetam for treatment-refractory posttraumatic stress disorder. *Journal of Clinical Psychiatry, 67,* 211–214.

Kinsler, P. J., Courtois, C. A., & Frankel, A. S. (2009). Therapeutic alliance and risk management. In C. A. Courtois, & J. D. Ford (Eds.), *Treating complex traumatic stress disorders: An evidence-based guide* (pp. 183–201). New York, NY: Guilford.

Kinzie, J. D., & Leung, P. (1989). Clonidine in Cambodian patients with posttraumatic stress disorder. *Journal of Nervous and Mental Disease, 177,* 546–550.

Kirmayer, L. J. (1996). Confusion of the senses: Implications of ethnocultural variation in somatoform and dissociative disorders for PTSD. In A. J. Marsella, M. J. Friedman, E. T. Gerrity, & R. M. Scurfield (Eds.), *Ethnocultural aspects of post-traumatic stress disorder: Issues, research, and clinical applications* (pp. 131–163). Washington, DC: American Psychological Association.

Kitchner, I., & Greenstein, R. A. (1985). Low dose lithium carbonate in the treatment of post traumatic stress disorder: Brief communication. *Military Medicine, 150,* 378–381.

Kliem, S., Kröger, C., & Kosfelder, J. (2010). Dialectical behavior therapy for borderline personality disorder: A meta-analysis using mixed-effects modeling. *Journal of Consulting and Clinical Psychology, 78,* 936–951.

Knaudt, P. R., Connor, K. M., Weisler, R. H., Churchill, L. E., & Davidson, J. R. T. (1999). Alternative therapy use by psychiatric outpatients. *Journal of Nervous & Mental Disease, 187,* 692–695.

Koenen, K. C., Harley, R. M., Lyons, M. J., Wolfe, J., Simpson, J. C., Goldberg, J., . . . Tsuang, M. T. (2002). A twin registry study of familial and individual risk factors for trauma exposure and posttraumatic stress disorder. *Journal of Nervous and Mental Disease, 190,* 209–218.

Kohrt, B. A., & Hruschka, D. J. (2010). Nepali concepts of psychological trauma: The role of idioms of distress, ethnopsychology and ethnophysiology in alleviating suffering and preventing stigma. *Culture, Medicine and Psychiatry, 34,* 322–352.

Kolb, L. C., Burris, B. C., & Griffiths, S. (1984). Propranolol and clonidine in the treatment of the chronic post-traumatic stress disorders of war. In B. A. van der Kolk (Ed.), *Post traumatic stress disorder: Psychological and biological sequelae* (pp. 98–108). Washington, DC: American Psychiatric Press.

Koopman, C., Classen, C., & Speigel, D. (1996). Dissociative responses in the immediate aftermath of the Oakland/Berkeley firestorm. *Journal of Traumatic Stress, 9,* 521–540.

Kornfield, J. (2008). *The wise heart: A guide to the universal teachings of Buddhist psychology.* New York, NY: Bantam.

Kornfield, J. (n.d.). *Even the best meditators have old wounds to heal.* Retrieved from http://www.buddhanet.net/psymed1.htm

Kosten, T. R., Frank, J. B., Dan, E., McDougle, C. J., & Giller, E. L. (1991). Pharmacotherapy for posttraumatic stress disorder using phenelzine or imipramine. *Journal of Nervous and Mental Disorders, 179,* 366–370.

Kozaric-Kovacic, D., & Pivac, N. (2007). Quetiapine treatment in an open trial in combat-related post-traumatic stress disorder with psychotic features. *International Journal of Neuropsychopharmacology, 10,* 285–289.

Krashin, D., & Oates, E. W. (1999). Risperidone as an adjunct therapy for post-traumatic stress disorder. *Military Medicine, 164,* 605–606.

Krause, E. D., DeRosa, R. R., & Roth, S. (2002). Gender, trauma themes, and PTSD: Narratives of male and female survivors. In R. Kimerling, P. Ouimette, & J. Wolfe (Eds.), *Gender and PTSD* (pp. 349–381). New York, NY: Guilford.

Krippner, S., & McIntyre, T. (2003). *The psychological impact of war trauma on civilians: An international perspective.* Westport, CT: Praeger.

Krysinska, K., & Lester, D. (2010). Post-traumatic stress disorder and suicide risk: A systematic review. *Archives of Suicide Research, 14,* 1–23.

Krystal, J. H., Rosenheck, R. A., Cramer, J. A., Vessicchio, J. C., Jones, K. M., Vertrees, J. E., . . . Stock, C. (2011). Adjunctive risperidone treatment for antidepressant-resistant symptoms of chronic military service-related PTSD: A randomized trial. *Journal of the American Medical Association, 306,* 493–502.

Kubany, E. S., Ralston, T. C., & Hill, E. E. (2010). Intense fear, helplessness, "and" horror? An empirical investigation of DSM-IV PTSD Criterion A2. *Psychological Trauma: Theory, Research, Practice, and Policy, 2,* 77–82.

Kudler, H. S., & Davidson, J. R. T. (1995). General principles of biological intervention following trauma. In J. R. Freedy & S. E. Hobfoll (Eds.), *Traumatic stress: From theory to practice* (pp. 73–98). New York, NY: Plenum.

Kudler, H. S., Krupnick, J. L., Blank, A. S., Jr., Herman, J. L., & Horowitz, M. J. (2009). Psychodynamic therapy for adults. In E. B. Foa, T. M. Keane, M. J. Friedman, & J. A. Cohen (Eds.), *Effective treatments for PTSD: Practice guidelines from the International Society for Traumatic Stress Studies* (2nd ed., pp. 346–369). New York, NY: Guilford.

Kuhn, E., Blanchard, E. B., Fuse, T., Hickling, E. J., & Broderick, J. (2006). Heart rate of motor vehicle accident survivors in the emergency department, peritraumatic psychological reactions, ASD, and PTSD severity: A 6-month prospective study. *Journal of Traumatic Stress, 19,* 735–740.

Kulka, R. A., Schlenger, W. E., Fairbank, J. A., Hough, R. L., Jordan, B. K., Marmar, C. R., & Weiss, D. S. (1988). *The National Vietnam Veterans Readjustment Study*

(NVVRS): Description, current status, and initial PTSD prevalence estimates. Washington, DC: Veterans Administration.

Kyriacou, D. N., Anglin, D., Taliaferro, E., Stone, S., Tubb, T., Linden, J. A., . . . Kraus, J. F. (1999). Risk factors for injury to women from domestic violence. *New England Journal of Medicine, 341,* 1892–1898.

LaFauci Schutt, J. M., & Marotta, S. A. (2011). Personal and environmental predictors of posttraumatic stress in emergency management professionals. *Psychological Trauma: Theory, Research, Practice, and Policy, 3*(1), 8–15.

LaGarde, G., Doyon, J., & Brunet, A. (2010). Memory and executive dysfunctions associated with acute posttraumatic stress disorder. *Psychiatry Research, 177*(1–2), 144–149.

Lambert, J. F., Difede, J., & Contrada, R. J. (2004). The relationship of attribution of responsibility to acute stress disorder among hospitalized burn patients. *Journal of Nervous and Mental Disease, 192,* 304–312.

Lambert, M. J., & Barley, D. E. (2001). Research summary on the therapeutic relationship and psychotherapy outcome. *Psychotherapy, 38,* 357–361.

Lambert, M. J., & Okishi, J. C. (1997). The effects of the individual psychotherapist and implications for future research. *Clinical Psychology: Science and Practice, 4,* 66–75.

Langer, A. I., Cangas, A. J., Salcedo, E., & Fuentes, B. (2011). Applying mindfulness therapy in a group of psychotic individuals: A controlled study. *Behavioral and Cognitive Psychotherapy, 40,* 105–109.

Lanktree, C. B., & Briere, J. (2008). *Integrative treatment of complex trauma for children ages 8 to 12 (ITCT-C).* Long Beach, CA: MCAVIC-USC, National Child Traumatic Stress Network, U.S. Substance Abuse and Mental Health Services Administration.

Lanktree, C. B., Briere, J., Godbout, N., Hodges, M., Chen, K., Trimm, L., . . . Freed, W. (2013). Treating multi-traumatized, socially-marginalized children: Results of a naturalistic treatment outcome study. *Journal of Aggression, Maltreatment & Trauma, 21,* 813–828.

Larsson, G., Michel, P.-O., & Lundin, T. (2000). Systematic assessment of mental health following various types of posttrauma support. *Military Psychology, 12,* 121–135.

Lawrence, J. W., Fauerbach, J. A., & Munster, A. M. (1996). Early avoidance of traumatic stimuli predicts chronicity of intrusive thoughts following burn injury. *Behaviour Research and Therapy, 34,* 643–646.

LeDoux, J. (1998). *The emotional brain.* New York, NY: Simon & Schuster.

Lee, A., Isaac, M. K., & Janca, A. (2002). Post-traumatic stress disorder and terrorism. *Current Opinion in Psychiatry, 15,* 633–637.

Lee, H., Kim, S. W., Kim, J. M., Shin, I. S., Yang, S. J., & Yoon, J. S. (2005). Comparing effects of methylphenidate, sertraline and placebo on neuropsychiatric sequelae in patients with traumatic brain injury. *Human Psychopharmacology, 20,* 97–104.

Lee, S., Brasel, K., & Lee, B. (2004). Emergency care practitioners' barriers to mental health assessment, treatment, and referral of post-injury patients. *Wisconsin Medical Journal, 103*(6), 78–82.

Leff, J. P. (1988). *Psychiatry around the globe: A transcultural view* (2nd ed.). London, UK: Gaskell.

Leidholdt, D. A. (2003). Prostitution and trafficking in women: An intimate relation-ship. *Journal of Trauma Practice, 2,* 167–183.

Lejoyeux, M., Adès, J., Mourad, I., Solomon, J., & Dilsaver, S. (1996). Antidepressant withdrawal syndrome: Recognition, prevention and management. *CNS Drugs, 5,* 278–292.

Lensvelt-Mulders, G., van Der Hart, O., van Ochten, J. M., van Son, M. J. M., Steele, K., & Breeman, L. (2008). Relations among peritraumatic dissociation and posttraumatic stress: A meta-analysis. *Clinical Psychology Review, 28,* 1138–1151.

Lerer, B., Bleich, A., Kotler, M., Garb, R., Hertzberg, M., & Levin, B. (1987). Posttraumatic stress disorder in Israeli combat veterans: Effect of phenelzine treat-ment. *Archives of General Psychiatry, 44,* 976–981.

Leskela, J., Dieperink, M. E., & Thuras, P. (2002). Shame and posttraumatic stress disorder. *Journal of Traumatic Stress, 15,* 223–226.

Leskin, G. A., & Sheikh, J. I. (2002). Lifetime trauma history and panic disorder: Findings from the National Comorbidity Survey. *Journal of Anxiety Disorders, 16,* 599–603.

Leslie, K., Chan, M. T. V., Myles, P. S., Forbes, A., & McCulloch, T. J. (2010). Posttraumatic stress disorder in aware patients from the B-Aware Trial. *Anesthesia & Analgesia, 110,* 823–828.

Levant, R. F., & Pollack, W. S. (Eds.). (1995). *A new psychology of men.* New York, NY: Basic Books.

Lewis, J. D. (2002). Mirtazapine for PTSD nightmares. *American Journal of Psychiatry, 159,* 1948–1949.

Lewis-Fernández, R., Gorritz, M., Raggio, G. A., Peláez, C., Chen, H., & Guarnaccia, P. J. (2010). Association of trauma-related disorders and dissociation with four idioms of distress among Latino psychiatric outpatients. *Culture, Medicine and Psychiatry, 34,* 219–243.

Lieberman, J. A., Stroup, T. S., McEvoy, J. P., Swartz, M. S., Rosenheck, R. A., Perkins, D. O., . . . Hsiao, J. K. (2005). Effectiveness of antipsychotic drugs in patients with chronic schizophrenia. *New England Journal of Medicine, 353,* 1209–1223.

Lindley, S. E., Carlson, E. B., & Benoit, M. (2004). Basal and dexamethasone sup-pressed salivary cortisol concentrations in a community sample of patients with posttraumatic stress disorder. *Biological Psychiatry, 55,* 940–945.

Linehan, M. M. (1993a). *Cognitive-behavioral treatment of borderline personality disorder.* New York, NY: Guilford.

Linehan, M. M. (1993b). *Skills training manual for treating borderline personality disorder.* New York, NY: Guilford.

Loewenstein, R. J. (2005). Psychopharmacologic treatments for dissociative identity disorder. *Psychiatric Annals.*

Loo, C. M., Fairbank, J. A., Scurfield, R. M., Ruch, L. O., King, D. W., Adams, L. J., & Chemtob, C. M. (2001). Measuring exposure to racism: Development and validation of a Race-Related Stressor Scale (RRSS) for Asian American Vietnam veterans. *Psychological Assessment, 13,* 503–520.

Looff, D., Grimley, P., Kuller, F., Martin, A., & Shonfield, L. (1995). Carbamazepine for PTSD. *Journal of the American Academy of Child and Adolescent Psychiatry, 34,* 703–704.

Lundin, T. (1995). Transportation disasters: A review. *Journal of Traumatic Stress, 8,* 381–389.

Luterek, J. A., Bittinger, J. N., & Simpson, T. L. (2011). Posttraumatic sequelae associated with military sexual trauma in female veterans enrolled in VA outpatient mental health clinics. *Journal of Trauma & Dissociation, 12,* 261–274.

Luterek, J. A., Orsillo, S. M., & Marx, B. P. (2005). An experimental examination of emotional experience, expression, and disclosure in women reporting a history of child sexual abuse. *Journal of Traumatic Stress, 18,* 237–244.

Luxenberg, T., & Levin, P. (2004). The utility of the Rorschach in the assessment and treatment of trauma. In J. Wilson & T. Keane (Eds.), *Assessing psychological trauma and PTSD* (2nd ed., pp. 190–225). New York, NY: Guilford.

Lynch, T. R., Trost, W. T., Salsman, N., & Linehan, M. M. (2007). Dialectical behavior therapy for borderline personality disorder. *Annual Review of Clinical Psychology, 3,* 181–205.

Lyoo, I. K., Kim, J. E., Yoon, S. J., Hwang, J., Bae, S., & Kim D. J. (2011). The neurobiological role of the dorsolateral prefrontal cortex in recovery from trauma. Longitudinal brain imaging study among survivors of the South Korean subway disaster. *Archives of General Psychiatry, 68,* 701–713.

Mace, S., & Taylor, D. (2000). Selective serotonin reuptake inhibitors: A review of efficacy and tolerability in depression. *Expert Opinion in Pharmacotherapy, 1,* 917–933.

Madianos, M., Papaghelis, M., Ioannovich, J., & Dafni, R. (2001). Psychiatric disorders in burn patients: A follow-up study. *Psychotherapy and Psychosomatics, 70*(1), 30–37.

Maeda, M., & Higa, M. (2006). Transportation disasters and posttraumatic responses: A review of studies on major sea, air, and rail accidents. *Japanese Journal of Traumatic Stress, 4,* 49–60.

Maguen, S., Luxton, D. D., Skopp, N. A., Gahm, G. A., Reger, M. A., Metzler, T. J., & Marmar, C. R. (2011). Killing in combat, mental health symptoms, and suicidal ideation in Iraq war veterans. *Journal of Anxiety Disorders, 25,* 563–567.

Maguen, S., Metzler, T. J., Litz, B. T., Seal, K. H., Knight, S. J., & Marmar, C. R. (2009). The impact of killing in war on mental health symptoms and related functioning. *Journal of Traumatic Stress, 22,* 435–443.

Maheu, F. S., Joober, R., & Lupien, S. J. (2005). Declarative memory after stress in humans: Differential involvement of the b-adrenergic and corticosteroid systems. *Journal of Clinical Endocrinology & Metabolism, 90,* 1697–1704.

Maida, C. A., Gordon, N. S., Steinberg, A. M., & Gordon, G. (1989). Psychosocial impact of disasters: Victims of the Baldwin Hills fire. *Journal of Traumatic Stress, 2,* 37–48.

Main, M., & Morgan, H. J. (1996). Disorganization and disorientation in infant strange situation behavior: Phenotypic resemblance to dissociative states. In L. K. Michelson & W. J. Ray (Eds.), *Handbook of dissociation: Theoretical, empirical, and clinical perspectives* (pp. 107–138). New York, NY: Plenum.

Manson, S. M., Beals, J., O'Nell, T. D., Piasecki, J., Bechtold, D. W., Keane, E. M., & Jones, M. C. (1996). Wounded spirits, ailing hearts: PTSD and related disorders among American Indians. In A. J. Marsella, M. J. Friedman, E. T. Gerrity, & R. M. Scurfield (Eds.), *Ethnocultural aspects of posttraumatic stress disorder: Issues, research, and clinical applications* (pp. 255–283). Washington, DC: American Psychological Association.

Mansour, F. (1987). Egyptian psychiatric casualties in the Arab-Israeli wars. In G. Belenky & G. Belenky (Eds.), *Contemporary studies in combat psychiatry* (pp. 157–163). New York, NY: Greenwood Press.

Marlatt, G. A., & Gordon, J. R. (1985). *Relapse prevention: Maintenance strategy in the treatment of addictive behaviors.* New York, NY: Guilford.

Marsella, A. J., Bornemann, T., Ekblad, S., & Orley, J. (Eds.). (1994). *Amidst peril and pain: The mental health and wellbeing of world's refugees.* Washington, DC: American Psychological Association.

Marsella, A. J., Friedman, M. J., Gerrity, E. T., & Scurfield, R. M. (Eds.). (1996). *Ethnocultural aspects of posttraumatic stress disorder: Issues, research, and clinical applications.* Washington, DC: American Psychological Association.

Marshall, R. D., Lewis-Fernandez, R., Blanco, C., Simpson, H. B., Lin, S. H., Vermes, D., . . . Liebowitz, M. R. (2007). A controlled trial of paroxetine for chronic PTSD, dissociation, and interpersonal problems in mostly minority adults. *Depression & Anxiety, 24,* 77–84.

Marshall, R. D., Spitzer, R. L., & Liebowitz, M. R. (1999). Review and critique of the new DSM-IV diagnosis of acute stress disorder. *American Journal of Psychiatry, 156,* 1677–1685.

Marshall, R. D., Turner, J. B., Lewis-Fernandez, R., Koenan, K., Neria, Y., & Dohrenwend, B. P. (2006). Symptom patterns associated with chronic PTSD in male veterans: New findings from the National Vietnam Veterans Readjustment Study. *Journal of Nervous and Mental Disease, 194,* 275–278.

Martenyi, F., Brown, E. B., & Caldwell, C. D. (2007). Failed efficacy of fluoxetine in the treatment of posttraumatic stress disorder: Results of a fixed-dose, placebo-controlled study. *Journal of Clinical Psychopharmacology, 27,* 166–170.

Martenyi, F., Brown, E. B., Zhang, H., Koke, S. C., & Prakash, A. (2002). Fluoxetine v. placebo in prevention of relapse in post-traumatic stress disorder. *British Journal of Psychiatry, 181,* 315–320.

Martenyi, F., & Soldatenkova, V. (2006). Fluoxetine in the acute treatment and relapse prevention of combat-related post-traumatic stress disorder: Analysis of the veteran group of a placebo-controlled, randomized clinical trial. *European Neuropsychopharmacology, 16,* 340–349.

Martin, D. J., Garske, J. P., & Davis, M. K. (2000). Relation of the therapeutic alliance with outcome and other variables: A meta-analytic review. *Journal of Consulting and Clinical Psychology, 68,* 438–450.

Matar, M. A., Zohar, J., Kaplan, Z., & Cohen, H. (2009). Alprazolam treatment immediately after stress exposure interferes with the normal HPA-stress response and increases vulnerability to subsequent stress in an animal model of PTSD. *European Neuropsychopharmacology, 19,* 283–295.

Matsuoka, Y., Nishi, D., Yonemoto, N., Hamazaki, K., Hamazaki, T., & Hashimoto, K. (2011). Potential role of brain-derived neurotrophic factor in omega-3 fatty acid supplementation to prevent posttraumatic distress after accidental injury: An open-label pilot study. *Psychotherapy and Psychosomatics, 80,* 310–312.

Matthews, A., Kirkby, K. C., & Martin, F. (2002). The effects of single-dose lorazepam on memory and behavioural learning. *Journal of Psychopharmacology, 16,* 345–354.

Mattila, M. J., Vanakoski, J., Kalska, H., & Seppala, T. (1998). Effects of alcohol, zolpidem, and some other sedatives and hypnotics on human performance and memory. *Pharmacology, Biochemistry and Behavior, 59,* 917–923.

Mattis, J. S., Bell, C. C., Jagers, R. J., & Jenkins, E. J. (1999). A critical approach to stress-related disorders in African Americans. *Journal of the National Medical Association, 91,* 80–85.

Mayou, R. A., Bryant, B., & Ehlers, A. (2001). Prediction of psychological outcomes one year after a motor vehicle accident. *American Journal of Psychiatry, 158,* 1231–1238.

Mayou, R. A., Ehlers, A., & Hobbs, M. (2000). A three–year follow-up of psychological debriefing for road traffic accident victims. *British Journal of Psychiatry, 176,* 589–593.

McAllister, T. W., & Stein, M. B. (2010). Effects of psychological and biomechanical trauma on brain and behavior. *Annals of the New York Academy of Sciences, 1208*, 46–57.

McCann, B. S., & Roy-Byrne, P. R. (1998). Attention-deficit/hyperactivity disorder, substance abuse, and post-traumatic stress disorder: A case study with implications for harm reduction. *In Session: Psychotherapy in Practice, 4*, 53–67.

McCann, I. L., & Pearlman, L. A. (1990). *Psychological trauma and the adult survivor: Theory, therapy, and transformation*. New York, NY: Brunner/Mazel.

McCutcheon, V. V., Sartor, C. E., Pommer, N. E., Bucholz, K. K., Nelson, E. C., Madden, P. A. F., & Heath, A. C. (2010). Age at trauma exposure and PTSD risk in young adult women. *Journal of Traumatic Stress, 23*, 811–814.

McDowell, S., Whyte, J., & D'Esposito, M. (1998). Differential effect of a dopaminergic agonist on prefrontal function in traumatic brain injury patients. *Brain, 121*, 1155–1164.

McFarlane, A. C. (1988). The phenomenology of post-traumatic stress disorders following a natural disaster. *Journal of Nervous and Mental Disorders, 176*, 22–29.

McFarlane, A. C. (1998). Epidemiological evidence about the relationship between PTSD and alcohol abuse: The nature of the association. *Addictive Behaviors, 23*, 813–825.

McFarlane, A. C., Barton, C. A., Yehuda, R., & Wittert, G. (2011). Cortisol response to acute trauma and risk of posttraumatic stress disorder. *Psychoneuroendocrinology, 36*, 720–727.

McGhee, L., Maani, C., Garza, T., DeSocio, P., Gaylord, K., & Black, I. (2009). The effect of propranolol on posttraumatic stress disorder in burned service members. *Journal of Burn Care and Research, 30*(1), 92–97.

McGregor, K., Thomas, D. R., & Read, J. (2006). Therapy for child sexual abuse: Women talk about helpful and unhelpful therapy experiences. *Journal of Child Sexual Abuse, 15*, 35–59.

McKay, M. M., Lynn, C. J., & Bannon, W. M. (2005). Understanding inner city child mental health need and trauma exposure: Implications for preparing urban service providers. *American Journal of Orthopsychiatry, 75*, 201–210.

McKibben, J., Bresnick, M., Wiechman Askay, S., & Fauerbach, J. (2008). Acute stress disorder and posttraumatic stress disorder: A prospective study of prevalence, course, and predictors in a sample with major burn injuries. *Journal of Burn Care and Research, 29*(1), 22–35.

McLaughlin, K. A., Fairbank, J. A., Gruber, M. J., Jones, R. T., Lakoma, M. D., Pfefferbaum, B., . . . Kessler, R. C. (2009). Serious emotional disturbance among youth exposed to Hurricane Katrina 2 years postdisaster. *Journal of the American Academy of Child & Adolescent Psychiatry, 48*, 1069–1078.

McMillan, T. M. (2001). Errors in diagnosing post-traumatic stress disorder after traumatic brain injury. *Brain Injury, 15*(1), 39–46.

Meichenbaum, D. (1994). *A clinical handbook/practical therapist manual for assessing and treating adults with post-traumatic stress disorder (PTSD)*. Waterloo, Ontario, Canada: Institute Press.

Meichenbaum, D., & Fong, G. T. (1993). Toward a theoretical model of the role of reasons in nonadherence to health-related advice. In D. M. Wegner & J. W. Pennebaker (Eds.), *Handbook of mental control* (pp. 473–490). Englewood Cliffs, NJ: Prentice Hall.

Melhem, N. M., Walker, M., Moritz, G., & Brent, D. A. (2008). Antecedents and sequelae of sudden parental death in offspring and surviving caregivers. *Archives of Pediatric and Adolescent Medicine, 162*, 403–410.

Melia, K. R., Ryabinin, A. E., Corodimas, K. P., Wilson, M. C., & LeDoux, J. E. (1996). Hippocampal-dependent learning and experience-dependent activation of the hippocampus are preferentially disrupted by ethanol. *Neuroscience, 74*, 313–322.

Mellman, T. A., Bustamante, V., Fins, A. I., Pigeon, W. R., & Nolan, B. (2002). REM sleep and the early development of posttraumatic stress disorder. *American Journal of Psychiatry, 159*, 1696–1701.

Mellman, T. A., Byers, P. M., Augenstein, J. S. (1998). Pilot evaluation of hypnotic medication during acute traumatic stress response. *Journal of Traumatic Stress, 11*, 563–569.

Mendel, M. P. (1995). *The male survivor: The impact of sexual abuse*. Thousand Oaks, CA: Sage.

Mendelsohn, M., & Sewell, K. W. (2004). Social attitudes toward traumatized men and women: A vignette study. *Journal of Traumatic Stress, 17*, 103–111.

Mercer, K. B., Orcutt, H. K., Quinn, J. F., Fitzgerald, C. A., Conneely, K. N., Barfield, R. T., ... Ressler, K. J. (2011). Acute and posttraumatic stress symptoms in a prospective gene x environment study of a university campus shooting. *Archives of General Psychiatry, 69*(1), 89–97.

Messman-Moore, T. L., & Coates, A. A. (2007). The impact of childhood psychological abuse on adult interpersonal conflict: The role of early maladaptive schemas and patterns of interpersonal behavior. *Journal of Emotional Abuse, 7*, 75–92.

Meythaler, J. M., Brunner, R. C., & Johnson, A. (2002). Amantadine to improve neurorecovery in traumatic brain injury-associated diffuse axonal injury: A pilot double-blind randomized trial. *Journal of Head Trauma Rehabilitation, 17*, 300–313.

Miller, K. E., & Rasco, L. M. (2004). *The mental health of refugees: Ecological approaches to healing and adaptation*. Mahwah, NJ: Lawrence Erlbaum.

Miller, M. W., McKinney, A. E., Kanter, F. S., Korte, K. J., & Lovallo, W. R. (2011). Hydrocortisone suppression of the fear-potentiated startle response and posttraumatic stress disorder. *Psychoneuroendocrinology, 36*, 970–980.

Millon, T., Davis, R., & Millon, C. (1997). *MCMI-III manual* (2nd ed.). Minneapolis, MN: National Computer Systems.

Mitchell, J. T. (1983). When disaster strikes: The critical incident stress debriefing process. *Journal of Emergency Medical Services, 8,* 36–39.

Moein, H., Khalili, H. A., Keramatian, K. (2006). Effect of methylphenidate on ICU and hospital length of stay in patients with severe and moderate traumatic brain injury. *Clinical Neurology and Neurosurgery, 108,* 539–542.

Monnelly, E. P., & Ciraulo, D. A. (1999). Risperidone effects on irritable aggression in posttraumatic stress disorder. *Journal of Clinical Psychopharmacology, 19,* 377–378.

Monnelly, E. P., Ciraulo, D. A., Knapp, C., & Keane, T. (2003). Low-dose risperidone as adjunctive therapy for irritable aggression in posttraumatic stress disorder. *Journal of Clinical Psychopharmacology, 23,* 193–196.

Monson, C. M., Schnurr, P. P., Resick, P. A., Friedman, M. J., Young-Xu, Y., & Stevens, S. P. (2006). Cognitive processing therapy for veterans with military-related posttraumatic stress disorder. *Journal of Consulting and Clinical Psychology, 74,* 898–907.

Moor, A. (2007). When recounting the traumatic memories is not enough: Treating persistent self-devaluation associated with rape and victim-blaming rape myths. *Women and Therapy, 30,* 19–33.

Moracco, K. E., & Cole, T. B. (2009). Preventing intimate partner violence: Screening is not enough. *Journal of the American Medical Association, 302,* 568–570.

Morey, L. C. (1991). *Personality Assessment Inventory: Professional manual.* Odessa, FL: Psychological Assessment Resources.

Morgan, C., & Fisher, H. (2007). Environmental factors in schizophrenia: Childhood trauma—A critical review. *Schizophrenia Bulletin, 33,* 3–10.

Morgan, C. A., Krystal, J. H., & Southwick, S. M. (2003). Toward early pharmacological posttraumatic stress intervention. *Biological Psychiatry, 53,* 834–843.

Morgan, C. A., Wang, S., Rasmusson, A., Hazlett, G., Anderson, G., & Charney, D. S. (2001). Relationship among plasma cortisol, catecholamines, neuropeptide Y, and human performance during exposure to uncontrollable stress. *Psychosomatic Medicine, 63,* 412–422.

Morgan, W. D., & Morgan, S. T. (2005). Cultivating attention and empathy. In C. K. Germer, R. D. Siegel, & P. R. Fulton (Eds.), *Mindfulness and psychotherapy* (pp. 73–90). New York, NY: Guilford.

Morina, N. (2007). The role of experiential avoidance in psychological functioning after war-related stress in Kosovar civilians. *Journal of Nervous and Mental Disease, 195,* 697–700.

Morina, N., & Ford, J. D. (2008). Complex sequelae of psychological trauma among Kosovar civilian war victims. *International Journal of Social Psychiatry, 54,* 425–436.

Moses-Kolko, E. L., Bogen, D., Perel, J., Bregar, A., Uhl, K., & Levin, B. (2005). Neonatal signs after late in utero exposure to serotonin reuptake inhibitors:

Literature review and implications for clinical applications. *Journal of the American Medical Association, 293,* 2372–2383.

Mueser, K. T., Rosenberg, S. D., & Rosenberg, H. J. (2009). Psychoeducation about post-traumatic reactions. In K. T. Mueser, S. D. Rosenberg, & H. J. Rosenberg (Eds.), *Treatment of posttraumatic stress disorder in special populations: A cognitive restructuring program* (pp. 81–97). Washington, DC: American Psychological Association.

Murray, J., Ehlers, A., & Mayou, R. A. (2002). Dissociation and post-traumatic stress disorder: Two prospective studies of road traffic accident survivors. *British Journal of Psychiatry, 180,* 363–368.

Myers, J. E. B. (1998). *Legal issues in child abuse and neglect practice.* Thousand Oaks, CA: Sage.

Nader, K. O., Dubrow, N., & Stamm, B. H. (1999). *Honoring differences: Cultural issues in the treatment of trauma and loss.* Philadelphia, PA: Brunner/Mazel.

Naeem, F., Ayub, M., Masood, K., Gul, H., Khalid, M., Farrukh, A., . . . Chaudhry, H. R. (2011). Prevalence and psychosocial risk factors of PTSD: 18 months after Kashmir earthquake in Pakistan. *Journal of Affective Disorders, 130,* 268–274.

Najavits, L. M. (2002). *Seeking safety: A treatment manual for PTSD and substance abuse.* New York, NY: Guilford.

Nanni, V., Uher, R., & Danese, A. (2012). Childhood maltreatment predicts unfavorable course of illness and treatment outcome in depression: A meta-analysis. *American Journal of Psychiatry, 169,* 141–151.

National Institute for Mental Health. (2002). *Mental health and mass violence— Evidence-based early psychological intervention for victims/survivors of mass violence: A workshop to reach consensus.* (NIMH Publication No. 02–5138). Washington, DC: U.S. Government Printing Office.

Neill, J. R. (1993). How psychiatric symptoms varied in World War I and II. *Military Medicine, 158,* 149–151.

Neuner, F., Schauer, M., Klaschik, C., Karunakara, U. K., & Elbert, T. (2004). A comparison of narrative exposure therapy, supportive counseling, and psychoeducation for treating posttraumatic stress disorder in an African refugee settlement. *Journal of Consulting and Clinical Psychology, 72,* 579–587.

Newman, E., Briere, J., & Kirlic, N. (2013). Clinical assessment as a form of listening and intervention. In B. McMackon, J. Foley, E. Newman, & T. Keane (Eds.), *Trauma therapy in context: The science and craft of evidence-based practice.* Washington, DC: American Psychological Association.

Nickerson, A., Bryant, R. A., Silove, D., & Steel, Z. (2011). A critical review of psychological treatments of posttraumatic stress disorder in refugees. *Clinical Psychology Review, 31,* 399–417.

Noe, D., Ferri, J., Trenor, C., & Chirivella, J. (2007). Efficacy of ziprasidone in controlling agitation during post-traumatic amnesia. *Behavioral Neurology, 18,* 7–11.

Norris, F. H. (1992). Epidemiology of trauma: Frequency and impact of different potentially traumatic events on different demographic groups. *Journal of Consulting and Clinical Psychology, 60,* 409–418.

Norris, F. H., & Alegria, M. (2005). Mental health care for ethnic minority individuals and communities in the aftermath of disasters and mass violence. *CNS Spectrums, 10,* 132–140.

Norris, F. H., Friedman, M. J., Watson, P. J., Byrne, C. M., Diaz, E., & Kaniasty, K. (2002). 60,000 disaster victims speak, Part 1: An empirical review of the empirical literature, 1981–2001. *Psychiatry, 65,* 207–239.

Norris, F. H., Tracy, M., & Galea, S. (2009). Looking for resilience: Understanding the longitudinal trajectories of responses to stress. *Social Science & Medicine, 68,* 2190–2198.

North, C. S., Nixon, S. J., Shariat, S., Mallonee, S., McMillen, J. C., Spitznagel, E. L., & Smith, E. M. (1999). Psychiatric disorders among survivors of the Oklahoma City bombing. *Journal of the American Medical Association, 282,* 755–762.

North, C. S., Smith, E. M., & Spitznagel, E. L. (1994). Violence and the homeless: An epidemiologic study of victimization and aggression. *Journal of Traumatic Stress, 7,* 95–110.

Nrugham, L., Holen, A., & Sund, A. M. (2010). Associations between attempted suicide, violent life events, depressive symptoms, and resilience in adolescents and young adults: Erratum. *Journal of Nervous and Mental Disease, 198,* 389.

Nugent, N. R., Christopher, N. C., Crow, J. P., Browne, L., Ostrowski, S., & Delahanty, D. L. (2010). The efficacy of early propranolol administration at reducing PTSD symptoms in pediatric injury patients: A pilot study. *Journal of Traumatic Stress, 23,* 282–287.

O'Connor, M. (2010). PTSD in older bereaved people. *Aging & Mental Health, 14,* 310–318.

O'Connor, M., Lasgaard, M., Shevlin, M., Guldin, M. B. (2010). A confirmatory factor analysis of combined models of the Harvard Trauma Questionnaire and the Inventory of Complicated Grief-Revised: Are we measuring complicated grief or posttraumatic stress? *Journal of Anxiety Disorders, 24,* 672–679.

O'Donnell, M. L., Creamer, M., Holmes, A. C. N., Ellen, S., McFarlane, A. C., Judson, R., . . . Bryant, R. A. (2010). Posttraumatic stress disorder after injury: Does admission to intensive care unit increase risk? *Journal of Trauma, 69,* 627–32.

O'Donnell, M. L., Creamer, M., McFarlane, A. C., Silove, D., & Bryant, R. A. (2010). Should A2 be a diagnostic requirement for posttraumatic stress disorder in DSM-V? *Psychiatry Research, 176,* 257–260.

Ogata, K., Ishikawa, T., Michiue, T., Nishi, Y., & Maeda, H. (2011). Posttraumatic symptoms in Japanese bereaved family members with special regard to suicide and homicide cases. *Death Studies, 35,* 525–535.

Ogata, S. N., Silk, K. R., Goodrich, S., Lohr, N. E., Westen, D., & Hill, E. M. (1990). Childhood sexual and physical abuse in adult patients with borderline personality disorder. *American Journal of Psychiatry, 147,* 1008–1013.

Ogawa, J. R., Sroufe, L. A., Weinfield, N. S., Carlson, E. A., & Egeland, B. (1997). Development and the fragmented self: Longitudinal study of dissociative symptomatology in a nonclinical sample. *Development and Psychopathology, 9,* 855–879.

Ogden, P., Minton, K., & Pain, C. (2000). *Trauma and the body.* New York, NY: Norton.

Okuda, M., Olfson, M., Hasin, D. S., Grant, B. F., Lin, K., Blanco, C. (2011). Mental health of victims of intimate partner violence: Results from a national epidemiologic survey. *Psychiatric Services, 62,* 959–962.

O'Leary, D. K. (1999). Psychological abuse: A variable deserving critical attention in domestic violence. *Violence and Victims, 14,* 3–23.

O'Leary, V. E. (1998). Strength in the face of adversity: Individual and social thriving. *Journal of Social Issues, 54,* 425–446.

Olsen, M. A., & Fazio, R. H. (2002). Implicit acquisition and manifestation of classically conditioned attitudes. *Social Cognition, 20,* 89–103.

Orlinski, D. E., Grawe, K., & Parks, B. K. (1994). Process and outcome in psychotherapy. In A. E. Bergin & S. L. Garfield (Eds.), *Handbook of psychotherapy and behavior change* (4th ed., pp. 272–281). New York, NY: Wiley.

Orner, R., Kent, A. T., Pfefferbaum, B., Raphael, B., & Watson, P. (2006). Context for providing immediate intervention post-event. In E. C. Ritchi, P. J. Watson, & M. J. Friedman (Eds.), *Interventions following mass violence and disasters: Strategies for mental health practice* (pp. 121–133). New York, NY: Guilford.

Orsillo, S. M. (2001). Measures for acute stress disorder and posttraumatic stress disorder. In M. M. Antony & S. M. Orsillo (Eds.), *Practitioner's guide to empirically based measures of anxiety* (pp. 255–307). New York, NY: Kluwer Academic/Plenum.

Orsillo, S. M., & Batten, S. V. (2005). Acceptance and commitment therapy in the treatment of posttraumatic stress disorder. *Behavior Modification, 29,* 95–129.

Öst, L. G. (2008). Efficacy of the third wave of behavioral therapies: A systematic review and meta-analysis. *Behavior Research and Therapy, 46,* 296–321.

Ouimette, P., & Brown, P. J. (2003). *Trauma and substance abuse: Causes, consequences, and treatment of comorbid disorders.* Washington, DC: American Psychological Association.

Ouimette, P., Moos, R. H., & Brown, P. J. (2003). Substance use disorder-posttraumatic stress disorder comorbidity: A survey of treatments and proposed practice guidelines. In P. Ouimette & P. J. Brown (Eds.), *Trauma and substance abuse: Causes, consequences, and treatment of comorbid disorders* (pp. 1–110). Washington DC: American Psychological Association.

Ozer, E. J., Best, S. R., Lipsey, T. L., & Weiss, D. S. (2003). Predictors of posttraumatic stress disorder and symptoms in adults: A meta-analysis. *Psychological Bulletin, 129*, 52–73.

Pace, T. W., & Heim, C. M. (2011). A short review on the psychoneuroimmunology of posttraumatic stress disorder: From risk factors to medical comorbidities. *Brain, Behavior, and Immunity, 25*, 6–13.

Palm, K. M., & Follette, V. M. (2011). The roles of cognitive flexibility and experiential avoidance in explaining psychological distress in survivors of interpersonal victimization. *Journal of Psychopathology and Behavioral Assessment, 33*, 79–86.

Paras, M. L., Murad, M. H., Chen, L. P., Goranson, E. N., Sattler, A. L., Colbenson, K. M., . . . Zirakzadeh, A. (2009). Sexual abuse and lifetime diagnosis of somatic disorders: A systematic review and meta-analysis. *Journal of the American Medical Association, 302*, 550–561.

Pastrana Jimenez J., Catalina Romero C., Garcia Dieguez N., & Lopez-Ibor Alino J. (2007). Pharmacological treatment of acute stress disorder with propranolol and hypnotics. *Actas Espanolas de Psiquiatria, 35*, 351–358.

Payne, J. L., & Meltzer-Brody, S. (2009). Antidepressant use during pregnancy: Current controversies and treatment strategies. *Clinical Obstetrics and Gynecology, 52*, 469–482.

Pearlman, L. A. (2003). *Trauma and Attachment Belief Scale.* Los Angeles, CA: Western Psychological Services.

Pearlman, L. A., & Courtois, C. A. (2005). Clinical applications of the attachment framework: Relational treatment of complex trauma. *Journal of Traumatic Stress, 18*, 449–459.

Pearlman, L. A., & Saakvitne, K. W. (1995). *Trauma and the therapist: Countertransference and vicarious traumatization in psychotherapy with incest survivors.* New York, NY: Norton.

Pechtel, P., & Pizzagalli, D. A. (2011). Effects of early life stress on cognitive and affective function: An integrated review of human literature. *Psychopharmacology, 214*, 55–70.

Pelcovitz, D., van der Kolk, B. A., Roth, S., Mandel, F., Kaplan, S., & Resick, P. (1997). Development of a criteria set and a structured interview for disorders of extreme stress (SIDES). *Journal of Traumatic Stress, 10*, 3–16.

Pennebaker, J. W. (1993). Putting stress into words: Health, linguistic, and therapeutic implications. *Behaviour Research and Therapy, 31*, 539–548.

Pennebaker, J. W., & Campbell, R. S. (2000). The effects of writing about traumatic experience. *National Center for PTSD Clinical Quarterly, 9*, 17–21.

Perez, M. C., & Fortuna, L. (2005). Psychosocial stressors, psychiatric diagnoses and utilization of mental health services. *Journal of Immigrant and Refugee Services, 3*, 107–124.

Peris, A., Bonizzoli, M., Iozzelli, D., Migliaccio, M. L., Zagli, G., Bacchereti, A., . . . Belloni, L. (2011). Early intra-intensive care unit psychological intervention promotes recovery from past posttraumatic stress disorders, anxiety, and depression symptoms in critically ill patiens. *Critical Care, 15,* Article R41.

Petrak, J. (2002). Rape: History, myths and reality. In J. Petrak & B. Hedge (Eds.), *The trauma of sexual assault: Treatment prevention and practice* (pp. 1–18). London, UK: Wiley.

Petrakis, I. L., Rosenheck, R., & Desai, R. (2011). Substance use comorbidity among veterans with posttraumatic stress disorder and other psychiatric illness. *American Journal on Addictions, 20,* 185–189.

Petty, F., Davis, L. L., Nugent, A. L., Kramer, G. L., Teten, A., Schmitt, A., & Stone, R. C. (2002). Valproate therapy for chronic, combat-induced posttraumatic stress disorder. *Journal of Clinical Psychopharmacology, 22,* 100–101.

Pfeffer, C. R., Altemus, M., Heo, M., & Jiang, H. (2009). Salivary cortisol and psychopathology in adults bereaved by the September 11, 2001 terror attacks. *International Journal of Psychiatry in Medicine, 39,* 215–226.

Pfefferbaum, B. C., Call, J. A., Lensgraf, S. J., Miller, P. D., Flynn, B. W., Doughty, D. E., . . . Dickson, W. L. (2001). Traumatic grief in a convenience sample of victims seeking support services after a terrorist incident. *Annals of Clinical Psychiatry, 13,* 19–24.

Phifer, J. E., Skelton, K., Weiss, T. E., Schwartz, A. C., Wingo, A. P., Gillespie, C. F., . . . Ressler, K. J. (2011). Pain symptomatology and pain medication use in civilian PTSD. *Pain, 152,* 2233–2240.

Phillips, C. J., LeardMann, C. A., Gumbs, G. R., & Smith, B. (2010). Risk factors for posttraumatic stress disorder among deployed US male Marines. *BMC Psychiatry, 10,* 52.

Physicians' desk reference (66th ed.). (2012). Montvale, NJ: Thomson Healthcare.

Piet, J., & Hougaard, E. (2011). The effect of mindfulness-based cognitive therapy for prevention of relapse in recurrent major depressive disorder: A systematic review and meta-analysis. *Clinical Psychology Review, 31,* 1032–1040.

Pietrzak, R. H., Harpaz-Rotem, I., Southwick, S. M. (2011). Cognitive-behavioral coping strategies associated with combat-related PTSD in treatment-seeking OEF-OIF Veterans. *Psychiatry Research, 189,* 251–258.

Pilver, C. E., Levy, B. R., Libby, D. J., & Desai, R. A. (2011). Posttraumatic stress disorder and trauma characteristics are correlates of premenstrual dysphoric disorder. *Archives of Women's Mental Health, 14,* 383–393.

Pinna, G. (2010). In a mouse model relevant for post-traumatic stress disorder, selective brain steroidogenic stimulants (SBSS) improve behavioral deficits by normalizing allopregnanolone biosynthesis. *Behavioural Pharmacology, 21,* 438–450.

Pinto, P. A., & Gregory, R. J. (1995). Posttraumatic stress disorder with psychotic features. *American Journal of Psychiatry, 152,* 471.

Pitman, R. K., Altman, B., Greenwald, E., Longpre, R. E., Macklin, M. L., Poiré, R. E., & Steketee, G. S. (1991). Psychiatric complications during flooding therapy for posttraumatic stress disorder. *Journal of Clinical Psychiatry, 52,* 17–20.

Pitman, R. K., Sanders, K. M., Zusman, R. M., Healy, F. C., Lasko, N. B., Cahill, L., & Orr, S. P. (2002). Pilot study of secondary prevention of posttraumatic stress disorder with propranolol. *Biological Psychiatry, 51,* 189–142.

Pivac, N., Kozaric-Kovacic, D., & Muck-Seler, D. (2004). Olanzapine versus fluphenazine in an open trial in patients with psychotic combat-related post-traumatic stress disorder. *Psychopharmacology, 175,* 451–456.

Pizarro, J., Silver, R. C., & Prause, J. (2006). Physical and mental health costs of traumatic war experiences among Civil War veterans. *Archives of General Psychiatry, 63,* 193–200.

Plenger, P. M., Dixon, C. E., Castillo, R. M., Frankowski, R. F., Yablon, S. A., & Levin, H. S. (1996). Subacute methylphenidate treatment for moderate to moderately severe traumatic brain injury: A preliminary double-blind placebo-controlled study. *Archives of Physical Medicine & Rehabilitaion, 77,* 536–540.

Plumb, J. C., Orsillo, S. M., & Luterek, J. A. (2004). A preliminary test of the role of experiential avoidance in post-event functioning. *Journal of Behavior Therapy and Experimental Psychiatry, 35,* 245–257.

Poole, G. V., Lewis, J. L., Devidas, M., Hauser, C. J., Martin, R. W., & Thomae, K. R. (1997). Psychopathologic risk factors for intentional and nonintentional injury. *Journal of Trauma, 42,* 711–715.

Potter, A. R., Baker, M. T., Sanders, C. S., & Peterson, A. L. (2009). Combat stress reactions during military deployments: Evaluation of the effectiveness of combat stress control treatment. *Journal of Mental Health Counseling, 31,* 137–148.

Powers, M. B., Halpern, J. M., Ferenschak, M. P., Gillihan, S. J., & Foa, E. B. (2010). A meta-analytic review of prolonged exposure for posttraumatic stress disorder. *Clinical Psychology Review, 30,* 635–641.

Pratchett, L. C., & Yehuda, R. (2011). Foundations of posttraumatic stress disorder: Does early life trauma lead to adult posttraumatic stress disorder? *Development and Psychopathology, 23,* 477–491.

Prigerson, H. G., Shear, M. K., Jacobs, S. C., Reynolds, C. F., Maciejewski, P. K., Davidson, J., . . . Zisook, S. (1999). Consensus criteria for traumatic grief: A preliminary empirical test. *British Journal of Psychiatry, 174,* 67–73.

The Protection Project. (2011). *The Protection Project review of the Trafficking in Persons Report.* Washington, DC: Johns Hopkins University.

Punamäki, R.-L., Qouta, S. R., & El Sarraj, E. (2010). Nature of torture, PTSD, and somatic symptoms among political ex-prisoners. *Journal of Traumatic Stress, 23,* 532–536.

Pynoos, R. S., Steinberg, A. M., & Piacentini, J. C. (1999). A developmental psycho-pathology model of childhood traumatic stress and intersection with anxiety disorders. *Biological Psychiatry, 46,* 1542–1554.

Raison, C. L., & Miller, A. H. (2003). When not enough is too much: The role of insufficient glucocorticoid signaling in the pathophysiology of stress-related disorders. *American Journal of Psychiatry, 169,* 1554–1565.

Ramsay, C. E., Flanagan, P., Gantt, S., Broussard, B., & Compton, M. T. (2011). Clinical correlates of maltreatment and traumatic experiences in childhood and adolescence among predominantly African American, socially disadvantaged, hospitalized, first-episode psychosis patients. *Psychiatry Research, 188,* 343–349.

Raskind, M. A., Peskind, E. R., Hoff, D. J., Hart, K. L., Holmes, H. A., Warren, D., . . . McFall, M. E. (2007). A parallel group placebo controlled study of prazosin for trauma nightmares and sleep disturbance in combat veterans with post-traumatic stress disorder. *Biological Psychiatry, 61,* 928–934.

Raskind, M. A., Peskind, E. R., Kanter, E. D., Petrie, E. C., Radant, A., Thompson, C. E., . . . McFall, M. M. (2003). Reduction of nightmares and other PTSD symptoms in combat veterans by prazosin: A placebo-controlled study. *American Journal of Psychiatry, 160,* 371–373.

Rasmusson, A. M., Pinna, G., Paliwal, P., Weisman, D., Gottschalk, C., Charney, D., . . . Guidotti, A. (2006). Decreased cerebrospinal fluid allopregnanolone levels in women with posttraumatic stress disorder. *Biological Psychiatry, 60,* 704–713.

Rau, P. J., & Goldfried, M. R. (1994). The therapeutic alliance in cognitive-behaviour therapy. In A. O. Horvath & L. S. Greenberg (Eds.), *The working alliance: Theory, research and practice* (pp. 31–152). New York, NY: Wiley.

Rayburn, N. R., Wenzel, S. L., Elliott, M. N., Hambarsoomian, K., Marshall, G. N., & Tucker, J. S. (2005). Trauma, depression, coping, and mental health service seeking among impoverished women. *Journal of Consulting and Clinical Psychology, 73,* 667–677.

Read, J., Agar, K., Argyle, N., & Aderhold, V. (2003). Sexual and physical abuse during childhood and adulthood as predictors of hallucinations, delusions and thought disorder. *Psychology and Psychotherapy: Theory, Research and Practice, 76,* 1–22.

Read, J., Perry, B. D., Moskowitz, A., & Connolly, J. (2001). The contribution of early traumatic events to schizophrenia in some patients: A traumagenic neurodevelopmental model. *Psychiatry: Interpersonal and Biological Processes, 64,* 319–345.

Read, J., Van Os, J., Morrison, A. P., & Ross, C. A. (2005). Childhood trauma, psychosis and schizophrenia: A literature review with theoretical and clinical implications. *Acta Psychiatrica Scandinavica, 112,* 330–350.

Read, J. P., Ouimette, P., White, J., Colder, C., & Farrow, S. (2011). Rates of DSM–IV–TR trauma exposure and posttraumatic stress disorder among newly matriculated college students. *Psychological Trauma: Theory, Research, Practice, and Policy, 3,* 148–156.

Rees, S., Silove, D., Chey, T., Ivancic, L., Steel, Z., Creamer, M., . . . Forbes, D. (2011). Lifetime prevalence of gender-based violence in women and the relationship with mental disorders and psychosocial function. *Journal of the American Medical Association, 306,* 513–521.

Reich, D. B., Winternitz, S., Hennen, J., Watts, T., & Stanculescu, C. (2004). A preliminary study of risperidone in the treatment of posttraumatic stress disorder related to childhood abuse in women. *Journal of Clinical Psychiatry, 65,* 1601–1606.

Reid, J. A., & Jones, S. (2011). Exploited vulnerability: Legal and psychological perspectives on child sex trafficking victims. *Victims & Offenders, 6,* 207–231.

Reinhard D. L., Whyte J., & Sandel, M. E. (1996). Improved arousal and initiation following tricyclic antidepressant use in severe brain injury. *Archives of Physical Medicine & Rehabilitation, 77,* 80–83.

Reist, C., Kauffmann, C. D., Haier, R. J., Sangdahl, C., DeMet, E. M., Chicz-DeMet, A., & Nelson, J. N. (1989). A controlled trial of desipramine in 18 men with posttraumatic stress disorder. *American Journal of Psychiatry, 146,* 513–516.

Renzetti, C. M., & Curran, D. J. (2002). *Women, men, and society* (5th ed.). Boston, MA: Allyn & Bacon.

Resick, P. A., & Schnicke, M. K. (1992). Cognitive processing therapy for sexual assault victims. *Journal of Consulting and Clinical Psychology, 60,* 748–756.

Resick, P. A., & Schnicke, M. K. (1993). *Cognitive processing therapy for rape victims: A treatment manual.* Newbury Park, CA: Sage.

Resnick, H. S., Yehuda, R., & Acierno, R. (1997). Acute post-rape cortisol, alcohol abuse, and PTSD symptom profile among recent rape victims. In R. Yehuda & A. C. McFarlane (Eds.), *Psychobiology of posttraumatic stress disorder* (Vol. 821, pp. 433–436). New York, NY: New York Academy of Sciences.

Resnick, H. S., Yehuda, R., Pitman, R. K., & Foy, D. W. (1995). Effect of previous trauma on acute plasma cortisol level following rape. *American Journal of Psychiatry, 152,* 1675–1677.

Rholes, W. S., & Simpson, J. A. (2004). Ambivalent attachment and depressive symptoms: The role of romantic and parent-child relationships. *Journal of Cognitive Psychotherapy, 18,* 67–78.

Richardson, J. D., Fikretoglu, D., Liu, A., & McIntosh, D. (2011). Aripiprazole augmentation in the treatment of military-related PTSD with major depression: A retrospective chart review. *BMC Psychiatry, 11,* 86.

Rimm, D. C., & Masters, J. (1979). *Behavior theory* (2nd ed.). New York, NY: Academic Research.

Ringdahl, E. N., Pereira, S. L., & Delzell, J. E., Jr. (2004). Treatment of primary insomnia. *Journal of the American Board of Family Practice, 17,* 212–219.

Rinne, T., de Kloet, E. R., Wouters, L., Goekoop, J. G., de Rijk, R. H., & van den Brink, W. (2003). Fluvoxamine reduces responsiveness of HPA axis in adult female BPD patients with a history of sustained childhood abuse. *Neuropsychopharmacology, 28,* 126–132.

Ritchie, E. C., Watson, P. J., & Friedman, M. J. (2006). *Mental health intervention following disasters and mass violence.* New York, NY: Guilford.

Rivard, J. M., Dietz, P., Martell, D., & Widawski, M. (2002). Acute dissociative responses in law enforcement officers involved in critical shooting incidents: The clinical and forensic implications. *Journal of Forensic Sciences, 47,* 1093–1100.

Robert, R., Blakeney, P. E., Villarreal, C., Rosenberg, L., & Meyer, W. J. (1999). Imipramine treatment in pediatric burn patients with symptoms of acute stress disorder: A pilot study. *Journal of the American Academy of Child and Adolescent Psychiatry, 38,* 873–882.

Robert, S., Hamner, M. B., Durkalski, V. L., Brown, M. W., & Ulmer, H. G. (2009). An open-label assessment of aripiprazole in the treatment of PTSD. *Psychopharmacology Bulletin, 42,* 69–80.

Robert, S., Hamner, M. B., Kose, S., Ulmer, H. G., Deitsch, S. E., & Lorberbaum, J. P. (2005). Quetiapine improves sleep disturbances in combat veterans with PTSD: Sleep data from a prospective, open-label study. *Journal of Clinical Psychopharmacology, 25,* 387–388.

Roberts, N. P., Kitchiner, N. J., Kenardy, J., & Bisson, J. I. (2010). Early psychological interventions to treat acute traumatic stress symptoms. *Cochrane Database of Systematic Reviews, 2010*(3).

Roelofs, K., Keijsers, G. P. J., Hoogduin, K. A. L., Naring, G. W. B., & Moene, F. C. (2002). Childhood abuse in patients with conversion disorder. *American Journal of Psychiatry, 159,* 1908–1913.

Roemer, L., Orsillo, S. M., Borkovec, T. D., & Litz, B. T. (1998). Emotional response at the time of a potentially traumatizing event and PTSD symptomatology: A preliminary retrospective analysis of the DSM-IV criterion A-2. *Journal of Behavior Therapy and Experimental Psychiatry, 29,* 123–130.

Rogers, C. R. (1957). The necessary and sufficient conditions of therapeutic personality change. *Journal of Consulting Psychology, 21,* 95–103.

Rogers, C. R. (1961). *On becoming a person.* Oxford, UK: Houghton Mifflin.

Rohleder, N., Wolf, J. M., & Wolf, O. T. (2010). Glucocorticoid sensitivity of cognitive and inflammatory processes in depression and posttraumatic stress disorder. *Neurosciences & Biobehavioral Reviews, 35,* 104–114.

Root, M. P. P. (1996). Women of color and traumatic stress in "domestic captivity": Gender and race as disempowering statuses. In A. J. Marsella, M. J. Friedman, E. T. Gerrity, & R. M. Scurfield (Eds.), *Ethnocultural aspects of posttraumatic stress disorder: Issues, research, and clinical applications* (pp. 363–387). Washington, DC: American Psychological Association.

Rorschach, H. (1981). *Psychodiagnostics: A diagnostic test based upon perception* (P. Lemkau & B. Kronemberg, Eds. & Trans.; 9th ed.). New York, NY: Grune & Stratton. (Original work published 1921)

Rose, S., Bisson, J., & Wessely, S. (2002). Psychological debriefing for presenting post traumatic stress disorder (PTSD). *Cochrane Library, 2.* Oxford, UK: Update software.

Rosenman, S. (2002). Trauma and posttraumatic stress disorder in Australia: Findings in the population sample of the Australian national survey of mental health and wellbeing. *Australian and New Zealand Journal of Psychiatry, 36,* 515–520.

Rosenthal, J. Z., Grosswald, S., Ross, R. J., & Rosenthal, N. (2011). Effects of transcendental meditation in veterans of operation enduring freedom and Operation Iraqi Freedom with posttraumatic stress disorder: A pilot study. *Military Medicine, 176,* 626–630.

Ross, C. A., Anderson, G., & Clark, P. (1994). Childhood abuse and the positive symptoms of schizophrenia. *Hospital and Community Psychiatry, 45,* 489–491.

Ross, C. A., Joshi, S., & Currie, R. (1991). Dissociative experiences in the general population: A factor analysis. *Hospital and Community Psychiatry, 42,* 297–301.

Ross, L. E., & McLean, L. M., (2006). Anxiety disorders during pregnancy and the postpartum period: A systematic review. *Journal of Clinical Psychiatry, 67,* 1285–1298.

Rothbaum, B. O., Cahill, S. P., Foa, E. B., Davidson, J. R., Compton, J., Connor, K. M., . . . Hahn, C. G. (2006). Augmentation of sertraline with prolonged exposure in the treatment of posttraumatic stress disorder. *Journal of Traumatic Stress, 19,* 625–638.

Rothbaum, B. O., Foa, E. G., Riggs, D. S., Murdock, T. B., & Walsh, W. (1992). A prospective examination of post-traumatic stress disorder in rape victims. *Journal of Traumatic Stress, 5,* 455–475.

Rothbaum, B. O., Killeen, T. K., Davidson, J. R., Brady, K. T., Connor, K. M., & Heekin, M. H. (2008). Placebo-controlled trial of risperidone augmentation for selective serotonin reuptake inhibitor-resistant civilian posttraumatic stress disorder. *Journal of Clinical Psychiatry, 69,* 520–525.

Rothbaum, B. O., Meadows, E. A., Resick, P., & Foy, D. W. (2000). Cognitive-behavioral therapy. In E. B. Foa, T. M. Keane, & M. J. Friedman (Eds), *Effective treatments for PTSD: Practice guidelines from the International Society for Traumatic Stress Studies* (pp. 60–83). New York, NY: Guilford.

Rothschild, A. J., & Duval, S. E. (2003). How long should patients with psychotic depression stay on the antipsychotic medication? *Journal of Clinical Psychiatry, 64,* 390–396.

Ruch, L. O., & Chandler, S. M. (1983). Sexual assault trauma during the acute phase: An exploratory model and multivariate analysis. *Journal of Health and Social Behavior, 24,* 184–185.

Ruiz, J. (2010). A review of acceptance and commitment therapy (ACT) empirical evidence: Correlational, experimental psychopathology, component and outcome studies. *International Journal of Psychology and Psychological Therapy, 10,* 125–162.

Rusiewicz, A., DuHamel, K. N., Burkhalter, J., Ostroff, J., Winkel, G., Scigliano, E., . . . Redd, W. (2008). Psychological distress in long-term survivors of hematopoietic stem cell transplantation. *Psycho-Oncology, 17,* 329–337.

Sah, R., Ekhator, N. N., Strawn, J. R., Sallee, F. R., Baker, D. G., Horn, P. S., & Geracioti, T. D., Jr. (2009). Low cerebrospinal fluid neuropeptide Y concentrations in posttraumatic stress disorder. *Biological Psychiatry, 66,* 705–707.

Saha, S., Varghese, D., Slade, T., Degenhardt, L., Mills, K., McGrath, J., & Scott, J. (2011). The association between trauma and delusional-like experiences. *Psychiatry Research, 189,* 259–264.

Salib, E., & Cortina-Borja, M. (2009). Effect of 7 July 2005 terrorist attacks in London on suicide in England and Wales. *British Journal of Psychiatry, 194,* 80–85.

Salloum, A., Carter, P., Burch, B., Garfinkel, A., & Overstreet, S. (2011). Impact of exposure to community violence, Hurricane Katrina, and Hurricane Gustav on posttraumatic stress and depressive symptoms among school age children. *Anxiety, Stress & Coping, 24,* 27–42.

Salter, A. C. (1995). *Transforming trauma: A guide to understanding and treating adult survivors of child sexual abuse.* Thousand Oaks, CA: Sage.

Salzberg, S. (1995). *Lovingkindness: The revolutionary art of happiness.* Boston, MA: Shambhala.

Samelius, L., Wijma, B., Wingren, G., & Wijma, K. (2007). Somatization in abused women. *Journal of Women's Health, 16,* 909–918.

Samoilov, A., & Goldfried, M. R. (2000). Role of emotion in cognitive-behavior therapy. *Clinical Psychology: Science and Practice, 7,* 373–385.

Sansone, R. A., Hruschka, J., Vasudevan, A., & Miller, S. N. (2003). Benzodiazepine exposure and history of trauma. *Psychosomatics, 44,* 523–524.

Sansone, R. A., Songer, D. A., & Miller, K. A. (2005). Childhood abuse, mental health-care utilization, self-harm behavior, and multiple psychiatric diagnoses among inpatients with and without a borderline diagnosis. *Comprehensive Psychiatry, 46,* 117–120.

Sar, V., Akyüz, G., & Doğan, O. (2007). Prevalence of dissociative disorders among women in the general population. *Psychiatry Research, 149,* 169–176.

Sar, V., Akyüz, G., Doğan, O., & Öztü, E. (2009). The prevalence of conversion symptoms in women from a general Turkish population. *Psychosomatics: Journal of Consultation Liaison Psychiatry, 50,* 50–58.

Sar, V., Akyüz, G., Kundakci, T., Kiziltan, E., & Dogan, O. (2004). Childhood trauma, dissociation, and psychiatric comorbidity in patients with conversion disorder. *American Journal of Psychiatry, 161,* 2271–2276.

Schäfer, I., & Fisher, H. L. (2011). Childhood trauma and psychosis—What is the evidence? *Dialogues in Clinical Neuroscience, 13*, 360–365.

Schalinski, I., Elbert, T., & Schauer, M. (2011). Female dissociative responding to extreme sexual violence in a chronic crisis setting: The case of Eastern Congo. *Journal of Traumatic Stress, 24*, 235–238.

Schatzberg, A. F. (2003). New approaches to managing psychotic depression. *Journal of Clinical Psychiatry, 64*(Suppl. 1), 19–23.

Schmahl, C., & Bremner, J. D. (2006). Neuroimaging in borderline personality disorder. *Journal of Psychiatric Research, 40*, 419–427.

Schnurr, P. P., & Green, B. L. (Eds.). (2004). *Trauma and health: Physical health consequences of exposure to extreme stress.* Washington, DC: American Psychological Association.

Schnyder, U., Wittman, L., Friedrich-Perez, J., Hepp, U., & Moergeli, H. (2008). Posttraumatic stress disorder following accidental injury: Rule or exception in Switzerland? *Psychotherapy and Psychosomatics, 77*(2), 111–118.

Schonenberg, M., Jusyte, A., Hautzinger, M., & Badke, A. (2011). Early predictors of posttraumatic stress in accident victims. *Psychiatry Research, 190*, 152–155.

Schore, A. N. (1994). *Affect regulation and the origin of the self: The neurobiology of emotional development.* Hillsdale, NJ: Lawrence Erlbaum.

Schore, A. N. (1996). The experience-dependent maturation of a regulatory system in the orbital prefrontal cortex and the origin of developmental psychopathology. *Development and Psychopathology, 8*, 59–87.

Schore, A. N. (2002). Dysregulation of the right brain: A fundamental mechanism of traumatic attachment and the psychopathogenesis of posttraumatic stress disorder. *Australian and New Zealand Journal of Psychiatry, 36*, 9–30.

Schore, A. N. (2003). *Affect dysregulation and disorders of the self.* New York, NY: Norton.

Schulman, E. A., & DePold Hohler, A. (2012). The American Academy of Neurology position statement on abuse and violence. *Neurology, 78*, 433–435.

Schwab-Stone, M. E., Ayers, T. S., Kasprow, W., Voyce, C., Barone, C., Shriver, T., & Weissberg, R. P. (1995). No safe haven: A study of violence exposure in an urban community. *Journal of the American Academy of Child and Adolescent Psychiatry, 34*, 1343–1352.

Sedlak, A. J., & Broadhurst, D. D. (1996). *Third National Incidence Study of Child Abuse and Neglect.* Washington, DC: National Center on Child Abuse and Neglect.

Seedat, S., & Stein, D. J. (2001). Biological treatment of PTSD in children and adolescents. In S. Eth (Ed.), *PTSD in children and adolescents* (pp. 87–116). Washington, DC: American Psychiatric Press.

Segal, Z. V., Williams, J. M. G., & Teasdale, J. D. (2002). *Mindfulness-based cognitive therapy for depression: A new approach to preventing relapse.* New York, NY: Guilford Press.

Segman, R. H., Cooper-Kazaz, R., Macciardi, F., Goltser, T., Halfon, Y., Dobroborski, T., & Shalev, A. Y. (2002). Association between the dopamine transporter gene and posttraumatic stress disorder. *Molecular Psychiatry, 7*, 903–907.

Segura, D. A., & Zavella, P. (2007). *Women and migration in the U.S.-Mexico borderlands: A reader*. Durham, NC: Duke University Press.

Seidler, G. H., & Wagner, F. E. (2006). Comparing the efficacy of EMDR and trauma-focused cognitive-behavioral therapy in the treatment of PTSD: A meta-analytic study. *Psychological Medicine: A Journal of Research in Psychiatry and the Allied Sciences, 36*, 1515–1522.

Selley, C., King, E., Peveler, R., Osola, K., Martin, N., & Thompson, C. (1997). Post-traumatic stress disorder symptoms and the Clapham rail accident. *British Journal of Psychiatry, 171*, 478–482.

Sells, D. J., Rowe, M., Fisk, D., & Davidson, L. (2003). Violent victimization of persons with co-occurring psychiatric and substance use disorders. *Psychiatric Services, 54*, 1253–1257.

Semple, R. J., & Lee, J. (2011). *Mindfulness-based cognitive therapy for anxious children: A manual for treating childhood anxiety*. Oakland, CA: New Harbinger.

Seng, J. S. (2002). A conceptual framework for research on lifetime violence, post-traumatic stress, and childbearing. *Journal of Midwifery & Women's Health, 47*, 337–346.

Seng, J. S., Low, L. K., Sperlich, M., Ronis, D. L., Liberzon, I. (2011). Post-traumatic stress disorder, child abuse history, birthweight and gestational age: A prospective cohort study. *BJOG: An International Journal of Obstetrics & Gynaecology, 118*, 1329–1339.

Seng, J. S., Oakley, D. J., Sampselle, C. M., Killion, C., Graham-Bermann, S., & Liberzon, I. (2001). Posttraumatic stress disorder and pregnancy complications. *Obstetrics & Gynecology, 97*, 17–22.

Seng, J. S., Sperlich, M., & Low, L. K. (2008). Mental health, demographic, and risk behavior profiles of pregnant survivors of childhood and adult abuse. *Journal of Midwifery & Women's Health, 53*, 511–521.

Shalev, A. Y. (2002). Acute stress reactions in adults. *Biological Psychiatry, 51*, 532–544.

Shalev, A. Y., Ankri, Y. L. E., Israeli-Shalev, Y., Peleg, T., Adessky, R. S., & Freedman, S. A. (2012). Prevention of posttraumatic stress disorder by early treatment: Results from the Jerusalem trauma outreach and prevention study. *Archives of General Psychiatry, 69*, 166–176.

Shapiro, D. H. (1992). Adverse effects of meditation: A preliminary investigation of long-term meditators. *International Journal of Psychosomatics, 39*, 62–66.

Shapiro, F. (1995). *Eye movement desensitization and reprocessing: Basic principles, protocols, and procedures*. New York, NY: Guilford.

Shapiro, F. (2002). EMDR 12 years after its introduction: Past and future research. *Journal of Clinical Psychology, 58*, 1–22.

Shapiro, S. L., & Carlson, L. E. (2009). *The art and science of mindfulness: Integrating mindfulness into psychology and the helping professions.* Washington DC: American Psychological Association.

Sharp, S., Thomas, C., Rosenberg, L., Rosenberg, M., & Meyer, W., III. (2010). Propranolol does not reduce risk for acute stress disorder in pediatric burn trauma. *Journal of Trauma: Injury, Infection, & Critical Care, 68*, 193–197.

Shay, J. (1995). *Achilles in Vietnam: Combat trauma and the undoing of character.* New York, NY: Touchstone.

Shear, M. K., McLaughlin, K., Ghesquire, A., Guber, M., Sampson, N., & Kessler R. (2011). Complicated grief associated with Hurricane Katrina. *Depression and Anxiety, 28*, 648–657.

Shear, M. K., Simon, N., Wall, M., Zisook, S., Neimeyer, R., Duan, N., . . . Keshaviah, A. (2011). Complicated grief and related bereavement issues for DSM-5. *Depression and Anxiety, 28*, 103–117.

Shear, M. K., & Smith-Caroff, K. (2002). Traumatic loss and the syndrome of complicated grief. *PTSD Research Quarterly, 13*, 1–7.

Sherin, J. E., & Nemeroff, C. B. (2011). Post-traumatic stress disorder: The neurobiological impact of psychological trauma. *Dialogues in Clinical Neuroscience, 13*, 263–278.

Shestatzky, M., Greenberg, D., & Lerer, B. (1988). A controlled trial of phenelzine in posttraumatic stress disorder. *Psychiatry Research, 24*, 149–155.

Shin, L. M., Rauch, S. L., & Pitman, R. K. (2006). Amygdala, medial prefrontal cortex, and hippocampal function in PTSD. *Annals of the New York Academy of Sciences, 1071*, 67–79.

Shin, L. M., Whalen, P. J., Pitman, R. K., Bush, G., Macklin, M. L., Lasko, N. B., . . . Rauch, S. L. (2001). An fMRI study of anterior cingulate function in posttraumatic stress disorder. *Biological Psychiatry, 50*, 932–942.

Shipherd, J. C., Street, A. E., & Resick, P. A. (2006). Cognitive therapy for posttraumatic stress disorder. In V. M. Follette, J. I. Ruzek, V. M. Follette, & J. I. Ruzek (Eds.), *Cognitive-behavioral therapies for trauma* (2nd ed., pp. 96–116). New York, NY: Guilford.

Siddiqui, Z., Marcil, W. A., Bhatia, S. C., Ramaswamy, S., & Petty, F. (2005). Ziprasidone therapy for post-traumatic stress disorder. *Journal of Psychiatry and Neuroscience, 30*, 430–431.

Siegel, D. J. (1999). *The developing mind: Toward a neurobiology of interpersonal experience.* New York, NY: Guilford.

Siegel, D. J. (2007). *The mindful brain.* New York, NY: W. W. Norton.

Siegel, D. J. (2012). *The developing mind: How relationships and the brain interact to shape who we are* (2nd ed.). New York, NY: Guilford.

Siegel, K., & Schrimshaw, E. W. (2000). Perceiving benefits in adversity: Stress-related growth in women living with HIV/AIDS. *Social Science and Medicine, 51,* 1543–1554.

Silver, J. M., McAllister, T. W., & Arciniegas, D. B. (2009). Depression and cognitive complaints following mild traumatic brain injury. *American Journal of Psychiatry, 166,* 653–661.

Silver, R. C., Holman, E. A., McIntosh, D. N., Poulin, M., & Gil-Rivas, V. (2002). Nationwide longitudinal study of psychological responses to September 11. *Journal of the American Medical Association, 288,* 1235–1244.

Simeon, D., Bartz, J., Hamilton, H., Crystal, S., Braun, A., Ketay, S., & Hollander, E. (2011). Oxytocin administration attenuates stress reactivity in borderline personality disorder: A pilot study. *Psychoneuroendocrinology, 36,* 1418–1421.

Simeon, D., Greenberg, J., Nelson, D., Schmeidler, J., & Hollander, E. (2005). Dissociation and posttraumatic stress 1 year after the World Trade Center disaster: Follow-up of a longitudinal survey. *Journal of Clinical Psychiatry, 66,* 231–237.

Simon, N. M., Connor, K. M., Lang, A. J., Rauch, S, Krulewicz, S., LeBeau, R. T., . . . Pollack, M. H. (2008). Paroxetine CR augmentation for posttraumatic stress disorder refractory to prolonged exposure therapy. *Journal of Clinical Psychiatry, 69,* 400–405.

Simpson, G. M., El Sheshai, A. E., Rady, A., Kingsbury, S. J., & Fayek, M. (2003). Sertraline and monotherapy in the treatment of psychotic and nonpsychotic depression. *Journal of Clinical Psychiatry, 64,* 959–965.

Simpson, J. A., & Rholes, W. S. (1994). Stress and secure base relationships in adulthood. In K. Bartholomew, D. Perlman (Eds.), *Attachment processes in adulthood* (pp. 181–204). London, UK: Jessica Kingsley.

Simpson, T. L., Kaysen, D. L., Bowen, S., MacPherson, L. M., Chawla, N., Blume, A., . . . Larimer, M. E. (2007). PTSD symptoms, substance use, and vipassana meditation among incarcerated individuals. *Journal of Traumatic Stress, 20,* 239–249.

Singer, M. I., Anglin, T. M., Song, L. Y., & Lunghofer, L. (1995). Adolescents' exposure to violence and associated symptoms of psychological trauma. *Journal of the American Medical Association, 273,* 477–482.

Smajkic, A., Weine, S., Djuric-Bijedic, Z., Boskailo, E., Lewis, J., & Pavkovic, I. (2001). Sertraline, paroxetine, and venlafaxine in refugee posttraumatic stress disorder with depression symptoms. *Journal of Traumatic Stress, 14,* 445–542.

Smith, J. D. (2009). *Mindfulness-based stress reduction (MBSR) for women with PTSD surviving domestic violence dissertation* (Unpublished doctoral dissertation). Fielding Graduate University, Santa Barbara, CA.

Smyth, J., Hockemeyer, J., & Tulloch, H. (2008). Expressive writing and post-traumatic stress disorder: Effects on trauma symptoms, mood states, and cortisol reactivity. *British Journal of Health Psychology, 13,* 85–93.

Sokolski, K. N., Denson, T. F., Lee, R. T., & Reist, C. (2003). Quetiapine for treatment of refractory symptoms of combat-related post-traumatic stress disorder. *Military Medicine, 168,* 486–489.

Solomon, M. F., & Siegel, D. J. (2003). *Healing trauma: Attachment, mind, body, and brain.* New York, NY: Norton.

Solomon, Z., & Benbenishty, R. (1986). The role of proximity, immediacy, and expectancy in frontline treatment of combat stress reaction among Israelis in the Lebanon war. *American Journal of Psychiatry, 143,* 613–617.

Solomon, Z., Shklar, R., & Mikulincer, M. (2005). Frontline treatment of combat stress reaction: A 20-year longitudinal evaluation study. *American Journal of Psychiatry, 162,* 2309–2314.

Southwick, S. M., Bremner, J. D., Rasmusson, A., Morgan, C. A., Arnsten, A., & Charney, D. S. (1999). Role of norepinephrine in the pathophysiology and treatment of posttraumatic stress disorder. *Biological Psychiatry, 46,* 1192–1204.

Southwick, S. M., Morgan, C. A., Charney, D. S., & High, J. R. (1999). Yohimbine use in a natural setting: Effects on posttraumatic stress disorder. *Biological Psychiatry, 46,* 442–444.

Southwick, S. M., Morgan, C. A., Vythilingam, M., & Charney, D. S. (2003). Emerging neurobiological factors in stress resilience. *PTSD Research Quarterly, 14,* 1–8.

Spates, C., Koch, E., Cusack, K., Pagoto, S., & Waller, S. (2008). Eye movement desensitization and reprocessing. In Foa, E., Keane, T., Friedman, M., & Cohen, J. (Eds), *Effective treatments for PTSD: Practice guidelines from the International Society for Traumatic Stress Studies* (2nd ed.). New York, NY: Guilford.

Spinazzola, J., Blaustein, M., & van der Kolk, B. A. (2005). Treatment outcome research: The study of unrepresentative samples? *Journal of Traumatic Stress, 18,* 425–436.

Spitzer, C., Barnow, S., Völzke, H., John, U., Freyberger, H. J., & Grabe, H. J. (2009). Trauma, posttraumatic stress disorder, and physical illness: Findings from the general population. *Psychosomatic Medicine, 71,* 1012–1017.

Sroufe, L. A., Carlson, E. A., Levy, A. K., & Egeland, B. (1999). Implications of attachment theory for developmental psychopathology. *Development and Psychopathology, 11,* 1–13.

Steel, Z., Chey, T., Silove, D., Marnane, C., Bryant, R. A., & van Ommeren, M. (2009). Association of torture and other potentially traumatic events with mental health outcomes among populations exposed to mass conflict and displacement: A systematic review and meta-analysis. *Journal of the American Medical Association, 302,* 537–549.

Steil, R., Dyer, A., Priebe, K., Kleindienst, N., & Bohus, M. (2011). Dialectical behavior therapy for posttraumatic stress disorder related to childhood sexual abuse: A pilot study of an intensive residential treatment program. *Journal of Traumatic Stress, 24,* 102–106.

Stein, D. J., Davidson, J., Seedat, S., & Beebe, K. (2003). Paroxetine in the treatment of post-traumatic stress disorder: Pooled analysis of placebo-controlled studies. *Expert Opinion on Pharmacotherapy, 4,* 1829–1838.

Stein, D. J., van der Kolk, B. A., Austin, C., Fayyad, R., & Clary, C. (2006). Efficacy of sertraline in posttraumatic stress disorder secondary to interpersonal trauma or childhood abuse. *Annals of Clinical Psychiatry, 18,* 243–249.

Stein M. B., Kerridge C., Dimsdale J. E., & Hoyt D. B. (2007). Pharmacotherapy to prevent PTSD: Results from a randomized controlled proof-of-concept trial in physically injured patients. *Journal of Traumatic Stress. 20,* 923–932.

Stein, M. B., Kline, N. A., & Matloff, J. L. (2002). Adjunctive olanzapine for SSRI-resistant combat-related PTSD: A double-blind, placebo-controlled study. *American Journal of Psychiatry, 159,* 1777–1779.

Steinberg, M. (1994). *Structured Clinical Interview for DSM-IV Dissociative Disorders-Revised (SCID-D-R).* Washington, DC: American Psychiatric Press.

Steinberg, M. (2004). Systematic assessment of posttraumatic dissociation: The structured clinical interview for DSM-IV dissociative disorders. In. J. P. Wilson & T. M. Keane (Eds.), *Assessing psychological trauma and PTSD* (pp. 122–143). New York, NY: Guilford.

Stern, D. N. (1985). *The interpersonal world of the infant: A view from psychoanalysis and developmental psychology.* New York, NY: Basic Books.

Stiglmayer, A. (1994). *Mass rape: The war against women in Bosnia-Herzegovina.* Lincoln: University of Nebraska Press.

Stramrood, C. A., Wessel, I., Doornbos, B., Aarnoudse, J. G., van den Berg, P. P., Schultz, W. C., & van Pampus, M. G. (2011). Posttraumatic stress disorder following preeclampsia and PPROM: A prospective study with 15 months follow-up. *Reproductive Sciences, 18,* 645–653.

Straus, M. A., & Gelles, R. J. (1990). *Physical violence in American families: Risk factors and adaptation to violence in 8,145 families.* New Brunswick, NJ: Transaction.

Strawn, J. R., Keeshin, B. R., DelBello, M. P., Geracioti, T. D., & Putnam, F. W. (2010). Psychopharmacologic treatment of posttraumatic stress disorder in children and adolescents: A review. *Journal of Clinical Psychiatry, 71,* 932–941.

Ströhle, A., Scheel, M., Modell, S., & Holsboer, F. (2008). Blunted ACTH response to dexamethasone suppression-CRH stimulation in posttraumatic stress disorder. *Journal of Psychiatric Research, 42,* 1185–1188.

Sugar, J. A., & Ford, J. D. (2012). Peritraumatic dissociation and PTSD in psychiatrically impaired youth. *Journal of Traumatic Stress, 25,* 41–49.

Sullivan P. F. (2005). The genetics of schizophrenia. *PLoS Medicine, 2*(7), e212. doi:10.1371/journal.pmed.0020212

Suominen, K., Vuola, J., & Isometsa, E. (2011). Mental disorders after burn injury: A prospective study. *Burns, 37,* 601–609.

Suris, A., North, C., Adinoff, B., Powell, C. M., & Greene, R. (2010). Effects of exogenous glucocorticoid on combat-related PTSD symptoms. *Annals of Clinical Psychiatry, 22,* 274–279.

Talbot, N. L., Houghtalen, R. P., Cyrulik, S., Betz, A., Barkun, M., Duberstein, P. R., & Wynne, L. C. (1998). Women's safety in recovery: Group therapy for patients with a history of childhood sexual abuse. *Psychiatric Services, 49,* 213–217.

Taylor, F., & Raskind, M. A. (2002). The alpha1-adrenergic antagonist prazosin improves sleep and nightmares in civilian trauma posttraumatic stress disorder. *Journal of Clinical Psychopharmacology, 22,* 82–85.

Taylor, F. B., Martin, P., Thompson, C., Williams, J., Mellman, T. A., Gross, C., . . . Raskind, M. A. (2008). Prazosin effects on objective sleep measures and clinical symptoms in civilian trauma posttraumatic stress disorder: A placebo-controlled study. *Biological Psychiatry, 63,* 629–632.

Taylor, S. (2003). Outcome predictors for three PTSD treatments: Exposure therapy, EMDR, and relaxation training. *Journal of Cognitive Psychotherapy, 17,* 149–162.

Teasdale, J. D., Segal, Z., & Williams, J. M. G. (1995). How does cognitive therapy prevent depressive relapse and why should attentional control (mindfulness) training help? *Behaviour Research and Therapy, 33,* 25–39.

Tengvall, O., Wickman, M., & Wengstrom, Y. (2010). Memories of pain after burn injury— The patient's experience. *Journal of Burn Care and Research, 31,* 319–327.

Terzano, M. G., Rossi, M., Palomba, V., Smerieri, A., & Parrino, L. (2003). New drugs for insomnia: Comparative tolerability of zopiclone, zolpidem and zaleplon. *Drug Safety, 26,* 261–282.

Thanissaro Bhikkhu. (Trans.). (1997). *Sallatha sutta: The arrow.* Retrieved from http://www.accesstoinsight.org/tipitaka/sn/sn36/sn36.006.than.html

Thombs, B. D., Fauerbach, J. A., & McCann, U. D. (2005). Stress disorders following traumatic injury: Assessment and treatment considerations. *Primary Psychiatry, 12*(3), 51–55.

Thompson, A., Nelson, B., McNab, C., Simmons, M., Leicester, S., McGorry, P. D., . . . Yung, A. R. (2010). Psychotic symptoms with sexual content in the "ultra high risk" for psychosis population: Frequency and association with sexual trauma. *Psychiatry Research, 177,* 84–91.

Thompson, B. L., & Waltz, J. (2010). Mindfulness and experiential avoidance as predictors of posttraumatic stress disorder avoidance symptom severity. *Journal of Anxiety Disorders, 24,* 409–415.

Thurman, D. J., Alverson, C., Dunn, K. A., Guerrero, J., & Sniezek, J. E. (1999). Traumatic brain injury in the United States: A public health perspective. *Journal of Head Trauma Rehabilitaion, 14,* 602–615.

Tischler, L., Brand, S. R., Stavitsky, K., Labinsky, E., Newmark, R., Grossman, R., . . . Yehuda, R. (2006). The relationship between hippocampal volume and declarative memory in a population of combat veterans with and without PTSD. *Annals of the New York Academy of Science, 1071,* 405–409.

Tjaden, P., & Thoennes, N. (2000). *Full report of the prevalence, incidence, and consequences of violence against women: Findings from the National Violence Against Women Survey* (NCJ Publication No. 183781). Washington, DC: U.S. Department of Justice & Centers for Disease Control and Prevention.

Treanor, M. (2011). The potential impact of mindfulness on exposure and extinction learning in anxiety disorders. *Clinical Psychology Review, 31,* 617–625.

Turner, S., Yüksel, S., & Silove, D. (2003). Survivors of mass violence and torture. In B. L. Green, M. J. Friedman, J. T. V. M. de Jong, S. D. Solomon, T. M. Keane, J. A. Fairbank, B. Donelan, & E. Frey-Wouters (Eds.), *Trauma interventions in war and peace: Prevention, practice, and policy* (pp. 185–211). New York: Kluwer Academic/Plenum.

Ullman, S. E., & Filipas, H. H. (2001). Predictors of PTSD symptom severity and social reactions in sexual assault victims. *Journal of Traumatic Stress, 14,* 393–413.

United Nations Treaty Collection. (1984). *Convention against torture and other cruel, inhuman or degrading treatment or punishment.* Retrieved from http://treaties.un.org/Pages/ViewDetails.aspx?src=TREATY&mtdsg_no=IV-9&chapter=4&lang=en

Updegraff, J. A., & Taylor, S. E. (2000). From vulnerability to growth: Positive and negative effects of stressful life events. In J. H. Harvey & E. D. Miller (Eds.), *Loss and trauma: General and close relationship perspectives* (pp. 3–28). Philadelphia, PA: Brunner-Routledge.

Ursano, R. J., Fullerton, C. S., Epstein, R. S., Crowley, B., Kao, T.-C., Vance, K., . . . Baum, A. S. (1999). Acute and chronic posttraumatic stress disorder in motor vehicle accident victims. *American Journal of Psychiatry, 156,* 589–595.

Ursano, R. J., Fullerton, C. S., Kao, T.-C., & Bhartiya, V. R. (1995). Longitudinal assessment of posttraumatic stress disorder and depression after exposure to traumatic death. *Journal of Nervous and Mental Disease, 183,* 36–42.

Ursano, R. J., Fullerton, C. S., & McCaughey, B. G. (1994). Trauma and disaster. In R. J. Ursano, B. G. McCaughey, & C. S. Fullerton (Eds.), *Individual and community responses to trauma and disaster: The structure of human chaos* (pp. 3–27). Cambridge, UK: Cambridge University Press.

U.S. Department of Health and Human Services, Office of Refugee Resettlement. (2012). *Services for survivors of torture.* Retrieved from http://www.acf.hhs.gov/programs/orr/programs/services_survivors_torture.htm

U.S. Department of Health and Human Services, Office on Women's Health. (2008). *Date rape drugs fact sheet.* Retrieved from http://www.womenshealth.gov/publications/our-publications/fact-sheet/date-rape-drugs.cfm

U.S. Department of State. (2005). *Trafficking in persons report*. Retrieved from http://www.state.gov/j/tip/rls/tiprpt/2005

U.S. Department of Veterans Affairs. (2011). Mindfulness practice in the treatment of traumatic stress. Retrieved from http://www.ptsd.va.gov/public/pages/mindful-ptsd.asp

U.S. Drug Enforcement Administration. (n.d.). *GHB, GBL and 1,4BD as date rape drugs*. Retrieved from http://www.justice.gov/dea/ongoing/daterape.html

U.S. Surgeon General. (2001). *Mental health: Culture, race, and ethnicity: A supplement to mental health: Report of the Surgeon General*. Retrieved from http://www.namiscc.org/newsletters/August01/Surgeon General Report.htm

Vaage, A. B., Thomsen, P. H., Silove, D., Wentzel-Larsen, T., Van Ta, T., & Hauff, E. (2010). Long-term mental health of Vietnamese refugees in the aftermath of trauma: Errata. *British Journal of Psychiatry, 196*, 122–125.

Vaiva, G., Boss, V., Ducrocq, F., Fontaine, M., Devos, P., Brunet, A., . . . Thomas, P. (2006). Relationship between posttrauma GABA plasma levels and PTSD at 1-year follow-up. *American Journal of Psychiatry, 163*, 1446–1448.

Vaiva, G., Ducrocq, F., Jezequel, K., Averland, B., Lestavel, P., Brunet, A., & Marmar, C. R. (2003). Immediate treatment with propranolol decreases posttraumatic stress disorder two months after trauma. *Biological Psychiatry, 52,* 947–949.

van der Kolk, B. A., & D'Andrea, W. (2010). Towards a developmental trauma disorder diagnosis for childhood interpersonal trauma. In R. Lanius, E. Vermetten, & C. Pain (Eds.), *The impact of early life trauma on health and disease: The hidden epidemic*. Cambridge, UK: Cambridge University Press.

van der Kolk, B. A., Roth, S., Pelcovitz, D., Sunday, S., & Spinazzola, F. (2005). Disorders of extreme stress: The empirical foundation of a complex adaptation to trauma. *Journal of Traumatic Stress, 18,* 389–399.

van der Kolk, B. A., Spinazzola, J., Blaustein, M. E., Hopper, J. W., Hopper, E. K., Korn, D. L., & Simpson, W. B. (2007). A randomized clinical trial of eye movement desensitization and reprocessing (EMDR), fluoxetine, and pill placebo in the treatment of posttraumatic stress disorder: Treatment effects and long-term maintenance. *Journal of Clinical Psychiatry, 68,* 37–46.

Van der Veer, G. (1995). Psychotherapeutic work with refugees. In R. J. Kleber, C. R. Figley, & B. P. R. Gersons (Eds.), *Beyond trauma: Cultural and societal dynamics* (pp. 151–170). New York, NY: Plenum Press.

van Dijke, A., Ford, J. D., van der Hart, O., van Son, M., van der Heijden, P., & Buhring, M. (2012). Complex posttraumatic stress disorder in patients with borderline personality disorder and somatoform disorders. *Psychological Trauma: Theory, Research, Practice, and Policy, 4 ,* 162–168.

van Emmerik, A. A., Kamphuis, J. H., Hulsbosch, A. M., & Emmelkamp, P. M. (2002). Single session debriefing after psychological trauma: A meta-analysis. *Lancet, 360*(9335), 766–771.

Van Etten, M. L., & Taylor, S. (1998). Comparative efficacy of treatments for post-traumatic stress disorder: A meta-analysis. *Clinical Psychology and Psychotherapy, 5*, 126–144.

Van Ommeren, M., de Jong, J. T. V. M., Sharma, B., Komproe, I., Thapa, S. B., & Cardeña, E. (2001). Psychiatric disorders among tortured Bhutanese refugees in Nepal. *Archives of General Psychiatry, 58*, 475–482.

Verba, H., Bering, R., & Fischer, G. (2007). KO-Tropfen und "date rape"— Verabreichung von drogen zur begehung von sexualstraftaten [Spiked drinks and date rape – The use of drugs to proceed date rape]. *Zeitschrift für Psychotraumatologie, Psychotherapiewissenschaft, Psychologische Medizin, 5*, 35–46.

Videlock, E. J., Adeyemo, M., Licudine, A., Hirano, M., Ohning, G., Mayer, M., . . . Chang, L. (2009). Childhood trauma is associated with hypothalamic-pituitary-adrenal (HPA) axis responsiveness in irritable bowel syndrome. *Gastroenterology, 137*, 1954–1962.

Villarreal, G., Calais, L. A., Canive, J. M., Lundy, S. L., Pickard, J., & Toney, G. (2007). Prospective study to evaluate the efficacy of aripiprazole as a monotherapy in patients with severe chronic posttraumatic stress disorder: An open trial. *Psychopharmacology Bulletin, 40*, 6–18.

Villarreal, G., & King, C. Y. (2004). Neuroimaging studies reveal brain changes in posttraumatic stress disorder. *Psychiatric Annals, 34*, 845–856.

Vogel, M., Meier, J., Grönke, S., Waage, M., Schneider, W., Freyberger, H. J., & Klauer, T. (2011). Differential effects of childhood abuse and neglect: Mediation by posttraumatic distress in neurotic disorder and negative symptoms in schizophrenia? *Psychiatry Research, 189*, 121–127.

Vujanovic, A. A., Niles, B. L., Pietrefesa, A., Schmertz, S. K., & Potter, C. M. (2011). Mindfulness in the treatment of posttraumatic stress disorder among military veterans. *Professional Psychology, 42*, 24–31.

Waelde, L. C. (2004). Dissociation and meditation. *Journal of Trauma and Dissociation, 5*, 147–162.

Wagner, A. W., & Linehan, M. M. (2006). Applications of dialectical behavior therapy to posttraumatic stress disorder and related problems. In V. M. Follette & J. I. Ruzek (Eds.), *Cognitive-behavioral therapies for trauma* (2nd ed., pp. 117–145). New York, NY: Guilford.

Walderhaug, E., Kasserman, S., Aikins, D., Vojvoda, D., Nishimura, C., & Neumeister, A. (2010). Effects of duloxetine in treatment-refractory men with posttraumatic stress disorder. *Pharmacopsychiatry, 43*, 45–49.

Walker, E. A., Katon, W. J., Roy-Byrne, P. P., Jemelka, R. P., & Russo, J. (1993). Histories of sexual victimization in patients with irritable bowel syndrome or inflammatory bowel disease. *American Journal of Psychiatry, 150*, 1502–1506.

Walker, E. F. & Diforio, D. (1997). Schizophrenia: a neural diathesis-stress model. *Psychological Review, 104*, 667–685.

Walker, L. E. (1984). *The battered woman syndrome.* New York, NY: Springer.

Wallace, B. A. (2006). *The attention revolution.* Somerville, MA: Wisdom.

Walser, R., & Westrup, D. (2007). *Acceptance and commitment therapy for the treatment of post-traumatic stress disorder and trauma-related problems: A practitioner's guide to using mindfulness and acceptance strategies.* Oakland, CA: New Harbinger.

Walsh, R. (1988). Two Asian psychologies and their implications for Western psychotherapists. *American Journal of Psychotherapy, 42,* 543–560.

Watkins, K. E., Hunter, S. B., Burnam, M. A., Pincus, H. A., & Nicholson, G. (2005). Review of treatment recommendations for persons with a co-occurring affective or anxiety and substance use disorder. *Psychiatric Services, 56,* 913–926.

Weathers, F. W., Litz, B. T., Herman, D. S., Huska, J. A., & Keane, T. M. (1993, October). *The PTSD Checklist (PCL): Reliability, validity, and diagnostic utility.* Paper presented at the annual convention of the International Society for Traumatic Stress Studies, San Antonio, TX.

Weathers, F. W., Litz, B. T., & Keane, T. M. (1995). Military trauma. In J. R. Freedy & S. E. Hobfoll (Eds.), *Traumatic stress: From theory to practice* (pp. 103–128). New York, NY: Plenum.

Weiss, S. R. B., & Post, R. M. (1998). Sensitization and kindling phenomena in mood, anxiety, and obsessive-compulsive disorders: The role of serotonergic mechanisms in illness progression. *Biological Psychiatry, 44,* 193–206.

Wessely, S., Bryant, R. A., Greenberg, N., Earnshaw, M., Sharpley, J., & Hughes, J. H. (2008). Does psychoeducation help prevent posttraumatic psychological distress? *Psychiatry: Interpersonal and Biological Processes, 71,* 287–302.

Westen, D., Novotny, C. M., & Thompson-Brenner, H. (2004). The empirical status of empirically supported psychotherapies: Assumptions, findings, and reporting in controlled clinical trials. *Psychological Bulletin, 130,* 631–663.

White, J. W., Koss, M. P., & Kazdin, A. E. (Eds.). (2011). *Violence against women and children: Volume I: Mapping the terrain.* Washington, DC: American Psychological Association.

Whyte, J., Hart, T., Vaccaro, M., Grieb-Neff, P., Risser, A., Polansky, M., & Coslett, H. B. (2004). Effects of methylphenidate on attention deficits after traumatic brain injury: A multidimensional, randomized, controlled trial. *American Journal of Physical Medicine & Rehabilitation, 83,* 401–420.

Wikehult, B., Hedlund, M., Marsenic, M., Nyman, S., & Willebrand, M. (2008). Evaluation of negative emotional care experiences in burn care. *Journal of Clinical Nursing, 17,* 1923–1929.

Wilcox, H. C., Kuramoto, S. J., Lichtenstein, P., Långström, N., Brent, D. A., & Runeson, B. (2010). Psychiatric morbidity, violent crime and suicide among children and adolescents exposed to parental death. *Journal of the American Academy of Child and Adolescent Psychiatry, 49,* 514–523.

Williams, J. M. G., & Swales, M. (2004). The use of mindfulness-based approaches for suicidal patients. *Archives of Suicide Research, 8,* 315–329.

Willmott, C., & Ponsford, J. (2009). Efficacy of methylphenidate in the rehabilitation of attention following traumatic brain injury: A randomised, crossover, double blind, placebo controlled inpatient trial. *Journal of Neurology, Neurosurgery & Psychiatry, 80,* 552–557.

Wilson, J. P., & Drożdek, B. (2004). *Broken spirits: The treatment of traumatized asylum seekers, refugees, war and torture victims.* New York, NY: Brunner-Routledge.

Wisnivesky, J. P., Teitelbaum, S. L., Todd, A. C., Boffetta, P., Crane, M., Crowley, L., . . . Landrigan, P. J. (2011). Persistence of multiple illnesses in World Trade Center rescue and recovery workers: A cohort study. *The Lancet, 378,* 888–897.

Wolpe, J. (1958). *Psychotherapy by reciprocal inhibition.* Stanford, CA: Stanford University Press.

Woon, F. L., Sood, S., & Hedges, D. W. (2010). Hippocampal volume deficits associated with exposure to psychological trauma and posttraumatic stress disorder in adults: A meta-analysis. *Progress in Neuro-Psychopharmacology and Biological Psychiatry, 34,* 1181–1188.

Writer, B. W., Schillerstrom, J. E. (2009). Psychopharmacological treatment for cognitive impairment in survivors of traumatic brain injury: A critical review. *Journal of Neuropsychiatry & Clinical Neurosciences, 21,* 362–270.

Wroblewski, B. A., Joseph, A. B., Cornblatt, R. R. (1996). Antidepressant pharmacotherapy and the treatment of depression in patients with severe traumatic brain injury: A controlled, prospective study. *Journal of Clinical Psychiatry, 57,* 582–587.

Xie, P., Kranzler, H. R., Poling, J., Stein, M. B., Anton, R. F., Farrer, L. A., & Gelernter, J. (2010). Interaction of FKBP5 with childhood adversity on risk for posttraumatic stress disorder. *Neuropsychopharmacology, 35,* 1684–1692.

Xu, J., & Song, X. (2011). A cross-sectional study among survivors of the 2008 Sichuan earthquake: Prevalence and risk factors of posttraumatic stress disorder. *General Hospital Psychiatry, 33,* 386–392.

Yaşan, A., Güzel, A., Tamam, Y., & Ozkan, M. (2009). Predictive factors for acute stress disorder and posttraumatic stress disorder after motor vehicle accidents. *Psychopathology, 42,* 236–241.

Yehuda, R. (2002). Status of cortisol findings in PTSD. *Psychiatric Clinics of North America, 25,* 341–368.

Yehuda, R. (2004). Posttraumatic stress disorder. *New England Journal of Medicine, 346,* 108–114.

Yehuda, R., & Bierer, L. M. (2009). The relevance of epigenetics to PTSD: Implications for the DSM-V. *Journal of Traumatic Stress, 22,* 427–434.

Yehuda, R., Halligan, S. L., Golier, J. A., Grossman, R., & Bierer, L. M. (2004). Effects of trauma exposure on the cortisol response to dexamethasone administration in PTSD and major depressive disorder. *Psychoneuroendocrinology, 29,* 389–404.

Yeomans, P. D., Herbert, J. D., & Forman, E. M. (2008). Symptom comparison across multiple solicitation methods among Burundians with traumatic event histories. *Journal of Traumatic Stress, 21,* 231–234.

Young, B. H., Ford, J. D., Ruzek, J. I., Friedman, M. J., & Gusman, F. D. (1998). *Disaster mental health services: A guidebook for clinicians and administrators.* St. Louis, MO: National Center for PTSD, Department of Veterans Affairs Employee Education System.

Yuan, C., Wang, Z., Inslicht, S. S., McCaslin, S. E., Metzler, T. J., Henn-Haase, C., . . . Marmar, C. R. (2011). Protective factors for posttraumatic stress disorder symptoms in a prospective study of police officers. *Psychiatry Research, 188,* 45–50.

Zatzick, D. F., Rivara, F. P, Jurkovich, G. J., Hoge, C. W., Wang, J., Fan, M. Y., . . . Mackenzie, E. J. (2010). Multisite investigation of traumatic brain injuries, posttraumatic stress disorder, and self reported health and cognitive impairments. *Archives of General Psychiatry, 67,* 1291–1300.

Zayfert, C., Becker, C. B., Unger, D. L., & Shearer, D. K. (2002). Comorbid anxiety disorders in civilians seeking treatment for posttraumatic stress disorder. *Journal of Traumatic Stress, 15,* 31–38.

Zayfert, C., De Viva, J. C., Becker, C. B., Pike, J. L., Gillock, K. L., & Haynes, S. A. (2005). Exposure utilization and completion of cognitive behavioral therapy for PTSD in "real world" clinical practice. *Journal of Traumatic Stress, 18,* 637–645.

Zayfert, C., Dums, A. R., Ferguson, R. J., & Hegel, M. T. (2003). Health functioning impairments associated with posttraumatic stress disorder, anxiety disorders, and depression. *Journal of Nervous and Mental Disease, 190,* 233–240.

Zhang, J., Tan, Q., Yin, H., Zhang, X., Huan, Y., Tang, L., . . . Li, L. (2011). Decreased gray matter volume in the left hippocampus and bilateral calcarine cortex in coal mine flood disaster survivors with recent onset PTSD. *Psychiatry Research, 192,* 84–90.

Zhang, L., Plotkin, R. C., Wang, G., Sandel, M. E., & Lee, S. (2004). Cholinergic augmentation with donepezil enhances recovery in short-term memory and sustained attention after traumatic brain injury. *Archives of Physical and Medical Rehabilitation, 85,* 1050–1055.

Zimmerman, M., & Mattia, J. I. (1999). Psychotic subtyping of major depressive disorder and posttraumatic stress disorder. *Journal of Clinical Psychiatry, 60,* 311–314.

Zinzow, H. M., Rheingold, A. A., Hawkins, A. O., Saunders, B. E., & Kilpatrick, D. G. (2009). Losing a loved one to homicide: Prevalence and mental health correlates in a national sample of young adults. *Journal of Traumatic Stress, 22,* 20–27.

Zisook, S., Chentsova-Dutton, Y. E., & Shuchter, S. R. (1998). PTSD following bereavement. *Annals of Clinical Psychiatry, 10,* 157–163.

Zlotnick, C., Donaldson, D., Spirito, A., & Pearlstein, T. (1997). Affect regulation and suicide attempts in adolescent inpatients. *Journal of the American Academy of Child and Adolescent Psychiatry, 36,* 793–798.

Zoellner, L. A., Feeny, N. C., Bittinger, J. N., Bedard-Gilligan, M. A., Slagle, D. M., Post, L. M., & Chen, J. A. (2011). Teaching trauma-focused exposure therapy for PTSD: Critical clinical lessons for novice exposure therapists. *Psychological Trauma: Theory, Research, Practice, and Policy, 3,* 300–308.

Zohar, J., Amital, D., Miodownik, C., Kotler, M., Bleich, A., Lane, R. M., & Austin, C. (2002). Double-blind placebo-controlled pilot study of sertraline in military veterans with posttraumatic stress disorder. *Journal of Clinical Psychopharmacology, 22,* 190–195.

찾아보기

저자 소개

John N. Briere

서던캘리포니아대학교 켁 의과대학의 정신의학과 및 심리학과 부교수이자, 미국 국립 아동 트라우마틱 스트레스 네트워크의 USC 청소년 트라우마 트레이닝 센터의 센터장이다. 전 국제 트라우마 스트레스 연구 학회(ISTSS)장으로, ISTSS가 수여한 과학적 업적에 대한 Robert S. Laufer 기념상과 미국심리학회(분과 56)가 수여한 트라우마 심리학 특별공헌상의 수상자이자, 미국 과학정보연구소가 지정한 가장 영향력 있는 연구자(행동과학)이다.

Catherine Scott

서던캘리포니아대학교 켁 의과대학의 정신의학과 및 행동과학 임상 부교수이다. 하버드칼리지, 컬럼비아대학교 의학대학원에서 공부했고, 코넬대학교와 서던캘리포니아대학교에서 정신의학과 레지던트 과정을 거쳤다. 전 로스앤젤레스 카운티＋USC 의학센터의 트라우마 심리프로그램 및 정신의학 응급서비스의 부의료책임자로서 성적·신체적 폭력, 고문, 아동 학대 및 다른 대인 간 폭력으로 인한 트라우마 관련 질병의 평가와 치료에 대해 수련의와 의과대학 학생들을 가르치고 감독했다.

역자 소개

이동훈
성균관대학교 교육학과(상담교육전공) 교수
미국 플로리다대학교 정신건강상담 박사(Ph.D.)
(현) 성균관대학교 카운슬링 센터장
　　 성균관대학교 외상심리건강연구소 소장
(전) 전국대학교학생생활상담센터협의회 회장
　　 한국상담학회 대학상담학회 회장
　　 한국청소년상담원 상담조교수
한국상담심리학회 1급, 한국상담학회 수련감독급

김종희
뉴욕 미술치료 개업 심리치료사
Institute for Contemporary Psychotherapy 트라우마 과정 수료
미국 뉴로셀대학 미술치료학 석사
(전) 뉴욕가정상담소 심리상담 및 미술치료사
미국 공인 미술치료사(ATR-BC)
뉴욕주 면허 미술치료사(LCAT)

🖋 **이정은**

(주)에임메드 멘탈케어팀 헬로마인드케어 심리상담사

미국 피츠버그대학교 심리학과 졸

한국상담심리학회 상담심리사 2급

🖋 **김진주**

성균관대학교 외상심리건강연구소 연구원

🖋 **강현숙**

성균관대학교 외상심리건강연구소 연구원

한국상담심리학회 상담심리사 2급